20 世纪中国图书馆学文库·83

当代中国的
图书馆事业

杜克 主编

圙 國家圖書館出版社

本书据当代中国出版社 1995 年 5 月第 1 版排印（原书所附彩色插图及索引、英文目录未排印）

《当代中国的图书馆事业》
主 要 撰 稿 人

（按姓氏笔画为序）

马同俨	王 芊	王玉祥	王芝兰	王振东	王崇德
孔令乾	刘 辉	刘小琴	刘湘吉	刘喜申	刘德元
冯秉文	丘 峰	白国庆	许培基	朱 岩	朱 南
孙云畴	李 严	李久琦	李兴辉	李泡光	李修宇
李哲民	李晓明	李景仁	李霁华	吴 晞	吴子钧
吴慰慈	辛希孟	肖自力	宓 浩	沈迪飞	郑 楠
邹 茜	张 涵	张国楷	张欣毅	张树华	张复华
陈源蒸	武宁生	项弋平	周文骏	周升恒	周绍良
孟广均	孟昭晋	高冀生	黄纯元	黄宗忠	黄俊贵
彭斐章	韩承铎	韩继章	谢灼华	蔡 捷	谭祥金
裴兆云	薛清禄				

（馆志由各馆提供，撰稿人未列）

目　　录

第三编　新中国图书馆业务建设

第四编　新中国图书馆的读者服务工作

11

序

我国是世界文明古国之一。我们的祖先在漫长的历史岁月中,用自己辛勤的劳动和卓越的智慧,创造了灿烂的中华民族文化,给我们留下了丰富的文化遗产。中国古代藏书及图书馆事业在其中做出了应有的贡献。

本世纪初叶,受西学东渐的影响,具有现代意义的图书馆开始在我国出现。它们在启迪民智,传播文化方面发挥了历史作用。但在旧中国,图书馆事业没有也不可能得到较快较好的发展。新中国成立之后,特别是中共十一届三中全会以来,我国图书馆事业得到了迅速发展。图书馆事业规模不断扩大;图书馆设施面貌有了很大改变;尤其是八十年代后,全国新建和扩建了一大批各种类型的图书馆;现代化技术在一些图书馆开始得到应用,图书馆现代化程度逐步提高;图书馆队伍素质有明显改观;图书馆学教育与研究有一定发展;图书馆对外交流与合作日益扩大。各类各级图书馆在为社会主义物质文明和精神文明建设服务中,做出了很大贡献。新中国图书馆事业所取得的成绩,在当代世界图书馆事业史上也占有重要地位。这一切,在本书中作了系统、全面的介绍。

新中国图书馆事业所取得的历史性成就是中国共产党和各级人民政府正确领导的结果,是广大图书馆工作者辛勤劳动、无私奉献的结果。在回顾总结当代中国图书馆事业史时,我们不应该忘记周恩来同志对我国图书馆事业的关怀和指导。早在五十年代,

1

在中共中央发出向科学进军的号召后，为了解决科学研究所必需的各项条件，他亲自主持召开国务院全体会议，制定《全国图书协调方案》；他指示要大量进口对我国社会主义建设事业有用的图书资料；在关于知识分子问题的报告中，他提出要创造条件，保证知识分子科学研究所必须的图书资料；他对祖国文化遗产也极为关心，曾亲自过问购回流往香港的珍贵古籍。特别是一九七五年在他病重期间，仍对北京图书馆新馆建设一事作了重要批示并亲自审定设计方案；他在病床上嘱咐要把全国善本书目录编出来等等。周恩来同志对图书馆事业的重视、关心和贡献，在本书中作了比较详细的记述。

图书馆事业是我国文化、科学、教育事业的重要组成部分，它在社会主义物质文明和精神文明建设中有着其他事业不可替代的重要作用。邓小平同志去年初视察南方的重要谈话和中共十四大、全国人大八届一次会议的召开，使我国建设有中国特色的社会主义又进入了一个新阶段。图书馆事业也面临着新的发展机遇和挑战。经济的发展，改革的深入，开放的扩大，科学技术的进步，广大人民群众日益增长的对科学文化的需求以及劳动者素质的全面提高，都对图书馆事业提出了新的更高的要求。邓小平同志在谈到信息的重要性时指出："做管理工作的人没有信息，就是鼻子不通，耳目不灵。"现在，人们越来越认识到，离开文献、信息，各项工作将无法顺利进行，这种社会需求将成为图书馆事业发展的强大动力。为经济建设和改革开放提供精神动力和智力支持，是各类各级图书馆和广大图书馆工作者的神圣职责。希望大家再接再厉，取得更优异的成绩。诚然，由于我国图书馆事业基础差、底子薄，在蓬勃发展的同时，还存在这样那样的困难和问题。如经费不足，事业发展不平衡，有些地区还没有图书馆，有些图书馆的条件还需改善，管理体制需进一步改革等等。但我们有充分理由相信，在邓小平同志建设有中国特色社会主义理论指导下，随着经济的发展和改革开放的不断深入,综合国力的增强和人民群众文化生活水平的提高,我国的图书馆事业在党和政府的领导和重视下,在全社会的关心和支持下,必将获得更大的发展和进步。

　　由文化部组织全国图书馆界的同志们集体编撰的《当代中国的图书馆事业》一书即将出版发行,这是一件值得祝贺的事情。我一向认为办好中国的图书馆事业是大事,尽力予以支持,又曾受中央委托分管过北京图书馆新馆工程建设,编委会的同志要我为本书的出版写几句话,我欣然允诺。是为序。

万里

一九九三年六月

绪　　论

中国是一个伟大的文明古国。中国的图书馆事业有着悠久的光辉历史。这是中华民族的光荣与骄傲。回顾一下中国古代藏书和近代图书馆事业发展的历程,对于今后图书馆事业的建设和发展是有益的。

一、中国古代藏书的起源和发展

图书馆的收藏以文献的出现为前提,而文献的出现又以文字的创造为基础。中国现在所能见到的最早的、比较成熟的文字是甲骨文。这种刻在龟甲和兽骨上的文字是中国文献的早期形态。清代光绪年间(十九世纪末)在河南安阳发现的甲骨是公元前约十三世纪殷商时期的遗物。甲骨上刻的大部分是那个时期奴隶主的占卜记录。管理这些甲骨文献的是当时的巫师和史官。一般认为这是中国图书馆事业的萌芽。

殷商以后,周代用以记录文献的载体又有了铜器、石鼓、竹简、木简等。根据《周礼》记载,西周时期的外史、内史、御史、太史等官员都有掌管图书档案的职责。根据《左传》记载,西周时已有盟府等机构作为收藏图书档案的处所。根据《史记》记载,老子(李耳)曾为周守藏室史。这些是中国古代藏书历史见于文献的最早

1

记录。

春秋战国时期,记录文献大多已使用竹简或木简,并且开始使用缣帛。把简穿连起来的简策已开始盛行。简策的形制,对后世书籍有深远的影响。它被看成是中国书籍的最早形态。这一时期,由于文化、学术的发展和个人著作的出现,书籍已渐多。各诸侯国都重视藏书工作,民间也有了一些私家藏书。

秦统一全国后,大规模焚毁民间书籍,使古代的文献遭到了很大破坏,藏书也受到影响。但是秦推行的一系列法制和政策,特别是文字的统一,也给以后藏书事业的发展创造了有利条件。

汉代是中国封建社会藏书事业奠定基础的时期。《汉书·艺文志》记载:"汉兴,改秦之政,大收篇籍,广开献书之路。""于是建藏书之策,置写书之官,下及诸子传说,皆充秘府。"当时官府收藏图书档案的处所有延阁、广内、秘室、兰台、东观、石渠阁、天禄阁等多处。

这时在藏书事业发展历程上发生的一件大事是河平三年(公元前二十六年)政府指令刘向带领一些学者整理校订从民间采访搜集来的大批图书。这是一项艰巨而又复杂的工作。刘向等用了将近二十年时间,共整理校订出图书 38 种,603 家,13219 卷,并为各书撰写"叙录",记述书名、篇目、内容和校订经过等。以后又汇编成书,名为《别录》。刘向逝世后,又由其子刘歆继续根据"叙录"等,为全部图书编出目录,名为《七略》。《别录》和《七略》都已佚失。现在还可以从班固利用《七略》编撰的《汉书·艺文志》中了解其概貌。根据现有文献,人们认为:《七略》是中国最早的一部综合性图书分类目录,也是中国最早的一部官府藏书目录。而班固的《汉书·艺文志》则是中国现存最早的一部史志目录。

刘向、刘歆父子编撰的《别录》和《七略》所取得的成就是巨大的,也是多方面的。其一是他们用目录这种形式,记录和介绍了这次整理和校订的全部图书,使人们得以系统地、概括地了解西汉保

图1　刘向《七略》、刘歆《别录》(均为清顾观光辑本)

存下来的古代文化典籍;其二是他们总结前人目录工作的经验,创造出一系列分类编目的方法,使中国目录学得以在他们奠定的基础上,不断地发展和进步;其三是由于他们整理图书,编撰目录取得显著成绩,引起后人重视这些工作,从而也推动中国古代藏书事业的发展。

东汉时,政府接管了西汉的藏书,又继续搜访图书,使藏书又有成倍的增长。熹平四年(公元一七五年)蔡邕等奏请正定六经文字,把正定的经文刻于石碑,立在洛阳太学门外。据《后汉书·蔡邕传》记载:"碑始立,视观及摹写者,车乘日千余辆,填塞街陌。"熹平石经的建立,在校订、保存和传播文献上所起的作用是极大的。以后,人们在很长一个时期,仍然利用石刻来记录文献。石刻的拓本和古籍一样,在图书馆收藏中也受到重视。

中国在汉代发明的造纸术,经过不断地改进,已逐步推广使用。至两晋、南北朝时,纸张已取代竹简、木简、缣帛,成为书写的主要材料。写本书出现后,图书增多了,藏书事业也随之发生了较大的发展和变化。西晋时,荀勖编撰的官府藏书目录《中经新簿》

（佚）已著录图书 1885 部,20935 卷。荀勖的《中经新簿》是依据三国魏时郑默的《中经》(佚)编撰的。他在目录中使用的不同于《七略》的"甲乙丙丁"四部分类法,也给后世的书目分类带来影响。晋代的私家藏书,以张华、范蔚等著称。张华收藏丰富,迁居时,书车多达 30 辆。范蔚三代藏书,总计也有 7000 余卷。

南北朝时,尽管政治动荡,藏书事业仍有一定发展。南朝曾先后完成七部官府藏书目录。藏书家王俭编撰的《七志》(佚)和阮孝绪编撰的《七录》(佚),都是以私家藏书为基础,参考官府藏书目录编成的大型书目。由于盛行佛教,这时各地寺院收藏的佛经,更形增多。南朝时梁僧祐根据定林寺等藏经,参考其他目录编撰的《出三藏记集》是中国现存最早的一部佛经目录。

隋朝建立后,也派人到民间去访求图书。以"每书一卷,赏绢一疋,校写既定,本即归主"的方法,补充到许多图书。隋朝藏书管理工作的特点:一是为了保存和流通图书,秘阁之书各写 50 副本;二是组织藏书,把图书分为上中下三品,装以不同颜色的卷轴,以示区别,并按甲乙丙丁四部,分开储藏。隋朝私家藏书以许善心最为著名,他藏书有万余卷,编有书目《七林》(佚)。

唐代初年,出现"贞观之治",随着政治、经济、文化的昌盛,也带动了藏书事业的发展。开元年间(公元七一三年至七四一年),官府藏书已不下于 20 万卷。这时,宫中的丽正殿、修书院(后称集贤书院)藏书已有完整的系统。一些学府和书院也开始有不同数量的藏书。唐代管理藏书的机构是秘书省。秘书省设秘书监一人。下有官员 100 余人。魏征任秘书监时编撰的《隋书·经籍志》是继《汉书·艺文志》之后,又一部著名的史志目录。他继承荀勖等人的四部分类法,创始以"经史子集"类分图书。这一方法在中国的书目中,一直沿用到近代。

唐代编制的几部官府藏书目录,都已佚失。其中,只有元行冲等编撰的《群书四部录》、毋煚编撰的《古今书录》,还可以从史书

4

记载中,大体了解其内容。

进入五代十国时期后,由于连年兵燹,经济文化遭到破坏,藏书事业也处于低潮。但是这时起源于唐代的中国的另一伟大的发明——雕版印刷术却有所发展。长兴三年(公元九三二年)后唐宰相冯道曾奏刻《九经》。有些人也开始自刻文集,以广流传。

二、中国古代藏书事业的繁荣

宋代统一中国后,生产经济迅速恢复,雕版印刷开始发达。官府、书坊和个人刻印发行的图书,逐渐取代了写本书。藏书事业获得进一步发展。采访图书、整理图书等工作也达到前所未有的水平。

据《宋史·艺文志》记载,太祖、太宗、真宗时,共有图书 3327 部,39142 卷。以后,仁宗、英宗时,共有图书 1472 部,8446 卷。再以后,神宗、哲宗、徽宗、钦宗时,共有图书 1906 部,26289 卷。以后南宋又搜访遗缺图书,给予献书者很高奖赏,于是民间的藏书又逐渐集中到官府。

宋代官府藏书主要收藏在三馆,即史馆、昭文馆与集贤馆。以后又并入崇文院,再合为秘书省。北宋太平兴国至大中祥符年间(十世纪末至十一世纪初)曾先后利用官府藏书编出《太平御览》、《太平广记》、《册府元龟》和《文苑英华》四部大书。这四部书除《太平广记》为 500 卷外,其余皆为 1000 卷。许多后来失传的古籍都有赖这四部大书,得以保存下来。此外,北宋宫内藏书处还有太清楼、龙图阁、石章阁等。南宋宫内藏书处有缉熙殿等。钤有缉熙殿印章"缉熙殿书籍印"、"缉熙殿宝"的《册府元龟》、《文苑英华》等书,历经宋、明内府递藏,至今一部分仍珍藏于北京图书馆等处。

始于唐代的书院藏书,到了宋代,尤其是南宋,也有很大发展。著名的白鹿、岳麓、应天、嵩阳四大书院都有藏书供学者使用。此后各地所设的书院藏书也逐渐增多。

宋代私家藏书空前兴盛。北宋著名藏书家有江正、宋敏求、王钦臣等。南宋著名藏书家有叶梦得、晁公武、郑樵、陈振孙、尤袤等。

宋代藏书工作经过长时间的实践,已经积累了相当丰富的理论和经验。郑樵撰写的《通志·校雠略》论述了图书著录的范围和方法、图书的分类体系、图书提要的写法、图书的访求等,是中国历史上一部具有图书馆学、目录学性质的系统著作。程俱撰写的《麟台故事》和陈骙撰写的《中兴馆阁录》,分别记述了北宋、南宋主要官府藏书建制,反映了北宋、南宋主要官府藏书的概况,均有较高的史料价值。

宋代在藏书目录方面也为后世留下珍贵的遗产。王尧臣等为三馆与秘阁藏书编撰的《崇文总目》(存辑本)是中国现存最早的一部官府藏书目录。晁公武编撰的《郡斋读书志》,陈振孙编撰的《直斋书录解题》和尤袤编撰的《遂初堂书目》是中国现存最早的三部私家藏书目录。其中,前两部带有详实的提要,后一部记有各书的版本。这些目录至今仍是了解、研究宋以前古籍的重要工具书。

辽、金两代的藏书事业都不很发达。元代曾两次派人至杭州,把南宋官府的藏书和书板运到大都收藏,并设有秘书监、艺林库等藏书机构。但藏书的规模和数量都远不及宋代。

明代初年,国力强盛,藏书事业又随之兴起。洪武元年(公元一三六八年)攻下元大都后,即将元代官府藏书运往南京,并下令向全国访求搜集古今图书,集中收藏在南京的文渊阁、大本堂等处。

永乐三年(公元一四〇五年)开始利用这些藏书编辑一部规

模宏大的类书——《永乐大典》。参加这一工作的有 2000 余人，分编、缮写用了三年时间，方告完成。全书共有 22937 卷，分装 11095 册，字数总计达 3.7 亿。辑入的历代重要典籍约有七、八千种。和宋代的《太平御览》等类书一样，许多失传的古籍得以在《永乐大典》中保存下来。永乐十九年（公元一四二一年）明迁都北京，南京文渊阁的藏书随之北运。《永乐大典》正本也迁到北京，贮藏于文楼。

这时，文渊阁已成为明代官府主要藏书处所。藏书最多时达 4.3 万余卷。其中有不少宋、金、元，历代遗留下来的善本。以后曾进行过两次大规模整理。一次在正统年间，由杨士奇主持，编出《文渊阁书目》四卷。另一次在万历年间，由张萱等主持，编出《内阁藏书目》八卷。明代官府收藏档案、图书的另一处所是皇史宬。嘉靖、隆庆年间（十六世纪中叶）重录的《永乐大典》副本也收藏在这里。明亡，《永乐大典》正本毁。副本在清乾隆年间已散佚一部分。光绪二十六年（公元一九〇〇年）八国联军侵入北京时，大部分被焚毁，其余也劫掠散佚。一九八四年，中华书局加上新征集的，第二次影印的《永乐大典》也只有 795 卷了。

明代的私家藏书蓬勃发展，至嘉靖年间已超过官府藏书，成为主流。明代初期藏书家以皇室的诸藩王为主。此外，著名的还有宋镰、郑颙、叶盛等。明代中期以后，私家藏书又有发展。藏书家大都在江浙一带。以后，福建及北方也有一些。其中著名的有范钦、祁承爜、毛晋、李开先、徐㸃等。

范钦和祁承爜是浙东的大藏书家。范钦藏书约 7 万卷，主要以收藏明代史料著称。他的藏书处原名东明草堂，后取天一生水之义，改名为天一阁。天一阁是他专为收藏和保护图书而建的。清乾隆年间储藏《四库全书》的七阁，即是仿效天一阁建造的。四百年来，天一阁几经沧桑，藏书已有散失，但建筑仍保留下来。新中国建立后，经过政府的大力修整，已恢复原貌。它是中国现存的

图 2　重新修复的天一阁

最早的一所私人藏书楼,已被定为全国重点文物保护单位。祁承㸁藏书 9000 余种,10 万余卷,并且钻研图书整理工作、目录工作,著有《澹生堂藏书约》、《庚申整书略例》、《澹生堂藏书目》等,在藏书的理论和方法上也有很多建树。毛晋是常熟的刻书家和藏书家。他用"汲古阁"名义刻印、影抄和收藏的许多图书,都为世人重视。

清代从初期到鸦片战争前,藏书事业已发展到一个新的高度。无论是官府藏书,还是私家藏书,在规模和数量上都大大超过了前代。

清初没有设立专门的藏书机构。官府藏书分置于内府、翰林院、国子监等处。以后,通过建立"天禄琳琅"藏书,编纂《古今图书集成》、《四库全书》等工作,才形成体系。

《古今图书集成》是继《永乐大典》之后,编出的又一部大型类书。据考订,这部类书是康熙年间,在宫内侍奉皇子读书的陈梦雷主持编纂的。他利用宫内 1.5 万卷藏书,花费了五年才完成这项工作。书成后,因为皇室争夺嗣位,陈氏流放东北,而被搁置。以后改用他人名义修订,在雍正、光绪年间,曾三次刊行,共印出 1660 余部,一部分已经流传国外,为世界一些大图书馆所收藏。《古今图书集成》不仅内容丰富,而且分类细密,便于使用。因此,国外一些学者还特为之编出索引和分类目录。在《永乐大典》散失后,它已成为检索中国古典文献的必备参考书。

《四库全书》是中国最大的一部丛书。乾隆三十七年(公元一七七二年)建立四库全书馆,集 300 余人,进行编纂工作,至乾隆四十七年(公元一七八二年)七部《四库全书》先后抄写完成。全书共收入书 3503 种 79330 卷。七部《四库全书》分藏于北京宫内的文渊阁、圆明园的文源阁,热河的文津阁,沈阳的文溯阁,镇江的文宗阁,扬州的文汇阁,杭州的文澜阁。北方四阁是宫廷专用,南方三阁允许士大夫、读书人抄录阅读。在编纂《四库全书》的同时,又从其中选出一部分,辑为《四库全书荟要》,抄写两部。一部藏于宫内摛藻堂,一部藏于圆明园。

清代编纂《四库全书》虽然收集保存下来大量古代文献,但是其原意在于"寓禁于征"。所以征集到的图书有许多遭到销毁,编入四库的书有许多也被删节窜改。这一事实已为人们所共知。

"天禄琳琅"是清廷宫内善本专藏的名称。乾隆九年(公元一七四四年),嘉庆二年(公元一七九七年)曾两次把宫内分藏各处的善本集中起来,加以整理,藏于昭文殿,名为"天禄琳琅"。并编出《天禄琳琅书目》正编十卷和后编二十卷。正编所收的书于宫中一次火灾时烧毁。后编所收的书以后也陆续散失许多。另外,还有编纂《四库全书》未收的 170 余种宋元书旧抄本,单独收藏在宫内养心殿,名为"宛委别藏",编有《四库未收书目》一卷。

清代在雍正十一年(公元一七三三年)诏令各省兴建书院,书院又复兴起来。到乾隆年间,全国已有书院 500 余所。书院藏书也随之增加。这是继南宋和明嘉靖之后,书院藏书发展的又一高潮。

清代私家藏书人数众多。清初有钱谦益、钱曾、曹溶、季振宜、徐乾学、朱彝尊等。康熙之后,有鲍廷博、卢文弨、黄丕烈、汪文钟、郁松年等。清末则有铁琴铜剑楼之瞿镛、海源阁之杨以增、皕宋楼之陆心源、八千卷楼之丁丙,四大家。

清代的官府藏书和私家藏书都进行了大量的整理工作，留下许多有价值的书目遗产。其中以纪昀主持编撰的《四库全书总目》最为重要。《四库全书总目》中，考订这部丛书所收的图书，撰写有提要 1 万余篇。故又名《四库全书总目提要》。全书共 200 卷，字数约 290 万。在分类体系、编目条例、提要写法等方面，这部目录都给后世深远的影响。此外，私家藏书目录中，如钱曾的《读书敏求记》，黄丕烈的《荛圃藏书题识》等，也各具有特色。

清代在藏书理论建设和工作方法研究上也有显著成绩。曹溶的《流通古书约》为流通图书、传播文献提出良法。孙从添的《藏书纪要》，全面论述了藏书购求、鉴别、抄录、校雠、编目、收藏、装订、保护等方面的方法和经验，可以视为中国早期的一部具有图书馆学性质的著作。章学诚的《校雠通义》是一部水平很高的目录学著作，书中阐述的理论和方法，对近代图书馆学、目录学也有许多可资借鉴之处。

三、中国近代图书馆的兴起

从上古到清代，中国的公私藏书大多数是在一定范围内流通，并未向公众开放。因此，藏书工作的内容主要也限于图书的搜集、整理和收藏等。像曹溶提出的"流通古书"、"有无相易"等方法，也未能推广开来。

十九世纪后期，西方思想输入中国以后，一些人产生变法图强的维新思想。这种思想也影响、推动了中国藏书的性质和工作发生变化。郑观应、康有为、梁启超、李端棻等人在论述书院、学校、学会等问题时，都呼吁仿效西方图书馆，创立可供公众阅览的"书藏"，为中国近代图书馆的建立做了舆论上的准备。

光绪二十一年（公元一八九五年），康有为、梁启超创立强学会以后,就着手办报,办"书藏",陈列图书,供众阅览。以后各地成立的许多学会,如南学会、苏学会、湘学会、粤学会等都纷纷仿效,设立"书藏",收藏书报,供会友们阅读。有的也同时向公众开放。这些学会的"书藏"不同于传统的藏书楼,它更着重于藏书的流通和传播。这一变化,对后来中国近代图书馆的建立和发展有很大的影响。

光绪二十二年(公元一八九六年),李端棻上书《请推广学校折》,奏请清廷广设学校,并于京师及各省会设大书楼。建立近代图书馆的趋势更形加强。中国开始筹建和建立了一批新图书馆。有的开始用"图书馆"之名,有的仍沿用"藏书楼"之名,但其性质已发生变化。光绪二十四年(公元一八九八年)建立的京师大学堂和南洋公学已设有大藏书楼和图书院。自光绪二十六年(公元一九〇〇年)起,浙江、湖南、湖北、江苏、河南等省分别建立了浙江图书馆、湖南省图书馆兼教育博物馆、湖北省图书馆、江南图书馆、河南省图书馆等公共图书馆。宣统元年(公元一九〇九年)学部开始筹建京师图书馆。宣统二年(公元一九一〇年)学部又制订了《京师图书馆及各省图书馆通行章程》。

这一时期私人新建的藏书楼,具有近代图书馆性质的当推光绪二十八年(公元一九〇二年)绍兴徐树兰创建的古越藏书楼。徐氏建立这所藏书楼,目的在于仿效西方,为公众服务。所以特设有60个座位的图书厅。所藏七万余卷新旧图书,公众都可以在这里阅览和抄录。对管理、阅览等工作订有完备的规章,并编有书本目录《古越藏书楼书目》。

一九一二年,京师图书馆在北京正式开馆。这是中国建立的第一所具有国家图书馆性质的近代图书馆。当时鲁迅正在教育部社会教育司工作。他为京师图书馆改组、迁移和编制经费预算等,做了许多工作。一九一二、一九一五年还为该馆调入了教育部所藏的《永乐大典》残本和热河文津阁的《四库全书》。一九二八年

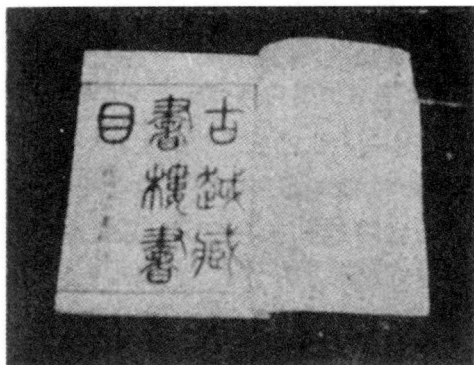

图3 《古越藏书楼书目》

京师图书馆改为国立北平图书馆。一九二九年国立北平图书馆又与中华教育文化基金董事会设置的北平北海图书馆合并,仍称为国立北平图书馆,它的藏书和业务工作为以后国家图书馆的发展奠定了基础。

二十世纪初是中国图书馆事业从传统藏书

图4 一九一七年京师图书馆开馆纪念留影

楼向近代图书馆演变的重要时期,也是中国近代图书馆兴起的重要时期。辛亥革命之后,全国各地纷纷建立图书馆,至一九一四年,已有省级公共图书馆 18 所。一九一五年以后,政府部门制订的《图书馆规程》、《图书馆条例》、《图书馆工作大纲》等法规的颁布与实施,促使新兴的图书馆事业又得到进一步的发展。

一九一九年五四运动所带来的学习空气,也给中国图书馆事业的建设注入新的活力。中国早期马克思主义者所参与的和中国共产党所领导的图书馆活动汇集成一股进步力量,不仅推动了当时图书馆事业的发展,而且在宣传马克思主义,传播进步思想上做出贡献。

一九一七至一九二二年,李大钊在北京大学任图书馆主任。他强调学校图书馆在教育和研究上的作用,对这所大学图书馆进行了许多改进。在他主持下,该馆补充了大量新文化图书,增设卡片目录,延长开馆时间,并倡导推行了开架阅览。

一九一八年,毛泽东也在北京大学图书馆工作过一段时间,以后他回到长沙从事革命活动,对图书馆工作也相当关心。在他一九一九年寄给邓中夏的《问题研究会章程》中,就曾提到"公共图书馆的建设问题"。在他一九二一年创办的湖南自修大学中,也设有一个图书馆,负责收集进步书刊,宣传马克思主义。

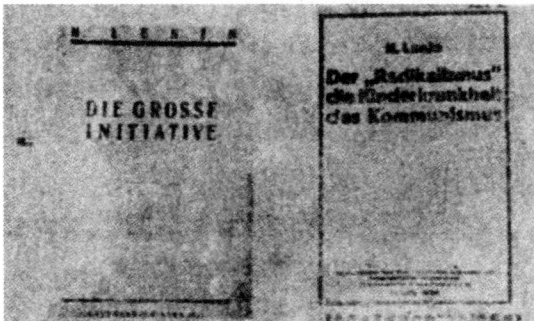

图5　一九二二年北京大学马克思学说研究会的亢慕义斋收藏的列宁著作

一九二一年以后,在中国共产党领导下还建立了一些有特色的图书馆。如一九二一年在上海成立的上海通信图书馆和一九二二年由北京大学马克思学说研究会成立的亢慕义(英文"共产主义"的译音）斋等。它们都是以收藏和流通马克思主义著作和进步书刊为主要任务。

四、中国近代图书馆事业的发展

中国近代图书馆事业的发展，要以二十年代末到三十年代中期这段时期最为兴盛。这一时期，以公共图书馆和高等学校图书馆为主的各种类型的图书馆在教育、科学、文化事业上都起到较为显著的作用。据一九三六年调查统计，全国已有图书馆、民众教育馆 2520 所（东北三省因日本侵占，未计入）。其中公立图书馆为 2005 所，私立图书馆为 515 所。与一九一六年统计的 293 所相比，增加七倍以上。

由于新文化、新知识书刊激增，图书馆藏书的学科内容、文献类型都已发生变化。新文艺和科学技术等门类图书增多。外文书刊在大型图书馆和高等学校图书馆藏书中已占有一定比例。期刊、报纸、画册、地图等类型文献已列入图书馆收藏范围。据一九三三年统计，全国高等学校图书馆藏书平均为 4 万册。一九三三年统计，国立北平图书馆藏书为 70 万册。

在工作方法方面，通过学习借鉴国外的方法和经验，不仅在以前不熟悉的图书流通、读者服务工作上取得成效；而且在分类、编目、书目等工作上，结合传统作法，也有所改进，有所创新。图书分类已突破传统的四部法，仿效杜威十进法，编制出多种新分类法。其中使用较多的有杜定友的《图书分类法》、王云五的《中外图书统一分类法》、刘国钧的《中国图书分类法》等。大多数图书馆报道馆藏已采用卡片目录。大型图书馆除分类目录外，还设有书名目录、著者目录等。一九三一年制定的《中文图书编目条例草案》，一九三六年国立北平图书馆和国立中央图书馆发行的印刷卡片目录,使图书馆目录的质量又有提高。为了更好地向读者介绍书刊资料,一些图书馆开始编制专题书目和索引。如国立北平图书馆出版的《中国通俗小说书目》、《清代文集篇目分类索引》、《文学论文索引》等,燕京大学图书馆引得编纂处出版的《艺文志二十种综合引得》等文史索引,都已被列为图书馆参考工作的工具书。

图书馆学正规教育,以私立武昌文华图书馆专科学校创办最早,办学时间最长。该校的前身是美国图书馆学家韦棣华一九二〇年创办的武昌文华大学图书科。一九二九年改为专科学校,由沈祖荣任校长。三十年代,它已为图书馆界培养出一批掌握近代图书馆工作方法的人才。此后创办的图书馆学教育机构主要的还有国立社会教育学院图书馆博物馆学系和北京大学中国语言文学系附设的图书馆学专修科。前者创办于一九四一年,由汪长炳任系主任。后者创办于一九四七年,由王重民任主任。

图书馆学研究也以三十年代较为活跃。据统计,从清末到新中国建立前,报刊上刊出的图书馆学论文约有 5300 篇,而其中约 4000 余篇是一九二八至一九三七年发表的。与此同时,还出版有谭卓垣《清代图书馆发展史》(英文本)、刘国钧《图书馆学要旨》、杜定友《图书馆学通论》、程伯群《比较图书馆学》、洪有丰《图书馆组织与管理》、裘开明《中国图书编目法》、余嘉锡《目录学发微》、姚名达《中国目录学史》、汪辟疆《目录学研究》等一批专著。其中有些至今仍有参考价值。综观这一时期的研究成果,以图书馆学为主,目录学、版本学、校勘学次之,其中以实践研究居多,理论探讨较少。

一九二五年成立的中华图书馆协会,在三十年代曾举办了三次年会,讨论了图书馆分类编目工作、图书馆流通工作、图书馆建筑、图书馆学教育等问题。对这时期的图书馆事业建设和图书馆学研究也起到一定的推动作用。一九二七年,并作为国际图书馆协会联合会的发起国之一,参加了该会的第一次会议。

　　总之,这一时期中国的图书馆事业已有较大的发展。图书馆工作方法、图书馆学研究、图书馆学教育等都有长足的进步。中国图书馆事业在三十年代能取得这样的成就有其社会原因,同时也是与热心图书馆事业的社会名流梁启超、蔡元培、马叙伦、陈垣等人的倡导与支持分不开的;也是与热爱图书馆事业的老一辈专家沈祖荣、李小缘、洪有丰、袁同礼、杜定友、刘国钧、皮高品等人和广大图书馆工作人员的努力分不开的。他们都为中国近代图书馆事业的建设和发展贡献了力量。

　　可惜的是,在此以后,由于日本帝国主义的侵略,国民党政府的腐败,后方的一些图书馆,为了保护图书,一再搬迁,很难开展工作。图书馆事业已日趋萎缩。

　　但是,这时中国共产党领导人民大众所进行的新文化、新教育建设,其中也包括图书馆事业,却在不断的进步中。早在苏维埃政权初期,中国共产党就在江西瑞金建立了苏维埃中央图书馆,并在红军部队中设立“红角”,开展图书流通工作。

　　一九三八年前后,各革命根据地和游击区的群众文化工作已有所加强。如浙江省诸暨县西斗门图书馆就是由当时中共地下组织建立的。这个图书馆一直坚持工作,长达二十九年。

　　抗日战争时期,陕甘宁边区一九三七年在延安成立了中山图书馆。一九三九年成立了鲁迅图书馆。一九四二年成立了绥德县子洲图书馆等公共图书馆。当时延安地区的许多单位,如中共中央机关、马克思列宁主义学院、延安大学、鲁迅艺术学院等,都有自己的图书馆和阅览室。参加这一工作的有林伯渠、胡乔木、武衡、于光远等人。据统计,当时延安各种图书馆的藏书总数已有 10.8 万余册。为了加强延安各图书馆之间的联系和改进工作,一九四一年成立了延安市图书馆协会。曾举行两次协会会员大会,开展一些会员学习活动。

16

这时在国民党统治区,也有一些由中国共产党直接或间接领导的图书馆。如上海的蚂蚁图书馆、中华业余图书馆等,北京大学孑民图书室、清华大学一二一图书室、武汉大学六一图书馆等。他们利用进步书刊,传播革命思想。许多

图6 一九三七年抗大在延安成立的中山图书馆

青年和学生在这里通过阅读学习,提高了思想与觉悟,走向革命。

上述这些图书馆的规模虽然不大,但他们克服困难,积极开展工作,也为革命政权建设和文化教育发展做出贡献,为后代搜集和保存下许多可贵的革命文献。他们所取得的成就是中国图书馆事业发展史上的可贵篇章;也是新中国图书馆事业发展兴盛的一个有力的前奏。

一九四九年中华人民共和国建立。在中国共产党的领导下,中国图书馆事业进入了一个崭新的历史时期。

第一编
新中国图书馆事业
的发展历程

第一章　开创中的新中国图书馆事业

（一九四九— 一九五七年）

第一节　对旧中国的图书馆接管与改造

一九四九年中华人民共和国的建立,标志着中国图书馆事业进入了一个新的发展时期。

从一九四九年到一九五三年,中国共产党领导各族人民有步骤地实现从新民主主义到社会主义革命的转变。对旧中国的教育科学文化事业进行了卓有成效的改造,取得了辉煌的成就。图书馆事业的接管和改造也取得了很大的成绩。

新中国建立初期,图书馆事业面临很大的困难。旧中国图书馆事业的基础弱,再加上日本帝国主义的侵略,国民党政府的反动统治和长期战争的影响,到一九四九年十月,据不完全统计,全国各类型图书馆只有 392 所,其中公共图书馆 55 所,高等学校图书馆 132 所,科学研究系统的图书馆 17 所,工会图书馆 44 所,私立图书馆 44 所。图书馆藏书少,馆舍简陋,经费紧缺。为了保障人民群众读书学习的需求,接管、整顿旧有图书馆,并使其迅速恢复工作,是新中国文化教育事业中最紧迫的任务之一。当时是从以下几个方面开展工作的:

第一,有计划有步骤地做好接管工作。在接管过程中,主要是认真抓好三个环节:一是派一批干部到图书馆担任领导工作,把图书馆事业置于中国共产党和人民政府领导之下,教育图书馆干部树立为人民服务的思想;二是对图书馆资产,主要是藏书进行清点和登记;三是集中精力恢复图书馆各项业务工作。

第二,确立图书馆事业的管理体制。当时,中央文化部下设文物局,各大行政区设有文化部(文教部),各省、市地方人民政府也设有文化部门,负责领导各级公共图书馆事业。中央各部委分别领导各该系统图书馆事业。

第三,调整和充实藏书。大力补充马列主义经典著作和革命书刊,并有计划地搜集苏区、解放区的出版物;同时根据政务院和文化部关于处理反动、淫秽、荒诞书刊的指示,对旧藏书进行审查和清理。

第四,废除不合理的规章制度,并采取多种措施以保障人民享用图书馆的权利,使图书馆为广大人民群众服务。

第五,整顿私立图书馆,划归各地人民政府文教部门管理,使它们成为人民群众学习文化科学知识的教育阵地。

第六,建设图书馆干部队伍。一方面团结原有的图书馆工作者,充分发挥他们的积极性;另一方面举办各级各类图书馆干部短期训练班,迅速培养一批人才,以适应工作发展的需要。图书馆学正规教育,除私立武昌文华图书馆学专科学校由中央文化部接办,继续招生外,先后在北京大学和西南师范学院开办了图书馆学专修科,培养图书馆专门人才。

接管的旧中国图书馆,经过三年的整顿和改造,性质起了根本变化。图书馆成为广大人民群众学习马列主义毛泽东思想、获取科学文化知识的重要场所。图书馆事业成为新中国科学、教育、文化事业的重要组成部分。

第二节　新中国图书馆事业的创建

一九五三年,国家开始实行发展国民经济的第一个五年计划,进入大规模经济建设时期。同年六月,中共中央提出了过渡时期的总路线和总任务,要在十年到十五年或者更多一些的时间内,基本完成国家工业化和对农业、手工业、资本主义工商业的社会主义改造。根据过渡时期总路线、总任务的精神,文教事业执行了"整顿巩固、重点发展、提高质量、稳步前进"的方针。在这一方针的指导下,国家一方面对原有的图书馆进行整顿、巩固和提高;另一方面又根据需要和可能,有步骤、有重点地建设新的图书馆。到一九五五年七月,文化部发布《关于加强和改进公共图书馆工作的指示》时,新中国图书馆事业的建设显示出蓬勃发展的势头。

一、公共图书馆工作的加强与改进

公共图书馆是面向社会和公众开放的图书馆。它包括国家图书馆——北京图书馆、省级图书馆、省辖市图书馆、县(区)图书馆和少年儿童图书馆。新中国建立后,国家十分关注公共图书馆的建设。从一九四九年到一九五七年,公共图书馆的数量逐年递增:一九四九年 55 所,一九五〇年 63 所,一九五一年 66 所,一九五二年 83 所,一九五三年 93 所,一九五四年 93 所,一九五五年 96 所,一九五六年 375 所,一九五七年 400 所。公共图书馆通过阅览、外借,开展邮寄借书,建立流动图书站,借书小组等方式,扩大图书流通,以满足广大读者的阅读要求;通过报告会、座谈会、图书展览、图书评介,宣传优秀图书,指导读者阅读,对人民群众进行爱国主义与社会主义教育,以提高读者的思想政治水平和科学文化水平。北京图书馆和一些藏书较多的省、市、自治区公共图书馆还开展书目参考工作,为党政机关和经济建设部门提供研究资料和解答咨询问题。

图7　一九五四年北京图书馆在市郊开展图书流通工作

与此同时,图书馆的一些基础业务建设也逐步展开,如改编旧的图书分类法,编制新的图书分类法,搜集善本图书和地方文献等。

但是,当时公共图书馆工作中还存在着一些缺点和问题,主要是:在一九五五年以前,公共图书馆的方针任务不够明确,在服务对象问题上,有些馆缺乏明确的认识,在工作重点上,有些馆主要侧重于图书的整理与保管,而对图书借阅的开展重视不够;不少公共图书馆对文化馆的图书室和其他图书馆(室)的联系与辅导不够,有的甚至根本没有开展这种联系和辅导工作。针对上述情况,文化部于一九五五年七月二日发布了《关于加强与改进公共图书馆工作的指示》,明确指出公共图书馆是以书刊对人民进行爱国主义与社会主义教育的文化事业机构,是中国共产党和人民政府进行宣传教育工作的有力助手,应广泛地开展图书流通,指导读者阅读,充分发挥藏书的作用,积极地为国家社会主义建设和社会主义改造服务。其服务对象应是广大的各阶层人民(少年、儿童也包括在内),对于工农兵和知识分子以及其他劳动人民不应有所偏废。但各公共图书馆可以根据各馆所在地区的社会情况,分别确定其服务重点。公共图书馆的主要任务应该是:第一,收集、保藏并积极利用图书、杂志、报纸和其他出版物,向广大人民宣传马克思列宁主义,进行爱国主义与社会主义教育,并使人民获得各种文化科学知识。第二,对本地区规模较小的公共图书馆、文化馆(站)图书室,工矿、企业、机关、团体的图书室及其他的图书馆(室)进行业务辅导,以促进本地区图书馆事业的巩固和发展。第三,以图书、资料、书目和索引为本地区的党和政府机关、财政经济部门、科学文教机关和其他机关、团体服务。

为了保证公共图书馆工作的不断改进,《指示》还要求各级地方政府文化行政机关加强对公共图书馆的政治思想领导,加强对其计划执行情况的检查,并给以具体的帮助和指导,在经费上应保证必要的购书费,并应指定专人负责管理公共图书馆工作。在配备公共图书馆干部时,保证有一定数量的具有相当文化水平的骨干。同时应注意干部的培养与提高。

文化部的上述指示,为改进公共图书馆工作指明了方向。

在建设公共图书馆事业中,中国共产党和人民政府十分重视建立和发展少数民族地区图书馆。在这个时期,内蒙古和新疆两个规模较大的自治区的图书馆事业得到了很大发展。内蒙古自治区图书馆一九五三年藏书仅 6000 余册,一九五六年增加到 1.5 万余册。而且新建了呼和浩特市、包头市和通辽市图书馆,还建了乌兰察布盟等五个盟图书馆。新疆维吾尔自治区图书馆一九四九年藏书 1.8 万余册。一九五六年增加到 9 万余册。并新建了昌吉回族自治州图书馆和阿克苏市图书馆。这一时期,全国其他少数民族地区也新建了一批州、盟、县、旗图书馆。这些少数民族地区图书馆都注重民族语文图书和民族文献的收藏,并因地制宜地积极开展适合少数民族特点的图书流通活动。它们在传播文化、团结边疆各族人民建设边疆的事业中做出了很大贡献。

这是新中国图书馆事业发展的一个重要的奠基时期。

二、高等学校图书馆和科学技术图书馆的发展

随着高等教育和科学研究的恢复和发展,高等学校图书馆和科学技术图书馆也有了相应的发展。一九四九年,全国只有 132 所高等学校图书馆,藏书总量为 794 万册。一九五六年十二月,高等教育部(简称高教部)在北京召开了第一次全国高等学校图书馆工作会议。这次会议总结了新中国建立后高校图书馆的工作,明确了高校图书馆的性质、方针和任务,制定了工作条例试行草案,对工作中存在的问题进行了认真的研究讨论。会后,《人民日报》发表了《办好高等学校图书馆》的社论,阐明了高等学校图书馆的性质、任务、地位和作用。并对图书供应、图书清理等工作提出了具体的要求。到一九五七年时,高等学校图书馆迅速发展为 229 所,藏书 4000 万册。科学技术图书馆是直接为科学研究和生产技术服务的图书馆,这种类型图书馆在新中国建立初期,数量不多,藏书薄弱。一九四九年中国科学院成立时,仅在该院办公厅下设图书管理处,负责采购和供应科学院及其所属研究机构的图书资料。当时,科学院系统图书馆,包括研究所图书馆或情报资料室共有 17 所,藏书总计只有 63 万余册。一九五一年二月将图书管理处改为中国科学院图书馆。一九五三年以后又陆续在上海、广州、兰州等地成立分馆,同时科学院所属的研究所也纷纷建立了各自专业的图书馆。到一九五七年底,该系统已拥有 101 所图书馆(室),藏书发展为 550 万册。

在此期间,上海将三所原私立图书馆依据其各自的藏书特点改建为上海市历史文献图书馆、上海市科技图书馆和上海市报刊图书馆。

三、工会图书馆和农村图书室的建立

工会图书馆是各级工会组织举办的群众文化事业。它是向职

工进行政治思想教育的重要阵地,也是职工学习科学文化知识的场所。工会图书馆的种类较多,有中华全国总工会图书馆,各省、市、自治区总工会图书馆,有市(州、盟)、县(旗、区)工会图书馆,有专门的产业工会图书馆,还有基层工会图书馆(室)等。这些图书馆,大都是在新中国建立后逐步发展起来的。它们和工会举办的其他群众文化事业一起,共同对广大职工群众进行广泛的宣传教育工作,对于提高职工群众的爱国主义和社会主义的思想觉悟,丰富职工群众的文化生活,抵制资产阶级思想的侵蚀,鼓舞劳动热情,起了积极的作用。一九五四年六月和一九五五年十月,文化部和中华全国总工会发布了《关于加强厂矿、工地、企业中文化艺术工作的指示》和《关于进一步开展厂矿、工地、企业中文化艺术工作的指示》。这两个文件都明确规定政府文化部门所属公共图书馆和有条件的文化馆图书室,应当协助工会建立工会系统的图书阅览机构,并在业务上给以辅导。各公共图书馆应当采取各种适当的方式来培养训练工会图书管理人员,传授图书管理方法。根据上述两个指示,省、市、自治区公共图书馆对工会图书馆的业务辅导工作加强了,因而促进了工会图书馆的巩固与发展。

一九五五年七月,中华全国总工会为了加强工会图书馆工作,在北京召开了第一次全国工会图书馆工作会议。这次会议主要讨论了工会图书馆的方针任务以及《中华全国总工会关于工会图书馆工作的规定》、《中华全国总工会关于清理工会图书馆藏书的决定》、《工会图书馆订阅报纸杂志参考标准》等文件,并交流了上海、天津、唐山等地的工会图书馆工作经验。会议确立的工会图书馆的方针是"面向基层,为生产服务,为群众服务"。会议规定的工会图书馆的基本任务是"利用图书报刊,帮助职工学习马克思列宁主义,向职工进行时事政策教育,并帮助职工获得科学、技术、文学、艺术等方面的知识,提高职工的政治、文化、技术水平,以教育和帮助职工积极地参加国家的社会主义建设事业。同时亦应利用图书报刊为职工家属服务。"会议还对工会图书馆的建立、领导、职责、编制、经费、图书采购、读者会议和管理制度做出了明确具体的规定。这次会议明确了工会图书馆的方针任务,解决了工会图书馆当时面临的许多实际问题,对工会图书馆的巩固和发展起了很大的促进作用。一九五六年,全国工会图书馆有 17486 所,到一九五七年底发展到 3.5 万所,藏书达 2000 万册。

农村图书室主要是在农业合作化过程中发展起来的。一九五五年七月,毛泽东主席发表了《关于农业合作化问题》的报告,中共中央做出了关于农业合作化问题的决议。为了广泛地对农民进行社会主义教育,加强农业科技知识的传播,满足农民的文化生活需要,中共中央和人民政府非常关注农村图书室的建设。一九五六年一月,文化部和中华全国供销合作总社联合发布了《关于加强农村图书发行工作的指示》,明确地规定要把大量适合农民需要的通俗读物及时地送到农村。一九五六年二月,文化部和中国新民主主义青年团中央委员会(简称青年团中央)又联合发布了《关于配合农业合作化运动高潮开展农村文化工作的指示》。该《指示》除了要求地方各级政府文化主管部门加强对农村文化工作的领导,应使文化馆、文化站、图书馆相互配合、协作以保证农村图书室稳步发展之外,还应着手以现有的县文化馆图书室为基础,筹备建立县图书馆。为了配合农村的文化建设,一九五六年青年团中央专门做出了"建立农村图书室"的决定,要求在一九五七年以前,全国绝大部分农村,都应当依靠青年自己的力量建立和办好一个图书室。在青年团中央的号召下,在全国掀起了一个"为着社会主义,帮助农村青年学习,赠送农村青年一本书"的活动。大量的图书送到农村后,对农村图书室的建立和发展,起了一定的推动作用。辽宁、山东、河南、江西、上海市郊区等的农村图书室都迅速发展起来。到一九五六年底,全国农村图书室发展到 18 万余所。

四、科技服务工作的加强

在新中国建立后的八年中，各种类型图书馆广泛开展了读者服务工作。这对提高人民群众思想、政治和文化水平，起了积极的作用。各类型图书馆通过各种方式，为广大人民群众服务，从而改变了过去某些图书馆脱离实际、重视收藏而不重视流通的办馆作风。据公共图书馆不完全的统计，一九五四年，馆内阅览，全年共接待读者1680万人次，比一九五三年增加了1倍以上；借出图书1065万册次，比一九五三年增加4倍以上。

一九五六年一月，中共中央召开了关于知识分子问题的会议。周恩来总理在关于知识分子问题的报告中指出："为了实现向科学进军的计划，我们必须为发展科学研究准备一切必要的条件。在这里，具有首要意义的是要使科学家得到必要的图书、档案资料、技术资料和其他工作条件。必须增加各个研究机关和高等院校的图书经费并加以合理使用，加强图书馆、档案馆、博物馆的工作，极大地改善外国书刊的进口工作，并且使现有的书刊得到合理的分配。"自此以后，社会各有关方面对于图书馆工作都给予很大的关心和重视。许多科学家指出，要使中国科学技术赶上世界先进水平，首先要使图书馆收藏的图书资料赶上世界先进水平。图书馆能否提供科学研究所需要的图书资料，是中国向科学进军的重要条件和胜利保证之一。

根据向科学进军的要求，一九五六年七月文化部在北京召开了全国图书馆工作会议。文化部社会文化事业管理局在会上提出了《明确图书馆的方针和任务，为大力配合向科学进军而奋斗》的报告。这次会议确定图书馆事业应承担的两项基本任务是：一项是向科学研究工作者提供图书资料，促进科学的迅速发展；另一项是向广大人民群众广泛提供图书，传播马克思列宁主义，进行文化教育工作，以提高他们的思想、政治和文化水平。动员他们的社会

图8 一九五六年七月文化部在北京召开全国图书馆工作会议

主义建设的劳动积极性。这两项基本任务,对于社会主义建设都是不可缺少的。但由于图书馆类型不同,基础不同,读者的要求不同,周围的图书馆分布的情况不同,可以因时、因地、因馆制宜,从而确定某一个图书馆的具体任务。要求在一个地区范围之内,使上述两项基本任务,都能有馆负担,各得其所,使科学研究工作者的需要和广大人民群众的需要都能够得到适当的满足。这次会议是新中国建立后第一次全国性的图书馆工作会议。文化部副部长兼北京图书馆馆长丁西林,副部长刘芝明等出席会议并讲了话。这次会议上做出了以下几项重要决定:

(一)大力开展科学、技术图书期刊的借阅工作。图书馆应该把对社会主义建设和科学研究有参考价值的书刊,主动地提供科学研究人员利用。对于科学家应该准许其利用全部馆藏,对于一般科学研究人员也应该允许在极大的范围内借阅图书。对于仅供内部参考的文献也可以按照一定的手续制度,让科学家借阅。规模较大的公共图书馆应该在提供给一般读者使用的普通阅览室之外,积极地设置科学阅览室,专供研究人员使用。规模较大、藏书较多的专门图书馆,如果一个综合阅览室不能适应需要,也应开辟几个学科的科学阅览室。为了解决馆藏不足和研究人员的特殊需要,必须加强馆际互借工作。除馆际互借外,还应该根据具体情况

30

积极进行必需的个人外借和邮包借书的工作。在开展借阅工作的同时，应该建立与专家、学者联系的制度，了解他们的要求，同他们研究补充图书的计划和书目工作，并征求改进图书馆工作的意见。

（二）做好藏书的整理、补充与调配工作。利用一切社会力量，尽快地把图书馆积存的图书整理出来，供应借阅。积极地经常地补充需要的图书，关于社会主义建设急于要参考的科学与技术的书刊和科学研究所需要的系统的科学论著，都应该根据需要加以补充。要具体地确定补充图书的标准，不要有过多的复本，对并非常用而其他图书馆又有收藏的书刊，可以通过馆际互借来解决。补充图书应该根据需要，确定重点。全国重点应该是对于国家关系最大的，最急需的和最短缺的科学门类的图书。各馆应该有自己的重点，不一定都要与全国重点一致。有计划地清理多余复本和不属于本馆收藏范围的图书，进行交换和调拨给需要的图书馆。清理残缺的书刊，有计划地互相调剂，使它得以补充齐全。扩大国际图书交换工作，由北京图书馆统一负责省以上公共图书馆和不属科学院、高教部系统的专门图书馆的国际交换工作。中国科学院图书馆统一负责科学院系统图书馆的国际交换工作。北京大学图书馆统一负责各高等学校图书馆的国际交换工作。凡有国际交换关系的图书馆都应加强与科学研究机关和科学研究人员及有关的图书馆的经常联系，随时了解他们的需要，以便向交换的对方提出要求。担任国际交换图书的图书馆应该有目的、有计划地逐步增加交换单位，要求在短时间内做到与世界上各大图书馆、各主要科学机关、各国著名大学图书馆逐步建立交换关系。

（三）积极改进现有的目录组织。图书馆的读者目录应备有反映新旧图书分类目录、书名目录、著者目录。没有配齐这三种目录的图书馆，应该视本身的能力，逐步编制。专门图书馆应设法编制标题目录。在读者目录不能满足需要的情况下，应当允许科学研究人员使用内部参考书刊目录或公务目录。现有的分类目录、应该逐步编制参照、互见和分析卡片,便于读者查找图书。期刊方面的目录对于科学研究人员特别重要。各大图书馆如果只有刊名目录,还必须逐步备有期刊专题论文索引。

(四)加强书目参考工作。为了密切配合科学研究工作的进展,图书馆应该根据科学研究的需要与馆藏的情况,编制各种书目和索引。如专题联合书目、专门书目、新书通报、报刊论文索引、专题论文索引、专书索引等。书目工作必须适应科学研究的情况,分清轻重缓急,有重点、有计划、有步骤地进行。编制科学研究最迫切需要的主题联合书目时,必须依靠各有关图书馆的联系合作,采取一馆负责,各馆补充的办法来进行。为了做好这项工作,在北京图书馆中设置一个书目协调机构,负责全国书目工作的联系和协调,以加强书目工作的计划性。省、市、自治区公共图书馆也应有专人负责书目的协调工作。

一九五六年七月,中国科学院副院长兼图书馆馆长陶孟和在《人民日报》发表了题为《图书馆要为科学家服务》的文章,指出图书馆应该尽力准备充分的科学书刊资料,以满足科学工作者的需要。同年十二月,高教部在第一次全国高等学校图书馆工作会议上,在确定高校图书馆的方针和任务的同时,要求高校图书馆应在实现科学进军的计划中,起重要作用。

通过以上部署和舆论宣传,省、自治区、直辖市公共图书馆、高等学校图书馆和科学技术图书馆都加强了为科学技术服务的工作。许多图书馆设立了科学技术阅览室,有的还设立了科学技术服务部或科学技术文献检索室。编制了适应科学技术人员需要的"对口"的目录和参考书目索引,广泛开展了馆际互借工作。在文献搜集方面,各大型图书馆都注意围绕科学研究的需要,并参照各学科的发展动向、文献类型以及内容的变化等确定搜集重点,然后尽量设法开辟书源,积极搜集和补充科技文献资料。例如中国科学院图书馆,在短期内即增订、补充大量外文期刊,并搜集了学术价值高,需要迫切的学术会议录、科技报告、政府出版物和专利等文献。这样就为向科学进发的大军,准备了比较充足的"粮草"。

五、馆际协调与协作工作的开展

各类型、各系统图书馆之间的协调和协作,是图书馆事业发展的整体性需要,也是图书资料的保存和共享的需要。但在一九五六年以前,由于缺乏统一规划与领导,中国图书馆界的协调和协作活动,基本上处于萌发阶段,没有广泛地开展起来。

一九五六年一月,中共中央发出向科学进军的号召以后,各方面都注意改善为科学研究服务的图书条件,图书馆工作有了明显的改进。但是也存在着一些问题,如积压的图书还没有整理出来,多余的复本图书和不合理的收藏还有很多没有交换和调拨,采购外文书刊和古旧书还有较大盲目性,专题联合书目和新书通报编制不够及时,文献复制工作还做得很少。为了解决这些问题,改进为科学研究服务的条件,一九五七年七月,国务院科学规划委员会第四次扩大会议拟定了《全国图书协调方案》。同年九月,在周恩来总理主持下,国务院第五十七次全体会议通过批准了《全国图书协调方案》,决定在国务院科学规划委员会领导下成立图书小组,负责对全国为科学研究服务的图书工作进行全面规划和统筹安排,并决定在北京和上海两个地区,建立一批全国性的中心图书馆和武汉、沈阳、南京、广州、成都、西安、兰州、天津、哈尔滨 9 个地区性的中心图书馆来贯彻执行《全国图书协调方案》,使中国各类型、各系统图书馆之间的协调与协作,走上了由国家全面规划和协调管理的道路。

国务院科学规划委员会下设的图书小组,由文化部、高教部、中国科学院、卫生部、地质部、北京图书馆的代表和若干图书馆专家组成,任命陶孟和、谢冰岩、左恭、刘国钧和高等教育部的代表为常务组员。

科学研究工作要求图书馆藏书适当集中和系统积累,逐步达到丰富精专的地步。因此,选择一些馆藏最有基础的图书馆,作为全国性的和地区性的中心图书馆是十分必要的。这样做,不仅可改善为科学研究服务的图书条件,而且可以这些中心图书馆为基础,做好全国图书馆的协调工作。中心图书馆担负的任务是:(一)为科学研究工作服务;(二)搜集种类较多、质量较高的应该收藏的书刊;(三)编制联合书目和新书通报;(四)国际图书交换工作;(五)照相复制图书工作;(六)规划和进行干部培训工作。

根据《全国图书协调方案》的规定,北京地区全国性的中心图书馆有北京图书馆、中国科学院图书馆、中国医学科学院图书馆、中医研究院图书馆、中国农业科学院图书馆、北京农业大学图书馆、地质部全国地质图书馆、中国人民大学图书馆、北京大学图书馆、清华大学图书馆、北京师范大学图书馆等。上海地区全国性的中心图书馆有上海图书馆、上海交通大学图书馆、中国科学院上海分院图书馆、复旦大学图书馆、上海第一医学院图书馆、第二军医大学图书馆、华东师范大学图书馆、同济大学图书馆等。9个地区性的中心图书馆也都是所在地区的各系统的大型图书馆。全国性中心图书馆中的公共图书馆、中国科学院图书馆和专业的科学图书馆向全国科学工作者开放;高等学校图书馆除了保证本校师生的需要外,也尽可能根据各该馆馆藏的专长特点,对有关的科学工作者开放。

为统一步调,加强协作,北京和上海都由各中心图书馆负责人组成了中心图书馆委员会,武汉、沈阳、南京、广州、成都、西安、兰州、天津、哈尔滨也相继由各中心图书馆负责人组成了中心图书馆委员会。北京全国第一中心图书馆委员会隶属于国务院科学规划委员会,上海全国第二中心图书馆委员会和其他地区的中心图书馆委员会隶属于所在省、市、自治区科学工作委员会。它们的任务是:(一)协助科学规划(或工作)委员会或行政领导部门研究图书馆的统筹安排和全面规划；（二）研究和解决有关中心图书馆之间的分工合作问题；（三）研究有关编制联合书目、新书通报方面的问题并制定计划；（四）研究有关干部业务提高的问题。

除了《全国图书协调方案》规定成立中心图书馆委员会以外的地区，如河南、湖南、浙江、吉林、山西、安徽、宁夏、新疆等省（自治区）市，也先后成立了中心图书馆委员会或协作委员会，开始进行馆际协调与协作工作。

中国幅员辽阔，图书资料分散。过去图书馆之间缺乏联系，科学研究人员无法了解到他所需要的图书收藏于何处。所以编制联合目录，开展馆际互借，就十分必要了。根据《全国图书协调方案》的精神，一九五七年十一月正式成立了全国图书联合目录编辑组，附设在北京图书馆内。它的任务是：（一）了解、调查全国各图书馆的馆藏和编目情况；（二）制定联合目录编辑计划；（三）起草联合目录编目条例；（四）加强和各馆有关联合目录工作的联系、布置、检查和督促工作；（五）综合各馆书目，做最后的编排、校定、出版等工作。

自此以后，图书馆界展开了编制联合目录、馆际互借、图书采购等的协调与协作活动。

六、对苏联图书馆事业建设经验的学习与借鉴

革命导师列宁十分关注图书馆事业。伟大的十月社会主义革命胜利后，在列宁的倡议和参与下，俄罗斯苏维埃联邦社会主义共和国制定了一系列图书馆事业建设的方针与政策。列宁提出的基本思想如对图书馆事业实行集中管理，统一领导；应建立有计划的图书馆网；图书馆应优先及时地得到书籍；国内外图书馆应加强协作和图书互借；图书馆是国民教育中心，应成为人人都能利用的场所；图书馆要重视图书的流通，要提高图书馆图书的流通率；要重视图书馆藏书的收集与保护；要系统收藏历史文献和外国新出版

的文献;要重视图书馆干部队伍的建设等,这些思想对中国创建社会主义图书馆事业曾产生重大的影响。

新中国建立初期,图书馆界就陆续翻译了列宁对图书馆工作的论述,苏联发布的关于图书馆工作的规定以及苏联图书馆关于宣传图书、指导阅读方面的经验和有关文章。一九五三年到一九五六年又翻译出版了《苏联大众图书馆工作》、《列宁论图书馆工作》、《图书馆技术》、《克鲁普斯卡娅论儿童阅读辅导》等。一九五七年,再一次出版了内容更为完全的《列宁论图书馆工作》。此外,出版的还有北京图书馆编译的《图书馆学翻译丛刊》和《图书馆学翻译丛书》。上述书籍的翻译出版,为中国图书馆工作者学习列宁对图书馆事业的论述和苏联图书馆事业建设的经验提供了方便。

一九五五年七月,苏联图书馆专家雷达娅来中国工作。在中国的两年期间,她考察了各类型图书馆,列席图书馆工作会议,在图书馆进修班、讲习班做专题报告,在图书馆业务座谈会上解答问题,帮助中国发展图书馆事业,付出了不少心力。

这一时期,中国图书馆界学习列宁关于图书馆事业的论述和借鉴苏联图书馆事业建设的经验,主要表现在:一是在制定图书馆的方针、政策时,强调了图书馆在国家社会主义建设中的作用;二是在读者服务工作中强调加强服务观点,贯彻区别服务的原则,不断提高服务质量;三是在图书分类法的编制方面,以马克思列宁主义、毛泽东思想为指导思想,坚持图书分类法思想性、科学性和实用性的统一;四是在文献搜集上,注意围绕科学研究和经济建设的需要,并参照各学科的发展动向,有重点、有计划、多途径地进行搜集和补充;五是在图书馆专业教育方面,加强基础理论教学,重视理论联系实际。

五十年代学习和借鉴苏联经验,对中国图书馆事业建设起了积极作用。但在借鉴苏联图书馆事业建设经验的过程中,也存在着某些生搬硬套、脱离中国实际等缺点。对其他国家的有益经验，也未能广泛吸取。

第二章　曲折前进中的图书馆事业

（一九五八——一九六五年）

第一节　"大跃进"时期的图书馆事业

这个时期,中国图书馆事业在社会主义建设总路线的指引下,取得了一定的成绩。但受到当时"左"的思潮的影响,急躁冒进,也给事业带来了不少损失。为建设中国的社会主义图书馆事业积累了正反两方面的经验。

一九五八年中共中央提出了社会主义建设总路线。毛泽东主席号召"破除迷信,解放思想"。全国广大图书馆工作者深受鼓舞,发挥出高度的积极性和创造性,努力探索社会主义图书馆事业建设的新途径。主要成绩表现在以下几个方面:

第一,文献搜集有所加强。大型公共图书馆、高校图书馆和科学技术图书馆都注意加强对学术动态和出版情况的调查研究。在此基础上,广辟书源,多方面进行搜集和补充,除订购、接受捐献外,大力加强了国际书刊交换工作,从而增强了为科学研究服务的能力。

第二,读者服务工作有很大改善。开门办馆,送书上门,变被动为主动。不少图书馆延长了开馆时间,并采取信函借书、电话借书、预约借书等多种流通方式,大大便利了读者的借阅。书目工作也有很大改进,面向生产,面向科研,编制了多种多样的书目和索引,及时地、有针对性地为科学研究提供了较系统的文献。

第三,统一编目工作进展较快。首先进行的是中文图书统一编目工作。一九五八年六月,中国人民大学图书馆和中国人民大学出版社开始编印全国出版新书的提要卡片,他们与新华书店5个门市部合作,根据所得到的新书进行编目。同年八月,北京图书馆加入编目工作,正式成立了中文图书提要卡片联合编辑组,开始编制全国新书提要卡片,仍由中国人民大学出版社印刷发行。到一九五九年二月,中国科学院图书馆也加入该组工作。

西文图书统一编目工作始于一九五八年八月。由北京图书馆、中国科学院图书馆、北京大学图书馆、清华大学图书馆及北京矿业学院等八大学院图书馆与外文书店共同组成西文图书卡片联合编辑组,向98所图书馆发行卡片。

俄文图书统一编目工作始于一九五八年十月,先由北京图书馆与中国科学院图书馆合作,并得到新华书店外文发行所的支持,试行编印俄文新书卡片。一九五九年一月,北京图书馆、清华大学图书馆、北京大学图书馆、北京师范大学图书馆、北京外语学院图书馆以及中国科学院图书馆等,共同组成"苏联图书卡片译印社"。同年四月正式印发卡片供应全国。

中、西、俄文图书卡片的联合编辑组相继成立以后,统一编目工作有了很大的发展。图书馆利用印刷卡片,大大提高了编目质量。

第四,联合目录工作成绩显著。全国图书联合目录编辑组于一九五七年十一月成立后,即根据《全国图书协调方案》的要求,进行了全国书刊馆藏情况的调查以及书刊联合目录的编辑出版工作。从一九五七年到一九六六年的九年间,共出版全国性的和地区性的联合目录300余种。不仅在数量上大大超过了旧中国出版联合目录的总和,而且质量有很大提高。这一时期,全国图书联合目录编辑组编出的《全国中文期刊联合目录》、《中国古农书联合目录》、《中医图书联合目录》、《全国西文期刊联合目录》、《全国俄文期刊联合目录》、《全国日文期刊联合目录》等和上海图书馆编出的《中国丛书综录》都已成为图书馆界、学术界必备的重要参考书目。另外,全国图书联合目录编辑组还从一九五八年六月起,定期出版《全国西文新书联合目录通报》,分哲学、社会科学部分与自然科学和技术科学部分两辑编印。

图9 编辑出版的部分联合目录

但是,在这个时期内,由于受了当时高指标、浮夸风等"左"的思想影响,急于求成,也使图书馆事业受到不少挫折。一九五八年三月,在北京召开的全国省、自治区、直辖市图书馆工作跃进大会上提出的不切合实际的工作指标给图书馆事业发展带来很大损失,主要表现在以下几个方面:(1)图书馆事业发展过急过快,规模超越了人力、物力、财力等客观条件的可能性,盲目进行图书馆事业建设。特别是农村和城市的基层图书馆(室),一哄而起,但其后真正能够巩固下来的却为数甚少。(2)在服务工作上,盲目追求图书的流通量,提出"提高图书流通率,番上加番",忽视和削弱了藏书的搜集、整理和保管;片面强调"开门办馆,送书上门",

忽视和削弱了馆内的阵地服务工作。结果造成一部分图书丢失、缺藏、书库混乱,使图书馆基础工作受到破坏。(3)在图书馆规章制度上,由于片面强调"大破大立"、"先破后立",造成业务管理混乱,某些工作环节处于无章可循的情况。(4)在图书馆学教育方面,由于政治运动接连不断,社会活动、生产劳动安排过多,使教学工作受到了干扰。在教学改革中,存在着否定教师主导作用的偏向,严重挫伤了教师的积极性。(5)在图书馆学研究方面,没有认真贯彻百家争鸣的方针。一九五八年"跃进"大会后在持续了一年多批判所谓资产阶级图书馆学的过程中,缺乏科学的、实事求是的分析态度,存在着简单粗暴、乱扣帽子的错误作法,不仅冲击了图书馆学研究,而且对以后的图书馆学研究产生了消极影响。

第二节　调整时期的图书馆事业

一九六一年春,中共中央通过了"调整、巩固、充实、提高"的八字方针,国民经济进入了调整时期。图书馆事业主管部门和各级各类图书馆认真总结了"大跃进"的经验教训。经过努力,比较快地消除了盲目冒进所造成的消极后果,同时也在调整中有所前进,取得了以下一些新的进展和成就。

第一,调整图书馆事业的发展速度与规模,撤销了一部分尚不具备独立建制条件的县图书馆,并把它们与县文化馆合并。全国县以上公共图书馆由一九六〇年的 1093 所调整为一九六三年的 490 所。使图书馆事业的建设建立在与国民经济和社会发展相适应的基础上。

第二,在图书馆的任务与服务对象方面,通过总结经验教训,确定为广大群众服务与为科学研究服务两者都不可偏废,但可根据各馆的具体情况有所侧重和分工。对图书馆各项业务工作进行整顿,其中着重抓了内部工作的整顿,如藏书的整顿、目录的整顿、规章制度的整顿等。经过整顿,图书馆的基础工作得到了加强。在读者服务工作方面,注意馆内阵地工作与馆外服务活动相结合,着重点放在努力提高服务质量上。图书流通工作既讲数量、更重质量。在为科学研究服务方面,加强了重点跟踪,对口服务。

第三,外文科学技术书刊进口和分配工作在对外文化联络委员会(简称对外文委)和国家科学技术委员会(简称国家科委)的领导下,分口负责,逐步调整,提高了质量,减少了复本,节约了外汇,对外书刊交换工作有了较大的发展,比较广泛地和国外科学研究机关、学术团体、大专院校和国家图书馆建立了书刊交换关系。收集到了世界各国,特别是英、美、联邦德国、日本等国家的一些难得的科学技术资料。同时,各大型图书馆开展了书刊复制业务。

第四,认真清理积压的科学技术文献,在一九六三、一九六四年两年内,国务院各有关部委和省、市、自治区以上的各级科学技术情报机构以及各中心图书馆委员会成员馆,把积压的中外文科技文献进行了一次全面的清理。清理出的文献全部加以登记,编出目录,整理上架,提供科学技术人员利用。此项工作是在国家科委和文化部领导下进行的,由科学技术文献清理工作小组负责全国清理工作的统一安排和督促检查。

第五,在中共中央提出"全党大办农业"的号召以后,各类型图书馆都加强了为农业服务的工作。编制了适应农业科技人员具体需要的"对口"目录和参考书目索引。

第六,在图书馆学教育方面,明确了学校要以教学为主,统筹安排教学、科研、生产的关系。重新制定了专业教学计划和教学大纲,加强基础理论教学,健全了教学的基本制度,稳定了教学秩序。在学术研究方面,继续贯彻"百花齐放,百家争鸣"的方针。

图书馆事业经过上述的调整和整顿,又重新走上正常的发展轨道。公共图书馆、高等学校图书馆和科学技术图书馆都在系统总结经验的基础上，调整了馆内的基础工作与馆外服务活动的关系，恢复了许多行之有效的规章制度，重新修订了各项业务工作的定额，纠正了"大跃进"中不讲科学、不讲服务效果的浮夸倾向。各项工作，特别是读者服务工作，做得更深更细，更有章法，内容也得到充实。一九六四年前后，广大图书馆工作者经过加强业务基本功的训练，专业素质和实际工作能力都有所增强。北京、上海两个全国性中心图书馆委员会和各地区中心图书馆委员会，在外文书刊采购协调、书目编制、书刊互借、干部培训等方面，做了很多颇有成效的工作。省、市、自治区文化厅（局）也加强了对各自地区图书馆的领导。充实了它们的藏书和设备，使其成为各自地区中心图书馆委员会的核心。这一时期中国图书馆事业已经复苏，但可惜的是，继此"文化大革命"的发生使图书馆事业又遭到了更大的破坏。

第三章 "文化大革命"中的图书馆事业

（一九六六——一九七六年）

第一节 "文化大革命"对图书馆事业的严重破坏

从一九六六年五月开始的为期十年的"文化大革命"使中国社会主义图书馆事业遭到了严重的摧残。许多图书馆一度被迫闭馆停止工作，有些馆甚至闭馆长达五、六年之久。其严重破坏概括起来主要是：

第一，图书馆的性质和职能受到歪曲。把图书馆当作无产阶级专政的工具，以阶级斗争的观点看待和处理图书馆的一切活动，导致大批的古今中外书刊，被视为"封、资、修"毒草，被禁锢，有的甚至被焚毁；采购外文书刊被诬为"洋奴哲学"，横加批判，以致被迫停止或中断；把为知识分子服务与为工农兵服务对立起来，极大地削弱了图书馆为科研和生产服务、传递科技信息以及保存文化遗产的职能。

从事科学研究的读者被视为资产阶级知识分子受到冷遇；图书馆的业务干部也被视为资产阶级知识分子，下放劳动改造，等等。

第二，各类型、各系统图书馆多年积累的管理经验和行之有效的规章制度被否定，致使图书馆工作无章可循，管理混乱。

第三，各类型、各系统图书馆之间的协调和协作工作陷入停顿状态。北京、上海两个全国性的中心图书馆委员会以及其他 9 个地区性的中心图书馆委员会都停止了活动。中文、俄文图书的统一编目工作和全国图书联合目录编辑组的工作都先后停止。

第四,北京大学和武汉大学图书馆学系,从一九六六年到一九七一年停止招生,图书馆学专业刊物被迫停刊,图书馆学教学人员被下放劳动,图书馆学研究也基本上处于停顿状态。

第五,图书馆事业的规模大大缩减。全国县以上公共图书馆由一九六五年的 573 所减少到一九七〇年的 323 所;高校图书馆由一九六五年的 434 所减少到一九七一年的 328 所。仅有的北京、上海等地的 7 所少年儿童图书馆,都被缩减并入所在地区的公共图书馆。工会系统图书馆和中小学校图书馆(室)大部分被关闭或撤销。

第二节　在艰难条件下图书馆工作的进展

"文化大革命"期间,各类型图书馆工作,从总的方面来说,遭受干扰、破坏是极其严重的。但是在"文化大革命"的后期,一些图书馆在逆境中仍然坚持开馆,坚持业务工作,做些力所能及的工作。有的还在国家重大科研项目的服务中,发挥了作用。

"文化大革命"期间,周恩来总理也很关心图书馆工作。一九七一年四月,在周总理的亲切关怀下,全国出版工作座谈会在北京举行。八月,中共中央转发了国务院《关于出版工作座谈会的报告》。在这次座谈会上,也讨论了全国的图书馆工作。《报告》中明确地指出"图书馆担负着宣传马克思主义、列宁主义、毛泽东思想,为三大革命运动服务的重要任务,要加强对图书馆的领导,充分发挥它的作用。目前很多图书馆停止借阅的状态应当改变,要积极整理藏书,恢复借阅。"这些规定,使处于动乱中的广大图书馆工作者看到希望。就在这次会议之后,全国各类型图书馆逐步地恢复了图书借阅和其他服务工作。那些曾经关闭的图书馆又打开大门接待读者。北京大学和武汉大学的图书馆学系恢复招生。

一九七三年五月,国家文物事业管理局(简称国家文物局)经国务院办公室同意批转了《关于北京图书馆主要服务对象的请示报告》,这个报告明确了以下问题:

第一,一九七二年八月中共中央转发的国务院《关于出版工作座谈会的报告》中所规定的是各种类型图书馆的总任务,在具体执行时,根据北京图书馆藏书的特点,所处的地位和当时的工作条件,应以中央党、政、军领导机关,科研部门,重点生产建设单位为主要服务对象。同时适当地开展一般读者的阅览工作。

第二,在征集采购书刊、资料时,要防止右的和"左"的思想的干扰。广泛地、积极地、又要有选择地购藏国外出版的各种书刊资料。尽量购藏反映最新科学技术的书刊资料。对过去停购、漏购的书刊资料,根据需要加以补购。

第三,恢复该馆的参考咨询部门,充实适当数量有业务专长的干部,加强解答关于书刊资料咨询问题。要密切和有关部门、单位的联系。加强调查研究,及时了解科学技术的新发展,有计划有目的地积累资料,主动地向有关部门、单位及时提供书刊、目录、资料等。

第四,为了保证上述任务的顺利完成,必须加强领导,发动群众,从调查研究入手,检查和修订各种规章制度。按照保证重点、照顾一般的原则,制定具体措施,有步骤地把一切工作都要纳入新的轨道上来。

上述指示,不仅明确了北京图书馆应主要为哪些对象服务以及如何服务的问题,而且对全国省、自治区、直辖市公共图书馆确定其工作重点,产生了积极的影响。

一九七二年,当周恩来总理得知北京图书馆藏书量大大超过书库的容量以后,即指示该馆觅址扩建新库。指示国务院办公室把位于北京图书馆西侧的两栋楼房交付北京图书馆使用。一九七三年十月,北京图书馆把就地扩建新库的设计方案和模型正式上报。周恩来总理审查后,考虑到中国今后包括图书馆在内的科学文化事业的发展,再次批示"原馆保留不动,可在城外找个地方另建新馆。"根据周恩来总理的这一批示,国家建设委员会和有关领导部门经过多方调查和努力,提出了三个新馆建设规模方案,于一九七五年报请中共中央和国务院审批。当报告送到周恩来总理身边时,他已重病在身,仍仔细地审阅了报告及附件,并批准了其中的第二方案。一九七五年十月,周恩来总理的病情已十分严重,他还关注古籍的保存和发挥作用的问题。并通过国务院办公室向国家文物局和北京图书馆下达了"要尽快地把全国善本书总目编出来"的指示。周恩来总理对图书馆工作的关怀,在"左"的思潮泛滥之际,犹如一股清新的春风,鼓舞着全国图书馆工作者在极其艰难的条件下,坚持做好图书馆各项工作。

图 10　一九七五年北京图书馆新馆建设工程方案设计工作会议

在"文化大革命"期间,图书馆界还以协作的方式,开始编制

《中国图书馆图书分类法》（简称《中图法》）和《汉语主题词表》。一九七二年二月，北京图书馆提出编制中国图书馆图书分类法的倡议，得到了全国各类型、各系统图书馆的响应，于是组成了由 36 所图书馆和有关单位参加的编辑组。经过两年多的时间完成了编辑工作。一九七四年以试用本的形式印行。一九七五年正式出版。这部图书分类法，共分 5 大部类 22 个大类，是新中国又一部大型图书分类法。与此同时，中国科学技术情报研究所会同有关单位，在《中图法》的基础上，根据类分科技情报资料的需要，进行加细和适当的修改，编成《中国图书资料分类法》，于一九七五年正式出版。它的基本结构与《中图法》一样，共有类目 4 万多条。一九八〇年，在《中图法》（修订本）出版后，又编制出版了《中国图书馆图书分类法（简本）》供中小型图书馆使用。

中国编制的第一部大型综合性的主题表《汉语主题词表》，是从一九七五年七月汉语主题词表编辑组成立后开始的。经过参加编辑工作的全国 505 个单位，1378 人，历时五年的通力合作，终于完成了这部重要的大型工具书，填补了中国在大型综合性主题词表方面的空白。

第四章　图书馆事业发展的新阶段

（一九七七——一九八九年）

第一节　图书馆事业的全面恢复

一九七六年十月,粉碎"四人帮"反革命集团以后,中国进入了社会主义现代化建设的新的历史时期。从一九七六年年底到中共十一届三中全会之前的两年中,图书馆界深入批判了"四人帮"反革命集团推行的极左路线,分清路线是非,端正办馆的思想路线。同时,各类型图书馆的领导班子也作了不同程度的调整,加强了对图书馆事业的领导。

一九七七年八月,国家文物局在大庆、哈尔滨召开了全国文物、博物馆、图书馆工作座谈会。这次会议明确了:(1)图书馆要担负起宣传马列主义、毛泽东思想,为三大革命运动服务的任务。各级公共图书馆要根据自己的条件和实际需要,在服务对象和工作范围上有所侧重,有所分工;(2)为适应国民经济迅速发展的形势,公共图书馆特别是省级以上馆,要大力加强为生产和科学研究服务的工作;(3)要搞好业务基础工作,加强科学管理,不断提高工作质量和服务水平;(4)为了使分散的图书资料充分发挥作用,要根据国务院一九五七年颁布的《全国图书协调方案》的精神,组织各系统的图书馆建立全国的和地区的图书馆协作组织;(五)对书库和阅览场所十分紧张的图书馆,有关领导部门应设法予以解决;(六)要巩固和发展基层民办图书馆(室),各级图书馆要加强对它们的业务辅导。另外,还就河北省馆以及市、县馆的建设提出了建议。

一九七八年四月,为解决发挥各种图书资料作用的问题,国务院以国发(1978)81号文件批发了国家文物局《关于图书开放问题的请示报告》。这个文件,批判了"四人帮"的文化专制主义,明确了图书管理、借阅的界限,解决了长期禁锢的图书,同时,也开始解放广大图书馆工作者的思想,积极投入恢复惨遭破坏的图书馆各项工作。

为整顿和加强图书馆工作,教育部于一九七八年八月颁发了《关于加强高等学校图书资料工作的意见》;国家文物局于一九七八年十一月颁发了《省、市、自治区图书馆工作条例(试行草案)》;中国科学院于同年十二月召开的第一次全院图书情报工作会议上确立了图书情报一体化的体制,同时制定了《中国科学院图书情报工作暂行条例》。贯彻执行这些文件,使省级公共图书馆、高等学校图书馆、中国科学院系统图书馆的工作开始走上正轨,从而开辟了图书馆工作全面发展的新局面。

中共十一届三中全会,开始全面地认真地纠正"文化大革命"中及其以前的"左"倾错误,作出了把工作重点转移到社会主义现代化建设上来的伟大战略决策,采取了一系列有力的措施,经济上和政治上都出现了新中国建立以来最好的形势。理论界关于真理标准问题的讨论,也活跃了图书馆界的研究空气。图书馆界的领导和干部都认真地贯彻执行中共中央的正确方针,努力研究新情况,解决新问题,不失时机地把工作重点转移到了为实现四个现代化服务上。

一九七八年全国科学大会的召开对图书馆界、情报界是一个很大的促进。为了适应新形势的需要,为科学研究提供资料,为实现四个现代化服务,各类型各系统图书馆都不同程度地改进书刊资料特别是外文科技资料的入藏,努力扩大同国外的书刊交换。中共中央宣传部批准了国家文物局《关于扩大对外图书交换的请示报告》,确定全国和地区性中心图书馆中的省级公共图书馆,即上海图书馆、天津图书馆、南京图书馆、湖北省图书馆、广东省中山图书馆、四川省图书馆、陕西省图书馆、甘肃省图书馆、辽宁省图书馆和黑龙江省图书馆先行试点,总结经验,逐步扩大。同年十二月,国家文物局又召集上述省市公共图书馆在镇江座谈。座谈中,大家一致认为,国际书刊交换是国际间学术文化交流的一个重要方面,是图书馆通过非贸易方式换取国外出版书刊资料的途径之一。它对于节约外汇开支、扩大图书馆收藏很有好处。省馆对外开展交换的任务是以书刊交换的方式,促进中外文化交流,换取国外出版的书刊资料,为科学研究和生产建设服务,补充和丰富馆藏。省馆选择国外交换单位,一般应以公共图书馆和大学、学术研究机构为主,对已同省、自治区、直辖市结为友好城市的相应的图书馆,可优先挂钩。在征集图书时,应以本地区经济建设和科学研究急需的书刊、各学科的重要参考工具书和馆藏各种连续出版物的缺期为重点。

在上述方针政策的指引下,除了上述公共图书馆外,高校系统和科学技术系统图书馆与各国建立图书交换关系的单位也逐渐增多。图书馆对外图书交换工作进入了新的发展阶段,也为图书馆工作重点转移到为实现四个现代化服务广开了文献资源,创造了物质条件。

中共中央对这一时期图书馆工作的恢复和发展非常关心和重视。一九八〇年五月二十六日,中共中央书记处第二十三次会议,在讨论文物工作的同时,也讨论了图书馆工作,并就图书馆事业管理体制、北京图书馆新馆建设等问题作出相应决定。这次会议听取了北京图书馆馆长刘季平关于图书馆问题的汇报,通过了《图书馆工作汇报提纲》;决定在文化部设立图书馆事业管理局,管理全国图书馆事业。关于新建北京图书馆问题,会议决定按周恩来总理已批准的方案,列入国家计划,由北京市负责筹建。书记处还提出"将来还可以考虑把北京图书馆搞成一个中心,建设全国性的图书馆网;把图书馆办成一个社会事业。"

在《图书馆工作汇报提纲》中,分析了全国图书馆事业的基本情况和当前存在的主要问题,对以后工作提出五点意见:一是发展图书馆事业;二是改善图书馆的条件;三是加速北京图书馆新馆建设;四是发展图书馆教育和科研事业,加速图书馆专业人员的培养;五是加强和改善对图书馆事业的领导。这些意见,对推动中国图书馆现代化、网络化的建设,使之适应国家四化建设的需要,具有重大意义。

随着生产建设、科学研究和文化教育事业的恢复和发展,社会各方面对图书资料的需求越来越多,要求加强图书馆工作的呼声也越来越高。国务院和有关部委十分重视,并且把图书馆的建设问题列入《政府工作报告》,从政策上作为国家计划以推动各级政府贯彻执行。如在一九七八年第五届和一九八三年第六届全国人民代表大会上国务院所作的《政府工作报告》,先后提出了"要发展各种类型的图书馆,组成为科学研究和广大群众服务的图书馆网";"要大力加强图书馆的建设",而且在第六个五年计划中提出:"目前尚无公共图书馆的省、县,要逐步地建立起来,在大中城市要建立儿童图书馆。"即便是在刚刚结束"文化大革命"进行调整的时期,《报告》仍提出图书馆要"适应形势的需要和根据国家的财力和物力的可能,统筹安排,有一个新的发展"。

一九八一年五月文化部、教育部和共青团中央联合召开的全国少年儿童图书馆工作座谈会和一九八三年七月文化部和国家民族事务委员会(简称国家民委)联合召开的全国少数民族地区图书馆工作座谈会,都起了推动作用。

在中共中央的关怀和政府各级主管部门的领导下,中央的精

图11　一九八三年七月文化部、国家民委联合召
开全国少数民族地区图书馆工作座谈会

神深入人心,层层落实,经过三年多的拨乱反正,图书馆事业的很多方面不仅得以迅速恢复到"文化大革命"前的水平,而且在二十世纪八十年代初期开始呈现出蓬勃发展的新局面。

第二节　图书馆事业在改革中稳步发展

进入八十年代以来,在中国共产党改革开放政策的指引下,图书馆事业开始了探索改革稳步发展的新阶段。

一九八〇年中共中央书记处通过《图书馆工作汇报提纲》以后,国务院及其他有关主管部门陆续发布了一系列行政规章,保障并促进了图书馆事业沿着正确的方向改革前进,如:一九八一年一月国务院批转的《图书、档案、资料专业干部业务职称暂行规定》;一九八一年十月教育部颁发的《中华人民共和国高等学校图书馆工作条例》;一九八二年十二月文化部正式颁发的《省(自治区、市)图书馆工作条例》;一九八三年九月教育部印发的《关于发展和改革图书馆学和情报学教育的几点意见》;一九八七年二月文化部、财政部、国家工商行政管理局联合颁发的《文化事业单位开展有偿服务经营活动的暂行办法》;一九八七年七月国家教委颁发的《普通高等学校图书馆规程》等等。在这些条例、规章的指导下,全国图书馆工作者奋发努力,图书馆事业建设取得了长足的进展,呈现了中国图书馆事业史上前所未有的好时期。

但是,就图书馆事业的总体而言,基础薄弱和发展不平衡,还不能适应改革开放的形势,这在八十年代中期已显示出来。在国家现实的财力物力和图书馆现状的条件下如何继续前进,就成为图书馆事业建设中亟待解决的新课题。一九八五年七月,中共中央宣传部和文化部联合在北京召开了第二次全国图书馆工作会议。会议的主要议题是讨论《关于改进和加强图书馆工作的意见》。《意见》针对当前图书馆事业面临的形势,提出从 6 个基本方面来加强图书馆工作:一是进一步发挥图书馆为两个文明建设服务的重要作用;二是加强图书馆事业的整体规划,协调各系统的图书馆工作;三是改革内部管理,做好服务工作。改革必须把社会效益放在第一位,在搞好无偿的公益服务的同时,也可以进行合理的有偿专业服务;四是加强图书馆设施建设,有重点地采用现代化技术,逐步实现图书馆服务和管理手段的现代化;五是加强图书馆干部队伍建设;六是加强党政领导,保证图书馆事业发展。这次会议交流的经验总结材料有 170 余篇,并在北京图书馆举办了全国图书馆事业成就及服务成果图片展览。会议期间,中共中央书记处书记邓力群和文化部部长朱穆之到会做了重要讲话。会后,由文化部图书馆事业管理局及有关单位根据各方面的意见,对《意见》进行了认真的修改写成《关于改进和加强图书馆工作的报告》,并由中宣部、文化部、国家教委、中国科学院联合会签后报送中共中央和国务院。《报告》曾征求过国家计委,财政部和劳动人事部的意见,并经中共中央领导人和国务院同意后,于一九八七年八月,由上述四部委院印发各地有关部门遵照执行。这是继一九八〇年中共中央书记处讨论通过《图书馆工作汇报提纲》之后,图书馆工作方面的又一个重要文件,对图书馆工作具有重要指导作用。《报告》下发后,各系统图书馆主管部门都进行了传达贯彻。

图12　一九八五年七月全国图书馆工作会议举办的展览

一九八七年十月五日至八日,文化部首先在北京召开传达贯彻会议。出席会议的有各省、自治区、直辖市及计划单列市文化厅(局)长、图书馆馆长以及有关部门代表。文化部王蒙等部领导到会并与部分代表座谈。会后,文化部印发了《会议纪要》。《纪要》指出:要积极而又稳妥地进行图书馆管理体制的改革,在宏观上要加强横向联合,搞好协调协作,并扩展到图书馆界和情报界,发挥其整体效益;在微观上要以建立健全责任制为中心,以逐步推行目标管理为基础内容,实行馆长负责制和工作人员岗位责任制,加强图书馆的内部管理。

一九八七年十月二十二日,由国家科委和文化部共同发起,并商请国家教委、中国科学院、国防科学技术工业委员会(简称国防科工委)、中国社会科学院、邮电部、电子工业部、国家档案局、国家标准局、国家专利局参加而组成的部际图书情报工作协调委员会(简称部际图协)。其主要任务是:研究并向有关部门提出全面图书情报事业发展规划及方针政策的建议;研究和协调全国文献资源的合理布局与开发利用;研究和协调全国图书馆界、情报界计算机数据库和网络的建设。其近期工作重点是:确定和实施外文书刊的采购协调、书目报道与馆际互借方案,确定和实施计算机检索系统建设方案。

在中共中央改革开放政策正确指引下,在国务院有关主管部委领导下,全国图书馆工作者经过近十年的不懈努力、开拓,图书馆事业建设取得了令人鼓舞的成果:

一、各种类型图书馆的全面发展

一九八〇年全国县以上公共图书馆,经过几年的恢复,已达到 1732 所,一九八四年增至 2217 所。此后,不断发展,至一九八九年底,已达 2512 所。与一九八〇年比,净增 45%,是建国初期的 45 倍多。这些图书馆共拥有藏书 28368 万多册,工作人员 39103 人,全年服务读者 11900 万人次,借阅书刊 18066 万册次。全国已有 80% 以上的县(区)建立了图书馆。在县级以下,包括城市街道和广大农牧区的乡镇广泛地建立了文化站和文化中心,大约有 53000 多个。在这些文化站和文化中心内,一般都有一个或大或小的图书室(阅览室),藏书从几百册到上千册不等。这是面向城乡广大人民群众的图书馆服务网点。另外,在 24 个省、市、自治区还发展了汽车图书馆。到一九八九年底,全国县以上少年儿童图书馆已有 50 多所。在县级以上的公共图书馆内设立少年儿童阅览室已达 1100 多处。第六个五年计划期间,县以上公共图书馆的机构、藏书、馆舍面积、经费平均每年分别增加 6.2%,5.6%,19.5%,12.9%。

高等学校图书馆的发展也是很快的。一九七八年全国有高校图书馆 598 所,其中藏书 100 万册以上的高校图书馆有 35 所。一九八一年发展到 670 所,藏书 19362 万册。一九八一年九月,教育部在北京召开了全国高校图书馆工作会议,进一步明确了高校图书馆的性质和任务,肯定了它在学校中的地位和作用,制定了高校图书馆工作条例,成立了全国高校图书馆工作委员会(简称高校图工委）及其秘书处,作为教育部主管全国高校图书馆工作的机构。在此以后,全国有 27 个省、市、自治区和十几个部委也相继成立了类似的工作机构,使高校图书馆事业迈入了一个新的发展阶段。截止到一九八九年底,全国普通高校图书馆已发展到 1057 所。总藏书量已达 3.54 亿册,工作人员 41600 人。

图 13　一九八一年召开的全国高等学校图书馆工作会议

这一时期,科学技术图书馆又有发展。据不完全统计,到一九八九年底,全国各科研系统共有 4500 多所中型以上的图书馆(资料室)。进入八十年代以后,由于图书馆情报职能的加强,有的图书馆改名为"文献情报中心"。随着科学技术的发展,这类图书馆发展 很快。有些已在本系统内形成专业图书馆网,如中国科学院、中国社会科学院、中国农业科学院、中国医学科学院、中医研究院等。中国科学院系统的图书馆,包括分院所在的地区图书馆、研究所图书馆或情报资料室,一九七九年为 130 多所,藏书总量 1000 万册;到一九七九年底,全院图书馆和情报机构发展为 143 所,藏书 2921.1 万册,3000 多名文献情报工作人员。自中共十一届三中全会以来,中国科学院把本系统的图书情报工作结合起来,到一九八九年底已建立各类文献情报网 20 个,院馆有情报部,下属单位有情报室,向情报服务的方向发展,实现了"图书情报一体化"的管理。

八十年代以来,遍布全国的中学图书馆也得到恢复和发展。另外,还有一大批中等职业技术学校图书馆建立起来。它们在配合学校教书育人和传播科学技术知识中,培养青年一代的工作中,都发挥了重要作用。

中华全国总工会第九次全国代表大会以来,在中共各级党委、政府和企业的支持下,工会举办的图书馆(室)不断增加。一九八九年底全国工会系统共有图书馆(室)196554所,藏书4.2亿册,工作人员13万人。

二、图书馆物质条件的改善

一九八〇年以来,各类型图书馆馆舍建设有很大进展,馆舍条件正在逐步得到改善。北京图书馆新馆的第一期工程已于一九八七年竣工,建筑面积14万平方米,可容纳2000万册藏书,有3000个阅览座位和2500个工作人员的办公用房。一九八七年十月六日,北京图书馆新馆举行了开馆典礼。国家领导人万里等以及国内和来自10多个国家和港澳地区图书馆界人士出席了庆典。全国公共图书馆馆舍面积一九七八年总计为652221平方米,到一九八九年增加到3019900平方米。湖南、甘肃、广西、河北、广东、宁夏等省(自治区)的新馆已经建成,并已投入使用。正在新建和扩建的省级馆一般也都在2万平方米以上。另外,在一些大城市已经建成了一批区、县馆,在少数民族地区建成了一批州、盟、旗、县图书馆。

一九八〇年时,全国高校总共拥有图书馆馆舍面积132万平方米,到一九八九年底,有300多所学校建成了新馆,馆舍总面积增加到411万平方米。书刊资料费用一九八〇年总计为5216万元,一九八九年达到19586万元,相当一部分高校图书馆的年经费已达到或超过了学校年事业费的5%。

图书馆采用新技术,主要表现在计算机和声像载体的利用上。省级公共图书馆,一般都添置了微型计算机,高等学校图书馆和科学技术图书馆,在微机之外,还设置了小型机。利用计算机在业务工作、管理、检索等方面进行试验,有的已进入实用阶段,有的还设置了国际联机检索终端,进行联机检索服务。

此外,这一时期一些海外侨胞、港、澳同胞,为祖国的图书馆事业捐资,兴建了一批图书馆新馆舍。如包玉刚捐资建立的上海交通大学包兆龙图书馆和宁波市图书馆,李嘉诚捐资兴建的汕头大学图书馆,邵逸夫捐资建立的南开大学图书馆、北京师范大学图书馆、华东师范大学图书馆等,梁铢琚捐资建立的广东顺德县图书馆,熊知行捐资建立的上海青浦青杏科技图书馆等,都相继建成,投入使用。

三、图书馆管理工作的加强

八十年代以来,公共、高校、科学技术三大系统图书馆积极贯彻改革精神,在加强基础工作、提高管理水平方面做了许多工作。首先,继一九八二年文化部颁布《省(自治区、市)图书馆工作条例》之后。各省、自治区、直辖市文化主管部门经过认真的调查研究,先后制定了一批地县市图书馆的工作条例,按照工作条例的规定要求,各馆大都从整顿藏书和目录着手,加强了业务基础建设,并陆续采用国家文献工作标准,以提高基础工作质量。

其次,在改进管理工作方面,比较普遍地实行了以岗位责任制为核心的管理改革,建立和健全各项规章制度,调动工作人员的积极性,并向目标管理前进一大步。在改进服务措施方面,主要是延长开馆时间和推行开架借阅。此外,高等学校图书馆为提高学生的情报意识和文献检索能力,大多开办了《文献检索与利用》课。

四、图书馆服务工作的深化

一九八二年以来,公共图书馆积极配合读书活动做了大量工作。通过推荐图书、辅导阅读等多种方式,向青少年和儿童进行革命思想教育和文化科学教育,取得很大成绩。

公共图书馆拓宽服务面,采取定题、跟踪服务、接受协作攻关项目等方式,深层次开发文献资源,在为科学研究、生产服务和传递科技文献信息方面也做出了可观的成绩。各省、自治区、直辖市公共图书馆大都结合本地区科研和生产建设的特点开展服务,各具特色。不少区县图书馆也根据自己的条件积极开展服务。

高等学校图书馆为教学、科研也提供了多种情报服务。同时面向社会,为地方建设,为企业技术改造和科研项目提供文献。

图书馆在开拓新的服务领域里,除了传统的公益服务之外,为适应社会各方面的需要,也积极开发文献资源,试行有偿服务。许多事例已说明,这种方式,不仅能发挥图书馆的情报服务职能,而且也取得了社会效益和经济效益。

五、图书馆干部队伍素质的提高

公共图书馆方面,一九七九年时,工作人员 7539 人,到一九八九年底,工作人员壮大到 39103 人。高校图书馆工作人员也迅速扩大,一九八〇年时,全国高校图书馆工作人员 17297 人,到一九八九年底,工作人员已扩大到 36406 人。中国科学院和中国社会科学院系统图书馆的工作人员,到一九八九年底,据不完全统计已接近 4000 人。工会系统图书馆,到一九八九年底时,已有专职人员 133378 人,是活跃在基层的一支图书馆工作大军。

图书馆干部素质近十年中普遍有所提高。其间,自一九八一年在全国逐步推行图书资料专业职务聘任制,职称分研究馆员、副研究馆员、馆员、助理馆员、管理员 5 级,这是中国图书馆人事制度的重要改革,促进了图书馆干部素质的不断提高。

为提高干部素质,省、自治区、直辖市公共图书馆,从高校图书馆专业毕业生中不断得到补充的同时,又通过函授、业余大学、广播电视大学以及岗位培训等,使在职干部在科学文化知识和专业知识方面向大学专科水平前进了一大步。图书馆专业干部结构发生了可喜的变化，一般达到或接近了文化部颁布的图书馆工作条例所规定的专业干部结构的要求标准。

高等学校图书馆工作人员的科学文化素质一般都比较高。一九八二年以来，全国高校图书馆又采取了一些措施提高图书资料专业队伍素质。他们一方面吸收高校毕业生，同时，还调进一批教师。并且在高校图工委的领导下，组织高等学校举办图书资料专业干部培训，使非图书馆学专业的人员得到了图书情报的专业教育。

图书馆干部素质的提高，还表现在各系统各级图书馆馆长一级干部业务水平的提高上。自一九七九年中国图书馆学会和各省、自治区、直辖市图书馆学会成立以来的十年中，与各系统、各有关主管部门配合，多次组织各级图书馆馆长业务进修的学习班或研讨班。使大批的图书馆领导干部受到了图书馆科学管理的教育，专业素质得到明显提高。

六、图书馆学教育的发展

中共十一届三中全会以后，全国图书馆学教育发展之快，规模之大，是中国图书馆事业发展史上从未有过的。据有关部门不完全统计，到一九八九年底，全国已有 50 多所高等院校设有图书馆学情报学系(专业或专修科)，另外，湖南、天津、北京等省市还创办了图书馆中等专业学校和职业高中。一九八四年经教育部正式批准，中国第一所图书情报学院在武汉大学诞生。值得一提的还有，全国已有 9 个单位获得图书馆学情报学硕士学位授予权并开办了研究生教育，为进一步发展和提高中国图书馆学教育事业迈出了重要的一步。

在教材内容方面，加强了图书馆学情报学基本理论、基本知识、基本技能的教学和训练；增开了情报学、管理科学以及计算机技术、缩微技术、声像技术等现代技术方面的课程。

全国图书馆学教育除了正规的学校教育外,近年来,在职业余教育也有了新发展。其主要形式有在职业余大学、大学函授、短训班、研究班等。一九八五年,经教育部批准,中央广播电视大学又创办了图书馆学专业。总之,中国图书馆学教育已经初步形成了一个正规教育、业余教育和在职培训并举,多方办学、多层次培养的专业教育体系。

七、图书馆学研究的活跃与深入

粉碎"四人帮"以后,学术思想从文化专制主义的禁锢中解放出来,图书馆学研究也出现了生动活泼的新局面。一九七九年七月成立中国图书馆学会,在此前后,全国有 30 个省、市、自治区成立了图书馆学会。各级图书馆学会的成立,也对图书馆学的研究起到了推动作用。

图 14　一九七九年中国图书馆学会成立大会和第一次科学讨论会

图书馆学刊物和专业书籍的编辑出版工作,也呈现出繁荣的景象。图书馆学刊物,不但有全国性的,而且几乎各省、自治区、直辖市都有,据不完全统计,共有 70 多种。中国图书馆学会会刊——《图书馆学通讯》至一九八九年,已与30多个国家和地区的93个单位建立了交换关系。正式向国外发行的还有《图书情报工作》、《文献》、《图书馆杂志》等刊物。书目文献出版社等单位也出版了不少有较高学术价值的专著。根据《建国以来全国图书馆学情报学书刊简目》和《中国图书馆事业十年》的统计可以看出,新中国建立以来出版的1000余种图书馆学专著中,约有一半以上是近十年出版的。

八、图书馆界的国际交流日益增多

中国实行对外开放政策以来,图书馆界与国外同行的交往也日益增多,学术交流也随之而活跃起来。一九八一年五月,经国际图书馆协会联合会(简称国际图联)执委会讨论决定,恢复了中国图书馆学会在这个国际图书馆组织中的合法席位,成为国际图联的协会会员。这样,就使中国图书馆界参加国际学术活动,开展对外交流进入了一个新阶段。此后,中国每年都派出代表参加国际图联召开的年会。图书馆界还分别派出有关的代表参加国家图书馆馆长国际会议,亚大地区国家图书馆馆长会议,国际标准化组织会议,国际期刊数据系统会议,以及美国、英国、日本、印度、澳大利亚、新西兰等国图书馆协会的年会。此外,文化部还根据与各国的文化交流计划,组织中国图书馆代表团出访和考察,并先后接待了美、澳、菲、泰、英、日、苏联、加拿大、伊朗、朝鲜、法、匈牙利、意、印度等国家图书馆界代表团的来访。通过这些国际交往和学术交流,不仅与各国图书馆界交流了工作情况与经验,而且也扩大了中国图书馆的国际影响,增进了与各国图书馆界的相互了解和友谊。

总之,新中国建立四十年来,在中共中央和国务院主管部委的正确领导下,特别是改革开放政策的指引下,经过全国图书馆广大职工坚持不懈的努力,已把过去相对落后的图书馆事业,建设成为初具中国社会主义特色的、图书馆类型比较齐全、藏书比较丰富、服务方式多种多样、具有一定规模并在稳步持续发展的图书馆体系。但是,同其他事业的发展相比,同深化改革、扩大开放、加快经济建设步伐,实现中国现代化建设分三步走的战略目标相比,与人民群众日益增长的文化需要相比,还有不相适应的地方。可以肯定,今后,随着国民经济的持续增长和社会发展,中国图书馆事业必将沿着社会主义现代化方向,不断发展,不断进步,取得更大成就。

图15　一九八九年北京图书馆主办第四届亚大地区国家图书
　　　馆馆长会议

第二编
新中国图书馆事业建设

第五章　公共图书馆

公共图书馆是图书馆的一个重要类型,是中国图书馆事业的骨干力量。

中国的公共图书馆是由政府及其文化主管部门设置的面向社会,为公众服务的重要文化机构,经费由国家和地方财政拨付,一般依据行政区域分别设置。它包括国家图书馆,省(自治区、直辖市)图书馆,地区(盟、市、自治州)图书馆,县(旗、区)图书馆。此外,还有专门为少年儿童服务的少年儿童图书馆。

到一九八九年底,全国县以上的公共图书馆有2512所。除国家图书馆——北京图书馆以外,在30个省、自治区、直辖市中,只有西藏因自治区图书馆正在筹建,海南因新建省尚未设立省图书馆,其他各省、自治区、直辖市均建有规模较大的省级图书馆,其中广西壮族自治区图书馆分别在南宁、桂林设有两所自治区级图书馆。北京、上海、天津三个直辖市和湖南省还设有独立的省级少年儿童图书馆。到一九八九年,全国独立建制的少年儿童图书馆有78所。其他市、县(区)一般都设有少年儿童阅览室。

在旧中国,公共图书馆大都集中在沿海和经济文化比较发达的大中城市。边疆和少数民族地区基本上是空白。新中国建立以后,这些地区的公共图书馆事业已逐步发展起来。一九八九年,全国少数民族自治地区公共图书馆有551所。广西、宁夏两个自治区已实现县县有图书馆。

公共图书馆的根本任务是提高全民族的思想道德和科学文化素质,促进社会主义物质文明和精神文明建设的发展。新中国建立四十年来,各级公共图书馆在向广大人民群众宣传马克思主义、列宁主义、毛泽东思想,宣传党和政府的政策、法令,进行爱国主义、集体主义、社会主义思想和共产主义理想教育方面;在传播科学文化知识,丰富人民群众业余文化生活方面;在为领导决策、科学研究、经济建设提供文献信息服务方面;在继承和保护祖国历史文化遗产方面都做了大量的服务工作。在新中国的各项建设事业中都发挥了重要作用。

公共图书馆具有藏书门类齐全,专业学科面广,读者类型多样,联系社会面广等特点。它一般是本地区藏书和目录的中心。在组织图书馆之间的协调协作、业务工作辅导、研究与交流、专业人员的培训方面也起着骨干作用。某些地方的公共图书馆还受同级文化主管部门的委托,或协助文化主管部门对下一级公共图书馆进行业务辅导。省级图书馆大都是省级图书馆学会的挂靠单位,在地区性的协调协作机构中也发挥着重要作用。

公共图书馆的藏书虽然是综合性的,但收藏范围和重点往往又具有所在地区的经济、科学、文化、教育方面的特色。服务的对象和重点也不尽相同。省、自治区、直辖市和大中城市的公共图书馆,在做好普及科学文化知识,为广大读者服务的同时,一般着重于为科学技术研究服务。县、区图书馆主要在普及科学文化知识,丰富群众文化生活、满足群众阅读需求,促进本县(区)生产发展、经济建设,为中小企业服务、农村服务等方面发挥重要作用。

除政府及其文化主管部门投资兴办的公共图书馆外,还有为数众多、小型分散的城市街道和农村乡镇图书馆(室),它们是公共图书馆事业的补充。一般是民办公助,地方政府文化主管部门必要时提供一定的资助,添置书籍、设备等给予扶持。中共十一届三中全会后,这些图书馆发展较快,已成为公共图书馆事业中的一支重要力量。如广东、江苏、上海、湖南、湖北、浙江等省、市的街道、乡镇图书馆(室)已具相当规模。广东省一九八八年底,乡镇、街道图书馆(室)有 1402 所。上海市有 220 所乡镇图书馆(室),藏书超过 150 万册,街道图书馆及少年儿童图书馆分馆 260 所,藏书 154 万余册。

以下分别重点介绍部分公共图书馆。

第一节　国家图书馆——北京图书馆

北京图书馆是一座综合性研究图书馆,是中华人民共和国的国家图书馆、国家总书库。它的总馆位于北京西郊紫竹院公园迤北,分馆位于市区北海公园之滨。该馆自一九八二年起在国际交往中使用中国国家图书馆(The National Library of China)馆名。

北京图书馆的工作方针是:坚持为人民服务,为社会主义服务的方向,履行搜集、加工、存贮和传播知识信息的职能,为中央党、政、军领导机关和重点科研、生产单位服务,为全国图书馆事业发展服务,同时为一般读者提供一定范围的阅览服务,促进社会主义物质文明和精神文明的建设。

该馆的具体工作任务主要有:根据政府有关规定接受国内出版物缴送本,搜集、整理、保存国内外书刊资料;编辑出版国家书目,履行国际连续出版物数据系统(ISDS)国际中心中国国家分中心的职责,发挥国家书目中心的作用;利用馆藏各种文献情报,为党和国家领导机关以及读者提供专题咨询和定题委托文献研究服务;在中国图书馆事业现代化、网络化、标准化建设中起到中心作用;负责执行各项中外文化协定的有关条款等。

一、历史沿革

北京图书馆的前身是清朝末年筹办的京师图书馆。清宣统元年(一九〇九年)学部奏请设立京师图书馆,以什刹海广化寺为馆址,并荐举缪荃孙为正监督。是年八月即着手组建。首先取国子监南学及内阁大库部分藏书为基础,并从学部接收了徐乃昌积学斋、姚觐元咫进斋等的藏书及从甘肃采进的敦煌石窟唐人写经。辛亥革命后,民国临时政府成立,继续筹办京师图书馆。除获准由各省调取官书送馆庋藏,将前翰林院所存《永乐大典》60 册拨交该馆外,又由外务部拨到《古今图书集成》一部。筹备就绪以后,京师图书馆于一九一二年八月二十七日正式开馆。一九一五年该馆迁至方家胡同前国子监南学旧址,并接收文津阁《四库全书》。一九一七年一月二十六日再度开馆。一九一六年开始接受国内出版物缴送本。一九二四年教育部因经费维艰,拟与中华教育文化基金董事会合组国立京师图书馆,聘梁启超为馆长,后因故未能实现。直至一九二八年七月北伐告成,南北统一,南京国民政府派员接收该馆,并更名为国立北平图书馆。馆址再次由方家胡同迁至中南海居仁堂,于一九二九年一月开馆。同年六月国民政府教育部与中华教育文化基金董事会重申合组之约,八月底北平北海图书馆依约并入该馆,馆名不变。合组后的首任馆长为蔡元培。一九二九年由该基金董事会拨款百万元,于北海西侧建立新馆。一九三一年竣工,七月一日对读者开放。因该馆藏有清文津阁《四库全书》,遂将馆前街命名为文津街。文津街新馆落成后,采纳了外国图书馆的管理方法,开展各项工作,编制书目索引,出版学术刊物,发行印刷卡片目录。从一九二九至一九三七年,该馆业务得到了发展。

一九三七年抗日战争爆发,该馆部分人员南下,余下的人员留守北平。南下人员于一九三七年十月在长沙与临时大学合作组建行馆。次年春又随临时大学迁至昆明,并组建馆本部。与此同时,还与西南联合大学合作建立中日战事史料征集会,同时组织西南地方文献的查访与采购工作。一九四〇年蔡元培逝世,袁同礼擢任馆长。处于沦陷区的图书馆,开始时仍由中华教育文化基金董事会管理并支付经费。一九四一年太平洋战争爆发,该馆被日伪组织接管,部分图书遭到查禁。此后图书馆经费无着,留守人员在极其艰难的困境下,坚持馆务,使得所藏图书得以完整无损。

抗日战争胜利后,于一九四五年十一月南、北两部分图书馆又合为整体,仍由袁同礼主持馆务。此后虽然以"恢复旧观"为办馆急务,但由于国民党政府政治腐败,财政拮据,国立北平图书馆只能维持惨淡经营的局面。截止到一九四八年底,该馆藏书140万册,阅览座位400个。工作人员仅有百余名。

一九四九年一月三十日,北平和平解放。二月十三日,中国人民解放军北平市军事管制委员会接管国立北平图书馆。三月五日,军管会文化接管委员会任王重民为该馆代理馆长。

一九四九年十月一日中华人民共和国建立,国立北平图书馆更名为北京图书馆,隶属于文化部。冯仲云、丁西林、刘季平曾先后任该馆馆长。一九八七年后馆长为任继愈。新中国建立后北京图书馆进入了一个崭新的历史时期。伴随着新中国前进的步伐,该馆在社会主义革命和建设中做出了自己的贡献,取得了很大的成绩。一九五七年后,该馆曾是全国第一中心图书馆委员会的主任委员馆,出版各种书目、索引和联合目录,举办各种图书馆人员训练班,出版图书馆学情报学的书刊,并对各种图书馆进行业务辅导。

随着事业的发展,带来的问题是馆舍不足,书刊资料分散多处,读者使用不便,加之藏书保管条件差,设备陈旧,工作也难顺利发展。

一九七三年春,周恩来总理指示建设新馆,一九七五年国务院批准兴建。新馆一期工程建筑面积为 14 万平方米,规模为藏书 2000 万册,3000 个阅览座位。新馆工程于一九八三年九月二十三日奠基,同年十一月十八日开工,一九八七年七月一日竣工。新馆建筑体现了中国人口众多、历史悠久、文化典籍丰富的多民族的社会主义国家图书馆的特点和风格。同年十月六日举行落成典礼,十月十五日开始接待读者。新馆装有先进的防灾、空调、传送、声像、缩微、印刷、电子计算机等多种自动化系统和现代化设施,设备已达到或接近世界先进水平。截止到一九八九年底,北京图书馆藏书已达 1500 余万册,馆舍总计 17 万余平方米,阅览座位增加到 3300 个,工作人员增至 1700 余人。

二、馆藏

北京图书馆继承了南宋皇家图书馆——缉熙殿和明代文渊阁的部分藏书。一九一〇年建馆时,又以清朝内阁大库、翰林院及国子监南学的藏书为基础,收藏了存于承德避暑山庄文津阁的《四库全书》和敦煌石窟的写本和刻本。这些都是祖国宝贵的文化遗产。

新中国建立后,中国共产党和人民政府非常关心北京图书馆的善本收藏。一九四九年将在山西刻印的金代《赵城藏》4000 多卷移交北京图书馆。与此同时,全国各地的藏书家也纷纷把珍藏的古籍善本献给国家。例如著名的瞿镛铁琴铜剑楼、傅增湘双鉴楼等的藏书,政府都转交给北京图书馆收藏。一九六五年,当得知香港一收藏家准备将一批善本书出售时,周恩来总理亲自批准北京图书馆派人赴香港将这批书用重金购回,免使祖国珍贵文献流落海外。经过多年努力,公私流传的珍本图书大都集中到了北京图书馆。一九五一和一九五四年苏联政府曾两次把《永乐大典》共 63 册送还中国,一九五五年民主德国也将原藏在莱比锡图书馆的 3 册《永乐大典》归还中国,由北京图书馆收藏。

一九四九年以后,北京图书馆开始搜集马列主义经典作家的著作和中国革命文献,先后入藏了许多极为珍贵的版本和手稿,如马克思、恩格斯的亲笔函件,马克思著《资本论》一八六七年德文第一版等。同时还积极搜集毛泽东、周恩来、刘少奇、朱德等党和国家领导人从事革命活动的文献,以及革命根据地的出版物。

一九五四年开始,北京图书馆建立了著名学者和作家手稿的专藏,收有章太炎、王国维、鲁迅、郭沫若、闻一多、朱自清、茅盾、老舍、巴金、赵树理、周立波、曹禺等著名学者和作家的手稿。

北京图书馆作为国家图书馆,接受国内出版物缴送本,全部入藏国内各民族的文字出版物。与此同时,还通过购买、交换与接受赠送,积极入藏国外出版物,文种达 115 种之多,其中以英文、俄文、日文、法文、德文为主。北京图书馆还是中国博士学位论文和联合国及其他国际组织出版物的收藏馆。

除印刷品和手稿以外,缩微品和声像资料、光盘、磁带、磁盘等载体也在收藏范围之内。

新中国建立以后,该馆入藏量平均每年达 35 万册。截止到一九八九年底,馆藏总数为 15425137 册(件)。

三、读者服务工作

北京图书馆利用丰富的馆藏,通过阅览、外借、咨询、复制、举办展览和学术报告会,利用声像资料等各种方式为读者提供服务。

馆内根据不同文种,不同文献类型和不同专题设置阅览室,供读者到馆阅览。一九八九年共接待读者 1376661 人次,书刊资料流通量为 3997396 册次。一九八七年十月十五日新馆正式开放后,日平均接待读者 5362 人次,比一九八六年增长了一倍。日统计流通册次 13020 左右。陆续开放 34 个阅览室,共 3300 个读者座位,约有 100 万册新书新刊实行开架阅览,以方便为读者服务。

除馆内阅览外,还向中央党、政、军领导机关、高等院校和科研

图 16 北京图书馆科学阅览室

生产单位发放集体借书证,向具有高级专业技术职务的科研人员、教学人员及党、政、军机关领导干部发放个人借书证。到一九八九年累计发放集体借书证 3409 个,个人借书证 10774 个,中文借书卡 19992 张。此外,全国各地的读者可委托所在省、市、自治区图书馆和高等院校图书馆通过馆际互借方式向北京图书馆借阅书刊资料。到一九八九年,发放馆际外借证 1915 个。同时,还为读者提供静电复印、缩微、拷贝、放大等文献复制服务,国内外读者可以来馆或来函申请复制。一九八九年共静电复印 2179869 张,还原 35225 张,放大 32404 张,拷贝 7480 米卷。同时,根据读者需要开展口头、电话和书面咨询服务。

北京图书馆收集教育性、知识性、文献性声像资料,向读者提供多种载体的视听服务。还经常举办专题书刊展览和学术讲座。一九八六年曾举办《中国古代书籍史展览》和《孙中山生平事迹展览》等,参观人数达 50 万人次。新馆拥有 1200 个座位的报告厅和 500 米展线的展览厅。一九八七年十月十五日,新馆开放之际,举办了"巴金文学创作生涯六十年展览"。

北京图书馆还编辑出版各种专题目录和联合目录。自一九五八年以来,开展中文统一编目工作,向全国发行中文统一编目卡片。

北京图书馆设有学术性出版机构——书目文献出版社,重点出版揭示馆藏珍贵文献和图书馆学、情报学以及书目索引等方面的著作。一九八九年共出版书刊 68 种。

四十年来,北京图书馆出版的主要学术书刊有:《马克思、恩格斯著作中译文综录》、《中国版刻图录》、《西谛书目》、《中国国家书目(1985 年)》、《民国时期总书目(一九一一 —— 一九四九)》的《语言文字分册》与《外国文学分册》、《图书馆学通讯》、《图书馆》、《北图通讯》、《文献》等。

四、机构与人员

北京图书馆实行馆——部——(处)——组(科)三级体制。但其机构的设置随着不同时期的形势、任务、规模的变化而有不同。一九八九年设有采访委员会、业务研究委员会、科技委员会、中文图书采编部、外文图书采编部、报刊资料部、善本特藏部、典藏部、阅览部、文献复制部、学术活动服务部、参考研究部、自动化发展部、图书馆学研究部等业务部门。职能机构有:馆长办公室、业务处、人事处、保卫处、总务处、基建处、机电处等。还设有国际连续出版物数据系统中国国家中心、书目文献出版社、职工业余大学等。

至一九八九年底,全馆共有 1708 人,其中男性 837 人,女性 871 人,大专以上文化程度 1032 人。全馆有 1234 人参加图书资料及其他系列专业职务评定,其中聘任高级专业职务 123 人,中级专业职务 402 人,初级专业职务 709 人。四十年来,北京图书馆根据工作需要延揽人才,采取各种措施进行在职培训,工作人员的政治素质、业务素质和文化知识水平不断提高。

五、图书馆自动化

八十年代,图书馆正在经历一场深刻的变革,处在一个由近代图书馆向现代图书馆的过渡时期,其主要标志是电子计算机在图书馆的应用。北京图书馆于一九七五年成立了电子计算机组,开始调研和准备工作。一九八四年安装 M－150(H)计算机系统后,进行了利用美国国会图书馆机读目录(LC－MARC)开展西文图书辅助编目工作,并为国内用户提供专题检索服务。利用国际连续出版物数据系统国际中心提供的磁带,为国内用户提供检索服务,并向该中心提供机读式的中国连续出版物数据。为了建立中国机读目录系统,制定了《中文机读目录格式》(讨论稿),编制汉字属性辞典,为汉字信息处理提供了后援软件。新馆开馆以后,在 PDP11/73 计算机上实现了中文图书开架外借自动化管理,其规模是 30 万册图书,为 5 万读者提供借阅服务。

一九八九年,北京图书馆引进日本 NEC 公司两台 ACOS360 计算机系统,并与该公司合作开发应用软件,以建立能处理多文种、具有多功能的联机实时计算机系统。

六、国际交流

北京图书馆作为国家图书馆,负责执行中外文化协定中有关图书交换的条款,履行国际书刊交换和馆际互借的职责。从一九四九年开始进行国际书刊交换工作,当时只与 1 个国家 7 个图书馆有交换关系,到一九八九年底,已与世界上 106 个国家和地区的 1295 个图书馆和学术研究机构交换书刊资料,与 44 个国家的国家图书馆保持国际互借关系。

北京图书馆是国际连续出版物数据系统的中国国家中心,负责中国连续出版物的登录与分配国际连续出版物号(ISSN)的工作。

北京图书馆经常接待国际图书馆界、文化界和学术界的人士来馆参观访问,并组织各种座谈会和报告会,交流图书馆工作的情况和经验,同时,也经常派人出席有关国际组织的会议,到一些国家进行考察访问。八十年代以来,与一些国家的国家图书馆和大学图书馆交换馆员,定期举行工作会晤等。

第二节　省、直辖市图书馆

一、首都图书馆

首都图书馆的前身是京师图书馆分馆和京师通俗图书馆。这两个馆都是在鲁迅先生的积极倡导下成立的。一九一三年十月二十一日,鲁迅亲自参加了通俗图书馆的开馆典礼。一九二七年两馆合并为京师第一普通图书馆,馆址在北京宣武门内头发胡同前翰林院讲习所旧址。一九二八年改称北平特别市第一普通图书馆。之后,馆名因北京行政建置的变化几经改变,一九四九年时藏书不足 12 万册。

一九四九年北京解放后,该馆由人民政府接管,更名为北京市图书馆。一九五三年迁到西华门,头发胡同原址成为分馆。一九五七年三月迁入国子监,定名为首都图书馆。

首都图书馆由北京市文化局领导。一九八九年共有职工 192 人,其中大专以上文化程度者 86 人,占总人数的 44.8%。有高级专业职务的 13 人,中级专业职务的 43 人。工作机构设有:中文采编部、阅览部、期刊部、图书保管部、书目参考部、北京地方文献部、研究辅导部、外文部(含外文采、编、阅、藏)、视听资料室、馆长办公室、职工教育办公室、人事保卫科、财务科、总务科。附设有开元信息开发公司和复印装订工厂。馆舍面积为 10401 平方米,设综

图17　首都图书馆外景

合(中文各科)、期刊、研究参考、科技文献、外文图书等阅览室,阅览座位为 256 个。

首都图书馆藏书截止到一九八九年底,共有 208 万余册(件),比人民政府接管时增长 17 倍多。其中中文图书 103 万余册,古籍线装书 42 万余册,中文报刊 8 万余册,外文图书 22 万余册,外文报刊 2.3 万余册,唱片录音资料 3.2 万余册(件)。在这些藏书中,中国古典戏曲小说的收藏较丰富,有不少是海内珍品、孤本。如《蒙古车王府曲本》,包括戏剧和曲艺抄本共 1600 余种 4400 余册,是研究清代戏曲和俗文学的珍贵资料。在古籍线装书中,善本书 3.3 万册。元刻本《故唐律疏议》、明闵齐伋朱墨印本《九边图论》、清彩绘本《江南河道图说》等都具有较高的史料价值。馆藏的另一特色是北京地方文献较为齐全。其中如抄本《古燕史》、清康熙雍正间刻本《通州志》和《通州新志》是国内仅存版本。此外,北京地方戏曲各种唱片,也是国内少有的。

中共十一届三中全会以来,首都图书馆坚持为社会主义两个文明建设服务的方针,逐步调整组织机构,采取岗位责任制等管理

78

方法,积极开发文献资源,各项工作都有很大进展,取得了较好的社会效益和经济效益。

在职工队伍建设上,该馆自一九八一年以来,不断采取措施,先后选送 114 人参加北京广播电视大学、首都联合职工大学、北京大学等大专和中专的培训,已有 63 人毕业,取得大专学历,8 人取得中专学历或结业证书,使职工队伍的知识结构发生很大变化。

在读者服务工作方面,该馆自一九八五年期刊部采取开架以来,逐步扩大范围,已有综合阅览室、文学图书外借处、外文阅览室等共约 20 万册书刊实行开架借阅。这一措施大大提高了图书利用率,一九八九年流通图书达 77 万余册次。

该馆为了充分揭示馆藏,便利读者查阅文献,馆内除设有比较完备的卡片目录外,还编有《馆藏善本书目》、《馆藏中国戏曲书刊目录》、《馆藏中国小说书目》、《北京地方文献联合目录》、《老舍研究资料编目》、《北京地理名胜古迹资料索引》及《蔬菜生产技术文摘》等书目索引多种。大型工具书《全唐文篇目分类索引》约 180 万字已完成,由中华书局出版。

首都图书馆为了重点做好为北京服务工作,专门设立了北京地方文献部,负责搜集、整理、开发研究和提供服务的任务。该部除建立了地方文献专藏和完备的目录系统外,已积累北京地方文献报刊资料索引 18 万条,组成分类主题目录供有关方面研究使用。他们开发文献资源、开展咨询服务,如为北京市委编的《中共北京党史资料》、《一二九青年运动史料》;为北京修纂新志及各种专业志;为北京名胜古迹的修复、新建园林景点的设计等等,接受委托,进行调研,编制了多种"史(资)料汇编",为用户提供了大量而系统的有关文献,深得各界的欢迎和好评。这个部门已成为北京文献的贮藏、检索和研究中心。

在为生产科研服务方面,该馆逐年也有很大进展。如为筹建北京市第二日用搪瓷厂的可行性调研提供的参考资料,为北京郊区县提供的生产新技术资料,曾分别获得北京市科技成果和延庆县科技成果推广三等奖。

在技术革新方面,该馆已设立计算机室,进行图书流通、目录检索等研究,其中与深圳图书馆、北京工业大学图书馆、北京大学一分校联合研制的"实时多用户图书流通光笔管理系统"已获得一九八七年广东省文化厅科学技术进步一等奖和一九八八年文化部科技进步二等奖。该馆研制的微波消毒灭菌机,于一九八八年获北京市文化局科技进步一等奖和文化部科技进步二等奖。该馆研制的书画保护剂也于一九八九年获文化部科技进步三等奖。

首都图书馆还担负着对北京市各区县公共图书馆和市属其他系统图书馆(室)的业务辅导的任务。一九八〇年以来,除了深入基层图书馆进行经常的业务指导外,还举办了区(县)图书馆长研究班、中学及基层图书馆人员培训班以及为评定专业职务举办的图书馆基础理论和专业知识的复习班等。一九八五年起,还承担了北京电视大学图书馆学专业市文化局工作站的任务。

一九七九年北京市图书馆学会成立后,该馆承担了学会的常务工作。在研究辅导部设有图书馆学资料室,供本馆和学会会员利用,并编有《图书馆学资料篇名选目》等。

八十年代以来,该馆开展了对外交流工作,接待了多起国外专家、学者的来访,已与日本东京都图书馆建立了书刊交换关系和人员互访。

二、天津图书馆

天津图书馆是天津解放以后在直隶图书馆、天津市立图书馆和天津图书馆三馆的基础上发展起来的。直隶图书馆筹建于一九〇七年,次年开馆,藏书曾扩充至 20 万册。"五四"前后,为其鼎盛时期。后经军阀、日本帝国主义践踏,馆舍、藏书几经辗转迁徙,逐渐衰落。一九四五年改称河北省立天津图书馆。天津市立图书馆建于一九三一年六月。抗日战争前夕,藏书约五万余册。因日军侵略和水灾,该馆几经停顿。原天津图书馆一九四七年九月筹建,一九四八年四月开馆,馆址在承德路,藏书约 8 万余册。一九四九年三月,天津市立图书馆改名天津市第一图书馆,河北省立天津图书馆与原天津图书馆合并,名天津市第二图书馆。一九五二年七月,两馆合并更名为天津市人民图书馆。一九八二年六月,经天津市人民政府批准,改名天津图书馆。

图18　天津图书馆外景

　　天津图书馆由天津市文化局领导。设有:办公室、人事科、保卫科、行政科、采编部、借阅部、科技部、社科部、特藏部、辅导部、技术部,并附设印刷装订工厂。一九八九年有工作人员 280 人,其中大专以上文化程度 122 人,占总人数 43.8%,具有高、中级专业职务的约 70 人。该馆现有馆舍面积 9700 平方米。设置有科技文献检索室(开架)、外文现期期刊阅览室(开架)、社会科学参考资料阅览室(半开架)、综合阅览室(半开架)、中文报刊阅览室(半开架),共有 300 多个座位。

　　截止到一九八九年底,该馆藏书为 270 余万册。其中,线装图书40万册,中文图书150万册,外文图书40万册,中文报刊21万册,外文报刊9万册,一九四九年前出版的图书8万册。藏书中珍贵的有周恩来《警厅拘留记》、《西欧的赤况》,康有为《大同书》等。古籍善本图书6000余种,列入《中国古籍善本书目》的有2500种。岳珂《棠湖诗稿》为南宋陈家书籍铺刻本,海内仅存此一部。方志以任凤苞的捐赠为主体,有3800余种。活字版图书以周叔弢捐赠的为主体,有700多种。该馆围绕天津地区工农业生产和科学研究的需要,比较系统地收藏化工、机械、电子、轻纺等书刊。各类工具书的收藏尤为丰富。从八十年代以来,该馆先后与美国费城自由图书馆、澳大利亚国家图书馆、澳大利亚国立大学图书馆、墨尔本市图书馆等建立了书刊交换关系。

新中国建立以来,天津图书馆在为大众服务的同时也注意到为科学研究服务。一九五六年中共中央提出了"向科学进军"的号召,该馆在省、市科委的支持下,于一九五九年首先建立了科技服务部,并在次年建立科技文献检索室。通过编制专题文摘索引和书目,为重点科研课题跟踪服务,科技文献检索室开架陈列,便利科技工作者查询。一九六一年六月该馆总结这一工作,发表了《天津市人民图书馆是怎样为科学研究和生产技术发展服务的》,受到图书馆界的重视。七月,文化部曾将这一总结材料转发给全国各省、市、自治区文化局(厅)。同年,该馆科技服务部获得了河北省群英会的表彰。这时期天津地区中心图书馆委员会的成立,在公共、高校和科研三大系统的协调协作方面也取得了可喜的进展。一九六六年"文化大革命"开始以后,许多工作都被迫停止。

中共十一届三中全会以来,天津图书馆提出把工作重点转移到为四化建设服务后,全馆出现了新气象。在服务工作方面进行了深入的改革。从一九八二年起,该馆配合市内开展的"三热爱"读书活动(后改称"振兴中华"读书活动),年年提出推荐书目,年年在读者中进行"读后感"评比。在青年读者中间,产生了良好影响。在为社会科学服务方面,重点开展了为编史修志服务。与天津社会科学院合作共同编印了《天津地方史资料联合目录》(甲编1－3分册)。搜集、整理、出版了《周恩来旅欧文集》、《周恩来旅欧通讯》。与上海历史博物馆合作复印出版了康有为《大同书》。校勘出版了袁世凯《养寿园奏议》的手稿和一些古籍。在为科学技术服务方面,深化和拓宽了服务方式和途径。在市经委、科委的支持下,联合天津日报社成立了"天津市工业经济报刊剪辑中心",编印了《技术经济信息速报》。与区(县)馆联合组成了"星火计划"服务协调委员会,为全国和天津市确定的"星火计划"项目服务。成立了"技术经济信息工作者联谊会",把一部分科技读者组织起来为生产科研服务。

在基层辅导工作方面,从一九八〇年开始创建文明图书馆的活动,组织馆际间的竞赛,并进而开展资源共享。市区七馆联合发放通用借书证,协调了中文期刊的订阅并编印了联合目录。

一九七九年春,天津市图书馆学会成立。学会于同年八月创办了会刊《图书馆工作与研究》(季刊)。另外,学会成立以来,在专业人员的培训上做了大量的工作。

三、河北省图书馆

河北省图书馆是中国省级公共图书馆中年轻的一个。一九八七年十月三日在石家庄市西大街新建馆舍举行开馆典礼。但是其建置历史却可上溯到清末。清光绪三十三年(一九〇七年)和清宣统元年(一九〇九年)先后成立天津直隶图书馆和保定直隶图书馆。新中国建立以后,一九五二年在保定市古莲池建立河北省图书馆。到一九五八年藏书已达30万册,工作人员23人,并在南马路(今环城西路)建筑了3000平方米馆舍。一九五八年河北省省会迁往天津,河北省图书馆馆舍、设备和藏书全部移交保定市图书馆。由于省会三次搬迁,从一九五八年起,河北省没有省级公共图书馆。一九七八年七月,始在石家庄筹建。

河北省图书馆由河北省文化厅领导。一九八九年共有职工 133 人。其中大专以上文化程度者 60 人,占总数的 45%。馆内机构设有:办公室、人事保卫科、行政科、

图 19 河北省图书馆新馆落成典礼

采编部、期刊部、典藏阅览部、咨询部、古籍部、辅导部、培训部。河北省图书馆学会也设在该馆内。

河北省图书馆自筹建以来,陆续收到故宫博物院、北京图书馆、上海图书馆、天津图书馆、江西图书馆等单位调拨或赠送的大量图书以及国内外个人捐赠的藏书,加上该馆购置的,到一九八九年藏书已达 63 万册,其中中文图书 48 万册,古籍 5 万册,外文图书 6 万册,期刊合订本 4 万册,现期中文报刊 3700 种,外文报刊 360 种。中文藏书是社会科学和自然科学并重。在外文藏书中着重技术科学图书,其中又以机械、纺织、电子、建材等类为主。

河北省图书馆现有馆舍总面积 28605 平方米,除学术报告厅以外,设有总出纳台、自然科学和文学图书两个外借处,自然科学和社会科学图书、自然科学和社会科学期刊、自然科学和社会科学工具书及儿童图书、古籍等阅览室。共有阅览座位 1700 余个。除总出纳台外,均开架阅览。截止到一九八九年底,发放借书证 15859 个。一九八九年全年外借图书 161928 册,各阅览室接待读者 91990 人次。接待咨询服务 150 多人次。完成书面咨询 59 件。

河北省图书馆自筹备时期开始,即负担着河北省古籍善本总目的组织编辑工作,河北省图书馆学会的日常工作,市、县图书馆业务辅导工作以及本省各系统图书馆的协调协作工作。

四、山西省图书馆

山西省图书馆的前身是山西省图书博物馆。一九一九年十月十日成立。先后曾用山西教育图书博物馆、山西公立图书馆、山西省立民众教育馆等名称。一九四九年太原解放,由山西省人民政府接管,一九五〇年改称山西省图书博物馆。一九五三年八月又改称山西省博物馆(附设图书部)。一九五六年中共中央提出"向科学进军"后,中共山西省委和山西省人民委员会决定筹建山西省图书馆。一九五九年新馆在太原解放南路建成,一九六〇年八月二十八日正式开放。

山西省图书馆馆舍面积 16800 平方米,包括一九八七年十月竣工并正式投入使用的善本、儿童阅览楼 8000 平方米。设有 18 个阅览室,即:期刊、报纸、社会科学参考、自然科学参考、古籍善本、技术标准、特刊、地方文献、联合国文献、信息资料、图书情报、学龄前儿童、少年儿童等阅览室以及青年自习室、专利文献检索室、科技文献检索室、视听资料室等。

山西省图书馆由山西省文化厅领导。下设有:采编部、借阅部、期刊部、古籍文献部、科技情报部、研究辅导部、少儿阅览部、技术服务部、文献技术开发部、读者服务开发部、书刊采访委员会、文献研究委员会。后勤部门有:办公室、行政科、保卫科、老干部科及印刷厂。一九八九年有职工 167 人。大专以上文化程度的 80 人,占总人数的 48% 以上。具有专业技术职务的 84 人,其中高级专业职务 12 人,中级专业职务 19 人。

山西省图书馆截止到一九八九年底共有藏书 170 余万册。其中中文普通图书 13 万种 805850 余册、外文图书 10 万种 134922

册、古籍线装书（包括地方文献等）3 万种 281585 册、中文期刊
8948 种 61856 册、外文期刊 5098 种 74551 册、中文报纸 513 种
23931 册、外文报纸 41 种 3469 册、特刊 17 万件、科技资料 15000
件、图书情报专业资料 8000 册、少儿读物 4337 种 16910 册、联合
国教科文组织出版物 2487 种 3027 册、非印刷型资料 361 种 6911
件。

　　山西省是中国煤炭能源重工业、化工基地。山西省图书馆的
藏书以煤炭、化工、冶金、机电等科技书刊为重点,同时注意地方文
献和革命文献的收藏。科技书刊入藏量约占全部馆藏的 70%。
科技文献检索刊物以特刊、标准较为齐全,总数达 17 万件。古籍
收藏有善本 600 余种。其中如:宋刊本《佛说北斗七星经》、《大方
广华严经合论》、西夏文《大藏经》扉画、元刊本《龙龛法宝大藏》扉
页等皆为珍品。地方文献和革命文献收藏亦较丰富,约 3500 余
种,20000 余册,其中地方志 1055 种,包括本省方志 432 种,其中
明刊本《山西通志》,清刘大鹏撰《晋祠志》稿本均为罕见本。

　　中共十一届三中全会以来,该馆为了更好地为四化服务,积极
开展了以下工作:(1)满足读者需要,加强阅览、外借工作。截止
到一九八九年底共发各种借书证 25419 个。年接待读者 84363 人
次,阅览图书 201934 册次。(2)举办煤炭能源书刊资料展览、马
克思逝世一百周年图书图片展览、国外科学技术产品样本展览、晋
军崛起系列文学报告会等活动,介绍、推荐书刊。(3)编制《馆藏
外文煤炭科技文献题录》、《山西省古籍善本目录》、《山西地方志
联合目录》等书目供读者检索参考。(4)开展口头、电话或书面参
考咨询服务,并接受代编、代查、代培、代译等服务工作。(5)添置
缩微摄影阅读设备及复印器材,便于读者利用书刊资料。(6)研
究利用电子计算机提高工作效率,已开发"全省期刊联合目录检
索系统"、"全省公共图书馆概况数据库系统"、"中外文期刊管理
系统"等。参考该馆提供的资料,太原第二制药厂试制成功治疗

心血管病新药一维脑路通,已获国家经委优秀新产品金龙奖。太原电解铜厂设计制造的微引程反推式水平连铸机,已获一九八二年国家发明奖。据不完全统计,一九八〇年以来,读者利用该馆资料编辑、出版各种专著有 150 余种。

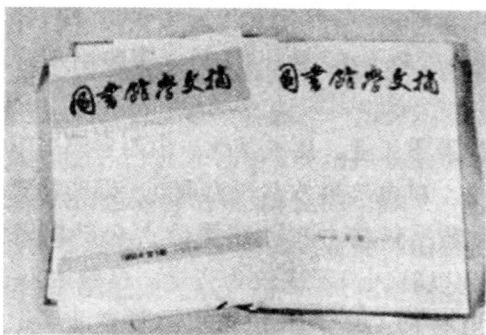

图20　山西省图书馆创办的《图书馆学文摘》

在培养干部方面,该馆担负了北京大学图书馆学系函授辅导站任务。一九八一届培训大专生 58 人。一九八六年又招本科函授生 35 人。经省政府批准成立了"山西省职工图书馆业务函授学校"。一九八一届为全省培训中专生 162 名。一九八四届培训学员 177 名。一九八六年招收新生 60 名。此外,还开办了多种类型的业务培训班,共培训图书馆专业人员 1000 余人。

一九七九年成立的山西省图书馆学会,设办公室于省馆内,并由省馆担任学会的日常工作。除了开展学术交流活动外,已与省馆合编有《中国图书馆事业三十年纪事 1949－1979》、《外国图书情报界人物传略》等。一九八三年创刊的《图书馆学文摘》(季刊)是中国第一种图书馆学专业文摘检索刊物。

五、辽宁省图书馆

辽宁省图书馆原名东北图书馆,筹建于一九四七年,一九四八年八月十五日在哈尔滨市开馆,是新中国建立前,解放区最早建立的大型公共图书馆。当时藏书 16 万册,工作人员 27 名。同年十一月迁址沈阳后,将沈阳博物院筹委会图书馆和辽宁省立图书馆并入,一九五五年十月改称辽宁省图书馆。现馆址在沈阳市沈阳路二段文兴里,总面积18290平方米。

辽宁省图书馆由辽宁省文化厅领导,机构设有外借部、科技服务部、社科服务部、报刊部、特藏部、采访部、编目部、研究部、辅导部、馆长办公室、人事科、行政科、保卫科、财务科、基建办公室、企业管理办公室。附设印刷厂、图书馆用品服务部。辽宁地区中心图书馆委员会、辽宁省图书馆学会均在此办公。一九八九年共有职工204人,其中大专以上文化程度者占一半以上,高级专业职务15人,中级专业职务46人。

截止到一九八九年底,辽宁省图书馆已经收藏图书256.2万余册。其中:中文图书129.9万余册,外文图书32.5万余册,中文期刊11.4万余册,外文期刊22.5万余册,普通古籍43.1万余册,善本12.7万余册,中外文报纸3.8万余册。该馆社会科学藏书的基础是原东北三省诸家公私藏书的汇集。主要有:长春伪宫、原哈尔滨市立图书馆、沈阳博物院筹委会图书馆、辽宁省立图书馆、沈阳铁路图书馆、东北大学图书馆的馆藏,以及罗振玉等人的部分藏书,已形成本馆藏书的地方特色。科学技术藏书,以机械、电工、化工、采矿、冶金、农业、建筑、交通运输、环境科学为重点。古籍善本中,宋元本多清宫旧藏。如宋刻本《抱朴子内篇》、《续资治通鉴长编》(缺两卷)、《韵补》、《画继》十卷;元刻本《后汉书》;明末活字本《漫塘刘先生集》、明刻本《朝觐事宜》等均为海内孤本;明凌濛初、闵齐伋套印本,清殿版书藏数均居全国首位。此外还珍藏有蒲松龄手稿《聊斋志异》八册(残)及大量的东北地方文献。原藏文溯阁《四库全书》于一九六六年移存甘肃省图书馆。自八十年代以来,该馆已先后与美、日、苏、澳大利亚、香港等二十余个国家和地区的图书馆建立书刊交换关系。

辽宁省图书馆设读者分类、书名、著者目录。分类目录均按文

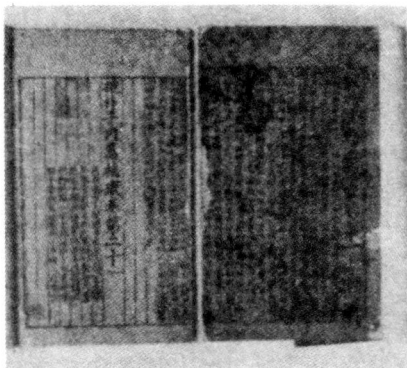

图21 宋刻本《抱朴子内篇》

种和文献类型分别组织。另有揭示阶段性藏书的书本式目录和专题书目。文献分类一九七五年以前采用《东北图书馆图书分类法》，一九七五年以后改用《中国图书馆图书分类法》。著录也采用了国家标准，逐步实现文献分类编目标准化、规范化。

辽宁省图书馆立足沈阳，面向全省，重点为党、政、军领导机关，科学研究和生产建设部门服务，同时也为广大人民群众服务。五十年代初期，普及科学文化知识，大量流通图书，曾先后建立200余个图书流动站、借书小组，并分设工人分馆、儿童分馆，做出了显著成绩。以后随着国民经济五年计划的实施，逐渐转移到为经济建设服务的轨道上来。一九五六年配合向科学进军，侧重于为科学研究服务。一九五八年以后，受当时浮夸风的影响，开架管理不善，目录组织混乱，曾在工作中走过一段弯路，但很快就得到了纠正。"文化大革命"期间，被迫停馆五年四个月。一九七二年五月以后，各项工作才陆续恢复。中共十一届三中全会后，加强了服务工作，恢复和发展了科学文化工作者借书制度。一九八六年读者总数已达 39400 人，其中科研读者比例由一九七五年的12.3%，增至40.2%。当年，由于调整书库，缩小阅览室，以外借为主，仅设有社会科学阅览室、科技文献检索室、报刊查阅室等共有 170 个阅览座位，供科研读者使用。全年接待读者 181588 人次，流通书刊 520465 册次。一方面通过外借、内阅、解答咨询、馆际互借、复印资料等，满足读者对文献的需求；另一方面，深化服务内容，挖掘馆藏，开展定题系列服务工作，编印了《信息与反馈》供

89

领导机关参考;举办信息发布会,与省经济所合办《产品开发》月刊等向读者传递信息。一九八六年,为配合实施"星火计划",牵头建立了辽宁省公共图书馆为"星火计划"服务协作网,在全省范围内,广泛开展了以省馆为后盾,以市馆为中心,以县(区)馆为基础的三级科技服务协调协作活动。向读者推荐、介绍编制的书目、索引、专题资料,据不完全统计已近500种。其中如:《马克思及其著作中译本》、《馆藏日文地质调查参考书目》、《辽河、大小凌河水系水灾资料辑要》、《辽宁农业史资料辑要》、《辽宁矿藏录》等,都受到社会欢迎。

在业务研究方面,该馆经常结合工作,开展学术研究。建馆初期为适应类分图书的迫切需要,曾编制《东北图书馆图书分类法》,六十年代编印《辽宁地方志考录》,七十年代编印《县图书馆工作讲话》,八十年代起,每年都在马克思诞辰日组织"五·五科学讨论会"。近几年来,还先后承担了辽宁省图书馆学会主编《图书馆学译丛》(七种)、《图书情报业务丛书》(第一辑六种)、《图书馆学刊》(双月刊)的编辑出版发行。其中《图书情报业务丛书》由辽宁人民出版社陆续出版,有三种被国家教委列入高等学校文科教材参考书。

辽宁省图书馆还负有培训干部、辅导业务的任务。六十年代初与沈阳市图书馆合办辽宁省文化局红专大学图书馆分校,八十年代初与辽宁大学图书馆合办辽宁大学图书馆学专业,有400余名学员毕业。一九八五年创办辽宁省图书馆职工函授中等学校、组织电大图书馆学教学班以及北京大学图书馆学系函授辅导站和各种类型的短期培训班,培训了一大批在职干部。同时还对全省公共图书馆进行常年业务辅导。

在技术设施上,该馆已利用计算机进行编目试验,筹建图书情报文献库。缩微复制工作已进行拍摄善本和旧报刊。

六、吉林省图书馆

吉林省图书馆,清宣统元年(一九〇九年)建立于吉林市,是中国建立较早的省图书馆之一。一九四八年吉林市解放时,藏书6万余册。一九五四年,吉林省会由吉林市迁往长春市,原吉林省图书馆改名为吉林市图书馆。自一九五七年起开始在长春市筹建新的吉林省图书馆,一九五八年新馆舍落成,一九六〇年正式开放,位于长春市新民广场东北侧,馆舍面积13000平方米,其中书库占6000平方米,阅览室面积960平方米。设有报刊阅览室、科技文献检索室、中文社会科学开架阅览室、中文自然科学开架阅览室、社会科学参考室、科技期刊阅览室。共有阅览座位416个。

吉林省图书馆由吉林省文化厅领导,实行馆长负责制。机构设有行政办公室、业务办公室、人事科、书刊采访部、图书编目部、图书流通阅览部、报刊阅览部、社会科学参考咨询部、自然科学参考咨询部、业务辅导部、图书馆学研究部、技术研究室、复印室。一九八九年有职工193人,其中大专以上文化程度者121人。

截止到一九八九年底,吉林省图书馆的藏书总计为244万余册。其中:中文图书1499341册,外文图书311194册,中文期刊106307册,外文期刊122807册,中外文报纸39764册,古籍346606册,善本23773册,馆藏中有唐人写经,宋、元、明刻本,金石拓片、书札、舆图等。还有东北抗联史料和东北日伪时期资料,这些都是具有重要价值的资料。八十年代以来,先后与美国国会图书馆、日本中国研究所图书馆、苏联国立列宁图书馆等建立了国际图书交换关系。

吉林省图书馆根据本省政治、经济、科学、文化、教育的发展需要,积极开展了以下服务工作:(1)举办读书报告会、书评、书展,编印专题书目、索引、文摘、题录等为读者服务;积极开展书刊流通,满足一般读者的阅读需要;(2)根据本省的中心工作及科学研究和生产的需要,开展科技咨询、代查代译、文献检索、跟踪服务、申请专利的查新等项业务;在保证一般课题和重点课题服务的同时,根据本省的资源优势和特点,为党政机关决策提供参考资料;(3)在省科学、教育、文化部门领导下,开展各系统图书馆间的协调协作活动,组织推动图书馆学、情报学基本理论和技术方法的研究,并对市、县图书馆进行业务辅导。

中共十一届三中全会以来,吉林省图书馆全体工作人员,精神振奋,努力开展各项业务,已完成以下重点工作:(1)根据当地经济发展的趋势与特点,及时为社会提供各种信息。一九八二年,为省农委汇编了一套包括 20 个专题的《农业现代化专题资料》,详细介绍了国内外农业生产各个领域的现状和发展趋势,为制定本省农业方针政策提供了有价值的参考资料,受到领导好评。该馆还接受松花江水系保护领导小组和省环境保护局的委托,参加了制定《松花江水系环境质量标准和污染排放物排放标准》的工作,收集了大量的文献资料,编印了《国外环境标准资料索引》。接受省医药局的委托,承担了检索和提供有关人参情报资料的任务,查阅了近 400 年来中外人参研究方面的文献资料,编出了《人参文献专题目录》、《吉林省图书馆馆藏人参专题著作目录》、《历次国际人参专题讨论会论文目录索引》。该馆还为"钢背复合材料"、"离子交换纤维"、"升华法转移印花"、"人工合成麝香酮"、"合成牛黄酸"等 40 多个重点科研项目进行定题定向服务,共提供资料5000 多份、复印 1000 多份、翻译外文资料近百万字、编印专题资料目录索引 20 多种,为本省科研、生产的发展作出了一定的贡献。(2)开展学术研究活动。该馆承担了吉林省中心图书馆委员会、吉林省公共图书馆系统为科技服务协作网办事机构的工作,并负责吉林省图书馆学会的日常工作,组织学术讨论会、座谈会、编辑学会会刊《图书馆学研究》(双月刊)、出版图书馆学专著和译著。一九八〇年以来,已编辑出版了近百种学术性专著或译著。其中

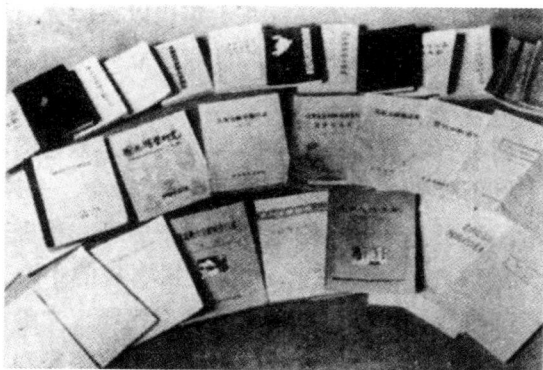
图22 吉林省图书馆编辑的出版物

《中小型图书馆技术》、《苏联图书馆图书分类法》等在国内受到好评。《中国地方志详论》丛书已出版了20种。此外，还编辑出版了《中国地方志论丛》、《社会科学情报工作概论》、《中国图书史纲》等。（3）举办图书馆学业余教育，培训在职图书馆工作人员。一九八〇年吉林省中心图书馆委员会和吉林省总工会宣传部委托吉林省图书馆举办吉林省图书馆业余函授学校，学制两年，第一批培训772人，第二批培训759人。该馆还承担了北京大学图书馆学系和广播电视大学的函授辅导任务。（4）增添研制技术设备，提高工作效率。该馆已具有缩微复制系列设备，进行善本和报刊的拍摄工作。一九八四年自行研制成功的新式图书传送装置，已投入使用，并将技术转让给北京航空学院图书设备用品厂，批量生产。

七、黑龙江省图书馆

黑龙江省图书馆一九五六年筹建，一九六二年开馆。馆址位于哈尔滨市南岗区文昌街，馆舍面积8663平方米，其中书库3783平方米，阅览室1415平方米。设有社会科学检索、社会科学书刊、社会科学过期期刊、科技文献检索、中文科学技术现期期刊、外文现期期刊、科技过期期刊、综合等9个阅览室，有阅览座位270个。

黑龙江省图书馆原属黑龙江省文化局领导，一九七八年九月

图 23　黑龙江省图书馆外景

改由省文物管理委员会领导。一九八九年馆内设采编、社会科学、社科参考、科技参考、阅览、外借、社会教育、业务辅导、经营管理、现代化技术等部和《黑龙江图书馆》编辑部、业务办公室、政工科、保卫科、行政科、附属工厂。一九六二年开馆时有工作人员 58 人，一九八九年增加到 126 人，其中：大专以上文化程度的 80 人，占总人数的 64%，中专程度 16 人，占总人数的 12.8%。高级专业职务 11 人，中级专业职务 34 人。中共十一届三中全会以来，全馆业务研究气氛空前活跃，十年来发表图书馆学、目录学论文百余篇，先后参加了省、东北地区和全国图书馆学会召开的各种学术讨论会。有 2 篇获黑龙江省社会科学优秀论著奖；有 1 篇获省科协优秀论文奖；有 18 篇获黑龙江省图书馆学优秀论著奖。此外，一九八〇年编出的《中国图书馆图书分类法（简本）》还与《中国图书馆图书分类法》一起，获一九八五年国家科技进步一等奖。

黑龙江省图书馆开馆时藏书有 80 万册。经过二十多年的采访，截止到一九八九年底藏书已达 223 万余册。其中中文图书 1288303 册，外文图书 200102 册，中文期刊 265232 册、外文期刊 343070 册，普通古籍 128831 册、善本 4660 册，报纸 467 种。

这些书刊以本省工农业生产和科学研究需要的农业、林业、煤炭、石油、机械、电技术等为重点。参考工具书与检索性期刊收藏广泛，共有 4584 种。地方文献的收集日臻完备，藏有中外文地方文献 4163 种。其中俄文、日文中的许多资料涉及东北地区和本省物产资源、工农业生产、风土和人民革命斗争的史料。古籍善本书有 220 种 4660 册。其中元刻本《新编事文类聚翰墨大全》、《韵府群玉》，明刻本《新镌古今大雅北宫词记》、《新镌古今大雅南宫词记》等都比较珍贵。该馆自一九八〇年起与日本、英国、加拿大、苏联、朝鲜等 6 个国家的 14 个图书馆建立书刊交换关系。通过交换，补充了一部分外文书刊。

黑龙江省图书馆藏书一九七五年前使用《中国科学院图书馆图书分类法》分类。一九七六年起，除善本书以外，一律改用《中国图书馆图书分类法》分类。读者卡片目录中，中文图书有分类目录、书名目录和新中国建立后出版图书的著者目录。外文图书有分类目录、西文俄文日文还有书名目录、西文俄文还有著者目录。期刊有分类目录、刊名目录。还有地方文献、工具书、会议录、技术报告等专题目录。书本目录编有《馆藏外文科技期刊目录》、《黑龙江省图书馆藏地方文献目录》等。

中共十一届三中全会以来，该馆努力加强读者服务工作，一九八九年底持证读者已有 29800 人。文艺图书自一九七九年起实行开架借阅。此外，还有邮寄借书、集体借书、馆际借书和 22 个城乡流动点。一九七九年以来逐步扩大开架阅览范围，至一九八九年底，除 2 个过刊阅览室以外，均开架。全年共接待读者 26.3 万人次，书刊流通 84 万册次。在参考咨询工作方面，参考阅览和科技文献检索室都以咨询服务为主要工作内容。仅以为大庆服务为例，六十至七十年代，该馆多次派人跟踪课题提供中外资料与线索 2 万多条，解决攻关课题 60 多项。其中关于油田固井、射孔、污水处理、输油管道铺设、声波测井、井下压裂等都取得明显的经济效益。采油一部和井下指挥部分别赠送锦旗，表示谢意。八十年代以来，咨询服务又有新的进展。仅一九八四年获国家和省级奖的即达 9 项，其中填补国家空白 6 项。一九八六年以来，进一步主动为用户服务。为配合省政府的宏观决策论证,该馆先后编制了"国内外经济体制改革"、"国内外工资制度"、"苏联林业及造纸工业材料"、"北方圈国家与地区经济发展情况资料汇编"等专题资料汇编、索引,被省经济技术顾问委员会吸收为专家组成员。在"省长与专家的对话"活动中积极参与,提供了大量最新资料。在国内横向经济联合黑龙江省邀请会上,汇集了全国28个省、自治区、直辖市100多个大中城市的几千项成果,分门别类编制了项目索引并设立咨询服务台,为供需双方洽谈服务。以"星火计划"为中心的服务活动,馆内调整了藏书,举办了课题服务人员培训班,并设专人分片包干,已有200多个"星火计划"项目列入服务课题。其中100多项被列为重点,免费提供文献资料复印件。还为影响面大的课题如"大豆食品"、"马铃薯食品"、"山野果系列产品"开发等编制专题书目索引。为配合省农业现代化研究所的"深松土壤耕作研究",编制了"深松耕法"资料介绍,提供国内外有关文献2000多条。该项研究获省科技进步二等奖、中国科学院科技进步三等奖。

在业务辅导方面,该馆担负着本省市、县图书馆的辅导任务。自一九七五年以来,以巡回辅导形式对牡丹江、松花江、绥化、合江、大庆等地区43个图书馆的藏书整理工作加以指导,共登记、分编出图书55万册;举办过不同级别和内容的业务学习班32次,受训人员达2000余人次。一九八〇年起,建立了北京大学图书馆学系函授专科辅导站。一九八五年又开办了黑龙江广播电视大学图书馆学专业教学班,并编出业务学习材料多种。此外,还举办过"科技文献检索"、"电子计算机技术"、"科学管理"等业务培训班15次,"现代科学技术"、"图书馆改革"等专题讲座20次。

一九七九年黑龙江省图书馆学会成立后,办公室设在省馆内,由省馆担负了学会的常务工作,编辑出版《黑龙江图书馆》(季刊,一九八七年改为双月刊),组织开展了学术活动。

八、上海图书馆

上海图书馆创建于一九五二年七月。馆址位于南京西路325号。一九五八年十月,与上海其他三个专业图书馆——上海市科学技术图书馆(原中国科学社明复图书馆)、上海市历史文献图书馆(原合众图书馆)、上海市报刊图书馆(原鸿英图书馆、新闻图书馆)合并。上海图书馆原隶属上海市文物管理委员会,一九五三年七月改由上海市文化局领导。

图24　上海图书馆外景

截止到一九八九年底,上海图书馆的藏书已从建馆初期的70万册发展到839万册。上海市是中国近代文化、出版的中心,是图书的重要聚散地。外国殖民主义者的社团从他们的需要出发也带来一批图书。上海图书馆建馆前后陆续接受和接收了诸如徐家汇藏书楼、亚洲文汇图书馆、海光图书馆等藏书。上海及邻近地区热心图书馆事业的人士也纷纷捐献藏书。其中较重要者有姚光复庐藏书,高天梅尚志堂藏书和柳亚子吴江黎里藏书。著名作家巴金也将藏书2294册捐献该馆。经过该馆三十多年的辛勤搜集,逐渐积累,形成了该馆丰富而有特色的馆藏。收藏中文线装书150万册,其中列为善本的16万册,包括宋、元刻本700余种。涉及22个省、市的地方志达5400种,居全国第二位。在2万多件金石拓片中,有不少珍品。大量明、清和近代名人手札与日记,有着重要的学术和史料价值。所藏从清朝末年到新中国诞生前出版的40余万册中文平装书和2.3万余种中外文旧报刊以及十六、十七世纪国外出版的各种研究中国及东南亚各国政治、经济、历史、文化和风土人情等方面著作是馆藏中又一重要特色。在所藏的现代书刊资料方面,除中文图书外,还有英、德、法、日、俄等文字的书籍。订有7600余种中文现期期刊、600余种中文报纸、7500余种外文现期期刊、100余种外文报纸。视听资料入藏量亦很丰富。

为了更好地开发利用馆藏文献资源,该馆编纂了各种书目、索引、文摘等达千余种。其中重要的有《中国丛书综录》、《中国近代期刊篇目汇录》、《中国近代现代丛书目录》、《馆藏地方志目录》、《馆藏中文报纸目录(1898-1949)》等。上海图书馆还参加了由该馆名誉馆长顾廷龙任主编的《中国古籍善本书目》的编辑工作,其中《经部》已于一九八六年十月正式出版。定期编辑出版的有:《全国报刊索引》(月刊,分哲学社会科学版和科技版)、《馆藏新书通报》(月刊)、《上海市外文新书联合目录》和《上海市港台新书联合目录》等。由上海市图书馆学会和该馆合办的《图书馆杂志》,于一九八二年创刊,一九八七年起由季刊改为双月刊。

该馆馆舍面积2.5万平方米,设有1100个读者阅览座位。每周开放八十四小时,平均每天接待读者2500余人次,提供各种书刊资料5000余册次。至一九八九年底,共有工作人员597人。其中大专以上文化程度199人,占总数的33%。全馆分设采编、报刊、阅览、参考阅览、书目、特藏、保管、业务辅导部和视听资料馆等9个业务部门以及办理书刊装订、复制、修补、印刷业务的工厂。

此外,为了培养图书馆初级管理人员,该馆受上海市文化局委托,开办了图书馆职工中等专业学校。

中共十一届三中全会以来,上海图书馆为了更好地为社会主义两个文明建设服务,在业务工作改革方面主要有:(1)新设报刊部,对报刊的采购、流通、保管实行了统一管理,并将7200种中文期刊、350种中文报纸、1200种新到外文科技期刊开架服务。(2)积极参加并推动文献著录标准化的工作。一九八四年起,该馆编辑了中文期刊标准著录卡。一九八五年起,又编辑了外文期刊标准著录卡,向全国700多家大中型图书情报单位发行。(3)完成馆藏40余万册中文旧平装图书的编目制卡工作。同时还将1万种家谱资料全部整理上架。(4)将原阅览部一分为二,增设参考阅览部,并成立了社会科学咨询组、社会科学工具书阅览室和联合国资料阅览室。同时,将设有370个阅览座位的读者自修室改为多功能活动厅,根据需要,开展外文新书开架阅览、作者与读者座谈会、专题书展以及新书发布会等活动。(5)加强文献资料的保护工作,对中华人民共和国成立前出版的中文报纸全面进行缩微复制。(6)对电子计算机在图书馆的应用,进行研究试验。一九八一年,在华东计算机研究所的协助下,编制了用于图书流通管理的模拟试验程序,获文化部颁发的科技奖;在上海交通大学合作下,《全国报刊索引》自动抽词成功,获一九八五年上海市重大发明三等奖。该馆已承担了上海市科委规划的科研课题,如应用微机进行"中外文期刊的编目、排版、检索一体化系统",并已开始编制卡片目录。此外,还按国家标准著录,用微机编制《全国报刊索引》,在原有基础上再增加作者和篇目索引。科技版的"索引"已试编成功。(7)开展图书馆之间的协调与协作。一九七七年十一月,经有关领导部门批准,成立上海市图书馆协作委员会,恢复了由于"文化大革命"中断的三大系统图书馆之间的协作活动。(8)加强对区(县)图书馆的业务辅导工作,开展业务交流和培训干部等活动,参加制订区(县)图书馆工作条例。为了办好街道图书馆,帮助区县馆搞好业务建设,进行了一系列调查研究工作。(9)扩大了同国外图书馆界的联系。一九八〇年起,开展国际书刊交换业务。一九八一年参加国际图联,成为机构会员;一九八四年一月,成为联合国资料保存馆之一;一九八六年十一月,根据上海和美国旧金山两市市长达成的双方互建友谊图书馆的协议,建立了上海—旧金山友谊图书馆。(10)扩建馆舍。为了适应藏书发展和工作需要,在上海市党政领导部门的关怀和支持下,一座 8 万平方米,具有现代化设施的新馆也正在积极筹建中。

九、南京图书馆

南京图书馆是在前国立中央图书馆和江苏省国学图书馆的基础上发展起来的。国立中央图书馆于一九三三年开始筹备,一九四〇年八月在四川重庆正式建立。抗日战争胜利以后,于一九四六年迁回南京。一九四九年四月南京解放,次年三月十九日改名为南京图书馆,由中央人民政府文化部和华东军政委员会文化部双重领导。一九五三年,改由江苏省文化局领导。国学图书馆是一九〇八年购入清末杭州丁丙八千卷楼藏书后筹建的,名江南图书馆。一九二七年改名江苏省立第一图书馆,由柳诒徵主持,后一度隶属中央大学。一九二九年独立,名江苏省立国学图书馆。一九五二年十月江苏省国学图书馆并入,使南京图书馆成为汇聚和珍藏古籍与近现代历史文献资料的著名公共图书馆之一,也是江苏省文献资料收藏中心,各系统图书馆协调中心,联合目录编制、文献保护性缩微复制和业务干部教育培训中心。南京图书馆担负着为科学研究、生产建设、促进改革开放和广大读者服务的任务。

南京图书馆总馆坐落在南京市中心成贤街。另有古籍部、特藏部分别坐落在城北颐和路 2 号和城西的龙蟠里 9 号。后者庋藏近代书刊、文献资料。三处共有馆舍 2.37 万平方米。

中共十一届三中全会以来,南京图书馆得到了较快的发展。在馆长下设有采编、保管、书目、参考阅览、古籍、特藏、期刊、技术、辅导部和人事、行政、保卫等 14 个部、科、室。江苏省图书馆学会和江苏省地区中心图书馆委员会的工作机构也设在该馆。一九八九年,该馆有工作人员共 302 人,其中高级专业职务 8 人、中级专业职务 45 人。

截止到一九八九年底,该馆藏书 643 万册,其中:中文图书 387 万册、外文图书 105 万册、中文期刊 10 万册、外文期刊 1.1 万册、普通古籍 130 万册、善本 10 万册、报纸 1100 种。善本有唐、宋、辽、金、元的写本、刻本,包括:《妙法莲华经》、敦煌卷子、《乐府新编阳春白雪》等罕见版本和清末丁丙八千卷楼的珍藏书,一直为海内外学术团体和专家学者所重视。地方志有 5000 种,约占中国现存地方志品种的三分之二,江苏各县志齐全。还收藏有苏北革命根据地的重要报刊文献以及许多从清末至一九四九年前出版的中文书刊,特别是抗日战争时期国民党统治区的出版物比较齐全。新中国建立以来国内出版的书刊基本入藏,侧重收藏电子、无线电、化工、机械、冶金、石油、轻纺等学科。为了便于读者查找和提供情报,还较系统地收藏了会议录、特种资料、索引期刊和文摘期刊。还有许多地图、图片、金石拓片、缩微胶卷、录像带、录音磁带和唱片等。在馆藏外文图书方面,日文图书有关东南亚问题的文献资料较多;英文图书有在第二次世界大战期间的出版物,社会科学和人文科学较多。一九八六年著名翻译家戈宝权向该馆赠送书刊近两万册,其中有一些是珍贵的俄文图书版本。该馆近年邀请有关教授、专家学者组织了选书委员会以提高藏书质量。

该馆设有中外文图书的书名、著者、分类和专题四种卡片目录,向读者揭示馆藏。编有多种专题书目索引、新书通报、联合目录等,并编辑出版有农业、石油、地震、无线电、计算机、企业经营管理等专题目录索引。还编制了《南京图书馆馆藏外文科技期刊目录》、《江苏三大系统图书馆外文新书联合目录》(分《自然科学版》与《社会科学版》两种,双月刊)、《馆藏西德标准目录》、《瞿秋白研究资料索引》、《孙中山著作及研究资料索引》、《江苏地区图书馆建国前中文报纸杂志联合目录》和《1949—1982 年图书馆学论文索引》。

该馆积极开拓、改革读者服务工作,采取阅览、外借、邮寄、馆际互借和送书上门等多种方式。阅览设有文献检索室、普通阅览室和外文新书刊、中文报刊、社会科学、古籍、特藏、视听资料等阅览

图25 南京图书馆编印的书目索引

室,共有座位 500 个,平均每天接待读者 1500 人次。外借分集体借书证、个人参考资料借阅证和个人外借证 3 种,至一九八九年已发放 3.3 万余个。还通过馆际互借、汽车图书馆等方式,为南京以及外地的团体读者和农村的读者服务。每年约解答咨询 3000 件,提供静电复制品近 15 万张。经常举办报告会、放映录像与图书展览。多次精选馆藏最新中外图书资料,去张家港、苏州、常州、扬州、连云港等市举办书展。

八十年代,该馆添置了微机 6 台,音响、录像等设备多台。引进美国国会图书馆光盘数据及配套软件,在微机多用户系统上完成了《中文期刊管理系统》的研制。

该馆与美国、日本、朝鲜、澳大利亚等国家和地区的 40 多个图书馆建立了书刊交换关系。并于一九八六年加入国际图联为机构

102

会员。还与澳大利亚维多利亚州图书馆建立了互派工作人员进修学习的关系。

该馆积极从事图书馆学教育,除担负着北京大学图书馆学系函授站和江苏省广播电视大学直属南京图书馆教学班、三年制大专班学员教学辅导外,还担负着全省市、县公共图书馆的辅导工作,采取举办短期训练班、召开业务专题讨论会、经验交流会等多种方式,进行业务辅导和培训业务干部。已举办的有:市县馆馆长研讨班、标准化著录学习班、古籍著录学习班、文献检索班等。

十、浙江图书馆

浙江图书馆始于清光绪二十六年(一九〇〇年)创办的杭州藏书楼,光绪二十九年(一九〇三年)改建为浙江藏书楼。当时虽名为"藏书楼",但已准公众入楼阅书、借书,实已开近代中国公共图书馆的先河。宣统元年(一九〇九年),浙江官书局并入,改称浙江图书馆。一九一二年,在杭州西湖孤山建成新馆舍,一九一三年改馆名为浙江省立图书馆。同年,文澜阁《四库全书》划归该馆收藏。一九一三年,在杭州大学路建成了又一新馆舍,定为总馆,孤山馆舍改称分馆。一九三七年,抗日战争爆发,该馆曾一再迁移丽水、青田等地。一九四五年抗战胜利,全馆迁回。经此浩劫,除文澜阁《四库全书》保存下来,损失图书 10 万余册,馆舍残破,设备荡然。

一九四九年五月,杭州解放。浙江省立图书馆由军管会文教部接管。一九五一年藏书家刘承干将南浔嘉业堂藏书楼与藏书 10 余万册及书版等捐献给浙江省立图书馆,从此成为浙江省立图书馆的一部分。一九五三年六月,该馆又更名为浙江图书馆。

浙江图书馆由浙江省文化厅领导。设有:办公室、行政科、采编部、外借部、阅览部、信息部、报刊部、古籍部、研究辅导部及文澜书画社等部门。工作人员的数量有较大增长,经过在职进修、岗位

图 26　浙江图书馆举行创建八十周年纪念会

培训,人员素质也有了一定的提高。据一九八九年底的统计,在编职工 166 人,其中具有高级专业职务 5 人、中级专业职务 25 人、初级专业职务 45 人。

一九四九年杭州解放时,馆藏图书仅 35 万册,通过大力征购和接受捐赠,截止到一九八九年底,藏书总量已达 358 万余册,其中:古籍 884745 册、善本 141000 册、中文期刊 99948 册、外文期刊 61237 册、中文图书 2065212 册、外文图书 298774 册、报纸 34041 册。

浙江图书馆现有馆址三处:杭州大学路 102 号为总馆;西湖孤山路 28 号为古籍部;吴兴南浔嘉业堂藏书楼为古籍部分部。馆舍总面积为 10514 平方米。

中共十一届三中全会以来,浙江图书馆得到了很大发展,主要成就表现在:(1)贯彻"调整、改革、整顿、提高"的方针,扭转了"文化大革命"造成的混乱状况。该馆健全了公务目录,完善了读者目录,中、外文图书均设有分类、书名、著者三套目录。各阅览室也均设有目录。在建立卡片目录的同时,还编制了反映藏书的书本式目录,其中的一九四九— 一九七六年馆藏图书回溯性书本目录,揭示藏书 9 万余种,还有《馆藏善本书目录》、《馆藏方志目录》、《馆藏浙江金石拓片目录》、《馆藏法学中外文图书目录》、《新书通报》等。(2)坚持为人民服务、为社会主义服务的方向,充分利用馆舍条件,延长开放时间。除设立供大众阅览的中文普通图书阅览室和中文报刊阅览室外,还有供教学科研人员查阅资料的社会科学、自然科学、历史文献参考阅览室和科技文献检索室。阅览室实行开架阅览,深受读者欢迎。据一九八六年统计,日均接待读者达 1300 人次,比一九四九年增长了 3.6 倍。截止到一九八八年底,个人借书证和集体(邮递)借书证发放 5.4 万余个,比一九七七年增长了 7.7 倍。全年图书流通合计 21 万人次,27 万册次。一九八六年五月中文文学类图书开架外借,进一步方便了读者。在为科学研究服务中,不断开拓新的服务领域,如建立重点读者队伍,开展定题、跟踪服务,召开信息发布会,举办专题书刊巡回展览,编制专题书目资料,开展代查、代译(篇名)、代编(专题索引)、代抄写或代复印书刊资料等服务项目。一九八五年收到读者利用馆藏从事著译而赠送的样书有 79 种 223 册,这也是服务成果的一部分。(3)该馆担负着对全省公共图书馆业务辅导的任务,担负着省图书馆学会和省中心图书馆委员会的日常工作,对全省图书馆界的学术活动、业务交流、人才培训以及协调协作工作等,做出了贡献。省中心图书馆委员会于一九七九年恢复活动后,已编印《浙江省外文图书联合目录》、《外文期刊预订目录》多期,并制发了外文书刊统一借书证,有近 40 个研究机构、高等院校和公共图书馆参加这项资源共享的活动。在承担省图书馆学会日常工作中,积极组织和推动图书馆学研究,从一九八○年开始,与省学会联合编辑出版了学术性季刊《图书馆研究与工作》。自一九八二年开始,先后举办武汉大学图书情报学院图书馆专业函授班、中央电视大学浙江图书馆教学班、电大图书馆学专业班、浙江省图书馆函授中专班等,另外还开办了多期短期培训班,帮助在职人员更新知识,提高技能。

浙江图书馆在成长中形成了自己的优势和特点:(1)珍贵古籍丰富,地方志较齐全。新中国建立四十年来,在党和政府的支持下,古籍的保藏和征集得到了进一步加强,收回了散失的文澜阁《四库全书》原抄本 200 多册,收藏了大量的古籍和旧报刊。现馆藏善本书编入《中国古籍善本书目》的有 4014 种。这些善本书和浙江历史文献,在古籍整理、浙江地方史研究、调查地质资源、整理文化遗产等工作中,一直发挥着重要作用,显示了馆藏特色的优势。(2)浙江图书馆至今还完好保存着《四明丛书》、《章氏丛书》、《武林掌故丛编》、《丁氏善本书室藏书志》等木版 20 余万片。一九八〇年以来,浙江图书馆与浙江古籍出版社等建立了协作关系,有计划地出版古籍珍本。此外,还整理编印了一些馆藏地方史料,如《重修浙江通志稿》等,受到了学术界的赞赏。(3)浙江图书馆为面向全省,开展图书流通,邮递借书读者遍布全省 11 个地区,在为全省工农业生产和科学研究等服务中,发挥了作用。

十一、安徽省图书馆

安徽省图书馆的前身是一九一三年在安庆文昌宫及存古学堂成立的安徽省立图书馆,其后一再迁移,直到一九二八年才正式恢复建制。一九三五年时藏书 17657 种 94515 册。一九三〇至一九三七年出版的《学风》馆刊,内容侧重于研究安徽地方文献。抗日战争时期,藏书多次搬运,已散失和损毁,仅有一部分古籍和善本送入大别山、罗家岭等地得以保存。抗日战争胜利后,该馆迁至合肥,一九四八年迁回安庆。

新中国建立以后,一九五三年四月二十日以合肥图书馆为基础,建立了安徽省图书馆,馆址在逍遥公园西侧,面积为 1100 平方米。一九五四年,接收了安庆原省立图书馆所藏的善本及其他书刊 4 万册。一九五八年筹建新馆,馆址迁至包河公园西侧,建筑面积已逐步扩建为 12920 平方米,较原馆扩大了 6 倍,其中书库面积 6575 平方米,阅览室面积 3000 平方米。

安徽省图书馆由安徽省文化厅领导。机构分设七部二科二室一厂,即采编部、阅览部、期刊部、参考咨询部、庋藏部、历史文献部、研究辅导部、人事保卫科、行政科、业务办公室、基建办公室及附设印刷制本厂。一九八九年,全馆有工作人员 104 人,大专以上文化程度的约占 50%,其中受过图书馆专业教育的 25 人。

图 27　安徽省图书馆外景

截止到一九八九年底,安徽省图书馆藏书已达 184 万余册。其中,中文新旧平装图书 97 万册,古籍线装图书 40.3 万册,外文(包括英、俄、日等文种)图书 13 万册,中外文报刊合订本 30 余万册。中文现刊 3000 余种,外文现刊 600 余种。藏书特色是:本省的出版物及反映本省政治、经济、文化等的书刊资料较为丰富,安徽地方文献的入藏较为齐全。有善本书 3211 种 24156 册,其中国家级的 1004 种 8751 册;省级的 2007 种 15405 册。如元刻本《增广注释音辨唐柳先生集》、明刻本《桑海遗佚》、《四书人物考》、清泥活字印本《泥版试印初编》等以及新安画派、桐城文学派、建安文学派等皖籍先贤著作。

安徽省图书馆设有中外文图书综合借还处、中文文艺书借还处。一九八六年有持证读者 2.6 万余人,除提供个人外借服务外,还提供集体外借、邮寄外借和馆际互借服务。阅览室 7 个:中文图书阅览室、中文期刊阅览室、中文报纸阅览室、外文书刊阅览室、文献咨询检索室、历史文献阅览室和青年自学室,共有座位400个。一九八九年接待读者22.2万余人次,借阅书刊48.4万余册次。

该馆根据读者的需要除了搞好外借和阅览外,还经常利用口头或书面形式解答读者提出的各种业务咨询,举办报告会、专题讲座、书刊展览、编印书目索引,向有关单位和广大读者报道和宣传馆藏,以及开展代查、代译、代编、定题服务和跟踪服务,编制馆藏新书通报,书目索引资料。把信息资料送到用户和读者手中,较好地发挥了馆藏书刊资料的作用。该馆编印的《安徽文献书目》、《安徽省古籍善本书目》、《安徽方志综合目录》等,受到读者的欢迎。此外,还出版了《皖图通讯》(季刊)和《信息参考》(月刊)。

安徽省图书馆的图书目录已实现规范化、标准化。分类采用《中国图书馆图书分类法》,编目采用国家标准《普通图书著录规则》。目录体系较为完备,设有读者目录和公务目录。在读者目录中,中文图书设有分类目录、书名目录两种;外文图书设有分类目录、书名目录和著者目录三种。阅览室各辅助书库均设有相应目录。在公务目录中,中文、外文图书均设有分类目录、书名目录、著者目录三种。主题目录正在筹建中。

对安徽地区市、县公共图书馆的业务进行辅导,是该馆的一项重要工作。该馆经常派人深入市、县图书馆调查研究,进行业务辅导。一九八六年,走访了20多个基层图书馆,并举办了全省市、县图书馆馆长业务研讨会和全省市级公共图书馆业务辅导工作座谈会,并采取举办培训班、专题讨论会、经验交流会、个别辅导,以及编印业务学习资料等多种方式,进行业务辅导和培训干部。共培训干部1200余人,为发展安徽省图书馆事业起了一定的推动作用。

一九七八年建立安徽省图书馆学会,同时也恢复了安徽省中心图书馆委员会活动。这两个机构皆设在省馆内,由省馆担负日常工作。在开展本省学术研究和交流方面,在书刊采购协调、编制联合目录和文献资源共享方面,都做出了许多工作。编辑了《图书馆工作》等资料。

中共十一届三中全会以来,该馆落实了各项政策,全馆面貌一新,工作人员精神振奋,促进了业务改革,各部业务工作责任到人,定编、定人、定岗,调动了全馆职工的积极性,按质量完成定额任务,及时向读者提供新书刊,服务质量已有很大提高。

十二、福建省图书馆

福建省图书馆的前身是清光绪三十二年(一九〇六年)于福州鳌峰课士馆内附设的图书馆。一九一一年迁至越山书院,取名福建图书馆。其后几经搬迁,一九一四年在福州东街正谊书院(即现馆址)正式成立为福建公立第一图书馆。一九二九年改名为福建省立图书馆。抗日战争时期,迁去沙县。抗日胜利后,迁回福州。

一九四九年八月福州解放。福建省立图书馆由军管会接管,改名为福建省人民图书馆。该馆从一九四九年到一九七八年也走过一段曲折的路。"文化大

图28　福建省图书馆外景

革命"期间曾被迫闭馆达六年之久。但是从总的方面来看,还是有很大发展的。一九七八年与一九四九年相比,馆舍面积从814

平方米扩大到 10998 平方米,增长了 11 倍多;藏书从 10.6 万册增加到 140 万册,增长了 13 倍多;年借阅人次从 4.7 万增到 25 万,增长了 5 倍多;年借阅册次从 10 万增到 50 万,也增长了 5 倍。特别是在中共十一届三中全会以来,该馆又在上述的发展和成就上,大大前进了一步。

该馆由福建省文化厅领导,一九八九年设有采编、阅览、外借、报刊、特藏、书目参考、外文、现代技术、辅导、协调各部及图书馆学研究室、馆长办公室、人事教育科、保卫科、行政科共 15 个部、室(科)。工作人员共 174 人,其中高级专业职务 4 人、中级专业职务 26 人。一九八九年藏书总计已达 236.5 万余册,其中中文图书 189.6 万余册,外文图书 14.7 万余册,中文期刊 14959 种,外文期刊 3470 种,普通古籍 31.9 万余册,善本 2.9 万余册,报纸 1097 种。中文书刊特别着重于本省地方文献和台湾、东南亚资料。外文书刊着重于工农业技术。善本收有元刻本《方舆胜览》、明刻本《李氏乐书》以及清刻本《台湾府志》、《金薯传习录》及抄本《榴花梦》等 1053 部。

该馆设有综合、中文文献检索、外文、外文文献检索、报刊、地方文献、缩微、儿童等 9 个阅览室和声像资料室,共有阅览座位 650 个。读者目录:中文图书有分类目录和书名目录各 7 套。外文图书有分类、书名、著者目录各 1 套。外文科技文献和特种刊物有分类、刊名目录各 1 套。报刊有分类、刊名目录各 1 套。一九八九年,全年共发出借书证 35390 个。借阅为 46.6 万人次,143.3 万册次。

中共十一届三中全会以来,该馆进行了一系列改革,已取得显著成绩,举其要者有:(1)改革领导体制,实行馆长负责制。调整组织机构,由办公室负责协调各部之间的横向联系。此外,根据需要增设了现代技术部、协调部和图书馆学研究室。(2)建立健全各项规章制度,特别是考勤制、岗位责任制、工作规范。全馆各项业务工作都实行目标管理。工作效率有了较大的提高。（3）充实干部。一九八五年经上级批准，直接向社会招聘人才，先后招收了30人。（4）面向读者，在服务工作方面，进行了多项改革。延长图书馆开放时间。一九八五年九月起，全天开放。全周开放八十二小时。改革借书证发放办法。在认真研究读者需求和图书馆覆盖范围并做了大量准备工作以后，取消了借书证的限额。一九八四年底共办证2.2万个，大大便利了读者利用图书馆。增设了外文文献检索室，中文文献检索室，声像资料室。部分书刊实行开架阅览、开架借阅，书刊流通因此有了显著提高。改进借书制度和方法。一九八一年实行借书证的保证金制度，并开展电话预约借书和邮寄借书服务。恢复了流动送书服务工作。从一九八五年起，每周定期送书往马尾经济开发区、市聋哑学校、武警部队福州总队及少年管教所。一九八八年汽车图书馆成立，已建立22个服务网点。举办讲座、书评和各种竞赛。开展视听和计算机检索及复印服务。（5）编制书目和信息资料。一九八一年以来，除参加了全国性《中国古籍善本书目》、《中国丛书综录》（重印版）、《日本工具书联合目录》的编制工作外，还编制了《福建通志列传八种人名索引》、《馆藏港台版中文图书目录》、《馆藏解放前中文期刊目录》（补遗）、《郑成功专题书目》、《县市馆必备书目》等20种，积累"福建海军史"等专题资料卡片8种。还组织编辑了信息刊物《信息集萃》（社科版、科技版）、《农村专业户》、《科技与咨询》送省市领导、有关部门及农村乡镇阅览，深受欢迎和好评。（6）积极开展情报服务。自一九八五年以来先后与省政府经济研究中心、省轻工研究所、本省一些贫困县及福州市部分中小企业签订了长期合作有偿信息服务协议，积极为他们提供最新科学技术情报，如向省经济研究中心提供了1381条有关水产养殖、捕捞及有关中国渔业经济发展动向信息。已完成一系列中初级情报调研课题，有的列入国家、省"七五"科研计划，有的对帮助贫困县脱贫起了很大作用,如"薏米仁的开发利用","白僵菌的开发利用"。一九八八年以来,先后在仙游等县市举办了农村实用技术信息交流会多次,取得良好效果。(7)研究试用计算机,改进管理工作。一九八四年与省计算机研究所联合研究微电脑在西文书目检索方面的应用。一九八五年购进 IBM – PC 等微机 3 台,对微机在图书管理系统中的应用进行了全面试验。在中国图书馆学会召开的"电子计算机在图书馆的应用"学术讨论会上得到肯定,并获文化部一九八五至一九八六年度科技成果三等奖,还应华东地区六省一市图书馆协作会议的要求举办了一期"微电脑在图书馆应用培训班"。(8)加强馆际合作。截止到一九八六年,已与全国 1700 多个单位建立了书刊资料交换关系,与全国 20 个省市建立馆际互借关系;主持福建省图书馆学会的日常工作,并与 28 个省、市、自治区图书馆学会建立刊物交换关系。此外还与澳大利亚塔斯马尼亚州图书馆、美国俄勒冈州图书馆建立友好省州馆际关系,进行图书馆工作人员互访和图书交换。

由于改革取得显著成绩,福建省图书馆于一九八五和一九八六年连续两年被评为福建省精神文明单位,省直机关精神文明单位。

十三、江西省图书馆

江西省图书馆的前身是江西省立图书馆。一九二〇年筹建时,设在南昌市谌家巷天主教堂内。一九三〇年八月迁至百花洲新馆舍。抗日战争时,一九三八年七月,南迁吉安,八月又分迁泰和、永新、遂川、安福四县,各设阅览所一处,一九三九年增设文化服务部,一九四〇年迁吉安阅览所于兴国,并增设文江阅览所。一九四五年抗战胜利后,迁回南昌市百花洲,先后改称江西省立南昌图书馆、中正图书馆。一九四九年五月南昌解放,更名为江西省人民图书馆,一九五五年改称现名。

图 29　江西省图书馆外景

江西省图书馆由江西省文化厅领导。一九八六年机构设有:采编部、阅览部、科技服务部、图书保管部、研究辅导部、人事保卫科、行政科、学会办公室、新馆基建办公室。并附设装订厂和综合服务部。

一九八九年工作人员 144 人。其中大专以上文化程度的占总人数的 47%,具有高级专业职务的 8 人、中级专业职务的 37 人。一九四九年前馆舍面积约 1800 平方米,一九八九年已达 11000 平方米,比原来增加 5 倍多。

江西省图书馆一九八九年藏书已达 222 万余册,其中:中文图书 1171880 册、外文图书 73206 册、中文期刊 12538 册、外文期刊 3016 册,中外文报纸 729 种以及其他零星资料。普通古籍 555054 册,善本 20588 册。其中,有本省历代著名人物,如:陶渊明、王安石、欧阳修、曾巩、朱熹、黄庭坚、文天祥、汤显祖、宋应星、朱耷等人的著作。比较珍贵的版本有:宋刻本《欧阳文忠公集》、元刻本《资治通鉴》、明宋应星自刻《谈天》、《论气》、《野议》、《思怜》等。还收藏有较为丰富的革命历史文献。其中,有一九二七年汉口博文印书馆出版的《广东农民运动概述》、一九三二年湘赣省苏维埃执行委员会编印的临时中央政府颁布的各种法令条例汇集等。

江西省图书馆一九八六年设有外借、报纸、期刊、综合图书、科技参考、社科参考等 6 个阅览室和 1 个科技文献检索室,共有座位

300 余个。日均接待读者 1500 余人次。周开放时间六十六小时。发放个人借书证 2.5 万个,外文借书证 600 余个。市区以外读者,以邮寄、集体和馆际互借等方式,向他们提供服务。该馆经常以《新书通报》报道新书,先后编印了《馆藏线装书目录》、《馆藏解放前外文图书目录》、《中文报刊目录》和其他专题目录、索引、文摘、资料汇编等数十种。

中共十一届三中全会以来,该馆配合生产建设,加强了为科学研究服务工作,为本省和南昌市机关、科研单位和生产部门做出了不少贡献。如对宜丰县的石蒜碱试验、赣南柑桔生产、江西省地震史、鄱阳湖开发、江西省"星火计划"等提供的资料,都获得用户的好评。其中省地震史资料获省科技四等奖,鄱阳湖资料已公开出版。

江西省图书馆在职工队伍建设方面,组织在职学习和参加各种业余训练班,参加电大、函授大学、业余大学学习,使全馆工作人员中受到图书馆专业教育的人员数量大幅度增加。同时提倡结合工作进行图书馆学研究,工作人员已撰写论文百余篇,相应提高业务水平。

一九八〇年以后,江西省新建的县图书馆很多。该馆研究辅导部在县馆人员培训、业务指导方面也做了许多工作。以前该馆编印的业务刊物《图书馆通讯》,自一九八〇年改为与江西省图书馆学会合办《赣图通讯》(季刊)。

十四、山东省图书馆

山东省图书馆创建于清宣统元年(一九〇九年),地处济南大明湖畔。建馆初定名山东图书馆,一九二五年冬改称山东公立图书馆,一九二九年再改称山东省立图书馆,直至一九五二年改称山东省图书馆。

建馆之初,藏书逐年有所增加,到一九一六年秋已达 13 万卷。

图30　山东省图书馆外景

此后,由于军阀混战,至一九二七年的十余年间,业务工作仅能勉强维持。一九二九年以后,经过扩大建设,业务工作有了较大进展,到馆读者每日平均达 200 余人。到一九三二年藏书达到 165638 册,其中善本就有 2000 余种。

一九三七年底日军侵占济南,图书馆大部分被毁,图书残存不及万册。日本投降以后,国民党军队先占图书馆为行辕,后改为军火库,直到一九四八年九月二十四日济南解放时,山东省图书馆一直未正式开放。据一九四七年统计,藏书存有 89900 余册。

济南解放后,山东省图书馆在中国共产党和人民政府的关怀下,经过改造,得到了迅速发展。在五十年代初、中期,该馆在对人民进行爱国主义教育和社会主义教育,在普及科学文化知识以及编制推荐书目、报刊索引等方面,曾做出较好的成绩,受到了文化部的表扬和国内图书馆界的注意。一九五八年开始,业务工作出现了浮夸、冒进,在以后的几年中,经过调整,略有改进。“文化大革命”期间,图书馆的各项工作基本处于停顿状态。中共十一届三中全会以后,该馆的工作重新走向了健康的道路,出现了全面发展的新局面。

山东省图书馆由山东省文化厅领导。一九八九年有工作人员141人,下设采编部、阅览部、报刊部、外文部、特藏部、书目参考部、研究辅导部、图书馆学研究室、缩微复制部、办公室(附设印刷所)、人事保卫科。新中国建立后,山东省图书馆经过三次扩建,馆舍总面积达11000平方米。藏书共有345万册,其中:中文图书2150600册、外文图书237142册、中文期刊184297册、外文期刊75056册、善本70000册、报纸64515册。一九八九年到馆读者270340人次,图书流通694936册次。

中共十一届三中全会以后,该馆较明显的变化有以下几个方面:(1)加强领导班子建设,健全组织机构。一九八〇年进行了初步调整,恢复了书目参考部,新建了特藏部和图书保管部。一九八四年进行机构改革,根据形势需要,进一步做了调整。实践证明基本上能适应工作的需要。(2)重视了人才的培养。"文化大革命"后,工作人员出现了青黄不接的局面。有鉴于此,该馆从一九七九年起就开始注意业务人员的培训。一九八〇年开始组织报考武汉大学、北京大学图书馆学系函授专修科,以及电大图书馆学专业班等。经过几年的努力,考取图书馆专业的大专生有45名,已毕业22名。连同几年来国家统一分配,一九八九年全馆职工人数141人,高级专业职务的9人、中级专业职务的26人,大大改善了全馆人员的知识结构和专业结构。(3)进一步加强读者服务工作。①在为广大人民群众服务中,尽先满足科技人员的需要。在借书室登记的23436名读者中,科技人员、医务工作者、干部和职工已占一半;对具有中级以上专业技术职务和持有大专以上学历的人员敞开办证;一九八五年第一个教师节,特为教师办证329个。②把为科学研究服务,为经济建设服务提到了更为突出的位置,各业务部门除正常的服务外,还进行了专项服务和跟踪服务。对重点服务项目,为其提供文献信息检索、文献借阅、复制、翻译、评述、咨询等,取得了明显的成效,仅通过协作方式获得省科委等颁布的科研成果奖就有《胸腺素》(二等奖)、《妇血宁》(二等奖)、《国外果树机械》(四等奖)、《制粉设备文献索引》(四等奖)。③尽可能为更多的读者服务。到一九八九年底,共发放中外文借书证 37741 个。其中,中文书借书证 32550 个、外文书借书证 5191 个,突破了历史纪录,平均每天有 800 余人到馆借阅书刊资料。④改善服务条件。一九八四年建立了 5000 平方米的阅览楼,阅览座位由不足 200 个增加到 800 多个;并陆续购置了一些现代化服务设施,为扩大服务数量、提高服务质量提供了物质条件。

山东省图书馆是中国较早的省级公共图书馆之一,在长期的发展过程中,逐渐形成了一些自己的特点:(1)在该馆的藏书中:①古籍线装书收藏比较丰富。其一是收藏有清代藏书家杨以增海源阁明清版本部分藏书 3 万多册;其二善本有 5643 种 63805 册,其中有宋元刻本,蒲松龄手稿,林则徐手稿,王渔洋、黄丕烈批校本等;②一九七八年卢松安将其一生收藏的易学类图书 900 余种,捐赠给该馆,加上原有馆藏,逐渐形成一个比较丰富的专藏;③收藏有大量地方文献和革命文献。(2)该馆历来有服务面广、数量大的特点,普及性的服务较多。随着经济建设的发展和科学研究的需要,也注意了服务工作的深化和提高。其中做的比较有成绩的:①开展优秀读者工作。对利用书刊取得成绩的读者,授予优秀读者称号,并给予借书上的方便。图书馆也约请优秀读者进行座谈,交流学习经验,帮助读者开阔眼界,引起了读者的极大兴趣。对图书馆来说,也是一种检验服务效果的好方法。这种方法在外文部实行的结果,据统计,在 79 名优秀读者中,利用书刊获得科研成果奖的就有 17 项,论文获奖近百篇。②举办书刊展览。为了使馆藏书刊更好地为经济建设服务,方便外地读者,中共十一届三中全会以来,该馆不断到全省各市地与当地图书馆共同举办中外文书刊展览。展览内容以各地的工业特点和生产情况为依据,如烟台以钟表、张裕酒为代表,淄博以陶瓷为重点等。前后已在淄博、烟台、青岛、济宁、枣庄等地举行过 10 余次,受到生产单位的欢迎。这种活动已由外文部扩展到阅览部、报刊部。

十五、河南省图书馆

河南省图书馆创建于宣统元年(一九○九年),馆址在开封龙亭湖畔许公祠。当时藏书 43000 册。经过民国时期军阀混战,抗日战争,图书馆曾六次迁址,藏书不足 20 万册。

一九四九年十月开封解放,河南省图书馆由河南省人民政府接管。一九四九年并入中原大学(后改为河南大学)。一九五○年一月又由教育厅接管,恢复省馆建制。

图31 河南省图书馆外景

一九五七年五月,随省政府迁到郑州,六月省人大常委会图书馆并入,在该馆纬二路馆址开馆。一九五八年于优胜北路建成面积 5098 平方米新馆,原纬二路馆舍改为分馆。"文化大革命"期间,河南省图书馆被封闭。外借处、流动书库及分馆图书损失近 5 万册。一九七八年以后,各项工作才逐渐恢复,一九八一年又建成面积为 2500 平方米的书库。

一九八九年九月二十八日,河南省图书馆新馆在嵩山路落成开放。新馆建筑面积为 38500 平方米,可容纳藏书 300 万册,可设立 30 个阅览室,共有 1500 个阅览座位,报告厅座位 500 个。原馆址改为河南省图书馆分馆和河南省少年儿童图书馆。新老馆舍总面积达到 38645 平方米。其中书库 13594 平方米,阅览室 10508

118

平方米。

河南省图书馆由河南省文化厅领导。一九八九年底,全馆在职人员 165 人。一九八九年九月省馆迁新址后,设有办公室、人事保卫科、行政科,业务部门设采编、借阅、古籍、报刊、地方文献、外文、辅导、参考咨询等各部,以及分馆和少年儿童图书馆。开设了社会科学图书、自然科学图书、社会科学期刊、自然科学期刊、外文期刊、工具书、外文文献检索、地方文献、幼儿、学生等 11 个阅览室。此外还有过期期刊外借处、小说外借处、活动室等,全部实行开架借阅。外借包括集体外借和个人外借,并可办理邮借和馆际互借。一九八六年以来,实行了对文化程度在大专毕业以上的读者敞开办证,受到了读者欢迎。共办借书证 18369 个,其中科研人员占总数三分之一。

到一九八九年底,该馆藏书总计达 207 万余册,与一九四九年相比增加 11.5 倍。其中:中文图书 1256000 册、线装古籍 700000 册、外文图书 120000 册、期刊 39402 册、报纸 300 多种。善本有明刻本《李卓吾先生批评西游记》、明藏书家祁承煠旧藏《菊径漫谈》、明刻本《辉县志》、《遵化志略》等 2400 多种 2 万余册。本省地方志有 231 种 3760 册。读者目录有中外文图书分类、书名、著者目录,期刊分类、刊名目录,报纸名称目录,古籍善本书本目录等。

河南省图书馆学会和河南省中心图书馆委员会均设在河南省图书馆内。一九八一年起联合编印《河南图书馆学刊》(季刊)、《河南省外文新书联合目录》(双月刊)。

在培训专业干部方面,该馆曾先后开设武汉大学图书馆专业函授班、图书馆专业电大辅导站,此外还设有图书馆专业中专班、中专函授班,为本馆和图书馆界培养了大量专业人才。

中共十一届三中全会以来,河南省图书馆调整了组织机构,整顿各项业务,增设阅览室、改革借书制度,建立目录体系,改善服务态度。自一九八九年起提出以文献开发为中心的重点转移,做到四个面向,即面向社会、面向经济建设、面向用户、面向市场(经济市场、技术市场),工作有了较大进展。一九八八年接待读者274454人次,借阅938604册次。该馆积极开展为科学研究服务的工作,设置咨询台,进行专题咨询和一般咨询,取得较大的社会效果和经济效益。如郑州电镀厂"天然碱精制纯碱"课题,该馆提供的资料,使该项研究取得成功,建立了两座天然碱提取工厂。又如郑州气象学校承担的国家"七五"计划重点项目"焦作九里山电厂大气质量评价",该馆提供资料,并跟踪服务,该校最后写出的"九里山电厂环境影响报告书",经鉴定初步估计可节省投资376万元。这些服务工作都得到用户的好评。

十六、湖北省图书馆

湖北省图书馆成立于清光绪三十年七月十七日(一九〇四年八月二十七日)。该馆集中了武昌各书院藏书4万余册,并在上海、日本采购新书,利用武昌博文书院旧址改建而成。至一九二五年藏书总计10万册。一九二六年北伐军进驻武汉,委派钱介磬等筹备革命文化图书馆,设在省立图书馆内,向群众传播革命知识,另设特别参考室,以备研究高深革命理论者之用。钱介磬、李达先后任两馆馆长。一九二七年大革命失败,革命文化图书馆被破坏。一九三五年选择武昌蛇山南麓抱冰堂下(即现址)修建新馆舍。一九三八年因抗日战争图书馆西迁恩施,一九四五年抗战胜利后又迁回武汉。至一九四九年武汉解放前夕,湖北省图书馆拥有藏书20万册,馆舍2000平方米,工作人员20余人。

一九四九年五月武汉解放,改名湖北省立武昌人民图书馆,一九五一年属中南军政委员会文化部领导,更名中南图书馆。一九五四年改属湖北省文化厅领导,定名湖北省图书馆。

四十年来,湖北省图书馆藏书已达342.6万余册。现有馆舍

图 32　湖北省图书馆外景

3350 平方米，一九八六年经省人民政府决定，扩建馆舍 21000 平方米，加上原有面积，总计将达 28000 平方米。与解放前相比，藏书增长近 11 倍，馆舍面积增长近 14 倍。无论从藏书的数量上、系统上，还是从馆舍和设备上都有很大发展。在服务工作上亦有很大的改进。

湖北省图书馆的发展经历了曲折的道路。五十年代初，首要任务是改造半封建、半殖民地的图书馆，端正服务方向，转向为广大群众开门，为工农兵服务。一九五六年中共中央发出"向科学进军"的号召，文化部召开全国图书馆工作会议，明确省级图书馆同时承担为科学研究和为广大群众服务两项任务，侧重于为科研服务。该馆调整了工作重点，建立参考研究部，设置科学阅览室，采购外文书刊，加强藏书和目录建设工作。一九五八年湖北省成立中心图书馆委员会，编制联合目录，发放通用借书证，建立馆际互借关系等各项活动，为科研事业服务创造了条件，取得了一定的成绩。以后由于"文化大革命"，使图书馆事业遭受极大的损失。

中共十一届三中全会确定工作重点转移以来，该馆的工作有了新的转机。组织机构随着社会主义建设的需要，进行了几次调整。一九八四年实行了馆长负责制，各部主任聘任制。该馆设有办公室、人事、保卫、总务等科和采编、借阅、科研服务、期刊、特藏、技术、辅导等部门。还办有集体所有制的图书装订厂。截止到一九八九年，全馆有工作人员180人，其中大专以上文化程度100人，占总数的55.5%。高级专业职务15人、中级专业职务38人。

湖北省图书馆一九八九年底藏书总计342.6万余册。其中：中文图书145.9万册、外文图书1417543册、中文期刊61092册、外文期刊55358册、古籍402480册、善本31350册及中文报纸1522种。民国期间出版的中文旧书刊10万余册。外文书刊40万余册。古旧书刊在湖北各馆中收藏最为丰富。藏书建设除按省级馆的特点，还注意藏书的系统完整，也十分注意征集历史文献。一九五一年收购方志学家张国淦所藏地方志1698部18696册；又经过多年积累，已增至3600种5800多部5.8万余册。一九五九年，湖北藏书家徐行可将收藏的线装古籍10万册，全部捐献给该馆。其中善本、稿本、批校本近万册。张、徐两家藏书，品类集中，比较系统，使馆藏古籍中的地方志、清人文集，以及清代学者研究经史百家之学的图书资料有了比较厚实的基础，成为馆藏特色。

湖北省图书馆肩负两项任务，在为一般读者服务方面，注意推荐图书，指导阅读，还不时举办报告会、座谈会等多种形式介绍图书，传播科学文化知识。在为科研生产服务方面，遍及钢铁冶金、水利电力、高能物理、环境科学、建筑设计、农业、医学……乃至文、史、哲、经济等。主要方式是选择课题、定题服务。例如一九六一年配合武钢钢铁研究所"含铜钢"的研究，提供资料近2000种，编有《铜钢文摘》。一九七八年以后，在社会主义物质文明和精神文明建设中所发挥的作用日益显著。一九八○年湖北省环保局虞振东从事宇宙线环境对人类影响的研究，该馆长期为之提供资料，他的研究成果被收入第十九次宇宙线会议录。华中师范学院张舜徽教授撰写《清人文集别录》，作家姚雪垠从事《李自成》一书的创作，十几年来该馆为他们提供了大量的历史文献。一九八○年以后,汇编有《图书资料结硕果》不定期报道为科研服务的工作。

湖北省图书馆担负着全省公共图书馆的业务辅导任务,协助文化主管部门召开图书馆工作会议,举办业务干部训练班,编写图书馆专业教材,办业务刊物。一九八五年以后,受省直电大委托,开办了省直电大图书馆专业班。

十七、湖南图书馆

湖南图书馆创建于清光绪三十年(一九〇四年),原名湖南图书馆兼教育博物馆,是中国建立较早的图书馆之一。翌年,另造馆舍,改为官办,定名为湖南图书馆。其后七十余年间,先后更名为省立湖南图书馆、湖南省立中山图书馆、湖南省中山图书馆、湖南图书馆、湖南省图书馆,一九八四年复改名湖南图书馆。中华人民共和国建立前四十余年间,湖南图书馆发展缓慢,至一九四九年藏书仅 13 万余册。新中国建立以后,随着湖南省经济和文化建设的发展,湖南图书馆先后兴建和扩建了馆舍,藏书逐年增多。一九八四年十二月位于长沙市韶山路的新馆舍落成开放,馆舍建筑面积 22900 平方米。

图 33 湖南图书馆收藏的毛泽东著《湖南农民革命》(一九二七年)

湖南图书馆设采编、阅览、期刊、保管、地方文献、书目参考、技术服务、研究辅导各部和办公室、行政、政工、保卫、计财等科、室及图书用品厂等。正式职工 240 人,其中业务人员 186 人。有高级专业技术职者 14 人,中级职务 49 人,初级职务 99

人。

截止到一九八九年底,湖南图书馆藏书 312 万册,其中:普通中文图书 193 万册,外文图书 23.9 万册,古籍 95 万册。一九八九年订阅中文期刊 2874 种,外文期刊 1867 种,中文报纸 314 种。馆藏中文社会科学书刊所占比重较大,湖南地方文献尤以湖南革命文献和湖南地方志的收藏为富。在馆藏的毛泽东著作中,外文版本 2938 种 8800 余册,其中诸多珍本,如一九二七年长江书店出版的《湖南农民革命》(即《湖南农民运动考察报告》)。藏有自戊戌维新到解放战争各历史时期报刊 500 余种。如辛亥革命时期的《大汉民报》、抗日战争时期的《抗战日报》等重要报纸和《新时代》、《革命周刊》、《新民周刊》、《湘江评论》、《少年共产国际》等重要期刊。馆藏地方文献 1 万余种 10 万余册,有地方志 410 种,其中:明刻本《湖广总志》、清刻本《长沙府志》、《湘乡县志》和民国稿本《湘阴高明乡志》等皆为珍本、孤本;藏有湘人著述 5000 余种,其中有王船山著作版本 100 余种,谭嗣同著作版本 10 余种;还收藏有湖南重要历史人物如曾国藩、左宗棠、郭嵩焘等人的稿本、抄本、信札和日记等。馆藏古籍 95 万余册中,善本 4939 部 50828 册,其中:宋刻《说文解字》15 卷本,五代刻雷峰塔藏经等尤足珍贵。新中国建立后,湖南图书馆得到社会各界人士捐赠的大批图书,丰富了馆藏。一九八三年三月接受徐特立亲属赠送的徐特立生前藏书和手稿、日记等 15800 余册(件),设立专室。这些藏书和手稿对研究徐特立生平和研究中国近、现代史均有较高的参考价值。湖南藏书家叶启勋拾经堂、叶启发华鄂堂、龙伯坚媚夜楼等藏书都先后捐赠湖南图书馆。该馆自一九八〇年列为联合国教科文组织文献收藏单位。

湖南图书馆积极开发馆藏的文献资源,为经济、文化建设服务,开展图书外借、阅览、书目咨询、文献代译、复制和图书馆业务研究辅导等项工作。一九八九年个人读者达 5.8 万余人,集体读者 137 个，1000 余个单位，年图书流通 28.6 万余册次。馆内设有综合、文学、外文和过刊等外借处；设各种专业阅览室、专题研究室和读者学习室，阅览座位 1200 个。阅览室大部分实行开架和半开架。该馆利用图书展览、读者座谈、讲座等多种方式宣传馆藏，进行多种服务活动。配合"星火计划"编印散发技术资料和组织技术交流。在为高层次服务方面，编印《湖南信息》以及本省有关项目的书目资料。成立了历史文献整理组，发掘馆藏文献。

湖南图书馆担负着全省公共图书馆业务辅导任务，在对全省各级公共图书馆和农村乡镇图书馆（室）深入调查基础上，注意总结市县图书馆和基层图书室建设的经验和存在的问题，经常举办各种形式和层次的研讨会、研讨班、座谈会和业务竞赛活动，促进了事业建设和业务人员素质的提高，一九八五年全省已实现县县有图书馆的目标；乡镇街道图书馆（室）数量和规模有了较快发展，一九八九年全省共建成乡镇万册图书馆 140 个；沅江、长沙等县农村出现大批深受农民欢迎的图书户。

省图书馆学会和省中心图书馆委员会的常设机构设在湖南图书馆内，在组织开展图书馆学研究活动和全省各级各类图书馆馆际协调、协作方面做了大量工作，编印了全省外文新书联合目录、全省西文期刊、日文期刊和中文旧报纸等多种联合目录，并与省图书馆学会、省中心图书馆委员会联合编辑出版专业杂志《图书馆》（双月刊）。

湖南图书馆重视国际友好交往和学术、业务交流，与国外图书情报单位建立有书刊交换关系。一九八三年与日本滋贺县图书馆建立友好关系，双方在互派馆员研修等方面进行合作，该馆设有滋贺文库，陈列开放滋贺县赠送的 3 万余册日文书刊。

十八、广东省中山图书馆

广东省中山图书馆新馆舍坐落在广州市文明路 211 号之一，

建筑面积 28600 平方米,一九八六年十一月十二日孙中山诞辰120 周年之际落成揭幕。新馆舍书库、阅览室拥有空气调节系统、自动防火报警系统等设备,并建有多功能报告厅等,是广东省内规模最大的文化设施之一。

广东省中山图书馆由原广东省人民图书馆和广州市立中山图书馆于一九五五年合并而成。广东省人民图书馆初名广东省图书馆,创立于一九一二年,原馆址位于广州市文德路 62 号,它的前身是清末广雅书局藏书楼。广州市立中山图书馆始建于一九三三年十月,位于广州市文德路 81 号,是由粤籍华侨为纪念孙中山而集资兴建的。一九八六年新馆舍建成后,原市馆仍作为广东省中山图书馆的一部分,专门收藏孙中山文献、广东地方文献、华侨史料、金石、舆图等,称为孙中山文献馆。

广东省中山图书馆由广东省文化厅领导。一九八九年馆舍总面积 40038 平方米(包括孙中山文献馆),工作人员 357 人(含临时工 131 人)。其中具有高级专业职务的 6 人、中级专业职务的35 人。全馆设有采编、阅览、外借、报刊、外文、信息、历史文献、技术服务、读者工作、业务培训、研究辅导、行政、人事、保卫、图书馆用品服务部和图书馆学研究室等部门。各种阅览室共 30 多个,读者座位 2000 个。每天接待读者 3000—4000 人次。该馆还负责广州地区中心图书馆委员会和广东省图书馆学会的日常工作。

截止到一九八九年底,广东省中山图书馆藏书已达 300 万余册。其中:中文平装新旧图书 191 万册,线装古籍 40 万册,善本1500 种 3 万册,外文图书 16 万册,中外文期刊 2.6 万种,合订本32 万册,报纸 2000 种,合订本 17 万册。此外,还藏有舆图、照片、金石拓片、谱牒、传单文告,档案表册,以及缩微胶卷、磁盘、磁带、唱片、幻灯片等文献资料。在这些文献资料中,以孙中山文献(包括传记、年谱、照片、著述、墨迹、录音唱片,以及研究和评述孙中山生平和著作等图书资料 2000 余种)、辛亥革命资料、华侨史料、东南亚资料,海南岛及南海诸岛资料、地方志、广东革命史料等具有特色。一九七九年起,该馆与国外以及香港、澳门地区的公共图书馆和大学图书馆建立了交换关系。该馆是联合国教科文组织出版物保存馆。该馆不断得到黄荫普、何建华、石景宜等许多海外华侨、港澳同胞的捐赠。

中共十一届三中全会以来,在改革开放政策鼓舞下,该馆锐意进行各项工作改进,已取得不少成绩。主要有:(1)中文社会科学图书阅览室,中文自然科学图书阅览室,中文期刊阅览室,中文报纸阅览室,台湾省、港澳地区图书阅览室,检索工具书阅览室,中外文参考工具书室,信息资料室和中文图书外借书库全部实行开架。(2)一九八六年起将台湾省、港澳地区出版物开辟专室,供读者选阅。(3)自一九七九年以来接待了来自台、港、澳和国外的大批读者,认真负责地为之查找、复制、邮寄资料,获得了海外读者的好评。(4)大力加强信息资料的搜集、整理、开发工作,注重通过各种途径开展信息服务,咨询服务,以及为高层次读者服务,编印了《广东信息》参考资料。(5)充分利用馆舍场地,举办展览会,学术报告会、各学科专业讲座等活动,受到读者欢迎。(6)注意做好为残疾读者服务的工作。与有关单位多次举办了适合残疾读者的各种活动,获得伤残人士及社会赞扬。广东省中山图书馆还担负省内市县公共图书馆及其他基层图书馆业务辅导任务,研究辅导部负责巡回辅导、人才培训等,还编辑出版了专业刊物《图书馆园地》(季刊),为发展广东图书馆事业,改进基层图书馆工作起了良好作用。

在现代化技术方面,该馆拥有 IBM 5550 微型计算机,图书防盗监测仪,缩微拍摄机,冲洗机,拷贝机,缩微阅读复印机,缩微阅读机等设备。在电子计算机应用的研究上,已研制了图书馆应用软件,并投入实际应用。其中"广东地方文献数据库子系统"荣获文化部一九八五——一九八六年科技成果二等奖。

图 34　广东省中山图书馆所设台湾省、香港及澳门地区
　　　　出版物的阅览室

十九、四川省图书馆

四川省图书馆的前身是四川省立图书馆,于一九一二年十月
二十日开馆,馆址在原"少城公园"(即今人民公园)内,后几经变
迁,时办时停,一九四〇年四月十日重建四川省立图书馆。一九四
九年成都解放后,由原川西行政公署接收,更名为川西人民图书
馆。一九五二年四川四个行政公署合省后,正式命名为四川省图
书馆。解放初期,四川省图书馆仅有藏书 4 万多册,工作人员 26
名,馆舍面积约 400 平方米。四十年来,四川省图书馆的事业有了
很大发展,"文化大革命"期间,虽然受到干扰和破坏,仍然做了一
些工作。

四川省图书馆由省文化厅领导。一九八四年实行馆长负责
制。设有:办公室、采访部、编目部、阅览部、期刊部、书目参考咨询
服务部、保管部、特藏部、研究辅导部、技术服务部、文献开发部、人
事科、行政科、保卫科。省中心图书馆委员会办公室、省图书馆学

会挂靠在省馆。另设一个图书用品工厂。一九八九年全馆职工共251人,其中大专以上文化程度的103人,高级专业职务12人、中级专业职务35人、初级专业职务58人。藏书截止到一九八九年底总计410万册,比一九四九年前,增长了90多倍。其中,中文新书289万册、中文现刊7735种、中文报纸947种、中文旧平装书185573册、中文旧刊10543种13万余册、古籍63万册(含善本5.7万册)、外文图书12.5万册、外文现刊3236种,外文报纸30种。在中文新书中,马列著作、毛泽东著作,参考工具书、语言、文学、农业、交通运输、环境科学较为系统。中文旧平装书中有解放前中共四川省委出版的《大声周刊》、《四川学生潮》及重庆教场口案件等珍贵文献。古籍中有善本书1764部29161册列入《中国古籍善本书目》。四川地方志有90多部。中医、中药及古农书较多。外文图书以参考工具书、自然科学、应用技术为主。李一氓赠书2000多册。其中,有清词话百种。

中共十一届三中全会以来,四川省图书馆坚持改革开放的办馆方针,努力改变"重藏轻用"的观念,疏通多种渠道,变被动服务为主动服务。不断拓宽读者服务面,深化服务内容,充分发挥教育职能和情报职能的作用,在为科研、生产、教学服务中,取得了良好的社会效益和经济效益。馆舍面积2.9万平方米,设有3个开架期刊阅览室(中外现刊约6000种),3个外借室(新书约15万册),1个中文新书阅览室(约4万册)。闭架阅览室有:线装书阅览室,台、港图书阅览室,声像阅览室,另有两个半开架工具书阅览室。各阅览室共有850个座位,每周开放六天,每天十一个小时,节假日照常开放。自一九八四年起,改进了借书证的发放办法,增加发证数量。对市内读者公开发放借书证3万个,其中外文书借书证1000个、通用借书证4000个、馆际借阅证3000个。同时积极开展读者邮寄借书和馆际互借工作,并定期为四川新繁荣军院送书4000余册。办理借书证500余个,受到病员和医务工作者的赞扬。开发馆藏资料信息,先后编辑了《集粹》、《农副业参考资料》和《解放前旧报刊参考资料》。《农副业参考资料》旨在满足农村专业户及农技人员的需要而编辑。编印有《科学养鸡》、《稻田养鱼》、《蘑菇》等专题资料,很受农民欢迎。为"星火计划"服务,在省内广汉、南充、阿坝、内江、自贡、乐山等地(市)县巡回展览的农业、纺织图书资料,也取得很好效果。此外,陆续增添的一批复制机、翻拍机、阅读机现代化设备,也使馆藏各种文献发挥了更大作用。

四川省图书馆在业务辅导方面,担任了北京大学、武汉大学函授班和图书馆专业电大班的辅导站工作,并不定期编印《图书馆工作简报》,交流基层图书馆工作经验。

四川省中心图书馆委员会担负着协调

图 35 四川省图书馆编辑的《农副业参考资料》

四川省各大图书馆进口图书的订购工作。编印了《四川地方志联合目录》和《四川进步、革命期刊题录索引》两个书目。还于一九八二年创建了四川省图书馆中等函授学校,在省内设立了 15 个函授辅导站,已培训合格学员 1100 名,一九八四年停办。从一九八一年起编印的《图书馆知识丛书》有 16 种,《图书馆统计原理与实践》等专著 6 种。四川省图书馆学会除积极开展学术活动,举办论文讨论会外,出版了《图书馆学报》(双月刊)和《图书馆员》(双月刊)。后者自一九八四年已由省馆和中心图书馆委员会主办。以上这些研究、辅导、协调工作,该馆都积极参与并作出成绩。

二十、贵州省图书馆

贵州省图书馆始建于一九三七年五月，原名贵州省立图书馆，馆址原在贵阳市棉花街（今科学路），馆舍面积仅 600 平方米。一九四九年贵阳解放前，藏书 6 万册，职工 26 人。

一九四九年十一月贵州省军管会文教接管部接管了贵州省立图书馆。一九五二年改名贵州省贵阳人民图书馆，一九五三年定名为贵州省图书馆。从一九四九至一九六五年，全馆业务发展较快。为大众服务、为科学研究和生产服务做出了成绩。一九五八至一九五九年曾实行开架借阅。一九五八年在贵阳市北京路新建馆舍 3300 平方来，一九五九年落成使用。

图 36　贵州省图书馆外景

"文化大革命"期间，全馆业务工作处于瘫痪或半瘫痪状态，部分珍贵古籍由于及时装箱运往修文县保存，才幸免损失。

一九七二年起，工作逐渐恢复。贵州省文化局拨款扩建的馆舍 2200 平方米，于一九七五年初建成使用。中共十一届三中全会以来，图书馆事业进入了一个新的发展阶段。该馆进行了多项改革，通过调整组织，增加经费，改善馆舍设备，扩大干部队伍，补充藏书和改进工作方法，使各项工作有了很大进步。

贵州省图书馆由贵州省文化出版厅领导。一九八四年实行馆长负责制,下设业务办公室、采编部、借阅部、报刊部、外文部、科技情报部、历史文献部、研究辅导部等9个部室。一九八九年职工增加到124人,其中大专以上文化程度59人,占总人数的47.6%。专业干部中被评为高级专业职务的5名,中级专业职务的36名,初级专业职务的28名。由于评定专业职务,实行了干部和专业人员聘任制,职工精神面貌,工作态度都发生了新的变化。

贵州省图书馆自一九七七至一九八九年,经费逐年增加,除正常购书费以外,还另拨专款购置重要图书。一九八二年建成1500平方米的青少年分馆,馆舍总面积达7000平方米。与此同时,贵州省馆也增添了缩微拍摄机、冲片机、阅读机、电子计算机、复制机等设备,为保护图书,开展读者服务工作,创造了有利条件。

贵州省图书馆一九八九年藏书已达189.3万册,其中:中文图书149.3万册,外文图书28万册,已形成了以本省经济发展为中心,以地方文献为特色的藏书体系。新书刊收藏以冶金、机械、煤炭、轻工、化工、农业为重点。古籍收藏近20万册,其中善本图书80余种,善本中的兵书有20余种,属全国稀见版本或孤本。收藏地方志209种。中共十一届三中全会以来,随着经济建设和图书馆事业的发展,该馆的读者服务工作出现了新面貌。为了方便读者,一九八七年实行敞开办证,累计发放读者借书证3万个。为方便科研和生产单位用书,发放集体借书证111个。开馆借阅时间由一九七八年每周四十六小时增至一九八五年每周六十六小时,对部分书刊实行开架借阅。

为了进一步开展为科学研究和生产服务,该馆一九八○年恢复了科技文献检索室。全馆已有普通、报刊、外文、科技、历史文献等7个阅览室,380个阅览座位。一九八一年增设书目参考部(一九八五年更名科技情报部),该部深入生产,科研单位进行调查研究,针对科研课题,采取送书上门,代查资料,举办书展、邮寄借书、开展书目情报服务等形式,对口提供图书情报资料,效果显著。如为雷山、江口两县提供的以刺梨、猕猴桃为主的野生果品加工资料,使两县制成的猕猴桃系列产品打入国内外市场,农民直接获益40万元。一九七九、一九八〇年编辑的《贵州历史灾害年表》、《贵州矿产资料汇编》由贵州人民出版社出版,经水电部、长江规划办公室、贵州省气象局等单位参考利用,收到了显著效益。此外,根据本省科研需要还编印了《贵州少数民族资料汇编》、《瘦型猪的选育》等专题书目资料近50种,供读者利用。

从一九七七年到一九八五年,贵州省公共图书馆已从16所发展到78所,全省基本上实现了县县有图书馆。为了培训新参加图书馆工作的干部,贵州省图书馆从一九七八至一九八六年共举办了18期图书馆业务基础知识培训班,参加学习的达1100人次。一九八四年该馆还协助省文化厅举办了"地、县图书馆馆长研讨班",参加学习的新任馆长有67人。该馆研究辅导部帮助遵义县图书馆总结的"面向农村办分馆,为农村经济发展服务"的经验,在一九八二年全国文化先进工作者和先进集体代表大会上曾受到文化部的表彰。

在图书馆的协作活动方面,一九七九年由贵州省图书馆牵头成立了贵州省图书馆学会,学会办公室设在该馆内。学会与该馆合办了专业刊物《贵图学刊》,经常开展学术讨论,培训专业干部,编制联合书目等活动,为促进全省图书馆事业的发展作出了贡献。

二十一、云南省图书馆

云南省图书馆位于昆明市翠湖南路,其前身是清宣统元年(一九〇九年)以经正书院、育才书院和五华书院藏书为基础建成的云南图书馆。一九三一年,云南图书馆改名为云南省立昆华图书馆。一九四八年志舟图书馆并入。一九五〇年昆明解放后,人民政府接管了昆华图书馆,并将明伦学社及云南省教育会图书馆与之合并成立昆明人民图书馆。一九五三年改名为云南省图书馆。此后业务逐年扩大。"文化大革命"期间，闭馆达六年之久。一九七一年恢复工作。一九七四年新馆建成，馆舍面积扩充为9150平方米。

云南省图书馆由云南省文化厅领导。一九八九年共有工作人员147人，其中高级专业职务7人，中级专业职务38人。全馆分设办公室和采编、中文图书借阅、外文书刊借阅、中文报刊借阅、历史文献、科学技术服务、研究辅导等7个部。馆内设综合、中文报刊、外文书刊、科技文献检索、参考、中文社科工具书等7个阅览室，共有阅览座位500个。书库约5000平方米。

图37　云南省图书馆外景

截止到一九八九年底，该馆藏书已从一九五〇年的25万册增至221万册，增长8倍多。其中：中文图书1142000册、外文图书215000册、中文期刊228000册、外文期刊65000册、普通古籍462000册、善本38426册。该馆古籍及地方文献收藏较为丰富，其中：元刻本《鄂国金佗粹编》、《战国策校注》、明刻本《历代名臣奏议》、《大明一统志》及高映手稿《鸡足山志》、陈澧《东塾著稿》等皆为珍本。地方文献及少数民族文献如《东巴经》（纳西文）、《山花碑》（汉字白读）、藏文佛经等，都有较高的学术价值。中文图书中马列主义著作、农业、矿业、机械、工具书较为系统。本省民族文字图书收集比较齐全，有17种文字的书刊。外文书刊以工具书、连续出版物较为丰富。

云南省图书馆已经与国内的 900 多个单位建立了交换图书关系，每年可获得交换书刊 7000 余种。一九八〇年以来，联合国教科文组织、旅居国外的华侨也赠送了大批书刊。

自一九七四年起，该馆入藏的图书除古籍外，中外文图书皆采用《中国图书馆图书分类法》分类。读者目录除设有分类目录、书名目录、刊名目录外，并编有《古籍善本书目》、《馆藏辛亥革命、护国运动资料索引》等书本目录。

中共十一届三中全会以来，通过整顿、改革，该馆加强了服务工作。为便利读者，中文报刊、外文书刊、科技文献检索 3 个阅览室已采取开架形式，中文社科工具书阅览室采取半开架形式。敞开办理借书证，一九八七年已办理借书证 4 万多个。增加开放时间，每周开放七十四小时。该馆加强为科研生产服务，开拓了新的服务领域。采取定题、跟踪、上门服务、代查资料、代译外文资料、复印、编制各种专题资料、编制各种书目等多种服务形式，取得了良好的社会效益和经济效益。例如：为鲁布格水电站和黄石岩水库的设计，为范文澜所编《中国地震史年表》和李小豫所编《云南书目》的补充，为《云南历史上暴雨及干旱资料汇编》的编成，为"烟草废料的综合开发"和"牙用聚复合陶瓷"的研究等，提供了大量资料，都受到了好评。此外，该馆还通过书展把书刊资料送到地、州、市、县和山区、农村。该馆还创编了《星火信息》发到地、州、市、县各图书馆和农科站，都起到积极作用。

一九七九年，云南省图书馆学会成立，该会的经常会务及秘书工作均由云南省图书馆承担。一九八一年创办《云南图书馆》（季刊），同时还采取多种形式进行人员培训，培训人数已达 2700 人次，为提高干部的业务水平起了作用。

二十二、陕西省图书馆

陕西省图书馆位于西安市西大街,创始于清宣统元年八月(一九〇九年九月)。最初名为陕西图书馆,以后曾改名为:陕西省图书馆,陕西省立中山图书馆,陕西省立第一图书馆,陕西省立西京图书馆。解放前夕,馆中藏书仅15万余册,馆舍面积不足1000平方米,工作人员不满13人,每天读者人数仅10余人次。

一九四九年五月西安解放,西京图书馆由陕甘宁边区政府文教厅接管,定名为陕甘宁边区西安图书馆。一九五〇年四月,陕西省人民政府成立,改馆名为陕西省立西安人民图书馆,同年,接收了原省通志馆和教育厅的旧藏,使藏书增加8.5万册。并实行开门办馆、送书上门,举办图书流通站、图书展览,各项业务都走上健康发展的道路。一九五三年七月正式定名为陕西省图书馆,向北扩建馆舍至西大街。五六十年代先后建成采编楼、阅览楼及基本书库楼,七十年代又建成历史文献楼。一九五八年四月将筹备中的西安科技图书馆人员、藏书并入陕西省图书馆。

图38 陕西省图书馆外景

陕西省图书馆由陕西省文化厅领导。截止到一九八九年底,馆舍业务用建筑面积近1万平方米,工作人员136人。其中大专以上文化程度60人,占总人数的44.1%,中专文化程度17人,占总人数的12.5%。全馆分设行政办公室、业务办

136

公室、总务科、保卫科和采访编目、图书流通、图书阅览、报刊阅览、科研服务、历史文献、研究辅导、技术服务、社会研究联络9个业务部门。设有科技借书处、文艺借书处和10个不同类型书刊与专业的阅览室。共有阅览座位300多个,办理个人外借证2.7万个,集体外借证100多个。平均每天接待读者约1000人次,借阅图书约1800册次。

　　陕西省图书馆藏书截止到一九八九年底已达230万册,与一九四九年相比,增长15倍多。基本形成了以适应陕西工农业生产与党政、科研需要为重点,以社会科学、自然科学、地方文献以及边缘学科、新兴技术学科、工具书收藏为主体的藏书体系。其中:中文图书约130万册,外文图书约20万册,现期报刊3200余种,过期报刊合订本40余万册,古籍38万多册,其中:善本图书53000余册,有406种17308册列入《中国古籍善本书目》。在善本中,宋元刻本《碛砂藏》,该馆藏有5594卷,居全国收藏卷数之首。明刻《三原县志》、《襄阳郡志》属全国孤本。其他如元刻本《增刊校正王状元集》、《分类东坡先生诗》、明刻本《海刚峰集》、《楚辞集》、《对山文集》等,也是罕见珍本。该馆的藏书建设得到国内外人士支持,赠书很多。如一九五九年接受陕西三原县赵启录所藏古籍23379册,其数量、质量都颇为可观。近年来,又通过国际交换和国外赠书,接受了日本、美国、澳大利亚等国大量图书,其中有日本前首相大平正芳、日本奈良县日中友协赠书以及联合国教科文组织出版物等。

　　中共十一届三中全会以来,该馆坚决贯彻三中全会路线,不断开拓服务领域,提高服务质量,进行多方面、多种形式的探索。为了适应新形势对图书馆工作的新要求,一九七九年馆内业务机构作了调整,加强科研服务与科技图书流通,修订采购原则,修正和确定藏书重点。一九八〇年以后,延长开放时间,向科技人员敞开发放借书证,加强书目编制、参考咨询和邮寄借书、馆际互借等项业务。一九八四年,实行部室领导任期制与业务工作人员聘任制,调动了干部职工的积极性,从而出现图书馆业务工作的新局面。从这一年起,部分书刊实行开架借阅,进一步延长开放时间,简化借阅手续,增加借书证发放额,扩大办证区域。除继续坚持送书上门等便利读者的服务措施外,还和部分承担科研项目的读者建立重点服务关系,进行定向、优惠、跟踪服务,取得显著效果。同时,注意从实际出发,想方设法扩大阅览面积,增加阅览座位,提高图书流通量。注意新辟服务途径,设立馆外图书流动站,举办各类讲座、展览,加强藏书宣传与阅读指导,并把加强馆藏开发利用作为工作重点,加强书目工作和专题咨询、信息服务,创办了为党政领导决策服务的《陕西信息》和为"星火计划"服务的信息资料刊物《星火》。各项业务基础工作与业务辅导、学术研究也有了明显的起色。

陕西省图书馆承担了本省公共图书馆的业务辅导任务。一九八〇年以来,举办过各类图书馆业务培训班70余次,并承担了北京大学图书馆学系函授专业科和电大图书馆学专业的辅导站工作。一九八一年成立的陕西省图书馆学会,办公室设在省馆内。学会的日常工作和出版的《陕西图书馆》(季刊)也由该馆协助办理。

二十三、甘肃省图书馆

甘肃省图书馆创建于一九一六年,位于兰州市滨河东路,初名甘肃省公立图书馆,一九四九年八月兰州解放后,与原国立兰州图书馆合并,改名西北人民图书馆,隶属于西北军政委员会文化部。一九五三年交由甘肃省文化局领导,定名为甘肃省图书馆。

两馆合并初期,藏书只有16万多册,职工30人。随着国民经济的发展,甘肃省图书馆积极进行各项业务改革,加强藏书建设,提高藏书质量,开展业务交流与协作,不断扩大读者服务范围,工作取得很多成绩。但是在"文化大革命"期间受到干扰和破坏,业务工作一度陷于停顿和瘫痪。

中共十一届三中全会以来,甘肃省图书馆有了新的转机。业务基础工作、读者服务工作以及改善图书馆条件等方面的工作都进行了调整、整顿和加强,使全馆得到了迅速的发展,面貌发生了深刻变化。一九八四年八月,中共甘肃省委常委会决定将甘肃省图书馆由县级提升为副地级建制。设中共党委办公室、行政办公室、采编部、典藏部、阅览部、报刊部、历史文献部、科学情报部、研究辅导部、现代技术应用部、存储图书部等9个业务部和两个办公室。一九八九年,该馆有工作人员203人,其中:大专以上文化程度101人,占总人数的50%。中专文化程度18人,占总人数的9%。在专业职务方面,具有高级专业职务8人,中级专业职务31人,初级专业职务42人。一九八六年十月该馆又建成面积为19064平方米的新馆。至此,馆舍面积已达26000平方米。馆内设置5个借书处及读者自学阅览室、社会科学阅览室、自然科学阅览室、中文报刊阅览室、外文期刊阅览室、科技文献检索室、古籍和地方文献阅览室、参考阅览室等9个阅览室。共有阅览座位600个。除古籍、地方文献阅览室、外文图书阅览室采用闭架阅览和读者自学室采用半开架阅览外,其余各阅览室均开架阅览。各阅览室有开架图书10万册,中外文报刊2000余种。每天平均接待读者1000人次,流通书刊3000册次。

一九七五年前,该馆分编图书使用刘国钧《中国图书分类法》,一九七六年后已全部改用《中国图书馆图书分类法》。中文图书设有分类、著者、书名目录,外文图书分设西文、俄文、日文目录。

截止到一九八九年底,该馆馆藏已达210万多册,与解放初期相比,增长13倍多。基本形成以石油化工、有色冶金、机械、农林畜牧和地方文献为重点的藏书体系。其中:中文书刊178万余册,外文书刊 32 万册,中文图书中有古籍 28 万册,善本书 4790 种 6 万册。所藏善本有:宋刻本《汉隽》、《三国志·蜀志·诸葛亮传》、《篡图互注南华真经》、元刻本《事类赋》、宋刻明递修本《重刻许氏说文五音韵谱》、明刻本《沈隐候集》、《三国志通俗演义》等,其中有 576 种被列入国家级善本书。此外,文溯阁《四库全书》也寄藏在此。丰富的西北地方文献资料是该馆馆藏的一大特点。包括地方志、期刊、报纸、专著、手稿、族谱、调查报告等在内,已收集图书 8569 种 29 万余册;期刊 413 种 3384 册;报纸 170 种。其中《甘肃通志稿》稿本、敦煌写本卷子、西北交通史料等文献资料,为国内外学术界所瞩目。为进一步做好图书补充工作,该馆还同全国各兄弟省(市、自治区)图书馆建立了地方出版物交换关系。一九七九年开始收藏联合国教科文组织出版物。一九八五年开始同美国、澳大利亚等国建立了国际书刊交换关系。

图 39　甘肃省图书馆的西北地方文献库

甘肃省图书馆采取了多种方式开展读者服务工作,主要有:(1)以阵地服务为主,开展咨询工作,协助读者查找资料。(2)配合本省和西北地区的重点工程建设项目,跟踪进行定题服务。先后已为天兰、兰新、包兰铁路的建设,刘家峡水电站的勘测与设计,西北地区沙漠和冰川的治理,黄河源流的勘测,甘肃省农业规划和科技长远规划等提供了大量的参考资料。(3)编制各种书目、索引、文摘和题录。历年累计

140

已达 500 余种,其中有关西北地区的有《西北地方文献》、《西北民族宗教史料文摘》、《丝绸之路资料题录》等 80 余种。(4)开展复印、复制工作,为读者利用资料,提供方便。(5)扩大读者范围,为广大社会青年学习进修,创造有利条件。

甘肃省图书馆还担负着本地区业务辅导、干部培训和学术交流的任务。对本省的市、县图书馆进行巡回业务辅导,八十年代以来,历年举办的各种业务训练班已有 20 余次,培训干部 864 人。此外,还担任北京大学图书馆学系函授专业科的辅导站工作。甘肃省中心图书馆委员会和甘肃省图书馆学会的办公室都设在甘肃省图书馆内。该馆协助中心图书馆委员会编有《兰州地区西文科技期刊联合目录》和《外文新书联合通报》。协助学会开展了各种学术活动,并协同学会和省科技情报学会于一九八一年创刊出版了《图书与情报》(季刊)。这些工作都对本地区图书馆事业的发展和繁荣,起到了促进作用。

二十四、青海省图书馆

青海省图书馆建立于一九三五年四月,坐落在西宁市城隍庙街(即今解放路),原名青海省立图书馆。一九四九年九月西宁解放时,馆舍面积 400 平方米,藏书仅 1 万余册。解放后,改名青海省图书馆,由青海省文化厅领导。正当馆中业务迅速发展的时候,不幸于一九五一年一月五日,

图40　青海省图书馆外景

141

发生火灾,全部藏书化为灰烬。政府采取紧急措施,同年即拨款在原址建成 600 平方米书库阅览楼,并大力采购、征集书刊及地方文献。北京图书馆和一些兄弟省馆又热情支援,调给图书,藏书又初具规模。一九五六年后又两次扩建馆舍 4000 平方米。一九五八年,大办流通站,由于开架管理不善,丢失图书 5 万多册,其后经过整顿,健全了规章制度,工作又走上正规。一九六三年省科委决定将中国科学院青海分院图书馆并入,青海省图书馆的规模得到进一步扩大,为科学研究服务也取得进展。"文化大革命"期间,青海省图书馆工作也受到严重的干扰,大量藏书封存不能利用,所幸未遭破坏。一九七七年以后,各项业务才得到了恢复。此后十年中,青海省图书馆积极整顿,稳步发展,已取得很大成绩。

截止到一九八九年底,该馆藏书总计 133 万余册。其中:中文图书 938534 册、外文图书 120959 册、中文期刊 90176 册、外文期刊 38584 册、普通古籍 104558 册、善本 10020 册、报纸 31769 册。除兼收各类书刊外,注重收藏与本省矿产资源、畜牧业、农业、地方工业和高原医学等有关的书刊,建成以本省为主旁及西北各省的地方文献资料专藏,计有 1 万余册。馆藏藏、蒙古、哈萨克等文字的书刊近万册,其中藏族史诗《格萨尔王传》的各种资料本和研究资料,都有较多收藏。馆舍面积约 11080 平方米,其中书库 3365 平方米,阅览室 1138 平方米。设置有普通图书、历史资料、中文书刊、外文科技期刊、自然科学文献检索、社会科学文献检索等 6 个阅览室,有 183 个阅览座位。各文种图书设有分类、书名、著者目录。截止到一九八九年底,共有持证读者 18000 人,接待读者223220 人次,外借图书 90000 余册次。组织机构设有行政办公室、政工科、保卫科、业务科、采编部、阅览部、科技服务部、历史资料部、研究辅导部。工作人员 104 人,其中大专以上文化程度 61人,占总人数的 59% ,中专文化程度 10 人,占总人数的 9.6% 。具有高级专业职务 7 人,中级专业职务 21 人、初级专业职务 31 人,有专业职务者占总人数的 57.7%。

　　中共十一届三中全会以来,青海省图书馆为了适应新形势的要求,加强内部业务基础的整顿和建设,调整业务机构,改进读者服务工作。着重进行了以下工作:(1)加强藏书建设,提高馆藏质量。三次进行藏书清点,增加新书,剔除部分旧书,藏书增长 1 倍。初步形成了多学科、多文种,具有以青海地方文献为特色的藏书体系,馆藏质量有所提高,结构更加合理,基本上能满足本省科研、生产和一般读者的需要。(2)扩大了读者队伍,加强读者服务工作,从一九八六年起敞开办理借书证,延长开放时间,尽可能增设阅览座位。(3)积极开展情报服务工作。一九七九年以来,为近 400 项科研课题和产品研制进行了服务。其中有两项获得省、部级科技成果奖,有 6 个科研成果出版了著作。(4)加强书目信息工作。编制了《青海古籍善本书目》、《青海地方文献目录》、印发《信息参考》(旬刊),供党政领导参考。配合本省"星火计划"的实施,编印《星火信息》(月刊)发到州县基层单位,受到领导和群众的好评。(5)配合青海省"振兴中华,开拓青海"职工读书活动,宣传推荐优秀图书,受到省总工会奖励。(6)更新技术设备。添置照相、复制、缩微阅读、微型计算机设备等,改善了服务手段。(7)开展图书馆学理论的学习和研讨,加强专业队伍建设。举办北京大学图书馆学专科函授班和图书馆学专科电大班,先后调入各科大中专毕业生,改善人员结构比例,提高了干部素质,一九七九年创办《青海图书馆》(季刊)以来,共载省馆干部所发表论文近 100 篇。(8)协助州县建立图书馆,开展调查研究和业务辅导工作。先后举办馆长研讨班和业务短训班 34 期,培训 940 人次,有力地促进了本省图书馆事业的发展。

第三节　民族自治区图书馆

一、内蒙古自治区图书馆

内蒙古自治区图书馆是新中国建立以来,在全国少数民族地区成立较早的省级图书馆之一。内蒙古自治区图书馆(简称内蒙图书馆)的前身是一九三四年建立的绥远省立图书馆。一九三七年日军侵占归绥(今呼和浩特市),馆舍焚毁,业务中断。抗日战争胜利后,复建省馆,一九四八年改组为"社教推行委员会"下的图书部。新中国建立后,于一九五〇年重新筹建省级馆,六月一日在呼和浩特市工人文化宫成立。同年十月迁到呼和浩特市新城鼓楼,正式命名为绥远省人民图书馆。一九五四年五月一日,原绥远省划归内蒙古自治区,遂改称内蒙古自治区图书馆。一九五七年,为庆祝内蒙古自治区成立十周年,在呼和浩特市人民公园内建成了面积为 3000 平方米的新馆。

内蒙图书馆由内蒙古自治区文化厅领导。组织机构设有参考研究室、报刊室、书目室、采编部、读者工作部、蒙文部、研究辅导部、现代化技术部、馆长办公室、业务办公室、人事保卫科和行政科。截止到一九八九年底,共有工作人员 139 人,其中,蒙古族 40人,达斡尔族 4 人,回族 2 人,满族 2 人,土家族 1 人,少数民族职工占全馆总人数的 35%。具有大专以上学历 64 人,有高级专业职务 4 人,中级专业职务 23 人。截止到一九八九年底,全馆藏书130 余万册,其中汉文图书 983486 册、蒙文图书 54977 册、外文图书 31998 册、中文期刊 21220 册、外文期刊 5880 册、普通古籍和善本 180000 册。其中善本收入《中国古籍善本书目》的 42 种 4476册。报纸 213 种 29260 册。为读者设置的目录有:蒙、汉文图书分类、书名、著者目录;地方民族文献分类、书名、著者目录;线装古籍,保存本分类,书名目录及期刊分类、刊名目录。

内蒙图书馆的藏书既有一般公共图书馆藏书内容的综合性,又有蒙古民族文字图书和有关蒙古民族及内蒙地区各种文字图书资料的地区特殊性,已初步形成具有地区特点和民族特色的藏书体系。在蒙文文献中,新中国建立后出版的新书比较齐全完整,蒙文旧书中,抄本和从汉文译成蒙文的古典文学名著较多。值得指出的是蒙文《甘珠尔》和《丹珠尔》,是两部海内稀有的蒙文经卷,该馆现藏有这两部经卷的蒙、藏文三个版本。有关内蒙地区的方志、史志,藏有 65 种,比较齐全,占全部旧志的 77.5%。其中《绥远通志稿》是研究内蒙地区历史的一部重要文献。一九八六年香港慕光英、文书院院长杜学魁回内蒙省亲,为建设家乡文化事业,向该馆捐赠港币 10 万元以及《古今图书集成》、《册府元龟》、《二十五史》和《新卡科斯顿百科全书》等。

在开发揭示蒙文文献方面,一九七九年经北京图书馆倡议,由内蒙图书馆负责编辑了包括 8 个省区 16 个单位的《全国蒙文古旧图书资料联合目录》。这一目录共收入全国各地 60 个公共图书馆和专业单位图书馆的蒙文古旧图书资料 1500 余种 7000 余册,于同年十月正式出版发行。编制这部目录是中国历史上第一次把少数民族的文化遗产系统地反映在目录上。在蒙文文献的保护和利用方面,内蒙图书馆于一九八四年将

图 41　内蒙古图书馆编辑的资料

其珍贵馆藏《甘珠尔》和《丹珠尔》全部复制成缩微胶卷,使原版文献得以长久保存。为了填补利用电子计算机检索蒙文文献这一空白,自一九八四年开始该馆与内蒙科委电子计算中心共同开发研制《微机蒙文图书目录管理系统》,该项目于一九八六年七月通过技术鉴定,获文化部一九八六年科技成果四等奖。

内蒙图书馆建馆三十多年来,各方面工作都取得了不少成绩,尤其是中共十一届三中全会以后,给图书馆工作带来了勃勃生机,在蒙古民族文字图书的搜集、整理、保管和传播利用方面,取得比较显著的成就。在藏书建设方面,一九五七年该馆仅有蒙文图书6000余册,截止到一九八九年底已增至54977册,增加了8倍多。

在读者服务工作中,除了经常的服务方式和服务内容外,根据民族地区和边疆地区的特点,内蒙图书馆还开展邮寄借书,以满足在林、牧山区工作的科技人员的需要,在边远牧区还通过旗(县)图书馆有选择地建立了蒙文图书流动站,直接为牧民服务。在呼和浩特市内建立了为厂矿企业和离退休干部服务的图书流动站,定期送书上门。

在业务研究方面,办有蒙汉文版两种文字的业务辅导刊物——《内蒙古图书馆工作》。该馆还担负全区盟、市、旗、县图书馆的业务辅导任务,除深入基层进行具体辅导外,还举办集中或分片等各种形式的干部训练班,在推动全区图书馆事业的发展上,起到积极作用。

二、新疆维吾尔自治区图书馆

新疆维吾尔自治区图书馆原名新疆省立图书馆,建于一九三〇年八月,位于迪化市(今乌鲁木齐市)书院巷。一九三五年改组为新疆省立民众教育馆,图书馆为其一部分。一九四六年重建省立图书馆,定名为新疆省立中正图书馆。一九四九年新疆解放,十月改称新疆省人民图书馆。原省立民众教育馆改称文化馆,又并入图书馆。一九五五年十月改称新疆维吾尔自治区图书馆（简称新疆图书馆）。

解放前，新疆图书馆规模极小。一九三五年时，馆舍面积还不到 100 平方米，藏书约 7000 册，其中只有维吾尔文图书数册，报纸一种。一九五八年在乌鲁木齐市新华西路建成新馆，馆舍面积 2300 平方米，藏书增至 8 万余册。一九八六年又在乌市北京南路开始兴建新馆，馆舍面积 24000 平方米。

图 42　新疆图书馆编译出版的维吾尔文专业书刊

新疆图书馆由新疆维吾尔自治区政府文化厅领导，馆长下设有：采编部、阅览部、书目参考部、研究辅导部及行政办公室。一九八九年共有维吾尔、哈萨克、蒙古、回、汉五个民族工作人员 54 人，其中有大专以上学历 28 人，有高级专业职务 3 人，中级专业职务 19 人。馆内设有民族文期刊阅览室和借书处、新疆文献阅览室、报纸阅览室、汉文期刊阅览室、读者自学室及会议厅，共有阅览座位 140 个。到一九八九年底，藏书总计 76 万册，包括：汉、维吾尔、哈萨克、蒙古、藏、柯尔克孜、乌孜别克、塔塔尔、塔吉克、锡伯及俄、英、日等文种。其中：汉文书刊 50.5 万册、兄弟民族文书刊 9.1 万册、外文书刊 5 万册、汉文古籍 8 万册,其中善本 247 种 2586 册。新疆图书馆以收集新疆少数民族语文和新疆地区文献为特点,已收藏少数民族语文图书 14176 种,新疆地方文献 3000 种。读者目录按汉文、少数民族语文、俄文、英文、日文等分别排列,其中汉文、维吾尔文、哈萨克文、乌孜别克文、蒙古文图书设有分类目录和书名目录。

中共十一届三中全会以后,新疆图书馆积极为四化建设服务,编有《新疆主要农作物病虫害资料索引》、《馆藏农业书目》、《馆藏新疆地区文献书目》等,并主动为各单位编纂地方志和科研项目提供专题服务。一九八一至一九八三年,连续为新疆维吾尔自治区气象局提供大量的气候文献资料,该局已利用这些资料编出《新疆气候历史史料》。为了加强对读者的阅读辅导,一九七二至一九八一年曾编出《图书评介》(季刊),评介新书、新疆出版物和新疆历史文献等。一九八三年创办《新疆图书馆》(季刊),用维吾尔文、汉文两种文字出版。

新疆图书馆担负着本地区图书馆的业务辅导任务。五十年代末至八十年代,为培训基层图书馆干部,每年都举办图书馆干部业务学习班,共培训干部达 3000 人次。为适应图书馆少数民族语文文献业务的发展,培训少数民族图书馆干部人次逐年上升。例如,一九八五年办了 10 期学习班,培训图书馆专业干部 321 人次,其中少数民族学员 61 人,占 19%;一九八六年办了 7 期学习班,培训图书馆专业干部 239 人次,其中少数民族学员 125 人,占52.30%。

在业务研究方面,新疆图书馆一九八三年翻译出版了维吾尔文《中国图书馆图书分类法》简本。一九八五年用维吾尔文译印了广西人民出版社的图书馆专业进修教材编委会编的《图书馆工作概论》、《图书分类》、《图书馆藏书》及《读者服务工作》4 种教材。一九八六年编印了维吾尔文《普通图书著录规则》。

三、广西壮族自治区图书馆

广西壮族自治区图书馆原名广西省立第二图书馆,位于南宁市中山公园。一九三四年二月十五日开馆,藏书8.54万余册,有工作人员10人。一九四四年日军侵犯广西,该馆迁往百色,一九四六年迁回南宁,藏书损失大半。新中国建立以后,政府拨款在南宁市人民公园(现白龙公园)兴建新馆舍,建筑面积1800平方米;后又在朝阳广场北宁街口兴建分馆,面积为1300平方米。由于藏书激增,省文化局将原博物馆两个陈列室拨给该馆作为书库,总面积4500平方米。一九五八年,广西壮族自治区成立,更名为广西壮族自治区第二图书馆,一九八〇年,改名广西壮族自治区图书馆。一九八一年又在南宁市七一大道(现民族大道)东侧兴建新馆舍,建筑面积2万平方米,一九八七年七月建成并使用。总计全馆总面积为2.36万平方米,包括原人民公园旧址和北宁街分馆在内。

广西壮族自治区图书馆(简称广西图书馆)自新中国建立以后有了很大发展,建馆初期藏书仅有8万余册,截止到一九八九年底藏书总数已达176万册。其中包括:古籍14.2万册,善本书5045册,中文图书1368105册,外文图书110691册,中文现刊8.1万册,外文现刊2.9万册,中文报纸2.4万册,另有视听资料2021件。工作人员202人,其中,具有大专以上学历72人,有高级专业职务12人,中级专业职务48人。

组织机构设有:业务办公室、采编部、借阅部、期刊部、少年儿童部、科技服务部、历史文献部、图书情报学研究室、新技术应用部、研究辅导部、广西民族文献中心(筹备组)、人事保卫科、行政科。阅览室有中文社科期刊阅览室、中文自然科学期刊阅览室、中文社科图书内阅室、外文期刊阅览室、地方文献阅览室、少年儿童阅览室、综合报刊阅览室、读者自修室、专家阅览室、工具书参考室、特种文献阅览室、科技文献检索室。共有读者座位 1600 个。外借处有文学作品外借处(分开架、闭架两个外借口)、社科图书外借处、自科图书外借处(分开架、闭架两个外借口)、外文图书借阅处。此外,馆内还设有具备多种功能的视听室。该项设计曾获得文化部一九八五至一九八六年科技成果四等奖。

图43　广西图书馆的视听室

广西图书馆在"文化大革命"期间也受到极左思潮的冲击,工作遭到很大损失。中共十一届三中全会以后,工作重点转移到四个现代化建设上来,该馆的各项业务,有了很大的起色。

在藏书建设上,根据任务、购书经费和读者需要情况,调整、修订了"书刊资料采访条例",建立了合理的馆藏书刊结构比例,加强了科技图书和地方文献的采购工作。在目录建设上,完善了读者书刊分类目录,书(刊)名目录和著者目录,并着手筹建总目录室。在读者服务工作上,延长开馆时间,每周保证六十小时以上,增发科技人员借书证,放宽其借书册数。一九八六年,总计阅览人数40 万余人次,发出借书证 3 万余个,流通书刊 33 万余册次。为生产技术服务,编制了《广西自然灾害史料》、《广西气候史料》、《馆藏种植、养殖图书目录》、《馆藏经济作物图书目录》、《馆藏种养专题资料索引》等资料、书目、索引和《水稻栽培》、《农药使用》、《环境保护》、《亚热带水果栽培技术》等文摘。为学术研究服务,编制

150

了《馆藏太平天国书目》、《馆藏有关太平天国革命报刊资料索引》、《三十年来广西学者研究太平天国革命的论文索引》、《广西文史资料索引》、《广西地方志目录》、《馆藏地方资料索引》、《左右江革命根据地参考资料》等。为阅读辅导服务，一九八五年成立了读者"书评社"，邀请专家、作家举办各种专题报告会。与广西工人报社联合举办了广西壮族自治区的"桂版书评征文"活动，受到了读者的欢迎。此外，为发挥视听室的作用，利用声像资料和技术，扩大服务范围，也取得了显著成效。自一九八五年上半年至一九八六年底，视听室共接待读者 10 余万人次，播放录像节目 800 余场，承办学术报告会 150 余场，为本馆录制广西少数民族风情录像资料近百盒。

作为本地区公共图书馆的业务辅导研究中心，广西图书馆自一九七二至一九八六年先后举办了各种形式的短训班、专业学习班共 28 期，培训公共、高校、科技等系统图书馆（室）、情报资料室业务工作人员 1542 人次。设立了武汉大学图书情报学院函授站，成立了广西图书情报中专函授学校和电视大学图书情报专业教学班。研究辅导部还与广西地区图书馆学会共同编辑出版了《图书馆界》（季刊）。

四、宁夏回族自治区图书馆

宁夏回族自治区图书馆（简称宁夏图书馆）最初馆址在银川市解放西街，馆舍面积 524 平方米。一九六〇年，迁至银川市利群东街，馆舍面积约 2000 平方米。一九八〇年年底新馆落成，坐落在银川市新市区同心北路西夏公园的东南侧，占地面积 26616 平方米，建筑总面积 11675 平方米。其中书库 3056 平方米。

宁夏图书馆由宁夏回族自治区文化厅领导。馆内设有：办公室、人事保卫科、采编部、借阅部、科研参考部、研究辅导部、技术服务部、书刊装订厂。

截止到一九八九年底有工作人员 105 人。其中具有大专以上学历的专业干部 47 人（受过图书馆学专业教育的 26 人），有高级专业职务、中级专业职务 23 人。回、满、蒙古、朝鲜族工作人员 20 人。

宁夏图书馆建馆三十多年来，先后接受中国回族文化协进会、北京图书馆、首都图书馆以及北京、上海、陕西、广东、广西、湖北、山东、安徽、浙江、四川、贵州等省区赠送调拨的书刊 30 万余册。截止到一九八九年底，馆藏书刊达 138 万册，其中：中文图书 87 万册，中文期刊 5 万册，古籍、旧平装和旧期刊约 14 万册，外文书刊 5 万册。在藏书建设中特别注意有关宁夏地方文献资料、回族、伊斯兰教文献资料、西夏文献资料以及阿拉伯国家书刊资料的采集工作。

宁夏图书馆每周开放七天五十六小时。馆内阅览设有报刊、文学艺术期刊、社会科学参考、自然科学参考、宁夏地方文献等阅览室及缩微视听室和图书馆学资料室。总面积 550 平方米，座位 230 个。外借处设有普通图书外借处、文学图书外借处。外借处均采用半开架和闭架相结合的借书方式，借书分个人和集体两种。一九八九年有持证读者近万人，接待读者 118632 人次，借阅书刊 215839 册次。根据读者的特殊需要，还在银川市老城设立借书点，并积极开展邮借、馆际互借。

自一九七八年开始，该馆陆续配备缩微、复印和声像等设备，扩大了读者服务工作范围。读者目录设有分类目录、书名目录和著者目录。文献分类以前采用《武汉大学图书分类法》，自一九七五年起，除了古籍线装书外，均改用《中国图书馆图书分类法》；中文图书著录自一九八六年起均按《文献著录总则》进行。

中共十一届三中全会后，宁夏图书馆积极为社会主义两个文明建设服务，在宣传图书和书目参考工作方面做了大量工作。先后举办过"农业书刊展览"、"特藏书刊展览"、"农业农机书刊资料图片巡回展览"、"纪念马克思逝世 100 周年图书展览"等。编印了《馆藏期刊目录》、《馆藏农业书目》、《宁夏地方志存佚目录》（附《西夏文献资料存佚目录》）、"星火计划"部分专题及乡镇企业适用技术文献索引等书目索引。一九八二年以前、年平均解答咨询约 500 多人次，一九八二年以后,年平均解答已超过 1000 人次。为宁夏回族自治区成立三十周年献礼，全馆还集中力量于一九八八年编辑出版了《宁夏文化史料》、《宁夏经济史料》两部文献资料集。

宁夏图书馆在自治区文化厅（局）的领导下，多次组织人员到银川、石嘴山、银南、固原等地区进行调查研究和业务辅导，并先后自办，或与自治区图书馆

图44 宁夏图书馆编辑的目录索引

学会，或配合文化厅举办过各类业务培训班近 40 次，培训公共、高校、科学院系统图书馆及基层图书馆（室）专业人员达 2000 人次；还先后组织业务交流活动，推广《中国图书馆图书分类法》、《中文普通图书统一著录条例》和《文献著录总则》等。在馆内也进行各项业务学习、业务讲座、业务知识竞赛、举办文化补习班等各种学习活动。此外,进修和参加外省区及全国举办的各类业务研讨班等达 30 多人次。

宁夏图书馆建馆以来，先后两次担任北京大学图书馆学系图书馆专修科函授辅导站的工作，为自治区图书馆事业的发展，培养了一大批图书馆专业人才。一九八五年起，又负责中央广播电视大学图书馆专业教学班以及银川市中等职业学校图书发行专业的

教学任务和辅导任务。

一九七九年六月,宁夏地区图书馆学会成立后,学会办公室设在宁夏图书馆内。共同编辑出版《宁夏图书馆通讯》,从一九八六年起更名为《图书馆理论与实践》,公开发行。另外,还与区图书馆学会编辑出版《馆员必备》手册一种。

第四节　市图书馆

一、大连市图书馆

大连市图书馆旧馆舍坐落在大连市中山广场东侧,中山区鲁迅路 20 号。它的前身是日本侵占大连时期的南满洲铁道株式会社大连图书馆,创立于一九一八年一月十五日。一九四五年"八·一五"日本投降后,暂由苏军接管。中华人民共和国建立后,一九五〇年由地方政府接管,经过改造整顿,于一九五一

图 45　大连市图书馆外景

年八月十五日正式对外开放。四十年来,已基本建成为一所具有大连地区特点的综合性公共图书馆。

大连市图书馆由大连市文化局领导。组织机构设有办公室、行政科、保卫科、采编部、典藏部、业务辅导部、流通部、自然科学

部、社会科学部、历史文献部、计算机中心。截止到一九八九年底实有职工 147 人，其中大专以上文化程度 72 人，高级专业职务 5 人，中级专业职务 32 人，初级专业职务 54 人。

大连市图书馆藏书 170 万册，其中：图书 110 万册，古籍 60 万册，报刊 13 万册。一九八九年对馆藏文献资料作了较系统的调查，确定了 6 个研究级学科文献，即明清小说、地方志、中国东北地区研究、蒙古研究、日本问题研究及化学工业。6 个研究级学科，基本形成了大连市图书馆的藏书特点。其中善本较丰富，有 847 种，11825 册收入《中国古籍善本书目》。明清小说罕见本有 120 余种。地方志有 2000 余种。清代内务府档案 2051 件，均系国内孤本。此外，还有罗振玉捐赠图书 9 万余册，王永江捐赠图书 3 万余册。随着对外开放，陆续接受了美国奥可兰市图书馆、日本外务省、日本大连会民间组织及外国友人的赠书，共计 4000 余册。类分图书该馆采取断代方法，以前采用《东北图书馆图书分类法》、《满铁图书馆十进分类法》、《四部分类法》，一九七六年以后入藏书采用《中国图书馆图书分类法》。

大连市图书馆有阅览座位 168 个，持证读者 49332 人，在市、区公共图书馆间实行通用读者证，年接待读者 32.3 万人次，流通书刊 74.4 万余册次。

社会科学参考咨询工作，自一九七九年到一九八九年接待来自全国各地读者 57481 人次，提供书刊资料 25.5 万余册次。一九八二年以来编印有《中日关系史目录》、《东北三省地方文献联合目录（日文部分）》、《大连市图书馆地方志目录》、《明清小说序跋选》、《大连市图书馆古籍善本书目》、《经济世界》等书目资料。

自然科学参考咨询工作，随着改革开放，重点为经济建设服务，配合国家"星火计划"重点项目，进行课题跟踪服务，已取得重大服务成果 80 余项，其中获国家级成果 8 项，收到良好的经济效益和社会效益，获得大连市政府、省文化厅的表彰。

二、哈尔滨市图书馆

一九四九年二月,东北解放区的东北图书馆(今辽宁省图书馆)由哈尔滨迁去沈阳,所遗一曼街馆址及部分中日文图书交哈尔滨市接管。在此基础上,经过一年多的筹备,哈尔滨市图书馆于一九五〇年十月一日开馆。

新中国建立四十年来,哈尔滨市图书馆沿着社会主义方向,在曲折的道路上发展前进。一九六六至一九七六年,"文化大革命"期间,业务工作虽然基本停顿,该馆仍然开辟了马列主义学习室,继续订购外文科技期刊。粉碎"四人帮"后,特别是中共十一届三中全会以来,哈尔滨市图书馆,工作重点转向为社会主义两个文明建设服务,扩大了科技服务部门和阅读辅导阵地,增设了检索室、参考室,增添了复制、缩微阅览等新设备,延长了开放时间,敞开办理借书证,实行开架阅览,使各项业务工作有了新发展,服务效益也有所提高。

哈尔滨市图书馆由市文化局领导,馆长下设有采编部、阅览部、外借部、社科参考部、科技信息部、技术服务部、研究辅导部、行政办公室、业务办公室和人事保卫科。一九八九年有工作人员149名。其中,具有大专文化程度84人(图书馆专业39人),有高级专业职务4人,中级专业职务6人。

哈尔滨市图书馆建馆初期馆舍只有2500平方米,现为7500平方米。一九八六年九月,市政府批准扩建新馆舍,建筑面积1.4万平方米。设有科技阅览室、科技文献检索室、社科阅览室、社科参考阅览室、社科过刊查阅览室、社科报刊阅览室(现刊)、青年阅览室、科技图书外借处、社科外借处,共有读者座位180个。

截止到一九八九年,该馆馆藏总数为154万册。其中,哲学、社会科学45.4万册,自然科学62万册,古籍15.2万册,善本1000余册。中、外文新书以系统收藏机电、化工、电子、轻工和纺织、食

156

图 46　哈尔滨市图书馆外景

品、医药等工业类书刊为重点;各种文别的科技文献检索工具书收藏较完整;一九三二至一九四五年日文书刊资料较多;善本书收入《中国古籍善本书目》有 190 种。读者目录:中、日文图书有分类、书名目录;俄文、西文图书有分类、书名、著者目录;期刊设刊名和分类目录。中外文新书采用《中国图书馆图书分类法》;古籍仍沿用四部法。

哈尔滨市图书馆利用多种服务方式,积极为两个文明建设服务。一九八九年,全年开馆四个月(做新馆搬迁准备五月一日闭馆),发放借书证 2600 余个。到馆借阅书刊读者 174521 人次,借阅书刊 49.8 万余册次。

在业务研究、书目报道方面,该馆已编出《哈尔滨地区外文科技期刊联合目录》、《中小型图书馆业务解答》、《哈尔滨地方资料索引》、《远东报摘编》、《大豆文摘索引》和信息文摘《城市建设与改革》等教材、书目、索引、资料等近百种。

三、金陵图书馆

金陵图书馆于一九八○年十月建成开放,初名南京市人民图书馆,一九八四年改名金陵图书馆,馆址在长江路262号。馆舍面积6170平方米。

金陵图书馆由南京市文化局领导,设图书借阅部、期刊部、书目参考部、科技服务部、辅导部、采编部、业务研究室、办公室。开展图书外借、图书开架阅览、期刊外借、报刊开架阅览、声像服务、信息服务、综合参考等服务,有阅览座位400个。

建馆十年来,金陵图书馆有较快发展。截止到一九八九年底,藏书由开馆时30万册增加到81万册,每年订购报刊由600种增加到3100种;职工人数由38人增加到80人,其中大专以上文化程度40人,具有各级专业职务57人。在设备方

图47　金陵图书馆外景

面,陆续增添了微机、复印机、轻印刷设备、空调机等,改善了服务条件,提高了工作效率。

金陵图书馆重视业务建设,经过不断调查研究,不断修订藏书补充细则,已初步形成适合本地区需要的藏书体系。该馆先后接受傅学文、仇良矩两批赠书4000多册。在对外交流中,又接受了日本栃木县的赠书,日本名古屋市鹤舞中央图书馆的交换图书。在服务工作方面,每周开放六十八点五小时,日均接待读者1500人次,至一九八九年底已发放借书证2.2万个。该馆实行现期期刊外借,发放现刊借书证4000个,日均外借期刊700册次,大大提高了期刊利用率。辅导部面向全市15个区、县的17所公共图书

馆和中学系统、工会系统、科技系统三个图书情报网开展业务指导、干部培训和学术活动。为了加强重点读者的服务,一九八六年成立了读者协会,140余名会员大部分通过读书用书取得了丰富的成果。这一组织在加强图书馆与社会、图书馆与读者、读者与读者之间的联系和吸收读者参与图书馆管理方面也取得成效。金陵图书馆建馆以来坚持开展宣传马列主义、毛泽东思想、为社会主义两个文明建设服务的活动,一九八九年十月举办"坚持四项基本原则系列讲座",听众达3000人次,收到较好的社会效益。

信息服务是金陵图书馆的重点工作。一九八四年创办的南京时代信息资料公司面向中小企业,组织特约用户开展信息交流、技术转让和咨询、编印专题信息资料,使大批中小企业取得经济效益。公司通过有偿服务也取得了一定的经济效益,使图书馆的事业经费得到一定的补助。该馆书目参考部、科技服务部持续开展跟踪服务、定题服务活动,把信息服务引向深入。该馆编印的《信息摘编》(旬刊)专为本市党和政府领导机关及大型企事业机构提供决策参考信息。历任市委书记、市长及一些党政机关对这个工作给予充分肯定和高度评价。

该馆还是南京地区图书情报专业人才培训基地。一九八四年同金陵职业大学联合办学,培育出获大专学历证书的图书情报人才330多人。一九八五、一九八八年又和南京广播电视大学合作,开办图书馆学专业,培养毕业生300多人。

金陵图书馆在为社会主义精神文明建设和物质文明建设服务做出的贡献,得到了社会各界的好评。一九八八年被评为财政部、文化部"以文养文"先进集体,一九八八年被评为江苏省文明图书馆。一九八九年又被评为文化部表彰的"全国文明图书馆"。中共南京市委、南京市人民政府继前三次之后再次授予金陵图书馆一九八八至一九八九年的"文明单位"称号。

四、广州图书馆

广州图书馆一九八二年一月二日开馆,位于广州市中山四路。馆舍面积1.4万平方米,设有社会科学图书、科学技术图书、中文报刊、外文报刊、科技检索书刊、参考书刊、港台书刊、教师、中小学生等11个阅览室,中文图书、少儿读物两个外借处,以及石景宜赠书陈列室和自学室,阅览座位共1100多个。此外,还附设报告厅、少儿活动厅、展览厅、视听室、复印中心等。

广州图书馆由广州市文化局领导。馆长下设置采编部、阅览部、外借部、少儿部、外文书刊部、中文报刊部、业务辅导部、读者服务部、人事保卫科、办公室。一九八九年共有工作人员171人。其中,大专以上文化程度

图48 广州图书馆外景

65人,具有高级专业职务、中级专业职务14人。广州图书馆重视干部培训,已先后选派83人参加各种学习,有45人毕业于大专学校。

该馆开馆时藏书只有19万册,到一九八九年底已增至125万余册,其中,中文图书118万册(少儿读物30万册),外文图书6万册,视听资料1.4万件。几年来,该馆多次得到港澳爱国同胞石景宜等人和三联书店等出版社捐赠的港台图书7万多册,美国洛杉矶——广州友好城市协会赠送的美国图书4万多册,通过这些途

径,进一步充实了馆藏。

　　该馆的任务主要是向全市人民特别是青少年传播文化知识,并积极为教学、生产、科研服务。为了方便读者,尽量延长开馆时间,简化借阅手续,敞开发放借书证,市民进馆阅览,不需要任何证件。至一九八九年底,所有阅览室和外借部都已相继实行了开架借阅。此外,还配有汽车图书馆和集体外借汽车两辆,定期向郊区读者和单位送书。由于以上措施,使读者人数和图书流通数量都大大提高。一九八九年进馆读者达 13 万人次,发出借书证 12 万个,图书年借出周转率达 300%(即藏书量的 3 倍)。

　　该馆为青年设置的自学室,有座位 300 个,并配备有学习资料和工具书,供自学参考。几年来,自学室已成为青年自学的"绿洲",不少青年和职工在这里通过自学,考入大学或在电视大学、函授大学、夜大学中毕业。该馆为少年儿童设置的小学生阅览室、中学生阅览室、开架外借处、少儿活动厅,为少年儿童举办的"飞向未来"、"美在我们中间"等读书活动也得到家长和小读者的好评。它已经成为少年儿童的"第二课堂"。

　　该馆为充分发挥书刊、视听资料的作用,积极开展各种文化活动。主要服务方式有讲座、咨询活动、书画展览、视听资料播放等。从一九八三年末开始举办的"振兴中华读书活动"和"中文自学高考咨询活动"等也都得到广大读者的欢迎和好评。该馆被读者称为"没有围墙的大学"。

　　该馆还尽量利用所藏书刊资料为生产和科研服务。根据广州向阳童装厂、前进玻璃厂、油脂厂、新会人造革厂等单位的要求,提供技术资料,帮助他们解决了不少问题。

　　自一九八二年以来。广州图书馆先后 11 次被评为省、市文化系统和广州市、广东省的先进单位,并荣获全国文化事业单位"以文补文"先进集体和"全国文明图书馆"的称号,受到文化部、财政部的表彰。

五、深圳图书馆

深圳图书馆是一座综合性公共图书馆,位于深圳市红荔路荔枝公园西北角。一九八三年夏筹建,占地面积 2.19 万平方米,一九八六年七月建成,建筑面积为 13494 平方米。

深圳图书馆隶属深圳市文化委员会领导。馆长下设有办公室、业务部、采编部、计算机管理部、设备技术部、报刊部、读者工作部、特区文献部、情报咨询部、视听资料部、少年儿童部。共有工作人员 150 人,其中大专以上文化程度 61 人,高级专业职务 7 人,中级专业职务 23 人。

该馆在服务方式上,注重从封闭走向开放;在服务手段上,重视采用先进技术;在职能范围上,力求扩大图书馆的情报职能和社会教育职能;在地方特点上,重视特区文献和港澳台文献的基础建设。

图 49　深圳图书馆外景

截止到一九八九年底,全馆藏书已近 50 万册,其中:中文图书 43 万余册,古籍 1.4 万余册,外文图书 4.5 万册。订有中外文期刊报纸 4000 余种,其中外文期刊报纸 1000 余种。在馆藏建设中,

162

坚持把"适应和满足特区建设和发展的需要"作为指导原则,以经济、法律、社会政治、科学技术、文化教育等类图书作为重点。还十分重视音像、缩微等文献的入藏。

在馆藏中,美国亚洲基金会赠送的西文图书,香港汉荣书局董事长石景宜赠送的港台版图书,四川省藏书家张太无的亲属捐赠的中文古籍图书以及一些著名学者题名赠送的本人新著,为馆藏增添了不少特色。

图书馆装备有三个现代化管理系统:计算机系统、保安系统和通讯系统。

正在使用的"实时多用户计算机光笔流通管理系统"具有国外八十年代同类系统的水平,荣获中华人民共和国文化部和广东省的科学技术进步奖。深圳图书馆还承担了文化部重点科研项目《集成图书馆自动化系统》(ILAS)的研制任务,该系统以自行设计的图书馆专用数据库为基础,可处理多种类型的文献,有较强的可移植性,广泛适用于多种类型的计算机环境。开发推广后,能满足各类型图书馆的全面业务管理需要。图书馆还设有八十门程控自动电话交换机,并开始使用图文传真设备。

该馆面向社会开放,把藏书看作是"活"的情报信息,充分为读者所利用。馆内拥有 600 余种台港澳版的报刊资料,为了有效地开发和利用文献信息,图书馆努力向深圳市内外的企、事业单位开展定向定题信息服务,编印了适应各种专题需要的最新《窗口信息》资料,以供各单位科研、生产、经营等决策参考。收集世界各地经贸资料,自编《贸易机会》,接受定题咨询,并主动为市政府《每日快讯》提供海内外对特区建设的评论,供领导决策参考。

馆内分设社会科学、自然科学、文学艺术、基本藏书、中文报刊、外文报刊、外文图书、特区文献、台港澳资料、少年儿童、情报资料、参考工具书、视听及缩微资料等 14 个阅览室,全面实行分科开架和分室借阅的服务方式。并采用计算机管理,方便了读者。对外服务坚持每天开放,每周开放七十二小时。截止到一九八九年底,开馆三年来,共接待读者400万余人次,日平均接待读者4000余人次;共借出图书60万余册次;日平均借出图书1200余册次。

为了扩大教育职能,深圳图书馆经常利用讲演厅、展览厅推出各类讲座和展览。举办过"怎样利用图书馆知识讲座"、"公关知识与技能讲座"、"医疗及保健系列讲座"、"股票知识系列讲座"、"当代经济及跨国公司讲座"、"少年儿童读书创作作品展"等。各种培训班也经常举办,如"图书馆图书情报专业大专班"、"基层图书室管理员业务培训班"、"中小学图书馆人员培训班"等,面向整个社会培养各类人才。

深圳图书馆还通过业务辅导和宣传推广工作,组织开展全市性的读书读报活动,推动基层图书馆网点的建设,并取得了较大的进展。据不完全统计,全市已经建立区、街、村三级图书馆(室)210个,藏书25.5万余册。此外,还建立了一批企业工会和部队的图书馆(室)、流通站、大家读借阅点;创办了少年儿童图书读物馆,形成了以市、县馆为中心的网络,以读书活动为主线的服务体系。自一九八六年十二月开馆以来,该馆先后荣获深圳市"精神文明建设十项成就奖"、"广东省文明图书馆"以及文化部"全国文明图书馆"等称号。

深圳图书馆除了尽力提供优质服务,满足特区建设的需要外,还与国内外图书情报界建立广泛的联系,加强交流与合作。

六、重庆图书馆

重庆图书馆的前身是一九四七年建立的罗斯福图书馆。当时馆舍面积为2000余平方米,藏书10万余册,工作人员仅35人。一九四九年十一月重庆解放,由军管会接管。一九五〇年四月在原址成立国立西南人民图书馆,后改名国立西南图书馆。一九五四年大区撤销,领导关系转属重庆市。一九五五年六月与重庆市人民图书馆、北碚人民图书馆合并,组成重庆市图书馆,一九八七年五月一日更名重庆图书馆。

截止到一九八九年底,该馆共有藏书 329 万余册,其中:中文图书 236 万册(含线装书 53 万册),外文图书 20 万册,期刊(合订本)70 万册,其余为各种文献资料。从一九七七年起,对到馆中外文书刊均

图 50　重庆图书馆外景

统一采用《中国图书馆图书分类法》进行分编整理,设有读者分类、书名、著者三种目录。

重庆图书馆由重庆市文化局领导。馆长下设:办公室、人事科、保卫科、行政科、采编部、阅览部、科技服务部、历史资料部、文献开发部、辅导部、技术部、图书馆专业用品服务部、读者服务部。一九八九年共有工作人员 176 人,其中有大专以上学历 83 人,有高级专业职务和中级专业职务 40 人。全馆占地面积 20 余亩,馆舍分设在市中区长江路 1 号和枇杷山正街 93 号,面积共 14478 平方米。其中:书库 6386 平方米、阅览室 1425 平方米,共有阅览座位 580 个,分设图书阅览室、报刊阅览室、自然科学参考室、联合国资料阅览室、社会科学工具书室、台港书刊阅览室、内部资料阅览室以及图书、期刊两个外借处。除内部资料阅览室和过刊查阅室外,均为开架阅览。每周开放七十小时。一九八九年,共接待读者 27.2 万余人次,流通图书 100.9 万余册次,共发放个人、集体借书

证 2.43 万个。

该馆藏书丰富而有特色:(1)一九四九年前出版的图书收藏较多,计有 24 万册,其中抗日战争时期大后方出版的书刊有 27710 种 60041 册,期刊 2000 余种,是全国收藏抗战时期的书刊较完整的图书馆之一。(2)该馆作为联合国资料保存图书馆,早在二次世界大战后,即已收集联合国资料 10 万余册。(3)馆藏古籍善本 48400 册,其中有 1901 种 35459 册收入《中国古籍善本书目》。所藏善本以明清抄本、稿本、校本最具有特色。

新中国建立以后,该馆得到很大的发展。"文化大革命"期间,业务止步不前,中共十一届三中全会以后,业务又得到很快恢复和发展。在全面改革的方针指引下,迈出新的步伐:(1)加强服务工作,提高藏书利用率。延长开放时间,敞开办理各种借阅证,解决了历年来读者办证难的问题。书刊借阅实行全面开架,充分发挥旧资料收藏比较丰富的优势,积极为科研服务。一九八六年来馆查阅历史资料的读者达 17152 人次,查阅历史资料 65512 册次,创历年的最高纪录。为了提高馆藏文献利用率,从一九八五年起,与重庆出版社、四川巴蜀书社等单位合作选择馆藏书刊中有再版价值的书刊,进行校勘、整理出版,到一九八九年底共整理、编辑、编译出版了《中国现代掌故丛书》等图书资料近 30 余册。(2)为生产建设服务,开展参考咨询、书目资料工作。除口头和书面解答读者提出的问题外,并编制书目索引,提供专题资料。已编印《农科信息》(原名《农业参考资料》)近 200 期和各种农科专题资料 9 种。(3)加强对外业务交流。该馆与云南、贵州、四川、广西等省(自治区)以及全国 11 个计划单列市的公共图书馆建立了业务联系。同时,还与重庆市友好城市——美国西雅图市公共图书馆开展了文献资料交换与业务交流。(4)重视全市及本馆干部业务素质的提高,建立全市区、县图书馆协作片,加强与基层公共图书馆的业务联系。与重庆市图书馆学会合作,从一九八〇年起先后开办武汉大学图书馆学专科函授辅导站和中央电大图书馆学专科班,并多次举办各种类型的图书馆业务训练班。

该馆多次收到社会各界人士的捐赠图书。五十年代初期,原西南军政委员会主席刘伯承,将自己珍藏的一些线装书送给西南图书馆保存。金融界的戴亮吉,将其全部藏书 13767 册捐赠国家,其中宋版一种 10 册,元版两种 104 册,明版及明清抄本 300 多种约 6000 册。蜀籍藏书家傅增湘将其明刻本及抄本 25369 册,捐赠给西南图书馆收藏。李文衡于一九五二和一九五六年两次将其荣先阁藏书共 44880 册,全部捐献给重庆图书馆,其中有宋版 4 种 21 册,元版 22 种 367 册,明版及抄本等 600 多种 8000 多册,四川省地方志 100 余种。

重庆图书馆自一九八六年十二月试行馆长负责制,部主任任期制,工作岗位责任制。

第五节　县图书馆

一、开鲁县图书馆

内蒙古自治区哲里木盟开鲁县图书馆位于开鲁县城关镇,始建于一九七八年七月。其前身是开鲁县一九四八年为纪念革命音乐家麦新而建立的麦新教育馆的图书阅览部。当时藏书 100 余种 400 余册。一九七八年县馆成立时,藏书增至 1.5 万册。一九八九年藏书已达 6.5 万册。藏书以政治、经济、文艺作品和适合本地工农业生产的科技图书为主。从一九八六年起开始地方文献的收集工作,已入藏资料 700 余件,图片 427 件。藏有《东北解放战争时期的开鲁》、《麦新在开鲁》、《绿星座》等 34 种资料专集。

开鲁县馆的馆舍面积 1500 平方米。全馆有工作人员 15 人。

其中大专文化程度 2 人,中专文化程度 9 人,获得中级专业职务 1 人。馆内设借书处、开架借书处、社会科学阅览室、科学技术阅览室、少年儿童阅览室。共有阅览座位 140 个。

中共十一届三中全会以来,该馆为社会主义物质文明和精神文明建设服务,发挥了应有的作用,受到上级的肯定。一九八一年被评为全国农村文化艺术先进集体;一九八五年被中共内蒙古自治区委和政府命名为社会主义精神文明建设先进集体,同时被自治区文化厅评为群众文化先进单位。

开鲁县馆开展服务活动,主要有:(1)每星期开馆六天。为适应县内读者利用图书馆的习惯,星期日全天开馆,其余均为晚间开馆。为了方便中小学生和教师借阅,在寒暑假期间,科技和少儿两个阅览室白天全日开馆。一九八八年,读者和图书流通量为

图 51　内蒙古开鲁县图书馆借书处

16292 人次,28517 册次。全馆藏书采用国家《文献著录标准》著录和《中国图书馆图书分类法》分类,建立了 4 套目录,并且编印了《开鲁县藏书联合目录》和《读者之友》、《读者手册》供读者参考使用。该馆设有全盟第一个少年儿童阅览室。一九八六年起,各阅览室全部实行开架阅览;一九八七年开设了开架借书处,开架图书 7000 多册。(2)该馆建馆以来,坚持开展读书讲演会、读者座谈会、读书知识竞赛等读书活动,吸引和辅导读者阅读。一九八六年,为少年儿童组织了红领巾读书会,举办作文比赛、智力竞赛和阅读辅导活动,获得全国少年先锋队工作委员会、文化部少年儿

168

童工作委员会、全国少年儿童艺术委员会颁发的"红领巾读书读报奖章活动"组织奖。该馆历年举办的《麦新生平事迹展览》、《开鲁县著作样书样品大展》、《开鲁县图书馆事业建设图片展览》等都受到读者好评。一九八九年，配合扫黄和反对资产阶级自由化，举办《红色书籍展览》，展出各类优秀图书 500 多种。（3）该馆根据本地区经济发展的特点，对水稻、小麦、果树、蔬菜和养猪等生产项目，送书送科技资料到重点乡和专业户；同时，还利用图书赶集、科技图书下乡、举行科技信息发布会、编印传播工农业生产新信息的《灵通报》和科技资料为生产服务。一九八八年，在农村流通图书 4177 册次，编印《灵通报》57 期，《井水种稻资料汇编》、《快速养猪法和饲料添加剂使用技术》等资料 5 种 500 余份。

开鲁县馆还担负本县图书馆网建设的组织和业务指导工作。一九八八年末统计，全县建乡镇图书室 17 个；建村（嘎查）图书馆（室）169 个；还采取办训练班、开现场会、评比竞赛、重点辅导和典型经验介绍等形式，对基层图书室管理人员进行培训和指导。截止到一九八九年，已出版《图书馆通讯》57 期，并编发了《农村图书室八项评比标准》和《关于加强农村图书工作的几点意见》，对全县图书馆事业的发展起到了一定的促进作用。

为了加强本地区图书馆学研究，一九八一年七月成立了开鲁县图书馆学会。截止到一九八九年，已发展会员 47 人（其中，有 1 人被吸收为全国图书馆学会会员，有 7 人被吸收为内蒙古自治区图书馆学会会员），召开学术研讨会 7 次，交流并印发会员论文 67 篇。会员发表的《影响少儿读者到馆率和阅览率诸因素》、《民族地区图书馆为本地区经济文化建设服务的思考》、《县馆为科研生产服务大有作为》等论文，曾分别在中国图书馆学会、华北地区图书馆协作委员会举办的学术研讨会上交流。

该馆先后与吉林省图书馆、内蒙古自治区图书馆建立了馆际互借关系，与河北省昌黎县图书馆、广西壮族自治区玉林市图书馆和包头市图书馆等31个单位建立资料交换关系。一九八三年,开鲁县馆与日本国东京都田区寺岛图书馆结成友谊馆,一直保持资料交换关系,已交换图书资料30余种。

二、嘉定县图书馆

嘉定县是上海市郊县之一,也是长江三角洲开放县城之一。嘉定县图书馆始建于一九五八年七月。它的前身是嘉定县文化馆图书阅览室,当时有藏书6万余册,工作人员6人。一九六二年县图书馆、文化馆、博物馆合并为"文化三馆"。"文化大革命"期间一度停止借阅,藏书损失严重。一九七二年十二月恢复开放。一九七八年八月恢复县图书馆,隶属县文化局领导。

一九八二年嘉定县馆在嘉定镇清河路北侧建成新馆。新馆建筑面积2823平方米,设有图书、期刊、参考、古籍、少儿5个阅览室,座位480个。有图书流动汽车1辆及复印机、录音机、录像机、四通打字机等设备。

全馆工作人员32人,其中具有大专文化程度7人,聘为中级专业职务8人。馆内设采编、外借、阅览、辅导、行政、信息和少儿7个组。一九八六、一九八七年被县人民政府评为先进集体。

图 52　上海嘉定县图书馆外景

一九八九年该馆藏书31万册,订阅报纸73种、期刊550种。中共十一届三中全会以来,随着国家建设重点的转移,嘉定县图书馆提出要建设一个多学科、多层次适合本县经济建设和广大读者需要的馆藏。经过几年努力已逐步形成了馆藏政治、经济、教育、文学、历史、农业、机械、电工、无线电和各类工具书等较系统、较齐全并注重搜集地方文献资料的藏书特点。馆藏图书分类一九八〇年四月采用《中国图书馆图书分类法》，图书著录按国家《文献著录标准》著录，读者目录设分类目录、书名目录、著者目录。

嘉定县馆发放借书证 10714 个，已实行了全开架外借、阅览服务。还开展馆际互借，编印书目，举办系列讲座、各种展览、演讲竞赛，出版图书通讯，开辟读者园地宣传图书、扩大图书流通。把图书、信息资料送到专业户、工厂图书情报室、学校和远郊读者手中。一九八八年接待读者 23 万余人次，流通图书 54 万余册次，图书流通率为 188%。

为了更好地为社会主义两个文明建设服务，该馆积极利用馆藏文献资源开展信息咨询服务工作。为县党政领导提供各地政治、经济、文化改革信息，编印了《报刊览要》周刊。又根据工农业需要，创办了《工业信息》、《农副业信息》半月刊，为乡镇提供工业产品、农副业市场行情和新技术、新工艺科技成果转让等信息。一九八六至一九八九年共编发各类信息资料 50 多万份。这些资料在工农业生产上发挥出显著作用，经电视台、报纸报道后，各地来信要求订阅信息有 100 多种，上门索取各类资料 400 多种。

该馆还担负全县乡镇图书馆（室）和学校、工厂、机关图书馆（室）的业务指导和技术辅导任务。通过举办业务培训班、上门辅导、总结典型经验、召开现场会等办法，来提高图书馆（室）工作人员的业务水平和技能。全县已有 7 个乡图书室藏书超过万册，成为当地党委、政府搞好农村文化经济建设的好帮手。

为了开展工作研究，交流经验，一九八八年还成立了嘉定图书馆学会。

三、顺德县图书馆

顺德县图书馆位于广东省顺德县城大良镇中心,创建于一九五七年,当时馆舍仅500平方米,藏书不足两万册,工作人员两人。一九七三年,顺德县图书馆正式独立建制。中共十一届三中全会以来,该馆于一九八四年和一九八八年,得到香港顺德联谊会名誉主席梁铫琚的两次捐助,重建了新馆并加以扩建。新馆主体楼高五层,馆舍面积4000平方米。设有参考阅览室、报刊阅览室、少年儿童阅览室、视听室、展览室、图书外借处和老人阅览处,共有阅览座位480个。新馆还得到梁铫琚捐赠的客货两用汽车一辆,微机一台以及复印机、抽湿机、空调机、录像机、电视机、声响设备等,为开展各项业务,提供了有利条件。

顺德县图书馆由县文化局领导,一九八九年有工作人员18人,其中大专以上文化程度3人,中专1人,有助理馆员以上专业职务5人,全馆设办公室、采编部(兼业务辅导)、成人阅览部(兼咨询)、少儿阅览部、读者服务部。

该馆自一九八四年以来,每年县政府拨给购书专款4万元,因此藏书的数量和质量逐年有所提高。此外,还得到热心图书馆事业的国内外知名人士梁铫琚、石景宜、何竹平、何沛雄、梁耀明、周鸿标、罗汉、何波、龙

图53　广东顺德县图书馆外景

172

潜庵等捐赠给图书馆的港台版图书。到一九八九年底,该馆藏书122608 册,其中中文现刊 400 种,报纸 98 种。藏书侧重于各学科的普及读物和中级读物。社会科学以政治、经济、文史为重点,科学技术以电子、化工、机械、农业为重点,已初步形成具有地方特色的藏书体系。

该馆重视读者服务工作,加强了优秀图书的宣传与推荐,设置图书介绍专柜,对读者进行阅读指导。一九八六年初,全馆已实行全开架借阅,年均发放借书证 6000 个,接待读者 25 万人次,外借图书 7 万册次。此外,馆内辟有讲座室两个,定期举办各种培训班和补习班。每年参加学习的人数达 4000 人次,受到各界群众欢迎。

该馆为工农业生产服务,努力搞好科技咨询工作,热情为读者提供各种图书资料;开展剪报工作,搜集有关顺德县的各种报道,供有关人士参考,对促进顺德县工农业的发展,发挥了积极的作用,一九八九年被评为广东省文明图书馆。

该馆对本县各村镇和县城大良镇的部分厂矿企业、中小学、居委会等图书馆(室)进行业务辅导,还经常赠送一些图书和设备,以帮助他们开展借阅工作。

四、山丹县培黎图书馆

山丹县培黎图书馆位于甘肃省山丹县城东南隅文化街,是甘肃省人民政府在中国人民对外友好协会和著名国际友人路易·艾黎(新西兰)等倡导下,为纪念英国友人乔治·何克的国际主义献身精神,加强中外人民的友谊和提高山丹县人民科学文化水平而建立的。它的前身是山丹县文化馆的图书室。

何克生于一九一五年。一九三七年牛津大学毕业后来中国,一九三八年夏,在汉口经艾黎介绍到延安和晋察冀八路军中去采访。他同情中国的革命,深深地为中国共产党八路军的英勇抗日

所感动,一九三九
年到宝鸡参加了艾
黎领导的"工合"
运动,一九四二年
任"工合"陕西双石
铺培黎工艺学校校
长。他以帮助中国
人民的解放事业为
己任,认真教学,使
这个学校办的蒸蒸

图54 山丹县培黎图书馆

日上。一九四四年转来山丹县,主持山丹培黎工艺学校教务工作,
一九四五年七月二十二日不幸以身殉职。

　　为了兴建山丹县这所图书馆,艾黎和爱泼斯坦(波兰)、邱茉
莉(英国)、耿丽淑(美国)、斯潘塞(新西兰)等国际友人及何克在
英国的亲属都积极捐款赞助。参加捐款的还有当年和艾黎一起在
"工合"工作过的一些人士和前山丹培黎工艺学校的校友们。艾
黎怀着对山丹人民的深情厚谊,在图书馆建成后,每月仍寄赠图
书。三年中,共寄赠图书2388册。

　　一九八四年九月二日山丹县培黎图书馆建成,举行开馆典礼。
87岁高龄的艾黎和他的老友马海德(原籍美国)亲自来参加,甘肃
省副省长葛世英到会祝贺,中国人民对外友好协会副会长刘庚寅
也到会,并带来王震为山丹培黎图书馆的题词:"学习何克先生的
国际主义献身精神,发扬培黎学校的优良传统。"

　　山丹县培黎图书馆馆舍面积1008平方米,设有:借书处、期刊
阅览室、报纸阅览室、儿童阅览室、展览厅和艾黎捐赠图书室,有阅
览座位160个。书库373平方米,可藏书20万册。截止到一九八
九年底,藏书5.5万余册,其中:中文图书4.8万册、中文期刊
5000册、普通古籍1519册、善本100册、报刊1000册。结合本县

174

四化建设,藏书中生产技术图书约占 14%。

培黎图书馆由山丹县文化局领导,一九八九年工作人员 7 人,其中中级专业职务 1 人,初级专业职务 2 人,还有 2 人受过短期专业训练。

为了吸引更多的读者,该馆还不定期地编印图书信息、举办图书展览、新书介绍、职工智力竞赛、读者座谈会等项活动。为纪念何克,举办过"纪念何克先生逝世四十周年报告会"。为了整理有关艾黎的资料,编辑了《艾黎与山丹资料索引》。此外还编印《山丹消息》,山丹县业余作者发表作品一览表等。该馆的图书借阅方式已经由原来的闭架式改为半开架和开架式。一九八六年七月至一九八九年底,到馆读者 72480 人次(其中少儿读者约 1.9 万人次),流通图书 4.7 万册次。艾黎捐赠图书开架阅览达 5990 人次。

为了帮助本县 11 个乡镇文化站开展工作,培黎图书馆还将一部分图书,分送各文化站流通,并派人下去进行阅读辅导。这一做法得到农民读者的欢迎。

第六节　少年儿童图书馆

一、北京市少年儿童图书馆

北京市少年儿童图书馆的前身是一九四八年成立的北平市立图书馆儿童分馆。一九四九年北平解放后,先名为北京市图书馆儿童分馆。一九五六年改为现名,由首都图书馆代管。一九六〇年迁至现址:国子监首都图书馆外院。一九八九年二月,恢复独立建制,由市文化局领导。馆舍面积 400 余平方米。

一九八九年,该馆共有工作人员 34 人,其中:高、中级专业职务 5 人,大专以上文化程度 14 人。设有办公室、采编部、图书保管部、借阅部、外文部、研究辅导部及参考资料室、音像资料室。该馆在藏书方面,除大量入藏中文少年儿童读物外,并适当入藏一部分外文少年儿童读物,以期能成为本市少年儿童读物的收藏和研究中心。一九八九年,藏书总计54万册,其中:中文图书52万册(内含连环画读物、低幼读物15万册),外文少儿读物5000余种(册)。录音资料1700余盒(件),录像资料100余盒(件)。中文图书设有分类目录和书名目录。外文图书设有分类、书名、著者目录。

中共十一届三中全会以来,北京市少年儿童图书馆努力克服馆舍狭小和读者需求之间的矛盾,除阵地借阅外,并积极开展以图书阅读为中心的故事会、报告会、作家与小读者见面会等辅导活动。该馆举办的"红领巾读书读报

图55　一九八七年北京市少年儿童图书馆
举办诗歌朗诵会

奖章活动",每年都有近20万小读者参加。同时还以汽车图书馆为北苑少管所等单位定期送书上门。在阵地借阅方面,一九八九年读者到馆共2.7万人次,流通图书7.4万册次。该馆除为广大少年儿童服务外,也为少年儿童工作者服务。如为北京市教育局编制《中小学生课外阅读参考书目》等。

在馆际协作方面,该馆担负对本市区、县少儿图书馆(阅览室)的业务辅导任务,经常组织经验交流,业务进修等活动,以举办诗歌朗诵会实现本市少儿图书馆事业的网络化。

二、天津市少年儿童图书馆

天津市少年儿童图书馆,成立于一九五八年十月一日,是最早建立起来的少儿图书馆之一。国家名誉主席宋庆龄为该馆题写了馆名。原馆址在东马路,一九六〇年迁入东门里文庙内,一九八五年再迁入环湖中道7号。

天津市少年儿童图书馆由市文化局领导。馆长下设有采编部、借阅部、辅导部、活动部及办公室。一九八九年共有工作人员49人,其中大专毕业文化程度者有15人。由于受馆舍条件限制,现仅设中学生、小学生、连环画、集体单位借书处、参考咨询室和辅导活动室。

"文化大革命"期间,该馆遭到破坏。一九七八年恢复重建,一九七九年六月一日对外开放。八十年代以来,在补充藏书方面,积极采访入藏国内出版的各种少年儿童书刊及声像资料,也入藏一部分有参考价值的国外出版品。截止到一九八九年已有书刊资料54万余册(件),并拥有幻灯机、录音机、录像机、复印机、电子计算机及图书流动汽车等设备。在流通图书方面,打破过去"等人上门"的做法,利用图书流动汽车送书到校,送书到市边远地区的流动站。一九八九年全年借阅读者4.7万人次,流通图书17.5万册次。在阅读辅导方面,根据社会主义精神文明建设的需要和少年儿童的特点,经常举办各种有教育性、知识性、趣味性的活动。为配合"红领巾读书读报奖章活动",先后组织开展了《可爱的中国》读书演讲比赛,《振兴中华》读书知识竞赛,《争做四有好少年》读书知识竞赛,《爱我中华,爱我天津》读书知识竞赛等,参加的中小学生达250万余人次。配合学习,举办语文、数学、英语、电子计算机、书法绘画、文学朗诵等各种学习班、讲座。配合思想品德教育,举办老干部、老红军、老党员,英雄模范人物报告会。为启发少年儿童阅读兴趣,指导他们读书方法,还请儿童文学作家金近、袁静,教育家孙敬修、小诗人田晓菲等与小读者见面会和座谈。通过录音、录像、幻灯、木偶、电影、电视、小话剧等形式宣传优秀图书、指导阅读都受到小读者们的欢迎,取得良好效果。

天津市少年儿童图书馆除为广大少年儿童服务外,也为工作中需要参考儿童图书资料的专家和单位服务。如天津市教育局教材编写组利用该馆资料编写的《五讲四美三热爱》、《小学生思想品德教育》教材已列入教

图56　天津市少年儿童图书馆为小读者送书

学大纲。作家袁静经常参考该馆图书,创作儿童文艺作品。天津玩具厂、铅笔厂、手帕厂等来馆查阅资料也帮助他们解决了工作中遇到的一些问题。

该馆还担负着天津市各区(县)儿童图书馆(室)及中小学图书馆业务辅导任务。通过调查研究、交流经验、培训干部、开展理论研究等活动,帮助基层解决工作中的一些实际问题,促进基层少年儿童图书馆工作的发展。为交流工作经验和方法,并编辑出版有《儿童图书馆与中小学图书馆》(双月刊)。向全国发行。

三、上海少年儿童图书馆

上海少年儿童图书馆的前身是一九四〇年筹办的上海儿童图书馆。这是旧中国私人创办的一所儿童图书馆。它从一九四一年七月十二日开馆到一九四九年上海解放,在热心儿童教育人士的

178

大力支持下,得以继续开办下来。一九四九年藏书4.1万册,除阅览室外,还有巡回书车。

新中国建立后,一九五〇年,由政府拨款补助,继续开展工作。一九五二年,上海市文化局接管,改名为上海市立儿童图书馆。一九五八年馆舍迁至南京西路962弄3号现

图57　上海少年儿童图书馆外景

址,改名为上海市少年儿童图书馆。此后一度下放到区,后又并入上海图书馆。"文化大革命"期间,与上海图书馆一起闭馆。一九七〇年恢复工作。一九八〇年六月改名为上海少年儿童图书馆,并由国家名誉主席宋庆龄题写馆名。一九八七年一月一日,恢复独立建制,直属市文化局领导。

上海少年儿童图书馆,馆长下设有办公室、采编部、外借部、阅览部、辅导部、研究室和低幼活动中心。一九八九年共有工作人员34人,其中有大专以上学历8人,专业毕业5人。馆舍面积1592平方米。设有小学生阅览室及外借处,中学生阅览室及外借处、辅导室和礼堂。有阅览座位320个。礼堂可容纳300人,设有音响设备及彩色投影电视机。对少年儿童工作者还设有参考阅览室。低幼活动中心设有视听室、计算机室和综合活动室共200余平方米。

截止到一九八九年底,共有藏书84万余册(包括连环画

185154 册,幼儿读物 72094 册),其中还有一部分旧中国出版的少年儿童出版物和国外出版物,可供少年儿童工作者参考。在小学生外借处有彩色封面的推荐目录和分类目录。在中学生外借处设有分类目录、书名目录。

中共十一届三中全会以来,上海少年儿童图书馆努力对少年儿童进行社会主义精神文明教育,普及科学文化知识。根据少年儿童的特点和兴趣,向他们推荐优秀读物。以图书为中心展开"红领巾读书读报奖章活动"、报告会、故事会、讲座等多种形式的活动。一九八二年受到共青团中央、文化部的嘉奖。流通图书除馆中的阅览外借外,还定期向工读学校、少年犯管教所、聋哑学校送书并进行阅读辅导。一九八九年阅览 8.3 万人次,流通图书 35.7 万册次。该馆在辅导少年儿童读者方面,不重复学校教学的内容,不加重学生的负担,初步摸索出对不同年龄的少年儿童读者的阅读指导方法。与其配合,还举办读者家长讲座,辅导家长正确指导儿童阅读,受到家长们的欢迎。

上海少年儿童图书馆自一九八七年恢复建制后,服务对象调整为从学前儿童至初中学生,还担负着上海各区、县少年儿童图书馆业务辅导工作。在业务研究方面,除经常与全国各地的少年儿童图书馆工作者交流经验外,先后还与苏联、波兰、捷克、美国、日本、澳大利亚、法国、联邦德国等图书馆工作者,建立联系,互赠图书,扩大交流。一九六七年编有《上海少年儿童图书馆图书分类表(草案)》,一九八六年编有《上海少年儿童图书馆规章制度汇编》。

四、湖南省少年儿童图书馆

湖南省少年儿童图书馆于一九八一年十二月三十一日建馆,地处长沙市中山路,馆舍占地面积 1 万平方米。有工作人员 60 名,具有大专文化程度的占职工人数 50%。该馆隶属湖南省文化厅。机构设有采编部、辅导部、阅览部、活动部、办公室。面向社会开放的有：低幼儿童、小学生、中学生、青少年自学、少儿工作者参考等阅览室和综合图书、文学书籍、连环画和集体外借处。同时还有视听活动室、智力玩具室和读书成果展览室，共有阅览、活动座位 1000 个。

该馆注意收集少年儿童读物和有关少儿教育教学方面的书刊资料，特别是湖南省少儿读物及连环画读物。据一九八九年底统计，该馆有藏书 48 万册。报刊 700 余种，还有视听资料、智力玩具约 1000 余件。藏书分为基本书库、保存书库、期刊库、视听资料库、港澳台书库、外文书库、特种图书（立体书、布书及玩具等）库，连环画库等书库。为读者设置有连环画低幼读物目录、视听资料目录、图书目录、期刊目录。

该馆每周开放六十小时。对在校的中、小学生以及社会残疾儿童、失足少年开放，对边远地区少年儿童采取邮寄借书或组织流动服务小分队送书上门。八年来，该馆已发放小读者借书证 1.5 万多个，少儿工作者借书证 500 个，接待读者 128 万人次，流通图书 522 万册次。

根据少年儿童的年龄特征和心理特点，该馆经常利用活动室的设备，配合图书的内容，配合教学，配合节假日或中心工作，举办报告会、讲座、文学作品欣赏会、诗歌朗诵会、故事会、与作家见面会及书中人物化装表演会等活动，举办书法、绘画、微电脑、英语、数学等学习班。特别是陈伯吹、严文井、叶君健、任溶溶等儿童文学作家的报告会和张海迪与少年儿童见面会受到小读者的热烈欢迎。与共青团湖南省委、省教委等单位联合举办的一九八四年"红领巾读书读报知识竞赛"、一九八五年"理想、信念、攀登"读书大奖赛，一九八七年"点燃理想之火"读书竞赛等都取得了良好的社会效益，获得了社会各界的好评。一九八二至一九八九年共举办各种类型读书活动 2000 余次。

一九八二年，该馆被文化部评为全国先进集体，一九八二至一九八八年，连续七年被评为全国"红领巾读书读报奖章活动"中的组织指导先进集体，全省"科学育儿"先进集体。《中国青年报》、

图58　湖南省少年儿童图书馆外景

《光明日报》、《湖南日报》及中央、省市电视台、广播电台都多次报道对该馆为少年儿童服务搞得好的消息。湖南省电视台海外部还为该馆摄制了专题片《一切为了孩子》，在中央电视台播放。革命老前辈帅孟奇、刘英、郭健，全国侨联主席张国基、文化部图书馆司的领导、湖南省委、省政府领导都曾来馆视察工作，对该馆的工作给予好评及鼓励。美国、日本、伊朗等国家的图书馆专家也曾来馆参观访问。

　　该馆正逐步成为全省少儿图书馆（室）协调协作和业务研究、交流的中心，担负着对湖南全省各地、市、县、农村少儿图书馆（室）和中小学图书馆的业务辅导任务。通过培训干部、基层辅导、经验交流、专题研讨会，促进了全省少儿图书馆事业的发展。全省有独立的省市（县）级少儿馆 7 个、少儿阅览分馆（室）86 个，即全省 92% 的县（市）都有了少儿馆（室）。为了交流工作经验，开展业务研究，该馆还编辑出版有《少儿图书馆》（季刊）、《少儿图书馆工作研究论文选编》专集、《中学图书馆》专著及三本《少年儿童优秀读书心得选》。

　　该馆主要抓了以下几项工作：（1）坚持改革创新。坚持改革

182

业务基础工作,突出儿童馆特点,由单纯的借阅服务趋向多样化、多层次服务,改进了藏书的结构和目录的设置。(2)开拓新的服务领域。为充分发挥少儿馆的社会教育作用,该馆组织对全市中小学生进行怎样利用图书馆教育的"图书馆活动日";举办对低幼儿童进行早期智力开发的"科学育儿试验班";编制了系统教材;并利用图书流动车送书上山下乡流动服务。(3)注重人才培养。在全省举办了两期少图业务培训班,参加学习90余人。同时,还与湖南大学图书馆情报专业联合开办了少儿图书馆专业大专班。讲授《少儿图书馆概论》、《阅读辅导》、《儿童文学》课程。学员经过二年学习毕业,已成为全省少儿图书馆(室)业务骨干。(4)建设儿童特色的新馆。为了改善儿童读书的环境,一九八七年,他们争取到了重建阅览大楼的基建项目,已于一九八八年破土动工,建筑一个面积为6500平方米的新少年儿童图书馆馆舍。

第六章　科学技术图书馆

　　科学技术图书馆是专门从事搜集、整理、保存，并提供某一学科或特定知识领域或形式的文献、情报的专门机构和部门。科学技术图书馆不仅是中国图书馆事业的重要组成部分，而且也是科学技术情报事业的一个重要组成部分。

　　中国科技图书馆包括中国科学院、中国社会科学院、各级政府及其各部门，以及厂矿、企事业单位所属研究机构的以提供调查研究文献和各种科技信息为主要目的而设立的图书馆、资料室等。它们有的也称图书情报室、情报资料室、文献馆、文献情报中心等。但是在职能上和工作上都是相同的，或相近的。

　　新中国的科学技术图书馆发展较快，大部分是一九四九年以后陆续建立起来的，还有一部分则是在一九五六年以后随着情报机构同时诞生、同步发展的。

　　中国科学技术图书馆的数量，据国家科委、中国科学院、国防科工委及其他部（委、局）的有关材料分析，其总数已超过 1.2 万所。

　　从中央国家机关和科学研究系统图书馆学会的一个调查可以看出：科学技术图书馆根据社会需要和自身已具备的技术条件，其工作内容已不限于一般的文献搜集、整理、保存和提供以及文献检索、参考咨询和定题情报服务等工作，而且还担负着文献分析和情报调研、情报的交流与宣传报道、新技术的应用及数据库、网络建设、文献情报工作的组织管理与理论研究等任务。

在改革开放的新形势下，为了有效地为国民经济建设和科学研究、技术开发服务，中国科学技术图书馆正在向着情报中心的方向迅速发展和过渡。

第一节　中国科学院系统图书馆

中国科学院是新中国自然科学的最高学术机构，是全国自然科学的综合研究中心。中国科学院系统图书馆是这个研究中心的重要支撑系统。中国科学院系统图书馆的基本任务是为国家自然科学研究和国民经济建设服务。

中国科学院系统图书馆是由中国科学院图书馆（中国科学院文献情报中心）、中国科学院上海、兰州、成都、武汉四个地区图书馆（文献情报中心）和分布于全国各省、市、自治区的院属研究机构及校、社、台（站）的图书馆（室）共同组成。

由于科学院系统图书馆实行"图书情报一体化"的管理体制，所以，中国科学院系统图书馆，实际上，也就是中国科学院文献情报系统。

一九四九年中国科学院成立后，根据全国自然科学工作者代表会议的建议，于一九五〇年四月成立了中国科学院图书管理处。一九五一年改为图书馆，作为全院管理、供应和国际书刊交换机构，直属院长领导。接着，又相继成立了上海、兰州分馆，及植物所、动物所等20多所级图书馆（室）。院馆与分馆、所馆（室）之间的关系为业务指导关系。

这一时期，各馆经过四五年时间的建设，在业务上都打下了初步基础。

一九五八年，在院编译出版委员会领导下，召开了首次全院图书馆工作会议,明确图书馆的方针和任务,各馆工作面貌为之一新。

一九五九年,再次召开全院图书馆工作会议,重点讨论如何开展文献参考和书目情报工作,从而把图书馆工作引向深入。

一九六〇年以后,在"调整、巩固、充实、提高"方针指导下,随全院科研任务和领导体制的调整,各图书馆也都作了相应的调整,一些分院图书馆,随着机构的变动而先后划归地方科委领导或撤销。在业务工作方面,各馆整顿馆藏,改进规章制度,调整读者范围和服务方式,提高了服务质量。

一九六六年在"文化大革命"的冲击下,科学院全院图书馆工作受到严重的摧残。但广大图书馆工作者出于对社会主义科学事业的热爱和责任感,克服重重困难,仍然坚持了一定的业务工作。

粉碎"四人帮"后,随着科学研究的恢复和发展的需要,全院图书馆工作又逐步恢复。一九七七年,院方发出文件,要求院图书馆承担情报任务,恢复对地区馆和研究所(台、站、社、校)馆的业务指导关系,各所图书、资料、情报工作实行统一管理,成立统一的图书情报室。一九七八年十二月在广州召开首次全院图书情报工作会议。这次会议肯定了本系统图书情报工作的主要成绩,制订了《中国科学院图书情报工作暂行条例(草案)》,明确了图书情报工作是科学研究工作的重要组成部分,促使图书馆工作人员,为实现科学技术现代化,为出成果、出人才做好各种服务工作。

为了加强对全院图书情报工作的领导,院方于一九八〇年成立了院出版图书情报委员会,并由副院长钱三强担任主任。一九八六年召开第二次全院图书情报工作会议,总结和肯定了第一次会议以来全院实行"图书情报一体化"的经验和成就。修订了《中国科学院文献情报工作条例》;制定了《中国科学院文献情报工作"七五"计划》,表彰了31个先进集体和做出突出成绩的66名先进工作者。这次会议对于推动改革开放路线、方针、政策在图书情报工作中的贯彻执行起了重要作用。

四十年来,特别是近十年来,中国科学院系统图书馆有了很大发展。截止到一九八九年底,全院共有图书馆(室)132 所(其中院馆和地区馆 5 所),已形成一个以院图书馆为中心的文献情报系统。全院图书馆(室)共有工作人员 2605 人,其中高、中级专业人员有 1305 人。一支学科齐全,以高、中级人员为主体的专业队伍已经建成。在藏书方面,截止到一九八九年底,全系统入藏各种文献 3100 万册(件)。一个以自然科学基础理论与高新技术为主综合性的文献收藏体系业已形成。各图书馆除编制本馆的卡片目录、书本目录外,并参加由院图书馆牵头,编制的《中国科学院西文连续出版物联合目录》等大型联合目录,并建成数据库。

中国科学院系统图书馆的服务对象主要是院内的科研人员,同时也为院外一些单位的科技人员提供服务。一九八八年,全院图书馆共接待读者 1753202 人次,流通文献 3290512 册次。

情报服务、情报调研是中国科学院系统图书馆的一项主要工作。八十年代以来,做了大量工作。一九八八年,全院图书馆为读者进行文献检索,共完成课题 1015 个,提供文献 201661 条。为各单位所进行的专题情报调研,其中有 30 多项获得科技进步奖。

为了促进学术交流,中国科学院系统图书馆编辑出版有《图书情报工作》、《国外图书情报工作》、《图书情报工作动态》、《资源信息》、《知识工程》、《天文文献情报》等刊物。截止到一九八八年,全院图书馆工作者共出版有关专著百余种,撰写文章 2000 多篇。

中国科学院系统图书馆工作已取得很大成绩。他们总结经验,要继续发挥全系统的整体优势,贯彻图书情报一体化的方针,努力改进和提高各项工作,为祖国的科学研究和经济建设做出更大的贡献!

以下分别重点介绍部分科学院系统图书馆。

一、中国科学院图书馆

一九四九年十一月中国科学院刚一成立,便根据全国自然科学工作者代表会议的建议,于一九五〇年四月在办公厅下设立图书管理处,负责管理全院图书资料工作。一九五二年二月改管理处为中国科学院图书馆,并由陶孟和副院长兼任馆长。当时该馆的任务是:1.统一管理全院图书馆工作。2.为本院各研究机构供应图书资料。3.负责国际书刊交换。一九五六年以后,在中共中央发出"向科学进军"的号召下,藏书迅速发展,人员不断增加,已为发展成国内最大的科学技术图书馆奠定了基础。

一九七八年十一月,在广州召开的中国科学院第一次图书情报工作会议上,根据科研工作发展的需要和科学院图书情报工作的实际情况,决定实行"图书情报一体化"的体制。为进一步加强情报职能,经院长办公会议批准,一九八五年十一月改名为"中国科学院文献情报中心",同时保留"中国科学院图书馆"名称,并规定其中心任务是:1.根据全院的科研方向、任务,搜集、整理、存贮、开发和提供国内外科技文献。2.按照全国分工,组织建立院内文献情报检索系统。3.围绕制定发展战略、政策、规划和组织重大科研任务的需要,组织开发情报调研,提供情报服务。4.协调全院的文献情报工作,对院属各文献情报单位和文献情报网进行业务指导,组织经验交流和干部培训。5.组织开展文献情报理论、方法、新技术,以及标准化、自动化的研究与应用。6.组织参加国内外文献情报的学术交流与合作。7.承担院交办和院外委托的文献情报任务。

截止到一九八九年底,中国科学院图书馆共有 436 名工作人员,其中,具有高级专业职务 55 人,中级专业职务 123 人,初级专业职务 134 人。

经过不断优化改组,该馆除办公室、业务处、人事教育处、保卫

图 59　中国科学院图书馆阅览室之一

处等职能部门和党委办公室外,其业务部门有:国内文献部、国外文献部、第一文献服务部、第二文献服务部、情报检索咨询部、综合情报部、学科情报部、计算机应用室、复制室、声像室、编辑出版部、研究发展部(理论方法研究室)和学会办公室。另外,该馆还设有劳动技术服务公司、科图高技术信息开发公司等实体。

　　到一九八九年,中国科学院图书馆已拥有藏书562万余册(件)。其中:中文图书298555册、外文图书424381册、中文期刊623800册、外文期刊2392737册、其他181356册、线装古籍462019册,以及科技报告、缩微资料等1244345册(件)。除接受原"中央研究院"、"北平研究院"等机构的33万册外,其余都是新中国建立以来通过采购、交换和承赠等途径积累的。这些文献在数学、物理、化学、天文、地学、生物学等基础学科和电子学、计算技术、原子能、半导体、材料等技术领域研究中都发挥了积极作用。科学期刊(3万种)、学术会议录、美国政府出版物、科技报告(100余万册)等类型文献均已形成了一定特色。古籍中的地方志和明、清文集亦较系统、丰富。

　　该馆一向重视所收藏文献的整理和报道工作,已形成以卡片目录、书本目录和机读目录共存的馆藏文献报道检索体系。分类和藏书组织采用自编的《中国科学院图书馆图书分类法》。在建立和健全目录体系的同时,还通过编印《新书通报》、专题书目、专题索引等向院内外读者揭示和报道各种文献,并加强主题目录和机读目录的编制工作。

在服务范围和方式上,该馆根据以院内为主,兼顾院外的方针,通过各种方式为科学研究和经济建设服务。在北京西郊中关村和市内王府井大街分别成立第一和第二服务部。设有外文现刊、检索工具、缩微资料、国内资料、善本等阅览室。已发放个人借书证2万多个,团体借书证近1000个。另外,还通过代查、代借、代复制等方式满足读者多方面的需要。

在做好传统借阅服务的同时,该馆还采取举办专题文献展览、编制各种专题文献书目、编辑出版《中国物理文摘》、《中国数学文摘》、《科研管理参阅资料》、《重大科研项目参阅资料》、《生物工程进展》等提供各种信息。

为了提高情报检索效率,该馆在利用引进数据库磁带,提供定题情报服务的同时,积极和德国、瑞士等有关单位合作,建立国际联机情报服务。已经开通的国际联机检索终端就有科学技术网络(SIN)系统和数据星(DATASTAR)系统。

情报调研是七十年代末逐步开展起来的一项重要服务工作。该馆主要业务有:1.根据国家科技管理部门和院领导的需要,研究和提供国外有关科技体制、政策管理等方面的战略情报。2.配合国家和院、所重大项目,开展有关学科的现状、发展趋势和管理政策的研究。3.及时分析报道国内外科学新理论、新技术、新动向和新成就。4.协同全院调研力量,调研和提供国内外高技术的新进展、开发动向及市场信息等,并接受专题情报调研和适用技术的开发、转让等咨询委托,为中小企业、事业单位服务。

在中国科学院的支持下,该馆已装备计算机、复印机等现代情报技术设备。在计算机方面,除前面提到的国际联机检索服务外,通过多年的努力,《中国科学院西文连续出版物联合目录》数据库已经完成第一期工程,共收录全院 117 个单位所藏西文连续出版物 1.2 万余种,可以提供印刷型和磁带复制品。在促进微型机在文献搜集、加工和流通等业务以及行政管理应用方面,都在积极进行中。在文献复制方面,随时都可向读者提供静电、缩微、放大、拷贝、胶印等服务。在声像服务方面,除根据馆内外需要,搜集有关资料外,还提供录制、摄制和放录等服务。

积累、宣传、报道文献和交流学术、编辑出版工作是该馆的又一重要服务。自一九五〇年以来,迄今已出版二次文献、教材、文集、资料汇编等各种类型出版物 280 余种。每年约出版近千万字的出版物。

中国科学院在上海、兰州、成都、武汉等四个地区馆(文献情报中心)和分布在 21 个省、市、自治区的研究所(校、社、厂)的文献情报中心,已在该馆的组织协调下,开展着联合服务、学术研究、经验交流和在职教育等活动。

中国科学院图书馆一向重视干部培养、提高和学术活动。一方面通过举办培训班、进修班、研究班、派遣出国工作培养在职干部,通过与中国科技大学、管理干部学院合作开办图书情报专业;另一方面,鼓励工作人员通过参加各种专题讨论会、学术报告会等研究活动,从而帮助各种工作人员进行知识更新,把实际经验系统化和理论化。在上述工作和活动基础上,该馆工作人员共编撰出版有关著(译)作 50 余种,出版发行有《图书情报工作》、《图书情报工作动态》、《现代图书情报技术》、《快报》等专业刊物。

从一九八〇年起,该馆已获得授予图书馆和科技情报两专业硕士学位权。已先后招收五届图书馆科技情报专业研究生,共 17 名。

作为中国科学院属的服务性学术单位,该馆十分重视与世界各国同行进行业务合作与交流。到一九八九年,除与世界 59 个国家和地区的 1589 个科研、教学单位保持正常的书刊交换关系外,还积极参加各种国际组织的活动。一九八一年正式加入国际图联,每年派人员参加大会,担任其中一些专业组通讯会员的 4 人,担任国际标准化组织第 46 技术委员会顾问组成员的有 1 人。该馆还与美国 RLIN、联邦德国 FIZKA 等机构开展了图书情报工作自动化、国际联机检索方面的合作;与美国希顿·霍尔大学建立了长期馆员交换关系;与苏联签订了具有多项内容的协作意向书。该馆已先后向美国、英国、联邦德国、苏联、日本、加拿大、澳大利亚等国家派遣留学和进修人员。该馆每年都要接待数十个国家和地区的学者、专家来访,或进行学术交流。

二、中国科学院上海图书馆

中国科学院上海图书馆(即中国科学院上海文献情报中心)是在接收旧中国中央研究院总图书室后而组建的中国科学院上海办事处图书组的基础上逐步发展起来的。一九五一年中国科学院院长会议决定在上海建立中国科学院图书馆上海分馆。其后,中科院上海办事处图书组与中科院上海冶金陶瓷所、有机化学所、水生生物所、实验生物所、生理生化所和植物生理所等图书室合并,于一九五三年三月一日正式成立中国科学院图书馆上海分馆。

一九五六年中国科学院图书馆上海分馆曾改名为中国科学院上海分院图书馆。一九六二年又名为中国科学院华东分院图书馆。一九七〇至一九七七年体制隶属于上海市领导,改名为上海科技图书馆。一九七八年又重归中国科学院领导,再改名为中国科学院上海图书馆,一九八七年八月又定名为中国科学院上海文献情报中心。

中国科学院上海图书馆(简称中科院上海馆)是中科院上海地区文献情报中心和全院生物学文献情报中心,也是上海地区规模最大的一所综合性自然科学图书馆。其基本任务是紧密结合本院的科研方向和任务,收集、整理和提供国内外科技文献情报,尤其是生物科学文献情报,重点为本院生物科学科研工作服务,也面向社会各界,为国民经济建设服务。

中科院上海馆有文献加工部、读者服务部、情报室、计算机服务部和技术服务部5个业务部门。截止到一九八九年底,有146名职工,大专以上文化程度62人,图书情报专业毕业7人,获得高级专业职务、中级专业职务41人。

图60　中国科学院上海图书馆外景

中科院上海馆一九八九年收藏书刊总计已达287万余册(卷)。其中:中文图书240898册,外文图书336677册,普通古籍78193册。所藏文献有下列特色:1.生物科学领域书刊丰富。从国外进口的分子生物学等近10个专业的外文期刊中,馆藏比例约占50—75%。2.期刊收藏多。在全部馆藏中,期刊所占的比例为75%,现刊约3000种1895869册,中文现刊1600种322580册。生物科学及其相关学科的外文期刊品种约占65%。外文期刊自创刊号开始完整收藏的有:《自然》、《科学》、《英国化学会志》、《英国生物化学杂志》、《美国生物化学杂志》、《生物学文摘》、《美国植物学杂志》等300余种。3.收藏的文献以国外文献为多。在整个馆藏中,外文书刊分别占50%和86%。

中科院上海馆采用《中国科学院图书馆图书分类法》。设有分类目录、字顺目录、主题目录。中外文书刊全面实现标准化著录。在联合目录工作上,参加了中科院西文期刊机读联合目录的编制工作,曾获得中科院科技进步二等奖。

中科院上海馆馆舍面积 11228 平方米。设有检索期刊阅览室、现期科技期刊阅览室和 4 个常用生物学期刊阅览室。全部采用开架方式。技术服务部向读者提供复印、照排胶印、声像、油印和装订服务。

在情报工作方面,该馆侧重于生物科研、开发和应用,提供课题跟踪、文献查新和情报的分析研究等多种服务。历年来,为"遗传工程"、"肺癌单克隆抗体"、"空间生物学"、"国外生命科学发展动向"等课题提供了大量的文献情报。在情报基础工作方面,正在建设中国生物学文献数据库,引进坎布里奇发行的"生命科学数据库"光盘。在二次文献编制工作方面,已出版有《中国生物学文摘》(月刊)和《生物科学信息》(双月刊)。

为了加速图书馆工作的现代化,该馆已添置 HPMI – CRO3000 和 HP925LX 计算机。从一九八七年起提出"中科院上海文献情报中心业务自动化集成系统"课题,开始进行调研、分析和设计、落实硬件、软件和书目数据库的建设。经过研制的中西文编目子系统已交付使用,西文图书数据主文件已生成,中文图书数据主文件也在输入。它们将逐步形成为一个实用的集成系统,提高文献情报工作的效率,更好地为科研服务。

三、中国科学院长春光学精密机械研究所图书馆

中国科学院长春光学精密机械研究所图书馆(简称光机所图书馆)位于长春,是由原中国科学院光学精密仪器研究所和原中国科学院机械研究所图书馆于一九六〇年合并而成。两馆分别建于一九五二和一九五四年九月。建馆初期,该馆只有图书 2 万余册,期刊 500 余种。而且大部分书刊是从中国科学院东北综合技术研究所图书馆调拨的。经过二十多年的努力,光机所图书馆已

经发展成为本院光学精密机械研究领域中建馆最早、文献收藏最多的情报文献基地,已逐步形成具有光学专业特色的藏书结构。截止到一九八九年底,馆藏总计为 27 万册(件),其中:中文图书 8.76 万册,外文图书 99770 册,中文期刊 5360 册,外文期刊 4.16 万册,资料 2.37 万册(件),非印刷品 1.1 万盒(片)。馆藏中多年形成的 99 种核心期刊,均保持连续完整,其中,有 10 余种在本院中收藏最早。有些专业文献,如《SPIE 国际光学工程学会会议录》,在国内是收藏最全的单位之一。

光机所图书馆能在馆藏建设上取得以上成绩,主要是靠所内外专家学者的指导和帮助。从建馆初期,所内就组成以所长为首的图书委员会,他们掌握科学研究的动态,专业书刊出版的信息,为图书馆推荐书刊、选订书刊做了大量工作。

光机所图书馆馆舍面积 2130 平方米,其中书库 950 平方米,阅览室 840 平方米。设有期刊阅览室和资料阅览室,共有阅览座位 124 个。馆内业务组织分为:采访、分编、期刊、出纳、资料、计算机等 6 个组,有工作人员 12 人,都具有大专以上文化程度,其中高、中级专业职务 9 人。馆中对工作人员的培训一直是十分重视的。全馆大多数人员都已参加过不同层次的外语学习和图书馆学、情报学学习。多年已形成每周利用半天时间,结合本馆工作实际,组织业务学习。一九七九年以来,全馆同人共撰写有关图书馆学、情报学的论文 38 篇,其中有 6 篇获得优秀论文奖。

一九五八年以前,光机所图书馆采用《东北图书馆图书分类法》,一九五八年后,改用《中国科学院图书馆图书分类法》。为读者设立的目录:中文图书有分类目录、书名目录,外文图书有分类目录、书名目录、著者目录,中文资料有分类目录、书名目录、会议名称目录,期刊有刊名目录,西文国际会议录有主题目录。

光机所图书馆每周开放四十五小时,书刊全部实行开架借阅。

年接待读者约 2600 – 2800 人次。外借书刊资料约 1600—1800 册（件）次。馆内设备有：微型计算机 2 台，收录机 8 台，磁带复制机 1 台，静电复印机 3 台，缩微阅读机 2 台。

为了早日实现图书馆工作现代化，该馆于一九八七年五月成立了"图书文献计算机管理系统"课题研究组。经过两年的努力，已建成 3 个管理子系统。即：西文会议录管理系统（已输入 1300 多条，并开始运行服务）；图书总括管理系统（已输入 1400 多条记录）；西文图书采访管理系统（已输入 300 多条记录）。以上 3 个系统于一九八九年六月通过了长春分院级鉴定。西文会议录从一九八九年起已实行计算机编目。

长春光机所除设有一个所属图书馆外，尚有一个所属实验工厂图书馆。该馆一九八五年以前是所属图书馆的分馆，一九八五年六月独立，但两馆的借书证通用。工厂图书馆藏书 3.6 万余册，期刊 500 余种。

四、中国科学院物理研究所图书馆

中国科学院物理研究所图书馆（简称物理所图书馆）位于北京中关村，始建于一九五〇年八月。建馆时仅有旧中国中央研究院物理研究所和北平研究院物理研究所遗留下的书刊约 4000 册。经过三十多年来不断地搜集和补充，截止到一九八九年底，藏书总数约 7 万册，其中：中文图书 6203 册，外文图书 27082 册，中文期刊 2150 册、外文期刊 31385 册及各种资料近万种（份）。

物理所图书馆所藏文献以凝聚态物理、原子分子物理、光学物理、等离子体物理、低温物理与技术、高压物理与技术等为主，并适当收集物理学其他领域的重要著作，也相应收集一些相关学科——数学、化学、电子学、金属学等方面的书刊，已初步形成一个小而精的非核物理专业收藏。其中，西文书刊约占 70%，中文书刊约占 15%，俄文书刊约占 10%，日文书刊约占 5%。在图书资料交换方面,已与国内 400 余个单位、国外 17 个单位建立了交换关系。

该馆馆舍面积 650 平方米,设 250 平方米阅览室一个,有阅览座位 46 个。一九八九年有工作人员 24 人,其中大专以上文化程度 17 人,高、中级专业职务 17 人。

物理所图书馆服务对象主要是本所研究人员,同时也为国内高等院校物理系、科和有关部门的物理研究人员服务。开馆时间每周一至六(节假日除外)。借阅采用全开架方式,备有分类、书名、著者和会议录关键词四种读者目录和供工作人员使用的公务目录。据一九八七年统计,每日平均接待读者 90 人次,流通书刊 120 册次。除定期向读者报道新书、新刊和国际会议动态外,并设有专人负责咨询、检索等工作。

在技术设备方面,该馆有计算机 4 台(AST386,IBMPC/XT、长城 286、长城 0520CH)、静电复印机 5 台、录像设备 1 套及录音设备和暗房等,可代读者进行定题检索(利用馆 IBM370/158 计算机)、录音、录像及翻拍资料等服务。

物理所图书馆定期或不定期地编辑出版《中国科学院物理研究所研究年报》(英文版)、《国家超导研究和技术攻关项目年报》、《外籍学者来所报告集》、研究论文集及其他资料,年编辑量近百万字。

第二节　中国社会科学院系统图书馆

中国社会科学院(简称中国社科院)的前身是一九五六年中国科学院调整建制后所设立的哲学、社会科学部。当时下属图书馆共有 9 所。一九六六年,发展到 17 所。

一九七七年,中国社科院成立。全系统图书馆增加到 34 所。

一九八三年,中国社科院草拟了《中国社会科学院图书馆工作条例(草案)》和《关于中国社会科学院图书资料工作改革的若干建议》。同年,建立了文献资料中心筹备组。一九八五年,筹建中的文献资料中心与情报研究所合并,正式建立中国社科院文献情报中心。一九八八年,中国社科院全系统图书馆,包括文献情报中心、30所专业研究所图书馆、研究生院图书馆、中国社科出版社和《中国社会科学》杂志社图书资料室在内,共同组成一个统一规划、分工协作的网络系统。由文献情报中心负责全系统的联络协调工作。

一九八九年,中国社科院召开了全院图书资料工作会议,进一步确定全院图书馆工作的近期目标:打破封闭,走联合办馆的道路;加速改革,缩小与国内国外图书馆的差距;挖掘潜力,调动工作人员的积极性。并规定出文献情报中心负责规划协调全院图书资料工作的具体任务。会后已成立馆藏专业化和分编标准化调研小组、优化馆藏小组、联合目录小组等,以确保全院图书馆改革工作的顺利进行。

中国社科院系统图书馆馆舍面积总计21645平方米,共有书库58处。截止到一九八九年,共有工作人员438人。其中,具有大学本科以上学历占50%,具有大学专科或同等学历约占30%。已获得高级专业技术职务55人,中级专业技术职务156人。

中国社科院系统图书馆一向注意开辟文献资源,重视搜集民间收藏。经过多年的努力,已逐步形成具有特色的馆藏。截止到一九八九年底,全系统共有藏书514万册。其中:中文图书331.5万册(善本6461种7.5万册),外文图书16万册,中外文报刊合订本50万册,非书资料约2万件,并有部分少数民族文字图书。按学科分,藏书数量较多的为:史学(占29%),文学与语言学(占19%),经济学(占15%),社会学与民族学(占9.5%)等。

在读者服务工作方面,中国社科院系统图书馆除提供阅览、外借、复制和参考咨询等常规服务外,并十分重视文献的开发与加工。各图书馆都编有目录、索引、文摘和资料汇编。部分工作人员还参加具体科研课题,承担资料翻译、编辑和分析等工作。截止到一九八九年底,全系统图书馆共编辑检索期刊 5 种,专题书目和索引 88 种,资料汇编 52 种。

在国际交流方面,据不完全统计,全系统图书馆已与国外约 400 个机构保持书刊交换关系,每年交换书刊有 1000 余种 1 万余册。自一九八五年起,三次在国外举办图书展览,获得国外学术界的欢迎和好评。自一九八六年起,已派出 10 余人赴国外参观考察,对推动全院图书馆工作起到了积极作用。

在现代化设备方面,中国社科院系统图书馆已有 IBM 系列的微机 HP3000 超级微机 1 套。利用计算机,一九八七年,文学研究所图书馆已建立馆藏善本书目录数据库。一九八八年,文献情报中心已编制出机读型《中国社科院一九八九年订购外文期刊联合目录》。全院书刊机读联合目录的研制也在积极进行中。

以下介绍部分社科院系统图书馆。

一、中国社会科学院文献情报中心图书馆

中国社会科学院文献情报中心图书馆(简称中心图书馆)位于北京建国门内大街,是一九八五年十月由中国社会科学院原图书情报资料中心和情报研究所合并而建成的。中心图书馆的建立使中国社会科学院的文献工作和情报研究工作一体化,更好地为全院的研究工作服务。

中心图书馆业务组织分为图书资料、编辑出版、情报研究三个系统。图书资料系统包括图书馆、文献检索报道室、基础资料研究室、联络协调室。编辑出版系统包括社科文献出版社、编辑室。情报研究系统包括传统学科情报研究室、新兴学科情报研究室、国外中国学情报研究室、国内社科情报研究室。此外,中心图书馆还设

有科研处、人事处、办公室三个职能机构。

　　中心图书馆一九八九年共有工作人员 28 人,具有中、高级专业职务约占 30%。图书馆馆舍面积为 2000 余平方米。截止到一九八九年底,中心图书馆发展持借书证的固定读者 200 余人。全馆每周开放五天半。每年接待读者约 1.5 万人次,比一九八五年增加 4 倍左右。为充分满足科研人员阅览书刊的需求,先后开设了期刊、工具书、学位论文阅览室,有阅览座位 100 余个,全部实行开架。截止到一九八九年底,藏书总数 20.5 万册,比五十年代末的藏书增加了 20 倍。其中:中文图书 11.5 万册、外文图书 4 万册、报刊资料 3000 余种 3.5 万册、学位论文 1.5 万份。还收藏有美国政府档案中有关中国事务的档案(1940—1954)等多种缩微胶卷和平片 1 万余件(卷),以及新兴社会科学和交叉学科图书等。

　　经过长期的积累,馆藏有一定的特色。藏有世界上 27 个国家和地区 14 个语种的外文期刊、各类参考工具书、全国社会科学学位论文 1.5 万余件,还有较齐全的方志和大型丛书。

　　该馆与苏、美、荷兰等国家建立书刊交换关系,仅一九八九年就交换期刊约 1000 册,图书 800 余册。为了促进分编工作标准化,自一九七六年采

图 61　中国社会科学院文献情报中心
图书馆编辑的部分刊物

用《中国图书馆图书分类法》进行分编。馆内中外文图书除设有分类、书名、著者目录外,根据馆藏特点,又增设了工具书目录。编

有《情报研究所参考工具书目录》、《美英中国研究书目选(1966—1978)》、《新技术革命情报图书资料目录(综合类)》等目录。

中心图书馆编辑的社会科学工具书已出版的有《国外社会科学手册》、《中国社会科学手册》。中心图书馆编辑出版的刊物有《国外社会科学》(月刊)、《国外社会科学动态》(月刊)、《第欧根尼》(中文版、半月刊)、《中国社会科学文献题录》(双月刊)、《国外经济文献索引》(半月刊)、《国外社会科学论文索引》(双月刊),此外还编辑发行了中国社会科学学位论文摘要和学术文摘卡片。

中心图书馆作为中国社会科学院的代表于一九八六年参加了亚太地区社会科学情报网络,并作为该网络在中国的国家网络点。

二、中国社会科学院近代史研究所图书馆

中国社会科学院近代史研究所图书馆(简称近代史所图书馆)位于北京王府井大街东厂胡同,是一九四九年随着中国科学院近代史所一同建立起来的。原名资料室,后改名为图书馆。一九七七年中国社会科学院成立后,近代史所划归该院,图书馆也改用现名。

近代史所资料室建立初期,规模较小。工作人员仅 5 人,藏书不过 5000 余册。最初除了采购图书外,还接受一些单位和个人的赠书。当时图书只能简单登记,尚未系统分类编目。一九五九至一九六六年,资料室进入整理巩固阶段。除继续补充藏书外,全面开展整理分编工作。与此同时,扩大了阅览室,建立了一些规章制度,工作也走上正规。"文化大革命"期间,资料室工作被迫中断,原有藏书虽保存下来,但这一时期漏订的国外出版物,已很难补全。一九七七年以后,特别是中共十一届三中全会以来,随着所内研究任务的扩展,资料室工作也迅速上马。藏书和工作人员都大幅度增加。增设了各专门阅览室,添置了微机等新设备。各项工

作都积极开展起来。

近代史所图书馆面积3400平方米（其中书库2480平方米）。设有：中文参考室、外文阅览室、四库室、档案资料室、善本室和目录室。一九八九年，全馆共有工作人员27人，其中大专以上文化程度的17人，有高级专业职务4人、中级专业职务6人。业务组织分为中文采访交换组、中文分编组、外文采编组、期刊及参考阅览组、出纳典藏组和档案资料组。一九八九年藏书总计50万册（件），其中：中文图书18万册，外文图书5万册，中外文新旧报纸3万册，中文期刊5万册，外文期刊2万册，普通古籍14万册，善本书3万册，资料7万余种。与国内外建立资料交换关系的单位已有200个。

近代史所图书馆的藏书经过多年的积累，已形成以下几个特点：1.新中国成立前解放区出版物有早期翻译的马列著作、毛泽东著作单行本及选集，还有解放区报刊。2.从鸦片战争到北洋军阀时期的书刊资料是该馆藏书重点。特别是有关清代曾国藩、胡林翼、李鸿章、翁同龢、张之洞等人的文集、奏议、公牍等收藏较多。3.收藏的孙中山墨迹、胡适的日记、书信和黄炎培、张国淦等人的日记、手稿等都有研究价值。4.近代报刊的收藏较丰富，尤其是辛亥革命前后的报刊。《申报》、《民国日报》存有原版的绝大部分。柳亚子捐赠的《天铎报》、《太平洋报》、《帝国日报》等都是国内孤本。5.王崇武、聂崇岐、荣孟源、谢连造等学者、专家捐赠的图书都是有系统的藏书。

为了便于研究人员查找资料，该馆常用书书库已实行开架借阅，每周对所内开放五天，每星期二、五上午接待所外读者。图书资料已编有分类、书名、著者目录。自一九七八年，新书一律用《中国图书馆图书分类法》分类，并逐步实现著录标准化。

为了提高工作效率，该馆已注意采用新技术。购置的IBM－PC微机已着手试验用于中文和西文书刊编目。缩微复制机已开始将一部分珍贵报刊拍成胶卷和平片。静电复印机已广泛用于该馆业务和为读者服务。此外,书库安装的半自动电力传动书斗,缩短取书时间,已取得显著效果。

近代史所图书馆自一九七九年起开展二次文献工作,每年编制《中国近代史论文及书目索引》在《近代史研究》杂志定期发表。室内一部分人员还参加了中国社会科学院文献情报中心主编的学术论文文摘工作。此外,还开展文献研究工作,编有近代史研究资料和工具书,已经发表的有《白朗起义》、《荣禄文存》、《曾国藩未刊电稿》、《国外出版中国现代史书目》、《中国近代史文献必备书目》等。

三、中国社会科学院经济研究所图书馆

中国社会科学院经济研究所图书馆(简称经济所图书馆)建于一九五三年十月,原名中国科学院经济研究所图书馆。一九七八年成立中国社会科学院后,改为现名。馆址随所址变动屡次更迁。一九七六年迁至现址——北京阜成门外月坛北小街2号。

中国社会科学院经济所图书馆的前身是一九二八年创办的中央研究院社会科学研究所图书室,原在上海,一九三一年迁至南京。一九三四年,北平社会调查所及其藏书并入该所。抗日战争期间,曾迁至四川南溪县,抗日战争胜利后迁回南京。一九四七年改为中央研究院社会研究所。一九四九年南京解放后,定名为中国科学院社会研究所,一九五三年迁至北京,改组为中国科学院经济研究所。上述各个时期,研究所的隶属关系多次变更,图书馆也一再迁移,但藏书却基本完整,没有分散。

经济所图书馆的历史虽可追溯到本世纪二十年代,但它真正的大发展是在新中国建立以后。一九四九年,原中央研究院社会研究所图书室二十年间积累的藏书仅7万册,工作人员3人。四十年来,随着社会主义经济建设和改革的迅速发展,经济所图书馆

无论在图书经费、藏书数量、业务建设、读者服务和人员数量等方面,都有较大的发展。一九六五年,藏书增加到20余万册。一九八九年,达到65万余册。其中:中文图书35万册、外文图书16.7万册、中文期刊3.54万册、外文期刊8.95万册、善本1.2万册、报纸3200份。

经济所图书馆分设中文采编、外文采编、图书流通、期刊(含阅览)、缩微复制等5个业务组。一九八五年以前,业务由主任负责。一九八五年后由馆长负责。一九八九年全馆工作人员17人中,具有高级专业职务3人、中级专业职务8人,一九八八年还派出1名馆员赴美进修图书馆学专业。

经济所图书馆馆舍面积1100平方米。设综合阅览室1个,有座位60个,陈列常用参考工具书4600种及部分现期中外文报刊。设备方面,配备有复印机、微型计算机及缩微阅读机各一台。每周向读者开放五天。

七十年代以前,该馆仅为本所人员服务。进入八十年代,本院各门经济研究所相继建立后,服务面逐步扩大,固定读者由近200人增至900多人。实际上已成为本院各经济研究所的中心图书馆。

经济所图书馆藏书,以经济学为主。在经济学科中,又以经济学理论及其应用的文献为重点。中国经济史、经济思想史文献也占有突出地位。从纵向看,不仅新中国建立以来出版的经济文献收藏较为齐全,新中国建立以前的经济文献也相当丰富。外文书刊以英、俄文为主,其次为日、法、德文等。较具特色的馆藏文献有以下几个方面:1.清代赋役全书、盐法志、海关统计等官书较为系统完整。地方志有1061种,并有部分珍贵清代档案史料。2.旧中国的一些企业单位的出版物占有相当比例。一九四九年以前的社会科学期刊有1491种。3.西方各国重要经济理论著作和经济资料如统计年鉴、各国年鉴等较为丰富。所藏几十种英文经济期刊已连续收藏数十年。"文化大革命"期间中断的部分,已尽量补上。

经济所图书馆一贯坚持为科研工作服务、为社会主义经济建设服务的方向。在采购工作中,根据研究任务的变化,及时调整购书重点,并征求科研人员的意见和要求。在编目方面,加快了编目速度,及时使新到书刊投入流通,并通过编印新书通报、新书陈列等方式向读者提供信息。为了促进图书情报工作标准化,一九七六年起采用《中国图书馆图书分类法》进行编目。中外文图书均设有分类、书名、著者目录。在书刊流通方面,对部分科研人员实行开架借阅。对外单位、外地读者,尽量提供查阅和复制的方便。在新技术应用方面,一九八六年末成立的缩微复制组已开始对馆藏珍贵文献进行复制。一九八七年又开始利用微机进行西文编目试验。

为了开发馆藏丰富的文献资源,使文献能更好地发挥作用,该馆从八十年代起进行了下列文献加工和科研活动:1.编辑、出版了《经济发展战略和经济社会发展问题书目》、《国内报刊经济发展战略论文索引》、《经济体制改革文献索引(1979—1983)》等文献专题目录。并向《经济学文摘》杂志、《中国经济科学年鉴》定期提供全国经济新书目,向《国外社会科学》、《中国社会科学文献题录》杂志分别提供外国和中国的经济论文目录。2.编辑出版了《经济学著作要目(1949—1983)》《经济学工具书指南》。3.与所内外人员合作翻译出版了《国民经济管理词典》和《世界重要经济学家辞典》。4.编写出版了实用性经济读物《发展外向型经济指导》。5.编印了馆藏《地方志目录》和《中文期刊目录(1949 年前)》。此外,馆内一部分研究馆员还参加了本院重点研究项目——《社会科学叙词表》的编制工作。

四、中国社会科学院文学研究所图书馆

中国社会科学院文学研究所图书馆（简称文学所图书馆）原为北京大学文学研究所图书馆，建于一九五三年二月。一九五七年，文学研究所划归中国科学院，图书馆更名为中国科学院文学研究所图书馆。一九五八年馆址由北京大学迁到建国门内大街。一九六二年与本所资料室合并，改称图书资料室。一九七八年中国社会科学院成立，又更名为中国社会科学院文学研究所图书资料室。一九八二年与资料室再分开，重新恢复图书馆名称。

文学所图书馆为科研服务，坚持勤俭办馆的方针，坚持"以专为主，精中求好"的藏书建设方向，努力发挥有限人力财力的作用，经过三十多年的开拓，已发展成为一所有相当规模、有自己收藏特色的专业图书馆。

已故何其芳所长十分重视图书馆在科研工作中的地位和作用。建馆之始，即在资金上予以支持，并积极培养和大胆使用干部，调动了图书馆人员的积极性。他把图书馆作为培养研究人员的基地，提出了"大学生、研究生毕业后，要做一年图书资料工作"的育人方针。为所内培育出一批人才，已有4人被评为所内各研究室的副研究员，有的还担任了室主任。图书馆人员热爱自己的工作，即使在最困难的一九六九年，全所人员都被下放，停止业务活动时，仍派专人将2000多册善本送到西安妥善保存。一九七二年，该馆恢复工作，积极开展业务，不失时机地补充了许多珍贵图书。

截止到一九八九年底，文学所图书馆藏书总计45万余册，其中：古籍12.8万册，善本3050种，中文普通书籍20.76万册，外文图书3.7万册，中文期刊合订本5.3万册，中文报纸合订本1.5万册，外文期刊7000册。工作人员共14人，其中：大专以上文化程度11人，图书馆专业毕业的3人，有高级专业职务1人、中级专业

职务 7 人。业务上分为中外文采购组、中外文编目组、图书流通组、期刊阅览组。

文学所图书馆馆舍面积 1350 平方米,其中书库 1200 平方米。设有阅览室 1 个,有阅览座位 70 个。阅览室陈列工具书 4300 册,中文报刊 400 余种,外文报刊 70 余种。该馆服务对象以本所研究人员为主,兼顾本院研究生院文学系研究生。固定读者 300 余人。每年接待所外读者百余人次。另外,还为来本所进修的外国学者和国内学者提供服务。图书流通除善本书以外,已实行开架借阅,备有分类、书名、著者目录。

文学所图书馆的藏书以文学学科为主。以政治、经济、历史、宗教等学科为辅,已形成以下几个特点:1. 馆藏古籍善本 3050 种。其中如:《红楼梦》程甲本、《红楼梦稿》乾隆抄本,《儒林外史》嘉庆二十一年艺古堂本、《水浒》容与堂本和明清小说《锁海春秋》、《五更风》、《美人书》、《蕉叶帕》、《凤凰池》、《集咏楼》、《闪电窗》等都是海内罕见珍本。2. 一九一九至一九四九年出版的中国文学期刊共藏有 1780 种,较有影响的刊物及期数也比较全。"五四"以来出版的诗集收藏近 500 种,有的书,版本多达 4 - 5 种。3. 弹词、宝卷、唱本等民间文学作品、明清小说、清代诗文集和新中国建立后出版的文学作品、理论专著等都已形成丰富的专藏。三十多年来,在藏书上能取得上述成绩,是与所内外专家学者们的指导和帮助分不开的。所内研究人员也经常向图书馆推荐和介绍重要的书刊,他们在外出时,也主动地代为搜集到多种珍贵图书。王伯祥家属、张约园、黄克定等捐赠的大批图书,更使图书馆的藏书生色不少。

文学所图书馆根据自己的条件,把主要力量放在文献采购、编目、保管、流通等基础工作上。在二次文献工作上,已编出的目录、资料有:《文学研究所藏善本目录》、《文学研究所藏一九四九年以前中文期刊目录》、《文学研究所藏弹词宝卷目录》、《红楼梦研究资料目录》等。此外,还参加了《中国文学研究年鉴》中有关文学作品目录的栏目编辑工作。

在新技术应用方面,文学所图书馆一九八七年参加了以本所计算机室为主的试验课题,已完成了图书编目检索的程序,初步建立了《馆藏善本书目录》、《论语》、《全唐诗》、《红楼梦》、《魏晋南北朝诗》等数据库。该馆将继续参加这些研制工作,争取把文献加工、检索、分析研究等逐步实现自动化、网络化,以便提高工作效率,更好地为文学研究服务。

五、中国社会科学院历史研究所图书馆

中国社会科学院历史研究所图书馆创建于一九五四年,初名为中国科学院历史所第一、二所图书馆。当时中国科学院共有3个历史所,分别研究中国古代史、中国中古史和中国近代史。一九五八年,第一、二所合并,统称为历史研究所,图书馆亦改名为中国科学院历史研究所图书馆。一九七七年,中国科学院哲学社会科学学部改建为中国社会科学院,图书馆始改今名。该馆自创建至现在经历了数次搬迁。初建时,馆址在东四头条1号。第一、二所合并后随历史所迁入建国门内大街5号。一九八九年九月迁到现址建国门外日坛路6号。

截止到一九八九年底,历史研究所图书馆收藏各种图书资料近70万册(件)。其中:中文图书24.6万册、外文图书3万册、线装古籍33.6万册、期刊5万册、各种契约文书2.3万件,还有金石砖瓦拓片数千件,在全国各历史专业图书馆中名列前茅。

收藏的线装古籍包括经、史、子、集、丛各部类,尤以史、集、丛部及公私书目、各种文史工具书居多。其中有善本书2000多种近3万册,包含宋、元、明及清初各代刻本、稿本、抄本以及名家收藏、批校等版本。这些善本书,有的未曾刊行于世,有的不见于通行书目,有的传世极少,具有极高的史料价值和版本价值。在1000多种方志,近 2000 种 3 万册族谱中,也不乏珍本。在全国收藏徽州契约文书的几家图书馆和博物馆中,历史所图书馆收藏的最为丰富、完备,而且自成系列。这些契约文书与徽州地区的家谱、方志、族规乡约、祠堂祭祀等史料相配合,成了"徽学"研究的完整、系统的原始资料。它们不仅是研究经济所必需的史料,也是研究政治史、文化史、艺术史以及民俗、方言、地理沿革所必需的史料。这是该馆馆藏的特点之一。因此,每年除接待大批国内学者外,还接待世界许多学者的交流和查阅资料。

该馆所以收藏丰富与建馆到六十年代中期的老专家的领导是分不开的。他们是郭沫若、侯外庐、尹达、熊德基等,他们委派专家们主持图书馆的工作,克服重重困难,多次到各地古旧书市、民间去搜集购买各种古籍文献,甚至在三年困难时期也未中断过。另外一来源是私人捐赠。侯外庐、熊德基、谢国桢三位学者捐赠线装古籍近 2500 种约 2 万册、平装中外文图书 1.1 万册,期刊杂志近千册。历史所图书馆专辟三老捐赠书库。元史专家朱家源亦将祖传古籍千余种捐赠图书馆。这 1000 多种古籍中,绝大部分是善本书。该馆设有采购、编目、计算机、照相、复制、古籍整理装订等室。该馆自迁至新址后,馆舍条件有了较大的改善,对过去的管理方法作了一些大胆的改革。港台图书、常用工具书、报刊杂志和丛书、方志、三老捐赠书库均实行开架阅览。全部开放时,可供 100 名读者阅读和查询。每天开放七个半小时。

截止到一九八九年底,全馆共有工作人员 21 人,具有高级专业职务 4 人、中级专业职务 4 人。

第三节　中国农业科学院系统图书馆

中国农业科学院系统图书馆是中国农业科学技术事业的一个

重要组成部分。该系统以中国农业科学院图书馆为中心,包括各省、市、自治区的院属研究所(室)和研究生院、农业科技出版社、计算中心的图书馆(室)组成。除院馆直属院部领导外,其他图书馆(室)分别隶属所在农业科研机构。院馆承担了全国农业中心图书馆任务,面向全国服务。其他图书馆(室)则根据其科研任务,开展农业文献的收集、整理、宣传、报道和提供、传递信息等图书情报工作。它们已形成了中国农业科学院图书馆系统。

新中国建立后,首先接管了旧中国农业研究机构的图书,成立了华北农业科学研究所图书室等。一九五七年中国农业科学院正式成立后,院馆和院所属的作物育种栽培、土壤肥料等8个研究所以及6个大区研究所的图书馆(室)也随之正式建立。同年九月国务院批准的《全国图书协调方案》确定中国农业科学院图书馆、北京农业大学图书馆为全国第一中心图书馆委员会的成员馆,共同承担全国农业系统中心图书馆的任务。此后,中国农业科学院系统图书馆事业有了较大发展。至一九五九年,院属研究所建立的图书馆(室)已增加到28所。藏书和工作人员都有所增长。

六十年代初,国家进行经济调整,农业科学研究和农业图书馆工作也随之有所削减。但在一九六三年召开的全国第一次农业情报文献工作会议后,中国农业科学院各图书馆的工作人员仍振奋精神,克服困难,在工作上做出一定成绩。

一九六六年"文化大革命"开始。许多农业研究所被撤销、下放,图书馆工作也处于关闭停顿状态。外文书刊被迫停购中断,部分图书资料散佚,使图书馆事业遭到很大损失。至一九七〇年八月,中国农业科学院与中国林业科学研究院合并,成立中国农林科学院科技情报所后,农业图书情报工作才开始恢复,步入正规。

一九七六年,粉碎"四人帮",特别是中共十一届三中全会以后,农业科研事业获得新生。一九七七年十月召开的全国第二次农业情报文献工作会议有力地推动了农业图书情报机构的恢复和网络建设。中国农业科学院除恢复原有的研究所外,又建立了作物品种资源、农业自然资源、中国水稻等研究所和计算中心、生物技术研究中心、农业科技出版社等。这些机构新建的图书馆(室),使中国农业科学院图书馆系统的队伍更加壮大。

继此之后,一九七八年全国科学大会后,中共农林部党组作出决议,"在中国农业科学院建立全国农业资料中心"。一九八〇年召开的全国第三次农业情报文献工作会议、一九八三年中国农业图书馆协会的成立、一九八四、一九八八年召开的全国第四次、第五次农业情报文献工作会议等都大大促进了全国农业研究系统的图书馆事业的发展。

截止到一九八九年底,全系统共有图书馆(室)37 所,馆舍面积总计 22933 平方米,工作人员共 339 人,其中学图书馆学专业、农业科学专业的 229 人,有高级专业技术职务 79 人。藏书总计166 万余册,其中:中文 532433 册,外文 246741 册。期刊 409524册,其中:中文 214285 册,外文 195239 册。资料 473554 册,声像、机读磁带等 1565 件。

在文献资源建设方面,通过普查、搜集已形成了以农牧业为主的综合性农业文献特藏。在文献整理方面,实行统一的《中国图书馆图书分类法》和国家著录标准,建立和健全目录体系,编辑各种文献检索工具,建立农业文献检索体系并进行计算机输入、存贮等前期处理工作。在读者服务工作方面,除加强流通工作外,还开展了定题服务、代查、代译、复制等业务。截止到一九八九年底,全系统的图书馆共接待读者 5225290 人次,外借书刊 4936925 册次,提供目录、题录 691338 条。为全国农业科研、教学、生产,为"科技扶贫"、"星火计划",做出了积极贡献。许多农业研究课题,参考他们提供的文献,取得成功,促进了生产。从而获得多项奖励。在建立图书情报协作网络,调配藏书,开展馆际互借协作,实现图书馆计算机化等方面,也为中国农业科学院系统图书馆事业的进一步发展积累了经验,奠定了基础。

以下着重介绍中国农业科学院图书馆。

中国农业科学院图书馆位于北京西郊白石桥路 30 号。新馆馆舍面积 13300 平方米,书库面积 4000 平方米。它的前身是一九五〇年成立的华北农业科学研究所图书室。一九五七年,随着中国农业科学院的建立,建成中国农业科学院图书馆。建馆初期,规模较小。藏书 1 万余册,工作人员 14 人。"文化大革命"期间,一度与院情报所、林业科学院合并。一九七六年,重新恢复为农业科学院图书馆。一九八七年又与院情报所、农业科技出版社合并组成中国农业科学院科技文献信息中心,仍保留原馆名称和业务编制。该馆设有文献采集部、加工部、流通部和图书馆自动化组。一九八九年工作人员增加到 60 人。其中大专以上学历 45 人。高级专业职务 16 人,中级专业职务 24 人。

中国农业科学院图书馆的方针是为农业科研、教学、生产和技术推广服务。它承担全国农业中心图书馆的任务。其服务对象不仅限于本院和所属的研究所的工作人员,而且面向全国,为广大的农业科研、教学、生产工作人员服务。

中国农业科学院图书馆的收藏,经过三十多年的积累,已形成以农牧业为主的综合性农业文献特藏。截止到一九八九年,藏书已达 60 余万册,其中:中文书 14.6 万余册,外文书 11.6 万余册。期刊 6100 种 17.5 余万册,其中:中文 2200 种 4.1 万余册,外文 3900 种 13.5 万余册。资料 15 万余件。在农业文献收藏品种、数量上均居全国首位。其中古农书有日本影抄宋崇文院校刻本《齐民要术》等善本 60 余种。在外文农业文献中,世界重要的大型农业参考工具书和农业核心刊物比较齐备。该馆自一九六三年起为联合国粮农组织出版物的中国收藏中心。粮农组织的出版物和其他一些国际的、国家的著名农业机构,如国际热带农业中心、国际水稻研究所、美国农业部、英联邦农业局等的出版物,收藏也比较

图62 农业科学院图书馆书库一角

系统。该馆一九八四年引进的美国国立农业图书馆 AGRICOLA 数据库的磁带和联合国粮农组织的 AGRIS 光盘，已开始机检服务。

为促进农业文献管理工作的标准化，该馆曾先后参加《汉语主题词表》的农业主题词的编辑工作和《中国图书馆图书分类法》第二版农业类目的修订工作。一九七九年，该馆还编译了《德、英、法、西、俄对照农业词典》，以供检索类分农业文献参考。

为向读者报道介绍农业文献，该馆除编制分类、书名、主题、著者、会议录等卡片目录外，并编有《馆藏农业图书目录》、《全国农业系统图书馆新书联合目录》等书本目录和《盐碱地改良》、《小麦锈病》等专题索引30余种。一九七九年该馆还组织馆内外力量进行了一些大规模的中文农业文献普查，制成60万张卡片，已陆续编出水稻、玉米等专题文献目录57个分册。一九八九年起已输入计算机，建立《中文农业科技文献综合数据库》。此外，该馆自一九七九年起创办的《国外科技资料目录——农业科学》月刊，定期报道国外农业文献新信息，也得到读者好评。

为实现图书馆工作计算机化，该馆已有微机7台，并积极进行软件的研制。一九八八年已完成图书馆集成系统的总体设计，并分工实施。一九八九年编目子系统试制成功，已开始运行。

为开展读者服务工作，该馆设有14个阅览室，400个阅览座位。此外,为便利读者,还设有开架的书库和期刊库。一九八九年,共接待读者 7 万余人次,流通书刊 10 万余册次。其他的服务项目还有书刊展览、信息发布、定题服务、代查、代译、缩微复制等。一九八九年共完成定题服务 150 项,代查文献 700 余件,解答咨询 120 件,复制资料 18.4 万页。一九八八年在南京六合县联合举办的全国农业科技信息发布会上发布的技术信息,为农业生产提供了大量有实用价值的情报。一九八九年起该馆为中国农业科学院选派到各地的科技副县长选编的 350 期《科技兴农信息》,也取得了较好成效。

由于承担全国中心图书馆的任务,该馆每年要接待几十个农业科研、教学单位的参观学习和进行业务交流。一九八〇年该馆与院情报所联合举办了第一次全国农业图书情报技术培训班,编写出《农业文献采集》等 8 种教材,并参加了教学工作。

在国际合作和交流方面,该馆自一九五九年起已与世界 46 个国家的 176 所农业机构建立了出版物交换关系。八十年代,在国家开放政策的影响下,该馆与国外图书馆界、学术界的交流更加频繁。每年都接待一些国外专家参观访问。一九八三至一九八六年,该馆与馆情报所曾四次赴美国、加拿大、荷兰等国考察、会谈,就出版物交换、新技术引进达成协议。为了加强与国际间合作,一九八四年,该馆加入国际农业图书馆员和文献工作者协会,成为该组织团体会员。一九八九年又开展了国际互借业务和国际咨询服务。

第四节　中国医学科学院系统图书馆

中国医学科学院下属 17 个研究所(含 6 所临床医院),其中有 11 个研究所设有图书馆。中国医学科学院图书馆与各研究所图书馆只有业务指导关系,研究所图书馆归各研究所领导。至一九八九年,该系统共有图书馆12所,建筑面积8626平方米,藏书93.96万册,工作人员154人,服务对象以该院(所)科研、医疗人员为主。藏书以专业书刊为重点。

以下着重介绍中国医学科学院图书馆。

中国医学科学院图书馆(简称医科院图书馆)位于北京东单三条,它的前身是一九二一年美国洛克菲勒基金会在北京建立的协和医学院图书馆。开馆时藏书约26500余册。以后逐渐发展,一九三〇年藏书增至51600册,并有期刊378种。一九四一年十二月美日宣战,协和医学院被日军占领,图书馆也随之关闭。第二次世界大战结束后,一九四七年协和医学院复校,图书馆重新开馆。

新中国建立后,一九五一年政府接管协和医学院,改名为中国协和医学院。一九八五年与中国医学科学院合并,改名为中国协和医科大学。由于院、校是一个整体,图书馆同时为院、校服务,所以该馆既是医科院图书馆,也是中国协和医科大学图书馆。

医科院图书馆自建立以来,几经沧桑,直至新中国建立以后,才得到积极发展。一九五七年九月,依据《全国图书协调方案》,医科院图书馆被指定为全国第一中心图书馆委员会成员馆,其任务是为医学科学研究服务,搜集质量较高的书刊,编辑医学书刊联合目录,开展文献复制工作等。从这时起,医科院图书馆在藏书建设、人员配备、设备添置等方面都有较大发展。截止到一九八九年底,医科院图书馆藏书已达46.3万册,合订期刊29.7万册,现刊近3000种。在设备方面已有缩微阅读机、同步幻灯机、静电复印机等。一九八六年还引进了电子计算机,开始试用于各项管理工作。中共十一届三中全会以来,激发了全馆工作人员的积极性,巩固扩大了干部队伍。到一九八九年底,全馆工作人员共71人,其中大专以上文化程度40人,受过图书馆专业训练的40人,有高、中级专业职务的 32 人,在馆工作三十年以上的有 6 人。工作人员的知识结构大大改善。由于这些改进,该馆各项业务不断提高。

医科院图书馆的馆舍面积为 3000 平方米,共有阅览座位 140 个。组织机构按业务分设办公室、流通室、分编室、期刊室、采访室、复制室、咨询组和分馆。

医科院图书馆收藏的医学期刊比较丰富。有 50 多个国家出版的各种文字的医学期刊 5700 余种。其中有 400 多种期刊是从创刊起就系统入藏的。著名的有《美国医学会杂志》、《中华医学杂志》等。还藏有中医古籍 1325 部,其中列为善本的 235 部。

医科院图书馆服务对象除本院校职工、师生外,还向院外其他医疗单位开放。该馆每周开馆六十九小时,借还书时间五十九小时。在阅览室中,八十年代的中外文期刊和一九六四年以后出版的外文图书都采取开架阅览方式。向本院校职工、师生共发出借书证 5000 多个。除最新一卷现刊、一九五〇年以前旧刊、未装订的散本期刊和古籍善本外皆可借阅。一九八九年全年接待读者67100 人次,书刊流通 158800 册次。为了互通有无,该馆还与本市 131 个图书馆(室)建立馆际互借关系。每年借出书刊约 1 万册,借入书刊约 400 册。读者如需要国内尚未入藏的期刊文献,该馆还可通过与澳大利亚国家图书馆的协作关系为之获得复制件。

一九八四年,该馆为了加强参考咨询工作,成立了咨询组。在阅览室设咨询台,派专人负责解答读者的咨询问题,辅导读者使用目录和工具书。咨询组每年组织新入学的同学参观图书馆,开展用户教育,不定期举办医学工具书及检索刊物的使用方法讲座。此外,该组还承担本校本科生和研究生的“医学文献检索与利用”课程的教学任务。

在文献复制工作方面,以前限于条件,只能利用缩微照像。七十年代,增添了静电复印机,复制数量逐年增加。一九八九年已达27 万张。

一九八四年以来,该馆开始试行改革,采编工作改进了传统的业务流程,使新书能尽早与读者见面。复制工作采取承包办法,提高了工作效率。对干部在加强思想教育的基础上,实行岗位责任制和聘任制,也初步取得一些成效。

一九八五年十一月,中国高等医药院校图书馆协会成立后,该馆被推选为主任委员馆,承担了"医学图书馆馆藏建设整体方案"研究课题和编制《全国外文生物医学期刊联合目录》等任务,为全国医学图书馆事业的发展,作出一定贡献。

第五节 中医药研究系统图书馆

中医药研究系统图书馆是随着中国中医研究院的建立而产生和发展的。中国中医研究院于一九五五年十二月建成。随着中医事业和科技情报事业的发展,于一九五九年成立了情报资料室(后改名为情报研究室)。中国中医研究院领导下的各研究所和医院也都相继成立了图书资料室,在全院形成了院和研究所两级的图书情报机构。

自五十年代开始,至七十年代末期,院属图书馆和情报研究室是分立的。工作虽各有侧重,但仍有交叉重复之处。各院所图书室发展不平衡,工作上也有不少重复浪费现象。为了解决以上问题,提高图书情报工作质量和水平,一九八一年八月召开了全院第一次图书情报工作会议,总结了建院以来图书情报工作所取得的成绩和存在的问题,拟定了中医研究院图书情报工作发展规划和实施方案。同年,成立了中医研究院图书馆工作委员会,由主管图书馆工作的副院长、图书馆馆长、各所的专家组成,委员会的主要任务是审查图书馆的长期规划、年度计划、采购原则和质量,以及反映读者意见和监督图书馆工作。

一九八三年五月,又成立了中医研究院图书情报中心,从管理体制上实现了图书情报一体化。对原图书馆、情报研究室、中医古籍出版社的组织机构进行合并调整,在行政、财务、物资等方面实行一元化领导,并根据业务性质、工作流程划分业务科室,克服了工作中的重复浪费现象,在专业人员使用方面也更趋合理化。

图书情报中心成立后,一九八四年曾派出调查组,到华东、东北、西北、中南等地区了解中医药系统图书情报工作的现状,向卫生部作了汇报。一九八五年五月,卫生部中医司主持召开了第一次全国中医药图书情报工作会议。这次会议有来自全国25个省市的60名代表参加,会议的主要任务是进一步明确中医药图书情报工作的性质、地位和作用,研究制定加强图书情报工作的具体措施,交流工作经验,协商成立协作组织。会后,卫生部向各省、自治区、直辖市卫生厅(局)中医处、中医学院、中医研究院(所)转发了会议文件,并于同年九月下达《关于成立"全国中医药图书情报工作协作委员会"的通知》。根据这一文件,一九八五年五月在北京成立了全国协作委员会。

全国协作委员会成立后,在网络建设上发挥了重大作用。自一九八五年五月至一九八七年九月,省市级以上中医图书情报单位已有62家参加协作委员会,占单位总数的85%。在协作委员会之下,六个地区筹备了分会,华北、华东、西北、中南、西南五个地区已建起了二级网,分会会员数已达134个,个别省如浙江、甘肃已成立了三级网。网络的建设促进了情报交流。据不完全统计,到一九八九年中医药系统的各类型情报刊物已达70余种。

全国协作委员会成立后,在干部培训、学术研讨、业务建设等方面做了大量工作。至一九八九年已经举办各类专业学习班8期,培训干部400多人。举办专题研讨会7次。组织5个单位负责《中国图书馆图书分类法》第三版中医部分修订工作,组织完成了中医科技文献课程教材的编写工作,创办了《中医药图书情报》

（季刊），并和中国中医研究院图书情报研究所合办《中医药动态》（旬刊）。

以下重点介绍部分本系统图书馆。

一、中国中医研究院图书情报研究所

中国中医研究院图书情报研究所（简称中医图书情报所）的前身是中国中医研究院图书馆，成立于一九五五年十二月，一九八六年改称为现名。下设情报研究室、中医典籍研究室、文献检索研究室、《中国医学文摘——中医》编辑部、《国外医学——中医中药分册》编辑部、中医古籍编辑部、采编室、书刊流通室、期刊资料室、声像资料室、出版部、发行部等部门。一九八九年有工作人员163人，其中高级专业职务29人，中级专业职务34人。馆舍面积为5500平方米。该所是全国中医药图书情报工作协作委员会的主任单位，也是联合国世界卫生组织的传统医学情报中心。

截止到一九八九年底，中医图书情报所藏书32万册，其中：中文图书296623册，外文图书23377册。中文期刊1027种、外文期刊1382种、报纸118种。古籍6万余册、善本2万余册。中医古籍包括自宋以来历代的刻本、写本、名医手稿、医案等，还有朝鲜、日本、越南等国的古医书，是全国收藏中医古籍最丰富的单位。许多著名中医学家如：肖龙友、赵燏黄、黄竹斋、范行准、何时希等都把他们所藏或家传的珍贵中医文献捐献给中医研究院图书馆。除中医古籍外，研究所也很重视现代中医文献的收集工作，和国内800多个单位，国外37个国家270个单位建立了资料交换关系。

一九五八年国家科委正式批准中医研究院图书馆为全国第一中心图书馆委员会成员馆，并于同年在该委员会联合目录组的支持参与下，与北京图书馆合作主编了《中医图书联合目录》。

"文化大革命"期间，中医研究院图书馆处于半停顿状态，藏书曾运往山西省达四年之久。直到一九七二年才陆续运回。与此同时,由于中医研究院和北京中医学院一度合并,两院图书馆也一度合并。一九七八年,中医研究院和北京中医学院分开,两馆也随之分开,中医研究院图书馆迁至东直门现址。

一九八三年五月,图书馆、情报研究所、中医古籍出版社合并成立图书情报中心。中心成立后,遵照卫生部和中医研究院党委的指示精神,拟定了图书情报中心的方针任务为"密切配合中医临床、教学、科研和管理工作的需要,突出中医药学特点,加强和全国兄弟单位的联系,在中医药学图书文献的收集、整理、出版、检索利用,中医药学情报调研和传播报道等方面发挥中心作用,为本院和全国中医药学临床、教学、科研服务。"

中医图书情报所进行编辑的专业检索工具书有:1.《全国中医图书联合目录》。这是在一九六一年出版的《中医图书联合目录》的基础上,修订增补重新编辑的。2.《外文中医药书刊联合目录》,全国有109所图书馆参加。3.《建国以来中医药科技文献累积索引》。4.《中医药文献年度索引》等。

该所还编有文摘检索刊物两种:1.《中国医学文摘——中医》创刊于一九六○年,对全国140多种期刊的中医文献进行摘要报道。2.《国外医学——中医中药分册》创刊于一九七八年,该刊物以综述、文摘、全文翻译等形式报道世界各国生物医学刊物上所发表的中医中药文章和消息。

为了提高工作效率,该所也在进行电子计算机中医文献检索系统的研制。为解决计算机检索语言问题编制的《中医药学主题词表》已于一九八六年完成,并通过了鉴定。与此同时,还着手进行两个文献库的建设工作:一是中医药学文献数据库联机检索系统,二是国内外针灸针麻经络文献分析检索系统,收录中外期刊200余种中所发表的文献,是第一个中、英两种文本的针灸针麻专业数据库。

在声像技术的应用方面已初具规模,一九八五年建成声像资料室,大力收集中医中药的声像资料,建立专业声像资料库和声像资料阅览室,同时还进行电影、录像的摄制工作,自一九八四至一九八九年共摄制全国名老中医临床经验、气功、按摩等手法的电影、录像资料 20 多部。

为了培养中医药学图书情报的专门人才,该所除举办一般性的学习班外,还招收进修生和研究生。研究生共分三个专业:中医情报研究、中医情报管理、中医古籍研究,至一九八七年已招生 4期,第一期学员已毕业走上工作岗位。

二、中药研究所图书资料室

中药研究所图书资料室成立于一九五五年十二月,一九七六年改为情报资料室,对中药方面的国内外文献信息进行收集、整理加工、分析研究和报道,并承担了《中药通报》的编辑任务,一九八三年中药研究所进行机构改革,情报资料室改为图书资料室,撤销情报工作部分,《中药通报》编辑部独立。

资料室一九八九年藏书 4 万多册,其中中文图书 13690 册、外文图书 5115 册、中文期刊 5390 册、外文期刊 6116 册,以及有关中药方面的专业会议资料 1 万多册,对一九七八年以来的中药学术会议资料收集较全。工作人员 9 名,其中中级专业职务的 4 人。设有中文书刊阅览室和外文书刊阅览室。

资料室的主要任务是为中药研究提供文献服务,着重收集国内外的中药学文献,为中药文献编制专题索引。

三十多年来资料室在编制检索工具书方面做了许多工作。曾参加《中药研究文献摘要》的部分工作,还编印了《中药研究资料索引》、《中草药文献检索工具书概况》和《现代中草药著作提要》,并出版《中药研究资料》和《参考信息》两种不定期刊物。

第六节　地质系统图书馆

地质图书馆承担着搜集、整理、检索和传递地质文献的任务，是振兴经济、促进地质科技发展、加强地质队伍智力开发不可缺少的环节之一。在传播和利用地质知识和信息，提高地质工作人员素质上起着重要作用。

新中国建立以后，一九五二年，地质部把在南京的前中央地质调查所图书馆和其北平分所的图书馆合并，成立地质部图书馆。一九五六年国务院批准定名为全国地质图书馆，作为新中国地质图书馆事业的中心，隶属地质部领导，为全国各地质单位，包括地质部系统以外各地质单位服务。与此同时，一些地质科研单位、地质院校、省地质局也都先后建立了各自的图书馆，初步形成了地质图书馆系统。在第一个五年计划期间，地质勘探工作大规模开展，地质图书馆积极配合为地质工作和野外地质勘探者服务的工作。

一九五九年底，地质部召开了地质图书馆工作会议，对建国十年来地质系统图书馆工作进行了总结，对各省、自治区地质图书馆的布局和发展做了统一安排，从而进一步促进了地质图书馆工作的发展。各地质图书馆加强了地质书刊的补充，清理了藏书，建立了目录，更好地为地质调查和地质科研工作服务。

"文化大革命"期间，地质图书馆受到了严重摧残，业务工作中断，一些省局图书馆被撤销，多年积累的文献大量散失。一九七七年，各地质图书馆相继恢复。地质矿产部于一九八二年向下属单位发出《关于加强图书馆工作的通知》。《通知》要求各级领导进一步提高对地质图书馆工作的认识，加强对图书馆工作的领导，认真解决工作中的困难问题。规定各省局应保证科技、业务书刊购置经费的起码限额，要求图书馆建立与健全管理制度，以保证管理好图书,充分发挥其作用。

一九八三年,地质矿产部召开了第二次情报、图书馆工作会议。会议明确提出了新时期情报、图书馆工作的任务和进一步加强工作的主要措施。指出今后一段时期的主要工作方向是在已有基础上进一步进行业务建设,努力把情报、图书馆工作提高到一个新水平。

一九八四年地质矿产部发布了《情报和图书馆工作暂行规定》。确定了地质图书馆工作在地质工作中的地位。规定"地质情报和图书馆工作的任务主要是围绕国家经济建设和地质科技发展的需要,进行地质文献的收藏和借阅管理;编制文献检索工具,并承担咨询检索工作;从各种情报源中提取信息,进行传递和报道,为促进地质工作发展服务。"《暂行规定》还确定了各级图书馆的任务和工作内容,对地质文献检索工作的发展进行了规划,对各级情报和图书馆工作间的协作、经费来源、干部队伍建设等做了相应的规定。

这次会议的召开和《暂行规定》的颁发和贯彻,调动了地质图书馆工作人员的积极性。各图书馆加强了业务建设;全国地质图书馆及一些局图书馆先后举办业务训练班,对在职干部进行专业培训;各级图书馆根据服务对象的情况和需要,开展了多种方式的服务工作,地质图书馆工作得到进一步发展。到一九八九年,地质系统图书馆已发展 500 所。部、局、所三级图书馆网已形成。各省地质局、研究所的地质图书馆根据自己的任务,收藏文献总计已达 900 万册,构成了地质系统的文献保证体系,发挥了总体效能。

地质系统图书馆由地质矿产部科技司负责地质系统情报和图书馆业务工作的管理。按部、局、大队三级把情报和图书馆工作建设成有组织、有层次、有分工的工作体系。部设情报研究所和全国地质图书馆,部属专业研究所情报图书室作为该专业情报图书中心单位,是部级情报和图书馆在专业方面的补充。省地质矿产局设情报室和图书馆,各地矿、石油局设情报图书室;大队(工厂)设情报图书室。各级情报和图书馆工作机构各有侧重,相互密切协作配合。

全国地质图书馆是全国地质文献的收藏、检索和借阅中心,面向全国开放。部属各专业研究所图书室结合各单位的研究方向和重点,补充有关专业的藏书,除满足本所需要外,还通过馆际互借对部系统各单位服务。地矿局和石油局图书馆(室)是向局属单位提供地质文献服务的基地,系统收藏中文地质文献,结合本地区地质工作需要有重点地收集外文书刊,面向局属各单位职工开展借阅服务。地质队图书室的主要任务是组织好图书的借阅利用,有重点地收集与本队任务有关的常用地质书刊及工具书,办好阅览室,同时开展代借、代查、代购等多种业务工作,为第一线地质职工服务。

图书情报一体化是中国地质系统图书馆工作的一个特点。在地质系统,情报工作被认为是图书馆工作的延伸。早在六十年代,地质部就确定地质图书馆负责情报工作的文献来源,情报机构不再建立自己的文献收藏体系。后来,在部一级,情报所和全国地质图书馆作为统一领导、统一管理的两个机构,既继续保留并发挥各自原有业务职能,又统一规划、协调工作,协力解决情报和图书馆工作中的问题,推动图书工作和情报工作的发展。一九八三年,第二次情报、图书馆工作会议上,正式提出了逐步实现情报、图书馆工作一体化。实践证明,地质系统图书情报一体化收到了较好的效果。

以下着重介绍全国地质图书馆。

中华人民共和国地质矿产部全国地质图书馆(简称地质图书馆)的前身是前地质调查所图书馆,建立于一九二二年九月。一九五二年,在前中央地质调查所及其北平分所图书馆的基础上,建立了地质部图书馆。

一九五六年,根据周恩来总理关于加强和改进图书资料工作的讲话精神,国务院第二办公室召集地质部、中国科学院等单位负责人讨论建立全国地质图书馆的问题。会议决定成立一个委员会,在国务院第二办公室领导下,统一规划建立全国地质图书馆的工作。同年委员会向周恩来总理呈报了关于建立全国地质图书馆的报告,很快得到批准。新馆舍于一九五八年底建成,坐落在北京阜外大街。

一九五七年,国务院科学规划委员会确定地质图书馆为全国第一中心图书馆委员会成员馆。此后该馆逐步恢复了中断二十多年的国际书刊交换。内部工作则进行图书重新分类,建立了一套完整的目录体系,编印了馆藏图书和期刊总目录,编辑和出版了《中国地质文献目录》。经过多年努力,该馆不仅发展成为藏书较为丰富的专业图书馆,而且逐步形成为中国地质文献中心。

"文化大革命"期间,地质图书馆业务工作濒于停顿。图书馆长期关闭,国际交换中断、各项规章制度废弃。一九七七年后,该馆工作得到恢复和发展,通过多种途径扩大文献来源,建立了地质文献计算机检索系统,加强了书目报道和专题业务咨询工作,编制了外文新书简介,创办了英文版《中国地质文献》。

地质图书馆是面向全国的地质文献收藏、借阅和检索中心。它的主要任务是:1.收集和保存各种类型地质出版物。中文地质文献尽量收集齐全,根据地质科学发展和中国地质工作需要,广泛收集国外地质文献。2.建立地质文献检索系统,编制各种检索书刊,开展检索服务。3.积极开展书刊流通,面向全国做好借阅服务工作。4.对地矿部系统图书馆进行业务指导。

地质图书馆下设采编、文献检索、借阅、计算机4个业务室。截止到一九八九年,共有业务人员58人。其中高级专业职务的12人,中级专业职务的34人。

该馆藏书一九八九年总计为37万余册。其中:中文图书

63715 册、外文图书 63759 册、中文期刊 64721 册、外文期刊 178891 册以及图片等。其特点有以下几个方面：1. 外文比重大、专业性强。外文书刊占整个藏书的四分之三。地质学及有关专业的文献占馆藏的 90%。2. 期刊较系统。馆藏各种文字地质刊物约 6000 种。国内发行的地质期刊收藏齐全。同时大量收集了地质系统及其他工业部门、科研机构和大专院校编印的地质科技情报刊物。收藏有世界各国出版的主要地质期刊，其中不少期刊已有一百多年的历史。3. 国外地质调查出版物较丰富。经过数十年的积累，特别是通过国际书刊交换，获得了世界多数地质调查机构的出版物。其中主要的出版物收藏较系统完整。4. 古生物学书刊在藏书中占重要地位。系统收藏着许多珍贵的古生物图书、刊物及化石目录。

地质图书馆的主要出版物有：1.《中文科技资料目录——地质学》（双月刊），一九七三年创刊，是一种计算机编辑排版的检索刊物，附有主题索引、地区索引和著者索引，年报道 1 万条左右。2.《国外科技资料目录——地质学》（月刊），一九七七年创刊，是计算机编辑排版的检索刊物，附有主题索引、地区索引和著者索引，年报道量 1 万条左右。3.《中国地质文献目录》系列，是继地质学家杨遵仪等在三十年代编辑的《中国地质文献目录》之后，地质图书馆自一九五五年开始编辑的一套回溯性目录。自一九五八年起已经出版四卷。4.《Abstracts of Chinese Greological Literature》（季刊），一九八四年创刊，是向国外报道中国发表的地质学文献的刊物，年报道量 2000 条左右。

中共十一届三中全会以来，地质图书馆在两个方面有较大发展。一是建立了地质文献计算机检索系统，二是发展了国际交流。

一九七八年，该馆与地质部计算机技术应用研究所合作，进行外文地质文献计算机检索系统的设计。一九七九年底开展定题检索服务。随后又建立了国外地质文献回溯检索系统。一九八三年着手建立中文地质文献数据库及检索系统。一九八六年该系统建成并开展了中文地质文献计算机检索服务。与此同时,《国外科技资料目录——地质学》和《中文科技资料目录——地质学》两种检索刊物已改用计算机编辑排版。地质文献检索工作基本上实现了由传统手工方式向计算机化的过渡。中、外文地质文献数据库包括 50 万个文献记录。每月新增记录 7000 多个(其中中文文献1000 左右)。在建立地质文献数据库及检索系统的过程中,由于有一个明确的指导思想,有一个可行的总体设计及具体的阶段性实施计划,始终把实用性作为系统建设的目标,以及地质文献人员和计算机人员的密切配合,在不太长的时间里,建立起具有实用规模和功能比较完整的文献检索系统。为了使计算机检索能够推广应用,该馆正在制作中文地质文献数据库的软盘,提供各种检索。

该馆积极发展国际交流,开展国际书刊交换,到一九八六年底已与 63 个国家和地区的 393 个单位建立了交换关系。并与一些主要地质图书馆建立了国际图书互借关系。派出人员考察、学习文献处理和图书馆自动化技术。作为第三次国际地学情报会议的发起单位,还积极参与交流活动。

第七节　国防科研系统图书馆

国防科研系统图书馆指的是军队和国防科技工作部门的研究院、所、工厂的图书馆、资料馆、文献馆。大都作为情报研究所、研究室的一个组成部分。在组织体制上分属于军队各总部、国防科工委、军兵种和各个国防工业部的有关部门。

国防科研系统图书馆主要是为本单位科技人员服务的专业性图书馆,其主要任务是密切配合本单位的科研项目,开发信息资源,提供一次和二次文献,为国防科研事业服务。其中有些图书馆、资料馆也担负着行业或专业的科技文献中心的职能,为全行业或社会上的有关单位服务。

国防科研系统图书馆的发展是与中国国防科技事业同时起步。新中国建立后,陆续成立了航空工业部情报所、核工业部情报所等单位的图书馆或文献馆。一九五九年三月又设立了国防部国防科学技术资料研究处。以后,各军兵种的研究机构也相继建立了图书资料机构。六十年代初,国防科研系统各单位都充实了图书资料工作队伍,加强了图书资料基础建设。一九六〇、一九六一和一九六三年先后召开的第一、二、三次国防科技情报工作会议,有力地促进了国防科研系统图书馆的迅速发展。"文化大革命"前夕,仅国防科学技术资料研究所资料馆就设立了 10 个业务组,干部人数达到 144 人。一九六三年十二月在京的国防科研系统图书馆、文献馆召开的检索工作(筹备)会议,提高了大家对文献检索工作重要意义的认识。根据会议的决定,从一九六四年三月开始,由国防科学技术资料研究所资料处牵头,11 个单位参加进行了统一编目,一年多时间内共标引资料 10983 种,并向各单位发行了铅印卡片。"文化大革命"中,国防科研系统图书馆也遭到了十分严重的破坏,大多数单位的工作处于瘫痪状态,个别单位的图书资料几乎被全部毁掉。当然,广大图书馆工作人员,在非常困难的情况下,还是想方设法为国防武器装备的研制工作提供图书情报资料,做出了不少贡献。中共十一届三中全会以后,国防科研系统图书馆逐步恢复,并走上新的发展阶段。一九八三年国防科技情报工作会议的召开,促使本系统的图书资料工作进一步加强。一九八四年七月国务院、中央军委颁布了《国防科技情报工作条例》,对国防科技图书资料工作提出了明确具体的要求,对国防科研系统图书馆的发展产生了深远的影响。

国防科研系统图书馆的藏书特点是:(1)专业性强,主要收藏与本单位任务直接有关并使用频率高的文献。(2)文献类型多,

228

以国外的科技报告、期刊、会议文献、标准、产品样本等为重点。(3)文献载体已走向多元化，除了印刷本型以外，还有缩微型、声像型等。国防科研系统图书馆根据各自的具体情况，已建立了比较科学和实用的检索体系。在引进和使用新型的检索语言方面较早。一九六二年，国防科学技术资料研究所资料处就采用美国武装部队技术情报局的《ASTIA 叙词表》标引文献。以后各单位又陆续编出《航空科技资料主题表》、《常规武器专业主题词表》、《电子技术汉语主题表》、《国防科学技术主题词典》，并组织起来相应的主题目录，受到了科技人员的普遍欢迎。一九六三年，为了统一国防科研系统文献的检索语言，又由国防科技信息中心、航天文献服务中心等 8 个单位联合编制统一检索词表。一九六六年三月正式出版了《国防科学技术叙词表》，供各单位使用。

国防科研系统图书馆遵照全心全意为用户服务的宗旨，广泛采取图书展览、新书陈列、开架借阅、通信借阅等方式，加强代查、代译等参考业务，努力做好一次文献的提供服务工作。电子工业部情报所文献馆从一九六四年起，除"文化大革命"期间中断外，每年都到外地巡回展览，先后曾到 50 多个城市和地区展览。与此同时，各馆都加强了二次文献工作，以开发信息资源，除编制各种新书通报、馆藏目录、专题目录、联合目录等以外，有的工业部情报所文献馆还承担了文摘刊物的编辑任务，例如《兵工文摘》、《造船文摘》等。八十年代，又陆续开始了各种文献数据库的建设工作。

为适应国防科技的迅速发展和信息时代的到来，各馆除装备了复印机、缩微阅读机、缩微放大机等设备外，并且开始了计算机在情报资料工作中的应用与开发，许多图书馆工作现代化已有很大进展，中国航天医学工程研究所图书馆等的书刊订购、加工、流通、统计等都采用微机管理。一九八九年国防科研系统图书馆已在北京、上海、南京、沈阳、西安等 22 个城市建立了国内联机终端。北方科技信息研究所文献馆的国际联机终端已与国际情报检索系统建立了联系,可提供科技、经济市场信息的联机检索服务。

四十年来,国防科研系统图书馆,无论在配合重大国防科研项目的研制,还是为具体的技术攻关服务中,都取得了比较好的社会效益和经济效益,有的项目获得了国家级或部门级的科技成果奖。

以下重点介绍部分本系统图书馆。

一、国防科技信息中心资料馆

国防科技信息中心资料馆成立于一九五九年三月,当时称为国防部国防科学技术资料研究所资料处,其前身是国防部五院图书资料编译室的资料室。一九七二年后改称国防科技信息中心资料馆。

资料馆设有检索、期刊、借阅、复制 4 个业务组。馆舍面积 8000 多平方米。设有 5 个阅览室。建馆初期馆藏为 1700 册(件),到一九八九年已发展到 216 万册(件);其中:中文图书 11 万册、外文图书 168.8 万册,中文期刊 3.7 万册、外文期刊 32.5 万册,成为军内藏书较好的单位之一。馆藏以国防科技有关的科技报告、标准、会议录和期刊为重点,其中 AD、NASA、ATAA、IAA、MIL 以及中国国防科技报告等,收藏较齐全,重点收藏综合性、通用性国防科技情报资料。

资料处从一九六二年开始就成立了专门的文献处理室,由专业人员从事主题标引工作,在国内科技情报部门最早采用主题词检索语言标引文献。最初利用国外词表,一九七八年自编了《国防科学技术主题词典》。这样,就组成了一套以主题目录为主,辅以团体著者、报告号,题名等目录的比较科学实用的多功能的检索目录体系。

三十多年来,资料馆始终坚持全心全意为用户服务的宗旨。为了充分发挥资料的作用,六十年代曾采取推荐资料、举办展览、通信借书、送书上门等方式,主动为用户服务,受到好评。八十年代服务工作又向纵深发展。从一九八三年起开始编印《国外科技文献与检索工具简介》系列小丛书,并举办培训班,宣传普及检索知识。紧密配合地球同步通信卫星、巨型机研制等国防科研重点项目进行专题的跟踪服务。中共十一届三中全会以来,随着军队工作重点的转移,在做好为国防科研服务的前提下,面向社会,积极开展了代查、代译等工作。开发信息资源,支援国民经济建设。一九八六年共接待用户 26270 人次,借阅资料 160075 册,复制资料 180 万张。资料馆的工作得到了用户较高的评价。一九八五年被评为国防科工委军民共建先进单位。一九八四年以来,资料馆先后有 20 个项目被评为国防科工委部门级科技情报成果奖。其中《国防科学技术主题词典及其国防科技资料检索目录体系》获得了国家科技进步二等奖。

此外,资料馆已逐步采用计算机和其他新技术设备,使资料工作从传统的手工方式向计算机化转变。一九八二年安装了两台终端,开展了国内联机检索服务。一九八三年利用计算机进行资料著录。一九八五年建立西文资料文献库,一九八六年研制成功微机资料管理系统。

二、军事科学院军事图书馆

军事科学院军事图书馆(简称军事图书馆)是军事科学院的图书资料部门,隶属于该院计划组织部。它是为军事科研服务的学术性机构,其基本任务是搜集、整理、典藏、研究、提供军事科学专业及有关的各类文献资料。

军事图书馆系由原军事图书馆和军事科学院资料处于一九六四年合并而成。原军事图书馆前身是中央军委四局图书资料室,创建于一九四八年夏,一九五〇年十月改编为军事出版局军事图书馆,一九五三年二月扩编为军事图书档案馆,一九五五年八月恢复为军事图书馆,隶属于军委训练总监部科学条令部,一九五八年三月军事科学院成立后，转属该院。一九六四年与院资料处合并为图书资料处，一九八六年九月改称现名。

军事图书馆设有采访、资料、图书和技术4个室，共有工作人员35人，具有高级专业职务的3人、中级专业职务的10人。一九八九年共收藏书刊资料192万册。为军内藏书较多的图书馆之一，形成了以军事专业为主、以相关学科为辅的合理藏书体系，其特点是：(1)军事科学专业藏书突出，占全部藏书的67%，其中各种军事文电、档案史料达14万余种120万份，军事图书4万种，军事期刊1300种，报纸216种。(2)有一些珍贵的资料，包括多种版本的古代兵书，清末至民国期间的近代军事著作，其中有一九〇五年创刊的《武备杂志》，一九一一年出版的克劳塞维茨《战争论》中译本，延安八路军总部出版的军事书刊，以及解放后军委训练总监部颁发的各类军事书籍等。

军事图书馆馆舍面积9400平方米，设有普通阅览室10个、视听阅览室2个，读者目录设有中文(图书、期刊、资料)目录7套(包括分类、书名、著者)、外文(图书、期刊)目录3套、视听资料目录1套。

军事图书馆积极开展了二次文献工作，向院内外研究人员宣传馆藏，提供服务。七十年代以来编印了《我军各时期重要战役战斗》、《元帅文电》、《战略学》、《战役学》等专题目录和《孙子研究论文选辑》、《毛泽东对军事工作指示辑录》等专题资料汇编200余种，其中《马恩列斯军事文集篇目、注释、人名索引》和珍贵军事史料《参谋团大事记》影印本已出版发行。有现刊《军事科学信息》和定期报道新到文献的《图书资料通报》(每年30—35期)。与此同时，军事图书馆重视开展专业图书馆理论的研究，已经完成了《军事图书资料分类法(试行稿)》的编纂工作，一九八六年由军事科学出版社出版。

为了加强文献信息的传递，军事图书馆积极开展了电子计算机的应用与服务。已有微机 3 台,并建立了中文军事期刊篇目数据库检索系统、中文军事文献数据库系统,除打印卡片、编印通报外,已和院内学术研究部门进行微机联网,提供局部网络数据库检索服务。

三、军事医学科学院图书馆

军事医学科学院图书馆(简称军医图书馆)一九五一年八月成立于上海,一九五八年迁到北京。一九六六年初与院科技部所属的情报资料处合并为情报资料研究所,即归属为该所。三十多年来,军医图书馆经历了艰苦创业的历程,逐步成为一个全军军事医学文献中心,曾多次被评为先进集体。

军医图书馆设有订购、分编、期刊、出纳阅览、电子计算机检索和复制 6 个部门。共有工作人员 60 人,其中大专以上文化程度 32 人,高级专业职务 3 人,中级专业职务 15 人。馆舍 3500 平方米,下设中、西、日、俄各文种的图书阅览室,中、西、日、俄各文种的期刊阅览室,检索刊物、军事刊物、化学、缩微等阅览室。到一九八九年,共收藏各种书刊资料达 51.3 万册,以期刊为重点,中文期刊 21 万册,外文期刊 2.9 万册、中文图书 10 万册、外文图书 17.4 万册。已形成以基础医学为主,文献种类较全,能满足绝大多数读者需求的专业馆。

军医图书馆一贯坚持面向科研,为科研和医务人员服务的方针,坚持在加强管理的基础上实行全面开架借阅,节省了用户大量的时间,提高了书刊的利用率。坚持开展馆际互借,每年代院内医务人员从其他有关图书情报单位借到书刊 2000 册(件),同时向 70 个单位提供馆藏书刊,做到了互通有无,资源共享。开展参考咨询,为用户解决了大量检索资料的疑难问题。开展文献复制服务,每年接待复印单位数百个,上万人次。开展检索服务,不仅设有分类、书名、著者等卡片目录,而且建立了专门的检索工具书阅览室,并自编各种书目索引。服务范围也不断扩大,为驻京的军队各医疗科研单位军医或实习研究员以上的人员发放个人阅览证,并向全军医疗科研单位和地方有关单位提供复制服务。一九八六年接待用户 7 万人次,借书 5 万册次。为了加快书刊传递,馆里已购置了缩微资料阅读机、放大机、静电复印机、电子计算机和终端的现代化设施,有光盘机 1 台,并引进了一套美国的 MEDLARS CD – ROM 光盘系统。

四、航天工业部二院图书馆

航天工业部二院图书馆(简称航天二院图书馆)成立于一九五七年十一月,当时称国防部五院二分院图书馆,其前身是军委通信兵部电子科学研究所图书馆。

航天二院图书馆属二院情报档案研究所建制,设有办公室和采访、文献处理(分类、主题标引)、借阅、检索、咨询 5 个组。共有工作人员 52 人,其中具有高级专业职务 7 人、中级专业职务 21 人。馆舍面积 7000 平方米,下设中文期刊、外文期刊、西文会议录、工具书、报纸等阅览室。到一九八九年,馆藏 45 万册。其中中文图书 103484 册、外文图书 77069 册、中文期刊 12370 册、外文期刊 56350 册、报纸 70 种以及中外文资料、技术报告、检索刊物等。以电

图 63　航天部二院图书馆外景

子技术、航天、航空专业为重点，并与院属各所（厂）情报资料室在馆藏方面分工协作，逐步形成二院地区布局合理，各具特色的藏书体系。

三十多年来，航天二院图书馆不仅为读者创造了良好的阅览环境，更采取多种措施和服务方式，方便用户检索和利用书刊。一九六四年以后逐步统一使用《中国图书资料分类法》分编图书、资料，一九八六年又开始按《国防科学技术叙词表》对资料进行主题标引，同时按国家标准进行著录，已设有分类、书名、著者、主题等目录。一九八四年进行了以提高文献利用率为目的的改革，对新编图书实行开架借阅，并实行了借阅证押金制度，加快了书刊流通，提高了书刊利用率。同时，图书馆加强二次文献服务，通过定期出版新书通报、馆藏期刊总目、展览目录、馆藏工具书目、西文专业会议录目录等宣传馆藏、指导阅读。一九八四年起编制出版《二院地区国内会议资料联合目录》，每年定期出版会议索引，实现了国内专业会议文献在二院地区资源共享。一九八六年持证读者 7000 人，到馆读者 167051 人次，借阅 114391 册次，初步成为具有航天特色的文献资料服务中心之一。

航天二院图书馆一九七八年建立了计算机应用小组，借助部外设备先后建立了两个试验系统：国外会议录检索系统和国外地空导弹武器系统参数数据库。一九八〇年起利用香港终端进行国际联机检索，为院的关键科研项目查找资料。一九八一年利用远程终端，与国防科技信息中心进行联机检索服务，并将重要的机检结果，编译出版《文献检索服务》提供用户使用。一九八五年引进 DPS－6 小型机，完成了图书采购管理系统、图书出纳流通管理系统和西文会议录检索系统。

航天二院图书馆为加强科学管理，提高服务质量，一九八二年成立了质量管理小组，用全面质量管理方法改进图书馆工作。一九八三年被评为航天部优秀质量管理小组，获成果发表一等奖。

一九八四年又被评为全国优秀质量管理小组并出席了全国第七次优秀质量管理小组代表大会。一九八五年起,每年开展一次评选、表彰优秀读者活动。被表彰的132名优秀读者开发、利用图书馆的书刊资料,已取得明显的效益,他们直接参考国内外文献而完成的科研项目有52项,其中5项填补了国内空白,获国家金龙奖、发明奖、科技进步奖各1项,获国防科工委重大成果奖9项。

第八节　其他科技图书馆

一、鞍山钢铁公司技术图书馆

鞍山钢铁公司技术图书馆(简称鞍钢图书馆)创建于一九四九年,它与鞍钢一道成长。四十年来已有了长足的发展。建馆初期,馆舍仅占鞍钢中央试验大楼的一角,藏书近万册,工作人员6人。一九五六年在鞍山市市府广场北侧建成4000平方米的新馆舍。一九八九年藏书已有80万册,工作人员49人。机构设有:采编部、借阅处、报刊资料室、书目参考部、信息开发部和办公室。其隶属关系几经变化,到一九七八年鞍钢批准成立情报研究所,为了实现图书情报一体化,技术图书馆划归情报研究所直接领导,其具体任务是:搜集、整理、管理和传递科技书刊资料,为领导机关、科研单位、厂矿、院、校、所和全体职工提供书刊资料。

鞍钢图书馆已发展成为拥有比较系统的专业藏书的图书馆。馆藏以黑色冶金书刊资料为主体,并兼藏自然科学和其他技术科学。此外还有部分马克思列宁主义经典著作,以及其他社会科学著作。在80万册馆藏中,图书约40余万册,其中:中文图书约占三分之二,外文图书约占三分之一。期刊38万余册,其中:外文期刊约占四分之三,中文期刊约占四分之一。过期期刊2000多种,现期期刊 1000 多种,科技资料 500 多种。在馆藏期刊中对世界主要国家的有关采矿、冶金和金属压力加工、炼焦化学、耐火材料、机械制造等方面的核心期刊收藏的较为系统和完整。特别是对国内外主要黑色冶金期刊的收藏年限较长,连续性较好。

鞍钢图书馆设有:图书外借室、科技期刊室、科技文献检索室、产品样本标准室、内部资料室、一般报刊室。一九八九年在工作人员中,大专以上文化程度的 29 人,占总人数的 59%,高级专业技术职务 4 人,中级专业技术职务 13 人。人员素质的提高,也促进了各项业务工作提高。服务方式已从单纯借阅方式,扩展到书目咨询、文献检索、定题服务等多种方式。针对鞍钢生产、科研的实际需要,开展了多样化的图书情报服务形式。如:科技文献报道、代查、代译,以及举办书刊资料展览、编制各种书目索引,举办辅导读者掌握科技文献检索方法的学习班。编写印行的《怎样查找国外冶金文献》一书,已成为帮助读者查找科技文献的指南。

一九七八至一九八八年期间,该馆有持证读者 1.5 万余人,流通图书 7 万余册,期刊资料 4 万余册。根据鞍钢生产、科研课题积累中外文科技文献题录卡片 2 万余张,每月编印《馆藏最新科技文献报道》,为工程技术人员提供国内外最新技术信息。从一九八○年起该馆即着手编印《钢铁资料年度索引》,报道馆藏上百种国内外冶金期刊的题录,这项工作一直坚持下来,没有中断。为了扩大信息量,缩短出版周期,从一九八四年度改为每年分上、下册出版。除了定期编印反映报道馆藏期刊资料题录的年度累积索引外,还针对公司每年生产、科研关键课题,及时翻译和编制各种专题资料索引。如:《钢管》、《钢丝与钢绳》等多种。一九八四年初,还编印了《冶金常用缩写词表》,为查阅和翻译国外冶金文献提供了方便。为使原始文献直接同广大读者见面,举办过大型的"钢铁资料书刊展览会",展出中外书刊资料数千种,先后有 60 多个单位,5000 多位观众参观了展览,复制书刊资料数百种,为鞍钢生产科研课题,提供了急需的参考资料。为了在工程技术人员中普及科技文献索引知识和检索方法,先后举办过两期科技文献检索方法学习班,使他们初步掌握了科技文献检索方法。

鞍钢图书馆,四十年来为配合鞍钢生产、科研和提高广大职工的文化技术水平,做了许多工作,受到了鞍钢广大读者的称赞。该馆不仅是鞍钢科技知识的集散地,也是鞍钢科技情报信息的传递中心。特别是在中共十一届三中全会以后,图书馆的许多科研成果都获得了冶金部等各级部门的嘉奖。如:《控制轧制专题索引》等获冶金部科技情报二等奖。《科技文献检索方法》、"钢铁资料书刊展览"获三等奖,《高炉无料钟炉顶索引》、《冶金常用缩写词表》等获四等奖。另外,该馆编制的定期检索刊物《钢铁资料索引》,每年都被鞍钢公司评为三等科技情报成果奖。

二、中国第一汽车制造厂图书馆

中国第一汽车制造厂图书馆是第一汽车制造厂的企业图书馆,是向第一汽车制造厂职工和家属提供书刊资料和咨询服务的学术性、服务性机构,是全厂为汽车生产服务的文献库,是全厂藏书、目录和基层图书馆(资料室)间协调、协作以及业务研究和交流的中心。

第一汽车制造厂图书馆始建于一九五三年,馆址曾多次改动。中共十一届三中全会后,厂方决定拨专款筹建新馆舍,一九八八年十月,新馆舍落成,一九八九年一月正式开放。

第一汽车制造厂图书馆新馆坐落在长春市汽车城的一汽厂区内,建筑面积 7033 平方米,其中书库 2300 平方米,阅览室 11 个,自修室 4 个,资料参考室 4 个,共有座位 650 个,另有报告厅 1 个,可供 300 人使用。为读者提供了良好的学习、阅读条件。

截止到一九八九年底,该馆藏书 45 万册,包括 22 个文种的图书,中文期刊 961 种,外文期刊 593 种,中文报纸 211 种,外文报纸

9 种。

第一汽车制造厂图书馆隶属第一汽车制造厂技术处领导,有职工74人,其中大专以上文化程度的50人,高级专业技术职务2人,中级专业技术职务8人,初级专业技术职务25人。该馆设6个部:采编部、情报检索部、报刊部、借阅部、辅导部和综合服务部。第一汽车制造厂图书馆学会设在该馆内。

该馆设有阅览室:社会科学阅览室、自然科学阅览室、外文阅览室、自修室、检索文献阅览室、特种文献阅览室、高级工程师阅览室、厂长阅览室、自然科学参考室、社会科学参考室、专利文献阅览室、社会科学资料室、标准资料阅览室、报纸阅览室。在一、二楼目录厅,设有自然科学和社会科学外借出纳台两处,每日可接待约1200名读者借书。小说类图书实行半开架借阅,中外文自然科学图书、过期期刊、报纸均实行开架借阅。该馆办理个人外借、个人内阅、集体外借、馆际互借、押金借阅等业务。共有持证读者13265人,一九八九年每月外借、阅览读者13200人次,全年约160000人次。

第一汽车制造厂图书馆主要服务对象是生产第一线的工人、工程技术人员、企业领导干部、行政管理人员和职工子弟的大中专学生。在服务方面,除在馆内办理外借业务外,还根据该厂生产情况送书到基层,为因工作忙而无暇来馆的读者排忧解难。情报检索部工作人员每年按照该厂科技课题要求进行重点服务。该馆自建馆以来,特别是中共十一届三中全会以后,为全厂职工和家属提供大量精神食粮,为解放牌 CA10 型、解放牌 CA 30 型、解放牌 CA141 型、红旗牌 772 型、红旗牌 630 型汽车的设计和研制提供了技术资料。该馆为第一汽车制造厂的生产建设和职工的文化生活都做出贡献。

第一汽车制造厂图书馆是中国汽车行业中最大的图书馆,拥有各种专业人才。该馆情报检索部与第二汽车制造厂、南京汽车制造厂、重庆汽车研究所等 9 个部门共同编制的《国外汽车期刊题录》发行到全国汽车行业各厂技术部门,在国内科技检索刊物中有较大影响。

第一汽车制造厂图书馆学会首次学术研讨会于一九八九年十月召开,会上评选优秀论文 10 篇,推动了该厂图书馆学研究工作。

三、上海宝山钢铁总厂科技情报图书室

上海宝山钢铁总厂(简称宝钢)是新中国在八十年代初引进的现代化大型钢铁联合企业。宝钢科技情报图书室于一九七八年五月成立,隶属于钢铁研究所。它既是宝钢科技情报图书业务的职能管理部门,又是宝钢书刊文献中心,情报检索中心和情报研究中心。

宝钢科技情报图书室设在上海市区的宝钢教培中心大楼底层,书库面积 300 平方米,阅览室面积 240 平方米。内设室主任 1 人,下设情报组、编辑组和图书资料组。一九八九年共有职工 38 名,其中高工、副译审共 3 人,工程师、馆员 17 人,助工、助译、助馆和技术员共 9 人,大专程度以上人员占 79%。

截止到一九八九年底,馆藏中文图书 4 万余册,外文图书近万册,国内期刊 600 余种,国外期刊 400 余种,其中包括《化学文摘》、《金属文摘》、《中国冶金文摘》等国内、外检索刊物 50 多种。藏书特色是以钢铁生产技术及相关科技书刊为主,并有部分自然科学基础理论和应用科学书刊及少量经济、管理、语言、文学类图书。

在设备方面,有静电复印机、台式胶印机、16 毫米电影放映机各一台。用于文献管理和检索的微机 2 台,用于编辑排版的微机 1 台,用作国际联机检索终端机 1 台,属总厂的 4341 计算机系统。

该室主要服务对象为本厂科技干部、管理干部,同时面向全体职工,对外办理集体借阅和馆际互借业务,可电话预约或续借,备

有分类目录和书名目录及新书通报供读者查阅。设期刊阅览室 1 个,资料、标准、样本阅览室 1 个,备有各类工具书,均开架阅览,过刊装订入库闭架借阅。向读者提供文献复印服务,中、西文资料微机检索服务,金属文摘磁带定题检索服务和国际联机检索服务。并为厂内科技人员多次举办情报检索培训班。

该室编辑组负责《宝钢技术》(季刊)等 4 个刊物的编辑、出版、发行工作。这些刊物发表的文章已有多篇为其他期刊转载。该室情报组根据宝钢生产、科研和领导决策的需要,进行情报调查分析研究,负责厂内外情报业务联系和交流。

该室完成的主要工作有:(1)开发了 WJQB 情报资料微机检索管理集成系统。一九八五年开始在 IBMPC/XT286 微机上开发本系统。该系统包括文献采购、编目、流通、检索和管理子系统,有近 30 种功能,实现了文献管理和检索服务的自动化。(2)开发了冶金文献磁带定题检索系统。本系统于一九八四年开始在总厂 IBM4341 机上开发系统,其功能包括生成系统数据,查阅主题词表,按主题词逻辑组配提问检索,输出检索结果和保存提问式等信息。已于一九八七年对厂内用户提供定题检索服务。(3)建立情报文献联机检索分终端。一九八九年建立了与冶金部情报所国际联机检索终端及上海市情报所《WPI》等文献磁带检索系统联网的远程检索终端,已开展国际联机检索和远程磁带文献检索服务。(4)探索以科研课题形式开展情报研究取得初步成绩。一九八九年开始以承包科研课题的形式承担了 10 多个情报研究课题,完成了《国内外煤炭资源情报调研》、《冷轧超深冲汽车板用低碳微合金化 IF 钢情报研究》、《国外搪瓷钢板生产工艺情报研究》、《氧化物、矿物直接合金化工艺情报研究》等一批情报研究课题,获得了厂内科研成果奖。

第七章　学校图书馆

第一节　普通高等学校图书馆

高等学校图书馆（简称高校图书馆）事业是中国图书馆事业的重要组成部分。高等学校图书馆是学校的文献情报中心，是为教学和科学研究服务的学术性机构。

高等学校图书馆工作的领导机构是一九八七年国家教委成立的教材和图书情报管理办公室。一九八一年教育部成立的全国高等学校图书馆工作委员会（一九八七年改称全国高等学校图书情报工作委员会，以下简称高校图工委）则是对全国高等学校图书情报事业进行协调、咨询、研究和业务指导的机构。

新中国建立初期，全国只有高校图书馆132所。四十年来，随着国家高等教育事业的发展，高校图书馆事业已取得很大进展。截止到一九八九年底，全国已有高校图书馆1057所，系（所）资料（情报）室5000多个。

一九五〇年，全国高校图书馆藏书794万册，一九八九年达到3.45亿册，是一九五〇年的44倍。一九八九年高校师生人均占有图书121册。各高校图书馆都逐步形成了具有特色的，与本校学科设置相适应的馆藏体系。有些图书馆还有自己的珍藏和特藏。

一九七九年以来，高校图书馆系统还陆续建立了13个外国教材中心,它们是:清华大学(综合性)、复旦大学(数学)、武汉大学(生物学)、南开大学(物理)、华南理工大学(化工、图学)、南京工学院(力学、土木工程)、西安交通大学(电工、电气、计算机)、吉林大学(化学)、南京大学(天文、地理)、重庆大学(机械)、北京农业大学(农业)、北京医科大学(医学)和高等教育出版社(基础教材)。这些教材中心的建立,也有利于高校文献情报保障体制的形成。

高校图书馆开展为教学和科研服务工作,一九八九年共有阅览座位 46 万个,开架书刊共 6587.6 万册。高校图书馆平均每周开馆时间七十小时,年接待读者 25741.4 万人次。

一九八一年全国高校图书馆工作会议上,曾将高校图书馆的教育职能归纳为四个方面,即:对学生进行思想品德教育的职能;直接配合教学,进行专业教育的职能;扩大学生的知识面,进行综合教育的职能;对读者利用文献提供方法指导,进行书目教育的职能。此后几年来,高校图书馆在这些方面做了大量的工作。一些高校图书馆已设置了教学参考书阅览室或导读室,配合教学编发资料,放映录像,编制参考书目,为学生毕业论文或毕业设计提供参考资料。"六五"计划期间,文献检索与利用课在高等学校以图书馆为基础迅速发展起来,到一九八六至一九八七学年,开课学校已达 500 多所,听课人数 20 多万人次。

高校图书馆发挥其情报职能,全国已有半数以上的高校设立了情报机构,其中多数设在图书馆。这些机构积极为教学科研提供情报服务,包括解答咨询,代查课题,翻译资料,编写情报调研报告等。同时也为社会提供了一部分文献和情报服务。

全国高校图书馆工作人员到一九八九年底已有 3.64 万人。整个队伍的素质也有了很大的提高。在全国高校图书馆专业人员中,大专以上文化程度的有 20992 人,占 59%。高校图书馆的专业技术职务聘任工作也取得了很大的成绩。一九八九年在高校图书馆专业人员中,有高级专业技术职务的 1711 人,中级专业技术职务的 8412 人,初级专业技术职务的 14620 人。

高校图书馆还以其自身的业务活动和各项工作的开展为整个国家图书馆事业的发展作出了贡献。早在五十年代就积极参加各大系统之间的协作活动。一九五七、一九五九年,一些高校图书馆曾参加中心图书馆委员会的工作。一九八七年成立的部际图书情报工作协调委员会,国家教委是成员之一。在协调委员会下设立的计算机检索专业组和文献资源专业组中都有高校图书馆参加。高校图书馆还积极参加图书馆界的全国性活动,如采购协调、各种联合目录的编制,参加中国图书馆学会所组织的各项学术研究活动以及国际交流活动等。以下介绍部分高等学校图书馆。

一、北京大学图书馆

清光绪二十四年(一八九八年)京师大学堂在北京城内马神庙八公主府成立时,建有藏书楼,收有孙家鼐主持的官书局和康有为主持的强学会所收藏的图书。清光绪二十六年(一九○○年)庚子事变,京师大学堂所有图书仪器全部损失。清光绪二十八年(一九○二年),京师大学堂扩大规模,调取了江苏、浙江、湖北、广东、江西、湖南等地官书局所刻印的书籍,并购求民间旧本、时务新书等,置于藏书楼,设提调一名,总管其事。是为北京大学图书馆的前身。一九一二年藏书楼改称为北京大学图书部。一九三一年图书部改称为北京大学图书馆。一九一八年在沙滩红楼建成新馆。一九一七至一九二一年李大钊曾任图书部主任。他积极采购新文化书籍和马克思主义书籍,宣传俄国十月社会主义革命,使该馆成为当时宣传马列主义的一个中心。一九一八年毛泽东为组织赴法勤工俭学来北京,也曾在北大图书部任助理员数月。

北京大学图书馆藏书不断增加,尤其是新中国建立后,发展更加迅速。一九五二年与燕京大学图书馆藏书合并,馆藏基础更形充实。藏书包含自然科学、社会科学和人文科学等各个学科。到一九八九年,藏书已逾 400 万册。中文图书约 260 万册,其中线装古籍近 160 万册,内含善本约 16 万册。这些古籍除藏书楼时期所收者外,其后又收进方功惠碧琳琅馆、马廉平妖堂、李盛铎木犀轩等名藏家的藏书,加上历年访购所得,数量与质量日益增长。善本中不可多得者有早至六世纪的手写本,十世纪以来的雕版印刷本,明代的铜活字、木活字排印本和彩色套印本等。北宋崇宁二年(一一〇三年)福州东禅寺刻印的玄奘《大唐西域记》,南宋庆元六年(一二〇〇年)刻印的班固《汉书》,南宋刻印的楼钥《攻媿先生集》,南宋刻元印张果《医说》,南宋嘉定六年(一二一三年),福建汀州官刻李淳风注《五曹算经》,清乾隆二十五年(一七六〇年)曹霑撰脂砚斋评注《石头记》抄本等,都是罕见珍本。善本收藏中,还有一些珍贵的马克思主义著作的早期中译本,如一九二〇年陈望道译的《共产党宣言》等。馆藏外文图书约 90 万册,以英文居多,俄文、日文次之。外文书中也有不少珍本,如一五七二年版欧几里得《几何原本》,一七四四年版的《牛顿全集》,一八六六年影印的一六二三年版的《莎士比亚全集》,一九二〇年版的列宁《共产主义运动中的"左派"幼稚病》等。馆藏报刊共 253672 册,其中,中文期刊 103159 册,外文期刊 104646 册,报纸 45867 册。报刊中也有难得者,如一八九六年出版的维新派重要刊物《时务报》完整无缺。在中国近代史上有重要影响的《新青年》也收藏齐全。英国出版的著名科学刊物《自然》,自一八六九年创刊起一直订购至今。此外,还有缩微资料等 246328 册(件)。每年入藏图书 10 余万册,订有现期报刊 7000 多种。在国际交往中,北京大学图书馆已与世界上 50 多个国家和地区的 500 多个图书馆和学术团体建立经常性的图书资料交换关系。

一九五二年北京大学移至海淀后,图书馆使用原燕京大学图书馆的馆舍,虽陆续增添一些地方,但仍感分散和不足。一九七五年在周恩来总理的关怀下，24500 平方米的新馆得以建成。馆内有阅览座位 2400 个，按对象层次、学科分设的大、中、小各类阅览室共 20 多个。有些阅览室配备有辅助书库，另有开架图书 50 万册，副教授以上可进入基藏书库。每周开放时间普通阅览室为一百小时，专业阅览室为七十小时，文理科出纳台均为三十六小时。年外借 20 多万人次，借出图书超 100 万册次。各系另设有专业资料室，专业书刊由图书馆统一采编

图 64　参加国际图联 52 届年会会后会的代表参观北京大学图书馆

后调拨，以便教师和高年级学生就近使用专业图书，适当分流图书馆借阅量。

在情报咨询方面，该馆设有文摘、索引检索室，并提供国际联机检索服务，可检索美国和欧洲的若干数据库。为提高学生利用文献能力，该馆经常举办各种文献检索的讲座，对新生进行图书馆利用的辅导。在文科、理科目录厅和咨询室均设专人常年帮助读者检索馆藏目录。

为了加深对文献的发掘利用，该馆设有文献研究编辑机构，编辑出版的有《红旗杂志索引》、《馆藏中国史中文书目》、《中华民国外交史资料选编》、《纪念李大钊》等多种文献索引、资料。与出版社合作影印馆藏中珍稀而又有较大参考作用的藏书，如《唐六典》、《清实录》、《北京大学馆藏医学古籍丛书》、《北京大学馆藏稿本丛书》等。该馆的静电复印、缩微复制和柯式胶印工作，也对

保护藏书、方便读者起到一定作用。

该馆设有采访、编目、期刊、流通、阅览、文献服务6个部和情报研究、文献研究编辑、自动化研究和馆长办公室等4个室。共有工作人员256人,其中具有高级专业职务的32人,中级专业职务的82人。为了使工作人员的结构更加合理,该馆积极鼓励青年接受业余教育。在文献服务部内设有专门小组接待校外读者,从事多方面的服务。

在现代化技术的研究和应用方面,该馆也有所进展,自一九八六年起已定期脱机编制北京地区12所高校图书馆《机读西文新书联合通报》,并已利用国外机读目录编制馆藏新入藏西文书目录。中文和西文自动化系统的研究工作和激光光盘数据库的开发利用也在进行中。在高校系统图书馆中,北京大学图书馆担负着较多的馆际协调工作,是全国高校图书馆工作委员会的成员馆,同时也是北京地区高校图书馆工作委员会的成员馆。

二、中国人民大学图书馆

中国人民大学设在北京海淀区,它的前身可追溯到一九三七年在延安成立的陕北公学。一九三九年七月陕北公学、鲁迅艺术学院、工人学校、安吴青训班等校的一部分成立华北联合大学。随即向敌后挺进,到达阜平。一九四二年因形势变化,仅保留教育学院。一九四五年九月在张家口复校,恢复法政、文艺、师范三院。一九四八年与北方大学合并为华北大学。一九五〇年在华北大学的基础上建成中国人民大学,是中华人民共和国建立之后创办的第一所综合性社会科学大学。一九七〇年停办,一九七八年复校。一九五〇年以前它一直是在中国共产党领导下于战争环境中培养干部的学校,学生们一面学习,一面参加游击战争、生产劳动、宣传组织群众等革命实践,所以它的图书馆在那段时间有着异于一般大学图书馆的历史。在抗日战争和解放战争的烽火年代里,图书馆在极端困难的条件下工作,随军收集、抢救图书,馆员们在长途行军的背包里背着这些图书。在抗日战争和解放战争这两个时期中,该馆一边收集文献,一边从战争环境的实际出发,以灵活多样的方式,开展图书资料工作,为革命培养人才作出了自己的贡献。

一九五〇年以后,中国人民大学图书馆为了适应新中国培养建设人才的需要,根据中国人民大学是一所综合性的社会科学大学的性质和为国家培养马列主义、社会科学理论人才,经济管理人才和高等学校政治理论课师资的主要任务以及专业设置的实际需要,在全国范围内广泛采集图书资料,同时也接受私人捐赠的许多珍贵藏书。经过四十年努力,已拥有中外文图书报刊资料257万余册,其中:中文普通图书155.79万册(包括解放区出版的图书3000余册)、外文图书31.64万册、线装古籍近36.18万册、善本3.16万册。中文现刊23.67万册、外文现刊4.88万册、中文报纸1.43万册、外文报纸2500册。该馆入藏根据地、解放区出版的图书、报刊资料构成了馆藏的一大特色。这些革命文献是中国共产党领导中国革命走向胜利的纪录,对于研究中国现代史具有重要的参考价值。该馆还依据学校系科专业设置和专题研究的需要对报刊资料进行剪辑工作,自一九五一年起已编订成册4万余册,为配合教学、科研提供了许多重要情报资料。

图65 中国人民大学图书馆藏解放区出版的部分期刊

该馆已初步建成具有适用性、系统性、连续性的,能反映学校主要专业特色,特别是哲学、社会科学、经济管理各专业特色的藏书体系。为了集中收藏中国人民大学的出版物和该校著者的学术文献,该馆于一九八七年十一月建馆五十周年之际,建立了《中国人民大学文库》。文库将收集该校师生员工和校友的各种著译、论文等,以集中体现该校师生的广泛成就。

该馆已与英、美、日、苏等二十多个国家的高等学校和科研单位的图书馆建立图书交换关系。

该馆在一九五三年由张照、程德清主持编制《中国人民大学图书馆图书分类法》,已印行了五版,它为以后图书分类法的编制和研究起到推动作用。

在读者服务工作方面,该馆一九七八年复校以后,已经建立起了一个比较完整的读者服务工作体系,有外借服务、阅览服务、咨询服务和复制服务等。全馆设有 3 个借书处,其中 1 个为开架借书处。设有 12 个中外文书刊阅览室,实行开架借阅,阅览座位1400 个,阅览室周开放时间达七十小时。外借和阅览图书年均110 万册次。该馆从五十年代起就重视开展参考咨询工作。每年平均接待读者 600 余人次,解答书面咨询近 1000 个。用静电复印和缩微照相两种方式开展文献复制服务。

该馆还编辑有《马克思恩格斯全集主题索引》、《列宁全集索引》、《抗日战争时期第三次国内革命战争时期解放区根据地图书目录》等多种书目索引。为了配合教学、科研,还按期编印了中外文新书通报和文学、历史、法学等专业方面的阅读参考书目,其中,《当代中国史学论文集篇目索引(1949—1984)》已交中华书局出版。

该馆为该校本科生和研究生开设了社会科学文献检索与利用课程,使学生获得情报意识和获取与利用文献的技能。

该馆还备有静电复印机、缩微摄影机和阅读机、微型电子计算机、录音机等技术设备,并运用这些设备开展了为教学科研的服务工作。并已开始将新入藏的外文图书目录输入电子计算机。

该馆机构设置,分为采购、编目、流通保管、参考阅览、期刊资料、技术服务6科和文献情报研究室、古籍整理研究所、办公室。截止到一九八九年底共有工作人员154人,其中高级专业职务9人、中级专业职务45人。该馆在做好思想政治工作、定期开展评比、奖励先进的同时,还注意对干部的培养教育,通过各种途径提高干部素质,全馆有不少工作人员结合工作进行研究工作,在报刊上发表文章。

三、清华大学图书馆

清华大学在北京西郊清华园。其前身是一九一一年创办的一所留美预备学校——清华学堂。在建校的同时就建立了清华学堂图书室。一九二五年起,清华逐步改办成大学并设研究院,一九二八年命名为清华大学。图书室也随之改名为清华大学图书馆。在一九一九和一九三一年分两期建成了图书馆总馆馆舍,建筑面积7700平方米。至抗战前夕,已拥有中外文图书和期刊合订本36万册。抗战期间学校迁校昆明,日寇侵占了清华园,致使馆藏遭受很大损失。抗战胜利复员以后,图书馆虽然又得到一定发展,至一九四八年底,馆藏图书仅22万册,合订报刊近3万册,工作人员20多人。

一九四八年十二月十三日北京西郊解放,图书馆随学校开始了新的发展道路。五十年代初全国院系调整,清华大学逐步发展成为一所社会主义多科性理工大学。图书馆的藏书也作了相应调整,但保留了线装古籍和外文社会科学重要著作,且不乏善本。校方很重视该馆的藏书建设,在不长的时间充实了馆藏。在“文化大革命”期间,许多重要的科学专著、外文期刊被迫停止订购。由于广大师生的保护,馆藏基本未受损失。

中共十一届三中全会以后,该馆建立了全校图书资料委员会。馆内设采访编目、流通阅览、期刊、参考咨询、计算机与技术服务各部和文献检索与利用教研组、外国教材中心以及办公室。建立以岗位责任制为中心的管理制度和以阅览出纳规则为中心的一套规章制度。与此同时,大力加强队伍建设,提高人员素质,全馆工作人员 153 人,大专毕业生占 50%。其中副教授、副研究馆员以上职务的有 17 人,讲师、馆员 38 人。

该馆除总馆外,还设有 1 个分馆,4 个系分馆,馆舍面积总计近 1 万平方米,有 11 个阅览室,7 个借书处,各阅览室全部实行开架阅览。为了适应教学、科研发展的需要,2.1 万平方米的新馆建设工程正在紧张进行中。

该馆每年收藏中文图书近 7 万册,外文图书 1.5 万册。一九八九年订购中文报刊 2386 种,外文报刊 2928 种。藏书总计已达 229 万多册。其中图书 200 万多册、期刊合订本 20 万册。另外收藏缩微平片 5 万件。藏书重点以自然科学和科学技术方面的学术性专著、专业学术性刊物、学科特刊、会议录、各种参考工具书、检索工具书刊为主,并注意系统地收藏国外著名大学理工经济管理学科方面的教材、教学参考书、博士论文缩微平片等资料。在这方面,逐步形成了一定的特色。外文

图 66　清华大学图书馆外景

期刊中有近 200 种重要期刊都是从创刊号起完整收藏的。在重点收藏自然科学书刊的同时,为扩大学生的知识视野、加强文化修

养,也注意人文、社会科学书刊的采购。随着文科和经济管理各院、系的建立,这方面书刊的采购也有所加强。为了保存和继承祖国悠久珍贵的文化遗产,该馆也重视古籍的收藏和管理。有古籍图书约 2 万种 30 万册,其中善本书约 2000 种 2 万余册,尤其是工程史料、专题性文集、地方志等方面的藏书较为丰富。校内外教师及校友捐赠的著作 1110 种,构成了该馆内容丰富的《清华文库》。

为了更好地为教学、科研服务,该馆在改革中不断提高服务水平,努力向多功能、多层次的高质量服务的方向发展:(1)延长开馆时间,每周开馆七十小时。(2)借阅量最大的中文自然科学、社会科学图书以及文艺小说出纳台实行开架借阅。(3)根据教师提出的教学参考书目,由专人负责采编出纳,较好地满足了学生对教学参考书的需要。(4)设立参考工具书室、科技文献检索室、书目咨询处等部门,加强了对读者的参考咨询服务;(5)外国教材中心图书室一九八五、一九八六年举办了"外国教材和博士论文展览",逐步开展了外国教材的推荐、评价和研究工作,并提供校内外服务。(6)完成馆藏 2000 种古籍善本书目的编制工作,出版了《中国科技史资料选编丛书》的《陶瓷、玻璃、紫砂》和《农业机械》两本分册。(7)帮助读者充分利用图书馆,拍摄了"如何利用图书馆"的录像片,为全校研究生和毕业班学生开设"文献情报检索与利用"课程,编写 4 种教材,选修人数每年达 1500 人次,发挥了图书馆的教育职能。

该馆十分重视现代化建设,于一九七八年十月成立了计算机组。一九八〇年建成 DJS - 130 小型计算机系统,一九八二年研制成功"QBRS 多用户西文书目联机检索系统",并投入实际应用。一九八六年组织全国 300 所大学参加建设的"中国大学学报论文文摘(CUJA)文献数据库",通过国家教委鉴定并获国家科委科技情报成果奖。一九八九年 CUJA - DIALOG 联机检索试验获得成功,为中国科技信息进入国际网络开辟了通道。该馆已建立了多套微机和光盘驱动器配套系统,并引进了国外书目数据库、市售图书信息库及市售定期及不定期连续出版物资料库和各种工具书的光盘介质数据库。利用光盘这一先进技术,不仅实现了外文图书编目的自动化处理的大部分工序,而且还为本馆工作人员及读者提供了准确及时的查询服务。

该馆的资料交换和学术交流十分活跃,除与国内 2000 个单位进行书刊交换外,并与 60 个国家和地区的 300 多所大学和研究机构建立了交换关系,每年交换书刊资料达 7000 余件。该馆是国际图书馆协会联合会机构会员馆,多次参加年会,并有馆员一人当选为国际图联图书馆建筑与设备组常务委员。此外,还邀请日本、美国的图书馆专家来馆讲学。

四、北京农业大学图书馆

北京农业大学是一所多科性的农业大学。它的图书馆是由原来北京大学农学院、清华大学农学院、辅仁大学农艺系和老解放区的华北大学农学院的图书馆于一九四九年九月合并而成的。

北京农业大学图书馆(简称北农大图书馆)馆舍面积为 12115 平方米。一九八九年有工作人员 63 人,其中高级专业职务 6 人、中级专业职务 19 人。设办公室、采编、期刊、图书流通阅览、参考咨询、技术服务等部门。

北农大图书馆初建时藏书约 5.6 万册,经过三十多年的补充积累,已经成为中国农业书刊收藏较为齐全的大学图书馆。一九八九年该馆总藏书量为 80 万余册,其中:中文图书 40 万余册,外文图书 38 万余册,线装古籍 2 万册。年订外文期刊 708 种,中文期刊 1069 种。该馆是联合国粮农组织出版物的收藏馆。还与 20 多个国家和地区的 120 多个学术单位建立有图书交换关系。该馆多年来坚持系统地收藏中外文农业和有关学科的重要专著、教材、实验指导书。其中:植物病理、昆虫、兽医、寄生虫、农学、植物生理生化、动物生理生化、遗传育种、土壤肥料、农业气象、农业经济等专业的书刊收藏较为齐全，并注意收集环境科学、生物工程等新兴学科的文献。该馆还收藏有中国古代农学典籍 200 余种，其中善本 20 余种。该馆还着力收集反映各地区农业生产技术、名产特产以及群众的种植、饲养经验的资料。

北农大图书馆设有农学专业图书及工具书开架阅览室、中外文期刊开架阅览室、文献检索室、古籍查阅室、文艺书开架借阅室等，有阅览座位 1200 个。与国内许多图书馆建立了馆际互借关系，利用外单位国际检索终端为读者提供检索服务，并开展了静电复印、打字誊印等服务。该馆已初步实现了西文图书编目工作的计算机化，并参加了北京大学图书馆主持编印的北京地区 10 所图书馆《机读西文新书联合通报》的数据准备工作。馆藏西文期刊机读目录和计算机西文图书采购系统已投入使用。

五、北京师范大学图书馆

北京师范大学的前身为京师大学堂师范馆，成立于清光绪二十八年（一九〇二年）。一九〇四年改为优级师科。一九〇八年独立建校，名京师优级师范学堂。辛亥革命后改名北京高等师范学校，并于一九一七年正式成立图书馆。一九二三年改名北京师范大学校。一九三一年与女师大合校。一九三七年抗日战争爆发后多次迁校、合校、改名，一九四

图 67　北京师范大学图书馆外景

八年恢复称北京师范大学。一九五二年院系调整与辅仁大学合并

为北京师范大学。

一九四八年,该馆藏书约 24 万册,工作人员 20 余人。一九五二年院系调整后,辅仁等校图书调入,藏书达 40 万册,工作人员 40 余人。由于国家对文教事业的重视,经费增加很多,购进了大量中外新旧图书,并接受邓萃英、谭丕模遗书和黎锦熙赠书,为师大图书馆藏书奠定了基础,到一九六六年藏书已达 180 万册。一九五九年图书馆新馆舍建成,馆舍面积 9300 平方米,其中书库 4000 平方米,可容纳图书 160 万册。中共十一届三中全会以后学校有很大的发展,馆藏亦不断增加。原有馆舍已不能适应学校的发展需要,由香港邵逸夫资助和国家教委的拨款建起的一座建筑面积为 2.25 万平方米的新馆舍,已于一九八九年竣工。

该馆设有办公室和采访编目、流通、阅览、报刊、典藏、技术服务、自动化等部;有工作人员 141 人,其中具有高级专业职务 8 人、中级专业职务 30 人。

一九八九年,藏书总计已达 286 万余册。其中:中文图书 182 万余册、外文图书 37 万册、中文期刊 14 万册、外文期刊 7 万册、普通古籍 40 万册、善本 2.2 万册、报纸 3 万册。由于师大是承担教育科学研究的大学,教育类图书比较完整系统,是馆藏的特色。如历代的蒙学读物,自清末至中华人民共和国建国前的中小学课本较为完整,是国内比较珍贵的图书。该馆以采购教育学及心理学图书为重点,争取成为高校教育中心图书馆。

该馆新馆设有 11 个阅览室,其中 6 个开架阅览室,连同文艺书籍开架图书近 20 万册。小研究室 32 个。阅览室和研究室共有 1166 个座位。中外文期刊两阅览室各陈列期刊 2000 余种和 1600 余种。过刊另设出纳台。此外,还设有 8 个大书库,库内备有座位 92 个。新设学术报告厅、语言室、视听室,可容视听读者 253 人。设有特藏展览厅、计算机室、终端控制室、缩微阅览室和复印室等。

旧馆书库分基本书库、过期报刊库等,并另设小说开架库。阅览室 3 个,座位 350 个。基本书库已向副教授以上员工开放。

师大图书馆于一九八〇年成立现代化小组,为使用计算机作准备,现有 IBM – PC 微型机一台。并有静电复印及缩微照像设备为校内外服务。

该馆一九六二年编印《馆藏古籍书目》,收录除地方志外的古籍 1.4 万余种。一九八三年续编索引,已由中国出版对外贸易总公司出版发行。一九八二年编印《馆藏中文期刊目录 1949—1980》,收录期刊 4300 余种,每种期刊著录有刊史。自一九八四年起编辑出版《时代信息》(双月刊)、一九八五年编辑出版《图书馆学论丛》三辑。一九八九年编印《馆藏解放前中文教育书目》。

六、南开大学图书馆

南开大学在天津,其前身是在清光绪三十年(一九〇四年)创办的私立南开学校。一九一九年建大学部,成立南开大学。大学建校初,大学与中学合用一个图书馆。一九二三年,大学部迁入八里台新址,在新建的教学楼内建立图书室。一九二七年,卢木斋捐资兴建木斋图书馆楼,有能容纳 20 万册图书的书库和近 400 个座位的阅览室,张伯苓校长曾亲自兼任图书馆主任。至一九三七年藏书已近 20 万册。这一时期的藏书除历年采购所得外,还得到天津藏书家李典臣、卢木斋、严范孙等人的赠书,其中有元、明刻本数百种。一九三七年七月,日寇侵华战争爆发,对南开大学先之以轰炸,继之以焚烧,馆藏图书除提前转移的有关经济方面的资料和部分外文书刊外,其余多遭损失。而向内地转移的图书,有一部分后来在越南海防待运时复被日寇劫往东京,至抗日战争胜利后始追回。这部分图书的扉页上均粘有签条,记载被劫经过。抗战期间,南开大学与北京大学、清华大学先后在长沙、昆明成立临时大学、西南联合大学,亦均设有图书馆。一九四六年复校天津,图书馆亦随即恢复,但藏书不足 20 万册。

一九四九年一月天津解放后,南开大学迅速发展。一九五八年新建图书馆楼,面积有1.1万平方米。一九五九年,校友周恩来总理视察南开大学时,也参观了图书馆,对图书馆工作给予了巨大的支持与鼓励。一九八七年经国家拨款及香港邵逸夫捐赠,又增建了一座1.1万平方米的现代化开放型图书馆。中共十一届三中全会以后,图书馆有了更大的发展。扩建了书库,增加了经费,添置了新设备,从而提高了服务质量。

一九八九年有工作人员122人,其中大专毕业生近60%。高级专业职务15人、中级专业职务42人。设有采访、编目、社会科学、自然科学、期刊、特藏、技术、辅导等部和业务、行政、研究、对外交流等室。华北地区外国教材中心、天津市高等学校图书馆委员会秘书处及《津图学刊》编辑部也设在该馆。另外,全校各系和研究所亦均设有专业图书资料室,经济学院设有图书资料中心。数学研究所有数学分馆,共藏专业书刊20多万种40万余册。

南大图书馆的图书经费逐年有所增加,年入藏图书近10万册,订购现期杂志6000种,其中外文1200种。

该馆设有文、理科借书处,文理科新书和文艺书开架借书处,教师及文、理科参考室,报刊阅览室,视听室,外国教材中心阅览室,善本书阅览室等。开架图书近9万种21万余册。其中教师参考室开

图68 南开大学图书馆外景

架中、外文工具书约1万种,珍贵图书和库存本书也可在该室阅

览。各室共有阅览座位 1000 个,每周开放时间近八十小时。馆藏除卡片目录、书本目录外,还编辑出版了专题目录多种,如《馆藏线装书目录》、《馆藏古籍善本书目》、《馆藏西文工具书目》、《馆藏美国史书目》等。

该馆藏书经过多年的建设,一九八九年图书达 62 万余种 2282482 册。其中:中文图书 1327725 册、外文图书 389134 册、中文期刊 108738 册、外文期刊 98717 册、普通古籍 277125 册、善本 28500 册、报纸 42545 册。并包括接受天津藏书家周叔弢以及本校杨石先、肖采瑜等的赠书。该馆的收藏与学校的教学、科研任务相适应,是按照多学科、综合性的方向发展的。其中以财政经济、文史、数学、化学、生物、物理等学科的书籍为多,选择、配套也较好,能基本满足教学、科研的需要。在线装古籍中,有善本书、地方志、明清人诗文集约 2000 多种。在报刊合订本中,连续五十年以上的刊物有 60 多种,主要是数学、化学、经济方面的刊物。有关经济方面的中外文资料从一九二七至一九四九年基本没有间断,并保存完好。中文书中的佛经、近代人物手札,成套的海关报告和载有周恩来早期诗文的《校风》、《敬业》等南开出版物,都有重要的参考价值。

为了适应教育和科学技术的发展,该馆正进行多方面的改革与建设。新建 1.1 万平方米馆舍已于一九八九年九月竣工。对全馆工作人员进行多种形式的培训。在开设文献检索与利用系列讲座的基础上,将陆续对本科生、研究生开设选修课与必修课,以充分发挥图书馆的教育职能。

七、天津大学图书馆

天津大学图书馆是一九五一年九月天津大学成立时,在原北洋大学图书馆的基础上建立的。北洋大学成立后即重视图书馆建设,馆藏着重基础科学和应用技术,外国教材和外文科技期刊也收藏较多。一九三七年以校友捐款为主,在天津西沽旧址兴建图书馆馆舍,因"七七"事变,未能完工。抗日战争时期,该馆书刊损失惨重。一九四七年复校后,从天津市立第一图书馆及内地收回散失书刊约4万册。一九四八年,该馆馆藏书刊6万余册,阅览座位100个。一九五一年九月,原北洋大学图书馆与河北工学院图书馆合并为天津大学图书馆。教育部同时决定,原北洋大学图书馆藏书中的社科书刊,分别调给南开大学和河北师范学院,同时也由南开大学、津沽大学等校调入有关专业书刊近2万册。一九五二年底,天津大学图书馆馆舍面积2326平方米,藏书64072册。阅览座位220个,工作人员18人。一九五三年后,图书馆工作逐步走上正轨。中共十一届三中全会以后,该馆发展迅速。一九八七年由香港邵逸夫捐赠和国家教委拨款共建一座1.1万平方米的科学图书馆。馆舍面积已经增加到14423平方米,为一九五二年的6.2倍。截止到一九八九年底,馆藏已达157万余册。其中:中文图书95447册、外文图书47180册、中文期刊(合订本)39258册、外文期刊(合订本)103658册、普通古籍5021册、报纸3297册。阅览座位1200个,工作人员129人,具有高级专业职务12人,中级专业职务27人。

该馆藏书以科技为主,约占全部藏书的75%,重点是数理科学、化学及工业技术方面的书刊。社会科学图书中马列著作和毛泽东著作、语言和文学艺术图书收藏较多。由于学校增设人文、工业企业管理等新专业,因而在经济和工业管理及古汉语等方面的书刊也逐渐增加。从文种分,中文书占66%,外文书占34%,以西、俄文为主。馆藏期刊以外文科技期刊为主,不少重要期刊自创刊年起入藏。过刊累计品种达7000余种。每年入藏图书13万余册,订购现期期刊4300多种。为了补充馆藏,已与国内150多个科研情报机构,国外23个国家160多个学术团体建立了书刊交换关系。

该馆设有采访、编目、流通、期刊、参考咨询、社会科学、技术等部、文献检索教研室及办公室等机构。设有4个借书处,11个阅览室,为全校1.7万名师生员工服务。供开架借阅的书刊25万册。在读者服务工作方面,除图书外借、书刊阅览、咨询解答外,还开展文献检索、视听服务、磁带复录、静电复印等项服务。为本科生、研究生开设文献检索课程,并设立了机检模拟试验室,供学生使用。编辑出版《天津大学学位论文摘要年刊》、《国外科技》等刊物。

图 69　天津大学图书馆外景

在现代化技术设备上,该馆已有 DPS 6 小型计算机 1 台,多种音像设备、缩微阅读机、静电复印机、电动中外文打字机、大屏幕投影仪、快速复录机、图书监测仪等。一九八九年建立了国际联机检索终端。

八、吉林大学图书馆

吉林大学图书馆于一九四六年在哈尔滨建立,原名东北行政学院图书馆。东北解放后的一九四八年随校至沈阳,一九五〇年又随校迁至长春。

一九五二年全国院系调整,吉林大学由财经政法学院扩充为文理科综合性大学。从北京大学、清华大学、大连工学院等院校调拨一批自然科学和人文科学的书刊,共计 68215 册。随后又得到北京图书馆、故宫博物院、北京矿业学院、辽宁省图书馆和哈尔滨铁路局图书馆的支援,相继调进中外文书刊 5 万多册。与此同时,图书馆分赴各地采访搜购,馆藏得以大量增加,到一九五六年底,已达 57 万册。还有国内外单位和个人的捐赠,一九八九年馆藏已达 207 万册(中文 147 万册、外文 60 万册),形成了比较完整的藏书体系。

吉林大学图书馆设有采访、编目、流通、参考阅览、期刊、古籍、情报技术各部和办公室等机构。工作人员 150 人。

该馆馆藏按科学内容分:文科 130 万册,理科 77 万册。占馆藏四分之一的外文书刊,包括 16 种文字。有多种刊期很长的著名外文科技刊物。值得一提的是在帝俄时代原由东清铁路局收藏的整套《亚细亚文库》已收藏在该馆。

馆藏善本古籍 3997 种 34065 册。其中元版 29 种,明版 1091 种。王国维校的《水经注》,高步瀛的《古文辞类纂笺注稿》等,均属有较高学术价值的珍本。此外,翟金生用泥活字印的《仙屏书屋初集》,清代书法家梁同书手抄的《文选》等,都是具有文物和艺术价值的善本。馆藏的地方志 3789 种,宗谱近 1000 种,金石类 1000 多种。该馆还设有"吕振羽藏书纪念室"、"于省吾教授、蒋善国教授专藏室"。

该馆由国家教委指定设立的外国教材中心图书室,收有国外教材 8000 多种,供东北地区高校使用。该馆是联合国教科文组织、联合国工业发展组织及世界银行出版物委托收藏馆。该馆已和 17 个国家和地区的 102 个单位建立了书刊交换关系,与 23 个国家和地区的 190 个出版商保持信息联系。

该馆藏书实行两级制,除总馆外,各系、所资料室共建 27 个藏书点。总馆面积有 6300 平方米、阅览座位 688 个。基本书库对全校教师开架借阅,并且设有为社科和理科教师、研究生、本科生开放的 4 个开架阅览室,共开架和半开架教学参考用书刊 61 万多册。同时也接待社会读者。由香港邵逸夫捐献、国家教委投资共建的文科图书馆12380平方米,可藏书170万册,有阅览座位1300个,可缓解馆舍紧张局面,并改善办馆条件。

在参考咨询和情报服务方面,文理两个教师参考室内分别设立了文献检索室和工具书阅览室。情报部为国际联机检索提供服务。馆内还有静电复印和缩微照像复制等设备。有IBM系列微机、PC 286一台、386三台。采访系统正在试输入阶段。该馆文献编目已开始标准化著录和进行主题标引。

为开发馆藏,陆续编印了一批书目资料,如一九八四年编辑出版的《全国高校社会科学学报总目录》(1977—1979)和《大学生选读文学作品提要》、一九八五年编印的《吉林省高校图书馆进口理科新书通报》和《吉林省高校图书馆藏外文期刊联合目录》等。在一九八四年,受吉林省高校图书馆工作委员会的委托,创办了《吉林省高校图书馆通讯》。

该馆从一九八五年开始,受学校委托试办2届图书馆专业大专班,共有70名学生。

九、复旦大学图书馆

清光绪三十一年(一九〇五年)马相伯在上海创建复旦大学,因经费困难,至一九一八年由戊午级学生集资购置图书成立戊午阅览室,才形成图书馆雏形。一九四九年前的四十余年,图书馆历经艰难,发展缓慢,馆藏主要依靠校内外人士捐赠。一九四九年五月上海解放后,该馆获得蓬勃生机。一九五二年高校院系调整,有14所院校的有关图书调入复旦大学图书馆,同时,大量采购了吴兴刘氏嘉业堂、金山高氏吹万楼等私人藏书,加之历年访购所得,馆藏规模和质量迅速发展。

复旦大学图书馆藏书包含人文、社会、自然、技术和管理等学科。一九八九年,藏书总数320余万册,其中:中文图书1915121册、外文图书598148册、中文期刊153212册、外文期刊130529

册、普通古籍 36 万册、善本 6 万册。线装书中,诗经类图书名家评注和各种版本计有 700 多种。清人诗文集收藏丰富,有 2900 余种,列入善本的 857 种。地方志中有 30 余种是稀见的海内珍本,如康熙《上元县志》。该馆外文图书中本世纪二十至四十年代的外国文艺作品收藏较多,仅小说即有 1 万多种,内有 419 种各种版本的莎士比亚作品。有 8000 多册国内少见的外国人论述中国政治、经济、社会、文化的法文图书,不少是百年以上珍本。亚非史藏书也较为丰富,有 3000 多册,其中亦有较珍贵版本。馆藏报刊20900 多种,其中一九四九年以前出版的近 6000 种。八十年代以来,每年入藏图书 10 余万册,订有现期报刊 5100 多种。该馆目前与 24 个国家和地区的 300 多个图书馆和学术团体有经常性的交换关系,并是联合国教科文组织出版物保存馆。

复旦大学图书馆馆舍有 1.3 万平方米文科馆和 6700 平方米理科馆,设有各类阅览室 11 个和若干个研究室、实习室,阅览座位1500 余个。开架流通的图书约 30 万册,开馆周时在七十小时以上。外借图书每年逾 50 万册次,同时还接待校外读者,并开展馆际互借。还向读者提供情报咨询服务,开设文献检索课,以及静电复印、缩微照相等多种技术服务,并在积极开发利用计算机管理,并已部分投入使用。

该馆设采访、编目、报刊、流通、特藏、阅览、技术服务各部和情报咨询组、国际交换组、计算机组、办

图 70　复旦大学图书馆外景

公室等机构。工作人员 195 人,高级专业职务的 8 人、中级专业职务的 40 人,复旦大学各系、研究所大多设有图书资料室,与校图书

馆互为补充,发挥了更大的作用。

十、上海交通大学图书馆

上海交通大学的前身是创建于清光绪二十二年(一八九六年)的南洋公学,一九一二年后多次改名、合并、分立。一九二八年定名为交通大学。一九五六年交通大学大部分迁往西安,次年分设西安、上海两部分。一九五九年两部分分别独立为两个学校,上海部分称上海交通大学。南洋公学初建时,设有图书室。一九一六年,由校友募捐兴建图书馆大楼。一九一九年十月馆舍落成,面积2300平方米。至一九二八年计有中外文图书约4.6万册、期刊300余种。一九三五年又由校友捐款,增建了书库,能容图书20万册。一九三七年十一月上海沦陷,大部分图书未及搬移,损失极大。后在重庆又成立了交通大学分校。但图书室所藏书籍十分有限。一九四六年六月沪渝两地师生重新汇合于徐家汇交大校园,图书馆建设也再度发展。至一九四九年初,计有中文图书7.9万余册,外文图书2.5万余册;期刊则较之战前大为减少,仅130余种。

上海交通大学图书馆至一九八九年底,馆藏中外文图书包括期刊合订本已达175万余册,现刊6000余种,各种资料22万件,并开始积极收藏缩微品和视听资料。馆藏中造船、材料科学和机电方面的书刊资料较丰富,其他有能源、计算机科学、电子工程、生物工程、管理科学和应用数学、力学、物理、化学等方面的书刊。该馆还收藏文学、语言、美术、音乐等书刊。

该馆由于藏书不断增加,原有7000多平方米馆舍已不敷应用。阅览座位仅有200多个,远不能满足读者需要。一九八二年起,由香港环球航运集团主席包玉刚捐款,在校园内兴建一座现代化图书馆,以其父的名字命名为包兆龙图书馆。馆舍面积2.6万平方米,可藏书220万册,共有阅览座位2400个。该馆已于一九八五年十月落成,次年六月九十周年校庆时全面开放。

包兆龙图书馆的建成标志着上海交通大学图书馆开始了从传统图书馆向现代化图书馆的过渡。新馆实行全开架阅览和出借。每年外借图书约 20 万人次,借出图书 70 多万册次。除校内读者外还有上海地区 300 多个科研、工厂等单位 1000 多位科技人员办了阅览证。新馆已配备各种类型复印机 14 台,在主要阅览区均有设置,读者可就地复印。在图书馆底层设有复印中心,承接批量大的复制任务。馆内设有缩微制作室、缩微片库和缩微阅览室。引进了一套新的缩微设备,包括拍摄制作设备、拷贝机、阅读复印机和平片、卷片阅读机。图书馆 16 楼为视听资料阅览室,已收藏录像片 1000 多部、声画同步幻灯片 300 多部及一批录音磁带、激光图像光盘、激光唱片。设有 5 个视听室,共有座位 180 个。图书馆还有一个功能完备的学术报告厅。

该馆重视现代化技术的应用,正在使用 HP 3000/935 精密体系结构计算机,建立一个中型的计算机图书馆管理系统,它包括图书采购、编目、流通、期刊管理、读者查询以及图书馆的行政管理等子系统。一九八七年二月一个联机多用户的图书流通数据库管理系统已在该馆正式投入运行。它采用光电笔和条形码技术,作为图书信息快速输入手段。该系统有借书、续借、还书、预约和罚款等 14 种功能,在多个终端上同时进行各种流通业务。该馆建立的联机检索终端,可检索 DIALOG 系统的文档。两年多来,为校内外检索课题 600 多个,效果较好。该系统面对着馆藏 100 多万册流通的图书,供 2 万多个读者使用。

上海交通大学图书馆设采访、编目、期刊流通、阅览各部和办公室等机构,并设有闵行校区分馆,共有工作人员 200 多人。并建立了一个上海交通大学情报科学技术研究所,设科技情报研究室、情报检索室、文献编译室、自动化系统研究室、声像资料研究室,有 40 多人正在积极开展图书馆计算机化、情报分析和预测及其他新技术的科学研究。已出版了《科技成果信息》、《能源信息》和《高技术文摘》等报刊,向各界传播最新的科技信息。该馆还开展教学工作,为本科学生和研究生开设《科技情报检索》和《工具书应用》等选修课;并在一九八六年九月开始培养科技情报专业硕士研究生,开设《情报学概论》、《图书馆自动化系统》、《现代情报研究方法》等学位课程。

该馆与30多个国家的60多个单位以及400多个国内图书馆和单位有书刊交换关系。

十一、华东师范大学图书馆

华东师范大学图书馆于一九五一年十月与华东师范大学同时建立。它的前身是上海的大夏大学图书馆,在教学楼内占用400平方米面积,藏书55687册。一九五二年院系调整,接收了光华大学、暨南大学、圣约翰大学、震旦大学、同济大学、沪江大学、东亚体专、立信会计学校和华东教育部调拨的图书242502册。一九五三、一九五四年,又接收了同济大学、交通大学、复旦大学、光华大学、浙江大学、江苏师范学院及停办学校图书71140册。

三十多年来,通过采购、交换、征集、接受捐赠等方式,该馆藏书量成倍增长。据一九八九年底统计,入藏图书已达269万余册,其中:中文图书1639509册、外文图书360795册、普通古籍269850册、善本1900册、中文报刊84283册、外文报刊327968册。该馆已同45个国家和地区的53所图书馆及国内430多所图书馆和学术团体建立了经常性的图书交换关系。每年获得书刊资料5000册左右。自一九七八年起接受英、美、加拿大、日本等国,各单位和个人赠送的外文图书38500册。藏书中以教育学、地理学、古典哲学、参考工具书和地方志等类图书较为完备。《西汉详节》,原藏故宫,曾收入《天禄琳琅书目》。福建《三山志》,系海内孤本。馆藏最早的中文报纸是清末出版的《京报》与《沪报》。一九○七年在日本东京出版的《中国新女界》,该馆收藏最完整。外文自然科学重要期刊多种均系统收藏。

华东师大图书资料实行集中管理,分散使用。所谓集中管理,即全校书刊统一采购,财产统一登记,统一分编,统一典藏,业务标准和规章制度统一。所谓分散使用即在各系设专业阅览室(后并入系资料室)。该馆馆舍21660平方米,其中包括一九八六年经国家教委批准,由国家拨款和香港邵逸夫赠款,增建一所12300平方米的新馆,全部工程已完成。这个研究型图书馆主要服务对象是教师、研究生和毕业班学生。

一九八九年全馆工作人员共142人。有高级专业职务12人,中级专业职务30人。该馆设采访、编目、流通、阅览、期刊、古籍、咨询、情报、现代技术各部和办公室及公共文献检索等机构。

华东师大图书馆十分重视现代化建设。已建立起计算机综合管理系统主机,进行书目、馆藏、流通、读者、采访等数据管理,正对12万种(约38万册)中文图书及1万种期刊进行编目、流通与书目检索,并可利用国际联机检索终端检索 DIALOG 系统各文档。为适应非书资料日益增长的形势,更好地保护及利用馆藏,建立了一套较为完整的缩微翻拍、冲洗、复制系统,并设置有9台缩微阅读机的缩微资料阅读室和各种视听资料的视听室。静电复印在校内已经普及。

该馆不少科研项目列入学校科研规划。自一九七九年十月至一九八九年底,馆内工作人员在报刊上发表各类文章216篇;公开出版《胡适著译系年目录与分类索引》、《图书馆学情报学档案学论著目录》(与图书馆学系资料室合编)、《美国及世界其他地区图书馆事业》(与图书馆系教师合译)等编著和译著。《胡适年谱》、《东坡词索引》、《传记文学索引》等几种图书将出版。

为了更好地为教学与科学研究服务,该馆在做好基础工作的同时,尽可能扩大图书开架范围,除馆内11个阅览室实行全开架外,设立社会科学和自然科学两个开架借书处,陈列图书 34 万册;总书库向所有教师及博士研究生开放。阅览室周开放八十二小时。为发挥图书馆的教育职能,每年为新生放映《华东师范大学图书馆介绍》和《怎样利用图书馆?》的录像片。该馆对馆内部分工作人员实行定额与计算成绩相结合的岗位责任制,通过改革,图书馆的服务水平、管理水平、工作手段和队伍素质等方面,有明显的提高。

十二、南京大学图书馆

南京大学图书馆可追溯至清光绪二十八年(一九○二年)建立的三江师范学堂藏书楼,后随学校的改动,图书馆名称也有多次更易。一九一五年称南京高等师范学校图书馆。一九一九年并入东南大学图书馆。一九二二年,齐孟芳捐款建造馆舍,又有孟芳图书馆之称。一九二八年改名中央大学图书馆。一九四九年,中华人民共和国成立,改称南京大学图书馆。一九五二年院系调整时,南京大学改为文理科综合大学,有些书刊随专业调给工、农、林、师范等院校,留藏书刊为 39 万册。另外,并入了历史悠久的金陵大学图书馆藏书。南京大学迁入金陵大学校址,图书馆沿用金陵大学图书馆馆舍,总藏书量达 73 万册,在此基础上,南京大学图书馆发展成为规模较大的以文理科为主的综合性学术图书馆。

四十年来,南京大学图书馆发展较快。一九七九年建造了1.5 万多平方米大楼。新老馆舍面积共计 179,40 平方米。工作人员 131 人,大专以上文化程度的占 69%,其中高级专业职务 7人,中级专业职务 41 人。全校总藏书量 304 万余册(件、卷、盒),其中分藏在各系和各单位图书资料室有 115 万册。年进书量一九五七年为 4 万余册,一九八九年增至 11 万册左右。期刊的订购数,也由一九五七年 1565 种,增至 6361 种。

该馆在馆长下设立办公室和 8 个业务部门:采访、编目、流通典藏、阅览、参考咨询、技术服务、期刊等部和外国教材中心室。校设立图书馆委员会,作为学校图书馆书报资料工作的咨询机构,由各系科专家、教授和有关部门负责人组成。

截止到一九八九年底,该馆馆藏线装古籍已达 41 万册,普通中文图书 1486065 册,外文图书 714057 册,中文期刊 230183 册,外文期刊 178738 册,报纸 22138 册。新中国建立前的社会科学期刊收藏丰富,

图 71　南京大学图书馆外景

八十年代又加强了港台图书和地方史志文献的收集,为正在建设的近现代中国问题资料中心奠定了基础。磁带、胶卷等视听和缩微资料 6500 多盒(卷)。基本上形成以文、史、哲、经、法见长,数、理、化、天、地、生六大基础学科比较系统、完整的藏书体系。在收藏中,列为古籍善本的有 3 万册,其中收入《中国古籍善本书目》的近 600 种 1 万余册。珍贵的版本有:《名公增修标注南史详节》等宋刻本,《至正金陵新志》等元刻本,数量较多的是明清刻本、抄本、稿本。名家刻本也占有一定数量。明代朱墨套印刻本有 20 余种。为了充分发挥珍善本在社会主义建设中的作用,又利于这些文化遗产的保存与传播,已陆续选印部分孤本、珍本发行。在古籍中,地方志、别集、类书和古代目录学的收藏比较突出,尤其是地方志,共藏有 3600 种 3.8 万余册。在"四化"建设中,正发挥它的作用。历代碑帖、拓片入藏亦较丰富,计万余种。

该馆十分重视外文书刊的搜集,其订购费用占全部购书费的70%左右,包括多种文字。各国百科全书,多专业、多文种的词典、

手册,大型连续性检索工具书收藏尽量完备。并有多种出刊年份很长的理科杂志。该馆同 15 个国家和地区的 133 个单位,国内 760 个单位有图书交换关系。国外友好团体和个人也常有赠送。仅一九八〇年以来,就有 24 个国家和地区的 154 个团体和个人赠书,总计 5000 多册。国内赠书更多,有胡小石、李小缘、罗根泽、陈中凡、韩儒林等。所赠不仅数量大、学术性强,且有不少善本。

为了充分发挥图书馆的职能,该馆正在努力建设多样化、系列化、优质化的服务体系。在图书管理体制上,校系之间,实行统一计划、统一采编、分散收藏、面向全校的原则。在藏书布局上,图书馆设置的 10 个不同类型的书库,连同全校 20 多个系、所的专业藏书,组成了比较合理的整体,建立了各个层次的阅览室、参考室 23 个,阅览座位 1500 个,每周开放八十四小时。迎考时,开放九十小时以上。部分流通书库和全部阅览室藏书均实行开架。为研究生服务的内容日益增多。以编纂各种书目索引为重点的文献资源开发工作,也取得了一定的成就,先后已印发的各种较大型书本式书目有《馆藏旧籍分类目录》、《馆藏地方志目录》、《馆藏古籍善本目录》、《馆藏西文期刊目录》、《馆藏俄文工具书目录》、《馆藏中文自然科学总论及数理化图书分类目录》、《解放前馆藏中文期刊目录》、《馆藏港台书目》、《全国高校社会科学学报篇目索引》等 20 余种,《文史哲工具书简介》、《中国心理学文献索引》和《中国丛书目录及子目索引汇编》等已出版。

为了使图书馆由传统向现代化发展,早在一九七八年该馆已开始现代技术的研讨与实践。在计算机技术、声像技术、复印、缩微技术、传送技术、保护监测技术等方面的应用,已取得显著的成效。视听室设座位 90 个;650 平方米一层的大书库,水平运输实行了自动化;1.5 万平方米的八层书库全部装置了自动防火报警系统,部分书库实现了空调。特别是对微型计算机的开发利用,作了较大努力,有各种微型机 10 台,图书馆研制的西文图书订购、西文期刊管理、中文图书流通三个系统,获一九八五年全国微机软件评估三等奖。一九八六年五月开始使用条形码中文图书流通管理。

十三、浙江大学图书馆

浙江大学图书馆随学校建立。浙江大学前身是清光绪二十三年(一八九七年)成立的求是书院,一九二八年改称浙江大学后,设图书室,一九三四年正式定名为图书馆,隶属教务处。抗日战争时期,浙江大学内迁至贵州遵义、湄潭、永兴三地,本省龙泉县也设有分校,图书馆也随之迁移而分设各地。抗战胜利后,图书馆随学校迁返杭州。至一九四九年,浙江大学已是设有文、理、法、工、农、医和师范等学院的综合性大学。当时图书馆藏有图书 11 万册,期刊合订本约 1600 种 1 万余册。在五十年代初院系调整时,浙江大学改为以工学院为基础的工科大学,图书资料除留存工学院部分外,其余均随其他院系调出。一九五六年第一次全国高等院校图书馆馆长会议后,图书馆改由学校直接领导,图书馆得到发展,馆藏增至图书 64 万册,期刊合订本 5 万多册。到一九八九年底,该馆共有图书 110 万册,期刊合订本 18 万册。

图 72　浙江大学图书馆阅览室之一

该馆的藏书以理工方面为主。其中化工、电机、机械、土木等方面的中外文书刊比较充实。有关光学仪器工程和科学实验仪器工程方面的图书资料也较丰富。馆藏有多种连续八九十年的外文科技期刊。该馆年入藏图书 7 万余册,订有现期报刊 5500 种。

该馆设流通、期刊、阅览、参考咨询、技术服务、采集、编目等部和办公室。有工作人员 112 人,其中有大专以上学历 70 人,约占62.5%。

浙江大学图书馆总馆坐落在该校教学区中心,建筑面积为2.1 万平方米,其中书库面积为 7452 平方米,可藏书 200 万册;大小阅览室有 20 余个,共有阅览座位 2300 个。在六和塔旁的浙江大学分部设有分馆。总馆开架外借和阅览的图书 66 万册,期刊合订本 14 万册,占馆藏的 73%。年流通量达 32.8 万人次,计 52 万册次。在情报咨询方面,总馆设有文献检索室及实习室,除负责日常课题检索外,还承担全校大部分文献检索课程的教学任务,并对新生进行如何利用图书馆的教育。兼办科技图书情报专修科,已连续招生四届。为读者提供静电复印、缩微阅读、磁带复录、录像放映、音乐欣赏等多种技术服务。为了提高工作效率,该馆采购查重已使用计算机。

十四、中国科学技术大学图书馆

中国科学技术大学一九五八年在北京建立。它是实现中共中央号召全国向科学进军的一项重要措施,建校过程中得到了政府领导人和中国科学院老一代科学家的关怀与指导。该校的任务是为中国培养侧重于尖端科学的科学技术人才。在建校同时,由中国科学院图书馆帮助筹建了中国科学技术大学图书馆。一九六九年该馆随中国科学技术大学迁往安徽合肥市。

截止到一九八九年底该馆藏书达 100 多万册(其中报刊合订本约 19.2 万册),比迁皖前增长一倍多。该馆一开始把重点放在偏重理科上。在合订本期刊中,理科杂志收藏比较丰富。缩微平片、录音、录像磁带资料,约占总藏书量 2% 左右。订有中外文期刊各 2000 种左右,其中俄文 202 种,日文 276 种。外文刊物均属科技期刊,中文自然科学和社会科学的各半。八十年代,馆藏特色在由偏理转向包括自然科学、技术科学和社会科学、人文科学的各主要学科的方向发展,初步形成了基本适应教学、科研需要的,具有该校特色的藏书体系。但从藏书数量看,仍以理科为主,主要是:数学、物理、化学、天文、地学、生物学图书较多。该馆有条件建成为中科院系统的一个理科文献中心。

该校迁至合肥后,1万平方米的图书馆建于东部校区中心。各系及大的教研室均设有资料室,其中有的已具备分馆条件。

该馆设有8部1室即:采访、编目、流通、阅览、期刊、情报、技术各部和教学组(部)及办公室;部下设室、组,有复制室、装订、书亭、服务组等。有12个阅览室即:教师、学生、报刊、文献检索、情报资料、社科、特藏、特刊、缩微、工具书、图书馆学情报学、国际交换。有阅览座位900多个。领证读者1万多名。年平均进馆读者108万人次,年借图书40多万册次。接待校外读者及查询日益增多。为此,该馆设有代查等服务项目,并加强了文献检索室的服务工作,以适应校内外的需要。

图73　中国科学技术大学图书馆外景

该馆一九八九年有100多名工作人员,大专以上文化程度的占60%以上,副教授、副研以上7人,馆员(讲师、助研)30人,助理馆员 18 人。该馆重视人员的知识结构,其服务方式能与教学、科研的变化相适应,具有理、工、文或外语等专业的人员日益增多,已达到人员的四分之一,并进行情报意识教育,因而,在情报服务方面日益活跃,正在开展二、三次文献工作,各部室都在做一些专题篇目、书目索引或其他主动服务。办有一报一刊,均取名《信息》。"为书找人,为人找书"在馆员以上人员中已成为职业意识。该馆注重在职培训,订有为期两年的培训计划,学习科技知识、外语和图书馆学、情报学。

该馆技术部编制的采编、流通方面计算机的软件已经通过技术鉴定,投入使用。

十五、厦门大学图书馆

厦门大学图书馆于一九二一年四月与建校同时创立,九月命名为图书馆。抗日战争时,一九三七年十二月随校迁往长汀至一九四六年七月迁回。一九四九年十月厦门解放时,藏书为 13 万册左右,工作人员 20 人。

该馆的发展曾得到学者和侨胞、港澳同胞的帮助。鲁迅先生一九二六年九月至次年一月在校执教期间,曾居住在图书馆的楼上,除了赠送自己的译著给图书馆,还经常关心学生的阅读倾向并加以指导。郭沫若、何香凝等都曾赠书。侨胞陈嘉庚、黄奕任、曾红水先生等捐助建筑费、购书费或赠送书刊和设备。

该馆馆舍面积 2.56 万平方米。一九八九年

图 74　厦门大学图书馆外景

共有工作人员 129 人,具有高级专业职务 4 人、中级专业职务 20 人。设有办公室、采访编目、流通阅览和期刊资料各部。流通服务除设总馆图书、分馆图书、文艺书和过刊 4 个出纳台外,还设有理科、文科、教师、研究生、现刊、过刊、报纸、古籍以及工具书检索、图书信息等 12 个阅览室,阅览座位 1090 个,并开展复印、馆际互借、参考咨询等业务。全校读者 1.3 万多人,年接待读者 105 万多人次,借阅图书 190 万多册次,有静电复印机 5 台、微机 3 台、缩微阅读机 3 台。

截止到一九八九年底,该馆藏书 170 万余册,其中:中文图书 1015437 册、外文图书 323195 册、中文报刊合订本 112286 册、外文报刊合订本 102097 册。重点学科财经和化学等方面藏书尤为丰富,生物学、海洋学以及港台书籍具有一定特色。线装古籍 119728 册,其中善本 8018 册,有一定数量的丛书和地方志。收藏有一些马克思、列宁的早期中译本,外文书刊以西文居多。

厦门大学是全国重点综合性大学。设有研究生院和经济、政法、技术科学、艺术教育、海外函授等五个学院及国际教育中心,有 25 个系 55 个专业和 32 个研究机构。有教职工 4000 多人,学生 8000 多人。图书馆加强为教学与科研服务。重视读者教育,向本科生开设科技文献检索和社科文献检索两门选修课,编制书刊目录与新书通报以及专题资料等。已与国内 837 个单位、14 个国家和地区的 94 个单位建立有书刊交换关系。图书分类原使用十进分类法,一九七四年后采用《中国图书馆图书分类法》。

该馆加强专业队伍建设,组织业务进修培训。曾多次举行科学讨论会和报告会,组织国内外专家座谈与学术报告。撰写学术论文与经验材料 100 余篇。举办业务培训班,并与校夜大学合办图书馆学专业大专班与北大图书馆学系合办厦门函授班。

十六、武汉大学图书馆

武汉大学的前身是以清末张之洞所创方言学堂为基础建立起来的武昌高师。一九一三年武昌高师图书馆建立。一九三一年武汉大学建立时,图书馆从武昌东厂口旧校舍迁往珞珈山新校园的文学院,当时馆藏已有 14 万余册。抗日战争爆发后,学校迁到四川,图书馆选择 10 万册书刊装箱,于一九三七年冬运往宜昌,后又随校迁到四川乐山。其余 4 万余册就地转移,被日寇抢去。在西迁途中及在乐山期间又遭敌机轰炸,有近万册书刊毁于战火,部分又遭白蚁之害。一九四〇年藏书总量不足 10 万册。一九四六年随校迁返武汉后,图书又有增加,一九四九年馆藏 16 万余册。工作人员 18 人,阅览座位 220 个。

一九四七年武汉大学发生"六一惨案"后不久,在中共地下组织的组织下成立了"六一图书馆"。它是"负有武装武大人思想这一使命"的社团性图书馆。由"六一惨案"中被捕过的历史学家梁东园任馆长。该馆由广大师生捐献的图书中有不少马克思、列宁和毛泽东的著作,也有鲁迅、茅盾、郭沫若等的著作。在师生员工中积极宣传革命思想和传播马列主义。这些藏书已交武汉大学图书馆珍藏。

新中国建立以后,武汉大学图书馆得到了很大发展。一九四九年中南军政委员会接管武汉大学后,立即成立图书管理委员会,在"整旧理新、便利读者、为新民主主义的文化教育而服务,为将来图书馆的发展打好基础"的方针指导下,进行大量工作,对藏书进行部分清理。一九五〇年又成立了专门班子对全部馆藏进行系统清理,加强了藏书管理。一九五二年院系调整中根据新的系科设置对馆藏进行调整,同时又大力补充新书。到一九六六年,馆藏总量已达到 110 万册。服务和管理工作也有很大发展。该馆逐步发展成为一个基础比较厚实的社会主义文理科综合性大学图书馆。

中共十一届三中全会以后,学校采取了一系列措施加强该馆工作,把图书馆列为学校直属机构,并由一位副校长分工负责图书馆工作。

图书馆各级领导人员文化水平、政治素质、专业结构和年龄结构都趋于合理。图书馆的业务机构也调整得更加适应工作的开展。设有采访、编目、典藏、外借、参考阅览、期刊、技术服务、研究辅导各部和一分部、二分部、外国教材中心图书室以及办公室。一九八九年,全馆工作人员 144 人。其中高级专业职务占 12%、中级专业职务占 17%、大专以上文化水平占 55%。

一九八五年新建 1 座 1.54 万平方米的图书馆楼已交付使用,馆舍总面积为 2.3 万平方米。设有各种专业阅览室 14 个,特种阅览室 2 个、普通阅览室 3 个。阅览座位 2300 多个。

校部对图书馆的藏书建设很重视。学校不仅逐年增加图书经费,并从一九八六年开始每年再从校长基金中拨出 10% 补充图书馆经费。总计学校安排的年度图书经费持续保持在学校教育经费的 5% 以上。一九八九年馆藏总量已达 250 万册。其中图书约占 90%,余为报刊合订本;社会科学类图书约占 60%,自然科学类图书约占 35%,其余为综合类图书;外文书约占 30%,线装古籍约占 9%。馆藏中除大量文理科教学和科研参考书以及不同版本、不同文种的马列主义经典著作外,也注意收集了一批有关教学和科研所需的视听资料。馆藏中还有一批其他很有学术参考价值的珍贵书刊资料,如《资治通鉴纲目》(三朝递修本)、《应城县志》(元刻本)、《御地志略》(明嘉靖稿本)、《援韩野记》(稿本)等 500 多种善本书(其中有 300 多种已收入《中国古籍善本书目》)。收藏有完整的多种外国重要报刊。此外,中国的类书、字书以及苏、美、英各国的百科全书等各类工具书也比较丰富。

该馆重视馆际间的合作和交流,已和国内外 600 多个单位建立了图书交换关系和馆际互借关系。

为了更好地为教学、科研服务,进一步发挥图书馆的作用,该馆积极进行改革,努力使服务工作向多功能、高层次、高质量方面转变。全馆书刊借阅工作逐渐以开架为主。开馆时间不断延长,部分阅览室已延长到每天十四至十六个小时。年接待读者60万人次。书目参考、文献检索及咨询工作不断加强。已编印出馆藏《善本书目录》、《西文工具书目录》、《西文自然科学期刊目录》、《解放前报刊目录》和《魏晋南北朝史书目论文索引》、《隋唐研究资料索引》、《先秦哲学论文分类索引》以及现刊预订目录等。成立文献检索课教研室,对本科生、研究生进行文献检索教育。同时,不定期举办专题讲座,辅导读者查找文献,努力使书馆更好地发挥第二课堂的作用。

在服务工作现代化方面,该馆已专门成立了技术服务部,积极研究和应用电子计算机、视听设备和文献复制设备等。除和校计算中心合作开展计算机的服务项目外,该馆有一台功能较强的SUN 3/280微机和数台 IBMPC/XT 微机,用于业务管理。还有磁带复录、静电复印和缩微阅读等项工作也都已开展起来。

十七、华中理工大学图书馆

华中理工大学图书馆原名为华中工学院图书馆。成立于一九五三年。先是随华中工学院分为武昌分部、长沙分部和南昌分部,有三个图书室。一九五四年九月各分部集中到武昌喻家山麓新校园,正式成立华中工学院图书馆。同时调入原武汉大学、湖南大学、南昌大学的机械、电力、动力等方面的书刊5万余册。当时有工作人员12人。一九五五年馆舍落成,建筑面积6300平方米。经过三十多年的建设,特别是在中共十一届三中全会以后,已有很大发展。馆舍面积现有9200平方米。由香港邵逸夫捐款兴建的新馆舍1.5万平方米。一九八九年藏书达144万余册。工作人员

139人。校内有教师2500人,大学生和研究生1.4万人。馆长以下,设办公室、采编部、流通部、阅览部、期刊部、参考咨询部、情报研究室、技术服务组、业务研究辅导部。

中共十一届三中全会以后,原华中工学院从多学科的工学院逐步发展为以工为主,理、工、文、管相结合的综合性大学。一九八八年正式更名为华中理工大学。与之相适应,图书馆的藏书结构也发生了变化。社会科学图书从原来占总种数的20%左右,上升到40%左右;基础科学和工业技术学科的图书相对下降。社会科学图书以文学、历史、语言、经济为主;自然科学图书以数理化和无线电电子学、电信技术以及自动化、计算机技术为最多。过刊合订本已达13万多册,现期期刊4300种,自然科学和技术科学期刊占80%,其中有不少历史悠久、有影响的重要期刊。还有不少本世纪初叶开始发行的期刊。现代新兴学科,如微电子学、计算机科学、系统工程、控制论、信息论等各种外文期刊在现期期刊中占有相当重要的地位。该馆重视特种文献资料的收集和科技文献检索体系的建立,已有各种科技会议录5500种2.4万册。各种文摘索引检索工具书570种,世界各主要国家的大型检索工具书皆已入藏,中国出版的各种文摘索引也注意收订,并建立了一个较为完整的手工检索系统。该馆已与32个国家和地区的160个单位建立了图书交换关系。每年进书量8万册左右。该馆图书著录已按国家标准进行。

一九八四年以来,该馆逐步实行开架借阅,到一九八七年九月,开架借阅的书刊占总藏的75%左右。开馆时间每周八十小时。借阅书刊的读者110多万人次,外借图书40万册次。从一九八二年以来,为高年级学生开设文献检索课,为校科研管理部门开展科研选题的情报调研并为科研选题提供抉择依据,为各科研课题组提供定题文献服务。在技术服务方面,静电复印、缩微摄制、图像音响视听和复制等的服务量日益增长。从五十年代起至一九八二年已编制馆藏图书累积目录 30 册,各种专题书目 10 多种。馆编刊物有《国际学术动态》、《研究与开发》、《科技参考资料》、《图书馆与读者》等。

原华中工学院在一九八五年和一九八六年所完成的科研项目获得国家级、部级、省级各种奖的近 100 项,一九八〇年以来编辑出版的教材和专著 100 多种。据调查,在从事研究和编著的过程中,师生充分利用图书馆,不少人从图书馆获得了大量文献或线索。生物工程和建筑学两个新系的建立和短时间内取得较好成绩,师生一致认为图书馆提供了较为丰富和新颖的图书资料,起了重要作用。这些足以证明,该馆已成为提高华中理工大学学术水平的重要支柱。

十八、中山大学图书馆

中山大学是中国伟大的民主主义革命家孙中山于一九二四年创办的。原名为广东大学,由广东高等师范学校、广东政法专门学校、广东农业专门学校和广东公医学校合并而成。一九二六年,为纪念孙中山,改名国立中山大学。中山大学图书馆的历史,近可以从一九二四年算起,远可以追溯到广东高等师范学校的前身,即建立于清光绪三十二年(一九〇六年)的两广优级师范学堂藏书楼的设立。中山大学图书馆一九三七年藏书达 31 万册。图书馆学专家杜定友曾长期担任该图书馆馆长。一九三八年日寇侵占广州,中山大学辗转迁至云南澄江,再迁粤北坪石等地,图书损失严重。一九四五年抗战胜利后,学校复员回广州,藏书仅存 4.5 万余册。到一九四九年十月广州解放时,藏书恢复到 22.8 万余册。

一九五二至一九五三年,全国高等学校院系调整,以原中山大学和岭南大学文、理学院为基础成立新的中山大学。该馆与新的系科设置相适应藏书有进有出,但就整个馆藏而言,数量和质量均较前有所提高,藏书总量增至 69 万册。

从一九五三年到一九六五年,为满足教学和科学研究的需要,藏书增长很快。到一九六五年底,藏书达130万册。"文化大革命"期间,馆藏图书虽然没有大量散失,但图书馆的基础工作受到严重破坏。中共十一届三中全会以后的十年来,学校得到长足的恢复与发展,图书馆事业也相应得到恢复与发展。截止到一九八九年底,藏书量已达248.5万册,其中:中文图书170.3万册,外文图书54.2万册,中文报刊合订本11.1万册,外文报刊合订本12.9万册。订购中文现刊2200多种,外文现刊2100多种。

中山大学图书馆馆藏中外文并重,保证重点学科文献的系统性、科学性和信息性。数学文献中概率论、数理统计期刊收藏丰富。若干著名期刊收藏完整,如《化学文摘》自一九〇七年创刊,至今完整无缺。有机化学、高分子化学等核心期刊的收藏完整率达90%以上,中、日、英、俄、德各文种较齐全。有的核心期刊连续收藏一百五十年。核心期刊连续收藏五十年以上的近30种。该馆对新建专业计算机科学、环境科学、管理学、法学、社会学等学科也列为重点充实馆藏。

馆藏古籍善本、地方文献、丛书以及中文旧报刊也比较丰富。古籍善本有2000余种2.5万余册,明刻本多且精,有些是海内孤本,如明正德本《四川志》等;另有朝鲜刻本176种968册,日本刻本85种831册。岭南地方文献较多,尤以广东清代著名藏书家学者陈澧之手稿本最为珍贵。中文报刊,特别是清末以来,华南地区出版的主要报刊都有入藏,还藏有鸦片战争前后侵华外人所办《中国丛报》,有不少是中国近代史的重要资料。

该馆根据学校专业设置、教学和科研的多层次需要,一向注重同国内外大学图书馆和学术、教育机构发展业务联系。一九八九年同38个国家和地区的120个图书馆和学术教育机构建立了书刊交换关系。此外该馆还得到国内外以及港、澳的有关单位和个人的捐赠和资助,并接受了陈寅恪、容庚、姜立夫的藏书,设立了专藏。

中山大学图书馆位于校园中心,建筑面积1.45万平方米。设有各种阅览室15个,阅览座位1500个。还设有古籍善本、珍贵报刊、校史资料、鲁迅研究资料等专室。馆内有静电复制、缩微照相复制等设备,开展缩微阅读、视听服务。装备有国际联机检索终端,可检索美国数据库。

中山大学图书馆一九八九年有工作人员150多人。其中教授、副教授、副研究馆员、高级工程师等18人,馆员、助理馆员56人。设有采访、编目、典藏流通、阅览、期刊、古籍、参考咨询、技术服务各部。

图75 中山大学图书馆外景

根据教学和科学研究发展的需要,学校原设置的情报研究室已合并到图书馆,加强图书馆的情报服务工作;图书馆并负责协调指导各系所资料室的业务工作,分工合作,建立全校文献情报数据库。图书馆正在成为全校的图书资料情报中心。

中共十一届三中全会以来,在开放、改革方针指引下,中山大学图书馆的改革和现代化建设取得了一定的成绩。整顿了基础工作,实行了岗位责任制,引进了电子计算机技术,提高了服务质量。同时采取措施大力提高工作人员素质,利用派出进修,在职培训等方式,以期经过几年努力,建成一支有本校各专业学科人才、图书馆学情报学人才、外语人才和技术人才的、高中初三级专业职务合理结构的专业队伍,以担负起建设现代化中山大学图书馆的历史任务。

十九、四川大学图书馆

四川大学图书馆随学校创建。该校的前身可追溯到清季张之洞主持的成都尊经书院。一九二六至一九二七年间该书院分为国立成都大学、成都师范大学和公立四川大学。一九三一年十一月，三校合并为国立四川大学。次年初，三校图书馆合并为国立四川大学图书馆。至一九四九年，馆藏图书有 10 万多册，工作人员 20 余人。

五十年代初院系调整，该馆调入原成都理学院、华西大学、重庆大学、云南大学等 10 所院校的近 10 万册图书，随师范学院、法学院、农学院及工学院调出有关书刊 10 万余册。

八十年代，该馆有很大发展。一九八九年有工作人员 123 人，其中高级专业职务 10 人、中级专业职务 17 人。设采访、编目、流通保管、报刊、古籍特藏、参考咨询、技术、情报研究等部和办公室。馆舍面积为 16290 平方米，有 10 多个阅览室，共有 1834 个阅览座位和 1 个有 300 个座位可同声传译的学术报告厅以及电子计算机、缩微复制系统、声像视听等设备。

该馆藏书围绕学校系、所专业设置，建立了较为系统和完整并具有学科特点的藏书体系。截止到一九八九年底藏书总数为 196 万余册，其中：中文图书 95.07 万册、外文图书 33.63 万册、中文期刊 161658 册、外文期刊 18.7 万册、普通古籍 30 万册、善本 2.7 万册，善本中有些是罕见的珍本和孤本。四川方志较齐全，除省、府、厅、州、县志外，还有一部分乡志、乡土教材、屯志、山水志、寺庙志等。抗日战争时期出版的图书和一九四九年以前出版的中文社会科学报刊数量较多，是研究中国近现代政治、经济、军事、文化、教育、社会很有价值的参考文献。外文书刊中，藏有一九四九年前外国学者撰写中国西南少数民族及文史方面的论著多种。自然科学期刊连续五十年以上的有 56 种，百年以上的有 5 种。该馆与国内百余个图书馆、研究单位及 36 个国家和地区的 70 多个图书馆建立有交换赠阅和互借的关系。一九四九年以来该馆接受了巴金、李劼人等以及香港、美国的单位和个人捐赠图书数万册。

在读者服务工作方面，该馆逐步由传统方式向现代化过渡。为了配合学校博士、硕士研究生的培养和重点学科教学科研的需要，分层次建立了教师、研究生和本科生专用阅览室及开架书库。同时开展了代查代译、

图 76　四川大学图书馆外景

专题文献检索、情报服务、参考咨询等服务工作。编印有多种馆藏书本式目录。该馆在应用现代信息技术方面已研制成功了电子计算机西文期刊管理及联合目录系统，并对读者开放试用。缩微复制、专题文献检索、声像视听等也逐步应用于读者服务。

该馆积极履行开发图书馆的教育职能和情报职能。除为学校全体师生提供文献情报服务外，还直接从事教学科研工作，建立了文献检索与利用课教研组，承担全校学生文献检索与利用课的教学任务，培养学生的自学能力和研究能力。为档案学系、图书情报学系等专业开设了文献缩微与复制等课程的实验指导。该馆积极开展科学研究工作，并取得了较大的成绩，承担了几项国家和校级重点科研项目，多项科研成果获得省和学校的奖励。

该馆是四川省高等学校图书馆协作委员会主任委员馆，国家教委规划的西南图书资料中心和联合国教科文组织出版物收藏中心之一。

二十、西安交通大学图书馆

交通大学的前身是南洋公学,清光绪二十二年(一八九六年)创建于上海,曾几次改名,一九二八年定名为交通大学,一九五六年交通大学大部分从上海迁赴西安,次年分设西安、上海两部分。一九五九年两个部分分别独立建校,定名为上海交通大学和西安交通大学。

南洋公学创建初期设有图书室。一九一九年独立馆舍落成,一九三五年扩建书库。一九四九年藏有中文图书7.9万余册、外文图书2.5万余册。一九五六年交通大学迁赴西安,图书馆藏书的92%随校西迁,计有20.3万册,工作人员也大部分到西安。一九五七年西安动力学院图书馆并入该馆,藏书增至45.4万册。

一九六一年七月,西安交通大学图书馆馆舍落成,建筑面积1.12万平方米。阅览座位1500个,书库容书量80万册。一九六五年工作人员64人,藏书70万册。"文化大革命"期间,在全馆人员的保护下,馆藏书刊未受损失,但业务基本停滞。

一九七九年以来,在学校的重视下,图书馆发展迅速,已经成为学校的图书资料中心,并正在成为情报中心。

该校设有校长领导下的校图书委员会,指导图书馆工作。图书馆在馆长领导下,设置9个室:办公室、采访交换室、图书编目室、流通典藏室、阅览参考室、情报咨询室、期刊资料室、技术服务室和国家教委西安交通大学外国教材中心图书室。一九八九年共有工作人员148人,其中高级专业职务11人、中级专业职务35人、具有大专以上文化水平的占68%。

长期以来,该馆已形成了理、工、文结合的,以基础学科、机械工程、动力工程、电气工程和电子工程为重点的多学科藏书体系。其中机械、动力、电学类反映世界先进科学技术水平的大量原版外文图书和期刊更具特色。外文书刊占总藏书量的三分之一以上。

该馆历来重视收藏具有重大科学价值的期刊,入藏有创刊百年以上的世界著名期刊有 15 种。还收藏相当数量的科技论文、科研报告、国家标准、各国专利、产品目录样本、视听资料和缩微资料。一九八九年藏书达 162.7 万册,过刊 8737 种,收订现刊 3750 种,年进书量 7 万册。图书馆经费占学校经费的 5% 左右。

　　该馆目录体制健全。设有完整的公务目录、典藏目录和读者目录,定期编印新书目录和书本式馆藏目录。

　　该馆为全校两万余名师生提供服务。设 4 个借书处,年外借量 33 万册次;11 个阅览室,年阅览读者 65 万人次。各阅览室大多采用开架管理方式,每周开放时间七十四小时。重视书刊的流通管理和宣传辅导,设有查目咨询、新书推荐、图书评价、新闻图片和剪报资料专栏。为全校本科生开设文献检索与利用课程。承担校内外科研单位委托的文献检索服务,开展馆际互借和国内外资料交换工作,已同 10 个国家和地区的 48 个图书馆、学术机构建立书刊交换关系。

　　该馆接受国内外友人和机构捐赠书刊。如一九八九年本校杨延篪一次捐赠古籍 1 万册。

图 77　西安交通大学图书馆外景

　　一九八一年该馆开始计算机的开发研究,中西文图书采编、图书流通管理、期刊采购及其联合目录、缩微胶卷检索和 NTIS 光盘文献数据库检索等系统已于一九八四年初投入使用,并多次获奖。已有 IBM – PC – XT 和 DPS – 6 计算机各 1 台、微机 10 台,正在进行微机联网研究,实现计算机管理准备技术条件。同时,视听、缩微和复印技术的应用也取得较大进展,每年接待视听读者1.7万人次,复印文献资料100万页以上。

该馆重视结合工作实践开展业务与学术研究活动。一九七九年以来,主办学术讨论会6次,在全国性和省级学术刊物与会议上发表论文185篇;派出15人次在国内外进修图书馆学。馆内开办专题业务学习班6期;承担本校图书馆学情报学专业的部分专业课教学工作;承担国家科委下达的"中国自然科学学科分类法及其应用"和"学科分类与代码"科研项目。受高校图工委和西北高校图书馆协作组的委托,举办科技文献检索、微机应用、西文图书编目、图书馆科学管理等专题培训班。编辑出版馆刊和《西北高校图书馆通讯》、《外国教材中心新书目录》、《陕西地区外文图书联合目录》、《全国高校图书馆工作经验交流会文集(1984)》等书刊。承担全国、西北地区和陕西省高校图工委的部分协调、协作工作,在高校图书馆事业的整体化建设中发挥了应有作用。同时,还积极开展国际学术交流活动,参加国际学术会议5次,发表论文6篇。一九八八年九月与美国俄亥俄大学联合举办了中国图书馆新技术应用国际学术讨论会,交流论文88篇。已与美国哈佛大学、俄亥俄大学,日本金泽工业大学等校图书馆建立协作关系。

该馆在全馆修订规章制度的基础上,一九八二年开始管理改革试点工作,全馆已普遍建立岗位责任制和工作人员考核制度,分别实行工作量定额计量或计时管理,工作效率和服务质量显著提高,受到读者欢迎,并多次被评为省级先进单位。

二十一、兰州大学图书馆

兰州大学是一九四六年在兰州中山大学的基础上成立的,同年建立图书馆。一九四九年七月兰州解放,兰州大学及其图书馆获得新生,为新中国教育事业服务。四十年来,特别是一九七八年以后获得了很大发展。该馆有馆舍面积9800平方米。一九八九年藏书总计为161万余册。其中：中文图书999411册、外文图书249545册、中文期刊135118册、外文期刊182882册、普通古籍14488册、报纸38577册。工作人员68人，具有高级专业职务的4人、中级专业职务的18人。设有借书处5个，各专业阅览室10个，共有阅览座位600个。每周开馆七十二小时，持证读者1.1万人，日接待读者1000人次。

该馆陆续编辑出版有多种书目索引和教学参考资料，以开发利用馆藏。编有文艺教学、外语教学、人口、法学、图书馆学、情报学、档案学、精

图78　兰州大学图书馆外景

神文明建设等专题索引和资料。编辑《全国高等学校自然科学学报总目》和《中文自然科学引文索引》等累积资料。汇编大学生学习方法和三种国内外关于边远地区、西北地区开发建设资料。翻译中亚史、日本经济法、外国图书馆学等著作。常年编印新书报导和对新生进行图书馆利用的训练。该馆在兰州大学部分系科开设文献检索与利用课程，并辅导学生进行文献检索实践。

在图书馆技术现代化方面，该馆已开始利用计算机编目和期刊管理。

第二节　军队院校图书馆

军队院校图书馆是军队院校的文献中心，是为院校教学和科学研究服务的学术性机构，是院校建设的重要支柱之一。

军队院校图书馆的主要任务是：（1）根据军队院校的性质和任务，采集各种类型的文献，并运用科学方法进行整序与管理。（2）配合院校思想政治教育工作，宣传马克思列宁主义、毛泽东思想，宣传中国共产党和政府的路线、方针、政策和法令，宣传中央军委的有关方针、原则和指示。（3）根据教学、科学研究和课外阅读的需要，开展流通阅览、参考咨询和读者辅导教育等工作。（4）开展文献分析和情报研究，编译教学和科学研究的参考资料，提供情报服务。（5）开展图书馆学、情报学研究，提高图书馆人员的专业水平和业务能力。（6）开展馆际协作，实现文献资源共享。

早在抗日战争时期，延安抗日军政大学及各个分校的学员们创造的"流动图书馆"是人民军队院校史上最早的图书馆。解放战争时期，东北、华中、华北、华东、中南、西南等军政大学及许多分校相继成立。这些学校的图书馆（室）为以后的军队院校图书馆事业的发展奠定了基础。

新中国建立后，从一九五〇年起，在全军范围内开展了大规模的文化教育活动，并且在原各解放区军、政干部学校的基础上，改建或新建了一批适应现代战争条件的各类、各军兵种正规院校。到一九六六年，全军各类院校已达 125 所。随着院校的建立，各院校的图书馆（资料室）也相继建立起来。在中央军委和各级领导部门的关怀和支持下，在全军院校图书馆工作人员辛勤工作下，院校图书馆逐步发展，已初具规模。基本上满足了当时教学科研工作的需要。一九六六年"文化大革命"开始，使刚刚取得了一些成绩的军队院校图书馆事业遭受了极大的破坏,全军125所院校砍掉了82所,致使大批图书馆关闭,大量图书资料失散、销毁,大批工作人员被迫改行、转业。但一些坚持院校图书馆工作的人员在极其艰难的情况下,仍千方百计地保存下许多图书资料。一九七一年一月刘伯承将自己的2700余册军事书籍与资料赠送给了中国人民解放军军政大学。这批图书至今还珍藏在中国人民解放军国防大学图书馆里。老一辈无产阶级革命家的关怀,给处于动乱中的图书馆的工作人员们带来了鼓舞和希望。特别是一九七五年七月,叶剑英、邓小平主持军委工作,提出了军队"要把教育训练摆在战略位置上"的号召,全军各项工作开始呈现出新的生机。此时,全军84所院校恢复招生。图书馆的工作人员将图书资料重新收集整理出来,坚持日常业务工作,为教学做了积极的努力。一九七六年粉碎"四人帮"以后,尤其是中共十一届三中全会以来,解放军院校建设进入了一个新的历史发展时期。院校图书馆事业伴随着院校建设也迅速恢复。一九八六年二月全军召开的第十三次院校会议上,强调了图书馆在教学科研工作中的重要性,使图书馆工作得到进一步重视和加强。一九八六年九月在空军政治学院设立了全军第一个图书档案系,从此,军队院校图书馆有了自己培训干部的基地。截止到一九八九年底,全军有105所院校图书馆建立起来,馆藏2400万册。军队院校图书馆事业又蓬勃发展,出现了新面貌。

中共十一届三中全会以来,全军院校图书馆在发展过程中有着许多改进和变化。这主要表现在以下五个方面:(1)各级领导对图书馆的认识逐步提高。许多院校从全局的角度考虑和规划图书馆的长远建设。(2)图书馆的基本建设取得进展。从一九七八年到一九八九年,军队院校新建并交付使用的图书馆馆舍有99所,面积达32万平方米。在设备方面,一九八九年全军院校图书馆中,全有了电子计算机。复印机已在各馆普及。另外还添置了

290

胶印机、光电誊印机、图书监视仪以及缩微、视听等设备。（3）干部得到充实和提高。许多院校选调事业心强，文化程度高，专业基础扎实的人员担任图书馆的领导。同时通过进修、培训、调整、补充等途径，努力提高干部的水平。各院校图书馆干部中，大专以上文化程度的，受过专业训练的人数都有增加。（4）业务工作不断改进。在馆藏建设上，已逐步形成具有学校专业特色的馆藏体系。在文献整理上，全军院校图书馆已按《中国图书馆图书分类法》和国家标准著录进行分类编目，并有计划地健全目录体系。在服务工作上，实行开架借阅，大大提高图书流通量。举办文献检索课，开展参考咨询、情报服务，主动满足教学和科研的需要。在技术研究上，一些院校图书馆已开始将计算机部分用于采访、编目、文献检索、期刊管理和图书管理中取得成效。（5）加强了馆际联系和协作。并且积极参加了各有关学会的活动，进行学术交流。

下面重点介绍几所军队院校图书馆。

一、国防大学图书馆

国防大学图书馆创建于一九五一年的南京军事学院，数次易名，沿革发展至今。图书馆是学校的文献情报中心，是学员深化学习的第二课堂。它的工作是教学和科研工作的重要组成部分。该馆新馆于一九八六年四月交付使用，新馆面积为 1 万余平方米，坐落在教学区中心。馆内根据自身业务特点，分设：采编

图79　国防大学图书馆外景

室、流通阅览室、报刊资料室、资料编辑室、技术室和二号院分馆。

国防大学图书馆是全军院校图书馆中建馆时间较早、藏书较多、规模最大的图书馆之一。

国防大学图书馆的馆藏是在原"抗大"分校、华北、华东军政大学、南京军事学院和政治学院等图书馆藏书基础上发展起来的。国防大学图书馆创建以来非常重视馆藏建设,注重搜集有研究价值的各类历史资料和最新图书资料,经过三十多年的积累,至一九八九年底已达130余万册。其中:中文图书110万册、外文图书5万册、中文期刊11万册、外文期刊1000册(合订本)。并以每年约为7000余种、3万余册的进书量在递增。从馆藏结构看主要有三个特点:一是军事图书资料、国民党时期的军事资料有较多收藏。在这部分资料中包括有"陆大"当时的教材、教范、教令、操典以及训练大纲、计划等,大部分属于"陆大"编印的材料,已属绝版,十分珍贵。二是历史资料收藏比较完整,其中有《四库全书》影印本、《中国近代史料丛刊》、《中国现代史资料汇编》、《国民政府公报》等大型丛书、丛刊以及各种历史报刊和地方志资料。三是中国人民解放军资料比较齐全。在中国人民解放军战史资料中,收藏有各野战军、兵团、军、师各个历史时期的军史、战史、作战电文等资料。另外,党史政治工作资料的收藏也较完整。国防大学成立后,校领导对图书馆在学校建设中的地位和作用十分重视,对图书馆的人员配备和人才引进极为关心,要求工作人员必须具备大学学历,并注意保留有真才实学的业务骨干。截止到一九八九年底,全馆编制专业工作人员60名,辅助工作人员30余名。其中从事图书资料工作十年以上的业务骨干占三分之一,专业人员中具有大专以上学历者占92%。在专业结构上,有图书情报、军事、政治、中文、外语、工程技术等各类专业人员,他们中有40%以上的人员能掌握1门外语。在专业人员中,具有高级专业职务的8人,占全馆人员的16%;具有中级专业职务(馆员、工程师)的26人,占全馆人员的54%。为了适应高层次教学和科研任务的需要,图书馆在专业人员的培训方面做了极大的努力,部分人员正在通过各种途径进行学习深造,以补充更新专业知识,强化外语水平,提高业务能力。随着图书情报业务工作的开展和专业人员素质的提高,学术研究工作取得了可喜的成果,先后出版了《苏联军事政治地理学》、《外国古代战例》、《〈纪效新书〉〈练兵纪实〉总说》、《中国古代兵法》、《图书情报手册》等著作译著 30 余种,其中部分著作曾荣获国防大学一九八八年度学术成果奖。此外,在军内外报刊和各种专业会议上发表各类学术文章 40 余篇,有的被评为优秀论文。

国防大学图书馆始终坚持为教学和科研服务,为军队现代化建设服务的工作方向。根据教学、科研的需要,馆内设有:报刊、过期报刊、工具书、外文、港台书刊、缩微资料、视听资料等 8 个阅览室,各阅览室陈列最新图书和教学参考书 10 万余册,中外报刊2500 余种,供教员、学员了解国内外情况参考。为了提高利用文献情报资源的能力,重视文献资料的加工整理,编印有《图书资料通报》、《期刊篇名目录》、《教学研究资料》、《动态文摘》等。其中《教学研究资料》在军内外发行,深受广大读者欢迎。此外还为《中国大百科全书·军事卷》,《当代中国丛书》军事、政治分卷,《解放军历史资料丛书》,各省市地方志,军事志等大课题编写组,提供了大量历史资料。按照规划,现已建成计算机图书资料采编管理系统、流通管理系统、图书资料检索系统,实现了自动化。在总部的支持下,已于一九八八年引进了全套缩微资料制作系统,它可以完成缩微片的拍摄、冲洗、拷贝、储存、阅读复印任务。便于院校间的资料交流,总部决定国防大学图书馆为北京地区缩微资料的制作中心,负责该地区军队院校图书馆缩微资料的制作加工任务。

国防大学图书馆在编制规格、编制人数、藏书数量等方面,在全军院校中居首位,在开展馆际交流方面具有良好的条件。该馆是全军院校图书馆组织的牵头单位,受总部委托经常代表军队院校图书馆参加地方图书情报团体组织的各种学术活动,以沟通军队院校图书馆与地方同行的业务联系。与国内 600 多个单位有固定的资料交换关系。该馆又是对外开放单位,五年来图书馆先后接待了来自世界各国的军界领导人和友好人士 11 批、1000 余人来馆参观访问,进行学术交流,同时与国外军事院校图书馆互赠图书资料。

二、国防科学技术大学图书馆

国防科学技术大学图书馆(简称国防科大图书馆)的前身是一九五三年建立的哈尔滨军事工程学院图书馆。初建时,仅有中外文图书 1 万余册,期刊几十种。经过十几年的努力,一九六五年底馆藏达到 54 万册、期刊 2000 多种。"文化大革命"期间,馆藏减至 40 万册。一九七八年改建为国防科大图书馆,通过各种途径积极收集采购,馆藏有了很大发展,服务工作也有了新的进展。

国防科大图书馆位于长沙上大垅学校内。一九八九年在编工作人员共 70 人,高级专业职务 6 人、中级专业职务 21 人。馆内设有采编、流通、阅览、期刊、咨询服务等部门。

一九八五年国防科大图书馆新馆建成,馆舍面积 11350 平方米,有社科、第一科技、第二科技、文献检索、教师科技等 6 个阅览室,1200 个阅览座位。书库可藏书 120 万册。馆内设有 PDP－11/24 微型计算机 1 台,附有 10 个使用终端设备。此外还有缩微平片复印机、缩微阅读机、复印机等。

经过三十年的努力,国防科大图书馆已形成了一个以数学、物理、化学、电子技术、计算机科学、精密机械和航天科学等学科为重点的藏书体系。截止到一九八九年底,藏书总计 90 余万册,其中:中文图书 578145 册、外文图书 212010 册、中文期刊 36452 册、外文期刊 74565 册、报纸 70 种。科技报告 10 万件,缩微平片 11 万

图80　国防科学技术大学图书馆外景

张。其中:科技期刊、会议录、检索工具书刊和 NASA 等科技报告比较完整和系统。为揭示、报道馆藏,设有分类、书名等目录。

　　该馆积极开拓新的服务领域。编制推荐书目,举办新书展览,配合科学研究进行定题服务、跟踪服务,开设"科技文献检索与利用课",配合学生思想教育进行课外阅读辅导,创办《读者之友》园地等都受到了学校师生职工们的欢迎。

　　该馆还与地方各图书情报机构、各高校图书馆开展横向协作,同两广地区军队院校开展馆际交流,使文献资源得以共享。

　　为了提高工作的效率和服务的质量,正着手试验计算机在采编、流通、检索等方面的应用,逐步从传统的服务方式走向现代化。

三、空军政治学院图书馆

　　空军政治学院是一所培训空军政治干部、理论教员和全军图书馆档案专业技术干部的学校。空军政治学院图书馆要为上述两项任务的教学和研究服务。因此,该馆在文献收藏上,在工作方法上,都具有其特点。在文献收藏方面,以马列主义、毛泽东思想基础理论为核心,以军队政治工作及相关学科为重点,并兼顾收藏图书馆学、情报学、档案学的教学研究资料。文献载体形式由单一的印刷型向缩微型、视听型多种形式发展。在工作方法方面,更着重现代化技术的开发、试验和研究,以期能提高工作效率,并为图书馆档案专业学员提供更好的学习研究的条件。

空军政治学院图书馆始建于一九八三年五月,馆址在上海市江湾五角场。组织机构设采编、流通、期刊、情报和技术等 5 个工作室。一九八九年有工作人员 23 人,其中:高级专业职务 1

图81　上海空军政治学院图书馆外景

人、中级专业职务 7 人。馆舍面积 5864 平方米,设有报刊、参考、外文、资料、检索、教员图书、教员期刊、学员图书、学员自修 9 个阅览厅,有阅览座位 800 个,并有视听室、缩微资料制作室、缩微资料阅读室及学术报告厅。视听室有电视机、录像机、录音机等。缩微资料制作室有胶卷、平片拍摄制作全套设备。学术报告厅有闭路电视系统,大屏幕投影、音响设备等。截止到一九八九年底,馆藏各种文献总计 43 万余册(件),其中:中文图书 409891 册、外文图书 5162 册、中文报刊 13339 册、外文报刊 1309 册、普通古籍 4500 册。

在工作上,该馆采用 HP－3000/52 型电子计算机,自行开发应用程序。采访、编目、检索、流通和统计过程基本已实行电子计算机管理。编目按《中国图书馆图书分类法》和文献著录规则建立机读目录。读者可以在服务台的检索终端上查找自己需要的图书。借书、还书、预约、登记和注销，都由电子计算机管理。实行全面开架借阅，读者可自选书刊。计算机进行流通统计，为采访和流通工作提供信息反馈。计算机安装的国际卫星电传终端可以为军内外教学、科研、企业和贸易单位检索美国 DIALOG 系统各种文档。

该馆重视主动服务，开展文献检索咨询、定题追踪等服务项目，编印有《教学参考》、《政工信息》、《政工题录》、《新书简报》和《新期刊索引》，为教学、科研和军内外政工单位提供情报资料。

第三节　党校系统图书馆

中国共产党的各级党校是培养、训练社会主义现代化建设事业所需要的既懂理论、又有实际工作能力的党的各级领导干部的学校。党校图书馆的主要任务是运用书刊资料，宣传马克思列宁主义、毛泽东思想，宣传中国共产党的路线、方针和政府的政策、法令；密切配合教学和科学研究的需要，做好书刊文献的采集分编、流通阅览、读者辅导、参考咨询和情报服务工作；结合中国社会主义现代化建设中有重大实践和理论意义的课题，收集、研究和编译有关参考资料，向有关部门提供文献信息。

中国共产党从诞生之日起，就十分重视党校教育工作。新中国建立后，由于社会主义革命和社会主义建设的需要，党校教育事业有了很大发展，全国地（市）、县（区）级党校都设有图书馆（室），中央、省级党校图书馆都有一定规模。至一九六六年，虽然几经运动的影响，业务工作受到一些挫折，但总的说，党校图书馆仍然是有发展的。据不完全统计，"文化大革命"前，仅中央、省级党校有图书馆 30 所，工作人员 407 人，藏书达 440 万册。

"文化大革命"中，党校停办，其图书馆遭到严重破坏，藏书受到不同程度的损失。

一九七七年十月,中共中央作出《关于办好各级党校的决定》。在此前后,全国各级党校陆续恢复,一九八二年中共第十二次全国代表大会召开后,随着党校教育事业的蓬勃发展,党校图书馆在坚持改革、开放的总方针指导下,发生了巨大变化。图书馆的工作条件也得到明显改善,经费、人员连年增加,设备不断更新。

党校图书馆在为党校教学与科研服务的过程中,适应图书馆向情报化、网络化、现代化发展的趋势,从党校教育的实际出发,改革创新,发挥优势,逐步形成具有自己特色的文献情报系统,为党校教育事业作出了应有的贡献。

党校学员以学习、研究马克思主义基本理论和中国共产党的路线、方针、政策为主课,因此在党校图书馆的藏书中,马列经典著作,中共和国家领导人的著作,政策法令等占有突出的地位。马列著作及其研究资料品种齐全,复本充足,与党校基本课程有关的哲学、政治经济学、科学社会主义、中共党史和党的建设等方面的书籍,是党校馆藏的主体,一般占总藏的 60% 以上。除图书、报刊外,党校一般有交换资料。在全国的社会科学文献网络中,有关这方面的文献资料,各地党校图书馆起着重要作用。

党校图书馆的读者是教学科研人员和学员,学员都是中共各级党政领导干部和理论干部。根据这一特点,阅览室普遍实行开架,书库除允许教员入内选书外,不同程度地实行开架借阅。有的省委党校图书馆向所有读者实行全开架借阅。为方便读者,大部分党校图书馆根据教学进程,及时把主要参考资料和必读文件送到学员手中。中央党校等图书馆设有专职咨询员为读者提供咨询服务。有些省、市级党校和中央党校图书馆经常举办图书资料展览,开设专题讲座,帮助学员们学习和研究。

党校图书馆历来重视文献资源的开发与利用,重视情报研究工作。早在"文化大革命"前,中央党校,省、市、自治区党校的情报资料工作就有相当基础,许多图书馆设有专职资料研究员。围绕建设有中国特色的社会主义实践中的重大理论问题,开展情报资料的收集、整理、研究工作。如江苏省党校图书馆的资料员按专业分工,实行"定向培训、定向研究、定向服务",配合对口教研室开展资料研究,承担国家、省、校三级科研课题。新疆自治区党校资料室的两项研究获得自治区社会科学优秀成果三等奖。江西、福建、上海等党校图书馆紧密配合本地区经济建设,开发地方文献资料,起到了科研的哨兵与参谋作用。

编印资料信息刊物,加强情报职能,是党校图书馆工作的一项任务。到一九八九年底,党校系统图书馆出版的刊物有 100 余种。这些刊物提供重大理论信息和反映现实问题,报道及时,对教学、科研都有很大参考价值。

中共第十二次全国代表大会以后,为了适应社会主义现代化建设的需要,各级党校相继开设进修班、培训班、研究生班以及各种类型的研讨班。同时,随着改革、开放的深入发展,各级党校的理论阵地作用需要进一步发挥。这种形势,要求党校图书资料工作在领导体制、科学管理、专业队伍和协作网络等方面,加强自身建设。

按照新确定的体制,各级党校图书馆均已成为校委领导的独立机构。天津、河南、北京、上海、福建等党校已先后建立本系统或本校的文献情报中心。

为了提高工作人员的水平,各地党校采取多种渠道和形式加强专业干部培养。据中央和省级 26 个党校统计,工作人员中具有大专以上文化程度的占 58%。中央党校、北京市党校合办的全国党校图书资料情报领导干部培训班已举办两期。四川、安徽、江苏、广西、广东、吉林、新疆、陕西、重庆等省、市、自治区党校多次举办各种形式的图书资料人员短期培训班、研讨班。有些党校图书馆还选派业务干部随本校学员一同学习,以提高他们的马克思主义理论水平。

各地党校图书馆之间的协作和横向联系迅速发展。全国党校系统已成立图书馆联络组织,编印《党校图书资料工作动态》,召开年会,组织经验交流,进行学术探讨,安排协作项目,联合编辑多种书目资料。

一九八五年在重庆召开的全国党校图书资料情报工作座谈会及通过的《全国省、市、自治区党校图书馆(图书资料室)工作试行条例》,使党校图书资料工作有章可循,成为党校系统图书资料工作不断向新水平迈进的起点。

以下介绍几所党校图书馆。

一、中共中央党校图书馆

中共中央党校图书馆坐落在北京西郊颐和园北面的中央党校院内。它的前身是一九三三年建立的马克思共产主义学校(即苏维埃党校)图书馆,校址在中央苏区瑞金。在当时艰苦环境中,图书馆的藏书不多,由教员成仿吾兼管。一九三五年,红军长征胜利到达陕北后,马克思共产主义学校改名中共中央党校,图书馆也随之改名为中共中央党校图书馆。抗日战争时期,中共中央党校图书馆逐渐扩大,藏书增加,在以中共中央党校为重点的延安整风运动中发挥了积极作用。解放战争时期,中共中央党校暂时停办,在战争环境中,图书馆的藏书大部分散失。一九四八年,中共中央决定创办高级党校,名为马列学院,重新建立图书馆,一九四九年三月随学校由河北省平山县迁至北京。当时藏书 3 千册,工作人员 2 人。以后党校更名(中共中央高级党校、中共中央党校),图书馆也随之更名,最后改用现名。馆舍面积 7000 平方米,藏书 114 万册,其中:中文图书 77 万册、外文图书 7.6 万册、中文期刊 8.8 万册、外文期刊 2.8 万册、普通古籍 12.6 万册、善本 1.3 万册,报纸 4 万册。馆内设采编部、出纳阅览部、书目参考部、外文部、现代技术部及办公室。有工作人员 67 人,已获专业技术职务 55 人,其中高级职务 9 人,中级职务 28 人。

五十多年来,中共中央党校用马克思列宁主义、毛泽东思想教育和培养了大批干部,图书馆也作出了一定贡献,在中共十一届三中全会和中共十二大以后,该馆在坚持改革的进程中,发生了很大变化,正向现代化、研究型迈进。

该馆经过多年的努力,较之新中国建立以前,馆藏增加较大,并有党校特色。藏书以哲学社会科学为主,尤其是马列著作和毛泽东著作及研究马列著作、毛泽东思想的书刊资料、中共的文献及党史、党建方面的书籍等占突出地位。藏有版本比较齐全的马克思、恩格斯、列宁、斯大林及毛泽东的著作,包括早期版本。此外,马列著作的各种文本的全集、选集也比较齐全,同时还收藏有毛泽东等人保存和使用过的部分书籍。

在社会主义现代化建设中,为适应培养新时期干部的需要,该馆广泛采集国内外研究马列主义和哲学社会科学的书刊资料,对国外马克思主义理论研究书刊的采集尤为关注。一九八二年起每年外文图书进书量都达 1 万册。现馆藏外文图书比“文化大革命”前增加近 4 倍,以马列著作和哲学社会科学为主体的外文藏书已有一定规模。有力地配合了教学与科研工作。

该馆的主要读者是学员和教研人员。图书馆以各种方式为读者提供最大的方便。开设不同形式的阅览室,有报刊、外文、过刊、工具书、港台书刊、缩微等阅览室和马列著作、哲学、政治经济学、经济管理、科学社会主义、党史、党的建设、法学、领导科学、历史、语文等专业阅览室。全部外文书刊及部分中文图书实行开架借阅。这些措施大大方便了读者。仅一九八六年到馆读者就达16.6 万人次。

按照党校理论联系实际教学方针的要求,该馆围绕建设有中国特色的社会主义和改革、开放等一些当前重大问题配合教学和科研工作,一九七七年以来编印了50多种书目、索引和文摘等,提供二、三次文献服务。

该馆编辑出版了《信息·文摘》等几种刊物还定期展出剪报供参考阅览。该馆设有咨询台,为读者解答各种问题。另外,除经常展出新闻图片外,还配合教学与当前国内外大事举办专题书刊图片、科研成果、书法绘画及实物的展览,扩大学员的文化视野,丰富文化生活。

该馆注重现代化技术的研究和应用。一九八二年该馆成立了现代技术部,购置了必要的技术设备,开展了静电复印服务项目。该馆已拥有一定的缩微复制能力,已将馆藏的部分孤本、珍本书刊翻拍复制成胶卷。一九八四年起在外文图书流通和西文图书分编工作中使用计算机。

该馆工作人员结合自己的专业和教学工作从事科研活动,已经取得了一批成果。一九八〇年以来,已正式出版专著、编辑书籍15种,发表专业文章及其他文章400多篇。

二、中共天津市党校系统图书资料中心

中共天津市党校系统图书资料中心位于天津南开区水上公园,它包括中共天津市委党校图书资料室和全市36所区县局党校图书资料部门。中共天津市委党校图书资料室的前身是一九四九年组建的政训班图书室。一九五二年随中共天津市委党校的命名改为图书馆。一九五七年二月,中共天津市委党校与市行政干部学校合并,成立中共天津市委中级党校,同时合并的两校图书馆改称图书资料室,工作人员19人,藏书6万余册。“文化大革命”期间党校停办,图书资料损失殆尽。一九七七年十月后恢复党校和图书馆,到一九七八年底,已恢复到原有的藏书规模。一九七九年,新建近2000平方米的图书资料楼投入使用,阅览、咨询、资料工作都得到加强,馆藏图书日益增多,并编印有三种资料刊物。

中共十二大以后,为适应党校教育事业发展和大规模培训各级干部的需要,中共天津市委组织部、宣传部与市党校议定,以市党校图书资料室为基础,成立天津市党校系统图书资料中心(简称中心)和天津市党校系统图书资料中心工作委员会,既为天津市党校教学科研服务,又为全市36所区、县、局党校服务。

中心成立三年来,已取得下列成绩:

完善管理体制,发展馆藏特色。中心下设四个部:采编流通部、咨询阅览部、资料研究部、综合技术部。有工作人员28人,其中具有大专学历的占58%,高级专业职务3人,中级专业职务3人。为加强自身的建设和管理,制定了22项规范细则、条例制度和岗位职责。中心藏书量增加较快,年进书平均2.5万册,经过剔旧,质量不断提高,结构更趋合理。收藏以马列著作及其研究、哲学社会科学著作为主,以中共党史、党建和党的政策文献为重点。截止到一九八九年底,已入藏图书28万余册,其中:中文图书260732册、外文图书369册、中文期刊13365册、外文期刊3000册、普通古籍10420册、善本100册。另有报纸1万册,声像资料1266件,订阅报刊953种。

深化服务工作。为了便利读者阅览,书刊阅览全部实行开架,并允许教员入库选书;所设图书、报刊等阅览室开展咨询服务,使服务日趋活跃。一九八六年借阅书刊10.5万册次,年阅览者1.67万人次。

编印《资料月刊》,以各学科文摘和专题综述为主,辑集实践和理论上的新问题、新观点、新资料、新信息。并设“要论摘编”、“政策顾问”、“当代社科人物”、“书刊知识”、“资料工作”等20多个栏目。选剪国内报刊资料,编排复印成周刊《报刊文摘(复印版)》。这些资料信息刊物,与咨询、阅览、采编、借阅等工作相配合,使服务工作不断向广度和深度发展。

重视智力投资,提高专业人员素质。对新调入的缺乏专业知识的职工,选送学习大专专业课程。此外,还经常选送职工参加短期业务进修、技术培训,自办业务讲座等。中心还为所属各党校图书资料人员开办短期业务培训班,组织经验交流。

三、中共陕西省委党校图书馆

中共陕西省委党校图书馆是党校系统创办较早的图书馆之一,它的前身是一九三七年创立的中共陕甘宁边区党校图书室。一九四一年,随着边区党校改名,该馆也改名为中共西北党校图书馆。该馆建立以后曾得到中共中央党校和有关方面的支援,藏书增加很快,但大部分在国民党部队进攻延安时散失。馆内还珍藏有少量陕北公学图书馆、晋绥图书馆和八路军一一五师、一二〇师、一二九师图书室的藏书。一九四九年七月,中共西北党校迁入西安,曾先后改名为中共中央第二中级党校、中共西北局党校、中共陕西省委党校,长期担负培训西北地区党政干部的任务。与此相适应,图书馆的规模不断扩大。到一九六五年,已建成独立的新馆舍 4300 平方米,藏书达 20 多万册,其规模在当时省级党校中名列前茅。"文化大革命"中,陕西省委党校停办,藏书受到损失。

一九七八年中共陕西省委党校复校后,学校教育逐步走向正规,相继设立了轮训班、培训班和研究生班。图书馆也不断开拓服务领域,提高服务水平,与教学科研同步发展。到一九八九年底,馆舍扩建 5900 平方米,馆藏近 36.5 万册。其中:中文图书 30 万册、外文图书 4000 册、普通古籍 1.6 万册、善本 350 册、报纸 3000 册。工作人员 26 名,高级专业职务 2 人、中级专业职务 8 人。馆内有借书处,文艺书开架借阅处,外文、报刊、过刊、历史文献阅览室,三个专业教学参考阅览室和一个展览厅,共有阅览座位 280 多个。资料组编有《教学参考资料》和《文摘与资料》等刊物。该馆是校委领导下的全校文献情报中心,同时承担着对陕西省各级中共党校图书资料业务的协调指导和干部培训任务。

该馆藏书中马列主义经典著作及其研究资料的品种、版本、数量都占有突出的地位,包括一批延安时期的革命出版物,有的藏书中还有老一辈革命家的手迹。社会科学理论著作占60%左右。为适应党校学制和课程设置的变化,该馆既注重收集对马列主义进行研究的新著作,又不断充实法学、领导科学、管理科学、现代科技等方面的书籍,并增补外文书刊,剔除陈旧、过量复本,使藏书结构渐趋合理。该馆每年订阅报刊上千种,藏有报刊合订本3万册。并设有中共党刊阅览室。

该馆根据党校教学以自学为主,学员自我管理能力较强的特点,本着"有利教学、方便读者"的原则,向读者提供尽可能多的阅读场所,主动为读者服务。文艺书库和各阅览室向全体读者开架,借书处全天接待读者。基本书库已对教员开架。除此之外,还开展了新书推荐、预约登记、送书上门、文献检索知识教育、印发专题参考书目和参考资料的服务工作。在各教学参考阅览室中安排了教员工作室。该馆还与陕西地区60多个单位建立了馆际互借关系,并为本省领导部门提供文献情报服务。全馆每年读者总数有5万多人次。为了加强图书馆的情报职能,一九八一年以来,该馆配合学校主要课程的教学,先后开设了哲学、科学社会主义、党史与党的建设、经济学与经济管理等专业阅览室。还按学科配备了专业资料员,负责编制题录、文摘、索引等,为读者提供二、三次文献。

第四节　中小学校图书馆

中小学校图书馆的基本任务是向师生宣传马列主义和毛泽东思想,宣传中国共产党的路线方针和政府的法令,传播科学文化知识,为提高教育质量,为培养德、智、体全面发展的有理想、有道德、有文化、有纪律的一代新人的社会主义教育事业服务。中小学图书馆要根据教学的要求,给教师提供他们所需要的教学用书和教学参考资料,以便他们不断提高教学质量。广大中小学教师和学生是中小学图书馆的服务对象。图书馆要以其多样的健康的图书报刊丰富他们的课余生活,开阔文化视野,帮助他们理解课堂所学和陶冶情操、确立正确人生观以及养成读书自学习惯等方面做艰巨工作。

新中国建立后,由于中国共产党和人民政府对教育事业的重视,特别是六十年代初的一段时间里,教育事业发展较快,中小学图书馆(室)的建设也相应地引起重视。一九六五年八月三十日教育部在《关于购买教学图书问题》的通知中,向各省、自治区、直辖市教育厅、局提出:"各厅、局与财政厅、局商量,注意今后给中小学多安排一些图书经费(在杂费收入中也可适当调剂一部分),尽可能按用款计划及时拨款,使学校有计划地订购各种必需的图书。"教育事业的发展和教育部的重视,推动了中小学图书馆(室)的建设。到"文化大革命"前夕,中国城市和沿海发达地区的多数中学已经设立了图书馆(室),其中有些已初具规模。一般县、市中,少数条件好的县立中学也建起了图书馆(室)。小学图书馆(室)的建设也有了初步的发展,城市中少数条件好的学校开始建起图书馆(室)。"文化大革命"使初步发展的中小学图书馆事业遭到了严重的破坏,处于瘫痪状态。

中共十一届三中全会以后,学校工作逐步转移到以教学为中心上来,中小学图书馆事业得到了较快的恢复和发展。一九八一年五月,文化部、教育部、中国共产主义青年团中央联合召开了全国少年儿童图书馆工作座谈会。会后,国务院办公厅转发了文化部、教育部、团中央给国务院的《关于全国少年儿童图书馆工作座谈会的情况报告》。报告中提出:"各地要加强领导,从当地情况出发作出规划,分期分批进行中小学图书馆(室)的恢复和建设。

建议各地在分配普通教育经费时,应按学生(或班级)数目,安排一定数量的图书购置费。"其后,一九八一年六月十日教育部又转发了《天津市中小学图书馆(室)暂行工作条例》,这两个文件对中小学图书馆(室)的建设,都起到了推动作用。许多省、市、自治区教育厅(局)转发了这两个文件,要求整顿、加强本地区的中小学图书馆工作。

这一时期,有些省、市、自治区中学图书馆事业发展较快,藏书数量也有增加。例如,浙江省一九八一年以来,全省71所重点中学新建图书馆(室)面积1万多平方米,新建学生阅览室7600平方米,添购图书9.64万册。北京市中学,绝大多数已设有图书馆(室)。每馆平均藏书2万册左右。70%以上的学校设有教师阅览室,60%左右的学校设有学生阅览室,远郊区(县)中学平均每馆藏书7000册左右。就全国看,城市中除远郊区(县)的中学外,其他中学都有了图书馆(室),农村县中和条件较好的中学也建立了图书馆(室)。

小学图书馆事业也比以前有了较大的发展。在城市,重点和条件较好的小学都建起了图书馆(室)。据江苏省常州、湖南省常德、益阳、四川省成都市及上海市六个区的统计,在4745所小学中,有1934所建立了图书室,占总数的40%。在农村县、乡镇中心小学和实验小学中部分建立了图书室。据辽宁凤城满族自治县、河南省巩县、河北省晋县、山东省诸城县、江苏省武进县、湖南省桃江县六个条件比较好的县的统计,在3272所乡镇以上中心小学和少数完小中,建有图书室的占40%左右。小学的藏书量也在增加。据辽宁省的统计,一九八〇年小学共藏书174.3万册,到一九八六年藏书增加到848.4万册。据河南省开封市一九八五年统计,四个区50所小学的藏书共15.5万册,是"文化大革命"前的15倍。这一时期,中小学图书馆的经费已有一定的保证。其来源主要有三种:一是国家拨给的经费,即根据教师和学生的人数,按年或按月从教育事业费中直接拨出,如上海、北京等的定额图书经费。二是教育行政部门的一次性补助。如一九八六年辽宁省凤城满族自治县教育局,从其他经费中拨款 6 万元用于小学图书经费的补贴。三是自筹(即利用校办工厂或勤工俭学的收入)和接受机关团体、企业事业单位以及热心少年儿童教育事业的海内外人士的捐助。

这一时期,中小学图书馆已开始建立起一支有一定数量的专职管理人员队伍,而且在业务水平上有所提高。例如,北京市市属中学图书馆(室)的管理人员中约有 60% 为专职人员。河南开封市、北京、上海、湖南、辽宁等省市已对中小学图书馆工作人员进行了短期或不定期的培训。其中北京市受过图书馆专业培训的工作人员已占总人数的 42%。天津、浙江等省、市还分别召开了中小学图书馆工作经验交流会。这些措施,都对中小学图书馆工作的开展和提高起到了推动作用。

总之,四十年来,中小学图书馆事业有了一定的发展,特别是中共十一届三中全会以来,发展得比较迅速。但从整体上看,全国各地发展很不平衡,城市和沿海发达地区中建设发展较快,并取得了一定成绩,而边远地区和农村的中学和小学还有很多没有建立图书馆(室),这是一个有待统筹解决的重要问题。

下面介绍几所中小学图书馆。

一、北京师范大学附属中学图书馆

北京师范大学附属中学(简称北京师大附中)位于北京宣武区南新华街 18 号。其前身是创建于清光绪二十七年(一九〇一年)的五城学堂。北京师大附中图书馆是在五城学堂开办时建立的。解放前经费不多。一九四九年时共有藏书 37601 册,书库和阅览室面积不足 150 平方米。

新中国建立后,在中国共产党和人民政府的关怀下,北京师大附中图书馆得到了很大发展。截止到一九八九年底,藏书已达 15 万册,订有报纸 45 种,期刊 240 种。该馆几十年来配合教学已积累了比较齐全的中学各科教学参考资料和工具书。在采购图书时经常征求教研室、教师们及学生们的意见,发放学生课外阅读调查表,了解学生阅读倾向,合理制定购书计划,不断补充、更新藏书,使该馆保持着以中学各科教育教学参考资料为主的馆藏特色。

图 82　北京师范大学附中图书馆阅览室

师大附中图书馆设有采编室、教师书库、学生书库、教师资料室、学生阅览室和报刊库。馆舍面积 450 平方米,阅览座位 150 个。正式在编人员 6 人,全部接受过图书馆学专业培训,其中有大专文化水平者 3 人。馆藏图书自一九八七年起,按《中国图书馆图书分类法》分类,按国家标准著录。设有分类目录、书名目录和著者目录。所设阅览室,对教师和学生都采取开架方式。书库对教师开架,对一般学生则采取半开架方式。平均每周对教师开放三十四小时,对学生开放十四小时。一九八九年,全校教师年借书量 7548 册,人均 45 册,学生借书量 8299 册,人均 7 册。

北京师大附中一直保持着一支事业心强、师资素质高、治学严谨、教育有方的教师队伍。这对附中图书馆工作无疑是一个不断前进和发展的动力。为配合教师教育教学的需要,该馆广泛收集有关的书刊资料,按课本及教学大纲编制各科教学参考资料索引,受到教师们的欢迎;尤其对青年教师备课帮助很大。该馆已与国内几十所中学建立了资料交换关系。教师资料室收有比较齐全的各类教育教学工具书和各科教学最新资料,供教师们进行研究和参考。

北京师大附中一贯注重学生的德育,注重学生的全面发展,尽量为学生创造和提供一个良好的学习环境和条件。图书馆也力图采用各种活动方式向学生们进行思想教育和指导培养他们良好的阅读学习习惯。该馆在每学年开始时,都对由初一、高一各班选出的图书委员(2人)进行培训,负责全班同学借书,并通过他们向同学们介绍如何利用图书馆和介绍图书。为了宣传和介绍图书,除了每月定期编出新书介绍、新书目录外,还采用形象的画面,生动的文字,为学生编排如"学习雷锋"、"扬起理想的风帆"、"乘'科学'的火箭,奔向2000年"、"文学艺术的春天"等专题图书宣传板。配合节日、纪念日也经常举办图书展览和推荐图书。该馆还为学生开辟"读者园地"专栏,发表他们的读书心得体会和书评等,借以提高学生的阅读写作能力和兴趣。许多学生都认为图书馆是他们的良好的学习乐园,在这里不仅可以巩固和加深课堂上学到的知识,而且可以培养自学能力,打开眼界去认识了解自然和社会。

北京师大附中自创建以来,为国家培育了多方面的人才。附中图书馆工作人员也为他们能为教师们教学、为学生们学习贡献自己的力量而感到欣慰和自豪。

二、北京第四中学图书馆

北京第四中学(简称四中)图书馆建于清光绪三十三年(一九〇七年)。新中国建立前仅有藏书几千册,馆舍30多平方米。一九四九至一九六六年期间,随着四中教育事业的发展,图书馆也不断扩大。到一九六六年,藏书达5万册,馆舍200多平方米,工作人员4人。"文化大革命"中,四中图书馆受到很大破坏,图书损失近万册。中共十一届三中全会后,经过整顿、恢复,北京市政府为四中兴建了新馆舍,新馆于一九八八年竣工,同年九月迁入使用。使用面积1632平方米。设采编、流通阅览、教师资料室三个部门。一九八九年藏书10万册,现期期刊350余种,报纸40余种。工作人员9人,其中大专以上文化水平的4人。有8人参加过不同层次的图书馆专业知识学习。

图书分类,开始采用《东北图书馆图书分类法》,自一九七五年开始采用《中国图书馆图书分类法》。中小学试用本公布后,对试用本的一些类目注释做了相应增加。期刊分类,采用《中国图书馆图书分类法期刊分类表》。

图书著录,自一九八六年开始以《普通图书著录规则》为依据进行著录。设有公务目录两套(分类、书名各1套)。读者目录3套(分类、书名、著者各1套)。教师资料室设图书分类目录1套。期刊目录两套(分类、书名各1套)。书名、著者目录均按汉语拼音音序法排列。

该馆重视教师资料室的工作。将综合性资料室分为文科资料室,理科资料室,报刊阅览室。除为教师配备各种书刊资料外,还为教师编制专题资料索引。并对与该校有关的信息资料进行搜集、复制。如搜集、整理了40多所学校的试卷,供教师备课参考。

馆内设有打字机,复印机及微型计算机,以提高服务质量。图书流通,对教师实行全部开架,对学生实行开架、半开架、闭架三种方式。平均年借书量为2万多册次。开放时间,教师每周四十小时以上,学生十二小时以上。

三、北京第一实验小学图书馆

北京第一实验小学(简称实验一小),是北京市重点小学之一。它的前身是国立北京高等师范学校附属小学校,创建于一九一二年。校址在和平门外南新华街。

一九四九年北平解放前夕,该馆有藏书1万余册,书库及阅览室面积 50 平方米。

新中国建立以后,实验一小和它的图书馆都得到领导的重视。曾在一九二〇至一九二一年在该校担任级任教师的邓颖超多次来校看望勉励师生,并把她收藏的 130 册适合于少年儿童的图书,赠送给该馆,作为纪念。这些年实验一小图书馆还先后接受共青团中央和一些友好国家的赠书 2000 余册。

一九八九年实验一小图书馆藏书已增加到 3.4 万余册,其中儿童读物约占 64%。书库和阅览室总面积为 140 平方米,设 64个阅览座位,有管理员 2 人。平均每周对教师开放三十六小时,对学生开放十八小时。

为配合教师教学工作,实验一小图书馆有比较齐全的教育教学工具书和中、外各科教学的最新资料。工作人员还编制了《教育教学工作阅读参考索引》,供教师们参考。

为了培养儿童的阅读和学习能力,实验一小图书馆经常为学生举办各种读书活动,其主要方式,一是设立各班级"巡回图书箱"、"小学生文库",简化借阅手续,扩大阅读面。二是开设"阅读课"指导阅读,向学生推荐优秀图书,并请教师们解答学生的疑难问题。三是组织"古典诗文"、"中国近代史"等阅读小组,吸收学生们参加,进行学习,交流阅读心得。四是举办各种有益的竞赛和活动,如"我读一本书"、"爱文物知识"、"自然知识"和"小学生作文"比赛等。通过这些活动,已有一些同学和阅读小组获得北京市少年宫读书知识竞赛二等奖,北京市读书读报好少年奖,全国红领巾读书读报奖章,全国青少年环境保护知识讲故事竞赛一等奖等。通过这些活动不仅提高了学生们的阅读兴趣和自学能力,而且促使全校读书风气大大高涨。

第八章　其他系统图书馆

第一节　工会系统图书馆

　　工会图书馆事业是国家图书馆事业的一个组成部分,是中国工会的一项重要文化事业。在管理体制上,除极少数独立建制的图书馆是由市、区工会宣教部门或产业工会宣教部门直接管理外,主要有两种管理体制:一种是建在市、区、县工人文化宫、俱乐部内的图书馆(室),其日常工作由文化宫、俱乐部直接管理;另一种是在基层厂矿、企业中建立的图书馆(室),主要由基层工会管理。

　　工会图书馆的任务是:通过书刊对职工进行政治理论、时事形势教育,帮助职工学习马列主义、毛泽东思想的基本理论;对职工进行革命传统和革命理想教育,进行爱国主义和国际主义教育,进行法制和职业道德教育,使之成为有道德、有理想、有文化、守纪律的劳动者;为职工学习科学文化、技术知识,为企业提供信息,推广国内外新技术和群众性的革新创造提供智力支持;为职工提供优秀的文学艺术读物,引导职工读好书,在丰富职工业余文化生活的同时,陶冶职工高尚的品德、情操;尽可能地满足职工家属学习文化和阅读各种书籍的需要。

　　新中国建立初期,工会图书馆只有44所,一九五〇年发展到360所。随着国民经济的恢复和发展,至一九五四年工会图书馆(室)已经增加到17486所,藏书2400余万册。一九五五年七月,中华全国总工会在北京召开了第一次全国工会图书馆工作会议，讨论了工会图书馆工作的方针、任务，交流了工作经验。全国总工会确定工会图书馆工作的方针是"面向基层，为生产服务，为群众服务，为社会主义服务。"对工会图书馆的任务、建设、领导、编制、职责、经费来源和管理制度等方面提出了 33 条规定，并发出《中华全国总工会关于工会图书馆工作的规定》、《中华全国总工会关于清理工会图书馆藏书的决定》和《工会图书馆订阅报纸、杂志参考标准》三个文件，有力地推动了工会图书馆事业的发展，促进了工会图书馆工作质量的提高。一九五六年全国总工会宣传部在北京举办了"工会图书馆干部学习班"，培训了第一批工会图书馆干部，使工会图书馆工作开始向正规化、制度化、科学化发展。同年九月工人出版社出版了《工会图书馆工作讲话》，帮助更多的图书管理人员在业务上得到了提高。一九五八年上海市总工会等单位，开展了"鲁迅奖章读书活动"，吸引了广大职工参加，图书馆起到了良好作用，上海经验很快在全国推广。一九六〇年全国总工会宣传部在唐山开滦赵各庄矿召开了基层文化工作经验交流会，会上起草了《关于在工矿企业中开展红旗读书运动的意见》，加强了图书馆工作的政治思想性和群众性，促进了图书馆事业的发展，至一九六〇年底工会图书馆（室）达到 74234 所，工会图书馆在为广大职工群众服务，为社会主义建设事业服务中发挥了积极作用。

一九六一至一九六三年，经济困难时期，由于许多工厂关、停、并、转，基层工会减少，工会图书馆事业也随之缩小。在"文化大革命"期间，工会图书馆事业也遭到严重破坏。

粉碎"四人帮"后，一九七八年十月，召开了中国工会第九次全国代表大会，使被迫停止活动十一年之久的中华全国总工会又重新开始工作，工会的各项事业也逐渐恢复，工会图书馆开始复苏。中共十一届三中全会以后，工会图书馆事业得到迅速恢复和发展。一九七九年六月中华全国总工会在江苏无锡市召开了十四

报告的主题有政治的、有文艺的，也有职工们所关心的社会问题的。有时会前还编印辅导材料发给读者，帮助读者了解报告的内容。会上作家艾青、臧克家、草明、孟伟哉等的报告，戏剧家杜澎、金乃千等的朗诵表演都受到读者的欢迎。尤其是与北京市 20 个工厂企业职工合办的"书海文学知识竞赛"更是职工们所喜欢的。通过这些丰富多彩的活动，提高了职工们的思想，也提高了职工们的文化素质。

北京文化宫图书馆担负着全市工会基层图书馆（室）的业务辅导工作，一直与大家保持着紧密的联系。一九七一年以来，开展的辅导工作，大体可以分为 3 个阶段。一九七一至一九七六年主要是调查了解工会图书馆情况，帮助组建图书馆。初步统计，这一时期组建的工会图书馆约有 300 多个。一九七七至一九八三年，以举办短训班为主。这一时期共举办培训班 33 期，参加的有 15 个工业局的图书管理员 3204 人，通过培训，使工会图书馆队伍在业务上提高了一步。一九八三年以后是提高阶段，这一时期举办"图书馆岗位培训班"、"职称考核辅导班"等共 11 期，参加人数共 887 人。在业务辅导方面，为了以点带面，从一九七八年开始，组织化工路、呼家楼、酒仙桥 3 个地区的协作组，加强了本地区各馆之间学习和工作的合作，建立了馆际互借协作网，这一经验也在逐步向全市工会图书馆推广。

二、上海市工人文化宫图书馆

上海市工人文化宫图书馆（简称上海文化宫图书馆）位于西藏中路 120 号，始建于一九五〇年十月一日，是由中国共产党在民主革命时期地下斗争活动中建立的益友社、中华业余图书馆的基础上发展起来的。建馆时，藏书 3 万册，有工作人员 7 人。一九七八年，馆舍面积已达 2000 平方米，藏书已达 20 万余册。专职工作人员 14 人，其中大专以上文化程度 9 人，受过图书馆专业训练的

5 人。协助工作的退休教师、职员有 30 多人。组织机构设有基层辅导室、采编室和外借处。馆内有 3 个阅览室（阅览座位 600 多个），2 个专用教室（可容纳 200 人上课）和 1 个阅报厅。外借读者1200 人，每天到馆阅览和借书的读者约 2000 人次。三十多年来总计接待读者约 2000 万人次，流通图书约 400 万册次。

上海文化宫图书馆藏书以适合一般职工的文化程度的、具有教育意义的通俗图书为主，也注意入藏一部分职工自学进修所需的教学资料。每年可增加新书约两万册。

上海文化宫图书馆为了方便读者，一直坚持每天下午和晚上向职工们开放。借阅采取半开架方式，将新书和推荐书放在半开架书柜内，供读者挑选。阅览室有 400 多种期刊开架阅览，北京、上海报纸大部分张贴于阅报栏内。

图 83　上海工人文化宫图书阅报厅

上海文化宫图书馆一直重视读者阅读指导工作，经常举办读者会（读者座谈会）、读书辅导讲座、作家与读者见面会、结合图书的各科知识报告会、故事会、图书展览和陈列、报刊剪辑、读者征文、读者园地等活动，并定期出版《市宫书评》书刊。读书所起到的潜移默化作用并非是一朝一夕所能达到的。因此，上海文化宫图书馆对读者进行指导时，特别注意方式方法，循循诱导，并不强行灌输，急于求得成效。一九五七年与共青团市委等联合举办了"鲁迅奖章读书活动"，一九五八至一九六六年举办了"红旗读书活动"，粉碎"四人帮"以后，又与上海市总工会、共青团市委联合举办了"新长征读书活动"、"三热爱读书征文"、"振兴中华职工读

318

书活动"等。这些生动活泼的群众性读书活动掀起了青年职工们的读书学习热潮,在社会主义精神文明建设当中已逐渐显示出它的强大作用。

中共十一届三中全会以来,随着国民经济和建设的发展,青年们要求提高文化知识水平,来图书馆阅读自修的人数激增,馆方为了满足他们的要求,增添了自学参考书和各科基础知识读物,扩充阅览座位 400 个,还陆续举办了高中各单科自学辅导班和厂校教师进修班,这些工作已持续了七年,参加学习的读者总计有 31053 人次。通过学习辅导,许多青年考上大学,许多教师提高了教学水平。为此,一九八二年,上海文化宫图书馆被评为市业余教育先进单位。

作为上海市工会图书馆的中心馆,上海文化宫图书馆不仅要搞好阵地工作,起到示范作用,而且还担负着全市工厂企业俱乐部图书馆的业务辅导工作。自五十年代起就为全市工会图书馆举办过工会图书馆业务训练班,其中有普及图书馆基础知识的初级班,也有业务进修的高级班;有短期脱产的,也有业余学习的。从一九七九年到一九八六年,共举办培训班 40 多期,培训工会图书馆工作人员 4000 多人。与华东师范大学图书馆学情报学系合办的进修班已举办了 3 期,每期一年,共培训了 223 人。一九八五年起又举办了中央电大图书馆专业视听辅导班,有 72 名学员参加。一九八八、一九八九年举办了图书馆专业证书班。为了配合工会图书馆工作人员的业务学习,上海文化宫图书馆还编写了《工会图书馆基础知识》一书,经全国总工会宣教部推荐,一九八四年由工人出版社出版。一九八六年又接受全总宣教部委托,完成了《文化宫俱乐部工作手册》中的"图书馆"部分的编写工作。此外,一九八六年协助上海市总工会宣传部组织的上海工会图书馆工作竞赛评比活动,也使全市基层工会的图书馆工作有了进步和提高。

三、中国铁路工会锦州铁路分局图书馆

中国铁路工会锦州铁路分局图书馆位于锦州,它的前身是一九五三年建立的锦州铁路总工会锦州图书馆,建馆初期藏书 8000 册,工作人员 5 人。一九八六年改为现名(简称锦州铁路分局图书馆)。一九五七年新馆落成,十月一日开馆。新馆面积 1738 平方米,设有社科阅览室、科技阅览室、自学阅览室。共有阅览座位 180 个。组织机构,馆长下有采编、外借、阅览、管理等 4 个组。一九八九年共有工作人员 19 人,其中具有中级专业职务的 6 人。

锦州铁路分局图书馆藏书逐年增加,一九八九年已有 25 万余册,其中:中文图书 222409 册、中文期刊 32088 册、报纸 74 种。为了缓解书库的紧张状况,安装了 50 节密集书架和 80 节钢材固定书架。开展馆际合作,自一九八五年起,已与辽西地区 13 个有关的图书馆建立馆际互借关系。

图 84 锦州铁路局图书馆外景

锦州铁路分局图书馆的服务对象已扩大为全锦州地区的铁路职工和家属,同时对路外一些单位科研工作的需要,也提供方便。图书馆每周开放二十七小时,平均日接待读者 420 人次。一九八

320

九年共发出外借证 5500 个,平均日外借图书 194 册次。所有藏书按《中国图书馆图书分类法》分类,设有公务目录、分类目录共 2 套,并不定期印发推荐书目。为了方便科技人员查找资料,已实行开架借阅。

为铁路运输生产、技术革新服务是锦州铁路分局图书馆的主要任务之一。仅一九八六年一年,就为 194 人次提供各种科技资料 986 册次。职工们利用馆藏已在生产上取得不少成效。如分局财务科为确定机车用油指标,需要气温资料,利用馆藏报纸,查到数据,得以节省下一大笔咨询费。又如电务工程设计仓库场房时,参考馆藏,发现原设计数据不准,及时修改了方案,避免了 10 万余元的损失。

根据铁路线长、点多、工区分散等特点,锦州铁路分局图书馆自五十年代就利用流通图书箱为铁路沿线各点服务。一九六五年以后,进一步改进,把流动图书点的工作交给分局图书室管理,使沿线的图书工作点发展到 140 个。一九八二年郑家屯分局的流动图书工作在辽宁省总工会组织的图书工作经验交流会上得到好评。为了活跃铁路职工的业余文化生活,馆中还经常举办报告会、图书评论、振兴中华读书活动,宣传优秀图书,指导读者阅读,使职工们通过各种丰富的、高尚的读书活动,提高思想觉悟和文化水平。

此外,锦州铁路分局图书馆自一九八四年起,为职工和职工子女们连续四年,举办了 6 期自学班,由馆方提供学习图书和辅导,共有 518 人参加学习。经过学习,已有 151 人考上高等院校。

四、重庆钢铁公司工会俱乐部图书馆

重庆钢铁公司工会俱乐部图书馆(简称重钢工会图书馆)是在旧中国第二十九兵工厂职工图书室的基础上发展起来的。一九四九年重庆解放后,对原图书室进行了清理整顿,一九五三年五月

一日开馆。当时藏书约 1500 册,工作人员 2 人。其后馆址多次迁移,一九六六年初迁入重钢新山村工人文化室内,藏书已达 8 万册。"文化大革命"期间,遭到严重破坏,仅留下少数历史报刊资料。

一九七二年,重钢工会图书馆开始重建。粉碎"四人帮"后,逐渐恢复。直至中共十一届三中全会以后,才积极发展起来。馆址迁至重庆大渡口区九宫庙公路旁,馆舍面积 520 平方米。阅览室有阅览座位 104 个。

重钢工会图书馆下设办公室、阅览室、分编室、借书处,有工作人员 9 人。

截止到一九八九年底,馆藏总计为 12 万余册。其中:中文图书 120682 册、外文图书 450 册、中文期刊 3460 册、普通古籍 1290 册、报纸 2680 册。读者面较广,有工人、干部、技术人员、家属和学生。为了了解各方面读者的需要,馆方定期召开读者座谈会,征求意见,以供采购图书参考。馆藏图书已全部采用《中国图书馆图书分类法》和国家著录标准,进行分编。为读者设有分类目录和书名目录。

重钢工会图书馆每周开放六天,每天八小时。共发出个人和集体借书证 1300 个,日均接待读者约 1000 人次。阅览室工作人员,经常帮助读者熟悉目录和工具书使用方法,为他们选择图书。对于那些有明确学习目标,经常到馆的读者,尽量给予帮助。有不少职工通过在图书馆的自学,走向成才之路。图书馆特把这些读者组织起来,成立演讲队到各基层厂矿,汇报他们的学习经验和心得,从而激起更多职工们来图书馆自学进修。重钢工会图书馆注意图书宣传工作,常用图书展览、书刊评介等方式向读者推荐好书,指导阅读。使职工们能从优秀的精神食粮中吸取力量,提高思想。重钢工会图书馆举办的故事会、诗歌朗诵、猜谜活动也取得了良好效果。因为这些活动,不仅能提高职工们的阅读兴趣,而且可以陶冶情操,有益于身心。

为加强地区图书馆之间的联系和合作,重钢工会图书馆先后把公司所属的 36 个图书馆组织起来,成立了重庆钢铁公司图书协作组。针对基层图书室工作人员缺乏业务知识这一情况,重钢工会图书馆编写了一套《工会图书室管理工作》教材,在各地区短期工会图书馆管理人员训练班上,已讲授过 32 次。一九七八年在重庆市总工会和重庆市图书馆的支持下,又成立了由 18 个厂矿组成的大渡口至茄子溪地区厂矿图书馆协作组。重钢工会图书馆担任辅导工作,开展馆际合作、馆际评比、经验交流、图书互借等活动,多次受到全国总工会和重庆市总工会的表扬。

第二节　党政机关图书馆

党政机关设立的图书馆,根据本单位的专业需要,搜集、整理、保管有关专业文献,主要为本部门的读者服务。下面介绍几个图书馆。

一、中共中央宣传部图书馆

中共中央宣传部图书馆的前身是抗日战争期间设在延安杨家岭的中共中央图书馆。中共中央图书馆是当时中央机关内部供领导人员参阅使用的图书馆,是根据毛泽东的提议,中央作出决定成立的。毛泽东、张闻天等并赠送自己的部分藏书。曾于一九四四年编印有馆藏图书目录两册,分 16 大类,著录中文普通书 6000 多种,并附录延安其他机关的部分重要藏书 2000 多种。一九四七年国民党军进攻延安,中央各机关撤出时,曾带出大量重要报刊,大部分图书就地掩埋。延安收复以后,中央派人去取运这批图书,有些埋书地点已被破坏,便将所挖出的该馆和中央其他机关的图书一起运到河北省平山县西柏坡村，仍称中共中央图书馆，直属中央宣传部，于光远任馆长，负责领导馆务。一九四九年又转到北京西郊香山。这一批历经战火劫难保存下来的图书，和从延安带出的各根据地出版的报刊，后来都得到妥善收藏。

图85　中宣部图书馆收藏的原中共中央图书馆的部分图书

新中国建立后，中共中央图书馆进入北京市区内，一九五〇年改称中共中央宣传部图书馆（简称中宣部图书馆），一九五四年迁至沙滩今址。先后接收了原大连图书馆收藏的日伪满铁调查局在中国各地搜集的有关中国的书刊、资料，出版总署、三联书店、各大区中央局等单位的藏书，藏书数量迅速增长。截止到一九八九年底，中宣部图书馆共藏书46万册。其中中文图书39万册、外文图书2.5万册、中文线装书3.1万册、中文期刊4.5万册、外文期刊2000册、报纸合订本1.2万册、剪报合订本1.5万册。其重要特藏有：(1)原中共中央图书馆的部分重要藏书，大多是各抗日根据地出版的书籍和中央领导人赠送的个人藏书，有重要的史料和版本价值。(2)新中国建立以后，中宣部从全国各地采访征集到一大批珍贵报刊。如：中国共产党在上海办的《上海报》、《红旗画报》等，在苏区出版的有《犁头》、《青年实话》等，在海丰出版的《海丰日刊》，第一次国共合作时期国民党中执委在广州出版的《中国国民党周刊》，早期无政府主义的刊物《天义报》、《衡报》，辛亥革命时期的《鹃声》、《梅州》，其他如《上海时报》（一九〇五年创刊到一九三六年停刊）、英文《北华捷报》后改为《字林西报》（一九四一至一九五〇年）等，皆属国内罕见。（3）收藏着原上海鸿英图书馆剪辑的自一九一二年起到一九四九年五月上海解放前的全套剪报资料（中缺"孤岛"时期），这是一份研究民国史的重要资料。

中宣部图书馆组织机构设有采编组、借阅组、期刊阅览组。共有工作人员12人。馆舍面积2600平方米。设1个阅览室。

该馆的工作任务，主要是为本部的宣传业务和工作人员的研究工作及学习服务。由于历史的渊源，仍兼顾中共中央及各部门的某些政治任务和重要工作的需要，如中央及各部门起草文件，撰写重要文章，编辑《毛泽东选集》的注释，中央领导人编文集，写传记、回忆录等，都提供过资料和咨询服务。

为了使馆藏中的中央在各个历史时期的机关刊物得到更加妥善的保存和充分利用，中宣部图书馆从新中国建立初即进行整理，一九五三年以后，陆续呈报中央批准分批交付人民出版社等予以影印出版。有些报刊则提供原件请有关单位负责影印。先后印行了：《新青年》、《共产党》、《响导》、《政治周报》、《布尔什维克》、《红旗周报》、《斗争》、《解放》、《群众》、《共产党人》、《八路军军政杂志》、《劳动界》、《工人之路》、《苏区工人》等共50余种。

二、中共中央马恩列斯著作编译局图书馆

中共中央马恩列斯著作编译局图书馆（简称编译局图书馆）设在北京西斜街编译局内。它创建于一九四九年九月，原名中共中央俄文编译局图书馆。一九五三年,中共中央马恩列斯著作编译局成立,图书馆也随之改为现名。

作为中共中央的直属机构,编译局图书馆的主要任务是及时为中央提供图书情报资料,为编译马列主义经典著作,翻译中共中央重要文献,研究马列主义理论和国际共产主义运动史等工作提供图书资料。该馆即使在"文化大革命"期间,业务工作也未完全中断,全部馆藏仍完好地保管下来。

该馆馆舍面积 3575 平方米,书库可容纳近百万册藏书。设有参考工具书阅览室、现期报刊阅览室、目录室、复印缩微室,缩微阅读、拍摄、冲洗、复印等器材比较完备。

业务机构分为图书采购组、分类编目组、借阅咨询组、资料情报组,共有工作人员 21 人,具有高级专业职务的 10 人,中级专业职务的 4 人。

编译局图书馆的藏书是从一九四九年由苏共中央赠送给中共中央的 8000 册俄文图书起家的。此后,经过多方的搜集和补充,藏书总计已达到 34 万余册。其中:中文图书 137055 册、外文图书 172813 册、中文期刊 9806 册、外文期刊 10581 册、报纸 11731 册。已成为国内收藏马列主义文献最集中的机构。

馆藏特点是系统地收藏了马克思主义经典作家及其他马克思主义者的全集、选集、单行本的主要文种各种版本以及他们的传记和有关参考资料。其中《马克思恩格斯全集》国际版第一版、《马克思恩格斯全集》俄文第一版、弗·梅林编的《马克思恩格斯遗著选》、德文和俄文版的《马恩文集》;《列宁全集》俄文第一、二、三版,《列宁文集》俄文版;马克思、恩格斯和列宁著作的早期中译本,以及在延安等革命根据地和国民党统治区出版的版本;毛泽东的选集和单行本著作的各种版本等,都是比较珍贵的。馆藏的另一特点是国际共产主义运动史的有关史料较丰富。其中马克思主编的《新莱茵报》,列宁主编的《火星报》,德国社会民主党的理论

326

杂志《新时代》,苏联的《真理报》、《布尔什维克》杂志等都是全套的。五四时期的一大批进步期刊,例如:毛泽东主办的《湘江评论》,周恩来主编的《觉悟》,李大钊、陈独秀创办的《每周评论》、《新青年》等,也是该馆的特藏之一。此外,还藏有丰富的参考工具书 5 万余册。

该馆在补充馆藏的过程中,曾经得到国内外许多单位的帮助,获得不少珍贵资料。与国内外建立图书交换单位已超过 75 个。有些留学生和在国外的人士也把他们收藏多年的书刊赠给该馆。例如,日本爱国华侨刘明电先生把他在德国和日本收集的各种文字的马列著作及其他社会科学图书 8000 余册赠给该馆。

为了便于读者进行翻译和研究工作,该馆鼓励读者多来借书,一般借书册数不限,借期一年,如无人预约,仍可续借。全部馆藏,除善本之外,都开架借阅。据不完全统计,全局业务工作人员每人年平均借阅书刊近 1000 册次。为了图书资源共享,该馆一直向局外有关单位的研究人员开放。

该馆十分重视马列主义的宣传工作。一九五四年,举办过"马列主义经典著作在中国的传播"展览。一九五五年,举办的"列宁生平事迹展览",刘少奇、朱德等中央领导人曾来参观。一九八三年,该馆参加了为纪念马克思逝世一百周年而举办的"马克思恩格斯著作在中国"的图书展览,部分展品后来移送往联邦德国特利尔的马克思故居展出,引起了重视。

编制马列主义的专题目录是该馆的另一项重要工作。一九八三年编印了《研究马克思恩格斯著作和生平论著目录》(其德文节译本由联邦德国的马克思故居于一九八四年出版)。以后又编制了《研究列宁著作和生平论著目录》和有关马克思、恩格斯的外文书籍的主题卡片目录。还不定期编印《书刊信息》,及时报道入藏新书,介绍馆内特藏,报道学术动态。

该馆中外文图书分类一律采用经本馆自行修订的苏联托罗帕

甫斯基十进分类法。中外文图书设有分类、书名和著者目录,部分图书并有主题目录。

三、外交部图书资料室

外交部图书资料室成立于一九六九年。它是在外交部原有的业务阅览室基础上发展起来的,是为外交工作服务的专业性机关图书馆。

图书资料室下设采选、编目、阅览、编译等 4 个组,并附设一个为部内职工业余文化生活服务的小型图书室。图书资料室的工作人员流动性较大,人数不固定,现有 40 人。其中大多为外语干部和受过专业教育的,有高、中级专业职务 20 人。

图书资料室面积为 2100 平方米,其中书库 1900 平方米,阅览室 120 平方米。阅览室全天开放,室内备有一般常用参考工具书,并陈列新到书刊 200 余种。

图书资料室成立时,仅有图书 3 万余册和少量的报刊。经过不断搜集和充实,到一九八九年底藏书已达 37 万余册。其中:中文图书 5.4 万册、外文图书 7 万册、中文期刊 22689 册、外文期刊 199920 册、普通古籍 1.8 万册、报纸 12240 册。外文图书主要为英、法、德、俄、西、日等语种。此外也有一些小语种图书。每年新入藏图书约 8000 册。

为了使部内工作人员能更快地查到他们工作需要参考的资料,图书资料室图书的区分和排架都是先按照区域、国家,然后再按学科分类。这是该室工作中的一个特点。该室图书资料编有分类、著者、书名目录。采选组、编目组和阅览组各备有一套目录。

为了充分开发利用藏书,编译组编印了《书报摘编》,向读者提供一些参考资料和有关的国际信息,同时也介绍某些重点图书。该刊不定期出版。编目组也编印有《新书通报》,将近期入藏的图书及时向读者通报。

四、人民日报社图书馆

人民日报社图书馆是中国共产党中央机关报的图书馆。一九四九年四月建馆。原址在北京王府井大街,一九七九年随报社迁到北京朝阳门外金台西路。该馆主要任务是为本报编辑工作服务,业务工作以参考咨询为主,同时也为社内职工开展阅览和外借服务。

图书馆是该报总编室的下属单位。一九八九年有工作人员19人,其中图书馆学专业的4人,其他专业的3人。具有高级专业职务的6人、中级专业职务的3人。馆内业务工作分为采编、目录、典藏、阅览、参考和外文6个部分。

全馆藏书在建馆时只有几千册,经过四十年的积累,一九八九年藏书已有40余万册,其中:中文图书30万册,外文图书5万册,普通古籍5万册,善本1000册,中外文报纸合订本4万册,中外文期刊合订本3.28万册。馆藏特点以社会科学各类图书为主,以各种工具书为重点。长期保存图书的复本率为1至3册。有以抗日战争时期华北解放区的原版报刊为主的特藏文献。其中珍贵的有朱德签名的《解放》周刊,有较齐全的《抗敌报》、《晋察冀日报》和《新华日报》(华北版、太行版)等,其中部分报纸已经影印出版。

全馆建筑面积从2000平方米扩大到4000平方米,书库面积2000平方米,阅览室、参考室面积530平方米。共有读者座位75个,每天可接待近百名读者。有复印机一台、微机两台。

在该馆服务工作中,每天的夜班参考咨询是一个特点,主要任务是为当天本报版面查对资料,要求提供资料和解答问题迅速、准确。为方便读者,阅览室有开架书报刊向全社职工开放,参考室有5万多册各类基本藏书供编辑人员查阅资料使用。

历年来,该馆编印了一些书目索引,主要包括:(1)揭示馆藏的目录有分类、书名、著者、地区主题、人物附加主题目录,中外文报刊目录,工具书目录,特藏书目等。(2)有关本报的索引如每月编印的《人民日报索引》(一九四六年五月到一九八五年七月),按年编印的《人民日报索引》,已经出版的有一九四六至一九四九、一九五〇、一九六三和一九六四年4本。(3)关于革命历史报刊的索引有《十九种影印革命期刊索引》、《(延安)新中华报索引》、《(延安)解放日报索引》以及与北京图书馆合编的《(重庆)新华日报索引》。(4)配合本报编辑工作的资料有《马恩列斯毛关于报刊宣传的论著》、《主要革命报刊有关新闻业务资料索引》、《新闻学图书目录和资料索引》、《红楼梦研究资料索引》等。

第三节　部队图书馆

中国人民解放军的图书馆(室)(简称解放军图书馆(室)),是在部队各级政治机关领导下,收集、管理、传播和利用图书报刊资料,为建设现代化、正规化革命军队服务的宣传、文化场所,是部队政治工作中文化工作的一个重要组成部分。

解放军图书馆(室)工作的基本任务是:利用图书报刊资料,宣传马列主义、毛泽东思想和中国共产党的路线、方针、政策;传播一切有利于部队建设的科学文化技术知识,满足部队各类人员掌握现代军事技术和自学、深造的需要,为部队的教育训练和培养军地两用人才介绍图书资料;提供文学艺术作品尤其是军事题材作品,培养干部战士的共产主义理想、道德、情操和审美观,发展高尚健康的精神文化生活。

解放军图书馆分别设在军区、集团军、师和团级部队的军人俱乐部,连队设图书室。师以上单位图书馆主要为机关和直属分队的干部、战士和职工服务,团以下部队图书馆(室)主要为基层连队的干部、战士服务,并负责指导连队图书室工作,是解放军图书馆(室)工作建设的重点。师以上图书馆根据各部队不同情况,设有专职图书管理人员,团以下部队图书馆(室)均由业余或兼职人员管理。

解放军图书馆(室)藏书的采集,贯彻以马列主义、毛泽东思想为指导,坚持四项基本原则,根据部队图书馆(室)工作的基本任务和干部、战士阅读需求,兼顾政治理论、军事知识、科学文化和文学艺术等各类图书的适当比例,已逐步形成有部队特点的藏书结构。

重视图书馆(室)建设和读书活动是解放军的光荣传统。新中国建立初期,部队从战争转入和平建设,在解放军总政治部规定的“面向连队,为兵服务”的文化工作方针指导下,图书馆(室)工作始终作为部队辅助正课教育和课外学习的主要手段受到重视。一九五三年颁布的《中国人民解放军连队俱乐部工作条例(草案)》中,试行的《中国人民解放军团俱乐部工作细则(草案)》中,都列有关图书馆(室)工作的规定。因此,随着部队俱乐部工作的开展,部队图书馆(室)工作也得到较快的发展,各级政治机关相继建立了初具规模的图书馆,连队普遍建立了图书室。为充分发挥图书馆(室)的作用,一方面采取流动图书箱、图书车或集体借阅等方式,把图书送到连队战士手中,一方面举办读书报告会、朗诵会、座谈会、讲演会等活动,辅导图书阅读。一九六六年以前,团以上图书馆藏书逐年有所增加。连队图书馆(室)平均藏书量一直在数百册左右。“文化大革命”期间,部队图书馆(室)工作受到极大破坏,师以下图书馆(室)的图书基本散失殆尽。

一九七八年以后,军队建设进入了新的历史时期。一九七九年十二月召开的全军文化工作会议,根据中共十一届三中全会和一九七八年全军政治工作会议精神,提出了部队文化工作要为提高部队战斗力服务的方针。指出:读书已成为干部战士精神生活中的重大需要,应当继续努力把这项工作开展起来。此后,解放军总政治部向全军推荐一批以军事题材为主的文学读物,接着推广了部队兴办文化活动中心和普遍办好连队俱乐部的经验。随着全军社会主义精神文明建设的深入,部队学习科学文化和培养军地两用人才活动的开展,部队图书馆(室)的建设得到了很快的恢复和发展。

一九八三年六月,中国人民解放军总政治部文化部在成都军区A团召开了全军基层图书馆(室)工作座谈会,主要研究了在新形势下,如何进一步加强图书馆(室)工作,为部队的精神文明建设、学习科学文化知识和培养军地两用人才服务,为建设现代化、正规化革命军队服务。会上着重介绍了成都军区A团和河南省驻马店军分区图书馆工作的经验,提出了关于加强部队图书馆(室)工作的意见和供基层图书馆(室)用的参考书目。随后,中国人民解放军总政治部宣传部和文化部联合向全军正式转发了《关于加强部队基层图书馆(室)建设的意见》,促使部队图书馆(室)的建设,又得到了进一步发展。为了充实部队图书馆(室)的藏书,为解放军干部和战士们提供更多更好的精神食粮,中国人民解放军总政治部一九八九年还拨出专款,选购全国出版的大批优秀读物,编成《军营文库丛书》,分发到各部队图书馆(室)。

截止到一九八九年底,全军已建立了团和连队图书馆(室)33264所,藏书总计约1903万册。其中,团级部队图书馆2997所,平均藏书约3000册;连队图书室29267所,平均藏书约350册。

这些分布在团和连队中的,为数众多的基层图书馆,作为部队政治工作中文化工作的一个重要组成部分,正在解放军干部和战士的教育、学习和文化生活等方面,继续发挥着积极作用。

下面介绍几所部队图书馆(室)。

一、成都军区 A 团图书馆

成都军区 A 团图书馆始建于一九八〇年三月,是全军基层图书工作先进单位,也是该团读书育才活动的中心。一九八三年六月,解放军总政治部文化部在此召开了全军基层图书工作座谈会,肯定了他们的成绩和经验,团队荣立集体三等功。

该馆馆舍面积 384 平方米。设有阅览室、资料室、读书成果展览室和演播室。有阅览座位 204 个。演播室可以播放全团的闭路电视。截止到一九八九年底,馆藏图书 3.7 万余册,其中:中文图书 3 万册、外文图书 100 册、中文期刊 580 册、普通古籍 500 册、期刊报纸 35 种以及其他。

该馆是在部队开展"为振兴中华而读书",实行读书育才,鼓励岗位成才的活动中逐步发展起来的,在部队社会主义精神文明建设和培养军地两用人才中发挥了积极的作用。一九八三年以来,涌现出读书先进单位 6 个,先进个人 529 人,52 名战士考入军事院校,1500 余名两用人才被地方录用。一九八四年,共青团中央、教育部、中国科协联合授予该团"青年自学成才先进单位"称号。

图86　成都军区 A 团图书馆阅览室

该馆的工作情况:(1)团队设有以政治处主任为组长的读书育才领导小组,领导图书馆和全团的读书活动。下辖图书管理小组和读书活动指导小组,负责图书馆的日常工作和制定读书活动计划,对读者进行辅导。(2)以团图书馆为中坚,辅以营、连图书室,把全团24个图书馆(室)建设成三级图书网。团、营、连三级图书馆(室)藏书各有侧重,连队图书室藏书以文艺图书和期刊为主,营侧重工具书,团则为门类比较齐全的综合性图书馆。凭通用借书证,可在全团各图书馆(室)中借阅图书,提高了图书利用率和周转率。(3)制定全年读书活动计划,经常开展读者之家征文、读书演讲、读书研讨、读书答辩、诗歌朗诵等活动,并对各营文化活动站的读书活动以指导。(4)运用闭路电视系统,对读书活动进行现场直播,并通过闭路电视介绍馆藏新书。(5)定期举办图书管理员训练班,掌握图书馆业务知识,提高管理水平。建馆以来,基本保障了图书的正常周转。

二、济南军区驻马店军分区机关图书馆

驻马店军分区机关图书馆是中国人民解放军总政治部授予锦旗的全军基层图书馆工作先进单位。该馆始建于一九七一年秋,原名驻马店军分区图书室。一九八〇年二月,根据总政治部要求,部队团以上机关要办好图书馆的指示精神,定名为驻马店军分区机关图书馆。该馆位于军分区机关后院,占地460平方米,设有阅览室、图书室、报刊资料室、电视教学室、科学文化自修室、儿童阅览室、流动服务室,同时可接待读者120人。服务对象主要是军分区机关和独立营的干部、战士及职工、家属、学生。同时还对干部休养所、教导队、人民武装部等单位进行流动服务。图书馆经常保持工作人员2人。

一九八九年,该馆藏书2.6万余册。其中:中文图书22808册、中文期刊2424册、报纸1690册。其中军事专著和军事题材文艺作品占总数的40%以上。馆内为军事机关各部门积累了大量的图书报刊资料,体现了有部队特点的藏书结构。此外,还备有相当数量的少儿读物。该馆对读者全天开放。根据机关的特点,除

图书阅览外，还开展剪辑和代查资料服务。多年来，编制报刊资料索引 20 多册，共 2 万多条，剪辑各类资料 500 余册。该馆还常年坚持为青少年组织校外辅导活

图87　驻马店军分区图书馆的书评专栏

动，在他们辅导下，军分区机关战士和学生有 20 人考入军事院校，11 人考入地方大专院校，9 人考入中专。图书馆还定期开展读书指导活动，设置"读书心得"专栏，并送书上门。到一九八六年底，该馆图书累计借阅数达 2.6 万册次，阅览室接待读者 12 万多人次。

三、广州军区 A 部迫击炮连图书室

广州军区 A 部迫击炮连图书室建立于一九七九年。当时，连队从广西边防进驻深圳经济特区，面对部队与特区物质文化生活的差距，连队党支部决定建立图书室，以充实干部战士的精神文化生活。经过几年的努力，到一九八九年底，连队图书室藏书已由初建时的 80 多册，发展到包括政治、军事、文艺、科学等类图书 1.2 万余册，期刊 60 余种。图书室面积 174 平方米，阅览座位 50 个。设有放像机、组合音响及录音机，可以播放音像制品。

全连人平均每周在图书室活动达十一点六小时。到一九八九年，全连干部战士借阅图书达 3.3 万册次（其中社科文艺类占 65%，科技类占 35%），期刊 4.1 万册次。

该连图书室从建立以来，连队坚持开展了"为图书室集资"的

农副业生产和劳务活动,收入资金用于图书室建设。在连队图书室初具规模的基础上,他们重点抓了读书活动的组织工作,结合形势和任务,开展"我为军旗增光辉"、"道德、情操和理想"等专题读书活动等。到一九八九年底,先后举办读书演讲220场次,科技知识训练班27期,培训各种骨干210名。同时还举办过摄影、书画、电器维修、养殖等学习班。培养军地两用人才98名,有15名战士考入军事院校。

由于该连图书室办得好,读书活动卓有成效,带动了连队的全面建设,连队先后5次被总政治部、广州军区、集团军评为基层文化工作先进单位,荣立集体三等功;被广州军区、集团军连续六年评为基层建设先进单位。

第四节 专门图书馆

专门图书馆是指某单位所属的图书馆,其任务是根据本部门的需要搜集文献,为读者服务。下面介绍几所图书馆。

一、中国版本图书馆

中国版本图书馆一九五○年七月一日创立,原名出版总署图书馆,一九五四年改名文化部出版事业管理局版本图书馆后又改名国家出版事业管理局版本图书馆,一九八三年改为现名。该馆是专门负责征集、管理、收藏新中国建立以来全国出版物呈缴本的图书馆。

中国版本图书馆在国家出版局领导下,遵循社会主义文化出版事业的方针政策,依据中央人民政府出版总署、文化部、国家出版局先后制定颁发的征集图书杂志报纸样本办法的规定,为国家征集、管理、收藏新中国建立以来的各种出版物样本,编辑出版

《全国总书目》、《全国新书目》及各类专题书目,向上级及全国有关单位提供出版情况和资料,以及举办或参与各种类型的图书展览,等等。

中国版本图书馆根据自己的工作任务和业务特点,设立了征集典藏室、图书分编室、《全国总书目》编辑室、《全国新书目》编辑部、资料室等业务部门。一九八九年全馆有职工 79 人,其中具有大专学历的业务干部占 55%,高级专业职务的 4 人,中级专业职务的 27 人。为了提高干部的专业水平和文化素质,以适应业务建设的需要,该馆自一九八三年开始建立了在职干部的培训制度,每年约有 20% 的职工接受大专以上文化、专业的业余培训。由于干部的业务水平和文化素质的提高,给业务工作的开展创造了极为有利的条件。

随着出版事业的日益发展,中国版本图书馆的业务日益扩大。即使在"文化大革命"期间,征集出版物样本的活动也未中断。一九六九年,文化部及其直属单位(包括版本图书馆)的大部分干部下放到"五七"干校劳动。遵照国务院周恩来总理的指示,该馆于一九七〇年五月并入北京图书馆,继续开展征集、收藏工作。一九七二年底,该馆从北京图书馆分出归国务院出版口(后成立国家出版事业管理局)管辖。粉碎"四人帮"后,特别是中共十一届三中全会以来,中国版本图书馆的工作得到了发展。截止到一九八九年底,收藏的图书样本(每种版本包括印次,收藏一份)已经达139 万余册,杂志 10664 种(其中现刊 5400 种),市级以上报纸 750种。除编辑出版了《全国总书目》24 部和《全国新书目》458 期外,还编辑了《1949—1976 古籍目录》、《1949—1979 全国少年儿童图书综录》、《1949—1979 翻译出版外国文学著作目录》、《1949—1979 翻译出版外国古典文学著作目录》等各种专题书目。为上级机关及有关单位的工作需要,编制了各种类型的参考书目,提供了各方面出版资料。同时,也同全国各出版单位建立了经常广泛的

图88　中国版本图书馆的书库

业务联系。为他们提供了业务咨询，也为一些出版单位编制了出版者目录。中国版本图书馆已成为中国较完整地收藏中华人民共和国建立以来全国正式出版物版本的专门图书馆。

中国版本图书馆独具特色的藏书是品种多、版本全，文种多、图书资料较完整，凡是中国大陆的正式出版物，都在收藏之列。它收藏的图书范围，除了图书、杂志、报纸外，还包括各种小册子、中小学课本、低幼读物、连环画册、图片、画册、卷轴、明信片、年历、挂历、地图、乐谱、歌片、碑帖、拓片、技术标准、音像读物等等。它除了收藏汉文的出版物外，还收藏了用蒙古、藏、维吾尔、哈萨克、朝鲜、壮、彝、傣、傈僳、景颇、锡伯等14种民族文字出版的出版物，还有中国用英、法、德、俄、日、西班牙等42种外国文字出版的书刊，以及盲文书刊。这些出版物，既包括各种不同的开张（从128开的小画片到5全张组合而成的高2.5米的毛泽东大画像），也包括各种不同的装帧形式（如精装本、平装本、线装本、盒装本、简装本、特装本等），既包括不同的印刷本（如大字本、小字本、直排本、横排本、手稿本、影印本等），也包括各个不同版次、印次的版本（如修订本、增订本、注释本等）。如《新华字典》，从一九五三年十二月第1版第1次印刷起，至一九八六年三月第5版第55次印刷止，它就收藏了这部字典原版的55份不同版次、印次的样本。

除了原版之外，还有各个出版社的租型重印本。再以《毛主席诗词》一书为例，收藏的版本就有 171 种；从内容上区分，有 10 首本、15 首本、19 首本、21 首本、37 首本、39 首本，有注释本、注解本、讲解本；从形式上区分，有手稿本、印谱本、书写本、集宋刻字本、有各种印刷体的大字本、小字本、有各种装帧和不同开本的版本；还有用各种文字出版的版本和同一文种的不同译本等。中国古典文学名著《三国演义》、《水浒传》、《西游记》、《红楼梦》等，也分别收藏了 21 种、24 种、10 种、27 种不同的版本。它不仅包括原著的影印本、重排本，也包括解放后重新整理的各种版本。此外，还收藏有一批豪华本、罕见本、出国展览本，如羊皮装帧的《鲁迅全集》，集宋版书字体照相制版印的线装本《毛主席诗词三十七首》，木版水印复制的唐代周昉《簪花仕女图卷》，宋代张择端《清明上河图卷》等。

中国版本图书馆根据其藏书特点和工作内容，备有一套较完备的工作手段和检索工具。除了编制书本目录外，还编制了各种卡片目录，组成了一个完整的公务目录体系。其中，包括：分类目录、书名目录、著者目录、出版者目录、翻译书目录、图（画）片目录，以及各类专题性的目录，如"马、恩、列、斯、毛泽东著作目录"、"少年儿童读物目录"、"工具书目录"等。这些目录，都根据各自的特点和所起的作用，详细地记录了必需的内容。如书名目录，除了根据书名查阅图书外，还在每一张书名片中记录了每一本书的版次、印次和印数。倘若要想了解某一本书出版的整个过程，从初版开始，其间经过几次的修订再版，重印过几次，每次的印数有多少，或者有哪些单位租型重印过，总共的印数又有多少，这些材料在书名目录中都有详细的记录。如果还想了解某个出版社建于何时，它出版的第一本书是什么，何时出版的，它每年出版了多少书，这些材料，可以在出版者目录中找到。中国版本图书馆的公务目录，不仅仅是查阅图书的工具，也是提供各种图书出版资料的基础。

中国版本图书馆从五十年代初开始编辑出版定期书目《全国总书目》和《全国新书目》。《全国总书目》是属于图书年鉴性质的全国综合性图书目录,一九五五年后每年编印一本,它比较全面、系统地记录了当年出版的图书,反映了新中国建立以来图书出版的基本情况。《全国新书目》是中国全国出版物登记和报道性质的专门刊物,它可及时地报道中国图书出版的信息,反映近期图书出版情况。三十多年来,这两个书目一直起着国家书目的作用。在"文化大革命"期间,这两个书目曾一度被迫停刊。中共十一届三中全会以后,为了历史地、全面地反映新中国建立以来图书出版情况,经上级批准,"文化大革命"期间未曾出版的《全国总书目》都陆续编辑出版。

二、民族图书馆

民族图书馆原名民族文化宫图书馆,是一所担负全国民族中心图书馆任务的民族专业图书馆,原先是民族文化宫的重要组成部分,以藏书丰富,独具民族特色而著称。

一九五八年该馆筹建伊始就受到中共中央、国务院、中华人民共和国民族事务委员会的重视和关怀。一九五八年八月,中共国家民委党组明确规定办馆方针为"民族专业图书馆,藏书主要供民族工作者研究参考。同时通过阅览向广大读者宣传党的民族政策"。同年十一月二十一日,国务院发出了《关于搜集民族文化宫所需展品和图书的通知》,一九五九年制定的《工作规划》方案中,明文规定:"担负起全国民族中心图书馆的任务。"民族图书馆建立三十多年来,是在这些方针的指导下,从无到有,从小到大,从传统向现代化逐步发展起来的。

民族图书馆设在民族文化宫主体北部,置于花园式庭院之中,全馆面积为2700平方米,阅览室分普通阅览室和报刊阅览室二部分,有 96 个座位。书库为封闭式,对防晒、防尘、防潮都极为有利。但通风条件较差,无发展余地。

一九八三年七月,在民族文化宫召开了新中国首次"全国少数民族地区图书馆工作座谈会",这次会议对民族地区图书馆事业的发展起到了有力的推动作用。一九八四年二月,中国图书馆学会决定成立少数民族地区图书馆事业研究组,并将该组依托于民族图书馆。为适应新形势下发展民族文化事业和改革开放的需要,一九八四年四月九日,国家民委正式批准将民族文化宫图书馆改为中国民族图书馆。从此,民族图书馆跨入了新的发展阶段。

民族图书馆自成立以来,机构已有几次调整。一九八七年设采访编目、流通保管、藏文文献、情报资料、缩微复制部及办公室 6 个部门。人员增加到 41 人,具有高级专业职务的 3 人、中级专业职务的 6 人,有汉、蒙古、回、藏、维吾尔、彝、壮、朝鲜、满、哈萨克、水、达斡尔等 12 个民族。工作人员的民族成分增多,知识结构和文化素质也发生了较大的变化。其中少数民族工作人员中大专文化程度有 11 人,占全馆大专文化程度的 52%。

民族图书馆是一所为民族科研服务的专业图书馆,担负着为中央各民族工作单位、各民族地区提供所需的文献资料的任务。本着把图书馆办成全国民族文献情报中心的宗旨,其藏书范围相当广泛。凡直接涉及民族问题或相关的各种文献资料均予收藏。除人文、社会科学书籍外,还有选择地收入有关民族地区的自然科学文献资料。汉文和民族文献是馆藏的主要成分。该馆建馆初期就十分注意藏书建设,注意发展民族专业的藏书特色,到开馆时藏书已初具规模,以后与年俱增,仅在川、甘、青、藏四省区就搜集到藏文典籍 8000 包约 16 万册。一九六六年藏书已达 40 万册。

一九八三年,该馆又重新制定了《图书馆藏书补充条例》,尽量减少复本,增加品种,力求文献资料的完整和系统。到一九八九年底,馆藏已达 51 万余册,其中:中文图书 249520 册(包括普通古籍 117202 册、善本 5071 册)、少数民族文字图书 22527 册、外文图书 11250 册、中文期刊 11709 册、外文期刊 94 册、报纸 20754 册。民族文字古籍占 17 万册之多,其中不少是特种文献、孤本。所藏的民族文字种类繁多,有蒙古、藏、维吾尔、哈萨克、朝鲜、壮、傣、景颇、拉祜、傈僳、佤、布依、彝、锡伯、满、哈尼、侗、苗、塔塔尔、乌孜别克、柯尔克孜、水、黎、纳西等 24 种,外文有英、俄、日、德等 14 种。

该馆特藏文献中有不少国内外罕见的各种民族文字写本(其中有金、银、朱砂、珊瑚、珍珠等粉书写的文献)、刻本、金石拓片、舆图,还有年代久远的贝叶、菩提叶写本等。汉文古籍中收入了大量的地方志、史志、民族史志、年谱、传记,并有部分孤本。其中有关西北民族地区的有《甘省便览》、《乌苏县志》、《噶玛兰志略》;有关西南民族地区的有《西昌备乘志》、《天柱县志》等。此外还有极为珍贵的元初补雕的《金藏》,它是正在出版的《中华大藏经》(汉文部分)的底本之一。民族古籍中,有蒙古、藏、满、彝、水等文种,存古典文经典就有 8000 余包,十几万种之多,其中抄本、稿本约占三分之一,这些古藏珍品中有《红史》、《萨迦班智达贡嘎坚赞本生事记》、《萨迦世系史》、《拨协》、《四部医典》、《医药十八支及医疗法宝》以及明朝永乐折装朱砂印本大藏经等。其他民族典籍精萃有蒙文文献《成吉思汗格言》、《珍珠格言》,彝文文献《西南彝志》、水文文献《水文书》、西夏文献佛经等。在特藏文献中还有贝叶经。这种贝叶经系古代印度和尼泊尔学者在贝陀罗树叶上针刺、刻写或书写的经文。民族图书馆藏有梵、藏、傣、僧迦罗等四种不同文本的贝叶经共 2259 夹,8523 叶,17046 面。其中被学者誉为海内外孤本的有《瑜珈师地论》的《菩萨地》和《声闻地》。一九八四年李先念主席出访尼泊尔时,作为国礼赠送给比兰德拉国王的影印《妙法莲华经》贝叶写本的原件就珍藏在民族图书馆,书成于一○八二年,距今已有九百多年。八十年代以来,图书馆还注意搜藏港台民族文献及缩微、复印、录音等多种载体的文献资料。

342

图89　民族图书馆阅览室

该馆的服务对象,主要是为从事民族学研究的科研人员、民族工作者和为驻京以及边疆的少数民族读者服务。阅览室陈设报刊近500种,开架书近1000种。发放北京地区读者个人借书证1500多个,外地读者可以采取邮借的办法。每年平均接待读者8000人次,年图书流通量5000册次,建馆以来,已接待十几万读者。根据民族地区读者地处边远分散的特点,努力开发馆藏文献资源,使图书馆发挥传递情报的职能和作用。先后添置了缩微照相机、复印机、微型计算机等现代化设备20余台,从一九八一至一九八六年底,陆续复印出版了《国朝耆献类征初编》、《新疆图志》、《八旗通志》、《(钦定)平定七省方略》等,几十种30万余册。该馆已先后编辑《馆藏汉文旧平装目录》、《馆藏古籍线装目录》、《馆藏日文书目录》、《国朝耆献类征初编人名索引》、《馆藏藏文典籍目录》等。该馆分类目录自一九八三年起改用《中国图书馆图书分类法》,读者目录有分类、书名、著者3套,分汉、蒙古、藏、维吾尔、哈萨克、朝鲜6种;汉文目录另设一套民族专题目录。

民族图书馆与民族地区的百余所图书馆、出版单位、科研机构建立了联系,根据需要,或建立书刊交换关系、或互派人员进行交流、或接受民族学员来馆实习、驻馆学习。此外曾多次与中国图书馆学会等单位合办民族地区各类图书人员培训班、研讨班。为协助边疆和民族地区发展文化,从一九六一年起,先后向安达市、延边、凉山、丰宁、青龙及西藏自治区等捐赠图书近2000册。

该馆与国际的交往逐年增加,先后接待了日、美、英、印度、意、澳大利亚、联邦德国、尼泊尔、民主德国、泰国、匈牙利、伊朗等国的政府官员、图书馆界学者、学术团体和民族宗教界人士,还接待了旅居国外的藏胞及港、台同胞等。与国外和港、澳一些学术机构和图书馆建立了图书交换关系。

三、中国佛教图书文物馆

中国佛教图书文物馆设在北京宣武门外新修葺的法源寺内。法源寺原名悯忠寺,始建于唐贞观十九年(六四五年),距今已有一千三百多年历史,是北京著名的古刹,具有很高的历史价值。

中国佛教图书文物馆的前身是中国佛学院图书馆,成立于一九七九年,馆舍面积 1200 平方米。中国佛学院是在新中国的宗教政策支持下建立起来的。图书馆原来收藏的法源寺佛经与书籍,在"文化大革命"中,有三分之一被损毁。一九八〇年由赵朴初建议和主持,在图书馆的基础上成立了中国佛教图书文物馆。该馆的宗旨是为了保护和研究中国的佛教文化,进行国际文化交流,广泛搜集、整理、修复、收藏历代佛教经典、书画、文物及有关图书资料,以供佛教界和学术界阅览研究。

该馆一九八九年藏有汉文经典约 12 万册(普通非佛教书籍约 5 万册不计在内)。重要的藏经有宋《碛砂藏》(影印本,也保存一些原刻本)、明代的《南藏》、《北藏》、《嘉兴藏》、清代的《龙藏》。民族语言部分约有 9000 册,重要的如卓尼板、德格板、拉萨板、北京板的藏文《大藏经》(《丹珠尔》、《甘珠尔》)和一些历代佛门贤彦大哲的专集。另外还有 1000 册外文典籍,如巴利文、日文、英文等典籍。

该馆图书部分除了普通本的收藏,还设有善本书库和西藏密教典籍专藏两部门。善本书籍约 2000 种。这里面如敦煌唐人写经、宋初刻本《开宝藏》残本,元至元十年(一二七三年)江淮诸路释教都总统永福大师杨琏真佳施刻的《大华严经海印道场仪通共

图 90　中国佛教图书文物馆所藏佛教典籍

念诵》和明代活字版《神僧传》等,还有梵文贝叶经、傣文佛经、西夏文《华严经》,蒙文《般若一万颂》、回鹘文《大唐三藏法师传》,都是极珍贵的典籍。西藏密教典籍专藏部分以二十世纪三十至五十年代由藏译汉的一些著作为齐全。此外还有一套从印度拍摄回来的佛教典籍缩微照片,计 12650 片。这些资料内容是自公元第八世纪至十七世纪由梵文翻译成藏文,包括历代著名作家的作品。其中多与佛教有关,是研究西藏佛学十分珍贵的资料,是国内仅有的。

　　该馆进行学术研究,还设置了房山石经整理研究小组,把中国佛教协会在五十年代从房山拓印的一些石经拓本予以整理拼接,并经研究证实辽金房山石经刻经是以失传已久的《契丹藏》为底本的复刻本。因此已把这部分刻经先行编印出版,然后再编印隋唐所刻部分。全部《房山石经》估计为五十五册。预计在十年内陆续出齐。

第三编
新中国图书馆业务建设

第九章　图书馆藏书建设

第一节　图书馆藏书建设的发展和成就

　　新中国建立时,人民政府接管旧中国的图书馆,藏书数量少,藏书基础薄弱。北京图书馆一九四九年时藏书为 140 万册。新中国建立初期,全国 132 所高等学校图书馆藏书总数为 794 万册。中国科学院图书馆一九五〇年的藏书基础是接收原中央研究院历史语言研究所、原北平研究院等单位的藏书约 33 万册。各省、市、自治区公共图书馆的藏书数量更少,如当时的宁夏图书馆藏书 1 万余册,青海省图书馆 2 万余册,贵州省图书馆 6 万册,四川省图书馆 4 万余册,湖南省图书馆藏书 13 万余册,陕西省图书馆 10 万余册,甘肃省图书馆藏书 16 万册。新中国图书馆藏书建设就是在这样薄弱的基础上起步的。

　　新中国建立之前,中国共产党和人民解放军在解放战争期间就十分注意保护和抢救祖国的文化遗产。一九四八年朱德总司令曾指示解放军在解放山东时,注意保护聊城的著名藏书楼——海源阁。一九四九年解放上海的前夕,陈毅曾指示,要组织力量,加强对上海的文物和图书的保护。新中国建立后,人民政府在医治战争创伤,恢复国民经济的同时,也对图书馆的藏书建设予以关注。五十年代一方面为图书馆大量补充马列主义著作和革命进步书刊;一方面采取各种措施,保护珍贵文献,收集散落在民间的图书,接受捐赠,以丰富图书馆的馆藏。例如:辽宁省图书馆所接收的原伪满宫内藏的一批珍贵宋、元善本和北京图书馆所接收的4300余卷金版大藏经都是在抗日战争期间、解放战争期间抢救保存下来的。又如上海市文物保管委员会的图书整理处,从一九四九年到一九五〇年,不到一年的时间就收集和接受各界捐赠的图书多达20余万册。北京图书馆从一九四九年到一九五三年就接受全国著名的藏书家捐献给国家的善本古籍多达2万余册。

到一九五五年,全国公共图书馆藏书增加到2890万册,比一九四九年增长11%;高等学校图书馆的藏书增加到3278万册,比一九五〇年增长3.7倍。

一九五六年,中共中央发出了"向科学进军"的号召后,各级各类型图书馆在前几年着重收藏马列主义著作、毛泽东著作、优秀的社会科学著作和文艺读物的基础上,大量入藏工农业生产、经济建设和科学发展所需的科技图书。例如:中国科学院图书馆广辟书源,积极收集和补充科研工作和经济建设急需的会议录、科技报告、外国政府出版物、专利说明书和技术标准等文献资料,从而改变了该馆的藏书面貌。为了配合向科学进军,北京图书馆一九五六年订购外文期刊2370种,一九五七年增加到5900种。另外,还补购成套过期的外文科技期刊300余种,共计6200种,为科学研究准备了较充足的"粮草",较好地满足了科研工作的需要。

这时,在图书馆藏书发展的过程中,也出现了一些问题。正如一九五七年《全国图书协调方案》中所指出的,"积压的图书还没有完全整理好;多余的复本图书和不合理的收藏还有很多没有交换和调拨;采购外文书刊和古旧书有很大的盲目性。"为解决藏书建设方面存在的问题,国务院科学规划委员会图书组和全国第一、第二中心图书馆委员会以及9个地区性的中心图书馆委员会建立后开展的主要工作之一是:一方面有计划地逐步进行过多的复本和不合理馆藏的调配工作。公共图书馆系统、高等学校图书馆系统、中国科学院图书馆系统都在系统内或系统之间、地区之间开展调配工作,复本较多的沿海大城市图书馆重点对边疆、少数民族地区的图书馆进行了支援;另一方面,对外文书刊的采购和馆藏分工进行了协调。在协调过程中,既照顾各馆的特殊需要,又考虑到书刊收藏的系统完整;既考虑当前的需要,又考虑到长远发展,基本上避免了不必要的重复,增加了品种,节约了外汇。如全国第二中心图书馆委员会成立后,就书刊采购协调做了大量工作。根据节约外汇、减少复本、增加品种等原则,确定上海图书馆主要收集外文期刊,复旦大学主要收集数学等方面的图书资料,华东师范大学图书馆主要收集教育方面的图书资料,上海交通大学图书馆主要收集造船方面的图书资料,同济大学图书馆主要收集建筑科学方面的图书资料,中国科学院上海分院图书馆主要收集生物学方面的图书资料。除此之外,还与上海科技情报研究所、上海市对外贸易局商定,有关特种文献,尤其是技术报告、专利、标准等由上海市科技情报研究所订购;样本则集中收藏在上海市对外贸易局。各单位根据这些协调原则和分工进行工作,取得了一定的成效,为后来合理安排上海地区的藏书布局和资源共享打下了一定的基础

正当图书馆藏书建设顺利发展的时候,一九六六年"文化大革命"爆发,使图书馆藏书建设遭到极大破坏。大量图书被当做"封资修"而遭封存以至焚毁。由于极左思潮的影响,把引进外文书刊诬为"洋奴哲学"、"爬行主义",外文书刊的采购协调工作也陷入停顿,使许多图书馆的外文书刊采购被迫中断,破坏了图书馆藏书的系统性和完整性,造成了难以弥补的损失。

中共十一届三中全会以来,图书馆藏书建设又获得了发展。为了满足国家经济、科学研究和社会主义精神文明建设对图书资料的需求,国务院于一九七八年批转了国家文物局《关于图书开放问题的请示报告》,批判了"四人帮"推行的文化专制主义,解放了被他们长期禁锢的图书。与此同时,为了广、快、精、准地为科学

图 91　上海图书馆书库内景

研究提供资料,各图书馆都不同程度地改进书刊资料(特别是外文科技资料)的入藏,扩大了同国外的书刊交换。各系统和地方图书馆事业主管部门颁布的条例,对图书馆藏书补充原则、购书经费的比例作了规定。如文化部一九八二年颁布的《省(自治区、市)图书馆工作条例》规定购书费在总经费中的比例,一般不应低于40%。教育部在一九八七年颁布的《普通高等学校图书馆规程》中也规定图书馆购书经费应占全校教育事业费中的5%。

一九七八年到一九八八年的十年间,各系统和地方图书馆藏书数量又迅速增加。一九七八年,全国598所高等学校图书馆,其中藏书100万册以上的图书馆就有35所;一九八九年,高等学校图书馆发展到1057所,藏书总量达到3.54亿册。书刊资料费一九八〇年总计为5216万元,一九八九年达到1.95亿元,相当一部分高等学校图书馆的购书经费达到或超过了学校年事业费的5%。一九七八年,上海市区、县公共图书馆的藏书是1080余万册,到一九八八年增加到1579余万册,比一九七八年增长46%。按一九八八年上海人口1260万计算,人均藏书1.2册,居于全国之首。湖南省一九七八年全省公共图书馆藏书681万册,年购书经费62.5万元,到一九八八年底,藏书增长到1191万册,购书经费增长到1397万元,比一九七八年分别增长了75%和111%。

新中国建立四十年来,图书馆藏书建设取得的成绩,主要表现在：

第一，藏书的数量和规模成倍增长。公共图书馆的藏书从一九四九年的 2600 万册增加到一九八九年的 28368 万册，增长 9.9 倍。高等学校图书馆的藏书从一九五〇年的 794 万册增加到一九八九年的 35400 万册，增长 43.6 倍。中国农业科学院图书馆系统已经收集农业及与农业密切相关的中文期刊约 3000 种，中文图书 2.3 万种，外文农业连续出版物 4500 种左右，每年引进外文期刊 1800 多种，外文图书 2000 种左右。中国科学院图书馆藏书已从一九五〇年的 33 万册增加到一九八九年的 562 万余册。其他系统图书馆的藏书也有较大发展。这些藏书已构成了中国图书馆事业重要的物质基础。省级公共图书馆藏书增长情况统计见表1。

表1　省级公共图书馆藏书增长情况统计表

馆名	解放初期藏书量 （万册）	1989 年底藏书量 （万册）
首都图书馆	11	208
天津图书馆	22	270
河北省图书馆	30	61
山西省图书馆		152
内蒙古自治区图书馆		131
辽宁省图书馆	15	256
吉林省图书馆	6	244
黑龙江省图书馆		217
上海图书馆	70	839
南京图书馆	110	643
浙江图书馆	40	357
安徽省图书馆	7	184
福建省图书馆		237

（续表）

馆名	解放初期藏书量（万册）	1989年底藏书量（万册）
江西图书馆	9	222
山东省图书馆	30	366
河南省图书馆	19	207
湖北省图书馆	20	342
湖南图书馆	13	328
广东省中山图书馆	32	350
广西壮族自治区图书馆	7	176
四川省图书馆	4	410
贵州省图书馆	6	189
云南省图书馆	20	218
陕西省图书馆	10	229
甘肃省图书馆	16	210
青海省图书馆	2	91
宁夏回族自治区图书馆	1	167
新疆维吾尔自治区图书馆	0.7	180

第二，藏书地域分布不合理的状况初步得到改变。新中国建立前，中国图书馆的藏书主要集中在大城市和沿海地区，边疆和少数民族地区图书馆藏书数量极为有限。四十年来，随着国家经济建设和文化教育、科技事业的发展，边疆和少数民族地区图书馆事业也得到了发展，这些地区的公共图书馆，高等学校图书馆和科学专业图书馆，从无到有，从小到大，均收藏了一定数量和质量的图书。到一九八九年底，中国少数民族自治地区的公共图书馆有551所，5个自治区公共图书馆藏书总数为2397万册。

第三，图书馆馆藏的载体多样化，馆藏文种多，全国各类图书馆馆藏文献，学科领域覆盖面广，但各馆各有特色。在旧中国，图书馆藏书基本上是印刷型出版物。随着现代科学技术的发展，一些图书馆陆续收藏了为数甚多的其他载体形式出版物。北京图书馆到一九八九年底收藏缩微胶卷、缩微平片和卡片等共 481015 种 547180 卷(片);视听资料 3816 种,7057 盘(片)。一九八六年十一月,上海图书馆在原唱片组基础上,正式建立视听资料馆,收藏有 14 万张音乐、戏曲唱片。此外,还有 900 余张激光唱片,90 张激光磁盘,8500 余盒录音磁带,形成了国内具有一定规模和特色的音乐、戏曲视听资料收藏馆。

外文书刊入藏量大幅度增长,世界主要文种的书刊资料在一些大型图书馆中均有收藏,如:北京图书馆藏书文种已达 115 种。科学技术图书馆、高等学校图书馆的馆藏所涉及的学科领域覆盖面广,并有一定的专深程度,全国已经形成一些综合性和专业性的藏书中心。中国科学院、中国农业科学院、中国医学科学院、地质系统、国防科技系统图书情报部门已基本上建立起本系统藏书保障体系。

第四,藏书协调受到重视并且已取得初步成果。四川、甘肃、广东、湖南等省长期坚持在全省开展外文书刊采购协调。一九八七年部际图书情报工作协调委员会成立后,这方面的工作取得了新的成绩。国防科工委、地质矿产部、中国农业科学院、中国科学院等系统图书馆,率先在本系统开展藏书布局和协调,藏书的总体效益得到提高。中国科学院京区各研究所图书馆在订购一九八八年外文原版期刊时,减少了 138 种复份,节省了经费 14 万元。利用节省的经费增订了 148 种新刊。

第二节　图书馆藏书的收集和补充

采购、收集图书是图书馆藏书建设工作的重要一环。四十年来,中国图书馆藏书发展到今天的规模,是长期积累形成的,这其中凝聚了几代图书馆工作者的辛勤劳动。

新中国建立后，全国各类型图书馆根据本馆的方针任务、馆藏基础，结合当地的经济、文化状况和读者需求，主要通过购买对藏书进行了大量补充，中央和地方各级人民政府、各系统图书馆主管部门为此投入了相当的人力、物力和财力。在通过新华书店、邮局、外文书店和中国图书进出口公司等渠道做好日常的订购新书新刊的同时，还收集到了相当一批有价值的重要书刊。一九六三年，有一寓居澳门的藏书家，要将他的藏书出售。文化部得知此讯后，立即请北京图书馆善本部主任赵万里前去鉴定，将这批书及时购回，藏于北京图书馆，其中：宋刻本 8 种，元刻本 15 种，黄丕烈校跋书 8 种，还有鲍廷博、陈鳣校本和明铜活字印本，使这样一批珍本免于流散境外。在古籍图书的收集方面，周恩来总理也曾给予极大关心。一九六五年十一月，寓居香港的一藏书家要将他多年收藏的一批珍贵的善本书出售。周恩来总理闻知此讯后，一方面指示有关人员进行联系，一方面责成文化部指派专人前去洽办，经过多方面的努力，终于把这批书买了回来，藏于北京图书馆。至于在民间访求图书，获得珍贵文献的例子更是举不胜举。内蒙古自治区图书馆一九五六至一九六三年间，先后派工作人员深入七个盟（地区）和大部分旗县，到民间、寺庙收集民族语文图书资料，收集到不少民族图书资料。其中如明版藏文《丹珠尔》，刻本《松巴坎布》，满文的《金瓶梅》，用金水写成的《长寿经》、《金刚经》，梵文、藏文、蒙文、满文、汉文五体合璧的《贤劫千佛名号》等尤为珍贵。

新中国图书馆的藏书建设，还得到国内外著名专家、学者、藏书家和友好团体、人士的关心和支持。如：马叙伦、马荫曾、刘少山、刘晦之、石声汉、田伯英、任凤苞、孙广庭、邢之襄、吴文藻、吴良士、陈李蔼如、张允中、张国淦、张春霆、张寿镛、余绍宋、赵南山、赵铁山、杨彦如、洪熔、洪煨莲、郑振铎、闻一多、柳亚子、姚石子、贺孔才、周叔弢、赵元方、徐行可、徐芸生、徐承孝、顾子刚、顾颉刚、翁之熹、章钰、郭荫南、傅增湘、黄侃、黄懋信、潘世兹、潘光旦等人的藏书也先后由其本人、家属或后人捐赠。中国科学院图书馆接受了赵九章、华罗庚、竺可桢等著名科学家捐赠的日记。此外，苏联、民主德国等国家还送回了《永乐大典》等珍贵古籍。

图92　北京图书馆编的郑振铎藏书
目录——《西谛书目》

中共十一届三中全会以来，又有于省吾、王磊、戈宝权、巴金、石景宜、卢松安、邓拓、江永康、李一氓、时有恒、吕振羽、何其芳、何建华、阿英、陈垣、张宗祥、郭沫若、徐特立、黄子静、黄荫普、谢国桢、蒋善国等许多中外学者、藏书家、出版家本人或家属向各图书馆捐赠了大批图书。一九八二年邓颖超将周恩来生前使用过的《二十四史》交北京图书馆收藏。广州图书馆自一九八二年建馆至一九八九年已接受港澳人士和外国友好团体赠书12万余册。一九八六年十二月和一九八七年，全国高校图书馆工作委员会秘书处先后接受了美国美中友好基金会和美国亚洲基金会向中国高等学校图书馆赠送的30万册和10万册图书。此外，上海交通大学包兆龙图书馆接受香港黎惠民捐资建立的国外博士论文缩微资料室，接受英国文化委员会赞助设立的英语学习资料中心。北京图书馆接受日本出版物贩卖株式会社董事会赠书设立的日本出版物文库阅览室。湖南图书馆接受日本滋贺县赠书设立的滋贺友好文库等，都促进了国际间的文化交流。

中国著名作家鲁迅、郭沫若、茅盾、朱自清、闻一多、叶圣陶、巴金、曹禺、丁玲和美国著名作家安娜·路易斯·斯特朗等的手稿以及詹天佑的工程日记都相继由亲属或本人捐赠给北京图书馆，由此形成了该馆的特藏。

为了保证国家图书馆全面地入藏全国的出版物，早在一九五五年新中国就建立了呈缴制度。在这一年，文化部颁发了《关于征集图书、杂志样本办法》，规定凡公开发行的书籍、图画、杂志（以上均包括汉文、民族文字、外国文字的，装订成册或单张的，定期出版或不定期出版的，以及杂志的临时特刊），均应在出版后三日内由出版者缴送样本给国家出版事业管理局图书馆、北京图书馆、中国科学院图书馆等单位各一份。一九七九年，国家出版局对该办法又做了修订，将缴送范围扩大到报纸及只限国内发行和内部发行的所有出版物，受缴单位改为国家出版局一份，版本图书馆一份，版本图书馆第二书库一份，北京图书馆三份。一九八四年六月和一九八五年一月，文化部又先后颁发了《图书、期刊版权保护试行条例》及其"实施细则"，重申图书期刊出版后按国家规定向文化部出版局、中国版本图书馆、北京图书馆缴纳样本；新规定"地方出版物还应向本省、自治区、直辖市出版管理机构和省、自治区、直辖市图书馆缴纳样本。"这样，省级图书馆又有了接受地方出版物缴送的权利。四川省图书馆一九八四至一九八九年，先后收到省内 16 家出版单位缴送的样本 2627 种 3542 册。湖南图书馆一九八四年到一九八九年，接收该省各出版社呈缴的样本占同期出版种数的 90－95％。出版物的缴送制度保证了中国版本图书馆对全国出版物的入藏和保存，保证北京图书馆和省级图书馆对全国和地方出版物的入藏，成为一些图书馆藏书补充的另一条途径。

国际出版物交换是图书馆获取国外图书资料的重要方式之一。它不仅可以节省外汇，而且可以换回许多通过贸易途径得不到的图书资料。新中国建立以后,北京图书馆、中国科学院图书馆、北京大学图书馆等单位就开展了与国外学术单位之间的书刊交换。到一九八九年底止,北京图书馆共收到交换书刊1528995册,中国科学院图书馆共收到书刊703196册,北京大学图书馆共收到95532册,中国农业科学院图书馆共收到3万余册。其中有些书刊在市场上很难购到,如北京图书馆通过交换入藏的《马克思恩格斯全集》俄文第一版,《列宁全集》俄文第二、三版,苏联全套的《真理报》和《布尔什维克》杂志等。为了配合科学研究和经济建设的需要,北京图书馆除了系统地交换到国外的一些知名科学家如牛顿、达尔文、巴甫洛夫、爱因斯坦等人的著作外,还交换到不少关于原子能、喷气技术、无线电、半导体、自动化和计算机技术等方面的著作,各专门学会的会刊、研究报告、国际性科学讨论会的会议录等。政府出版物是研究国外政治、经济、科技、法律、文化建设等方面的重要文献。通过交换,北京图书馆先后交换到了美国、英国、加拿大、澳大利亚、日本等国的政府出版物。此外,还收到中国社会科学和文学作品的多种外文译本,各国出版的百科全书及各种工具书。另外,还从国外换回了大量流散在国外的敦煌遗书、《永乐大典》、方志等的复制件。

第三节　主要图书馆的馆藏和特点

经过四十年的积累和建设,新中国已经建成一批为经济建设和文化、教育、科学研究服务的大、中型图书馆。其中北京图书馆以其馆藏的优势和较多购书经费的保证,居全国图书馆之冠。据一九八九年北京图书馆的统计,该馆藏书总计为1939848种1542.5万册;期刊累计为72292种,报纸累计为5073种。它不仅在古籍收藏、善本收藏、地方志收藏上领先,而且在全国图书馆藏书按《中国图书馆图书分类法》20 个大类所做的比较研究中,有 14 类居首位,有 5 类居第二位,只有一类居第三位。在国内占较大优势的藏书有:马列主义、金石学、图书馆学、地图学、软科学、中国学、地方志学、敦煌吐鲁番学、中国家谱、工具书、检索文献、联合国及政府出版物等。

在中文书刊的收藏方面,收藏新中国建立以后全国出版物最完备的图书馆是中国版本图书馆。它是中国唯一的一所专门负责征集新中国建立以来全国出版物缴送本的图书馆。自一九五四年起,负责编辑年度《全国总书目》。其次是北京图书馆,它根据国家的规定,接受国内出版物缴送本,全面入藏汉文与各少数民族语文出版物。收藏新中国建立以前解放区出版物较多的图书馆有中国人民大学图书馆、北京图书馆等,已编出《中国人民大学图书馆解放区根据地图书目录》和《北京图书馆馆藏革命历史文献简目》。收藏新中国建立以前,民国时期出版物较多的图书馆有北京图书馆、上海图书馆、南京图书馆、北京大学图书馆等。北京图书馆自一九八六年起,陆续编出按学科分册出版的《民国时期总书目》。收藏抗日战争时期内地出版物较多的图书馆有四川省图书馆、重庆图书馆、四川大学图书馆、广西壮族自治区桂林图书馆等。四川省图书馆编有《西南地区所藏抗战时期出版图书联合目录》。收藏清代以前古籍较多的图书馆有北京图书馆、北京大学图书馆、南京图书馆、上海图书馆、浙江图书馆、湖南图书馆、山东省图书馆、四川省图书馆、辽宁省图书馆、江西省图书馆等。收藏古籍中善本较多的图书馆有北京图书馆、上海图书馆、北京大学图书馆、南京图书馆、山东省图书馆、湖南图书馆、辽宁省图书馆、浙江图书馆、湖北省图书馆、天津图书馆等。著名的敦煌遗书有 11429 卷藏于北京图书馆。金版《大藏经》有 4300 余卷藏于北京图书馆。现存的明代《永乐大典》有 222 册藏于北京图书馆,1 册藏于上海图书馆。清代的《四库全书》,有文津阁、文澜阁、文溯阁三部分别藏于北京图书馆、浙江图书馆和甘肃省图书馆（原藏于辽宁省图书馆）。另一部文渊阁本现存于台湾省。中国古籍善本书目编辑委员会自一九八五年起，按经、史、子、集、丛书五部陆续编出《中国古籍善本书目》。该书目共收全国 782 所图书馆等单位收藏的善本 6 万余种 13 万多部。收藏古籍中"地方志"较多的图书馆有北京图书馆、上海图书馆、南京图书馆、湖北省图书馆、中国科学院图书馆、北京大学图书馆等。

在外文书刊收藏方面，收藏外文书刊较多的图书馆有北京图书馆、上海图书馆、北京大学图书馆、南京大学图书馆、清华大学图书馆、中国科学院图书馆、复旦大学图书馆、中山大学图书馆、武汉大学图书馆等。收藏外文学术会议录较多的图书馆有北京图书馆、中国科学院图书馆等。收藏外文科技报告较多的图书馆有中国科学院图书馆、中国科技大学图书馆等。收藏国际组织出版物，指定为联合国出版物保存馆的有北京图书馆、上海图书馆、重庆图书馆等，指定为国际粮农组织出版物保存馆的有南京农业大学图书馆、浙江农业大学图书馆、西北农学院图书馆等，指定为联合国教科文组织出版物保存馆的有广东省中山图书馆、甘肃省图书馆、湖南图书馆、复旦大学图书馆、吉林大学图书馆等。

根据一九八七至一九八九年的不完全统计，在马列著作、毛泽东著作、哲学、社会学、政治、法律、经济、文化教育、语言、文学、艺术、史地等文献的收藏方面，省（自治区、直辖市）图书馆和综合大学图书馆收藏的数量较多。前者有北京图书馆、南京图书馆、上海图书馆等，后者有中国人民大学图书馆、北京大学图书馆等。在自然科学（包括数学、物理、化学、天文、地理科学、生物等类）方面的文献，以中国科学院系统图书馆最多，包括有中国科学院图书馆、中国科学院上海图书馆等。在应用技术科学（包括医学、农林、工业、交通、航空航天、环境科学、军事科学等类）方面的文献，收藏以医学、农林等专科大学图书馆最多，包括白求恩医科大学图书馆、华中农业大学图书馆等,其次为北京图书馆和天津图书馆等省（自治区、直辖市）图书馆,再其次为理工科大学图书馆,包括清华大学图书馆、同济大学图书馆等。但就某一学科或某一专题的文献收藏来说,一些专业馆的收藏有时则超出综合性图书馆,比综合馆的收藏更为精深,更为完备。例如全国地质图书馆的地质文献收藏,中国农业科学院图书馆的农业文献收藏都是在全国领先的。又如中国科学院微生物研究所图书馆所收集的真菌、地衣等方面的资料,上海天文台图书馆所收集的星图、星表、历书都是在综合性图书馆中罕见或没有收藏的。

党校系统图书馆的藏书特点体现在马列主义经典著作、中共和国家领导人的著作、党和国家的政策法令等重要文献占有十分突出的地位。马列著作及其研究资料品种齐全,复本充足,与党校基本课程有关的哲学、政治经济学、科学社会主义、中共党史、党的建设等方面的书籍,是党校图书馆藏书的主体,一般占总藏书量的60％以上。

图93　广东中山图书馆地方文献数据库

省（自治区、直辖市）图书馆,除了藏书的综合性、通用性外,长期以来一直致力于地方文献的收藏。例如,首都图书馆自一九五八年起建立地方文献专藏,专门收藏北京的史志、舆图、拓片、照片等文献,曾与北京图书馆合编《北京地方文献联合目录》。甘肃省图书馆设有历史文献部,多方搜集有关西北地区历史地理、政治、经济、民族宗教、矿产资源等方面的文献,编有《西北地方文献索引》等70余种。广东省中山图书馆重视广东地方文献和孙中山史料的收藏，专门设有孙中山文献馆和广东地方文献阅览室。还有浙江省图书馆收藏的浙江学者著作，福建省图书馆收藏的台湾、东南亚出版物，宁夏回族自治区图书馆收藏的回族及伊斯兰教资料，辽宁省图书馆收藏的伪满史料等，都已形成这些图书馆在地方文献收藏上的一些特色。

为适应教学和科研的需要，高等学校图书馆一般以学科为重点进行藏书建设。科研系统图书馆主要围绕本部门或本系统的科研任务进行藏书建设，其特点是在本专业或学科的范围内比较完备、系统，注意相关新兴学科的文献，比较重视期刊和连续出版物的收藏。如中国科学院图书馆 500 余万册藏书中，自然科学与哲学、社会科学藏书的比例为 3:2，复本率为 9.9%。在学科上以数、理、化、天、地、生等基础科学和电子学、计算机、原子能等新技术以及科学史为重点；文献类型上，则以科技期刊为主，对学术会议录、PB 报告、美国政府出版物、学术团体出版物等的入藏比较系统。

第十章　文献整理

第一节　文献分类

　　按照文献所记载的知识内容进行分类,是中国文献分类的优良传统。在延续两千多年的中国封建社会中,人们创造了多种文献分类体系,其中以"经史子集"四部体系沿用的时间最长。二十世纪初,国外的杜威十进法等介绍到中国以后,图书馆界打破四部分类体系,也仿照编制出一些新分类法。但是由于时代历史的局限,这一时期出现的分类法在编制的指导思想、理论体系、技术方法上都不可能有更新的突破。直到新中国建立,中国的文献分类才开始步入了新的历史阶段。

一、文献分类法的发展

　　新中国建立后,中国的社会制度、政治、经济、科学、文化发生了巨大的变化。反映新时期的政治思想、学术文化的文献大量出版,中国的图书馆对组织和检索利用文献的分类法提出了新的要求。当时在文献分类法上面临的问题:一是新中国建立前的分类法已经不能适应于类分新出现的文献,特别是马克思列宁主义和反映新民主主义、社会主义革命和建设的文献,在旧的分类法中没有确当的位置;二是苏联的分类法及其理论,对分类法提出的政治思想性、阶级性问题引起了中国图书馆界对编制新分类法的强烈反响。一九五○年,文化部文物局召开了图书分类法会议,提出编制新分类法的几点要求,即:(1)要以马克思列宁主义思想观点编制出一种科学的、合用的分类法;(2)由于分类法的内容涉及到各门学科,所以应组织多方面专家的力量集体编制;(3)要有主管部门领导,鼓励图书馆界共同研究;(4)要重视中、小型图书馆的分类问题。这次会议成立了分类法编辑委员会及研究小组。经过一年多的酝酿,提出了若干方案,但未获具体成果。在这种情况下,大多数图书馆只好先对旧分类法加以修订作为过渡。当时,修订旧分类法比较有成就的是:一九四八年发表的《东北图书馆图书分类法》及一九五○年山东省图书馆发表的《图书分类新法》。这两部分类法的基本特点是:(1)努力突出马列主义、毛泽东思想,有的作为特藏,有的作为大类列于分类法之首;(2)力图以马克思主义的辩证唯物主义、历史唯物主义的理论观点来编列类目。为加强分类法的政治思想性、阶级性,在所列类目中尽可能把新民主主义、社会主义同封建主义、资本主义的文献区别开来。对地区、国家的区分,改变传统的地理区分为按国家的制度性质区分;(3)删除违反马克思列宁主义的基本原则的有重大政治错误的类目,增加反映新时期政治思想及新产生的学科的类目;(4)在标记符号上试图突破十进制的束缚,不求形式上的整齐划一。由于这两部分类法都是在以杜威法为蓝本的旧分类法的基础上修改的,又由一个馆单独进行的,所以未能完全摆脱旧的框框,编制技术也不够完善,使用面不广。北京图书馆、上海图书馆对刘国钧的《中国图书分类法》的修改,北京大学图书馆对皮高品的《中国十进分类法》的修改,仅供本馆使用。此外,在这期间,金天游、范世伟、杜定友等个人编的几种分类法,虽各有一些创见和特点,但影响不大。

在修改使用旧分类法的同时,中国图书馆界根据一九五○年文化部分类法工作会议提出的指导方针,积极进行新分类法的编

制。从五十年代到六十年代,比较完善,影响较大,具有一定特色的分类法有以下五种:

(一)《中国人民大学图书馆图书分类法》(简称《人大法》):中国人民大学图书馆集体编制。一九五二年编成初稿,一九五四年出第一版,一九五五年出增订第二版,一九五七年出增订第三版,一九六二年出增订第四版,一九八二年出修订第五版。这是在五十年代诞生的以马克思列宁主义为指导、以科学分类为基础、根据人民大学图书馆的性质和收藏,以及文献的特点而编制的第一部大型综合性分类法。这部分类法按照毛泽东关于知识分类的理论,分为总结科学(包括马克思列宁主义、毛泽东思想、哲学)、社会科学、自然科学、综合图书四大部类,展开为 17 大类。社会科学的类目比较详细,自然科学的类目比较概括。把马克思列宁主义、毛泽东思想作为一个大类列于类表之首,这对其后的分类法影响很大。标记符号的配置依据类目展开的需要,采取纯阿拉伯数字的严格层累制,同位类超过 10 个时,用小圆点(.)同展开的下位类的号码分隔,如"17.10.3…"。其优点是层次分明,从号码的长短可看出类表中类目的级别。缺点是打破了小数以十进位的习惯,小圆点的错位很容易产生混乱。该表前四版中的另一个特点是类目名称,排列次序,复分表中的地区、国家区分,有较强的政治性,突出了马列主义、社会主义及苏联,反映出中国当时的政治形势,在一定程度上造成类分文献及组织目录的困难。由于这是第一部体现以马克思列宁主义为指导的分类法,出版后为很多图书馆采用。新华书店出版的《全国总书目》也采用这一分类体系,出版社用其 17 大类编统一书号。直到七十年代初,使用此法的图书馆大多已改用其他分类法。但在当代中国文献分类法发展史上,《人大法》的开创之功是不可抹杀的。

(二)《中小型图书馆图书分类表草案》(简称《中小型法》):一九五六年四月,由文化部社会文化事业管理局和北京图书馆组

织图书馆专家集体编制。该表供藏书 10 万册以下的中小型图书馆使用。一九五七年九月公布后，不久即为全国各级公共图书馆

图94　一九五六年中小型图书馆图书分类法座谈会成员合影

采用，有些省以上的大型公共图书馆和部分高校图书馆也用此表加以扩充。《中小型法》的公布标志着中国图书文献分类法的编制已跳出了由个人或一个单位编制走向由主管部门领导、集合各方面的专家集体编制的道路，为以后大型综合性分类法的编制积累了经验。

《中小型法》的特点之一是体现了马克思列宁主义毛泽东思想关于知识分类的体系，吸取了《人大法》及苏联国立列宁图书馆新分类法草案的长处，确立了马克思列宁主义毛泽东思想、哲学、社会科学、自然科学、综合性图书五大部类，为后来的分类法所继承。其中社会科学展开为 11 大类，自然科学展开为 7 大类，共 21 大类，并设置了总论、世界地区、中国地区、国际时代、中国时代、中国民族 6 个复分表，也为以后的分类法所沿用；特点之二是在基本大类下按逻辑原则，结合文献特点，分别采用学科内容、国别、时代等标准层层划分。并于总论复分表中设置"资产阶级理论及其批

判"细目,以体现分类的思想性。对具有双重或多重从属关系的下位类目设置交替类,加强类目注释以沟通类目之间的联系;特点之三是标记符号采用拉丁字母标示基本大类,用阿拉伯数字的小数制标示二级以下类目的层层展开;三四位数字之间用小圆点分隔。同位类超过10个时,用八分法、双位制、借号法使号码简短,易于伸缩。这些编制技术也为以后的分类法所采用。由于该表主要供中小型图书馆使用,虽曾设想,将其缩小供更小型的图书馆使用,将其扩大供大型图书馆使用,但由于没有一个常设的机构,未对草案作进一步的修订。

(三)《中国科学院图书馆图书分类法》(简称《科图法》):一九五四年开始编制,一九五八年十一月正式出版。一九七四年二月出版了自然科学、综合性图书的修订第二版,一九八四年九月第四次重印作为下册。一九七九年十一月,马克思列宁主义毛泽东思想、哲学、社会科学的修订第二版作为上册出版。一九五九年十一月出版全表类目的相关索引。该表由中国科学院图书馆集体编制,有常设的管理机构,主要供中国科学院及其所属分院、研究所的图书馆使用,达到全院图书文献分类统一的目的。出版以后其他系统的图书情报部门也有采用此表的。这部分类法也采用五大部类的体系,社会科学、自然科学各展开为11大类,共25大类,自然科学部分列类较详细,较好地反映了科学技术发展的新水平。设置较多的交替类目,参见等,便于专业图书馆选择使用。用纯阿拉伯数字作标记符号。大类用双位数字顺序制,二级以下类目用不严格的小数层累制。也采用八分法、双位制、借号法,使号码有较好的灵活性。除主表外也设有同《中小型法》的6个通用复分表。在主表的某些二级或三级类下设较多的专类复分表及邻近类的仿分,以缩小类表的篇幅,加深细分程度。索引包括全表类目的相关索引及动、植物分类名称索引,可惜未包括修订以后的类名。这是一部体例清楚,结构完整,适用于类分古今中外文献的大型综合性分类法。在中国文献分类法中至今仍占有比较重要的位置。

（四）《武汉大学图书分类法》（简称《武大法》）：由武汉大学图书馆学系全体师生、武汉大学图书馆部分工作人员集体编制。初稿名《红旗分类法》。一九五九年修订正式出版时改用此名。

这部分类法是该校师生通过用《科图法》改编武汉大学图书馆23万册藏书，在总结改编工作经验的基础上，努力吸取其他分类法的长处编制而成的，也采用五大部类体系。社会科学扩展为10大类，自然科学扩展为13大类，共26大类。《武大法》的一大特色是强调自然科学的基础学科与应用技术的合一，颇具创新精神。其编制原则、类目设置、类目注释、通用及专类复分表和其他分类法没有原则上的不同，但在类表的说明方面，除了全表的总说明外，在每个基本大类前都有一篇详细解释该类的体系结构、内容范围及使用方法的说明。标记符号也用拉丁字母标示大类，有的则用双字母。二级以下类目采用阿拉伯数字的不严格的小数层累制。也采用八分法、双位制、借号法等，以求号码的简短灵活。其编制理论及编制技术上的特点，引人注目。

（五）《中国图书馆图书分类法》（简称《中图法》）：一九五九年北京图书馆在文化部群众文化事业管理局的支持下，着手进行这一大型综合性分类法的编制工作，以北京图书馆工作人员为主体组成编辑委员会，并确定编制原则是：1.以马克思列宁主义毛泽东思想作为指导原则，以毛泽东关于知识分类的学说作为划分及建立类目体系的基础；2.要适用于古今中外的文献，适用于各种类型的图书馆及情报资料部门。这部分类法也采用五大部类体系。社会科学展开为9大类，自然科学展开为10大类，共22大类。标记符号采用汉语拼音字母标示大类，二级以下采用阿拉伯数字的不严格的小数层累制。在复分表的类目的数字号码前采用了若干种标点符号，显示了符号的分面组配因素。经过几年努力，于一九六五年公布了自然科学、综合性图书两大部类的详表，作为下册出版。马克思列宁主义毛泽东思想、哲学、社会科学三大部类仅完成了供讨论用的草案,编制工作因"文化大革命"而中断,但其基本内容为后来的《中国图书馆图书分类法》所继承。

一九七一年,因"文化大革命"被迫停止工作的各类型图书馆、科技情报部门逐步恢复工作。大量图书文献亟待整理,但还没有一部可供各类型图书馆、科技情报部门使用的大型综合性文献分类法。因此,在国家文物事业管理局的领导和支持下,由北京图书馆倡议,36 个图书馆响应支持,组成编辑组着手编制《中国图书馆图书分类法》,经过两年努力,于一九七三年编出初稿,以试用本形式出版。一九七四年七至十一月,在北京的编辑组成员对试用本作了较全面的修订,于一九七五年十月正式出了第一版。与此同时,中国科技情报研究所根据科技文献分类的要求,在《中图法》试用本的基础上扩充加细,于一九七五年六月出版详本,定名为《中国图书资料分类法》(简称《资料法》)。另外,为适应中小型图书馆分类的需要,由黑龙江省图书馆编印了《中国图书馆图书分类法(简本)》(简称《简本》)。这三种不同版本的分类法详简不同,其体系结构、标记符号制度基本一致,是同一种分类法。这部分类法出版以后,为全国图书馆情报部门纷纷采用。

由于这部分类法是在"文化大革命"中产生的,受当时"左"的影响较深。一九七六年"四人帮"被粉碎,在清算其"左"的流毒影响、拨乱反正的过程中,《中图法》所存在的缺点、错误日益明显地暴露出来。加之,科学技术的发展,新知识、新学科、新事物层出不穷。对《中图法》的修订已势在必行。一九七九年三月,国家文物事业管理局、北京图书馆在湖南长沙召开了一次规模较大的《中图法》修订工作会议。讨论决定了修订工作的方式、原则,决定建立《中图法》编辑委员会接替原编辑组的工作,同时建立了修订小组。从一九七九年四月开始用了四个月的时间在北京完成了修订初稿。由黑龙江省图书馆负责的《简本》修订工作同时进行。一九七九年七月修订稿提交在山西太原举行的编委会第一次会议上审议通过。一九八〇年六月出了《中图法》修订第二版及《简本》的第一版。在此期间,中国科技情报研究所也对《资料法》进行了修订,于一九八五年六月出了修订第二版。一九八一年十一月,《中图法》编委会出版了《中图法》使用说明。一九八四年十二月,由武汉大学图书馆学系根据《中图法》、《资料法》修订二版编制的类目相关索引完成出版。一九八五年十月,荣获国家科学进步一等奖。到一九八九年《中图法》的三个版本已为全国96%以上的公共图书馆,70%以上的高等学校图书馆,65%以上的科技情报单位所使用,成为中国图书馆、科技情报部门进行文献整理、检索、报导的主要工具。

图95 一九八五年《中图法》荣获国家科学进步
一等奖的证书与奖状

修订二版出版以后,根据全国文献工作标准化技术委员会提出的不断修订完善,达到国家标准水平的要求,《中图法》编委会立即筹划第三版的修订出版工作。一九八三至一九八四年,在全国范围内,以书面或会议形式进行广泛深入的调查,有300多个单位提供了进一步修订的意见、建议3000多条。一九八四年十一月于南京召开编委会第四次会议,讨论决定了第三版修订的方针原则。为了从理论上及方法技术上论证,提高修订工作的水平,一九八五年五月,《中图法》编委会、中国图书馆学会、中国科技情报学会于安徽铜陵举行了第三版修订研讨会,着重讨论了综合性学科立类及组配方法的使用问题。一九八五年下半年编委会制定了修订工作条例,按专业单位分工落实修订工作。一九八六年年底各类的修订初稿大体完成。

为了沟通《中图法》与《汉语主题词表》的联系,为主题标引提供方便,一九八六年年底,编委会又决定在第三版修订过程中编制《中图法》与《汉语主题词表》的对应表。此项工作于一九八七年上半年全面展开,有40多个单位承担了编表任务,并定名为《中国分类主题词表》,作为《中图法》系列产品之一。另一系列产品《中国图书馆图书分类法·期刊分类表》草案也于一九八六年十一月编辑完成。一九八七年二月出版。

一九八七年七月编委会议在北京召开,审议了第三版修订初稿。认为基本上达到"在原有体系结构,标记符号制度基本不变的基础上,进一步完善、充实、提高"的要求。决定暂不设综合性学科大类。为加强对《中图法》的管理,决定对第二届编委会委员调整充实。一九八七年年底,第三版修订稿完成了最后的整理工作。

《中图法》是这一时期中国最晚出版的一部大型综合性的文献分类法,是集合了全国图书馆界、科技情报界的力量编制而成的。在全国范围内的使用已有十余年,不断受到分类工作实践的检验。总的来说《中图法》具有以下一些基本特点:

(一)较好地体现了马克思列宁主义毛泽东思想的指导原则,进一步确立了五大部类体系。在哲学、社会科学各类、理论部分,既突出了马克思列宁主义的三个组成部分,又按科学内容列类可分入各种思想观点的图书资料,扩大了类目的兼容性。涉及思想观点的区分,采用了不同的处理方法,以体现思想性、科学性、实用性的有机结合。

(二)比较充分地反映出当代一些新学科、新技术。例如:航空、航天这一尖端科学从交通运输类中分离出来,独立设一大类。新兴的环境科学也列为大类。社会科学、自然科学两个总论,这种处理方法,不是总论复分类目的简单的重复,而是列出了一些综合性学科,如社会学、统计学、人口学、管理学、系统学等,其他如科学学、未来学、控制论、信息论也在有关类中列出,使《中图法》能适应当代科学技术的进步及文献的迅猛增长。

(三)除《中图法》六个通用复分表,《资料法》七个通用复分表的类目不断增补以外,又列出了较多的专类复分表,作为某些性质相同的类目进一步细分的共同标准。在自然科学部分的许多类目下设置"一般性问题"及其细目,兼具专业总论性与该专业的各个具体问题据以细分的双重功能,以减少类表的篇幅,增加组配细分的功能。

(四)为反映事物存在多种属性和多方的联系及概念具有多向成族的特点,增加对同一文献的检索入口,提供多途径检索的可能性。《中图法》对局部类目采用了多重列类法。即:在同一划分阶段,同时采用几个分类标准,形成几组性质不同的同位概念。同时规定了最前标号法和最后标号法,是在列举式分类法中应用分面方法的尝试。

(五)《中图法》用汉语拼音字母标示 22 大类,在工业技术下用双字母展开以扩大类表的容量,也使在发展中的新技术如石油天然气工业、原子能技术、自动化技术、计算技术有较大的扩展余地。在马列主义毛泽东思想、哲学、社会科学、综合性图书的二级类目,及自然科学除工业技术以外的二级类目,工业技术的三级类目以下,用阿拉伯数字的小数制展开,也使用了双位制、八分法、借号法、几个同位类号同时展开,所以也是不严格的层累制,以求号码的简短灵活。在每三位阿拉伯数字后也用小圆点（·）分隔。为使马列主义毛泽东思想涉及到各学科文献在各学科的文献大类中重复反映，采用"a"作为推荐符号。总论复分表的类目前加"－"，地区复分类目的号码上加"（）"，时代复分表的类目前加"＝"，通用地区时代复分表号码上加"＜＞"，民族复分表号码上加"　"。并使用冒号"："作为某些类目的组配复分符号，以及在主表中出现而不在分类时使用的起讫号"／"和交替号"〔〕"，使《中图法》的标记符号从结构型向分段型发展，增加了分面组配的功能。

（六）为适应专门图书馆的分类需要，在法律类的分类体系上，第三版修订中除保留原来依国家划分的类目外，又增列了依"法律"分类的第二体系，列双表供法律专业分类选用。

（七）为适应不同类型的图书馆和情报单位类分不同类型文献的需要，《中图法》的3个不同版本，各自具有特殊的功能。《资料法》编列4.5万多条类目，类目组配的使用比较灵活，适合于对文献进行细密的分类，对文献进行复合主题的标引和多途径检索。《中图法》编列2.5万多条类目，适合于大中型综合性图书馆的图书分类，兼具检索和分类排架两种功能。《简本》则适用于中小型图书馆的图书分类和排架。这是有利于文献分类的统一和标准化的。

除了上述几种综合性质的文献分类法以外，也有不少专门图书馆及情报部门自编了供本系统或专业单位使用的专业类表，如军事科学院的《军事图书分类法》，第一机械工业部图书馆的《自然科学和应用科学分类法》，中国医学科学院的《医学图书分类法》，国家标准局的《中国标准文献分类法》等，有30余种。由于中国古代文献的数量巨大，一些图书馆在类分古代文献时，还沿用《四部分类法》。也有的将"四部"扩展为"经、史、子、集、丛书"五部，并做了某些修订补充的。这也是中国文献分类的特殊性。

374

二、文献分类的改进

中国当代文献分类法是随着时代的进步而发展演变的,其改进表现为以下几个方面:

(一)从引进美国的杜威分类法,"仿杜""改杜"到摆脱其窠臼,建立适合中国国情的新的分类体系,是一个曲折的过程,但也取得了丰硕的成果。

(二)逐步确立以马克思列宁主义毛泽东思想为指导的五大部类的体系,基本大类的设置及其排列的次序,力图体现辩证唯物主义、历史唯物主义的理论观点,体现事物从总到分、从一般到特殊的逻辑次序,体现了社会主义文献分类法的特色。

(三)不断吸取国外各种分类法的理论、方法、技术,在列举式分类法中,增加分面组配因素,既符合学科交叉综合、文献内容及复杂的主题概念的比重日益加大的实际,也符合国际上文献分类法向分面组配方向发展的总趋势。

(四)《中图法》在同一体系下,编制详简不同的3种版本,并计划编制系列产品,以适应文献载体的多样化,适应文献的分类排架和组织各种检索工具。

(五)由于主题法的发展,在文献标引及检索上,要求加强标引的专指度及检索的多途径,在分类法中也逐步注入主题法的因素,迈出了分类——主题一体化的第一步。

(六)在努力实现文献分类规范化、标准化的同时,也考虑到不同类型,不同专业图书馆、情报部门的需要,于综合性分类法中提供选择使用,集中专业文献的灵活性。

(七)对分类理论的研究逐步深化。在编制各种分类法及大量的分类工作的实践中,结合理论研究,锻炼了一大批致力于文献分类学研究的队伍,取得了一批研究成果,为建立文献分类学打下了基础。

一部完善的文献分类法，必然要经受实践的检验，而且要随着时代的进步、科学的发展而不断地修订。如《中图法》，尽管已三次修订（包括一九八八年"第三版"付印稿），但仍不能说是十分完善的，缺点和问题还会存在，甚至某些大类的设置问题仍议论纷呈。今后进行修订也是必然的。在修订时，不仅要注意分类法的思想性和科学性，而且要考虑分类法的实用性和稳定性。这样才能适应发展的需要，给分类工作和读者检索，带来方便。

第二节　文献主题标引

主题标引是使用词语揭示、描述文献主题（即内容特征），同时记录某些具有检索意义的外表特征，以作为文献存贮和检索依据的文献加工过程。

中国的文献标引工作始于本世纪的二十年代。一九二〇至一九三〇年出版的《农业论文索引》就采用了主题法。一九二八年北平图书馆在中文铅印卡片上已标注先组式标题。但是在新中国建立初期，全国只有少数单位采用主题法编制检索工具。六十年代以后，采用国外主题表和中国自己编出的主题表编制的检索工具才逐渐增多。一九五八年冯秉文编的《全国图书馆书目汇编》即编有主题索引；一九五九年中国医学科学院图书馆《医学文摘》开始编制主题索引。一九六二年国防科工委情报所开始用美国《NASA 叙词表》建立外文主题目录。一九六四年航空科技情报所用自编的《航空科技文献分类主题表》建立了中文主题目录。一九八二年清华大学图书馆采用《汉语主题词表》编辑出版了《中国高等院校学报文摘》磁带版。一九八五年北京图书馆编印的中文图书统编卡片开始标注《汉语主题词表》的主题词，从此主题标引工作逐步在全国展开。

一、主题表

（一）主题表的编制。

主题表是进行主题标引的基本工具。中国历史上是以分类法作为传统检索语言的，但为了适应现代情报检索的迫切需要，已逐步编制出一批以主题词（包括标题词、元词和叙词等）作为基本单元的主题表。其发展情况，概述如下：

一九三四年沈祖荣编的《标题总表》是中国的第一部主题表。以后还有一九三七年吕绍虞的《中文标题总表》和一九五〇年程长源编的《中文图书标题法》（附标题表）。限于当时的条件，这些主题表都没有被图书馆界采用。

现代主题表编制工作的正式开始，实际上是从六十年代开始的。一九六三年丁珂发表的《编制汉文字顺标题索引的原则意见》推动了这一工作。航空科技情报所于一九六四年出版了《航空科技文献分类主题表》（简称《航空主题表》）第一版。一九七一年底又出版了《航空主题表》第二版。一九七八年国防科工委情报所出版了中国国防科技英文主题表——《国防科学技术主题词典》（简称《国防主题表词典》）。

《航空主题表》第一版由一个主表和两种索引组成。主表按分类字顺次序排列，即先分成 6 大类，每一大类下再分成若干小类，小类中按汉语拼音字顺排列标题词。索引包括"主标题汉语拼音字顺索引"和"子标题汉语拼音字顺索引"。全表包括 6143 个主标题词，595 个子标题词，主标题词与子标题词组配而成的先组——定组式标题词 43057 个。《航空主题表》第二版包括主表和范畴表两部分，共收 4529 个主题词。主表按主题词的汉语拼音字顺排列，范畴表分成 29 大类，188 个小类。与第一版相比，《航空主题表》第二版具有两个显著特点：一是把先组——定组型情报检索语言，改造成为先组——散组型情报检索语言；二是在建立手工检索工具时,把叙词表当作标题表来使用。一九七七年《航空主题表》第三版出版后,已形成为一部结构完整的主题词表。全表共收词 9374 个,范畴表分为 32 大类,212 个小类,成族原则比较符合国际标准 ISO－2788,与 NASA 主题表具有较大的兼容性。《航空主题表》对当代中国主题表的产生、发展和使用,起了推动作用。一九七八年三月,《航空主题表》获得全国科技大会成果奖。

《国防主题表词典》由主表、范畴表、词族表和汉英索引 4 部分组成,共收录 20892 个主题词。范畴表分为 20 大类、167 个小类。词间关系采用"全显示"方式,与 DDC、NASA、TEST 等表具有较大的兼容性,是一部多学科、多专业的中型主题词表。

一九七五年五月,《汉语主题词表》作为国家重点建设项目——汉字信息处理系统工程的配套项目开始编制。一九七五年七月,由中国科技情报所和北京图书馆负责组成《汉语主题词表》编辑组。在编制过程中,充分发扬了科技、文化部门的协作精神。据不完全统计,共有 505 个单位的 1378 人参加了编辑工作。此外,还有 1048 个单位的 8897 人参加了部分编审工作。该表经过四年多的集体努力,于一九八〇年八月出版。全表包括主表、范畴表、词族表、世界各国政区表、自然地理区划表、组织机构表、人物表、主题词首字汉语拼音音节索引、主题词首字部首检字索引和英汉索引等部分,共收 108568 个主题词。范畴表分为 58 个一级类,674 个二级类,1080 个三级类。全书分 3 卷 10 册。《汉语主题词表》所收的词包括社会科学、自然科学和技术科学的各个专门领域。《汉语主题词表》所编制的"范畴索引"一般都分到第三级。该词表于一九七八年三月获全国科技大会成果奖,一九八二年被评为全国优秀科技图书,一九八五年十月又获国家科学技术进步二等奖。

与此同时,全国许多情报部门以参加编制《汉语主题词表》为契机,为编制各自的专业主题表而积累和加工词汇。因此,在《汉语主题词表》问世后的几年里,还出现了《铁路词表》、《农业词表》、《计算机词表》、《冶金词表》、《气象词表》、《海洋词表》、《医药卫生汉语主题词表》、《仪器词表》、《地质词表》、《煤炭词表》、《建筑词表》、《石油词表》等一批专业主题词表。据不完全统计,截止到一九八八年三月,全国已编制出主题词表37部。

另外,在主题词表的兼容、合并工作上,国防科技情报系统一九八五年编辑、出版的《国防科学技术叙词表》(简称《国防词表》)取得了较大成功。《国防词表》由《航空词表》、《电子词表》、《武器词表》和《国防主题词典》合并、增补而成。全表由主表、型号表、主题汉字首字笔画索引和英汉索引4部分组成,收录34516个主题词。在词表结构和编制技术上,都有所改进。

到一九八九年,新中国编制的主题表已出现了大、中、小型主题表并存和并用的局面,为文献主题标引工作提供了更多的参考工具。

(二)主题表与分类表的一体化。

早在一九六二年,杜定友就在他发表的《图书分类法的路向》等论文中,提出了分类——主题一体化问题。此后,一九七四年丘峰发表的《主题法与分类法》,一九八一年侯汉清发表的《论分类法与主题法的一体化》,一九八七年刘湘生发表的《分类主题一体化是我国情报检索语言的发展方向》等论文都对这一工作起了促进作用。

一九八六年以后,在这方面已开展了两项重要工作。一是中国社会科学院文献情报中心组织力量,编制《社会科学检索词表》。该表以分类——主题一体化为目标,由分面分类表、字顺叙词表、附表和英汉索引等部分组成。二是北京图书馆组织力量,编制《中国分类主题词表》,以实现《汉语主题词表》与《中图法》的一体化。为此,一九八六年十一月,文化部图书馆事业管理局与北京图书馆联合在青岛召开"全国公共图书馆主题标引与主题目录研讨会"，讨论、研究在全国公共图书馆系统推广应用主题法、建立主题目录、完善目录体系的问题。在这次会议上，北京图书馆与武汉大学图书情报学院共同倡议编制"《中国图书馆图书分类法》——《汉语主题词表》分类与主题对照索引"（后定名为《中国分类主题词表》），得到了图书馆界及有关单位的赞同。此后，在北京图书馆的组织下，各图书馆纷纷承担编制任务，投入一定人力、物力参加编制工作，由武汉大学图书情报学院主持于一九八九年完成编制任务。《中国分类主题词表》的编制，为解决《汉语主题词表》标引人员在工作中查检困难的问题，提供了实用标引工具。

二、主题检索工具

主题检索工具是主题标引的基本产品，主要包括主题目录、主题索引和数据库主题词倒排档。

主题目录是一种与主题标引同步增长的累积型检索工具。中国收录文献最多的主题目录是航空科技情报所于一九六四年开始建立的主题目录。从一九八五年起，北京图书馆出版的中文图书统编卡片开始印有《汉语主题词表》的主题词，北京图书馆已采用这种卡片，建立了中文新书主题目录。这一措施促进了全国图书馆和情报部门建立各自的主题目录。到一九八六年，公共图书馆中已有山东、福建、河南等省馆试建部分新书的主题目录，广东省中山图书馆利用本馆微机建立了馆藏地方文献的主题目录。

从六十年代初开始，中国已逐步形成了自己的科技检索刊物系列。据一九八六年十月统计，全国共有 219 种科技检索刊物，年报道量达 140 万条。一九六五年，《中国机械工程文摘》开始编有主题索引。据一九八六年十月统计，全国 45.7% 的科技检索刊物都已编有主题索引。

主题词倒排档是数据库的重要组成部分。中国现在建立的文献数据库中,已编有主题词倒排档。它是一项便于读者利用数据库的有效工具。

三、文献主题标引标准化

一九七八年十一月,在全国文献工作标准化技术委员会成立的同时,成立了担负情报检索语言标准化任务的第五委员会——主题词表、分类法和标引分委员会。十多年来,该分委员会所做的与文献标引、主题表有关的工作主要有四项:

(一)翻译出版了国际标准 ISO – 2788《单语种叙词表编制规则》第一版和第二版、国际标准草案 ISO/DIS 5694《多语种叙词表的编制与发展准则》等。

(二)一九八二年十二月召开了《文献主题标引规则》讨论会。

(三)制定《文献主题标引规则》,一九八三年九月一日由国家标准局颁布,作为 GB 3860 –83 国家标准,自一九八四年九月一日起实施。

(四)一九八七年十月,提出《汉语叙词表编制规则》(报批稿)。

二十多年来,经过广大图书馆界、情报界工作者的努力开创,新中国在文献主题标引工作上已经初具规模。今后将向着使用自然语言,进行自动标引,建立高度共用的机检系统的方向继续前进。

第三节　文献著录

文献著录是文献整理工作的基础,它描述文献的内容和形式特征,为读者提供识别和检索文献的根据。为了充分发挥图书馆目录的作用和适应图书馆目录工作自动化和网络化的发展趋势，新中国图书馆的文献著录工作已开始从传统著录方法向着标准著录方法过渡。

一、传统文献著录方法

中国文献著录历史悠久，汉代刘歆在公元前六年编著的《七略》中采用的著录项目和互见、别裁（分析）等方法，一直沿用并得到充实和发展，在文献著录发展史上有着深远影响。二十世纪初西方图书馆技术方法输入中国后，一部分人主张仿效西方文献著录方法，大部分主张在中国传统著录方法基础上加以发展，其中以一九二九年刘国钧所编的《中文图书编目条例草案》有较大影响，曾为一部分大型公共图书馆和大学图书馆采用。一九五三年，北京图书馆一度以此编目条例向全国开展统一编目服务，在北京地区发行铅印编目卡片。但是文献著录方法规范工作当时没有提到议事日程上，著录项目不一、方法各异等问题一时还难以得到解决。这一状况一直持续到一九五七年底。在《全国图书协调方案》的指导下，北京地区开始实行集中编目，促使中国文献著录方法基本形成以中国传统方法为基础的规范化。自一九五八至一九七九年期间，具有代表性的文献著录规则有：全国第一中心图书馆委员会中文图书提要卡片联合编辑组所编《中文图书提要铅印卡片著录条例》（一九五八年），北京图书馆所编《中文图书著录条例》（一九七四年），以及该馆在此基础上修订、由书目文献出版社出版的《中文普通图书统一著录条例》（一九七九年）。其中后者着力体现中国文献著录特点，内容也较为详尽，不仅对提高图书馆目录质量起到较好的作用，也为实现中文图书著录统一创造了条件。该条例为许多图书馆采用，中国各少数民族文献著录也大都仿照这一条例做出规定。

在中文文献以传统著录方法为规范基础的同时，大多数图书馆外文文献著录都按各国著录规则进行,或者参照这些著录规则由各图书馆自行拟订。

一九六一年,北京图书馆曾试图以中国传统文献著录的基本原则统一各种中外文图书及连续出版物的著录方法,并草拟了《北京图书馆图书著录条例(草案)》。由于条例不够完备,条件也不够成熟,未能付诸实施。同年,全国第一中心图书馆委员会西文图书卡片联合编辑组参考了《美国图书馆协会著录与书名款目著录规则》一九四九年第二版以及其他文种的编目规则,制订了《西文普通图书著录条例》,逐步在全国推广。

一九五八至一九七九年间,大多数图书馆在文献著录上已有了较为系统的成文规则,但是在方法技术上尚不完全统一,编制条例也不尽相同。集中编目的推行虽使目录质量有所提高,但就全国范围而言,目录的质量仍是参差不齐的。特别是在"大跃进"年代中,一些图书馆盲目追求图书编目数量,滥用简化著录方法,使图书馆目录揭示馆藏、宣传图书的作用在不同程度上有所削弱。

二、文献著录标准的推行

自本世纪七十年代以来,在联合国教科文组织和国际图书馆协会联合会的积极推动下,《国际标准书目著录》及其他各项文献著录的国际标准在世界各国逐步推广。一九七九年十二月,中国为适应这一发展形势,促进文献工作标准化工作,成立了全国文献工作标准化技术委员会,下设 7 个分委员会。其中文献目录著录分委员会(即第六分委员会)委员由中国科学院图书馆、北京图书馆、上海图书馆、中国版本图书馆及中国科学技术情报研究所等单位组成。从此中国文献著录标准化工作在国家标准局的直接领导下,各系统图书馆与情报、档案、出版发行等部门通力合作,大量翻译和介绍外国文献著录标准,开展学术研究,并审议制订了文献著录国家标准。截止到一九八七年,已经批准发布的标准共有 8 项:

1. GB 3792.1 – 83 　　　文献著录总则
2. GB 3792.2 – 85 　　　普通图书著录规则
3. GB 3792.3 – 85 　　　连续出版物著录规则
4. GB 3792.4 – 85 　　　非书资料著录规则
5. GB 3792.5 – 85 　　　档案著录规则
6. GB 3792.6 – 86 　　　地图资料著录规则
7. GB 3792.7 – 87 　　　古籍著录规则
8. GB 3792.8 – 83 　　　检索期刊条目著录规则

文献目录著录分委员会还制订审议与文献著录有关的国家标准,已经批准、公布的标准共有 3 项:

1. GB 3461 – 83 　　　文献类型与文献载体代码
2. GB 3468 – 83 　　　检索期刊编辑总则
3. GB 6447 – 86 　　　文摘编写规则

中国文献著录标准是经过一定的标准制订程序,并由国家标准局批准、发布的。中国文献著录标准工作的指导思想在于建立和加强全国统一的文献报道和检索体系,开展国际书目情报交流,并为实现目录工作自动化奠定基础。它们在著录项目的设置、著录项目的排列顺序及著录项目的标准符号 3 个方面,实行中外文目录统一,图书馆目录与文献情报部门目录统一,各类型文献目录统一,不同载体目录统一。中国文献著录标准各项细则都以中国文献为主要对象。除制订《总则》作为指导性文件外,另按不同文献类型制订分则,分别确定具体条文,以利于查检,提高标准的实用性。《文献著录总则》按照《国际标准书目著录》原则设立题名与责任者项、版本项、文献特殊细节项、出版发行项、载体形态项、丛编项、附注项、文献标准编号及其有关记载项、提要项等 9 个大项目。其中提要项是根据中国文献目录的传统特点设立,其余 8 个项目的组成及其排列顺序与《国际标准书目著录》相同,而且在各个大小项目前都冠以《国际标准书目著录》制订的标识符号。

著录格式按载体可分为卡片式、书本式、机读式等。其不同于传统著录格式的特点表现在:(1)将题名与责任者合并为一个大项。(2)将版次及其他版本形式从传统著录格式中的出版发行项抽出,单独成为版本项,并将不同版本的责任者归入该项。(3)将丛编(书)项排列于载体形态项(稽核项)之后,并置于圆括号内。(4)设立排检项,将全部排检项目集中,使之与著录正文分离。著录正文属于客观描述文献实体部分,排检项目作为规范化的检索点。这种著录格式有利于不同载体目录和不同文种、不同类型文献著录互相转换,也有利于中国编制的国家书目和其他目录与世界各国进行交流。

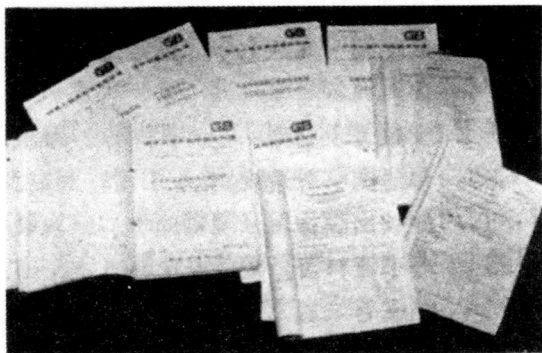

图 96　国家标准局颁布的文献著录标准

　　由于世界各国文献著录的基本原则趋于统一,中文、外文文献著录方法的差别已经不大,外国语文文献著录标准都结合中国实际以中国国家标准为依据,参考有关国家的现行文献著录规则,制订具体的实施规则。一九八五年一月由中国图书馆学会、全国文献工作标准化技术委员会和全国高校图书馆工作委员会参照《英美编目条例(第二版)》联合编辑、出版《西文文献著录条例》。一九八七年一月北京图书馆又参照一九七七年版《俄文书目著录编制规则》等制订《俄文文献著录条例(图书、连续出版物、乐谱、地图)》。

　　中国各类文献著录标准的普及推广工作进展迅速,已取得较好的社会效果。自一九八五年以来,中国图书馆学会、中国情报学会积极在全国开展文献著录标准的宣传、普及活动。北京图书馆、上海图书馆分别向全国 4000 多个图书馆发行采用文献标准著录的图书集中编目卡片及连续出版物编目卡片。北京图书馆还在集中编目的基础上编制《中国国家书目》,与世界各国开展书目情报交流。

由于文献著录标准在实际应用中不断显示出它的优越性,已为越来越多的图书馆和情报单位所接受。据调查了解,全国各大中型图书馆目录都已采用文献著录标准。

此外,在推行文献著录方法的基础上,一些大型图书馆为了保证目录的查准率、查全率,并为计算机编目创造必要的条件,正逐步对个人著者、机关团体和会议名称等方面建立标准文档,即确立排检标目的标准名称,但还缺少一项全国性的措施。北京图书馆自一九八四年起,已提出制订标准文档计划,并组织力量着手编辑中国古代著者名称、中国现代著者名称、外国著者译名、机关团体及会议名称、统一书名等标准文档及有关资料。

第四节　集中编目和在版编目

文献编目(包括文献分类、主题标引、文献著录等)能否在利用标准化技术手段的基础上,进而恰当地组织各图书馆的编目力量,实现社会化,是衡量一个国家图书馆事业发展水平的重要标志之一。中国正逐步从分散编目向集中编目、在版编目转变。

一、集中编目的进展

早在三十年代北平图书馆曾经开展铅印卡片工作,这可说是集中编目的开端。一九五八年根据《全国图书协调方案》,北京图书馆、中国科学院图书馆、中国人民大学图书馆等北京地区几个大型图书馆联合倡议，为适应科学研究和生产发展的需要，提高中国文献编目工作效率和目录质量，逐步改变分散、重复的状况，以促进文献资源的交流与利用，必须实行集中编目。先对经新华书店公开发行的中文图书以及外文书店进口的英文、俄文图书，由编目中心机构进行整理加工，向全国用户发行目录卡片，提供编目服务。同年，在北京图书馆等单位的积极促成下，以协作形式先后在北京成立了中文、西文、俄文三个集中编目组。一九六一年，经国家科委批准拨给人员编制，决定由全国第一中心图书馆委员会领导，具体工作分别委托中国人民大学图书馆、中国科学院图书馆和北京图书馆进行。截止到一九六五年，统一编目铅印卡片订户为：中文图书 4500 余户，西文、俄文分别达到 2500 户以上。在"文化大革命"中，集中编目遭到严重破坏，除西文图书集中编目坚持下来外，中、俄文图书集中编目工作均告停顿。至一九七四年十月，在社会各界人士呼吁下，经国务院办公厅批准，由北京图书馆承担中文图书集中编目工作，恢复了向全国发行中文图书集中编目铅印提要目录卡片业务。

中共十一届三中全会以后，全国文献工作标准化有了长足的进展。鉴于国际出现了文献资源共享的趋势，为发展中国的民族文化，使中文图书集中编目事业早日跻身于世界书目控制系统，自一九八四年一月起，在目录卡片中实施了文献著录国家标准《文献著录总则》和《普通图书著录规则》。一九八五年又在原用三种分类号标引的基础上增添了主题标引。据一九八四年的统计，目录卡片订户达 4000 余户，港澳地区及国外也有图书馆要求建立订户关系，全年出版发行目录卡片计 1.5 万余种，6000 多万张。

但长期以来，由于图书与目录卡片发行渠道不同，致使彼此脱节，不能同步到达用户手中，影响了图书馆的业务工作，而解决这一问题的最好办法就是"随书配片"。为了更好地为全国图书馆用户服务,一九八四年一月,负责目录卡片出版发行工作的书目文献出版社和北京图书馆图书馆服务公司曾经与新华书店等单位多次协商、设法解决这一问题。但由于种种原因的限制,未能实现。

一九八五年中国连续出版物集中编目工作得到进一步发展,在全国图书馆推广实施国家标准《GB 3792.3－85 连续出版物著录规则》后,逐步改变连续出版物按合订本著录方法,采用以连续出版物的不同名称分别著录。同年四月,首次由上海图书馆承担中文期刊目录卡片的编辑发行工作。

一九八五年十月九日,国务院批准中国参加"国际连续出版物数据系统",并决定将"国际连续出版物数据系统——中国国家中心"设在北京图书馆。该中心以促进国际学术交流、实现文献资源共享为宗旨。其主要任务是建立中国连续出版物数据及标准文档,对中国公开发行的现期期刊进行登记,并编制机读目录,为用户服务。一九八九年十月报送国际中心的磁带共著录 2000 余种中国期刊,其编目数据质量良好,得到国际图书馆界好评。

二、在版编目的酝酿与实验

图书在版编目是指将图书自身的标准编目资料直接印刷于版权页或书名页背面的编目形式。它使图书与其目录信息在出版发行过程中同步传递,以减少重复劳动、提高编目工作效率,对于推行图书编目工作的标准化,以及图书出版发行工作的自动化管理都具有重要意义。

图书在版编目在国外是从本世纪五十年代提出的,七十年代得到迅速发展。中国自六十年代以来,已对此有所介绍,并开展有关实施这一编目形式的讨论。一九八三年,中国文献著录的国家标准陆续公布并实施,为图书在版编目创造了必要的技术条件,全国图书馆界,特别是中小型图书馆迫切要求在集中编目的基础上进一步实行在版编目。为此,一九八五年起,中共中央宣传部出版局图书馆处根据文献工作发展形势,在北京地区进行调查研究,组织协调各方力量,以促成实施图书在版编目工作。一九八六年书目文献出版社、北京大学出版社曾经对他们出版的部分图书进行在版编目试验。

这项工作得到国家标准局的积极支持,将其列为中国"七五"计划期间文献工作标准化的重要项目之一。一九八六年十一月,国家标准局、国家出版局在北京联合召开全国实行图书在版编目工作计划会议,就以下两个方案的可行性进行探讨:其一,根据全国出版社的分布及其出版数量,选择若干条件较好的大中型图书馆为在版编目机构。北京图书馆承担北京地区编目工作,并负责在版编目工作的业务指导;其二,由各出版社根据有关标准,自行编目,加印在图书版权页上。会议决定由国家出版局、国家标准局、文化部图书馆事业管理局、中国科学院出版图书情报委员会、国家教委教材与图书情报办公室组成工作组,组织制订实行在版编目工作计划,负责该项工作的组织协调,经费筹集以及有关标准和规程的审查及贯彻执行。会议还委托全国文献工作标准化技术委员会第六、七分委员会共同组织制订《图书版权页编排格式》、《在版编目数据单》国家标准。一九八七年六月,为加强图书在版编目工作领导,积极推动这一工作的开展,决定成立领导小组,其成员由国家标准局、文化部图书馆事业管理局、中国科学院出版图书情报委员会、国家教委教材与图书情报办公室及新闻出版署等5个单位组成,并确定由新闻出版署标准室、北京图书馆、中国科学院图书馆、北京大学图书馆、人民出版社、机械工业出版社、新华书店总店、国家标准局信息分类编码研究所等8个单位组成图书在版编目国家标准起草小组。

此后,各种形式的图书在版编目试验工作由北京地区逐步扩大至其他一些省市。例如,自一九八七年一月起,青海省也开展过本省图书的在版编目,由青海省图书馆学会与青海人民出版社组成联合体,按现行的有关国家标准推行在版编目计划,此项工作已取得一定的成绩。实践表明,它既有利于图书馆工作也有利于出版发行工作,而且也能为自动化管理打下良好的基础。

第五节　目录组织和目录体系

目录组织是指图书馆经过文献著录以后所产生的资料,按一定方法排列成某一种目录的工作过程。目录体系则是在此基础上所组成的各种目录及其相互联系、相互补充的同一体。新中国建立以后,图书馆目录体系逐步稳定、完善。目录组织方法也日趋统一、科学。

一、目录体系的建立与完善

目录体系的优劣主要体现在它所反映书刊内容的完备程度和各种目录设置的合理性以及查检方便与否。新中国的图书馆目录明确为宣传马克思列宁主义毛泽东思想和对读者进行社会主义教育服务。在五十年代,各图书馆对目录所反映的图书内容进行调整,优先反映马克思、恩格斯、列宁、斯大林、毛泽东的著作,禁止反动淫秽书刊在读者中流通。将图书馆目录区分为业务工作目录(公务目录)和读者目录。前者反映全部入藏图书,仅供图书馆业务人员和一定数量的读者使用;后者揭示公开出借的图书,供所有读者使用。这一根据图书内容和读者对象区别对待的揭示藏书、服务读者的方针,对于建设社会主义精神文明曾起到一定作用。

但到了六十年代,特别是"文化大革命"期间,图书馆严重遭受"四人帮"推行文化专制主义的禁锢政策影响。当时许多书刊被列为"有严重问题"或"毒草",图书馆目录视作"阶级斗争"的工具,完全抹煞了它的检索工具性质,把原来反映在读者目录中供读者公开借阅的图书封存起来,任意限制书刊的流通,社会各阶层人士对此极为不满。一些图书馆在不同程度上也有所抵制,有的不断提出扩大借阅范围的意见,有的坚持开放各学科优秀著作。一九七七年起,随着揭批"四人帮"运动的深入,各地图书馆陆续开放被禁锢的图书。一九七八年二月,国家文物局根据全国图书馆和广大读者的要求召开了由部分省、市公共图书馆负责人参加的图书目录区分、图书开放工作座谈会。同年四月二十四日,国务院批转国家文物事业管理局《关于图书开放问题的请示报告》,同意该局关于图书开放提出的意见。

从此以后,全国各系统的图书馆不断对藏书进行整顿,在图书馆目录中除少数反动、淫秽、供内部参考的图书外,全面反映藏书情况,并提供公开借阅。据不完全统计,自中共十一届三中全会以来,各图书馆目录反映提供读者公开借阅的书刊占全部馆藏的95%以上。

在目录类型的设置方面,为适应读者的检索要求,各图书馆注意目录的稳定性,在现有的分类目录、书名目录、著者目录中仍以分类目录作为主要目录。省、市、自治区以上的公共图书馆、高等学校图书馆及各专业图书馆还逐步建立起主题目录,使文献检索途径趋于完善。目前中国图书馆目录体系构成,大体如表2所示。

二、目录组织方法趋于统一、科学

中国图书馆目录与世界各国一样,基本采用学科系统和字顺(文字的音序、笔划等)两种组织排列方法。新中国建立后,图书馆分类目录提出以辩证唯物主义和历史唯物主义为指导,类分图书坚持客观原则和历史原则,发挥其宣传图书、辅导阅读的作用。随着图书分类法的更新,各图书馆都对一九四九年以前旧的分类目录进行改组,即除对新书按新的图书分类法进行分类编目外,对过去入藏的图书采用三种不同的改组方式:(1)将全部图书用新

表2　图书馆目录体系

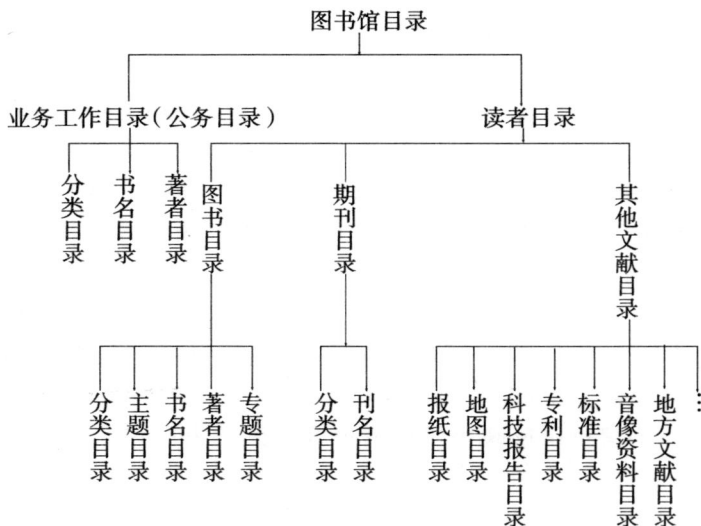

图书馆目录

业务工作目录（公务目录）　　　　　　读者目录

分类目录　书名目录　著者目录　　图书目录　　期刊目录　　　　其他文献目录

分类目录　主题目录　书名目录　著者目录　专题目录　　分类目录　刊名目录　　报纸目录　地图目录　科技报告目录　专利目录　标准目录　音像资料目录　地方文献目录　……

注:以上各种目录一般均按不同文种设置,但西方一些国家多用拉丁
化字母。如:英文、德文、法文等。因此,也可以统一在一起组成西
文图书目录。

分类法重新进行分类和编目,既改变图书分类目录,也改变图书分
类排架。(2)对旧书不重新编目,而在不改变旧书原分类排架的
情况下,将全部旧分类目录重新按新的图书分类法加以组织排列。
(3)把以上两种方法结合起来,即部分图书重新分类编目,部分图
书改变其目录组织。

　　一九七三年《中国图书馆图书分类法》出版,并迅速推广,为
全国图书馆分类目录组织的统一创造了良好的条件。截止到一九
八九年,已有90%以上的图书馆采用了这个图书分类法,它们的

新入藏图书和过去入藏图书的分类目录基本上都按照《中国图书馆图书分类法》的体系组织排列。全国的文献情报分类检索方法已逐步走向统一、科学的轨道。

中国图书馆的中文字顺目录的组织方法是与汉字检字法有着密切关联的。一九五六年,国务院公布《汉字简化方案》,对2240个汉字的笔画、结构作了简化,全国图书馆对中文字顺目录的组织也相应地进行了调整。过去中国图书馆的中文字顺目录除一部分采用四角号码检字法外,绝大多数都以笔画、笔顺排检。但由于有些汉字笔画计算不同、笔顺写法不同以及排检法对基本笔形规定排检次序不同,实际上各馆间并不统一。一九六四年,文化部、教育部、中国文字改革委员会和中国科学院语言研究所共同组织的汉字查字法整理工作组拟定以"一、丨、丿、丶、乙"为序的规范顺序,只是没有作为国家标准公布,各种工具书的汉字笔形顺序仍然分歧较大。六十年代至七十年代,北京图书馆、四川省图书馆等大中型图书馆结合各自藏书的实际情况,陆续编制了以笔画、笔形为序的中文字顺目录检字表,在笔形的次序上也未一致。一九七九年,多数图书馆已仿照《辞海》(一九七九年版)的"一、丨、丿、丶、乙"的检字方法,依次检排。一九八一年,国家标准局发布的《信息交换用汉字编码字符集》(GB 2312－80)以"一、丨、丿、丶、乙"为序。这样,图书馆汉字排检法中笔形的次序才正式确定下来。

一九五八年,《汉语拼音方案》公布实施,为图书馆中文字顺目录提供了一个新的排检方法。一九五九年,黑龙江省图书馆首先采用汉语拼音排检目录。在该馆倡导下,到六十年代初,黑龙江省公共图书馆系统已全面推行汉语拼音排检中文图书目录。随后,东北、华北的一些图书馆也先后效法。一九七四年,北京图书馆采用汉语拼音方案对馆藏50多万种普通中文字顺目录进行改组,并编制《汉语拼音检字表》、《汉语拼音字顺目录组织规则》,进一步推动了全国图书馆对汉语拼音检字法的研究和实施。这一活动在英、美等国家的图书馆和汉学研究界也引起反响。由于中国汉字具有形音义等方面的不同属性,因此,根据汉字这些属性所编制的检字法,据统计已有 500 种以上,其中有一些已为人们所习用,在今后相当长的时期内仍将是多种检字法同时并存 的格局。一九八五年,北京图书馆为了便于有关部门了解每个汉字的各种编码和序号,编制了《汉字属性字典》,对汉字的音、调、偏旁、笔画、笔顺、笔形等属性,进行定音、定形、定序。它不仅为国内和国际计算机处理汉字信息提供了可靠根据,而且也为手工文献目录排检提供了重要的工具。

第六节　二次文献的编制

二次文献是为报道、检索、管理文献而产生的一种文献形式,是人们获取文献信息的重要手段和检索工具,它包括书目、索引、文摘和快报。二次文献的编制是按一定的规则和形式对各种类型文献进行著录、分类、标引、编排等的整理加工工作。二次文献的编制水平和加工文献的数量是反映一个国家的图书馆工作和情报工作水平的重要标志之一。为此,世界各国图书馆和情报单位都把二次文献的编制作为自己的重要任务。

一、二次文献工作的开展

编制二次文献在中国有着悠久的历史传统,其主要形式是书目。自汉代刘向、刘歆父子编撰《别录》和《七略》开始,近二千年来,人们已编制出大量的有学术参考价值的各种类型的书目,其中有许多宝贵的书目文献遗产,有待于深入研究、继承和发展。

新中国建立以后,政府主管部门十分重视二次文献工作。一九五六年七月文化部召开的全国图书馆工作会议和十二月高等教育部召开的高等学校图书馆工作会议,在为向科学进军而积极准备条件的具体措施中,都强调了包括书目、联合目录、文摘、索引在内的二次文献编制工作的重要性和迫切性。

一九五七年九月六日,国务院全体会议批准的《全国图书协调方案》不仅明确规定了编制全国联合目录的目标、步骤,还落实了组织措施,规定在全国第一中心图书馆委员会下,成立全国图书联合目录编辑组,负责全国联合目录的规划、协调、编辑和出版工作。机构附设于北京图书馆内,第一任组长由北京大学图书馆学系副教授邓衍林担任,具体工作由北京图书馆李钟履主持。参加编制联合目录工作的各系统图书馆共达到 105 所。

一九五八年,周恩来总理与邓衍林晤谈时再次强调,需要编印国内外最近出版的科技资料和文献目录,应该一索即得。并指出,这项繁重的工作是为科学研究服务的当务之急。同年十一月,在国务院科学规划委员会和国家技术委员会召开的全国科学技术情报工作会议上具体提出了建立、健全全国文献检索体系和对"二次文献的编辑报道学科和专业要尽量齐全,检索手段要方便,编印报道周期要缩短"的质量标准要求。

通过历次全国性会议的部署,书目索引和各种文摘特别是联合目录的编制工作迅速开展起来。一九六二年,国家科委和文化部共同制订的《一九六三至一九七二年科学技术发展规划(草案)·图书》评价了全国二次文献的编制出版情况,再次强调了加强联合目录工作并提出应用计算机技术进行二次文献编制研究等问题,及时地指明了进一步开展二次文献工作的方向。截止到一九六六年,经过全国各系统图书馆和情报单位的努力,全国编辑出版的各种类型的书目索引、综合性的馆藏目录、专科性的书目索引和文摘以及推荐性书目,据冯秉文《新中国书目工作三十年(一九四九——一九七九)》一文不完全的统计,共有 6458 种。这个数字约为一九四九年以前历代所编书目总和的 4 倍。其中,全国性书刊联合目录有 27 种,地区性的联合目录有 300 余种。同时,各种定期出版的检索刊物有 139 种,文献报道量达到 65 万条。这时,全国性的二次文献工作,无论在数量和质量以及发展速度上都取得了长足的进展。

　　自一九六六年五月到一九七六年,"文化大革命"期间由于"四人帮"极左路线的严重干扰,二次文献工作几乎陷于停顿。这十年中,除了中国科学院等单位编制了一些科技资料目录外,就只有"评法批儒"之类和提存下架的"禁书"目录,编制二次文献的数量和质量降到最低点。

　　一九七六年粉碎"四人帮"以后,国家的工作重点转移到社会主义现代化建设上来,图书馆和情报单位的二次文献工作也随之恢复和重新发展起来。一九七七年七月,召开了全国科技情报检索刊物协作会议,会议决定了全国新增国内外科技情报检索刊物的计划和筹建全国科技情报检索刊物编辑出版工作协作小组,并对刊物的标准化、规范化提出了要求。一九七七年八月,全国联合目录编辑组恢复工作。一九八〇年三月,在北京召开了全国联合目录工作会议,讨论了《建立全国联合目录报道体系的初步方案》及《全国联合目录工作协调委员会组织章程》两个建议草案。此后,北京地区、云南、黑龙江、辽宁等省的图书馆协作组织(地区中心图书馆委员会或协作委员会)相继成立或恢复活动。同时,中国图书馆学会和各省、市、自治区图书馆学会的成立,都直接间接地推动了二次文献工作的恢复和发展。

　　一九七八年,中断了十几年的回溯性国家书目《民国时期总书目》的编辑工作,经过多方努力,由北京图书馆接办,成立了《民国时期总书目》编辑组,着手编纂。

　　一九七九年二月,书目文献出版社成立,为二次文献的出版创造了有利条件。截止到一九八九年底,该社已出版国家书目、联合目录以及各种专题书目索引共 63 种。

一九七九年，全国文献工作标准化技术委员会建立后，在书目著录、文献分类、主题标引、书目信息交换、磁带格式等标准化方面，制定出近 30 种国家标准。这些标准的推广，对二次文献编制工作的规范化和向自动化过渡，起到了推动作用。

八十年代以来，图书馆和情报界不少单位陆续开始了利用电子计算机编制二次文献的试验工作。北京图书馆、中国科学院图书馆、北京大学图书馆、上海图书馆和上海、哈尔滨的高校图书馆等，都做出了很大的努力，并取得了不同程度的进展，有些编制软件已达到应用水平。如由北京大学等 10 所高校和科研单位图书馆研制的《机编西文图书联合目录》已于一九八六年出版第一期。

联合国教科文组织为了在中国推行"出版物国际共享"（UAP）计划，于一九八六年六月资助北京图书馆在北京召开了"UAP 国内学术讨论会"。会议重要议题之一就是如何进一步提高书目的编制水平问题。在全体与会者通过的向全国图书馆界、情报界及书业界同行们发出的《促进 UAP 计划在中国实现的倡议书》中，强调了在书目编制报道工作中的协调与协作的重要意义，以便进一步发挥全国图书馆和情报单位所有馆藏文献的作用，为国家四化建设做出更大贡献。一九八七年十月，由国家科委和文化部发起成立了有国家教委和中国科学院等 11 个部委参加的部际图书情报工作协调委员会，二次文献工作将步入一个发展的新阶段。

中共十一届三中全会以来的这一段时期里，二次文献工作的协作和质量都达到了新的水平。最为明显的例子，就是自一九七八年三月以来由中国古籍善本书目编委会主持编撰的《中国古籍善本书目》。这部大型书目是根据一九七五年十月周恩来总理"要尽快地把全国善本书总目编出来"的指示进行的，共有 780 多个单位参与这项工作，参加汇编、审校和定稿工作的前后共有 40 多人。全书目共收录自宋至清，历代中国古籍善本 6 万余种 13 万

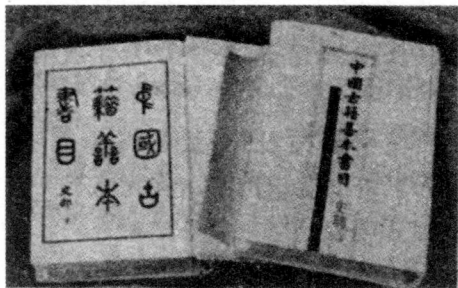

图97 一九八六年起出版的
《中国古籍善本书目》

余部,按经、史、子、集、丛书五部编排,末附书名、编著者和版刻家索引。书目的第一部分《经部》和第五部分《丛部》已分别于一九八六年、一九八九年由上海古籍出版社出版。这部书目的编制,同时也带动了全国各系统大中型图书馆古籍善本的整理和善本书目的编辑出版。

这一期间,二次文献工作为适应现代化的建设需要,在自然科学技术方面明显地向重点分工和专业化方向发展,出版的书目文献涉及到各个学科领域。外文科技期刊联合目录工作迅速恢复和编辑出版。

二、二次文献工作的成果

(一)国家书目。

国家书目是揭示与报道一个国家一定时期内,全部出版物的综合性统计登记性书目,是一个国家各项书目工作的基础和沟通国际书目情报,实现资源共享的重要手段。

新中国建立后,在建立缴送本制度和进行出版物国家登记的同时,一九五〇年出版总署编辑出版了第一本国家书目——《全国新出版图书目录》,报道了自一九四九年十月至一九五〇年七月全国新出版的图书。此后,一九五一年八月,出版总署编的《全国新书目》创刊。这一登记、通报全国新书目的目录,除了“文化大革命”期间一度中断外,一直由文化部出版事业管理局版本图书馆编辑、出版。此外,一九五六年新华书店第一次编辑、出版了一九四九至一九五四年全国出版物的目录汇编本《全国总书目》。从一九五六年末起，由文化部出版事业管理局接办，版本图书馆陆续分年编辑、出版，综合报道前一年的全国出版物。一九六六至一九六九年一度因"文化大革命"而中断，从一九七一年起恢复，编辑、出版了《一九七○年全国总书目》。之后，每年出版一本反映前一年出版物的总书目。这部总书目在没有编制正式的国家书目之前，在某种程度上起着国家书目的作用。

为改进中国国家书目，以发挥其全部的职能，一九七八年秋，北京图书馆成立了专门小组，着手规划、系统编辑出版中国国家书目。首先，将一九六一

图98　中国国家书目编委会主编的《中国国家书目》和北京图书馆编的《民国时期总书目》

年由版本图书馆和上海图书馆开始编制的《民国时期总书目》草片进行整理，并以北京、上海、重庆所藏图书为基础，全面搜集补充，共收中文图书10万余种，按学科分类编排，计划分为20册陆续出版。一九八六、一九八七年已先后出版《民国时期总书目（一九一一 — 一九四九）》的《语言文字》和《外国文学》两个分册。一九八五年起，计划编辑《中国国家书目》（年刊）。《中国国家书目（一九八五年）》已于一九八七年十月由书目文献出版社正式出版。

（二）联合目录。

联合目录是集中反映多馆藏书的书目，是方便读者检索、馆际互借、协调、协作以及实现全国文献资源共享的一个重要手段。

一九五一年一月,上海新闻图书馆编辑、出版的《上海各图书馆藏报调查录》(附新闻学图书目录),反映了上海市56所图书馆所藏一八六八至一九五〇年中外文报纸近700种,是新中国出版的第一部联合目录。同年,西南人民图书馆出版了《西南各图书馆(室)藏化学工业书刊目录》。一九五六年,重庆市图书馆编辑、出版了《重庆市医药书刊联合目录》。以上这些都是地区性的联合目录。一九五四年中国科学院图书馆编辑、出版了《全院所藏西文期刊联合目录》,报道该院所属各图书馆所藏西文期刊3907种。一九五八年教育部高等教育教学第一、二司编辑、出版《47所高等学校图书馆馆藏外文期刊联合目录》,收录外文期刊12044种。由此,开始了按图书馆系统编辑、出版书刊联合目录。这些联合目录对于在新中国建立初期的科学研究起了一定的作用,也为进一步编制全国性的联合目录积累了经验。

全国联合目录编辑组成立以后,全国性联合目录普遍而迅速地发展起来。一九五八年六月,全国图书联合目录编辑组首先编辑、出版了《全国西文新书联合通报》,分"哲学社会科学"和"自然、技术科学"两部分,定期出版,参加馆最多时达335个,最少时189个。一九五九年又由该组主编、出版了《全国西文期刊联合目录》,收录168个馆一九五七年所藏西文期刊20270种。一九六四年又出版了《续编》。一九六一年由北京图书馆主编、出版了《全国俄文期刊联合目录》,收录143个馆所藏俄文期刊2485种。一九六二年由辽宁地区、吉林省、黑龙江地区中心图书馆委员会编辑,全国图书联合目录编辑组出版《全国日文期刊联合目录》,收录86个图书馆日文期刊6602种。这几种联合目录,将一馆一地所藏的国外文献信息介绍到全国,对科学研究和生产建设起了积极作用。其中,颇具成就的是,一九六一年全国图书联合目录编辑组编辑、出版的《全国中文期刊联合目录(一八三三— 一九四九)》和上海图书馆编辑、中华书局在一九五九年至一九六二年间出版的《中国丛书综录》，前者共收录全国 50 个图书馆所藏中文旧刊 19115 种，后者收录全国 41 所大型图书馆所藏 2797 种丛书，是一部完备的丛书总目录。这两部目录，不仅为科学研究提供了宝贵的资料线索，而且在书目编制的体例和方法上创造了新经验。

与此同时，全国专题联合目录也普遍开展起来，主编馆主要是各系统专业图书馆，参加馆遍布全国。至"文化大革命"前夕，从数学、物理学、化学、医学、农业到工业技术的一些主要学科门类，大都编印了专题的联合目录。其中具有特色的书目如《中国现代革命史联合目录》、《北京地方文献联合目录》、《中国古农书联合目录》、《中医图书联合目录》等。这些专题联合目录既系统地收录了全国各大型图书馆所藏有关该专题或专科的重要文献，同时，也反映了各该学科的学术新成就，对促进馆际互借和科学研究发挥了积极的作用。

地区性的联合目录，也蓬勃发展。重要的有《上海市外文新书联合目录》、《武汉地区期刊联合目录》、《西南地区所藏抗战时期出版图书联合目录》、《台湾、琉球资料联合目录》、《我国南海诸岛资料联合目录》等，都是很有地方特色的。编制地区性联合目录工作中各地区中心图书馆委员会做出了重要的贡献。

一九八〇年三月全国联合目录工作会议后，联合目录逐步恢复和发展。书目工作成就最大的，除前面所述《中国古籍善本书目》外，当推《中国地方志联合目录》。该书目由中国科学院北京天文台主编，从一九七六年开始到一九八五年出版，参加单位遍及全国，共收录 190 所图书馆、档案馆所藏方志 8500 余种。其次是《全国中文期刊联合目录（一八三三——一九四九）》，于一九八一年又增订出版，增加了中国共产党各个时期和各解放区出版的期刊以及国民党统治区出版的进步刊物，收录刊物近万种。其他方面如中国科学院图书馆主编的《中国科学院西文连续出版物联合目录》、内蒙古等八省区协作编《全国蒙文古旧图书资料联合目

图99 一九八〇年在北京召开的全国
联合目录工作会议

录》、中国政法大学图书馆主编的《司法部属政法院校馆际协作委员会法学图书联合目录》、北京图书馆编辑的《西文参考工具书联合目录》、《西文科学技术会议录联合目录》及《续编》、《西文工业技术图书联合目录》以及《一九六二—一九七八年全国西文期刊联合目录（科技部分）》等，都取得了新的进展。

地区性的联合目录像雨后春笋般涌现出来。北京、天津、上海、山东、福建、江苏、浙江、安徽、湖北、广东、四川、甘肃、东北地区等图书馆都根据各自地区的需要和特点，编辑、出版了书刊文献资料的联合目录。如《北京地区高校外文期刊联合目录》、《东北地方文献联合目录》、《江苏省三大系统图书馆外文新书联合目录》、《武汉地区辛亥革命史料联合目录》等。地区性的善本书联合目录，如《山西省古籍善本书目》、《广西善本书目》、《吉林省古籍善本书目》、《四川省古籍善本联合目录》等。其联合的规模和编辑、出版质量与"文化大革命"前相比都大大地前进了一步。

（三）馆藏目录。

新中国建立以来，各类型图书馆，一般都编印有反映馆藏的书本式目录，供读者借阅参考。有综合性的、专科性的、推荐性的目录，有参考目录。这些书目在发掘馆藏资源、传播文献信息和进行社会教育中发挥了重要的作用。

中文图书方面，比较全面编印馆藏目录的有《辽宁省图书馆汉文图书目录》18 册（一九六三年油印本），《山西省图书馆馆藏中文平装书目录》15 册（一九六五年油印本）。七十年代以来，安徽省图书馆逐年编印该馆入藏的中文图书资料目录。古籍方面的目录有《山东省图书馆馆藏古籍图书目录》、《四川省图书馆馆藏古籍目录》、《广东省中山图书馆古旧图书目录》、《江西省图书馆馆藏线装古籍目录》、《山西省图书馆线装书本目录》等。各大学图书馆，如中山大学、复旦大学、中国人民大学、南京大学、北京师范大学、南开大学等也都有线装古籍目录编印出版。中国科学院及其所属分院、研究所也编有此类目录。有一些机关资料室也编有其古籍的目录。

善本书方面，一九五九、一九八七年先后出版了《北京图书馆善本书目》和《北京图书馆古籍善本书目》。除了敦煌写经、《赵城藏》、《四库全书》等专藏外，通过这两本书目，基本上可检索该馆全部善本书。其他如广东、山西、天津、首都、浙江、福建、甘肃、青海等省（市）图书馆也都编印了馆藏善本书目。一些大专院校图书馆如北京大学、中国人民大学、中山大学等；也根据自己馆藏编印了各具特色的善本书目。除国内馆藏善本书外，应特别提及王重民先生遗著《中国善本书提要》，目录中对《四库全书总目》未收的书，皆撰写详尽的提要，是一部很有参考价值的大型版本书目。

外文书方面，有《徐家汇藏书楼西文藏书目录初稿》、《北京图书馆外文新书通报》、《南京图书馆外文新书通报》、《吉林师范大学图书馆馆藏俄文图书目录》等。

期刊方面的馆藏目录为数也很多。比较重要的有：《上海科学技术图书馆馆藏中外文期刊目录》、《辽宁省图书馆馆藏中文期刊目录》、《云南省图书馆一九四九——一九七九年中文期刊馆藏目录》、《甘肃省图书馆馆藏中文期刊目录》（一八九六——一九四九）及《补编》、《上海历史文献图书馆期刊目录（一八三二——一九四九）》、《福建省图书馆馆藏解放前中文期刊目录（一九〇二——一九四九)》及《续编》、《清华大学图书馆中文期刊目录(一八八一— 一九六一)》、《北京大学图书馆现期期刊目录(一九八〇年度)》、《中国科学院上海分院图书馆中日文期刊目录》、《复旦大学图书馆西文期刊目录》、《中国科学院图书馆馆藏外文期刊目录》、《中国科学院图书馆馆藏俄文期刊总目》等。报纸目录重要的有《北京图书馆馆藏报纸目录》、《南京图书馆建国前中文报纸目录》等。

(四)专题目录。

专题目录或称专科目录,是图书馆和有关情报研究单位广泛编辑的一种书目形式。四十年来,根据党和国家在政治、经济、文化、教育、科研等各个领域的发展需要,编辑出版了大量的专题目录。据一九八〇年统计,其数量约占二次文献总数的 80% 以上,专题遍及各门类各学科。

1. 马克思列宁主义毛泽东思想的专题目录,在新中国二次文献中占有突出的地位。四十年来,全国图书馆、资料室编辑出版的包括油印的在内约有 300 多种。较有参考价值的是人民出版社一九八五年出版的《马克思、恩格斯、列宁、斯大林著作中文本书目版本简介(一九五〇— 一九八三)》和书目文献出版社一九八三年出版的《马克思恩格斯著作中译本综录》。这两部书记录了马列主义经典著作在中国翻译、出版与传播的历史,是查找其中译本文献最完备的工具书。此外,还有中国人民大学图书馆编《列宁全集索引》、《马克思恩格斯全集主题索引》、中共中央马恩列斯著作编译局编《列宁全集索引(第 1 - 35 卷)》、上海师范大学图书馆编《马克思恩格斯全集主题分类索引》和《列宁全集专题分类索引》、福建师范大学图书馆情报资料科与政治教育系资料室编《马克思恩格斯列宁斯大林毛泽东生平、事业、著作与思想研究论文资料索引(一九四九年十月— 一九八三年六月)》,中共中央马恩列斯著作编译局图书馆编《研究马克思、恩格斯著作和生平论著目录》等,为学习马列主义理论和研究,提供了方便。

较为全面地反映毛泽东著作的目录有人民出版社编的《报刊所载毛泽东同志言论、著作、文电编目》和中国人民解放军政治学院训练部图书资料馆编的《毛泽东著作、言论、文电目录》。这两本目录基本上分别反映了一九一七至一九六一年期间所发表的毛泽东著作、言论、文电以及题词手迹等文献,特别是为查找毛泽东早期著作及分散在报刊上的著作提供了方便。

2. 哲学和社会科学方面的专题书目和索引,据一九四九至一九七九年的统计,其数量为 2680 种,尤其是一九八○至一九八九年,涌现了一大批具有相当学术水平、读者适用的书目和索引,也出版了一些新兴学科的目录。其中如中国社会科学院文献情报中心联合全国 29 个省、市、自治区社会科学情报研究所和图书馆编辑的《中国社会科学文献题录》及上海图书馆编辑、出版的《全国报刊索引(哲学、社会科学部分)》,是及时、全面而系统地报道全国哲学社会科学领域各学科学术研究和动态信息的检索工具书。人民出版社资料室编译的《外国哲学、社会科学著作目录(一九四六— 一九五五)》,介绍了第二次世界大战后国外在这个领域的研究成果。

(1)哲学方面的专题目录,山东大学哲学系资料室编《全国报刊哲学资料索引(一九四九— 一九七六)》和四川大学哲学系资料室编《解放前全国主要报刊有关哲学类论文索引选辑》是比较有代表性的两种。此外,还有南开大学哲学系资料室编《中国哲学史论文索引》、北京大学图书馆和心理系编《心理学文献书目》、江西大学中文系资料室编《全国报刊美学论文索引》、中国社会科学院哲学所资料室编《孔子研究论文著作目录》、江西省社科院情报资料研究所编《宋明理学论文索引》等,都是有关哲学目录的新成果。

(2)政治和社会生活方面的专题目录,在五六十年代主要是

图 100　上海图书馆编辑出版的《全国报刊索引》

配合国家政治时事,编印了不少如《学习过渡时期总路线》、《党史学习参考资料目录》的小册子。八十年代以来则偏重为政治体制改革和法制建设的研究而出版了有一定参考价值的目录,如北京大学图书馆编的《政治体制改革研究参考书目》和《政治体制改革论文资料索引》、天津市党校系统图书馆资料中心等编辑的《党的建设领导科学专题资料题录》、华东政法学院图书馆编的《中共十一届三中全会以来法律法规目录索引》、兰州大学图书馆编的《法学资料索引》、湖南图书馆编的《中华人民共和国现行法规索引》、浙江人民出版社出版的《法学论文目录集(一九四九——一九八四)》等。

　　有关社会发展问题和管理科学的专题,有中国社会科学院社会科学研究所和南开大学社会学系编的《有关人口科学文献目录(一九〇三——一九八一)》以及江苏省图书馆学会编的《人才学研究资料目录》等。

　　(3)经济方面的专题目录,多年来基本上是结合国家和地方的经济建设而编制的。例如仅在一九五五年中就有北京图书馆等10 多个图书馆编印了有关为第一个五年计划提供资料的书目和索引。全面反映新中国建立以来出版的经济类图书,有辽宁大学图书馆编印的《全国经济科学总书目(一九四九——一九八五)》。结合社会主义商品经济理论和体制改革的研究编制了不少有参考

406

价值的书目和索引。如中国社会科学院经济研究所图书馆编《经济学著作要目(一九四九———一九八三)》和该所学术资料室编《社会主义经济理论报刊文章目录索引》、河南省社会科学院情报研究所编《经济体制改革资料索引》、中国社会科学院世界经济与政治研究所世界经济资料中心编《国外经济文献索引》等。此外,中山大学历史系资料室和中国古代史研究室编的《中国古代经济研究资料索引》则是研究中国经济史和经济思想史的目录新著。

(4)语言文字和文化教育方面的专题目录,在五十年代,中国文字改革委员会图书资料室就编印过《语言文字学书目》和《语言文字学资料目录》。而具有代表性的则是原中国科学院语言研究所编的《中国语言学论文索引》甲乙两编,共收录一九〇〇至一九八〇年全国报刊、论文集中语言学论文 1.2 万余篇,是研究中国语言文字必备的检索工具。

有关教育的专题,早在新中国建立初期,东北人民政府教育部资料室就编辑了《报纸期刊教育资料索引》。高教方面有兰州大学高等教育研究室编《建国以来高等教育资料索引(一九四九——一九八六)》,中央教育科学研究所一九八二年创刊的《中国报刊教育论文索引》和山西省教育研究所一九八五年创刊的《国内外教育文摘》是两种比较好的提供教育、教学文献信息的工具。有关中小学教育的专题有北京师范大学教育系资料室编《中小学教育论文索引(一九四九———一九六五)》。

(5)图书馆学方面的专题目录,李钟履曾先后出版了《图书馆学书籍联合目录》、《图书馆学中文书籍内容主题索引》和《图书馆学论文索引》第一辑。南京图书馆又继续编辑出版了《图书馆学论文索引》第二辑、《续编》和《七十六种图书馆学论文集篇目索引》。这些书目索引基本上能反映出自清末以来中国图书馆学研究的专著、论文的成果。一九八四年,华东师范大学图书馆学系、图书馆合编,董秀芬主编的《图书馆学情报学、档案学论著目录

（一九四九— 一九八〇）》及《续编（一九八一— 一九八五）》。《当代中国的图书馆事业》编辑部、中国图书馆学会编辑出版委员会合编的《建国以来全国图书馆学情报学书刊简目（一九四九——九八六）》是全面介绍这一时期这几个学科论著的目录。档案学的专题，主要有中国人民大学档案学院资料室编《档案学论著目录（一九一一— 一九八三）》。

（6）文学艺术方面的专题目录，在新中国二次文献工作中取得了很大的成绩。图书馆界曾编出一批有参考价值的中外文学专题书目索引。如首都图书馆根据其藏书特点而编印的《馆藏中国小说书目初编》和《馆藏中国戏曲书刊目录初稿》、北京图书馆编《中国现代作家著译书目（一九一九— 一九八一）》及《续编》、《北京图书馆馆藏苏联文学研究著作目录（五十一 六十年代）》、中国版本图书馆编《翻译出版外国文学著作书目和提要》以及图书提要卡片联合编辑组编《建国以来文艺作品专题书目》等。

文学论文资料的索引很多，较有代表性的有：中国社会科学院文学研究所图书资料室编《全国报刊文学论文索引》及《续编》、中山大学中文系资料室编《中国古典文学研究论文索引》、上海师范学院图书馆编《红楼梦研究资料目录索引》、天津师范学院中文系资料室编《中国现代当代文学研究论文索引（一九四九— 一九八二）》、福建师范学院中文系资料室等编《中国现代文学作家作品评论资料索引》、锦州师范学院中文系编《中国现代散文研究论文目录索引》、西南师范学院中文系编《民间文学研究资料目录索引》、中央民族学院图书馆编《中国少数民族民间文学作品目录索引》、河北教育学院图书馆与上海教育学院图书馆编《外国文学研究论文资料索引》以及北京图书馆和中国电影家协会编《全国报刊电影文章目录索引》等。

（7）史学方面的专题目录，同文学方面一样，在新中国编辑出版的数量和质量都有很大发展和提高。书目方面如中国社会科学院历史研究所图书馆编《八十年来史学书目》,收录一九〇〇至一九八〇年中文著译的史学著作1.24万余种;北京图书馆编《北京图书馆馆藏革命历史文献简目》,著录的文献大多是具有较高历史价值的文献原件;杨诗浩和韩荣芳编《国外出版中国近代现代史书目(一九四九——一九七八)》,收录国外和香港出版的有关著作和资料约3500种;杨殿珣编《中国历代年谱总目》以及沈阳军区图书馆编《军事类传记、回忆录、史料书目》等,为史学专题的研究提供了文献检索的捷径。

史学论文资料和论文集篇目的索引,五十年代出版有《中国史学论文索引》,一九七九年出版了该索引的第一版《第一编》,一九八〇年又由中国社会科学院续编、出版《第二编》。两编可供检索一九〇〇至一九四九年国内发表的史学论文。从中国古代史到近代史都有断代的论文目录索引出版。同时,楚史、西夏史、中国各少数民族史、华侨史,以及外国研究中国问题的专题论文索引也不断编辑问世,为中国历史的研究拓宽领域和向纵深发展提供了众多的资料性工具书。此外,为世界历史的研究,也相继编辑、出版了有关世界史、世界近代史,英国、美国、拉丁美洲以及国际共产主义运动史、二次世界大战史等的书目索引。

(8)地方志和地方文献方面的目录是一种独具中国特色的专题目录。一九四九年以来,这方面的工作取得了长足的进展。除《中国地方志联合目录》外,北京图书馆、上海图书馆、湖北省图书馆、中国科学院图书馆等不少图书馆编印了馆藏方志目录,也出现了一些地方性的方志联合目录。骆兆平编著《天一阁藏明代方志考录》和崔建英编著《日本见藏稀见中国方志书目》对于方志遗产的研究有参考价值。

地方文献目录更为普遍,北京、天津、上海、山西、内蒙、江苏、安徽、浙江、福建、广东、广西、四川、贵州以及东北、西北各省区甚至某些中小城市如江苏的南通、福建的泉州、浙江的绍兴等为适应两个文明建设的需要,编有各具地方特色的有关民族历史、物产资源、风土人情、人物著述等的文献目录,为地方的开发建设、地方史的研究及新编地方志书做出了重要的贡献。

3.自然科学技术方面的专题目录,从自然科学、数理科学、天文学、地球科学、生物科学、医药卫生、农业林业直到工业技术各个门类,都有很大发展。据一九四九年至一九七九年三十年的统计,已有 3681 种。尤其是八十年代以来,以题录、索引和文摘为主要形式的检索刊物,与专题联合目录、专题书目等二次文献一起,基本上形成了中国科技文献的报道、检索体系,成为广大科技工作者获得参考文献和情报来源的重要手段,在科技进步和现代化建设中将日益发挥积极的作用。

比较重要的大型科技书目,在五六十年代主要是专题或专科的联合目录。如在基础科学方面有《数学西文图书联合目录》、《物理学西文图书联合目录》、《地质学图书联合目录》、《生物学俄、西文图书联合目录》、《气象学图书联合目录》;医学方面有《医学科学图书联合目录》、《中医图书联合目录》;农业方面有《中国古农书联合目录》、《农业科学图书联合目录(农业机械化部分)》、《海洋水产图书联合目录》;工业技术方面主要有石油化工、机械工程、电机工程、化学化工、纺织工业、水利工程、铁道运输、航空工程等联合目录。以上这些专题联合目录都是全国性的,地区性的还有很多。八十年代有书目文献出版社出版的《西文工业技术图书联合目录》、辽宁大学图书馆编《全国自然科学总书目(一九四九— 一九八四年)》、《全国农林科学总书目(一九四九年十月——九八五年十二月)》、《全国工业技术总书目(一九四九年十月——九八五年十二月)》。专题的题录索引主要有科技文献出版社出版的《国外铁矿地质文献目录》、鞍山钢铁公司技术图书馆的《钢铁资料索引》、科学技术出版社出版的《中国植物学文献目录》、中国农业科学院图书馆的《中文农业文献目录(一九四九—

一九八〇年)》、海洋情报所文献馆的《海洋学文献累积索引》等。比较成系统的检索刊物有《中文科技资料目录》，这是一九七七年全国科技情报检索刊物协作会议统一组织协调，分别由中国科学技术情报研究所、部分省市科技情报所、部分图书馆和中央专业部、局等图书情报单位编辑，科技文献出版社出版的一套检索刊物，按学科门类分为 22 个分册编辑、出版，专门报道科技期刊的论文、资料及译文等。科技文献出版社还出版一套专门报道国外科技文献的《国外科技资料目录》，也按学科分类编辑，分册多达 30 余个。以题录形式报道世界各国期刊、特种文献、技术研究报告、会议论文集等文献资料。还有一种是中国科学技术情报研究所编的《国外科技资料馆藏目录》，报道该所文献馆所藏各国政府报告、会议资料、学位论文、著作集等国外的科技文献资料，按学科分为 12 个分册出版。此外，上海图书馆编印的《全国报刊索引》，一九五九至一九六六及一九八〇年以后均将"自然科学、技术科学部分"单独出版，成为查找国内主要报刊科技文献资料的常用工具书。

科技文献文摘刊物，一九四九年以后，从无到有，从翻译国外文摘到自行编辑、出版，经历了一个发展阶段，"文化大革命"前中国科学技术情报研究所等单位已出版各学科门类的文摘 30 种，到一九八九年已发展到百余种。

（五）推荐书目。

推荐书目，亦称导读书目，是新中国二次文献中最活跃的一种书目类型。它小型、灵活、多样，针对性和时效性强，成为图书馆实施其社会教育职能的一项重要手段。它可以根据各类问题、各种特定需要和不同对象不同层次的阅读要求而确定。编制推荐书目的单位，不仅有图书馆，而且有报刊编辑、出版社和宣传教育部门，这项工作受到中共各级宣传部门和共青团组织的重视和支持，因而其影响也是十分深远的。四十年来，概括起来编制了以下几个方面的推荐书目：

1. 配合时事政治学习和思想教育的推荐书目。一九五〇年二月天津知识书店出版的童彦编《学习书目汇编》，是新中国建立后，图书馆界较早编出的一本供政治学习的书目。一九五二年东北图书馆也编印了《学习政治常识参考书目》。这期间，《学习》杂志发表了《中国革命问题自学提纲》并开列了应读的书籍目录，使当时广大干部渴求革命理论知识的学习得到了系统的指导。此后，学习辩证唯物主义和历史唯物主义，学习宪法等，许多图书馆都编制了有关的推荐书目和索引。

通过阅读辅导活动，配合党和政府向青少年进行革命传统教育、共产主义理想和高尚道德情操教育而编制各种形式的推荐书目，各级公共图书馆做了大量的工作。例如配合纪念节日和以"我们热爱劳动"、"把自己培养成有高尚道德的人"、"继承和发扬光荣的革命传统"等专题的推荐书目，铅印或油印小册子在五十年代广泛地在读者中流通。

专为青少年选择读物并开展阅读指导活动，共青团组织发挥了极其重要的作用。一九五二至一九五四年三年中，每年暑期，《中国青年》杂志都刊载有推荐暑期读物的目录。一九五六年六月团中央与教育部还曾联合制定《少年儿童图书目录》发到全国，供教师辅导员和图书馆指导小学生阅读时参考。从一九五八年起，在青少年中开展了红旗奖章和鲁迅奖章等的读书活动。一九八〇年以来又以"红旗读书活动"和"红领巾读书读报奖章"活动最有影响，为振兴中华、建设社会主义精神文明而更大规模地开展了读书和读书竞赛活动。为此，图书馆与共青团组织、教育部门、图书发行部门配合编印了多种多样的推荐书目，为青少年德智体全面发展，推荐介绍了大批优秀读物。

2. 配合文化教育和辅导文艺书籍阅读的推荐书目。新中国建立初期，全国各图书馆都面临着一个配合扫除文盲，提高工农干部文化水平和一般读者包括青年学生扩大知识视野、丰富课外阅读的任务。为此,不少图书馆有计划地、有针对性地编制了指导阅读的推荐书目,其中,如五十年代山东省图书馆编制的"辅导读者读书计划"系列书目,八十年代济南市图书馆与共青团济南市委调研室编的《二十五种畅销书导读书目》,就是比较典型的例子。

辅导读者阅读文艺书籍受到读者的特别欢迎。很多图书馆不仅编印文艺作品推荐书目,而且还邀请作家与读者见面座谈或请名家作报告,介绍作品,指导阅读。北京图书馆、黑龙江省图书馆、北京市少年儿童图书馆、天津市少年儿童图书馆、湖南省少年儿童图书馆等在这方面做的都比较出色。

3. 配合工农学习科学知识和生产技术编制的推荐书目。五十年代图书馆开门办馆,送书下厂下乡,不仅将一些通俗读物送到车间和农村,而且针对工人和农民文化水平低,缺乏科学知识和提高生产技术水平而编制了有关的指导阅读的书目。工业方面一般是按行业工种编制的,如鞍山市图书馆和鞍钢技术图书馆合作专为车工编制了《提高切削效率——在技术革命中车工应该读些什么?》的推荐书目。农业方面如贯彻农业"八字宪法",帮助农民采取措施提高农作物产量而编制了各个专项的推荐书目。八十年代又出现了为配合实施"星火计划"而编辑的书目索引,如黑龙江省图书馆编印的《重大信息速报》。

(六)个人著述书目。

编制个人著述书目在中国有着优良的传统。新中国建立后这种目录受到学术界和文艺界的重视并得到较快的发展。关于鲁迅的著述书目,一九四九年就在鲁迅自编书目与许广平增补书目的基础上编出《重订鲁迅著译书目续编》,一九五八年出版了沈鹏年编《鲁迅研究资料编目》,收集内容扩大到有关鲁迅生平传记和研究评论鲁迅及其作品的文献资料。到八十年代,对鲁迅的研究又前进了一步,如北京图书馆和中国社会科学院文学研究所合编的

《鲁迅研究资料索引》及《续编》等。一九八七年出版的纪维周编《鲁迅研究书录》，收录有关研究鲁迅的书刊达 1426 种。关于瞿秋白，五十年代曾出版了《瞿秋白著译系年目录》，一九八五年南京图书馆编有《瞿秋白研究资料索引》。关于郭沫若的有上海图书馆编《郭沫若著译书目》；关于老舍的有首都图书馆编《老舍研究资料编目》；关于胡适的有华东师范大学图书馆编《胡适著译系年目录与分类索引》。

除了如上列举的著述目录外，其他学者、专家、作家也还有一些单行本目录出版，但许多人物的著述目录，大都发表在刊物上或附载于丛刊、文集之中。

总之，四十年来，新中国的二次文献工作所取得的成绩是很大的，各种类型的书目适应社会主义物质文明和精神文明建设的需要发挥了积极的作用。大型的国家书目和重点的联合目录以及科技文献检索刊物的编辑、出版，有的已局部实现了计划、协调管理，同时也培养了一批二次文献的专业人员队伍，积累了丰富的工作经验，从而为今后的工作打下了基础和创造了条件。但是，也还存在不少值得重视和有待进一步完善的问题。例如：书目类型还不够完备，重要的书目如国家的书目之书目还缺编。新中国建立后，曾于一九五八年出版了冯秉文编的《全国图书馆书目汇编》，但以后未见续编出版。此外如检索刊物分散，不够协调、完整，出版周期长，报道不及时以及编目著录规范化等问题，很多都与工作组织上缺乏专门的工作机构和严密的科学管理制度有关。因此，建立、健全国家二次文献工作体系就成为工作前进一步的关键所在。

第十一章　现代技术在图书馆的应用

现代技术在图书馆的应用主要是指电子计算机、缩微复制、静电复印、图书保护、视听技术、防灾防盗等。其中,电子计算机技术是这些现代技术的核心,图书馆工作实现计算机化是图书馆工作现代化的主要标志之一。

第一节　电子计算机的应用

一、试验、起步

一九七四年八月,国家批准了"汉字信息处理工程"研制工作,通称"748 工程"。这项工程包括汉字通讯、汉字激光照排、汉字情报检索的计算机应用软件、汉语主题表及机器翻译等。中国图书馆界的自动化研究、试验工作正是从此起步的。与此同时,北京大学图书馆学系刘国钧,率先向国内图书馆界介绍美国国会图书馆计算机编目成就——机读目录,并提出:"中国图书馆自动化的发展,也应从编目工作自动化开始。"一九七六年中国科学院图书馆与计算机所合作试编中文文献的机读数据,输入文献 5000 余篇,图书 300 余册,进行批处理的定题检索服务、编制馆藏目录和新书通报的试验。当时由于计算机功能的限制,上述试验还不能使用汉字信息，只能使用汉语拼音对中文文献加以描述和处理。

中国图书馆界最早成立计算机工作部门的是中国科学院图书馆。一九七六年一月该馆即设立了计算机组。一九七八年北京图书馆成立了电子计算机筹备小组。同年北京大学图书馆成立了自动化组。清华大学图书馆、中国人民大学图书馆也先后开始了图书馆自动化工作。

一九七九年，中国科学院图书馆与北京大学图书馆学系联合举办了电子计算机情报检索培训班，为北京地区培训了第一批在职的图书馆及情报部门自动化专业人员。这批人后来成为北京地区所在部门计算机应用开发的骨干。从七十年代末期开始，南京大学、北京大学、武汉大学等高等学校，相继开设图书情报自动化专业课程，培养专业人员。

一九七九年底，北京图书馆、北京大学图书馆、清华大学图书馆、中国科学院图书馆、中国人民大学图书馆和中国图书进出口公司经过多次协商，于一九八〇年春季成立了北京地区研究实验西文图书机读目录协作组。对美国国会图书馆机读目录进行识读，利用美国国会图书馆机读目录做了编制西文图书目录模拟系统，提供采购参考书目，编制《北京地区西文新书联合通报》等试验研究，取得机读目录利用的知识和经验，为利用国外机读目录产品，以及研制中国的机读目录打下了基础。同年，中国科学技术情报研究所、上海交通大学、武汉大学图书馆学系、陕西机械学院、南京大学数学系、中山大学数学系，也相继进行了情报检索软件方面的研究试验。一九八一至一九八三年，北京图书馆编制了美国国会图书馆机读目录检索服务系统，开始向本馆和馆外一些单位提供西文书目的检索服务，并试编了《馆藏西文社科期刊机读目录》。一九八二年，武汉大学图书馆学系与湖北省科技情报所，在小型计算机上研制了定题服务系统。之后，该系又在本校的微机上研制了图书情报管理系统和流通系统。与此同时，南京大学与山东潍坊电子计算机厂合作在国产小型机（DJ 153）上开发图书馆编目、检索试验系统。清华大学图书馆研制的西文图书辅助检索系统通过鉴定，一直延续使用下来。

总的来说，在八十年代中期以前，中国大多数部门开发的图书馆自动化系统，还是试验性的或试用性的系统。但这些探索为八十年代中期以后的开发，打下了基础。

从七十年代中至八十年代初，中国图书馆界相继派出代表团访问美国、英国，考察图书馆自动化的经验。外国的一些图书馆自动化专家，也到中国介绍经验和讲学。国内也相继派人到北美、西欧的图书馆或大学学习这方面的知识和经验。

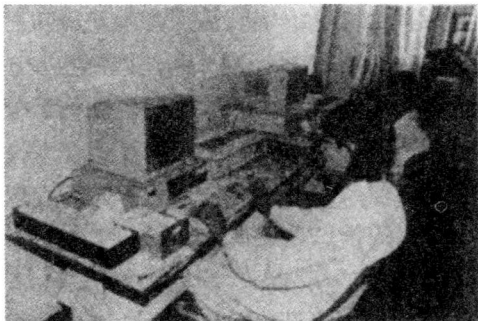

图101　兰州兽医研究所图书馆利用计算机编目

二、实用、开发

经过几年的试验和摸索，一些部门已经具备条件，着手开发实用系统，八十年代中期以后，一些图书馆和情报部门的应用系统已能较好地开展文献检索服务。

这些计算机应用系统几乎都是从处理国外西文文献资料开始的。在八十年代初期，一些图书馆和情报部门引进的国外文献磁带就达20多种。首先利用这些现成数据对读者、用户提供检索服务，在科学研究和生产建设中发挥了作用。其中全国地质图书馆引进美国地质文献磁带等开展了定题服务。北京图书馆利用引进美国国会图书馆发行的西文图书机读目录磁带和国际连续出版物数据系统发行的世界期刊数据磁带,为本馆和国内一些图书馆和情报部门提供编目和采购所需的检索服务,并用于编制全国外文期刊联合目录。中国科学院图书馆和一些专业图书馆已开始建立了国际联机检索终端,利用国际上一些著名的情报检索系统,为国内一些重大生产科研课题提供检索服务,收到一定的成效。

对于中国来说,为了满足读者文献检索的需要,除了利用外文信息处理系统外,还必须建立既能处理外文又能处理本国文字——汉字的信息处理系统,这是中国图书情报工作计算机化的一个主要标志。

图书馆和情报部门对电子计算机的汉字信息处理功能的要求是比较复杂的。进入八十年代以后,可供图书馆和情报部门使用的计算机汉字信息处理技术取得了重大进展,主要表现在以下几个方面:

首先是在国内使用的绝大多数微型计算机、小型计算机、中、大型计算机系统上,配置了可处理 6000 以上汉字的字库,以及与这些汉字相对应的信息交换用的国际标准汉字编码字符集。一九八一年中国颁布的《信息交换用汉字编码字符集——基本集》,收入汉字 6763 个,其他文字符号 682 个。一九八六年,又组织编订了《信息交换用汉字编码字符集》第二辅助集和第四辅助集。这两个辅助集加上基本集,收入的汉字达 2.3 万个,这些可较好地满足图书馆和情报部门用字的需要。一九八七年又着手:拟订繁体汉字系列的国际标准辅助字集,为图书馆处理中国的古籍文献创造必备的条件。

第二是有了多种可实用的汉字输入方法。到八十年代后期已经涌现了 20 余种经过上机考验的比较实用的汉字输入方法。但对于图书馆工作来说,要解决国家标准辅助集的汉字输入,这些方法还必须做较大的改进。

第三是计算机系统汉字信息处理软件有了很大发展。为图书

418

馆和情报部门的信息处理提供了良好条件。例如许多计算机操作系统支持汉字信息处理,高级程序语言可以描述汉字,汉字信息的传输、比较、识别、联机画面的编辑与控制,数据库系统对汉字信息处理的支持等许多功能都已得到开发和利用。一九八五年,北京图书馆又研制出"汉字属性字典和汉字信息处理支撑软件系统",这是一个有重要使用价值的软件。

该属性字典主要是供计算机的汉字信息处理使用的。使用它可以实现中国与不同国家和地区之间进行汉字信息交换(包括书目信息交换);可以通过计算机按照中国常用的汉字排序方法对汉字信息进行排序处理;可以实现汉字与其汉语拼音、威妥玛式拼音自动转换;可以实现正形汉字与异形汉字的连接,满足汉字信息检索和文字规范管理等方面的要求。该软件系统较好地满足图书馆界、情报界在汉字信息处理方面的一些必需的基本功能要求。到一九八七年,国内已有 30 多个单位采用,收到良好效果。该软件获得文化部一九八五至一九八六年度科技成果一等奖。

一九八三年以来,图书馆界已陆续采用微机。据一九八九年统计,高校系统图书馆有微机 674 台,科学院系统图书馆有微机 26 台,公共图书馆系统有微机 185 台。各单位利用微机进行了采购、编目、期刊管理、流通、查询等多种试验性系统的研制工作。

一九八五年十二月,由中国图书馆学会主持在北京召开了"电子计算机在图书馆应用学术讨论会"。会议交流了工作经验,讨论了存在问题,并提出:应尽快解决全国图书馆界计算机应用的统一规划和应加强信息交流,加快中文机读目录的开发等。

一九八六至一九八七年,中国图书馆的计算机化在几个重要方面取得了具有实用价值的可喜成果。

第一项成果是相继建成了一批可以实用的流通管理系统。合肥工业大学图书馆、南京大学图书馆、北京师范大学图书馆、安徽大学图书馆、上海交通大学图书馆、北京图书馆、深圳图书馆等陆续建成了微机或小型机图书借阅管理系统。其中,使用较早的一个系统是合肥工业大学图书馆的"图书流通管理子系统",一九八五年五月即在该馆教师阅览室中使用,一九八五年十二月通过由安徽省文化厅主持的技术鉴定。其中,功能较全、管理数量较大、具有代表性的系统是深圳图书馆的"实时多用户计算机光笔流通管理系统"。它是公共图书馆系统中使用的第一个全面流通管理系统。一九八七年六月在文化部组织鉴定时,已经正式使用了半年,管理图书 2.45 万种,约 15 万册,2 万个读者。可以进行借书、还书、续借、催还、预约借书、过期罚款等事务管理,并能回答各种查询,进行统计打印报表,为藏书建设、辅导读者及业务管理提供分析与研究的依据。这一系统的主要特点:一是可靠性高,采用光笔条形码,具有校验功能;二是实用性强,各项操作都实现了中文化、屏幕化和格式化,操作简单,使用方便;三是兼容性好,中西文兼容,检索流通查询兼容,不同管理制度和借阅规则兼容;四是有安全性保障,可以排除意外故障。这一系统曾获得广东省一九八八年文化厅科技成果一等奖,文化部一九八八年科技进步二等奖。这一系统是深圳图书馆与首都图书馆等几家单位协作开发的,它对国内图书馆界自动化的开发工作也提供了有益的经验。

第二项成果是研制成一些联合目录系统。中国科学院图书馆经过四年努力于一九八七年底完成了中国科学院系统的西文连续出版物联合目录系统的建立工作,数据库收入了 100 多个单位1.3 万条现刊记录。除可以编制书本、机读形式目录外,还可向读者提供多途径的期刊检索服务,为建立全国性的联合目录系统提供了经验,奠定了一定的数据基础。

由国家科委科技情报司组织,中国科技情报研究所牵头,中央各部委与各地方 56 个科技情报单位参加的"中文科技期刊联合目录系统"从一九八四年开始,到一九八八年十月完成。共收刊 1万多种,能制作成书本目录和数据软盘,并可提供联机检索服务。

该系统是在 VAT/11 – 750 机上实现的,研制过程中与国外合作,对具有国际先进水平的 TRIP 软件进行汉化,并取得了成功。

图 102　华东化工学院研究生在图书馆微机系统上进行书目检索

北京大学图书馆在国家教委支持下,从一九八五年起研制"西文图书联合目录系统",于一九八七年十一月通过鉴定。该系统以 10 个参加单位馆藏西文图书的国际标准书号和《中图法》分类号为检索信息,从美国国会图书馆机读目录磁带提取数据,进行编辑加工处理,可以生产机读数据与书本目录,年报道量达 20 万种图书。

第三项成果是一些省、市、自治区图书馆、专业情报所和高校图书馆建成了一批使用微型机的书刊资料采购、编目、检索以及印刷排版的综合管理系统,实用效果良好。广东省中山图书馆研制的"广东地方文献数据库子系统"具有代表性。它处理的中文资料包括专著、期刊、报纸、会议录、学位论文、科技报告、手稿、地方志、族谱、图表、乐谱、古籍、声像资料等。可用主题、著者等多种途径进行检索,以及编制各种专题书目通报,文献征集管理等。该系统曾获得文化部一九八五至一九八六年度文化科技成果二等奖。福建省图书馆研制的"微机图书管理系统"具有中西文图书期刊检索、采编、流通管理等功能,曾获得文化部一九八五至一九八六年度文化科技成果三等奖。内蒙古自治区图书馆研制的"微机蒙文图书目录管理系统"具有蒙文图书检索、编目等功能,填补了蒙文图书计算机系统的空白,曾获得文化部一九八五至一九八六年度文化科技成果四等奖。南京图书馆、上海图书馆研制的"中文期刊微机管理系统"和"中外文期刊一体化系统"曾获得文化部一九八八年科技进步四等奖。

第四项成果是宁夏回族自治区科技情报所、水电部科技情报所等,开发了中文图书文献编目、检索、采购等业务的微机管理系统。福建师范大学图书馆、深圳大学图书馆、东北电力学院图书馆、空军政治学院图书馆、上海交通大学图书馆、中科院陕西天文台、沈阳计算所等研制了中西文兼容的集成系统,投入使用后,都取得了较好效果。

第五项成果是一九八六至一九八七年完成了《中国机读目录通讯格式(试用稿)》的编订工作和中文机读目录编制系统的调研工作。这将为中国图书馆界、情报界制作与使用机读数据提供一个标准,便于国内图书馆和情报部门之间以及同国外图书馆和情报部门进行信息交换。同时由于北京图书馆进行国家书目的集中机读书目数据的加工,国内外的其他图书馆和情报部门将大量减少编目的重复劳动,加速各系统的书目数据库的建成。这两项工作都是由北京图书馆完成的。

《中国机读目录通讯格式(试用稿)》用于中国同其他国家之间以及国内图书馆和情报部门之间进行书目信息的交换。它编制的基本原则是:(1)遵循"国际机读目录"格式的设计原则,并参照国际标准书目著录和中国的文献著录规则等标准。(2)凡适用于中文出版物的国际机读目录中的规定,都予以遵循。同时针对中国出版物的特殊情况和书目信息处理的特点,增设了一些字段、子字段以及内容标识符号和有关说明。例如文献题名、著者的汉语拼音子字段就针对书目记录中受互使用单字节字符与双字节汉字等多语种字符集的特点。(3)参照国际机读目录和国际标准化组织有关标准制订了不同字符集转换与标识的规定。

中文机读目录编制系统是在 M－150H 计算机上开发的,它是一个联机的多终端的编目系统。不仅操作方便,而且有很强的数据校验功能、罗马化数据自动转换功能、外字处理和管理功能、可靠的数据更新维护功能,它的产品有全国统一编目卡片目录样张、国家书目和机读磁带和软盘介质的书目数据。机读产品既适宜配有磁带机的中型以上的计算机用户使用,也适宜大多数有微型机的中小型图书馆和情报部门使用。该系统一九八九年已正式投入生产。

从一九八五年以后,北京图书馆、中国科学院图书馆等一些大型图书馆,着手大型计算机综合管理系统引进、开发的规划工作。从一九八八年开始,进入详细的系统分析与系统设计阶段。已经开发出一些小型实用系统的部门,在总结经验,扩充和完善其功能,逐步建立更完善的综合管理系统。文化部图书馆司、国家教委、中国科学院等有关部门,为国内更大范围的图书馆自动化的开发工作,做了许多协调工作。

图103　中山大学图书馆国际
联机检索终端

总的说来,八十年代中国图书馆在实用开发计算机方面已取得较大成果。十年中,图书馆已设置了一批计算机硬件装备,已研制出一批应用软件,部分研制成果已开始实际应用,部分图书馆已达到局部工作自动化的水平。但是从全局来看,计算机在全国图书馆界的发展还很不平衡,特别是缺乏整体计划,浪费较多,难以实现网络化,资源共享。今后,必须全面规划,统筹安排才能使中国图书馆自动化工作继续不断地发展,取得更大的成就。

第二节　缩微复制技术的应用

缩微复制是在本世纪三四十年代才逐步在图书馆中应用的一项技术。新中国建立前,一九四八年,北平图书馆从美国运回该馆在抗日战争期间寄存在美国的善本书的缩微胶卷 1056 盘,并从美国柯达公司购进一台利确达 D 型缩微摄影机、一台 DEPUE 型拷贝机以及两台一九四二年产的 35 毫米阅读机。旧中国图书馆界在缩微复制工作方面留下的,仅此而已。

新中国建立以后,缩微复制技术逐步引进图书馆。四十年来,缩微复制业务在不断地发展,也经历过停滞不前的阶段。八十年代以来,才得到长足稳步的进展。

一、缩微复制工作的发展

缩微复制工作的发展,可以从以下几个图书馆中了解其概貌。

北京图书馆是开展复制工作较早的单位。一九五三年即正式成立了照相复制组。一九六五年已有工作人员 30 多人。设备也陆续增加,不仅有 35 毫米拍摄系统,又从荷兰引进了平片拍摄系统。在这期间,复制组的主要任务是:复制本馆缺藏图书;拍摄善本古籍、手稿、报纸等贵重文献;为各兄弟单位(馆)复制馆藏资料;此外,也接受国外图书馆的委托,复制本馆资料。北京图书馆从一九五七年起,开始进行馆藏善本书的拍摄工作,至一九八九年已拍摄了 1.2 万种,报纸和其他文献的拍摄也在这个时期进行。为方便读者,一九五八年开辟了缩微阅览室。阅览室除收藏本馆制作的缩微品外,还先后通过交换、订购入藏一批重要的图书档案缩微品,如"日本外务省档案"、"中美外交档案"、"日本陆海军档案"等。至一九八九年北京图书馆缩微阅览室已入藏缩微品文献达 13 万余种,19 万余卷(件)。一九八八年北京图书馆新馆落成后,缩微阅览工作和复制工作都得到更大的发展。新馆报纸阅览室设有缩微阅读机 12 台,已有 514 种报纸可向读者提供阅读缩微复制品。善本阅览室设有缩微阅读机 15 台,已有 1.2 万种善本书,可向读者提供阅读缩微复制品。在缩微复制器材方面,新添置的 TDC III 型等 22 台缩微拍摄机以及数十台配套设备,大大提高了工作效率。据一九八九年统计,一年中即完成拍摄量达 180 余万拍。静电复印在北京图书馆开展的也比较早。六十年代初,已向读者提供服务。一九八九年全馆为读者提供服务的静电复印机已有 20 余台。

中国科学院图书馆缩微复制工作始于五十年代建院初期。一九五一年即设有复制组。当时的文献缩微复制工作主要是用一般

图 104　山西省图书馆缩微拍摄工作间

小型摄影机进行。一九五五年开始引进民主德国 DA 型专用缩微摄影机,一九五八年又先后引进了蔡斯 DA I、DA II 型、DA II B 型和 DAV 型缩微摄影机及其他冲洗、拷贝设备,建立了比较完整的缩微系统。当时的缩微复制工作主要是为院内科研单位及读者服务,如为第三机械工业部缩微复制大量有关航空、工业方面的外文期刊;为西北核试验基地、中央档案馆提供了大量的缩微品和进行代加工服务,也为苏联、朝鲜等国家缩微复制了一批资料。自六十年代开始,该院即开始进行静电复印服务。一九八三年中国科学院图书馆进行机构调整,设立部一级的复制室,下设缩微、复印两组。一九八四年起,又先后引进了富士 D5N

型 16 毫米缩微摄影机、M2 型 35 毫米缩微摄影机、S105C 平片缩微摄影机等并建立起完整的缩微复制系统。一九八五年开始进行馆藏地方志、家谱等文献的缩微复制,以及将馆藏目录和部分一九四九年以前旧期刊拍摄成平片。截止到一九八九年,共拍摄馆藏善本 800 余盘(16 毫米)、平片 1000 余张。

上海图书馆于一九五七年先后引进两台 35 毫米缩微摄影机并成立了复制组。该馆在补充馆藏,特别是补充科技资料方面做了不少工作。他们复制的 BIOS 和 FIAT 两项化工资料,受到上海化工界的欢迎。一九八二年委托上海图书馆复制的有 17904 人次,复印总计达 46 万张。还有辽宁省图书馆从一九六四年开始将馆藏善本及旧报纸拍摄成缩微胶片。该馆已将伪满时期的主要报纸《盛京时报》拍摄成缩微胶卷。

一九七六年后,许多高等院校图书馆,还有国防科研系统、农业系统、医学系统、地质系统等科学技术图书馆都已增添了更多的缩微复制设备,开展了缩微复制工作。各省、市、自治区公共图书馆在全国图书馆文献缩微复制中心成立后,也逐步开展起来。至于静电复印工作,一般中型以上的图书馆都已有了静电复印机,例如湖北省已做到全省所有县级以上公共图书馆都装备了静电复印机,广泛利用这一技术为读者服务。

二、全国图书馆文献缩微复制中心的建立

中国是一个历史悠久的文明古国,文献典籍十分丰富。收入《中国古籍善本书目》的善本有 14 万余部,约 150 万册。据不完全统计,各省、市、自治区图书馆自定的善本书约 140 万册,普通古籍约 2645 万册;一九四九年以前出版的普通平装书,约 11 万余种,出版的报纸约 7800 余种,期刊约 3 万余种。此外还有手稿、碑帖、舆图及大量的地方文献等等。这些珍贵的文献,有许多已濒临毁灭的境地,必须尽快抢救。

根据全国人大代表、政协委员的提案和一九八二年中央领导的批示,文化部图书馆事业管理局自一九八三年起,多次召集有关人员研究各种抢救文化遗产的可行性方案。一九八三年四月,在北京召开了由图书馆界技术干部参加的缩微技术研讨会;同年九月在成都召开了由部分省文化厅(局)领导、图书馆馆长等参加的图书馆缩微复制工作座谈会。一九八四年文化部图书馆事业管理局组织缩微技术考察团赴日本参观考察,并于同年举办了图书馆首次缩微技术培训班。财政部也大力支持,拨给数百万专款订购了大批的设备。这一切都为图书馆文献缩微复制工作的全面开展创造了有利条件。

一九八五年一月,在南京召开了全国图书馆文献缩微复制工作会议,正式成立了全国图书馆文献缩微复制中心(对外称中华全国图书馆文献缩微复制中心),并通过了中心的章程(草案)(同年五月经文化部批准),讨论修订了一九八五年的工作计划和缩微拍摄的标准。

缩微复制中心是文化部图书馆事业管理局直接领导的常设机构,负责全国公共图书馆系统的缩微复制工作。该中心自成立后,首先确定了包括国家图书馆在内的省(市、自治区)级以上图书馆为中心的成员馆,并为北京图书馆以及上海、南京、浙江、湖南、湖北、四川、重庆、广东、甘肃、山东、山西、辽宁、吉林、天津等十五个省市馆配备了整套的缩微复制设备。这些拥有设备的馆,不仅为本馆,也为邻近的省、市、自治区馆按中心的统一计划和部署大力推行缩微品的制作。中心在技术指导、人员培训、物资供应、标准的制定、缩微品的发行等给予各成员馆以支持和保障。从一九八五年以来,各成员馆都积极投入这项工作并取得了可喜的成绩。截止到一九八九年底,已拍摄各种文献1500余万拍,其中旧报纸已拍摄1400余种,善本书已拍摄近1.2万种。在现存的7800种残缺的旧报纸中,经过专门整理、修补与在全国范围内相互补缺之后,其最主要、最有史料价值者已基本拍摄完毕。这些制成缩微品的报纸,其出版时间早自十九世纪七十年代中国开始出现近代中文报纸起至一九四九年,出版地区的覆盖面已达 22 个省市。

各成员馆正继续整理与拍摄亟待抢救的旧报纸及列入《中国古籍善本书目》的古籍善本,对所有珍贵的、经鉴别后被认为有重要史料价值的古旧文献都将拍摄成缩微品,更好地保藏起来。

第三节　声像技术的应用

声像技术在图书馆的应用,是指在图书馆中使用声像设施、设备、收藏和利用声像资料,开展视听服务。在中国,早期的声像技术主要应用于文化艺术和电化教育领域,在图书馆中应用极少。七十年代以来,随着现代声像技术的发展和普及,在图书馆中才开始大量应用。

声像技术的发展,使声像资料的内容也丰富多彩。除文艺片外,还有许多关于政治、经济、文化、教育、史地及科学技术等多方面的文献片。这些文献片的作用同图书一样,既能传播科学文化知识,又能记载史实,而且由于声像资料真实、直观、生动,能够深化人们的视听,加深印象,所以受到广大读者的欢迎,并作为一种新的知识载体进入图书馆领域,成为图书馆印刷型文献、缩微型文献、声像型文献和机读型文献等四大文献类型之一。不同类型的文献以各自的特点吸引着读者,使读者从中获益。

七十年代,声像型文献的收藏和服务工作,主要还是在各地艺术院校、外语院校图书馆和资料馆中开展。七十年代以后,随着声像技术的普及和图书馆事业的发展,一般公共图书馆也开始收集、整理、利用声像资料,开展视听服务。

一九七一年,上海图书馆开始收集、整理旧唱片并成立唱片组。一九八五年十一月,唱片组改名为上海图书馆视听资料馆,除了原来收藏的粗纹、密纹唱片外,又陆续购进新的中外唱片、磁带,并增加了新的收藏品种,如激光唱片、激光视盘和录像带等,还添置了一系列声像设备。截止到一九八九年三月,上海图书馆视听资料馆已收藏中外粗纹唱片10万余张,密纹唱片2.5万余张,立体声唱片5000张,盒式磁带8000余盒,激光唱片近千张,激光视盘200张,录像带800盒。该馆的唱片资料很有特色,内容包括中国的民歌、民乐、歌剧、舞剧、地方戏曲、曲艺以及外国的声乐、器乐等。所藏资料中,仅京剧作品就有6000种之多。这些丰富的资料,满足了从事音乐、戏曲和电影研究人员的需要。该馆利用所藏的声像资料,向读者提供了借听、代查、咨询、定题服务、编制索引、选编资料、馆内视听以及举办音乐、戏曲欣赏和讲座等多种活动,受到广大文艺爱好者的欢迎。

一九七九年首都图书馆成立了视听资料室,开始收藏唱片和盒式录音带,特别重视收藏北京地方戏曲方面的资料,并逐步形成自己的特色。以后该馆又陆续收藏激光唱片和录像带等,但仍以唱片和录音带为主,开展服务。

一九八二年一月广州图书馆开辟专用的放像室和听音室,可同时接待60位读者。一九八九年底广州图书馆共藏有1.4万张(盒)声像资料,重点收藏广州地区的地方资料以及社会科学方面的资料。八十年代以来许多图书馆在建新馆的时候都考虑到了声像方面的规划。一九八二年三月,湖南省少年儿童图书馆建立了一个视听室,为小读者开展了视听服务。同年十月,四川省图书馆也建立了一个电教室和一个录像室,共有154个座位,重点收藏科技、文艺、军事、语言教学,以及四川地方资料。该馆除向读者提供馆内视听服务外,为了方便读者,还提供声像资料租借业务,深受读者欢迎。一九八三年南京图书馆设置了视听室和有声读物阅览室,该馆视听规模较大,能同时接待216位 读者。重点收藏江苏省政治、经济、科技、艺术等方面的资料和语言教学资料。该馆还不定期的举办音乐欣赏讲座,提高读者的音乐欣赏能力,陶冶情操。以后吉林省图书馆、湖南图书馆、广东省中山图书馆、广西壮族自治区图

图 105　广州图书馆视听室的控制室

书馆、山东省图书馆、天津图书馆、福建省图书馆、黑龙江省图书馆和山西省图书馆等陆续建立了视听室,开展视听服务。还有一些省级馆虽然尚未开展这项服务,却也开始收藏声像资料,如青海省图书馆、浙江图书馆、江西省图书馆、辽宁省图书馆及北京市少年儿童图书馆等。此外,除了前面已经提到的广州图书馆,还有一部分省辖市和计划单列市图书馆也开展了视听服务,如深圳图书馆、兰州市图书馆、重庆市少年儿童图书馆等。

　　截止到一九八九年底,全国已有近 20 个省级图书馆收藏声像资料。据不完全统计,约有各种视听室 24 个,座位 1800 个,收藏各类型声像资料 20 万件,其中录音磁带近 5 万盒,唱片 14 万张,激光唱片近 2000 张,录像带 6000 余盒,激光视盘 200 多张,幻灯片 1 万余张等。有各种声像设备 393 台。在十几年时间里,公共图书馆的声像设施、设备和资料有了长足的发展。特别是一九八四至一九八九年五年间,国家在扩建、改造旧馆和建设新馆时,都将声像服务纳入建馆规划,使图书馆的服务内容和手段向着现代化的目标迈进。

430

北京图书馆声像资料收藏范围比较广泛。录像资料以社会科学为主,包括哲学、政治、经济、军事、文化、教育、史地、艺术等,此外,还兼收部分科技资料。其中:中文资料占55%,其余为外文资料。录音资料主要有中外音乐资料、语言学习资料及专题报告或讲座等。外文资料以英文为主,还有日文、法文、德文、俄文、意大利文、西班牙文等。截止到一九八九年底,北京图书馆共藏有声像资料近万盒(张),其中录像制品 4500 余盒(张),录音带约 3000盒,立体声唱片 1000 张,激光唱片 1000 余张。在这些收藏中,有激光视盘《二十世纪声像百科全书》,有录像带系列片《二十世纪史》,还有许多介绍世界地理、历史、人物、音乐、美术、文学、戏剧、电影等作品。为了吸引更多的读者利用这些资料,北京图书馆开展了个人视听、集体视听、语言培训、解答咨询、专题服务以及摄制服务等项业务。该馆设有 5 个功能各异的视听室,272 个座位,平均每年接待读者 5 万人次,提供声像资料近 1.5 万盒(张)次。

第四节　光盘技术的应用

七十年代以来,光盘技术发展很快。它的产生和发展是信息产业中继微机之后的又一重大成就。

光盘按其记录信息的方式,可分为模拟光盘和数字光盘。按信息的读写方式,可分为只读光盘、一次写光盘和可擦光盘。

只读光盘包括视频光盘、声频光盘、CD－ROM,CD－I 等类。其中 CD－ROM 作为一处数据库发行介质,在图书馆界、情报界影响最大,应用特别广泛。它的特点是存贮密度高,存贮容量大,一般一张盘片,存贮量为 500－600 兆字节;成本低、寿命长,适合于大量生产。适合于配微机使用。

一次写光盘是光盘的第二代产品,具有许多和 CD－ROM 相同的性质,所不同的是不仅可从一次写光盘上读取数据,而且还能根据用户自己的需要写入数据。可存贮文字和图像数据,可作为数据存贮介质,也可作为数据交换介质。容量大,价格低,存贮密度高,数据稳定性高是它的主要特点。

可擦光盘是第三代光盘产品。它可以像磁盘一样写入数据,也可根据用户要求,重新修改和删除所记录的数据。当这种光盘的价格性能明显优于磁盘时,图书馆界将向可擦光盘过渡,并将部分取代 CD – ROM 和一次写光盘产品。

八十年代,中国引进和使用 CD – ROM 光盘系统的单位,有高等学校图书馆和公共图书馆。已引进的 CD – ROM 数据库主要是机读目录、在版图书目录、医学索引、农业索引等各种文摘索引。CD – ROM 数据库大都应用于辅助文献采购、编目和进行定题服务、专题查询服务和回溯检索服务。

中国引进一次写光盘系统是在一九八七年。主要用于对该项技术的剖析与研究工作。中国图书馆界引进的一次写光盘系统还不多,但已经开始用来建立数据库和存贮技术档案资料。可擦光盘在中国也发展很快,已有十几套 5.25″可擦光盘系统正在运行,主要用来存贮地图及档案资料。

八十年代中国引进的光盘系统,大多数还是一些小型、分散的独立系统。北京图书馆引进了一套光盘文献存贮检索系统。这个系统已安装调试完毕,进行应用开发。这个系统主要用来处理善本书、报刊、题录、联合目录等。以后还将生产国家书目 CD – ROM 光盘。

第五节 图书保护技术的应用

人们阅读的书刊绝大部分是用纸张印制的。纸张是一种容易损坏变质的材料。由于纸张破损，图书馆的藏书已有许多濒于毁灭。因此，如何利用现代技术保护图书已经成为图书馆界最为关注的一个问题。新中国建立后，随着图书馆事业的发展，对于图书保护已进行了下面的一些试验、研究和使用。

一、利用空调技术控制书库温湿度

温湿度是影响图书纸张耐久性的重要因素。控制好藏书环境的温湿度即可延长图书的寿命。八十年代以来，中国新建的一些图书馆已开始应用现代空调技术控制书库的温湿度。应用的空调设备有空调机组、恒温恒湿机、冷暖风机、窗式空调器、去湿器等。新建的北京图书馆、深圳图书馆等已装有空调系统。北京图书馆在善本书库、普通书库和胶片库等处都已安装了空调系统，将温湿度严格控制在适当的标准范围内。

二、利用冷冻等技术杀灭图书害虫

虫霉对于图书危害极大，特别是在南方高温湿热地区，更为严重。据一九八八年北京图书馆图书保护组对广西地区图书虫害的调查，以古籍为重点，遭虫损的达 81%。在抽查的近万册图书中，虫口密度平均为 0.6 条/册，最严重生虫的图书，虫口密度达 90 条/册以上。

图书馆界杀灭图书害虫，已开始利用冷冻、微波、伽玛射线等方法。

（一）冷冻杀灭图书害虫方法。

冷冻技术用于杀灭图书害虫是北京图书馆等单位研究的成果。一九八六年通过鉴定，一九八七年获文化部科技进步三等奖。实践证明，冷冻杀虫具有杀虫效果好，无损害，不污染环境，经济简便，易于推广等优点。对于图书纸张、字迹等也无不良影响。经试验，温度在零下 5 摄氏度冷冻一个月、零下 10 摄氏度冷冻半个月、零下 15 摄氏度冷冻一周、零下 20 摄氏度冷冻四天、零下 30 摄氏度冷冻三天,即可杀灭各种图书害虫和虫卵。这项技术已在图书馆界推广。据初步了解,已有北京图书馆、广西壮族自治区图书馆、云南省图书馆、黑龙江省图书馆、广西农业科学研究院图书馆等 10 余个图书馆利用这项技术,获得满意的杀虫效果。

(二)微波杀灭图书害虫方法。

微波辐射造成的高温可以用以杀灭图书害虫。一九八八年首都图书馆开始研究利用微波技术杀灭图书中的虫菌,研制出半自动"图书微波杀虫灭菌机",于同年通过鉴定,获文化部科技进步二等奖。微波用于图书杀虫灭菌有效果好、速度快、无残留、操作简便等优点。用微波温度控制在 40—50 摄氏度,几分钟即可将虫霉杀死,并对图书纸张无明显的不良影响。

(三)伽玛射线杀灭图书害虫方法。

这是档案科学技术研究所的一项研究成果,也可用于杀灭图书害虫。它具有杀虫彻底、不污染环境、无残留、无毒无害、成本低,并可批量处理等优点。在全国已经建立了许多辐射源(钴源),这为图书馆利用伽玛射线杀灭

图 106　浙江图书馆举办古籍修复班学员们在实习

图书害虫提供了方便。

三、利用丝网技术加固图书纸张

传统的修裱技术无法用于两面有字的脆弱图书纸张。一九八

二年南京博物馆研制成功单丝树脂网修补技术和修补机,获文化部科技进步一等奖。单丝树脂网加固脆弱图书纸张,具有强度高、透明性好、耐老化等优点。天津图书馆利用这项技术,加固了该馆特藏的康有为《大同书》,取得圆满的效果。但这项技术成本较高,只适用于某些珍贵图书。

此外,在纸张脱酸、低温处理水浸图书等方面,也进行了试验。

第十二章　图书馆建筑与设备

第一节　图书馆建筑的新发展

新中国建立后,随着图书馆事业的发展,已新建和扩建许多图书馆。尤其是中共十一届三中全会以后,图书馆的建筑,不仅在数量上、规模上,而且在设计水平上都达到了一个新的高度。

五十年代,随着国民经济的恢复和第一个五年计划的完成,图书馆也逐年稳步增加。公共图书馆从一九四九年的55所,增加到400所。高等院校图书馆从132所,增加到235所。这一时期的大多数图书馆是改建和扩建。新建的一般规模都不大,仅高等院校新建了几所较大型的图书馆。如一九五二年建造的华南工学院图书馆(8600平方米,1200个阅览座位,可容160万册藏书);一九五三年建的华东师范大学图书馆(包括二次扩建共20288平方米,900个阅览座位,可容180万册藏书);一九五六年建的南开大学图书馆(10287平方米,1100个阅览座位,可容100万册藏书)。华南工学院图书馆平面为横"日"字形,阅览室在前,书库在后。按当时的功能分析,平面关系良好,能满足使用要求。

中国图书馆的借阅管理工作过去很长一个时期是采用闭架管理方式。图书馆建筑也是遵循这种管理方式设计的,强调藏、借、阅三部分的独立分区。随着管理的不断完善,业务工作流程要求的不断明确,以闭架管理为主的图书馆建筑也日趋成熟。在这一

436

时期建的华南工学院图书馆采用横"日"字平面,华东师范大学图书馆采用"工"字形平面,都是藏、借、阅"三大空间"划分,按书刊运输路线主要业务工作流程进行布局的。其主要特征是书库保持为一个独立单元,其他用房围绕其周围布置。总的可分为,各部书库和中心书库两类,这一时期建成的多为书库在后的"工"字形平面。

五十年代建造的图书馆在结构造型上,限于当时的经济、技术条件,多采用混合结构,开间较小,木屋架、坡屋顶,没有机械运输设备。

这一时期的图书馆建筑设计,由于设计人员、使用单位以及主管部门经验不足,无论在规模的确定,选址的比较,内部各类用房面积的分配,以及开间、进深、荷载、层高等一系列问题上都处于摸索阶段。因此虽取得了一定成绩和经验,但也有不少教训。如华东师范大学图书馆,设计时对事业发展规模估计不足,刚建成不久就陆续扩建,两部分前后相距 100 米,使用不便。馆址又选在两条小河之间,既无发展余地,又几度遭到水淹。又如南开大学图书馆采用的以预制钢砼书架代替钢制叠层书架,构造粗笨,抗震不好,使藏书受到很大影响。这些都是应该引以为戒的。

一九五六年,文化部召开"全国图书馆工作会议",进一步明确规定了各类型图书馆的性质、方针和任务,这对以后图书馆事业的发展和推进管理工作起着重要的作用。具体表现在以下两个方面:一是阅览室的划分更明确了,由单一的综合阅览室发展为分科阅览室。设立科技阅览室,参考工具书阅览室,以及其他专业阅览室。二是改进服务工作,初步试行开架借阅。

一九五五年高等教育部颁布的《高等理工学院设计标准定额(初稿)》,一九五六年颁发的《高等学校校舍面积定额(草案)》和一九五七年颁发的《高等学校远期建筑面积定额(草案)》都对高等院校图书馆容量作了规定。一九五七年建筑工程部还编制了

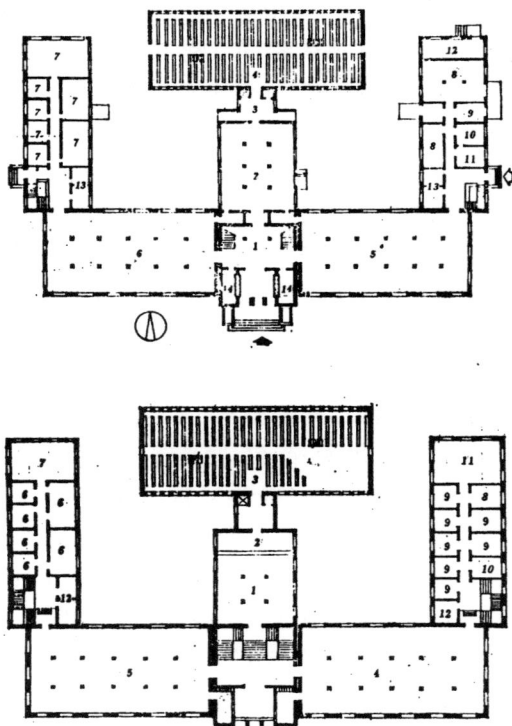

图107　复旦大学图书馆一层（上）、二层（下）平面图

《图书馆建筑设计规范（修正草案）》，为图书馆建筑提出科学根据。这些都对以后的图书馆建筑设计起到了良好的作用。

从一九五八至一九六五年，全国图书馆事业有较大的发展，新建馆很多。公共图书馆增加150所，平均每年新增加22所。高等院校图书馆也增加了100多所。规模较大的有：山西省图书馆（6677平方米），安徽省图书馆（6349平方米），黑龙江省图书馆（1.1万平方米），中国科学院上海图书馆（8600平方米），复旦大学图书馆(6500 平方米),北京师范大学图书馆(9300 平方米),天津大学图书馆(1.04 万平方米),西安交通大学图书馆(1.12 万平方米),中国人民大学图书馆(11437 平方米)。

到一九六五年,中国建筑界对以闭架管理方式为主的图书馆建筑设计已臻完善。平面布局多延用"工"字形的传统平面形式,或依规模大小稍加变动。据统计,在六十年代所建馆中约 70% 是这种格局。其设计指导思想遵循闭架管理的原则,以藏书为中心,围绕着书刊的运转流线,按功能分区组织设计。主要布局手法是书库在后,阅览室在前,出纳台居中,分区明确,管理方便,各流线不交叉,能较好的满足闭架阅览及管理的使用要求,结构系统也比较简单。以这种建筑格局,建设了一批新馆,这就形成了中国在这段时期,在一定的经济、技术和管理条件下,有统一内涵的一种具有历史特点的图书馆类型,后来被称之为中国传统式图书馆。其"工"字形及其演变的"T"、"山"、"囗"、"出"字形等平面形式,就被称之为传统平面。如安徽医学院图书馆,为"T"字形,复旦大学图书馆、西安交通大学图书馆为"山"字形,天津大学图书馆为"士"字形,同济大学图书馆为"囗"字形,中国人民大学图书馆为"囗"字形,其中有些馆如同济大学图书馆与早些年建设的华南工学院图书馆有类似的平面,均为"囗"字形。但在建筑处理上,后者吸取了前者的经验教训,在阅览室的规模,内院大小,通风采光等方面都作了改进,取得了较好的效果。

图书馆建筑在实践中,逐渐暴露出传统平面布局的不足,由于以藏为主,藏与阅的联系不直接、不紧密,要通过出纳台借阅,手续繁琐,等候时间长,图书流通率较低,拒借率较高。同时建筑空间的划分,也缺乏灵活性,没有调换余地。实践中一系列的矛盾,对管理和建筑提出了改进要求。于是人们开始研究一种突破传统管理的方式和传统建筑设计的手法,提出了探索开架借阅及与其相适应的建筑设计手法。这一时期,有些馆曾试行开架借阅。但由于管理没有经验,具体组织工作也跟不上,结果由于丢失书籍,只好停止了这种尝试。因此这一时期,新建馆仍以闭架管理为主要方式,这是这一时期图书馆建筑设计变化不大的原因之一。

"文化大革命"期间,图书馆事业遭到严重破坏,新建的图书馆很少,而且建筑的规模也比较小。如:徐州市图书馆(2528平方米),四川省图书馆一期工程(4700平方米),云南省图书馆(8400平方

图108　徐州市图书馆外景

米),无锡轻工业学院图书馆(3000平方米),天津医学院图书馆(3000平方米),南京化工学院图书馆(3000平方米),苏州医学院图书馆(2775平方米),中国科技大学图书馆(6670)平方米,重庆大学图书馆(7090平方米)。

唯一较大型的图书馆是北京大学所建的新馆,面积为2.4万平方米,于一九七四年建成。它可以作为这时期传统平面布局的图书馆建筑的代表。这个馆有2400个阅览座位,可藏书310万册。平面呈"出"字形。设计中总结吸取了六十年代后期阅览室带辅助书库和阅览室按专业分科等优点,使功能较合理。书库为五层无梁楼盖,每层之间又含有一个夹层,书库内有电梯及机械通风设备。但走廊交通面积过多,平面利用系数低,空间浪费大。为照顾立面,东面阅览室无遮阳措施,而且主要空间的划分无法调整变通。这些情况除有设计技巧问题外,更多的是反映了当时带有普遍性的过分强调对称形式的思想对设计工作的影响。

这一阶段后期,在一些小型馆中,出现了一批在传统平面基础

440

上有一定突破的图书馆建筑设计。这些设计虽仍属后部书库布局,但设计中考虑到图书馆内功能的使用要求和与环境的呼应,打破了严谨的对称格局,进行了自由结合,使设计更符合使用的流线和要求。其中较好的例子有苏州医学院图书馆、上海科技图书馆、重庆大学图书馆等。苏州医学院图书馆建于一九七二至一九七四年,2775 平方米,呈"一"字形,朝向南北,阅览室 3 层,底层设夹层辅助书库,基本书库 5 层,分层出纳。该设计平面紧凑,辅助面积少,尤其底层设有夹层辅助书库便于读者借阅。这对以后兴建的一些图书馆都有所影响。如徐州医学院图书馆、贵州医学院图书馆都是在此基础上略加修改的,其主要优点就在于使藏书接近读者,方便读者,较传统的"工"字形和其他传统型平面,缩短了读者与藏书的距离,扩大了接触面。

采用辅助书库和分层出纳,是这一时期图书馆建筑设计和管理中的一个进步。但由于总的还是闭架管理方式,因此突破不大。还有南京医学院图书馆(3200 平方米),用垂直分层布置手法,将荷载大的书库设在底层,阅览室集中布置在上层,使布局紧凑、结构合理、施工简便,为改变传统布局手法,做了有益的探讨。

中共十一届三中全会以后,图书馆事业出现了新气象,建造了一大批新的图书馆。至一九八九年新建的上万平方米的公共图书馆有宁夏回族自治区图书馆(1.6 万平方米),四川省图书馆(一、二期工程合计共 1.3 万平方米),湖南图书馆(2.9 万平方米),广东省中山图书馆(2.85 万平方米),河北省图书馆(2.38 万平方米),北京图书馆(14 万平方米),深圳图书馆(1.34 万平方米);高等学校图书馆则有西北电讯工程学院图书馆(1.2 万平方米),中山大学图书馆(1.4 万平方米),四川大学图书馆(1.5 万平方米),湖南大学图书馆(1.25 万平方米),东北工学院图书馆(1.6 万平方米),武汉大学图书馆(1.5 万平方米),复旦大学图书馆新馆(1.2 万平方米),上海交通大学新馆(即包兆龙图书馆 2.6 万平方米),华东师范大学图书馆新馆(1.23万平方米),南开大学图书馆新馆(10287平方米)等。与此同时,全国也新建了一大批中小型市、县公共图书馆和少年儿童图书馆。

图 109　东北工学院图书馆外景

　　八十年代新建馆的特点是数量多、规模大。随着图书馆管理工作的改革进步,设计创作也有新意,并有突破,涌现出一批新型图书馆建筑。如合肥工业大学图书馆平面布局按功能要求分成 4 个单元,自由组合,呈"四合院"式。虽尚属传统布局形式,但却打破了对称、严谨的形式,使设计更符合逻辑和使用流线。在组织内院绿化,美化阅览环境上,也取得了较好的效果。南京铁道医学院图书馆平面呈规整的矩形,采用 5.0×5.0 毫米柱网升板结构,开间、面宽均较大,内部用轻质隔墙分隔空间,有调整、移位的可能,书库位于矩形平面的一角。整个建筑物各层统一层高,为以后开架阅览留有灵活性和适应性。有人认为该设计是国外模数式图书馆设计与中国实际情况相结合的较早探索尝试的一例。

　　随着"四化"建设蓬勃发展,常规的图书资料借阅出纳手续已经不能满足读者的需要,再次提出了开架借阅。这对图书馆管理工作和建筑设计工作无疑是一个强有力的推动。各地在建馆的同时,也都着力探索突破旧框框、创出新路子的建筑设计。八十年代初,有些设计人员在学术刊物上系统地介绍了国外二次大战后发展起来的模数式图书馆设计的方法,从而更多的设计人员结合中国国情努力探索一条新路。

一九八〇年中共中央书记处听取了图书馆工作汇报,决定北京图书馆新馆工程按原来周恩来总理批准的方案,列入国家计划。

同年,教育部制定《一般高等院校校舍规划面积定额》(试行),对高校图书馆的规模作了具体规定。一九八二年文化部图书馆事业管理局和国家建筑工程总局在西安召开"全国图书馆建筑设计经验交流会";一九八三年编制《中小型图书馆建筑图例》,开始编写《图书馆建筑设计规范》;一九八六年教育部又召开"高校图书馆建筑研讨会"。这一系列的工作,有力的支持和推动了图书馆建筑设计的发展。许多设计人员走出设计室,向社会调查,引进国外先进经验,将开架管理的一套办法具体化、科学化,与之相应的探索中国式的模数式图书馆形式也纷纷出现。图书馆建筑设计已经突破传统平面形式,有了许多新的发展。

由中国建筑西北设计院主编的《图书馆建筑设计规范》,一九八七年被城乡建设环境保护部、文化部、国家教委作为二部一委标准批准予以正式颁布并自当年十月一日起试行。这部《规范》的编制,经历四年多的时间,并且在全国各地对各级各类图书馆进行了深入的调查研究,总结了三十多年来图书馆建设和管理经验,并广泛征求了有关各方面的意见。对图书馆建筑的基地、设计、书刊资料保护、防火和疏散、建筑设备等,都作了符合科学的规定和阐述。这是新中国建立以来第一部图书馆建筑设计方面的正式技术法规,也是三十多年来图书馆建筑设计经验的结晶。

开架阅览、入库阅览等开架管理体系,首先是根据高校、科技及一些基层图书馆实际需要提出来的。这种管理方式使馆舍建筑布局、流线组织、面积分配都发生了变化。传统的藏借阅管四大部严格分离的布局已更多地被摒弃,而强调读者与知识载体更紧密、更广泛的接触,读者与载体接触的距离要最大限度的缩短,借阅手续要最简化。因此出现了开架阅览,在阅览室内办理借阅流通手续。如四川大学图书馆、深圳图书馆等即出现了藏借阅管组成统一单元的雏形。这是图书馆建筑设计的一大突破。随着单元组合的出现,要求阅览空间加大,要有足够的灵活布置的可能性,于是建筑的开间,进深都随着扩大。为解决采光、通风的矛盾,人们又研究出一些新的形式,即阅览空间有灵活性,自由隔断,可大可小,可以调整。如湖南大学图书馆。由于以上要求,对建筑提出了统一柱网,统一楼层荷载,以致统一层高的要求,使得整个建筑更有适应性。再加上计算机、缩微、视听等先进技术及设备的引进,在此时期涌现出一批有中国特色的新型图书馆。与此同时还普遍注意内外环境的设计,创造一个新颖、活泼的外观和给读者以良好的学术环境结合起来,也是这时期图书馆建筑的特点之一。以下对几个有特色、有突破的图书馆建筑略作概述:

四川大学图书馆的设计立足于开架管理,打破了藏借阅管四大部组成的传统"工"字形平面。采用模数式设计手法,统一柱网,组成教工、学生等若干分区阅览单元,以及书库区、收藏区、特藏区等几部分,各区相互依存,又相对独立的方式。书库考虑到开架,层高为 2.8 米,每层书库都是结构层——无梁楼盖,放置活动书架。近期布置灵活,远期开架管理,对调整使用内容都留有可能性。为便于读者入库阅览,边柱出挑,临窗布置阅览桌,形成了良好的库内阅览环境。学生阅览单元空间很有特色,原设计是 3 层共享大厅,阅览区以书架灵活分隔,便于各种阅览要求,且空间流通,大中有小,分合有序,生动活泼。但建设过程中,共享大厅玻璃厅因故未盖,致使成为通天内院,未能达到原来设计的意图。

共享大厅的形式在图书馆设计中的应用,在八十年代初已屡有出现,作为一种手法是可以尝试的。以后建成的烟台大学图书馆、深圳大学图书馆均有采用。它的优点是使空间活泼有变化,可以分割大中小空间,最适合地段紧张、集中式布局的建筑平面,可以解决中心采光不利的矛盾。它的缺点是空间大、热耗大、保温性差、易噪音混响,大玻璃顶防晒、防漏、防凝结水、保温、隔热都需作特殊处理,造价昂贵,不能轻易采用。

吸收国外模数式设计的优点在中国图书馆建筑设计中,逐步形成了中国的设计基本模数即 1200 毫米(闭架)或 1500 毫米(开架)。即以此基本模数的倍数来确定主要开间柱网的尺寸,既适应阅览室的桌椅布置,又适合书库的书架排放,并有互换的可能性。经实践总结,常用的柱网尺寸为 5.0×5.0 米,开架为 5.4×5.4 米及 7.5×7.5 米、6.0×6.0 米等。这种柱网下的单元面积,对开架阅览、闭架藏书、入库阅览及一般办公辅助用房均较为合适。

图 110　深圳大学图书馆
　　　　共享大厅

湖南大学图书馆,地下 1 层,地上 8 层,采取集中式平面,低书库高阅览的垂直式布局。教师阅览在上,学生阅览在下。标准层平面为 30×35 米,中间部分设夹层辅助库,与阅览空间相通。既可以闭架,半开架,也可以全开架,使用灵活,有伸缩性,适于长远发展与变化。

广西壮族自治区图书馆新馆建筑,占地 71.5 亩,其中水面 38 亩,原由几十个水塘组成。结合馆址的这一特点,图书馆布局采取了分散与集中相结合的,不对称的平面组合。利用水面,使馆园结合,具有显著的庭院化特征,其高书库、高阅览室的设计,也是很有特色的。

关于图书馆可否建高层的问题，这时期也有一些探索。除湖南大学图书馆外，还有武汉大学图书馆，都突破了常规图书馆只有4—5层的界限，设计了8层。采用了高书库、高阅览的垂直布局。每层都由基本库、辅助库与阅览室组成基本单元。各层按专业组织阅览室和相应书库藏书。既可闭架也可开架，交通路线缩短，联系直接，平面组合也简化了。教师阅览安排在高层，利用电梯上下。学生阅览则安排在4层以下，这样就较好地解决了高层图书馆垂直交通不便的矛盾，为图书馆建筑高层化探索了新路。

复旦大学文科图书馆的设计是较全面考虑了开架阅览入库阅览的典型之一。该馆按功能水平分区，书库分层设出纳口，阅览室均设夹层辅助书库，普遍开架，分库内设阅览厢，供入库阅览使用。入口处的内院大厅有集散休息、社会交往的空间。庭院内有水池、绿化、小建筑，构成了室内外沟通的良好环境。各种技术设备完备，设计考虑了计算机管理、缩微复制、声像阅览等需要以及自动报警、灭火和空气调节装置，较好地满足了各种阅读需要。

在这一时期也出现了一批高标准、高技术，较为先进的现代图书馆，使中国图书馆建筑也置身于国际先进行列之中。如深圳图书馆、广东省中山图书馆、上海交通大学包兆龙图书馆，以及国内高水平的北京图书馆新馆。这些馆造价均在1000元/平方米以上，可谓这时期高水平图书馆的代表。除建筑平面布局有新意，有突破外，很讲究室内外空间的组合，创造了一系列的交叉错落、变化有序的大小空间，来满足不同功能和艺术享受的需要。

它们的共同特点是：（1）平面布局不落俗套，充分尊重功能需要，自由组合，灵活处理。（2）充分满足开架阅览、管理的需要进行建筑设计，有统一柱网，统一楼层荷载，有较大的开间和进深，主要阅览空间，都能容藏借阅管四大部功能于一体。（3）设施齐全，不仅有一般分科阅览，还有善本、特殊阅览。不仅借书、索取资料，还可交换信息、进行咨询、声像阅读、听报告。对儿童、残疾人阅览也能满足。(4)设备先进,计算机管理,缩微复制,声像制作,安全消防系统,传送运输系统,电讯、电视系统,均达到国际水平。(5)门厅——出纳台——基本库这一传统主轴线,已退居次要地位。代之以方便的交通,豁达的交往空间或庭院,为读者交流学术,联络感情,传递信息,提供了良好的环境,很多已将阅读、休息、学术交流融于一体,创造学术起居室的环境。(6)多具有明显的民族特色和地方风格,在艺术造型上也为创出中国新的建筑形象作出了贡献。

深圳图书馆有各种阅览室、研究室 21 个,全部开架阅览。缩微阅览室、集体视听室、个人视听室和语音实验室可向读者提供缩微及声像资料。综合大厅是起伏 3 层的共享空间,是读者集散、交流的活动中心,内含总目录厅,咨询服务、文献检索、外借出纳和下沉式的展览厅,以及可眺望荔枝公园的休息厅等。此外还有可容250 – 280 座位的学术报告厅(此外还可提供录像、幻灯、电影及音乐欣赏)以及书报亭、小吃部。管理系统基本计算机化,馆内有计算机控制中心,设置在各阅览室和文献工作部门的计算机终端是管理服务和信息加工的工具。闭路电视系统可对各开架阅览室进行观察。安置在大门出口处的探测装置是图书馆保安系统的重要组成部分。另外还有自动报警、消防灭火系统、空气调节系统,保证馆舍安全、卫生和舒适。是国内采用计算机管理,以现代化技术为读者服务的图书馆之一。

北京图书馆新馆面积为 14 万平方米,可藏书 2000 万册,有3000 个阅览座位。设计手法是以开架阅览为主,兼容藏书、服务、信息等多功能的综合处理。工程结构坚固,是现浇框架钢筋混凝土结构体系,楼层为单、双面塑料模壳密肋楼板,还采用了钢挑台、大型网屋架、节点网架等复杂结构。技术系统健全、完善。有由微型计算机控制的报警防火灭火系统,有冷热两级空调系统、程控电话系统、书条气送和书刊传递系统、电梯系统,还有高低压开关组成的电力系统,以温水散热的水暖系统,照明系统,以及计算机控制中心,闭路监视电视,有广播、同声传译、录音、录像、缩微等。北京图书馆新馆,不论就其建筑设计、技术水平,以及造型艺术上,都堪称为中国图书馆建筑水平的总代表,其中有许多经验可为后人总结吸取。

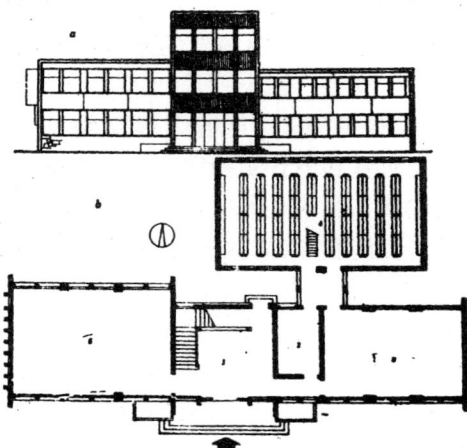

这一时期建成的中小型图书馆也有不少比较成功的。如一九七八年建成的江苏省赣榆县图书馆,建筑面积 780 平方米,可藏书 4 万册。设计基本合理,各部分采光、通风较好。采用木书架,较为经济。一九八〇年建成的湖南省耒阳县图书馆,建筑面积 1210 平方米,可藏书 10 万册。

图 111 江苏赣榆县图书馆立面与平面图

该馆平面功能分区明确,交通面积节省。馆内设有儿童阅览室、报刊阅览室、综合阅览室及科技阅览室。儿童阅览室设在底层,减少干扰。科技阅览室设在 3 层,环境较好。设计比较经济实用。一九八二年建成的上海市闸北区图书馆,建筑面积 3000 平方米,可藏书 40 万册。该馆设计考虑市区级公共图书馆的特点,以阅览为主,设阅览室 5 个,视听室、讲座室各一。因地区狭长,故采用"一"字形,将各层辅助书库设于临近市区的北面,取得了较大的半开架长度,对隔声、阅览、取书、管理等很方便。全馆充分利用框架结构的优点,灵活分割空间,使用很方便。而且在设计上在基础结构上留有余地,可以向上再发展。

第二节　旧建筑的改建与扩建

旧中国由于图书馆事业的不发达,仅存的一些图书馆建筑既少又小。新中国建立以后,这些图书馆远远不适应形势发展的需要,解决的出路一方面积极新建,另一方面对已有的建筑进行改建或扩建。扩建多是在已有的图书馆建筑附近扩大面积,增加使用内容。从地域上看,就是扩大服务面,提高服务效益。此外则是利用原有其他类型建筑,通过改造修缮,使其内部空间能基本满足图书馆使用要求后改造成图书馆。这类馆舍有一定的临时性,但在五十年代时期,急需进行各项建设,同时无力新建许多图书馆,改建这种方式也可谓是一种少花钱,快收益的补充办法。如首都图书馆,原来是古代学舍国子监,一九五六年政府拨款修缮,拨给首都图书馆使用。上海图书馆原址在上海跑马厅。一九五二年跑马厅的场地改为公园及广场,楼房改建后拨给上海图书馆,面积约为1.5万平方米。原建筑看台下遛马的空间,经修缮后作为基本书库,休息室改为大阅览室,小间作为参考阅览室及办公室。看台下的夹层,装修标准较高,作为古籍、善本书库和阅览室。一九七八年又在原建筑的屋面上加层1780平方米,原看台部分又扩建了5200平方米,计上海图书馆建筑面积已达2.2万平方米。

改建不同于新建,较大的区别在于尽量利用原有条件,在原有的建筑基础上,只作必要的少部分的修缮和改造来达到新的使用要求。如上海图书馆利用原跑马厅建筑,在改建过程中,避免大拆大改,对原有屋面结构不加固,只拆除屋面透气楼、檐沟及栏杆。主楼两翼局部加两层作为阅览室和书库。原有花岗石看台及看台

图112 上海图书馆改建的阅览室

下的库房拆除,接建成3层楼房。底层为书库(与原有大库打通),及办公展览等。2层利用原有看台的踏步修缮后作为阅览室的辅助书库,也可临时安排阅览座。3层为大阅览室。该工程主面艺术处理,尽量与原有的建筑协调,使改、扩建后的整幢建筑,仍不失整体的统一。接建部分虽然也用了大片玻璃窗,但与原有建筑格局仍较一致,且透过这些大玻璃窗,将附近公园的绿化、景色引入室内,为改善阅览环境,大为增色。与改建有类似特点的是扩建,这同样是一种在有限条件下,少投资增效益的重要建筑手段。福建省图书馆的馆舍原来是旧式平房三进,仅814平方米,藏书10.6万册,几经扩建后已达到10998平方米,可藏书168.6万册。陕西省图书馆,原馆舍面积不足1000平方米,藏书仅10万册,经过扩建,馆舍面积已达1万平方米,可藏书170万册。南京图书馆馆舍面积8000平方米,藏书110万册,扩建后,馆舍面积已达2.5万平方米,可藏书482万册。

以上几例可以看出,由于历史上留下的馆舍太小,因此需要扩建,有的还需一扩再扩,这可以说是一种类型。但还有一种类型,是今天使用尚能满足,但未来发展的形势有可能又不能满足使用的要求,而需要扩大(这之中即包括要扩建,也含有要改建)。为此可以看出扩建是图书馆建筑建设过程不可避免而又必须认真对

450

待的一种建设现象。

从宏观来看,扩建就其性质上可分为两类:一类是被动扩建,即原来建筑物没有考虑发展的扩建,当使用矛盾尖锐了,再研究扩建方案,受到种种条件的限制,即使扩建也很难各方面都理想。另一类是预留扩建,即在建馆之开始就考虑到近期和远期馆舍发展的规模,用地和内容的更新、变化,有预见地留有发展余地和扩建可能条件。

北京图书馆一九八二年在旧馆东侧扩建了一座阅览楼,就其形式上还是注意了与旧馆协调,新旧两楼统一成一体。但由于条件有限,单面采光开窗面积过大,造成阳光照入室内看台眩光,妨碍阅读,既要用窗帘遮阳,又要开灯补光,造成了一定的浪费。

同济大学图书馆建于一九六五年,共两层,平面呈"口"字形,地处学校中心区的中轴线上,两侧均为4层教学楼,前后左右均无发展余地。需要扩建时,只能使用现有两个内院为基底向高空发展,中间为两层高的目录厅,上有玻璃天棚,两侧分别为两个塔楼。扩建的塔楼平面轴线与原有建筑轴线成45度角,以改变原有建筑东西朝向的缺点,并有通风。扩建后以挺拔、新颖的面貌,耸立在校园当中,成为校园中轴线上的主要对景。但由于地段十分狭窄,给施工和技术处理带来了不少困难。

预留扩建的实例也不少。如北京师范大学图书馆原规划设计一次完成,于一九五九年建成了一部分,一九八七年拟扩建完成原规划的另一部分,就其地段利用,内容功能的安排,就合理多了。

重庆市市中区图书馆,地处市中心,北依公园,环境优美、安静,原有建筑569平方米。一九八一年扩建,考虑得比较长远,采用一次设计分二期建设的规划设计方针。一九八二年建成阅览楼2140平方米,第二期再建1900平方米。设计中综合考虑了利用地形、合理朝向,平面布局紧凑,流线简捷,分区明确。大阅览室采用大空间,灵活隔断,适应开架、半开架。4层有视听厅,总体设计力求与周围环境协调,布置了庭院绿化,很受读者欢迎。在中小型图书馆建筑当中,重庆市市中区图书馆的设计和扩建都是比较成功的。

扩建的方式不外乎两种:一种是就地原馆局部扩大,包括水平方向和垂直方向(加层),增加阅览室、书库或其他用房;另一种是在原馆附近增建另一分馆与原馆统一组成同一个馆。这与单独新建馆还有不同,因其内容、规模、形式是与原馆配套的。就其性质而言仍属于扩建范畴,既然扩建,就要争取做到预留扩建,避免被动扩建。

经验证明,图书馆建筑自筹划建设的第一天起,就应该考虑到它的现时和未来需要。对长远发展的规模要有充分的估计,留有足够的发展余地,有条件的应该尽量统一规划,统一设计,远近期可以分期建设,分段完成。此外扩建不宜无限制进行,重复扩建必然会产生新的矛盾。

第三节　图书馆设备

五十年代建造的图书馆,在藏借阅3大空间里,除了必要的阅览家具、书架、普通的照明、上下水设施外,很少有其他先进设备。图书馆的管理及服务全靠手工操作。直到七十年代,图书馆的设备发展也仅限于增加了简单的水平运输设施。一九七六年后,图书馆事业有了迅速发展,图书馆建筑面貌也有了很大的改观。大、中型图书馆为使工作逐步实现科学管理,努力加强技术装备,设备用房面积在馆舍建筑中所占的比例显著增加。虽然多数的图书馆仍以手工操作为主要服务方式,但有些馆正着手改进,逐步有了较先进的设备。

一、阅览家具与书架

阅览室是读者主要活动场所。过去图书馆阅览室的家具基本上是长条桌。8—10人围坐四周或两边最少坐4—6人。这种家具和布置方式,是最省面积,容纳读者最多,但也是最易互相干扰的方式。至于坐椅,多是普通的木椅,较好的也只是扶手椅。直到七十年代后期馆内阅览室的椅子陆续改为软椅,少量为沙发。在设计中出现了四人桌、二人桌、一人桌。少数阅览室出现了阅览厢,一人一隔间,有阅览桌和书架,有的还配备台灯。这一时期建造的复旦大学图书馆、上海交通大学图书馆、深圳图书馆等,在阅览设备上都有较大改善,很受读者欢迎。

书架。书架有活动和固定的两种,活动书架是供阅览室内使用,固定的多供书库及辅助库使用,固定者多钢制,活动者多木制。七十年代后期,活动书架,逐步定型设计,也有钢制的了。固定书架在本世纪初多在书库设计成叠架式,即数层书架叠在一起,用书架自身来支撑书籍的重量,如早在一九一九年建成的清华大学图书馆老馆就是3层通高叠架式书架。这种形式虽然受力系统明确,节省承重楼板,但最大缺点是防火条件差。万一失火,火焰缘书架垂直上升蔓延,很不易消防,所以逐渐不被设计和使用者欢迎,以致在八十年代制定图书馆建筑设计规范时,有人曾提出是否将叠架式书架(书库)加以限制或予以取消。

考虑到以上特点,在七十年代以后图书馆建筑的书库设计采用较多的是层架式或分层叠架式,如北京图书馆新馆,书库采用层架式,每一层结构层只安排一层书架,既有利于防火,又有便于灵活调整,为进库阅览创造了良好条件。分层叠架式则集中前述两者共同的优点,充分利用建筑空间和材料的性能,即每一个5米高的结构层中间,安排两层书架,书架自身承受两层全部书籍的重量,由书架支柱传到楼板结构上。这样既可分层防火,又可更多的存书。这种方式是近十多年来较为普遍采用的书库书架方式。材料是钢的，可以在工厂全部预制加工好，在现场拼装组合即可。考虑到钢材板材的规格和建筑的柱网尺寸，一般书架宽约为 1 米或 90 公分，架高 2.15 米，搁板可以调成 6 或 7 格。两层书架之间的隔板层，称之为软层，可用钢板、磨石板或玻璃板，能承受人体重、行走即可。

七十年代后期，首先在西安陕西中医学院图书馆的书架设计中，运用悬挂式书架，设计者利用钢材受拉性能很强，而受压稳定性相对较弱的特点，把书架用钢筋悬挂在建筑的结构上，因而大大节省了钢材，仅限两根 ø12 的钢筋即可将一架书安全挂起来。这种书架形式上和固定上的一些缺点，经过改进后已为人们所接受了。浙江大学图书馆新馆即是采用的这种方式。

此外，有些图书馆为了节省空间，部分采用密集式书架存放不常利用的图书。但在书库大量使用这种书架的很少。

在书架定型化过程中，相应配套的辅助家具，如运书推车，活动取书凳，以及取书梯、取书凳、运书车合一的多功能取书装置也相继出现。

二、运输设备

一九七六年以后，图书馆的读者日增，当时的服务手段已不能满足人们对书籍的要求。为此，各图书馆又进一步开始探讨、研制图书馆的传送设备。经过几年的努力。一些书刊传送设备试制了出来。

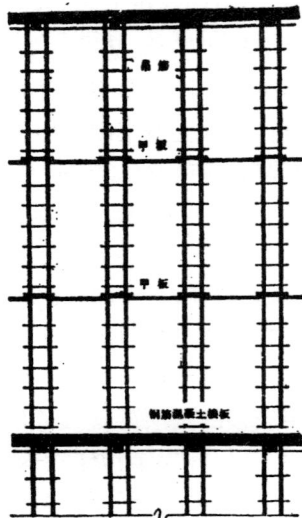

图 113 陕西中医学院图书馆悬挂式多层书库剖面

454

七十年代末,南京电影机械厂科研情报图书室研制出了"光电控制取书机"。该机运用电跟踪与控制原理,根据索书号,按下琴键,光电控制取书机就会将书刊从书架上取下。

　　一九八〇年,北京航空学院图书馆研制了"书库机械化运书系统"。该系统包括水平运书和垂直运书两大部分。由于机械传送速度较快(每分钟 100 米),缩短了借书时间,减轻了工作人员的劳动强度。

　　一九八二年,杭州大学图书馆、教学仪器厂研制出了"循环式索书单、图书垂直传送机"。该设备通过工作人员将借书单放入传送斗、通过链条循环运动带动传送斗,达到传送借书单目的。图书垂直传送机也是由链条带动书斗来完成的。

　　一九八三年,机械工业部北京起重运输机械研究所为北京图书馆老馆研制生产了"借阅单气力输送系统"、"书刊传送系统"。他们采用气力输送借书单方式,加快了传送借书单的速度。"书刊传送系统"采用磁力提升书盒系统。该系统有自动认址装置,自动到达所指定的目的站,达到立体自动传送书刊的目的。这两套系统设备,共运行近四年时间,从使用情况看,这两套系统设备的研制是成功的,比较适合大中型图书馆使用。

　　一九八五年吉林省图书馆与北京航空学院图书设备厂合作研制了"JTBH10 – A 型图书传送装置"。该装置是在地面上铺设塑料地板,再在塑料地板上固定一条镶有导线的梯形塑料条,导线通电后,指引传送车顺塑料导轨运行,可以做到水平、垂直传送一体化。该系统具有结构简单,操作方便,使用灵活的特点。

　　一九八六年,重庆市图书馆研制出"C – S 系列水平、垂直图书馆自动传送系统",该系统是在多层书库与多层出纳台之间沿垂直和水平方向进行借书单、书刊自动连续传送的新型运输系统,已为四川、湖南等地图书馆采用,并获一九八七年文化部文化科技成果二等奖。

图114 吉林省图书馆研制的
JT-5型图书传送装置

一九八七年北京图书馆新馆建成。为解决多层书库的书刊传送问题,通过调研与考察,最后决定在新馆选用"MC85-30气力输送系统"和"自走台车书刊传送系统",完成书刊机械化传送任务。前一个系统利用气送筒把借书单通过管道自动地到达目的站。后一个系统可以水平与垂直自动转换运输,自动认址,自动传送书刊,基本实现了书刊运输的机械化和自动化。

三、空调设备

为了改善阅览环境,解决冬冷夏热的矛盾,许多新建馆设计考虑了空气调节设施。同时为了保护善本书,也在特藏库中采用空调来控制温湿度。空调的方式有大系统的全空调,也有小系统的局部空调,还有以房间为单位的窗式空调器和框式空调装置等。但考虑到国情、电力供应、维持费用的高昂。因此,在八十年代后期,图书馆建筑设计中仍是以自然通风采光为主。有适当技术要求的部位,可以少量作一些小系统空调,或为降高温设计少量舒适空调,限时、限量开启。至于全面大系统人工采光通风,全空调的建筑设计,在八十年代除少数国家级的重要图书馆外,解决一般书库的湿度问题,许多图书馆已利用去湿机和增湿机。

四、防火防盗设备

　　随着图书馆各种灾害的防范要求的不断严格，各种防护手段也在不断提高。防火的烟感器、湿感器，以及自动喷淋灭火的装置已经被各新建馆采用，使新建馆防火系统基本达到了半自动化，乃至自动化。但高效的灭火剂如1211灭火剂，价格仍较昂贵，还有待改进。防盗手段也更科学化现代化，闭路电

图 115　置于借书出口处的监盗装置

视监测系统和光电系统报警装置也在一些大中型图书馆中逐步采用和完善。上海交通大学制作的监盗装置已在许多图书馆内安装。

第十三章 图书馆的管理与协作

第一节 图书馆管理

图书馆管理包括宏观管理和微观管理两个方面。宏观管理是对图书馆事业的管理,微观管理主要是指图书馆的工作管理。

一、图书馆事业管理

新中国建立后,中国共产党和各级人民政府对图书馆事业进行了领导和管理,在不同的历史时期,制订了有关图书馆事业的方针政策。特别是一九八二年颁布的《中华人民共和国宪法》,明确规定国家要发展包括图书馆事业在内的各项文化事业,为图书馆事业建设提供了法律保障。在一九七八年第五届全国人民代表大会以后的历次政府工作报告和国家"六五"、"七五"计划内,都把图书馆事业纳入国民经济和社会发展的计划,为图书馆事业建设提出了计划和指标。

国家有关主管部门对图书馆事业的宏观管理,主要包括以下几个方面:

(一)建立和完善图书馆事业管理体制。新中国图书馆事业按行政隶属关系一般分为公共图书馆、学校图书馆、科学技术图书馆、工会图书馆、部队图书馆等。四十年来,这种按行政系统确立的管理体制经历了从建立到不断完善的过程。一九四九年十月,中央人民政府文化部内设有文物局,负责管理全国公共图书馆事业。以后,公共图书馆曾先后由文化部社会文化事业管理局、群众文化事业管理局和国家文物事业管理局领导。在这些局内均设有图书馆处作为专门的管理机构。高等学校图书馆五十、六十年代曾由教育部高教一司管理。

一九七八年后,随着图书馆事业的恢复和发展,事业规模越来越大,宏观管理的任务越来越重,加强对图书馆事业的领导和管理引起了国家和各系统主管部门的重视,普遍设立了管理图书馆事业的专门机构,逐步建立和完善管理体制。一九八〇年三月,中国科学院建立出版图书情报委员会,该委员会是协助院领导对全院出版图书情报工作进行领导的专门委员会。一九八〇年五月,中共中央书记处通过的《图书馆工作汇报提纲》,提出加强和改善对图书馆事业的领导,建议首先解决体制问题。同年八月,文化部根据中央决定,设立图书馆事业管理局,原由国家文物事业管理局管理的公共图书馆事业移给文化部图书馆事业管理局管理。一九八一年九月教育部成立了指导全国高等学校图书馆工作的机构—全国高等学校图书馆工作委员会。一九八七年六月,国家教育委员会成立了教材和图书情报管理办公室,负责管理高等学校的图书馆工作和情报工作。同时,把全国高等学校图书馆工作委员会改为全国高等学校图书情报工作委员会,作为在国家教委领导下,对高等学校图书情报事业进行协调、咨询、研究和业务辅导的机构。一九八九年,国家机构改革时,文化部将原图书馆事业管理局改为图书馆司。国家教委把图书情报工作改由条件装备司管理。此外,工会系统图书馆由中华全国总工会宣传教育部管理,部队基层图书馆(室)由中国人民解放军总政治部文艺处管理。这些按系统建立的图书馆事业管理机构成立后,在统筹规划本系统图书馆事业的发展,加强系统内外的协调与协作,开展干部培训等方面,发挥了很大作用。

但是这种按系统管理的体制也有不足之处,主要是整个图书馆事业缺乏统筹安排和全面规划,例如在外文书刊的采购方面,一方面存在着缺漏,另一方面又存在着不必要的重复,形成浪费,电子计算机网络建设也需要协调。为了解决这些问题,中共中央宣传部、文化部、国家教委、中国科学院等在一九八七年八月印发的《关于改进和加强图书馆工作的报告》中,提出加强图书馆事业的整体规划,协调各系统的图书馆工作。同年十月,由国家科委和文化部共同发起,并商请国家教委、中国科学院、国防科工委等9个部、委、局参加,组成了部际图书情报工作协调委员会。该会主要任务是研究并向有关政府部门提出全国图书馆事业、情报事业发展规划及方针政策的建议,研究和协调全国文献资源的合理布局与开发利用;研究和协调全国图书情报系统计算机数据库和网络的建设等。其情况详见本章第二节。

(二)行政法规的制订和颁发。根据图书馆工作的实际,适时地制订有关的法规、条例是对图书馆事业进行宏观管理的一个重要方面。新中国建立后,各系统图书馆主管部门陆续发布过一些专门的和综合性的行政法规。五十年代,文化部曾发出《关于加强与改进公共图书馆工作的指示》,提出过关于补充省(直辖市)图书馆藏书的试行办法等。中华全国总工会发布过《关于工会图书馆工作的规定》。教育部颁发过《中华人民共和国高等学校图书馆工作试行条例》。一九七八年后,各系统图书馆主管部门重视依靠行政法规进行管理,相继制订并颁布了一批工作条例和规程。一九七八年十一月,国家文物事业管理局发布《省、市、自治区图书馆工作试行条例》。其后,文化部图书馆事业管理局对此试行条例进行了修订,于一九八二年十二月由文化部正式颁发了《省(自治区、市)图书馆工作条例》。这个《条例》确定省(自治区、市)图书馆是向社会公众提供图书阅读和知识咨询服务的学术机构,是全省(自治区、市)藏书目录和图书馆协调、协作及业务交流的中心。《条例》对藏书、目录、服务等项工作也都有明确规定,并且提出了人员编制的结构和标准,购书费在总经费中所占的比例等。在此前后,许多省、自治区、直辖市文化厅(局)也相继颁发了市、县图书馆工作条例,有的省还是由人大常委会或由省(市)政府颁发的地方性法规。一九八一年十一月,教育部修订了一九五六年颁布的高等学校图书馆工作试行条例,正式颁发《中华人民共和国高等学校图书馆工作条例》。这个《条例》,明确高等学校图书馆是学校的图书资料情报中心,是为教学和科研服务的学术性机构,强调高等学校图书馆要发挥它的教育职能和情报职能。《条例》对工作人员的结构和定编标准,书刊资料购置费应占全校教育事业费中的比例数以及馆舍面积等方面都作出了规定。一九八七年七月,国家教育委员会对该《条例》进行了修订,改名为《普通高等学校图书馆规程》。中国科学院于一九七八年十二月制定了《中国科学院图书情报工作暂行条例(草案)》,明确该院图书馆是全院的图书情报工作中心,强调了为科学研究服务,决定实行图书情报一体化体制。这个《暂行条例(草案)》试行八年后,一九八六年在此基础上,修订、颁发了《中国科学院文献情报工作暂行条例》。一九八七年五月,中国人民解放军总参谋部颁发了《中国人民解放军院校图书馆工作条例》。这些条例、规程,体现了各系统图书馆主管部门关于对图书馆工作的方针政策,是指导和管理图书馆工作的重要文件。

(三)制订图书馆事业发展规划和计划。研究、制订图书馆事业发展的近期计划和中长期规划是对图书馆事业实施宏观管理的一项重要内容。一九六二年十二月,国家科委、文化部在制订《1963—1972年科学技术发展规划(草案)·图书》时,规划了这十年的图书馆工作。一九七八年以来,除国家在国民经济和社会发展的"六五"、"七五"计划中分别提出图书馆事业的计划要求外,各系统图书馆主管部门普遍制订了图书馆事业发展规划和计划及实施意见。一九七八年十二月,中国科学院编制了《中国科学院图书情报工作发展规划纲要(1975 – 1985)》。一九八二年十一月,文化部图书馆事业管理局召开了图书馆事业发展规划座谈会,提出了《图书馆事业发展规划(草案)》。一九八六年十月,该局又提出《关于组织实施图书馆事业"七五"计划的意见》。一九八六年十一月,中国科学院提出了《中国科学院文献情报工作"七五"计划的意见》。一九八七年六月,国家教委制订了《全国高等学校图书情报事业"七五"规划要点》。这些规划和计划,提出了一个时期内各系统图书馆事业发展的任务、奋斗目标、基本要求和保障措施,促进了图书馆事业的发展。

　　(四)从资金、政策上扶持图书馆事业。新中国建立以来,中国共产党和各级人民政府对图书馆事业给予了重视,国家财政和地方财政拨款兴建图书馆馆舍,购买书刊,添置设备,改善图书馆条件,为图书馆事业的发展提供了物质保障。一九八〇年,国家财政体制改革,实行"分灶吃饭"后,地方公共图书馆事业的发展主要依靠地方各级人民政府投资外,中央政府对地方公共图书馆事业的发展继续给予重视和支持。国家计委每年对地方图书馆的基本建设投资,财政部对图书馆馆舍维修资金,文化部对购置汽车图书馆等都给了适当的补助。从一九八五年起,国家每年拨出专款,用于改善图书馆所藏古籍的保管条件。中央对少数民族地区、边疆地区、老根据地和经济落后地区的补助费中,也有一部分用于图书馆事业建设。除了上述资金扶助外,有关主管部门还采取了一些政策性措施,扶助图书馆事业的发展。一九八七年八月,中共中央宣传部、文化部、国家教委、中国科学院在印发的《关于改进和加强图书馆工作的报告》中规定图书馆在搞好无偿的公益服务的同时,也可以进行合理的有偿专业服务。一九八七年十月,文化部在传达贯彻上述四部委院文件会议上,进一步提出在国家政策、法令规定的范围内,结合图书馆自身条件,本着更好地为社会服务的

462

原则,开展一些必要的、合理的有偿服务,对于搞好图书馆工作,补充图书馆事业经费的不足,发挥图书馆工作者的积极性,是完全必要的。各级图书馆根据这些政策,按照文化部、财政部、国家工商行政管理局一九八七年二月发出的《文化事业单位开展有偿服务和经营活动的暂行办法》的规定,开展了有偿服务和经营活动,取得了一定的社会效益和经济效益,补充了图书馆的经费,增强了自我发展的能力。

（五）进行检查、评比和表彰。对各级图书馆贯彻执行党和国家的方针政策,开展图书馆各项工作的评比,总结经验、表彰先进,是图书馆主管部门进行宏观管理的一项经常性工作。一九八一年十二月,文化部召开全国农村文化艺术工作先进集体、先进工作者表彰大会,全国区、县以下图书馆中有 20 个先进集体和 21 名先进工作者受到表彰。一九八二年十二月,文化部召开全国少年儿童图书馆（室）表彰会议,表彰了 72 个先进集体和 58 名先进工作者。这是新中国建立以后,文化部第一次专门对图书馆系统的先进集体和先进工作者进行表彰。一九八○年以来,天津等地开展以优质服务为中心内容的"创文明图书馆"活动,取得了较好效果。在总结这些地区经验的基础上,文化部于一九八八年九月发出了《关于开展创建文明图书馆竞赛、表彰活动的通知》,提出了文明图书馆、图书馆先进工作者的标准和条件。一九八九年七月文化部在北京召开了"全国公共图书馆系统创建文明图书馆活动经验交流会",表彰了经各地评选出的 127 所文明图书馆,6 个图书馆先进集体,106 名图书馆先进工作者和 5 个在组织创建文明图书馆活动成绩突出的文化厅（局）图书馆工作主管处。在这次会议上,文化部还对从事图书馆工作三十年以上的 1706 名人员颁发了荣誉证书,极大地鼓舞了图书馆工作者。除全国的评比和表彰外,地方文化主管部门和各系统图书馆主管部门也开展了地区性和部门性的评比和表彰活动。

对图书馆进行学术评议和工作评估,是八十年代图书馆事业主管部门进行宏观管理的一项新的工作。过去,上级主管部门对于图书馆的领导一般只限于人事、财政、物资的管理和行政部署。对图书馆的发展方向、工作任务、组织领导、业务工作、服务效果和干部队伍等问题,很少从学术角度进行评估。为了提高图书馆工作的效率和服务水平,促进图书馆事业的发展,中国科学院出版图书情报委员会曾于一九八三年三月和一九八五年十月,先后组织图书情报专家和科学家分别对中国科学院上海图书馆和中国科学院兰州图书馆进行学术评议,评议内容包括图书馆的发展方向、工作任务、组织机构、学术活动和人才培养等方面。一九八八年,国家教委制定了《高等学校图书馆工作评估指标体系》及评估实施办法,对一些高等学校图书馆进行了评估。黑龙江、辽宁等省文化主管部门也相继对本省公共图书馆开展了评估活动。

二、图书馆工作管理

图书馆工作管理,主要是对人、财、物和业务工作的管理。新中国建立四十年来,各级各类型图书馆结合实际、不断摸索,在实践中积累了丰富的管理经验。

(一)组织机构的设置与调整。图书馆的组织机构是图书馆各部门的总和。健全的合理的组织机构是图书馆提高工作效率和服务质量的保证条件,也是图书馆管理的一个重要内容。图书馆的机构设置取决于图书馆的性质、任务、规模、藏书、人员及其他因素。四十年来,随着图书馆事业的发展和图书馆业务工作的改进,许多图书馆的组织机构有了较大的变化。针对馆舍的扩大和人员的补充,文献种类和数量的增加以及新技术的应用,许多图书馆对本馆业务机构适时进行了调整和扩充。例如:首都图书馆,一九五五年设有 1 个办公室,4 个部,2 个组(见表 3)。一九八九年已扩充为 3 个室,3 个科,8 个部,1 个厂,1 个公司(见表 4)。北京大学

464

图书馆,一九六六年设有 18 个组(室、处),3 个部(见表5)。一九八九年已扩充为 1 个组,1 个室,3 个科,11 个部,3 个中心(见表6)。中国科学院图书馆,一九五六年设有 4 个部、16 个组(见表7)。一九八九年已扩充为 6 个处(室),14 个部(公司),29 个组(见表8)。从中可以看出图书馆组织机构的一些变化及管理上的改进。

图书馆的业务机构,一般都是按采访、编目、典藏、阅览、流通、参考等不同环节设立的。这些业务部门既能独立负担一个方面的工作任务,又是相互联系、密切配合,从而构成为完成本馆方针任务协调运转的有机整体。一九七八年以来,图书馆由于加强了情报服务工作、计算机技术、各种载体的文献以及其他一些临时性专项任务,如专题展览、会议服务等,已相应地增加了一些部门。为了充分发挥有限的文献资源的作用,一些图书馆在组织机构上也进行了调整和改革。例如福建省图书馆根据工作需要,一九八八年对组织机构作了一些调整,由馆长掌管全盘业务,两个副馆长分管学术委员会、办公室、业务部门及研究室。由办公室负责协调各部门之间的横向联系。此外,还增设了协调部和现代技术部。如首都图书馆,为了充分发挥文献资源和本馆专业人员的优势,在业务部门的设置上,如期刊工作、外文工作,分别建立了从采访、编目、典藏到阅览流通和参考咨询的"一条龙"工作的期刊部、外文部。该馆为突出藏书特色,单独建立了北京地方文献部,担负起了为首都各项建设事业收集、整理、保藏北京地方文献并提供服务的任务。又如南开大学图书馆,一九八四年在改革中从学科体系和方便读者角度上考虑分设社会科学图书借阅部与自然科学图书借阅部,并把流通与参考结合在一起,从而减少了各部门之间工作中的矛盾,提高了工作效率。

(二)建立和健全规章制度。五十年代,各级、各类型图书馆制订的规章制度较多。一九五七年,高教部选择了一些图书馆制

表3 一九五五年首都图书馆组织机构表

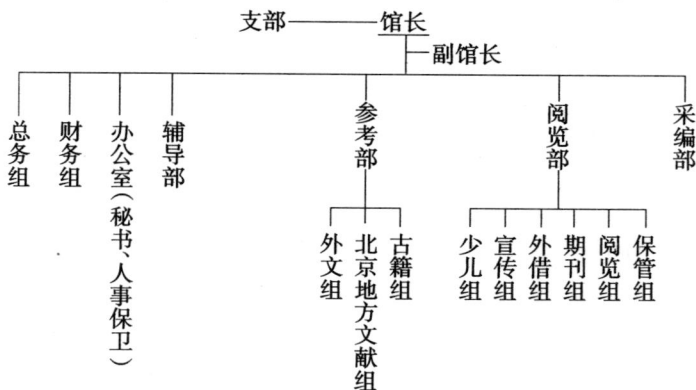

支部————馆长
————副馆长

- 总务组
- 财务组
- 办公室(秘书、人事保卫)
- 辅导部
- 参考部
  - 外文组
  - 北京地方文献组
  - 古籍组
- 阅览部
  - 少儿组
  - 宣传组
  - 外借组
  - 期刊组
  - 阅览组
  - 保管组
- 采编部

表4 一九八九年首都图书馆组织机构表

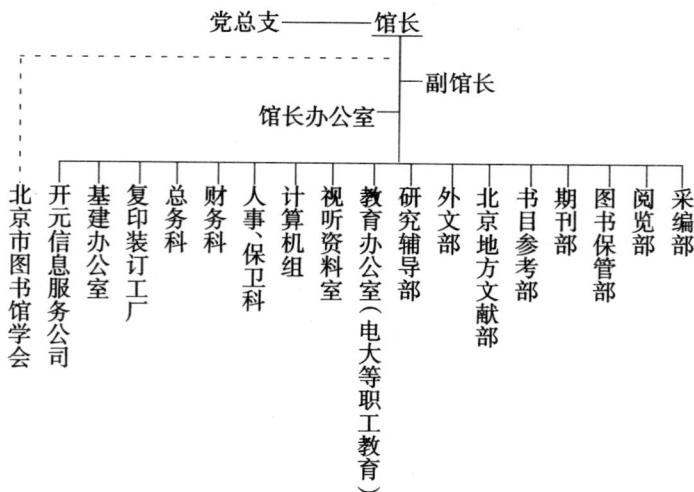

党总支————馆长
————副馆长
馆长办公室

- 北京市图书馆学会
- 开元信息服务公司
- 基建办公室
- 复印装订工厂
- 总务科
- 财务科
- 人事、保卫科
- 计算机组
- 视听资料室
- 教育办公室(电大等职工教育)
- 研究辅导部
- 外文部
- 北京地方文献部
- 书目参考部
- 期刊部
- 图书保管部
- 阅览部
- 采编部

表5　一九六六年北京大学图书馆组织机构表

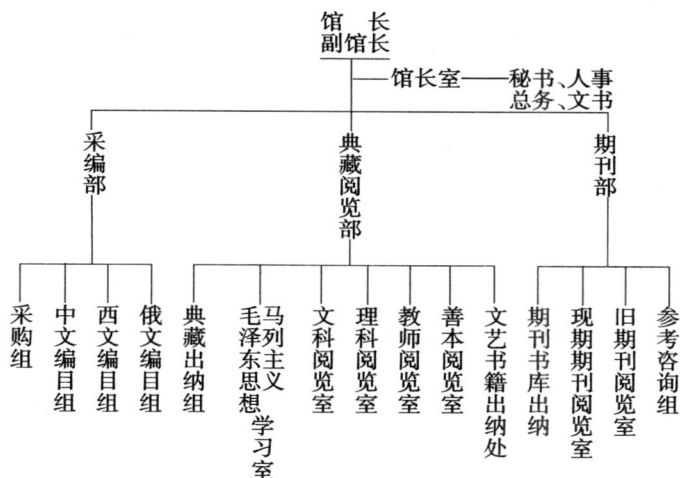

馆　长
副馆长

馆长室——秘书、人事、总务、文书

采编部：采购组、中文编目组、西文编目组、俄文编目组

典藏阅览部：典藏出纳组、马列主义毛泽东思想学习室、文科阅览室、理科阅览室、教师阅览室、善本阅览室、文艺书籍出纳处

期刊部：期刊书库出纳、现期期刊阅览室、旧期刊阅览室、参考咨询组

表6　一九八九年北京大学图书馆组织机构表

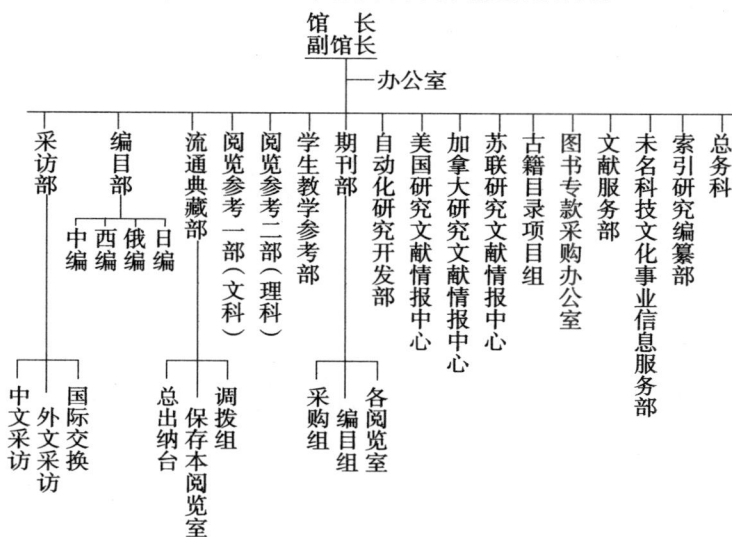

馆　长
副馆长

办公室

采访部：中文采访、外文采访、国际交换

编目部：中编、西编、俄编、日编

流通典藏部：总出纳台、保存本阅览室、调拨组

阅览参考一部（文科）

阅览参考二部（理科）

学生教学参考部

期刊部：采购组、编目组、各阅览室

自动化研究开发部

美国研究文献情报中心

加拿大研究文献情报中心

苏联研究文献情报中心

古籍目录研究组

图书专款采购办公室

文献服务部

未名科技文化事业信息服务部

索引研究编纂部

总务科

表7 一九五六年中国科学院图书馆组织机构表

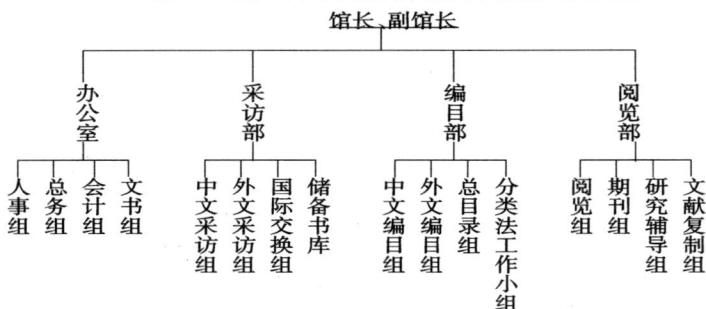

馆长 副馆长

- 办公室
  - 人事组
  - 总务组
  - 会计组
  - 文书组
- 采访部
  - 中文采访组
  - 外文采访组
  - 国际交换组
  - 储备书库
- 编目部
  - 中文编目组
  - 外文编目组
  - 总目录组
  - 分类法工作小组
- 阅览部
  - 阅览组
  - 期刊组
  - 研究辅导组
  - 文献复制组

表8 一九八九年中国科学院图书馆组织机构表

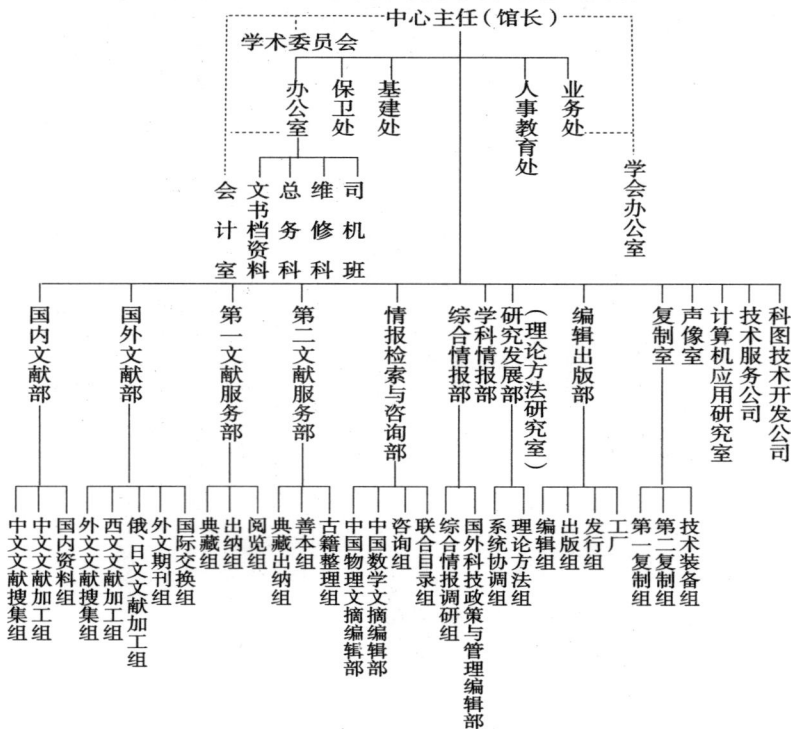

中心主任（馆长）

学术委员会

- 办公室
  - 会计室
  - 文书档案资料室
  - 总务科
  - 维修科
  - 司机班
- 保卫处
- 基建处
- 人事教育处
- 业务处
- 学会办公室

- 国内文献部
  - 中文文献搜集组
  - 中文文献加工组
  - 国内资料组
- 国外文献部
  - 外文文献搜集组
  - 西文文献加工组
  - 俄、日文文献加工组
  - 外文期刊组
  - 国际交换组
- 第一文献服务部
  - 典藏组
  - 出纳组
  - 阅览组
- 第二文献服务部
  - 典藏出纳组
  - 善本组
  - 古籍整理组
- 情报检索与咨询部
  - 咨询组
  - 联合情报调研室
- 综合情报部
  - 中国数学文摘编辑部
  - 中国物理文摘编辑部
  - 国外科技政策与管理编辑部
- 学科情报部
- 研究发展部
- （理论方法研究室）
  - 系统协调组
  - 理论方法组
- 编辑出版部
  - 编辑组
  - 出版组
  - 发行组
- 复制室
  - 工厂
  - 第一复制组
  - 第二复制组
- 声像室
- 计算机应用研究室
- 技术服务公司
  - 技术装备组
- 科图技术开发公司

定的规章制度,编辑有《高等学校图书馆规章制度选辑》,供各高等学校图书馆参考。一九六〇年,北京图书馆制定出规章制度47项,内容包括采访、编目、外借、典藏等业务部门应遵循的规则和对工作人员的要求,一九六六年前,各系统图书馆制定的一系列规章制度,基本上适应了当时的工作需要,保证了图书馆各项工作有秩序地运行。但是,"文化大革命"时期把这些规章制度一概视为对群众实行"管、卡、压"的手段而受到批判,大批行之有效的规章制度遭到破坏,内部管理混乱。粉碎"四人帮",特别是中共十一届三中全会以后,图书馆经过指导思想上的拨乱反正,从"文化大革命"十年动乱惨痛的教训中认识到规章制度的必要性和重要性,逐步把遭到破坏的规章制度重新建立起来,建立和健全了新的规章制度并使之不断完善。江苏省图书馆学会一九八六年编辑的《图书馆规章制度新编》集中汇集了一九七八年后一些图书馆所订的规章制度。

(三)图书馆工作管理的改革。八十年代以后,随着经济体制、教育体制、科技体制改革的不断深入,各级各类型图书馆结合图书馆工作的实际,对图书馆工作管理制度进行了改革。主要是试行馆长负责制、建立健全以岗位责任制为中心、以目标管理为基本内容的科学管理制度,将定性管理与定量管理结合起来,提高了工作效率和工作质量。

1.试行馆长负责制。改革开放以来,一些图书馆开展了馆长负责制的试点。一九八七年八月,中共中央宣传部、文化部、国家教委、中国科学院《关于改进和加强图书馆工作的报告》进一步明确了图书馆实行馆长负责制,并规定了馆长的职责为:认真执行党的方针、政策以及国家和主管部门的有关法规;领导制订全馆规划、工作计划;执行经费预算;督促、检查、总结工作;对工作人员实行奖惩;根据需要在定额编制范围内向社会招聘。各级图书馆在实行馆长负责制的过程中,以馆长为中心,定期召开馆长办公会、馆务会和职工大会或职工代表大会,充分发挥党政工团各方面的作用,从而保证了各项工作的开展。

2. 实行岗位责任制。为了贯彻责、权、利相结合的原则,不少图书馆普遍建立了各种形式的岗位责任制,并通过经济手段,奖勤罚懒,在贯彻多劳多得、按劳分配政策,解决吃"大锅饭"问题上做了可贵的探索。岗位责任制严格规定各部门、各工种的职责范围、数量标准和质量要求,做到按事设位、按位用人、按人定责。凡可确定定额的单位,按定额和质量考绩;不能以数量核定的单位和工种,按工作内容,工作质量和工作态度考绩,根据考勤考绩记录,分别给予不同的奖励和处罚。一九八〇年黑龙江省图书馆开始试建岗位责任制。一九八四年六月在馆内全面推行,共建有馆长、副馆长、部(室)主任及专项岗位等,并相应制订了岗位责任制 65 种,对各种岗位的职责任务、数量质量都有具体的规定。一九八八年,该馆又对这些岗位责任制全面进行了修订。实行岗位责任制后,各部门和每个工作人员基本上能承担起应负的责任,做到各负其责,各尽其力。一九八五年,北京图书馆制定业务工作规范,把全馆业务工作分为图书采访系统、图书分类编目系统、报刊资料采访加工系统、典藏及流通系统、阅览参考咨询系统、文献研究及书目编辑系统,规定了每个系统的每个工种的工作内容,工作定额、质量要求和人员水平要求。实行岗位责任制的实践表明,凡是制定合理的岗位责任制并严格执行的,都收到了较好的效果,能够计量的工作效果更显著一些。

3. 人事制度的改革。为了充分发挥图书馆工作人员的积极性和创造性,提高效率和服务质量,不少图书馆在人事管理上进行了一些改革的尝试。有些馆实行干部聘任制,聘任范围包括全馆正式在编工作人员,聘任办法是由馆长聘任部、室主任,部、室主任聘任本部门成员。在聘任中,以本馆工作人员守则规定的政治方向和职业道德以及应聘任期目标责任书规定的业务定额、目标作为应聘条件。聘任分为正聘、试聘、待聘等几种,工资和奖金有不同的待遇。

实行专业技术职务评聘,是图书馆人事管理制度改革的一个重要步骤。很长一个时期,图书馆专业人员没有定出业务职称,影响了专业人员队伍的稳定和积极性的发挥。一九七九年中国科学院制定了《图书、资料、情报业务人员定职升职试行条例》,与此同时,教育部制定了《关于高等学校图书、资料和情报人员职务名称确定与提升暂行规定》,明确图书馆工作人员是科研、教学人员的一部分,在中国科学院和高等学校图书馆系统开始试行业务职称。一九八一年国务院批转文化部、国家档案局、国家人事局制订的《图书、档案、资料专业干部业务职称暂行规定》,将图书馆专业干部职称定为研究馆员、副研究馆员、馆员、助理馆员、管理员。这是国家为提高图书馆工作人员的社会地位、加强图书馆干部队伍建设采取的一项重要措施。文件发布后,北京图书馆和一些省、市、自治区图书馆,高等学校图书馆根据"暂行规定"中统一制定的评审条件开展了评定业务职称的试点。文化部图书资料专业干部业务职称评定委员会负责对全国各系统图书馆副研究馆员以上业务职称人员进行综合平衡。一九八六年四月,中央职称改革领导小组转发文化部《关于图书资料专业干部职务试行条例》及其《实施意见》以后,全国图书馆界普遍开展了专业技术职务的评聘工作。这种专业技术职务是根据工作需要设置的专业技术岗位,它表明图书馆专业人员应具备的学识水平、业务能力和应担负的职责,被聘任或被任命的专业人员,按照国家有关规定,领取相应的职务工资。据统计,到一九八九年,全国公共图书馆系统有各种系列高级专业技术职务者579人,中级专业职务者5510人,初级15199人。图书馆专业干部专业技术职务评聘工作的全面展开,对提高图书馆工作人员的积极性起了积极作用。

第二节 图书馆协作

图书馆协作是指一定地区、一定类型或一定范围的图书馆之间,通过某种组织形式,共同商讨、开展某些具有共同性,需要协调一致的工作。图书馆网则是有组织、有领导的更为严密的合作组织形式,有的是按地区的,有的是按系统或专业组成的。参加网络的成员,按照网络的要求实行分工,形成一个有机整体,以有限的文献资源,获得尽可能好的服务效果。

新中国图书馆的协作活动与网络建设,大体经历了三个发展阶段:一为一九五六至一九六六年,从国务院批准《全国图书协调方案》,开始建立协调机构到"文化大革命"开始后停止工作;二为一九七七至一九八四年粉碎"四人帮"以后,协作活动逐渐恢复,一些地区与部门的协调机构与网络开始重建;三为一九八五年以后,从第二次全国图书馆工作会议的召开到一九八七年部际图书情报工作协调委员会的建立。

一、协调工作的开始

中华人民共和国建立后,在国家经济建设与文化建设的进程中,图书馆事业也有了相应的发展。一九五六年,中共中央指出全国人民的主要任务是集中力量发展社会生产力,提出了向科学进军的号召。与此相适应,国务院于一九五七年九月六日颁布《全国图书协调方案》,决定在国务院科学规划委员会下设图书小组,负责全国为科学研究服务的图书工作的规划,统筹安排,提出首先要进行下列的工作:(1)建立中心图书馆委员会;(2)编制全国图书联合目录。《协调方案》中还提出了中心图书馆委员会和需要编制的联合目录的初步名单。从此,开始了中国图书馆界有组织、

472

图116　黑龙江省图书情报工作协调
委员会成立大会

有领导的协调工作。

按照《协调方案》规定,北京、上海两地先后于一九五七和一九五九年分别成立了全国第一和第二中心图书馆委员会。北京全国第一中心图书馆委员会由北京图书馆、中国人民大学图书馆、北京大学图书馆、北京师范大学图书馆、清华大学图书馆、北京农业大学图书馆、中国科学院图书馆、中国农业科学院图书馆、中国医学科学院图书馆、中医研究院图书馆、全国地质图书馆等11个单位组成。上海全国第二中心图书馆委员会由上海图书馆、交通大学图书馆、复旦大学图书馆、华东师范大学图书馆、同济大学图书馆、上海第一医学院图书馆、中国科学院上海分院图书馆、第二军医大学图书馆等8个单位组成。天津(一九五七年)、沈阳(一九五八年)、哈尔滨(一九五九年)、南京(一九五七年)、武汉(一九五八年)、广州(一九五八年)、西安(一九五八年)、兰州(一九五八年)、成都(一九五八年)等地先后成立9个地区性中心图书馆委员会,成员馆共有105所,其中省、市、自治区公共图书馆17所,高等院校图书馆75所,专业图书馆13所。

(一)全国与地区的中心图书馆委员会主要进行了下列几方面的工作。

1.一九五七年十一月,根据《协调方案》,成立"全国图书联合目录编辑组",附设在北京图书馆内。在对文献资源的收藏情况进行调查以后,建立了全国卡片目录中心,搜集到205所大中型图

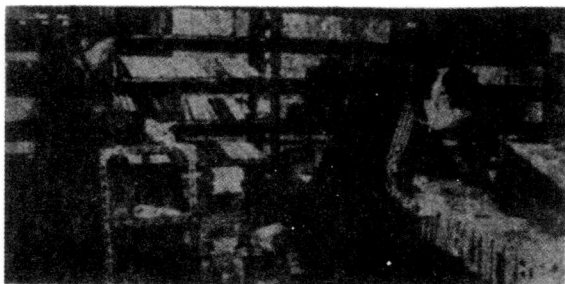
图 117　沈阳地区图书馆进行联合采编

书馆的馆藏目录卡片。从一九五七年到一九六五年十月共收集西文目录卡片 78.4 万张，俄文图书目录卡片 8 万余张，日文卡片 1 万余张，中文期刊卡片 14.5 万张，西文期刊 19.5 万余张。在此基础上编印了《全国西文新书联合目录通报》，分哲学、社会科学和自然科学、技术科学两个分册，定期出版，九年期间分别报导了全国 189 家和 335 家图书馆的西文新书 194548 种。

2. 着手各种专题联合目录的编辑出版工作。由联合目录组拟定若干专题，分别由全国的一些图书馆（主要是专业图书馆）担任主编馆。参加专题联合目录的编制的图书馆遍布全国。从一九五八年到一九六六年的九年时间内，先后共出版了 27 种专题联合目录，不仅在数量上超过旧中国，质量上也有很大的提高。其中如《全国中文期刊联合目录》收录一八三三至一九四九年全国出版的中文期刊达 19115 种之多。各种期刊皆标明全国总藏和各馆收藏的卷数、期数和年代，是检索一九四九年以前中文期刊文献的最好工具书，出版后得到国内外图书馆界好评。

3. 一九五八年由北京地区一些图书馆派人参加，在北京先后成立了"中文图书提要卡片联合编辑组"、"俄文图书卡片联合编辑组"、"西文图书卡片联合编辑组"，这三个协作性的统一编目机构，分别由中国人民大学图书馆、北京图书馆和中国科学院图书馆负责日常管理工作。为了使这项工作能够稳定地发展，一九六〇年初，经向国家科委申请，批准纳入北京图书馆编制，但各组具体工作,仍由全国第一中心图书馆委员会委托上述三个单位代管。这三个组从一九五八年到一九六四年,共编出中外文图书 25 万种,向全国 5000 多订户,发行了 6000 多万张目录卡片,大大减轻了各图书馆的编目工作,做出了很大成绩。"文化大革命"期间,中、俄文统编工作停止,其后西文统编工作,也由于外文图书发行办法的改变而被迫停止。这一情况对全国图书馆事业建设造成了很大损失。

4. 开展了外文书刊的采购协调,馆际互借等工作。全国及地区中心图书馆委员会成立以后,在外文书刊的采购协调、馆际图书互借方面都做了大量的工作。如有的地区中心图书馆委员会认真做好订购外文期刊的协调,为国家节省了数十万美元外汇。哈尔滨、沈阳等地区中心图书馆委员会,对科研人员发放了通用借书证。广州地区中心图书馆委员会在广州科学馆内设立了包含该地区 9 个成员馆和 20 个非成员馆藏书的"查目中心"。全国第二中心图书馆委员会在上海图书馆内设立了"上海市现期科技期刊阅览中心",从各馆藏书中选择了 1550 种常用科技期刊,采取开架陈列的方式供科研人员查阅,很受欢迎。

5. 举办了各种形式的培训班。全国第一中心图书馆委员会主办的图书馆红专大学,先后办了 5 期,培训了大量的在职工作人员。

自从《协调方案》颁布以后,全国图书馆开展协调工作,取得了相当的成绩。一九六二年,国家科委制定《一九六三至一九七二年科学技术发展规划(草案)图书》时,国家科委与文化部共同制定了"图书"部分的规划,提出了"加强全国和各地区中心图书馆委员会的组织和工作",要求:(1)加强全国第一中心图书馆委员会的工作,进一步密切与各地区中心图书馆委员会的联系;(2)建立图书馆协作区,在大区范围内开展协调工作;(3)没有建立中心图书馆委员会的省、市、自治区,可视需要,建立该地区的图书馆协作委员会。

根据上述要求，浙江、安徽、吉林、湖南、河南、宁夏、青海、新疆等省、市、自治区相继成立了中心图书馆委员会（协作委员会），推动本地区图书馆协作工作。

（二）综观一九五八至一九六六年这九年的协作工作，是取得不少成绩的，基本上适应了当时社会经济、文化发展的需要，与国际图书馆界在开展协作工作方面的差距也不甚大。但也存在一些问题：

1.中心图书馆委员会是图书馆界内部的一个协调、协作的组织，对政府机关来说，只是一个咨询性质的机构。对各成员馆的权利与义务也没有明确的规定，因而缺乏约束力与权威性。中心图书馆委员会工作的发展，很大程度上取决于各馆领导人对协调工作的认识。

2.中心图书馆委员会的成员只限于图书馆界，由于没有出版、发行部门和情报界参与这一工作，有关图书的在版编目和外文书刊的资源布局等重大问题，都未能得到有效解决。

3.西文图书统编工作，由于图书分由几个口岸进口，统编组只能为北京地区图书馆及有关单位的西文图书进行编目。能向《西文新书联合目录通报》编辑组集中提供卡片的也只限于北京地区。其他地区图书馆入藏的西文图书，则要靠各馆分头提供。因此既难保证目录的完整性，也影响了全国卡片目录中心的建立。

正当图书馆界人士感到协调工作需要进一步改进的时候，开始了“文化大革命”，致使协作工作完全陷于停顿。一九七四年虽经有关部门批准把联合目录工作与统一编目工作，划归北京图书馆负责，但由于“文化大革命”尚未结束，工作很难开展。在此期间，只有个别地区恢复了协调机构。甘肃省在一九七三年成立甘肃省兰州地区图书馆协作委员会，编印了一些地区性的联合目录。四川省在一九七五年恢复了四川省中心图书馆委员会的活动。一九七一年二月,北京图书馆发起,有 36 个图书馆参加,共同编制的《中国图书馆图书分类法》,于一九七五年正式出版。一九七五年七月,中国科学技术情报研究所与北京图书馆共同发起,编制《汉语主题词表》,有 505 个单位,1378 人参与其事,这是这一时期中比较大的合作项目。

二、地区与部门协调机构的发展

七十年代末期以来,随着整个国家政治形势的好转,经济建设有了发展,社会对图书馆的需求日益迫切,许多图书馆都感到独力难支,希望加强馆际协作,实现文献资源共享。尽管全国性的中心图书馆委员会没有恢复,地区与部门的协调工作仍然有较大的发展。

(一)地区协调工作。

1. 省级协调机构的恢复与发展。从一九七七至一九八五年,全国有以下 15 个省、市、自治区、直辖市恢复或建立了省级中心图书馆委员会或图书馆协作委员会:(1)辽宁地区中心图书馆委员会(一九七八年五月恢复,成员馆 30 个);(2)吉林省中心图书馆委员会(一九七七年初恢复,成员馆 26 个);(3)黑龙江省图书馆协作委员会(一九七八年六月恢复,成员馆 54 个);(4)上海市图书馆协作委员会(一九七七年建立,成员馆 10 个);(5)江苏省中心图书馆委员会(一九七九年恢复南京地区中心图书馆委员会,一九八三年改现名,成员馆 80 个);(6)浙江省中心图书馆委员会(一九七九年六月恢复活动,一九八四年九月正式建制,成员馆 17个);(7)安徽省中心图书馆委员会(一九七八年九月恢复,成员馆 50 个);(8)河南省中心图书馆委员会(一九八一年十二月成立,成员馆 31 个);(9)湖南省中心图书馆委员会(一九八一年恢复,成员馆 13 个);(10)广东省中心图书馆委员会(一九八一年恢复,成员馆 19 个);(11)陕西地区图书馆协作委员会(一九七八年八月恢复,成员馆 28 个);(12)甘肃省中心图书馆委员会(一九八一年恢复,成员馆 21 个);(13)宁夏地区图书馆协作委员会(一九八五年九月恢复,成员馆 26 个);(14)青海省中心图书馆委员会(一九八〇年九月恢复,成员馆 15 个);(15)新疆地区图书馆协作委员会(一九七八年十二月恢复,成员馆 61 个)。

省级协调机构恢复和建立以后,主要开展了编制地区联合目录、外文版书刊采购协调、馆际互借和培训干部等活动,其中培训干部的工作最有成效。由于这一时期图书馆事业恢复与发展很快,而图书馆专业干部队伍在"文化大革命"中受到很大破坏,图书馆专业教育也一度停办,一大批没有经过专业训练的干部涌进了各类型图书馆,给图书馆工作带来了很大的困难。所以各地协调机构都着重抓了干部培训工作。据 12 个省级协调机构的不完全统计,在这期间采用多种方式培训了各种专业人员近 2 万人。在此过程中,四川、吉林等省还编辑出版了一批适合中等水平图书馆专业人员使用的教材。有 12 个省级协调机构编印了《外文新书联合通报》、《预订外文书刊联合目录》和其他各种联合目录。

图 118　山东莱西县图书馆协调委员会成立会议

2. 地(市)级协调工作的开展。随着全民族科学、教育、文化水平的逐渐提高,不仅80%以上的地、市、县在"六五"计划期间建立了公共图书馆,而且在地、市、县也办了相当数量的高等与中等专业学校,出现了不少研究机构,还建立了许多学校与科技图书馆。但这些图书馆的基础都比较差,人力、物力薄弱,对馆际合作的要求更为迫切。因此地、市很重视图书馆网的建设。如太原市于一九七八年建立了工矿图书馆网5个,一九八三年建立了中学图书馆网3个,成员馆共270多个。通过相互观摩学习,交流经验,推广文献著录标准,开展科研和外出参观等活动,使成员馆的管理水平和服务质量得到提高。洛阳市一九六四年就成立了中心图书馆委员会,"文化大革命"中停止活动,一九八二年经市政府同意恢复建制,定编4人,年经费1万元,成员馆40个,藏书合计350万册,占全市227个图书馆藏书总数的70%以上。中心图书馆委员会对全市机关、团体、厂矿、企业、大专院校、科研机构和市县乡镇企业,发放馆际借书证300多个,可到任何一个成员馆借书,既方便了科技人员,又使各单位馆藏得到充分利用,解决了生产和科研中的一些难题,取得了较好的社会效益和经济效益。

(二)部门协调工作。

1. 全国高等学校图书馆工作委员会。一九八一年九月,教育部在北京召开了全国高等学校图书馆工作会议,成立了全国高等学校图书馆工作委员会(一九八七年改名为全国高等学校图书情报工作委员会),有47个高校图书馆和3个图书馆学系为委员单位,下设秘书处,主持日常工作。高校图工委成立后,做了大量的工作,在三个方面取得比较突出的成效。一是推动地区与部委高校图书馆协调机构的建立,到一九八四年,除西藏自治区和台湾省以外,其余28个省、自治区、直辖市都已成立了省级高校图书馆工作(协作)委员会。西北、东北、华东、华北四个大区还成立了大区一级的高校图书馆协调组织。此外,铁道、交通、冶金、机械、轻工、纺织、邮电、航空、地质、化工、水电、石油、林业、医学、公安、政法、财经等院校主管部委,先后成立该部委所属院校的高校图书馆协调机构。二是广泛开展对用户的培训,为筹办《文献检索与利用》课程投入了很大力量,仅全国性的会议就召开了7次,各级高校图书馆协调机构举办多种形式的培训班几十次,培训师资1000多人次;组织各校共同编写教材,已编出100多种;及时交流教学经验,推广好的教学方法,取得了显著的效果。一九八六年听课人数达23万人次,一九八三至一九八六年累计听课人数达60万人次。开课学校有532所,占全国高校一半以上,其中三分之一的学校已列为必修课。三是初步开展了文献资源布局的协调工作。高校图工委秘书处就此问题召开了两次全国性的专题讨论会,提出了高校系统的设想,各地方高校图工委也积极探索实施的办法。国家教委所属华东地区12所院校初步商定,对年订价1000元以上的外文期刊,由一校订购,向需要的学校提供借阅,一九八六年初步计算节省人民币20多万元。这一协调活动已扩大到40多个高校图书馆。

2.中国科学院图书情报网。中国科学院系统从一九七八年起实行"图书情报一体化"体制,院馆也于一九八五年另起名"中国科学院文献情报中心",与"中国科学院图书馆"名称并行。全院100多所图书情报单位分别按地区及学科,组成两种类型的图书情报网。到一九八三年已建网16个:(1)中国科学院上海图书情报交流委员会(一九八〇年八月成立,挂靠中国科学院上海图书馆);(2)中国科学院成都图书情报业务交流委员会(一九八二年成立,挂靠中国科学院成都图书馆);(3)中国科学院京区技术科学口文献情报网(一九八三年四月成立,已停止活动);(4)中国科学院化学情报网(一九八三年四月成立,挂靠上海有机化学研究所);(5)中国科学院京区生物口图书情报业务协作组(一九八三年七月成立,已停止活动);(6)中国科学院地理科学情报网(一九八三年成立,挂靠中国科学院地理研究所);(7)中国科学院京区资料工作协作组(一九八四年八月成立,挂靠中国科学院文献情报中心);(8)中国国土、自然资源情报网(一九八四年十二月成立,挂靠中国科学院自然资源综合考察委员会);(9)中国科学院物理学情报网(一九八五年五月成立,挂靠中国科学院物理研究所);(10)中国科学院天文学文献情报网(一九八五年六月成立,挂靠中国科学院北京天文台);(11)中国科学院地学情报网(一九八五年六月成立,挂靠中国科学院兰州图书馆);(12)中国科学院生物学文献情报网(一九八六年三月成立,挂靠中国科学院科学院上海图书馆);(13)中国科学院兰州分院系统文献情报工作协调委员会(一九八六年十月成立,挂靠中国科学院兰州分院);(14)中国科学院昆明地区文献情报业务协作组(一九八七年二月成立,挂靠科学院昆明分院);(15)中国科学院沈阳分院地区文献情报业务协作组(一九八七年四月成立,挂靠中国科学院沈阳分院);(16)中国科学院光学与电子学情报网(一九八七年五月成立,挂靠中国科学院长春光机研究所)。

中国科学院系统图书馆工作的特点是图书情报一体化,主要开展了以下三项工作:一是组织院内100多所图书情报部门,以五年时间,研制成"全院西文连续出版物联合目录系统",包括1.3万多种西文连续出版物的标准著录,产生书本、卡片、磁带三种载体的数据产品,并建成一个联机检索系统。二是编辑出版了13种文摘刊物:《中国数学文摘》(一九八七年创刊),《中国物理文摘》(一九八七年创刊),《中国力学文摘》(一九八七年创刊),《中国天文文摘》(一九八七年创刊),《中国古生物文摘》(一九八六年创刊),《中国地理科学文摘》(一九八七年创刊),《国外地理文摘》(一九八三年创刊),《中国国土资源文摘》(一九八七年创刊),《中国生物学文摘》(一九八七年创刊),《中国光学与应用光学文摘》(一九八五年创刊),《中国无线电电子学文摘》(一九八五年创刊),《中国地理文摘(英文版)》(一九八五年创刊),《天文学文摘》(一九八七年创刊)。三是研制成5种文献数据库:化学文摘数据库,计算机文摘数据库,生物学文摘数据库,自动化文摘数据库和光学文摘数据库,成为中国科学院科学数据库工程的一个组成部分。

3.其他部门的协调机构。八十年代以来,一些部门成立了本系统的全国性协调机构。

(1)全国党校图书资料工作联络小组,一九八五年十月成立,由中共中央党校图书馆等12个单位组成。小组的任务是负责各校图书资料工作部门之间的日常联络与协调,编辑不定期的专业刊物《党校图书资料情报工作动态》,加强图书资料工作的建设,积极组织干部培训。联络小组成立以来,已召开过两次全国性的学术讨论会,组织了两期干部培训班,编印多种业务交流资料。

(2)中国农业图书馆协会,一九八三年五月成立,是中国农学会的一个分会,成员包括高等农牧水产院校图书馆,中央及省属农牧渔及农垦科研单位图书馆,中央及省属与农业有关的单位图书馆,共120多所。有21所图书馆为委员馆单位,挂靠单位为中国农业科学院图书馆。出版了会刊《农业图书馆》,从一九八三年起每年编印《预订外文及港台报刊联合目录》,举办了各种类型的干部培训班,有些大区还成立了分会。

(3)全国中医药图书情报工作协作委员会,一九八五年五月成立,挂靠单位为中国中医研究院图书情报中心,有55所图书馆和情报室参加。协作委员会负责联系全国中医药图书情报机构,交流全国中医药科学研究单位的科研信息和情报,向中医领导机关提供信息情报咨询。为此,开展了编制中医图书联合目录和外文传统医药学书刊联合目录的工作。

4.省、市、自治区图书馆的大区协作组织。各省、市、自治区图书馆为了加强业务联系,交流办馆经验,培训干部,讨论事业建设中的共同问题,相继开展了大区间的协作活动。华北地区图书馆及学会协作委员会于一九八〇年三月成立,办公室设在天津图书馆。华东地区省级图书馆协作委员会于一九八三年九月成立。东三省公共图书馆协作委员会于一九八六年九月成立。中南五省区图书馆业务研讨会于一九八〇年五月二十三日召开。西北五省区图书馆一九八一年召开了协作会议。西南地区自一九八五年十月召开四省六方协作会议,以后扩大为五省七方协作。这些协作组织的成立和协作活动的开展,对于图书馆事业的发展发挥了积极的作用。

三、全国性工作会议的召开和协调机构的建立

(一)全国图书馆协调工作座谈会。

文化部图书馆事业管理局于一九八四年五月即提出建立全国图书情报工作的协调机构的建议,中共中央宣传部出版局就此建议多次邀请有关部委负责人进行讨论,协商实施方案。一九八四年十一月文化部图书馆事业管理局在成都召开全国图书馆协调工作座谈会时,中央有关部委和省、市、自治区、直辖市负责图书馆协调工作的人员参加,交流了地方和部门开展协调工作的经验,讨论了建立全国性图书情报工作协调机构的问题。与会人员认为,此项工作迫在眉睫,事关国家经济与科技的发展速度,部委之间必须破除门户之见,加强横向联系,尽快开展全国性的协调与协作工作。

(二)全国图书馆工作会议。

一九八五年七月,中共中央宣传部与文化部联合召开全国图书馆工作会议,公共、高校、科研、部队、工会系统图书馆的代表和宣传部门的负责人207人参加了会议,共同讨论第七个五年计划期间中国图书馆事业建设大计,主题之一就是推动图书馆协调与协作工作,实现图书情报资源共享,以满足两个文明建设对图书馆

工作提出的需求。与会人员认为：随着国家经济、科技、教育体制改革的深入开展，图书馆传递文献信息，为振兴经济服务的作用日益显著，但由于文献资源归部门所有，形成条块分割体制，与当前各方面改革的要求极不适应。会上对文化部图书馆事业管理局起草的《关于改进和加强图书馆工作的报告》（征求意见稿）提出了许多积极意见，希望抓紧修改上报中共中央、国务院，以推动全国图书馆事业的进展和全国性协调组织的建立。会后，中宣部、文化部、国家教委和中国科学院共同组织人力进行修改，报经国务院和中央领导同意，于一九八七年八月八日以中共中央宣传部、文化部、国家教委、中国科学院名义印发各省、市、自治区、直辖市有关部门。该《报告》回顾了一九八〇年中央书记处通过《图书馆工作汇报提纲》以后所取得的成绩，分析了存在的主要问题，提出了加快图书馆事业发展的 6 条意见，其中第二条建议由文化部牵头，国家教委、中国科学院等单位参加，共同开展协调工作。其主要任务是：（1）研究发展图书馆事业的方针、政策、法规和规划，提出建议；（2）协调全国图书馆文献信息资源搜集和自动化系统的发展布局，组织协作，实现资源共享；（3）建设包括在版编目、统一编目、联合目录、国家书目等在内的社会化书目事业；（4）制定图书馆专业干部培训、加强队伍建设和图书馆科学技术研究的规划。

（三）部际图书情报工作协调委员会的成立。

四部、委、院文件印发后，鉴于图书馆与情报单位两大系统在文献资源共享上有很多共同之处，又与国家科委进行联系，经过反复协商，决定两大系统成立统一的部际协调机构。一九八七年十月二十二日国家科委与文化部共同主持召开了“部际图书情报工作协调委员会”成立会议，由国家科委、文化部、国家教委、中国科学院、国防科工委、中国社会科学院、邮电部、电子工业部、国家档案局、国家标准局、中国专利局等部委局组成。其主要任务是：研究并向政府有关部门提出国家图书情报事业发展规划及方针政策的建议;研究和协调全国文献资源的合理布局与开发利用;研究和协调全国图书情报系统计算机数据库和网络的建设等。

部际协调委员会根据需要建立各种专业组,首先成立了文献资源采集开发利用和计算机检索系统建设两个组。工作重点是:确定和实施外文书刊的采购协调、书目报道与馆际互借方案;确定和实施计算机检索系统建设方案。

部际协调委员会成立后,文化部图书馆事业管理局加强了协调处的工作,并开始进行全国范围内的重点文献资源布局调查工作,全国图书馆协调工作又进入了一个新的阶段。

第四编
新中国图书馆的
读者服务工作

第十四章　图书馆读者服务工作成就

第一节　读者服务工作的发展

新中国各类型图书馆四十年来坚持为人民服务,为社会主义服务的办馆方向,在读者服务工作的内容和服务工作的方式方法上都有很大发展,很多进步。广大图书馆工作人员积极投入这些工作,利用图书馆丰富的文献资源,为祖国的社会主义物质文明和精神文明建设服务,取得了巨大的成就和显著的效果。

新中国建立初期,图书馆读者服务工作的变化首先表现在:各图书馆对职工进行了政治思想教育,强调了为人民服务的办馆宗旨,废除了过去不合理的规章制度,向广大人民群众敞开了图书馆的大门,尽量满足人民群众读书学习的要求。其次,改进了图书馆的服务方式,扩大了服务面。采用汽车图书馆、图书流动站、借书小组等多种方式,把图书送到工厂、农村、工地、机关和学校。许多图书馆还举办了图书展览、图书评介、报告会、座谈会等活动。利用这些生动活泼的形式,活跃了"阵地工作",吸引了更多读者利用图书馆。利用这些生动活泼的形式,向读者宣传优秀图书,指导阅读,对人民群众进行爱国主义和社会主义教育,也提高了读者的政治水平和文化水平。许多大型公共图书馆、科学技术图书馆、高等学校图书馆配合国家经济建设和文化建设,开展参考咨询服务,也取得很大成绩。

自一九五六年中共中央提出"向科学进军"的号召后,公共图书馆、高等学校图书馆和科学技术图书馆等积极贯彻这一方针,均从组织上、人员配备上以及服务方式、服务措施上,加强了为科学研究的服务工作。许多馆设立了科技服务部,开辟了科技书刊阅览室或参考工具书阅览室,加强了参考咨询工作。为了弥补各馆藏书的不足,图书馆还开展了馆际互借和国际互借。这一时期,各类型图书馆和各级公共图书馆根据分工和任务,进一步明确了哪些是自己的主要服务对象,哪些是一般服务对象。广大工农兵、少年儿童、教师、学生、干部、学者、科技工作者都有了适合于他们利用的图书馆。这一时期,各图书馆在阅览、外借、参考等工作中,对不同文化程度,不同需要的读者,分别采取不同的服务方式,也使服务取得更切实的成效。

"文化大革命"初期,全国的图书馆工作遭到了严重的破坏。大批图书馆被迫关闭。原有的规章制度被废除,服务工作基本上陷于停顿。

一九七一年,全国出版工作座谈会召开后,一些图书馆陆续开馆。但是由于"四人帮"把大批图书加以禁锢,到馆读者很少。这时只有少数图书馆为国家的重大科研项目提供一些书刊资料。

一九七六年十月,粉碎"四人帮"后,图书馆工作逐渐恢复。一九七八年四月,国务院批转国家文物事业管理局《关于图书开放问题的请示报告》,批判了"四人帮"文化专制主义和禁锢政策,开放了图书馆中长期遭到封存的书刊。中共十一届三中全会之后,图书馆做了大量的调整工作,各类型图书馆的读者服务工作又进入了一个新的发展阶段。一些大型公共图书馆、科学技术图书馆、高等学校图书馆,除继续进行阅览、外借、参考咨询工作外,还加强和开展了下列一些工作:

一、进一步扩大读者服务面

八十年代,在公共图书馆方面,众多的中小型公共图书馆已经把他们的服务面扩展到了市区、街道、乡镇企业、农村中的农业科技示范户和专业户以及交通不便的边远山区。把疗养的病休人员、离退休干部、残疾人、失足青年等都列为自己的服务对象。一些图书馆增加了盲文图书、残疾人阅读设备。一些图书馆定期把书刊送到居民点、医院、教养院、监狱,对他们开展了不同方式的服务。其他科学技术图书馆、高等学校图书馆等,有条件的,也对外开展了一些服务工作。

二、加强情报服务工作

利用各种文献资料,开辟了定题服务、跟踪服务、情报调研等新的工作方式,使图书馆的读者服务工作日益由被动变为主动,由一般服务转变为有重点、有针对性的服务。使服务工作的质量也不断深入和提高,收到了良好的效果。

图 119　河南省图书馆为青年读者开辟的阅览室

三、开展读者教育工作

自五十年代起，各类型图书馆根据不同的任务，开展各种形式的阅读辅导活动。其后，在阅读辅导工作的基础上，又进一步对读者进行系统的文献知识和检索知识的培训。八十年代以来，该项工作的组织方式从个别图书馆发展到有领导、有计划的全国性活动。一九八四年，教育部颁发了《关于在高等学校开设文献检索与利用课的意见》。一九八五年又颁发了《关于改进和发展文献课教学的几点意见》。明确规定高等学校图书馆应承担起开设文献检索与利用课程的任务。两个文件的颁发促进了高等学校图书馆读者培训工作的进展。除高等学校图书馆外，一些大型公共图书馆、科学技术图书馆和专门图书馆也纷纷开设图书馆知识和文献检索知识系列讲座，编制、发行了各种宣传资料。读者教育工作的开展，使众多的读者了解了图书馆和掌握了查找文献的知识、方法和途径。

四、改进服务手段

新中国建立后不久，一些大型图书馆利用照相等技术开始了文献的复制工作。一九八〇年以后，随着图书馆事业的发展，在中型以上的图书馆都配备了复印机，开展了文献复印服务。声像设备原来只在大型图书馆中使用。八十年代后期，中小型图书馆在宣传教育活动中已大量采用。计算机技术已应用在高等学校图书馆、科学技术图书馆、专门图书馆和大型公共图书馆的业务工作，管理工作和检索等方面。一些图书馆还设立了国际联机检索终端，进行联机检索服务。

第二节 读者服务工作方法的改进与开拓

为了适应科学技术和情报工作的飞速发展,为了满足各种不同类型读者的需要,新中国图书馆读者服务工作的方式、方法已发生了很大的变化。不仅在阅览、外借、参考咨询等工作上有许多发展和改进,而且采用新技术、新方式,又开辟了文献检索、情报调研、文献复制等许多新的服务项目。在读者教育方面,同样也有长足的进步。

一、服务工作的方式方法

(一)阅览服务。

四十年来,新建与扩建了大批图书馆。作为图书馆开展服务工作的一项物质基础的阅览室,已增加了许多。以公共图书馆为例,一九八九年与一九七九年相比,阅览室面积已从 12.2 万平方米增加到 68.98 万平方米,是一九七九年的 5.7 倍。阅览座位已从 35566 个增加到 31.07 万个,增长了 7 倍多。

根据读者的需要,图书馆除原有的综合阅览室外,有条件的大中型图书馆已分别设立了分科阅览室,如科学技术阅览室、社会科学阅览室等。为了便于取阅图书,有的阅览室还附设有辅助书库。

根据读者对象,已设立为少年儿童读者服务的和为残疾读者服务的专门阅览室,以及为科学研究人员服务的各种研究室等。

根据收藏范围和使用范围,图书馆除原有的图书阅览室、期刊阅览室、报纸阅览室等以外,大多数图书馆已把它们收藏的参考工具书集中起来,开辟了工具书阅览室。收藏检索文献、缩微资料和声像资料较多的图书馆还设置了文献检索阅览室以及缩微资料阅览室、声像资料阅览室等。由于阅览条件的改善,服务措施的改进,从而使阅览工作的面貌大大改观了。

（二）外借服务。

1. 个人外借。新中国建立后,图书馆尽力设法给予读者借阅上的方便,大量发放个人外借证。但六十年代,图书馆进行工

图 120　武汉市图书馆在农村开展借阅服务

作调整后,有些图书馆压缩了外借证的发放;有些图书馆对借书的范围也加以限制。这使图书流通工作一度受到影响,图书流通率也随之下降。进入八十年代,改进了上述作法。许多图书馆经过调查研究,在外借证的发放范围和外借图书的范围上都作了调整。例如福建省图书馆,在调整基本书库,增加了外借图书后,改进发证办法,增发一批外借证。使读者"借书难"的问题得到了改善和解决。又如陕西省图书馆扩大了发证范围,除发展科研人员、教师等重点读者外,也适当照顾一般读者,对残疾读者和郊区农民读者则予与优先照顾。

为了加速图书流通周转,高等学校图书馆、科学技术图书馆和大中型公共图书馆还采取了预约借阅的办法。预约方式除到馆预约外,还有电话预约、信函预约等。一些使用计算机流通系统的图书馆,其预约借书的效率更大大提高。

2. 集体外借。集体外借是与个人外借相辅相成的一项借阅方式。各类型图书馆为了提高图书利用率,根据读者的需要,也适当地采用了这一方式。高等学校图书馆对于教学指定参考书,大都

494

设有专门的集体外借处,将那些与课程设置和教学计划有关的图书集中使用。科学技术图书馆和大中型公共图书馆则主要为本馆服务范围内的重点科研项目和重点服务单位开展集体图书外借服务。七十年代、八十年代,一些有条件的市、县图书馆也相继开展了这项工作。一些少年儿童图书馆和少儿阅览室为中小学生开展的集体外借是长期以来坚持的一种主要服务方式。

3.图书开架服务。新中国建立后,五十年代一度曾有一些图书馆试行开架服务。由于缺乏经验,未能坚持下去。八十年代,图书馆从加强管理入手,又逐步把这项服务方式推广实行。各类型图书馆的工具书阅览室、科技文献检索室、期刊阅览室,大都已采取开架方式。其他的一些专科阅览室也有采取开架或半开架方式。有的图书馆还准许特定的读者进库选书。广东省中山图书馆、广州图书馆等的各阅览室已全部实行开架方式阅览和外借。四川省图书馆等已有半数以上的阅览室实行开架阅览。

据全国高校图工委统计,一九八五年,1053 所高等学校图书馆开架的书刊已占其文献总藏量的 20%。中国科学院系统的图书馆有的实行全部开架,有的实行部分开架。但从全国范围来看,图书馆中适合于开架的书刊而未开架的,仍占一定比例。

4.馆际互借。图书馆在馆际之间开展互借工作可以弥补各馆收藏之不足,扩大服务范围,更好地满足读者的需要。这项工作,五十年代即已开始,在全国及各地区中心图书馆委员会的组织和推动下,有所发展,并初具规模。"文化大革命"期间,被迫中断。七十年代后期又逐步发展起来。

北京图书馆一向重视馆际互借,截止到一九八九年底,已与国内 900 多所图书馆建立馆际互借关系,与国外 50 多所图书馆建立国际互借关系。年互借数已达 1 万多册(件)。在国内和国际图书馆的信息交流中,发挥着较大作用。高等学校图书馆,据不完全统计,一九八一年,702 所高校图书馆中,开展互借的有 397 所。

有 24 所图书馆年互借图书在 1000 册以上。

5.邮寄借书。邮寄借书不仅用于馆际互借,而且可用于为边远地区读者服务。在公共图书馆系统中,已有许多馆开展这项工作。湖南图书馆、浙江图书馆、广东三水县、江西南城县图书馆等都为地处郊区、山区的读者办理邮寄借书业务,受到欢迎。湖北省图书馆邮寄借书平均每年有 3500 册。这些图书馆都利用这一方式为读者服务,解决了他们在工作和生产中所需要的书刊资料。

6.发放通用借书证。一个地区内的图书馆实行通用借书证,读者办理一个借书证即可在本地区各图书馆借书。这也是便利读者,提高图书利用率的好办法。这一做法已在一些地区的图书馆中开展。

上海市杨浦区自一九八七年起,在本区的区图书馆和街道图书馆中实行通用借书证。采用"读者一馆办证,多馆借书"的办法。两年中共发放借书证 10230 个。

沈阳市公共图书馆也自一九八七年,实行通用借书证。全市有 12 所公共图书馆参加。读者所办的借书证,可以在市内的公共图书馆中通用。截止到一九八九年底,已发放通用借书证近 7 万个,借阅图书达 15 万册。与此同时,沈阳市图书馆还发起联合市内 37 所高等学校图书馆、科学技术图书馆,发放"资源共享借书证"。这种借书证,由单位办理,供科技人员使用。持此证可以在这些图书馆中借书。截止到一九八九年底,已有 47 个单位办理 55 个借书证,借阅图书 2218 册次。

福建省图书馆一九八九年与福州市 11 所图书馆、情报所联合办理"福州地区通用借书证"。持此证者,可以在这些图书馆、情报所中借阅书刊。此外,还有在几个性质相近的图书馆之间实行"对口"借阅的。如北京农业大学图书馆和中国农业科学院图书馆规定,向双方的研究生开放。这也是一种通用的借阅方式。

(三)馆外流动服务。

开展馆外流动服务工作,各省、市、自治区公共图书馆已拥有一批汽车图书馆。五十年代,北京、上海曾利用汽车图书馆服务于市郊区,取得一定成效。八十年代,在文化部图书馆司的倡导和支持下,汽车图书馆在各地又得到发展。截止到一九八九年,全国已有图书汽车 97 辆,开展图书流通等各项服务工作。武汉图书馆、广州图书馆、哈尔滨市图书馆、杭州市图书馆、天津市少年儿童图书馆等都已利用汽车图书馆在郊区的工厂、居民点和部队中建立了一批服务网点,定期送书上门。有的还举办图书展览,放映录像,开展咨询、复制等服务。汽车图书馆扩大了公共图书馆的服务面,也提高了图书利用率。

在沿海和河网密布的地区,也有了一些船上图书馆。上海黄浦区图书馆、卢湾区图书馆等已在客轮上建立了船上图书馆或流动书箱。此外,在草原上,牧场中也有马上图书流动服务队。例如,内蒙古图书馆经常随着"乌兰牧骑",把书送到牧民手中。

图 121　攀枝花市图书馆送书到工地

与此同时,分布在全国各地的大量基层图书馆,他们虽缺少运输设备,但仍然靠着骑车、肩挑、背负,不辞辛苦地把流动书箱送到边远地区的文化站或居民点。河北正定县图书馆坚持常年下乡,利用自行车带书箱向 12 个乡镇,30 个村的图书流动网点送书。一九八八年下乡 24 次,共送书 4000 余册。浙江省岱山县图书馆根据本县海岛多的特点,定期把流动书箱送到船上。吉林省珲春市图书馆、长白县图书馆冬季经常冒着风雪把图书送到驻扎在高

497

山和边疆的战士手中。广东省连南瑶族自治县图书馆、云南省大姚县、腾冲县等许多南方山区的图书馆工作人员都是跋山涉水,靠着肩挑、背负把书送到农村。此外,像广西图书馆、钦州市图书馆、凭祥市图书馆、曲阳县图书馆等都经常深入驻军连队、哨所,建立服务点,分期分批送书到部队,密切了军民关系,活跃了部队的文化生活。为了开展流动服务,全国有一大批基层图书馆工作人员,都是像他们那样,不畏艰苦,辛勤地、热心地为边远地区的读者服务。他们这种崇高的服务精神是极为可贵的。

(四)文献报道服务。

四十年来,全国各类型图书馆向读者进行文献报道服务,利用了各馆所编制的新到书刊的分类、书名、著者、主题等多种卡片目录;也利用了图书馆界和学术界编出的多种书本式目录。这些目录,在报道馆藏、推荐图书,介绍图书,介绍各专科、各专题文献上,已取得显著成效。

图122　河北正定县图书馆送书下乡

在报道馆藏方面,图书馆大多采用新书通报方式,便于到馆和不到馆的读者了解新书入藏情况。五十年代,北京图书馆、中国科学院图书馆和部分省级公共图书馆都编出新书通报,面向全国图书馆及有关单位发行。此外,各馆报道馆藏的也有专题性的目录。也有专收某一类型文献的目录。

在推荐图书方面,各类型图书馆经常采用书本式或散页式推荐书目。有配合政治学习,思想教育的,有向少年儿童进行革命传统教育的,还有指导读者学习的读书计划目录。

在介绍专科文献、专题文献方面,图书馆广泛利用了国内外出版的大量专科目录、专题目录和联合目录。一九五八年起,全国联合目录编辑组与全国许多图书馆合作,编制了大批新书通报目录、专科和专题联合目录,为新中国的图书馆联合目录工作奠定了基础。七十年代以后,图书馆与学术界又编出了大型专题目录、联合目录多种。大量的报道馆藏、推荐图书和介绍文献的目录已成为图书馆向读者进行文献报道服务的必不可少的工具。

(五)参考咨询服务。

参考咨询服务过去主要是解答读者咨询问题,辅导读者使用书目和工具书等。随着科学技术的发展,这些工作已远远不能满足读者的需要。特别是当今信息时代,图书馆为发挥其情报职能,进一步又开展了下列一些工作。

1. 文献检索服务。

当今世界科学技术迅猛发展,文献数量和文献类型急剧增加,已给读者查找文献带来很多困难。因此,协助读者,从大量文献中检索、筛选他们所需要的资料已成为图书馆开展科技情报服务的主要方式之一。

为了满足读者这方面的需要,从六十年代起,大部分省级公共图书馆、科学技术图书馆、高等学校图书馆已把检索工具书集中起来,设立科技文献检索室,以便于读者和工作人员使用。与此同时,也向图书馆工作人员和读者进行了各种文献检索知识和技能的培训,藉以提高工作人员的服务水平和读者自行检索的能力。

七十年代,由于条件的限制,图书馆开展的文献检索服务,大部分还是靠手工操作完成的。也有少数图书馆在着手研究计算机检索或利用其他单位的计算机、磁带进行机检。

八十年代,图书馆的文献机检已从以下三个方面发展起来。

图 123　湖南图书馆开展文献服务

一是引进了国外的磁带。北京图书馆、中国科学院图书馆等已引进了国外的多种文献磁带。二是利用引进的磁带和自己研制的一些系统开始提供机检服务。北京图书馆已利用引进的磁带,为本馆和其他单位提供编目和采购所需的检索服务。中国科学院图书馆研制的西文连续出版物系统、北京大学图书馆研制的西文图书联合目录系统、广东中山图书馆研制的广东地方文献数据库子系统等都已投入使用。全国地质图书馆的文献检索工作已于一九八六年全部实现了机检。三是一些图书馆建立了计算机终端。截止到一九八八年底,高等学校图书馆已有终端 10 个,中国科学院系统已有终端 67 个。通过这些终端,可以开展国际联机检索。文献检索从手工操作方式向着机检发展,不仅节省了时间和人力,而且使检索的准确性和完整性大大提高。

一九八八年,上海同济医科大学图书馆与中国医学科学院联系,承担电子计算机定题检索 20 题,提供文献 18672 条,通过美国医学文献分析检索系统脱机检索 95 题,提供文献 21460 条,接受临时咨询 1576 题,提供文献 26196 条,深受读者欢迎。另外,他们编辑的《检验与临床》、《放射诊断》两个分册,经过国家科委审定,已正式纳入了中国文献检索系列。

2.情报服务。

(1)定题服务、跟踪服务,这是图书馆从六十年代开始使用的

500

一种新的服务方式。进行定题服务、跟踪服务时，图书馆与科研生产单位直接挂钩，针对他们的重点研究课题或亟待解决的关键问题，为之收集、筛选、提供一次文献、二次文献，一直跟踪下去，直到研究课题完成或关键问题解决为止。六十年代初期，这一服务方式在天津图书馆、鞍钢技术图书馆等试用取得成效后，逐步在各类型图书馆中推行。至七十年代末期已在图书馆界普遍采用。国家图书馆、省市级公共图书馆、科学技术图书馆和高等学校图书馆为科学研究服务，为经济建设服务方面，都大量采用了定题服务方式。

北京图书馆为国家"高技术发展纲要"、"火炬计划"等进行了多次定题服务。八十年代，北京图书馆的情报服务范围不断扩大。一九八五年以来，他们对国内科技人员利用图书情报部门的情况，作了三次抽样调查。结果表明，外地用户对北京图书馆文献情报服务的利用率年均提高 2.1%，同时约有 30% 的国家部级研究项目利用过北京图书馆的情报服务。上海图书馆为宝山钢铁厂、上海石油化工总厂、上海啤酒厂、明光仪器厂等也作了许多定题服务。天津图书馆承担了天津材料厂的不饱和聚脂树脂的文献调研工作，专门成立课题小组，长期跟踪服务，为之提供文献 211 件，并撰写国外文献述评 4 篇。辽宁省图书馆为"电子转矩转速测试仪"科研项目进行跟踪服务，前后达十一年之久。吉林省图书馆为本省"钢背复合料"、"离子交换纤维"等研制项目，除进行定题服务外，并为之代译国外文献资料近 100 件。八十年代，北京市丰台区图书馆、辽宁省新金县图书馆、安徽省太湖县图书馆等基层馆，以跟踪服务方式为当地工农业生产和专业户提供他们所需的资料，也取得成效。

一九七九年四月，中国科学院下发《中国科学院图书情报工作会议纪要》，强调了中国科学院各图书情报部门要"系统研究甚至定向跟踪某些重要领域的进展动向"之后，中国科学院图书馆

501

图124　吉林市图书馆举办图书情报活动周

及各主要分院图书馆的定题服务工作进一步加强。如中国科学院武汉图书馆一九八〇至一九八五年，共完成一定规模的定题服务20多次，编制专题二次文献10余种。

为了更好地完成定题服务，跟踪服务，有些图书馆还制定了"重点生产科研项目调查表"建立了"跟踪服务卡"，使定题服务工作做得更为深入细致。

（2）情报调研，这是情报服务的一种高级形式。图书馆进行情报调研要根据国家、地区、单位的需要，把收集的大量一、二次文献，进行分析研究，归纳整理，并将研究成果用综述、述评、研究指导、专题总结等三次文献形式编写出来，以供有关部门参考。

六十年代，一些科学技术图书馆已开始从事这一工作，但调研成果数量不多，服务效果也不太显著。七十年代，情报调研已逐步发展成为科学技术图书馆的一项重点工作。

中国科学院一九八五、一九八六年院级科技进步奖获奖项目中有15项为科技情报成果。其中属于文献情报调研成果的有四项，属于调研与其他情报服务相结合的有四项。又如一九八六年中国科学院下属研究所的图书情报部门以完成具有一定规模和成就的文献情报调研项目有85项，占服务计划项目总数的28.3％。

八十年代，高等学校图书馆配合学校的科研与教学也开展了文献情报调研工作。一九八六年，高等学校图书馆第一次参加了国家科委的科技情报成就评奖，在四个获奖项目中，有两项是以文献情报调研为主体的情报服务成果。

八十年代,公共图书馆借鉴科学技术图书馆的经验,结合公共图书馆的实际,也开展了一些具有公共图书馆特色的信息开发服务。这些服务中,也包含了许多文献情报调研的内容和成果。

（六）文献复制服务。

文献复制服务可以节省读者的时间和精力,提高文献的利用率,满足读者对某些特殊文献的需要。五十年代,图书馆还只能用特制的摄影机为读者提供文献的缩微胶卷或照片,而且仅限于北京图书馆、上海图书馆、中国科学院图书馆等几所大型图书馆有这样的设备。七十年代,北京图书馆、省级公共图书馆、科学技术图书馆和高等学校图书馆陆续配置了静电复印设备。八十年代,随着静电复印机的大量供应,又得到进一步发展。一九八六年,湖北省文化厅即为全省县以上图书馆各添置了静电复印机一台。一般的图书馆已开始使用静电复印机,为读者服务。据统计,广东省48 所高等学校图书馆,平均每年为读者复制文献约 170 余万张。南京图书馆仅一九八七年一年即为读者复制文献 15 万件。北京图书馆一九八九年为读者复制文献已增加到 2179869 件。这些数字说明,文献复制服务已在图书馆中大量展开。

（七）展览、报告、座谈。

展览陈列活动具有直观、具体等特点,最适合用于宣传图书、介绍图书、推荐图书。全国各类型图书馆在读者服务工作中已大量采用这种方式。四十年来,图书馆工作人员通过实践,积累了丰富的展览工作经验。在展览内容和方式上已有不少改进。主要的有以下四点:一是展览的主题日趋多样化。五十年代图书馆举办的展览,大多是配合政治运动和中心工作的。六十年代提出"向科学进军"后,又增加了科学技术方面的内容。八十年代随着社会经济的发展和人民物质生活、文化生活的提高,展览的主题也更加多样化。既有配合政治中心工作的,也有配合经济建设、学术研

图125　北京市少年儿童图书馆工作人员
给儿童讲故事

究的；既有科学技术方面的，也有文化艺术方面的；既有关系国家大事的，也有关系人民生活的。这样众多的、各式各样主题的展览，从多方面来满足读者对图书的需要，深受读者的欢迎。值得提出的，还有这一时期图书馆结合本身工作所举办的一些服务成果展览。黑龙江省、广东省、浙江省、山西省、武汉市等地方文化厅（局）举办的“图书馆服务成果展览”和文化部图书馆司、北京图书馆联合举办的“发展中的中国公共图书馆事业展览”，以生动的事例向社会展示出图书馆服务工作的成果，不仅加深了社会对图书馆工作的认识，而且吸引了更多读者来利用图书馆。二是联合举办展览，使展览的内容更为充实。当今世界各类型出版物急剧增加，任何一个图书馆已不可能把所有的出版物收集齐全。七十年代末以来，图书馆界举办的一些大型展览，常采取联合方式，集中各馆的收藏，使展览内容更加充实完备。一九七八年九月上海图书馆、中国科学院上海图书馆、上海科技情报所等八个单位联合举办的“外国科技图书展览”，一九八〇年八月山西省图书馆邀请北京图书馆、中国科技情报研究所、煤炭部情报所等九个单位联合举办的“煤炭能源书刊资料展览”，一九八一年九月北京图书馆、中国版本图书馆、鲁迅博物馆等联合举办的“鲁迅著作版本展览”，一九八三年三月北京图书馆、中共中央马恩列斯著作编译局

504

图书馆、中央档案馆等联合举办的"马克思生平事迹展览"等,都以其丰富的内容博得好评。三是巡回展览,发挥展览的更大作用。展览固定在一个场所,受到地区和空间的限制,很难吸引更多的读者来参观。为此,图书馆界又增加了巡回展览的方式。全国众多的市、县图书馆常常带着书刊到农村去举办"图书赶集"活动。这些展览陈列规模虽小,但能使农民读者看到读到他们急需的图书,对于他们生产和学习,都很有帮助。八十年代,四川省图书馆、山东省图书馆、南京图书馆等配合本省的经济建设,组织了与本省工农业有关的多种专题展览,巡回到各地展出,收到了显著成效。北京图书馆组织的"中国古代书籍史展览",除在本馆陈列外,一九八一至一九八八年还远送到日本、美国、加拿大、新加坡、香港等国家和地区展出。这一展览用大量珍贵图书图片,向世界介绍了中华民族的优秀文化遗产,在海外产生了巨大影响。和巡回展览一样,配合学术会议,把有关的专题展览送到会议现场,也是图书馆主动服务的一种好方式。中国科学院图书馆经常配合本院的各种学术会议,在会议现场举办展览。一九七三至一九八六年共举办这样的展览 80 余次。四是在展览的同时,开展多项服务。图书馆举办单一的展览活动,常常不能满足读者多方面的需要。八十年代,一些图书馆举办展览时,已开始同时向读者提供书目、咨询、复制等多项服务。这一改进,使展览得以发挥更大的作用。

报告会也是图书馆经常为读者举办的一项活动。报告会的内容很广泛,有宣传马克思主义、毛泽东思想的,如一九五〇年为纪念马克思诞辰 132 周年,东北图书馆举办报告会,邀请刘芝明主讲的"马克思生平及学习方法";有讲述科学技术知识的,如中国科学院图书馆邀请周培源主讲的"关于自然科学基础理论问题的路线斗争",邀请马俊主讲的"现代科学技术中的半导体";有介绍作家和作品的,如北京图书馆邀请郭沫若主讲的"伟大的爱国主义诗人屈原",邀请吴组湘主讲的"读《红楼梦》的几点体会",黑龙江省图书馆邀请艾青主讲的"诗歌创作的道路",邀请秦牧主讲的"散文创作经验"。图书馆举办的还有作家与读者见面会,如北京市图书馆邀请周立波与读者见面座谈他创作的《暴风骤雨》;湖南省少年儿童图书馆举办的儿童文学作家陈伯吹、严文井等与小读者见面会。从图书馆收集的读者意见中可以看出,这些活动都给予读者很多教益,很多启迪。此外,还有一些少年儿童喜欢的活动,如故事会、诗歌朗诵会等,也在少年儿童图书馆中广为采用。

座谈讨论会适合用于辅导阅读。图书馆组织读者参加这些活动,可以通过讨论交流,互相启发,提高读者的阅读鉴赏能力。广西壮族自治区图书馆、天津图书馆等所组织的读者评书会,华南师范大学图书馆等举办的文学评介座谈,都在读者中间取得成效。

与座谈讨论会有着密切关联的另一项读者服务工作是书评活动。七十年代后期和八十年代,许多图书馆利用笔谈、座谈、征文、竞赛等方式,开展了书评活动。上海图书馆、贵州省图书馆都建立了读者书评队伍。从一九八一至一九八八年,上海市的读者参加书评活动的有近百万人次。宁夏回族自

图126　广州图书馆对少年儿童进行
爱国主义教育

治区图书馆自一九八九年起开始举办大型书评有奖征文活动。经验证明,开展书评活动,对读者阅读能力的提高,也是有帮助的。

(八)服务方式的综合利用。

八十年代图书馆在开展服务工作时,已注意到各种服务方式

的综合利用。一些图书馆常采用书目、展览、讲演、座谈、咨询解答、录音、录像等多种服务方式配合中心工作。其中做得最突出的是读书活动和为"星火计划"服务。

读书活动是组织读者,辅导读者进行阅读学习的一种方法。五十年代,上海曾举办过"鲁迅奖章读书活动"和"红旗读书活动"。一九八二、一九八三年在共青团中央、文化部、国家教委、中华全国总工会等单位的发起下,全国许多少年儿童图书馆和公共图书馆配合当地的青年团委、文化局、教育局、工会又开展了"红领巾读书读报奖章活动"和"振兴中华读书活动"。北京市少年儿童图书馆、天津市少年儿童图书馆、上海少年儿童图书馆、湖南省少年儿童图书馆、上海图书馆、天津图书馆、哈尔滨市图书馆、沈阳市图书馆等都为此做了大量工作。

图127 泸州市图书馆开展"振兴中华"读书活动

根据他们的经验,进行读书活动大体可分为四个阶段:第一阶段,宣传动员读者参加。第二阶段,编制推荐书目,利用展览、讲演、座谈、书评等方式,交流阅读经验和心得,进行阅读辅导。第三阶段,读者以口头或文字汇报阅读成果。第四阶段,审阅评比,进行总结发奖。在少年儿童读书活动中,则根据他们的特点,更多的采用故事会、诗歌朗诵会、智力竞赛、木偶戏、幻灯、动画片等生动活泼的方式。

这两项读书活动,发动范围之广,持续时间之长,掀起群众读书热情之高,都是前所未有的。各地大约有 7000 万人次参加,向读者推荐的优秀图书有 1000 余种。为帮助少年儿童和一般读者读书学习,提高他们的思想和科学文化素质都做出了贡献。经验也表明,综合利用各种服务方式,开展读书活动是一项向读者进行思想教育的有效方法。

"星火计划"是一九八六年由国家科委提出的重要活动项目,是政府把科学技术引向农村,振兴地方经济的一种重要措施。这项计划下达后,全国各地的公共图书馆都积极响应,把配合"星火计划"、为"星火计划"服务列为自己的重点工作。辽宁、黑龙江、湖南、广西等省、自治区文化厅(局)为研究配合"星火计划",召开了公共图书馆会议。有的成立了协调网,有的组织了协调协作委员会,专门负责协调落实本省、市、自治区各级图书馆为"星火计划"服务的项目。

图书馆为"星火计划"服务的工作方式是:由图书馆带头组织人员进行调查研究,确定服务项目和重点项目。然后按照项目开展定题服务,搜集、提供有关的科技文献,编制印发专题信息资料和目录,举办书刊信息资料展览,举办"星火计划"的信息发布会。有的还与有关部门配合举办星火科技经验交流会,聘请科技人员开办星火技术培训班。有的跟踪服务并直接参与技术开发。

这些利用各种服务方式,多方配合"星火计划"的做法,在一九八七年文化部图书馆事业管理局与国家科委"星火计划"办公室在湖北宜昌市联合召开的"图书馆信息工作暨为'星火计划'服务经验座谈会"上受到肯定和表扬。

此外,各地公共图书馆按照一九八九年二月文化部的通知,每年五月最后一周举办的图书馆宣传服务周,同样也是采用多种服务方式进行的。当年云南、广西、福建、湖南、天津、武汉等地通过宣传周的活动,密切了与广大读者的联系,扩大了图书馆在社会上的影响。如在云南省图书馆昆明市图书馆和五华、盘龙区图书馆联合在东风广场并和其他 11 个区县馆分别办理中外文借书证,进行参考咨询,召开读者座谈会,利用宣传版面和广播介绍各馆情况。深受读者的欢迎。

二、读者教育

新中国各类型图书馆开展读者教育工作是从阅读辅导入手逐步发展起来的。五十年代、六十年代,着重于指导读者(特别是青少年)阅读优秀图书和掌握读书方法。有些图书馆还利用读书计划、推荐书目、书评剪辑、指南和手册,向读者进行普及性教育。如山东省图书馆、山西省图书馆、青海省图书馆、北京大学图书馆、厦门大学图书馆等。

图 128　上海市普陀区图书馆组织读者
开展书评活动

七十年代后期,读者教育工作增加了文献知识和检索知识教育内容。一九八四年国家教委颁发了《关于在高等学校开设文献检索与利用课的意见》,规定高等学校图书馆应承担起开设这门课程的任务,并责成高校图工委负责这门课程的研究、总结和交流工作。一九八五年又颁发了《关于改进和发展文献课程的几点意见》,对文献课程的教学予以具体指示。一九八六年,全国已有 532 所高等学校图书馆开设这门课程。自一九八三至一九八五年,累计听课人数已达 60 万人次。与此同时,苏州市图书馆、天津图书馆、辽宁省图书馆、黑龙江省图书馆等和中国科学院图书馆也举办了大小不一的各种类型文献的讲座和训练班。从此,文献检索教育在省、市、自治区公共图书馆和科学技术图书馆中都广泛地开展起来。这些课程结合文献检索室收藏的具体文献讲述,使检索工具书的利用大大提高。

经过不断地改进,八十年代新中国图书馆的读者教育内容更加充实丰富,大体已形成三个层次的教育。一般读者学习的内容,主要有:图书馆的作用;图书馆文献的特点;图书馆的服务设施和目录;图书馆的利用等。从事专业工作的读者学习的内容,主要有:文献的类型和作用;主要参考工具书的内容和使用法;主要检索刊物的内容、结构和检索方法;文献检索语言的类型、构成和使用法等。从事研究工作的读者学习的内容,主要有:情报调研工作和方法;研究报告的编写;计算机检索知识和技术等。

为适应上述培训需要,一九八六年高校图工委专门成立了文献检索与利用课系列教材编审委员会,分期出版系列教材。第一批教材共25个分册。综合科学、社会科学和自然科学的一些主要学科,大体已包括在内。一九八六年底已全部出齐。加上各图书馆自行编写的教材,据不完全统计,一九八九年全国已出版读者培训教材170余种。

这一时期图书馆所举办的读者培训班,在教学中已采用声像教材配合。已出版的教学录像带有:上海华东师范大学图书馆摄制的《掌握开启知识宝库的钥匙》(上集:怎样利用图书馆;下集:中文工具书简介)及与北京图书馆联合摄制的《中国古代书籍史》。黑龙江大学图书馆摄制的《黑龙江大学图书馆掠影》、《怎样利用图书馆》。清华大学图书馆摄制的《国外科技文献检索》。天津医学院图书馆摄制《化学文摘查阅法》、《世界专利索引查阅法》。上海电子专科学校图书馆摄制的《借书指南》等。武汉电视台摄制的指导如何利用图书馆的系列电视片《通向成功之路》共十集,已在武汉电视台和北京电视台播映过。

　　面向未来的信息社会,新中国的图书馆已开始利用现代化手段,加强它的情报服务工作,并着手向读者进行情报意识教育。这一发展,必将对今后的图书馆服务工作,产生巨大的影响。

第十五章　图书馆读者服务工作效果

　　新中国图书馆的读者服务工作随着图书馆事业的发展和图书馆工作人员政治思想和业务水平的提高,在积极利用书刊资料,为社会主义物质文明和社会主义精神文明建设方面做了大量卓有成效的工作,做出了应有的贡献。这里介绍的仅是图书馆读者服务工作几个主要方面的成就和效果。

第一节　宣传马列主义、毛泽东思想,
宣传党和政府的方针、政策

　　早在新中国建立初期,公共图书馆即重视马列主义、毛泽东思想的宣传,重视对读者的思想政治教育,重视文化科学知识的传播和普及。当时,不少图书馆配合抗美援朝、土地改革运动以及重大的纪念节日等,采用图书展览,举办报告会,编印专题推荐书目等多种方式进行宣传活动,有效地配合了各项政治活动以及党和国家的中心工作。一些基层图书馆(室)为扫除文盲,提高人民群众的文化水平,也做了许多服务工作。五、六十年代,图书馆的阅读辅导工作搞得很有起色。许多图书馆通过讲座、报告会、作家与读者见面会等方式,向读者推荐、宣传优秀书刊。

　　中共十一届三中全会以来,特别是中共中央发出建设社会主

512

义精神文明的号召之后,图书馆发扬了过去好的传统,积极投身社会主义精神文明建设并为之服务,取得了明显成效。

各类型图书馆都把积极宣传马列主义、毛泽东思想,宣传中国共产党的路线、方针、政策和国家的法律、法令作为服务工作的一项重要内容,给予了高度重视。为了配合学习革命理论,不少图书馆积极提供马列著作,毛泽东和邓小平的著作。有的开设马列主义研究室,陈列经典著作及有关参考资料和检索工具书;有的举办毛泽东著作版本展览;有的组织马列主义、毛泽东思想专题书展,巡回展出;有的组织学习报告会和辅导讲座。随着社会主义民主和法制建设的深入,八十年代,国家颁布了许多法律,各级公共图书馆为普法宣传和教育,也做了许多服务工作。每一项重大法律颁布后,图书馆都配合有关部门,利用展览、图片等方式,宣传该项法律,有的图书馆还举办法律知识竞赛,提高读者的法制观念。上海图书馆经常和各级党的宣传部门联合举办大型讲座,讲授经济体制改革、民主与法制建设、坚持四项基本原则等方面的知识和理论。一九七九至一九八八年共举办这类讲座 600 多次,参加活动的读者达 60 余万人次。

第二节　为党政领导机关服务

一、接受党政机关的咨询课题,提供文献资料

党政领导机关包括领导干部,一直是图书馆的重点服务对象。五六十年代,图书馆开展这方面的工作,主要是接受咨询课题,提供文献资料。北京图书馆接受中共中央、国务院以及各部委的委托,完成了多次咨询任务,受到了有关部门的称赞。如配合外交工作的需要,系统地为外交部提供有关专题资料。地方各级公共图

书馆也为当地党政领导部门做了大量服务工作。

七十年代后期,特别是进入八十年代以后,各类型各级图书馆为党政领导机关、党政领导干部服务工作的深度和广度日益拓展。改变了过去被动地接受咨询课题,提供文献资料的局面,积极主动地开展文献信息服务和情报调研服务。

北京图书馆作为国家图书馆,在为党政领导机关服务方面发挥了重要作用。八十年代,该馆接受委托和完成的比较重大的咨询项目有:新闻出版署关于出版法的咨询,文化部关于演出税法的咨询,国家环境保护局关于环境保护问题的咨询,国家体制改革委员会关于各国人事工资、奖金制度的咨询等。他们接受各部门的咨询课题后,都根据需求,从国内外大量文献中检索有关的资料,或是编制专题索引或是编写文摘,或是系统提供原始文献。为了更有效地为中央和地方党政机关和有关单位服务,在国家自然科学研究基金会的协助下,该馆于一九八八年建立了软科学资料研究室,开始接受文献调研任务,开展专题咨询服务,并编印《软科学导报》。

首都图书馆多次承担了中共北京市委,市政府的一些重要政策课题的调研工作。一九八八年曾为市政府搜集、整理出《世界各类国家和地区脑体劳动者工资比较》和《国外脑力劳动者与体力劳动者工资收入特点的分析》两篇报告,为国家体制改革委员会、北京市委宣传部等单位完成《世界范围内国民生产总值从300到4000美元人均收入的社会政治、经济、文化发展比较研究》、《拉美国家在处理外债方面的现状及政策措施》等项课题,均得到有关单位的肯定。

一九八九年,中共湖南省委组织部接受了中共中央组织部下达的"县级领导体制改革思路"这一重大研究课题后,召开有湖南图书馆、湖南省社会科学院等五所图书馆参加的课题资料调研会,明确湖南图书馆为文献调查的牵头单位。该馆直接参加课题文献调研和研究报告讨论，及时了解需要，提供有关资料线索1000多条，提供原始文献100多篇。对课题研究工作起了积极作用，受到了中共中央组织部的好评。

中国科学院系统图书馆在为国家和该院科技体制改革、发展战略服务，在为重大项目和外向型高技术产业服务过程中，进行了大量多层次多方式的情报服务，并有重点地提供了一批针对性较强、参考价值较高的情报调研成果。如为中共中央办公厅研究室提供的《世界高技术产业发展水平和趋势分析》，为国家科委提供的《国外科技体制模式分析》等，这些专题研究报告与系统参考资料，都受到有关方面的重视。

高等学校图书馆在积极为教学科研提供情报服务外，同时也参与了一些政府部门建设规划的调研与论证工作。如上海交通大学图书馆在山东省枣庄市制定土地规划时，曾协助完成了"枣庄市国土规划"两份综合报告，受到枣庄市政府的高度评价，并获得国家教委颁发的一九八六年科技情报成果二等奖。

二、编制信息资料，供领导决策参考

八十年代以来，随着改革开放的深入，各级党政领导在决策中都需要掌握大量针对性强、准确、及时的最新信息。顺应这一新的形势，各级公共图书馆探索总结出了具有公共图书馆特色的为党政领导机关和领导干部服务的新路子，其主要方法是编辑与本地领导决策有关的各种参考信息和参考资料。在这方面开展工作最早的是江苏省常州市图书馆。一九八四年初，该馆开始尝试信息服务。他们利用馆藏书刊优势，针对常州市各方面建设的实际情况，特别是各级党政领导部门普遍关心而必须注意的问题，创办了《信息选编》，定期分送给市委、市政府各领导部门及领导人参阅，为市委、市政府讨论研究本市重大问题，提供了许多有价值的信息资料。在一九八五年召开的全国图书馆工作会议上，常州市图书馆介绍了他们的经验。此后,各级公共图书馆普遍开展了这一工作。杭州市图书馆从一九八六年四月开始创办《城市工作信息》文摘,成为领导案头经常参考的资料。该市市政府每年特拨款3.5万元支持这一工作,使之完善和加强。辽宁省沈阳市图书馆一九八七年开始编印《决策参考》(旬刊)。他们从馆藏大量报刊中筛选供领导决策参考的动态、资料等。受到领导机关好评。据不完全统计,各级公共图书馆编印的供领导决策参考的这类定期或不定期的资料,到一九八九年底已有:上海图书馆、天津图书馆、辽宁省图书馆、吉林省图书馆、湖南图书馆、湖北省图书馆、福建省图书馆、青海省图书馆等以及为数更多的市、县级图书馆编印的各类信息参考资料百余种。凡此种种,在为领导决策服务中发挥了独特的作用。

在编印"决策参考"这一类信息资料的同时,各级公共图书馆还重视为党政领导机关编制各种综合性或专题性的书目索引。黑龙江省图书馆从一九八五年起积极配合省科技经济顾问

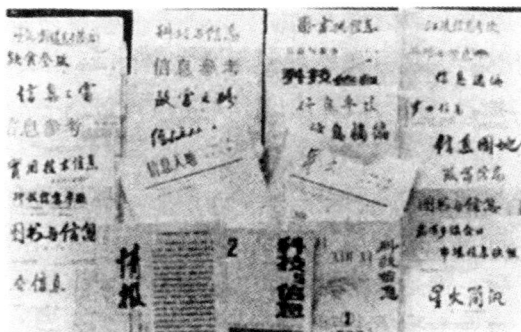

图 129　湖北省各图书馆编印的信息资料

委员会提供的各种专题资料汇编。大连市图书馆编制的《世界经济信息》,以专题论述和综述形式为领导提供各行各业世界经济信息。宁波市图书馆的《城市开发信息》摘取了全国沿海 14 个开放城市的开放信息。有的还同时送书上门,在党政领导机关开辟服务点等。

516

第三节　为经济建设服务

利用文献资源为国家的经济建设、工农业生产服务是公共图书馆、科学技术图书馆的一项重要任务。中共十一届三中全会以后，国家进入了社会主义现代化建设的新的历史时期。图书馆普遍加强了这方面的工作。开发文献资源，加强情报职能，传递经贸信息，推广生产技术，为社会主义物质文明建设做出了很多成绩。

一、为国家和地方的重大建设项目服务

各类型图书馆特别是公共图书馆、科学技术图书馆为经济建设服务，主要是配合国家和地方的重大建设项目，提供书刊资料服务。如为鞍山钢铁公司、武汉钢铁公司、宝山钢铁公司、首都钢铁公司、攀枝花钢铁公司的建设，为大庆、大港、胜利、华北、克拉玛依等油田的开发，当地图书馆都提供了很有价值的图书资料。

北京图书馆为国家的探矿、水利、冶金、地质等重大建设项目，上海图书馆为越江隧道工程等，甘肃省图书馆为天兰、兰新、包兰铁路的修建工程以及刘家峡水电站的勘测设计等，山西省图书馆为大同煤矿的建设，河南省图书馆为黄河治理工程，杭州市图书馆为秦山核电站拦海大堤工程，中国科学院成都图书馆为长江三峡工程对生态、环境的影响及其对策等都编制了大量的资料目录，帮助解决了一些问题，改进了一些设计方案，加快了工程进度，也节约了一些资金。

二、为各地工农业生产服务

五六十年代，图书馆除为经济建设及大型重点工程服务外，更多的是根据本地工农业生产的需要，做好服务工作。

如浙江图书馆从一九六〇年以来,积极利用馆藏书刊资料为绍兴科委的河湖综合利用研究、嘉兴的蚕丝生产以及宁波、温州等地的一些科研项目提供了对口书刊资料,解决了他们的实际需要。

黑龙江省图书馆在一九六三年即设立书目咨询室,重点为农业服务。黑龙江省农业机械研究所、哈尔滨市农业研究所等单位的一些研究课题,在该馆咨询室的协助下,得以顺利完成。该咨询室还集中人力编制了《大豆》、《化学除莠》、《肥料》等多种书目,向工农业生产单位进行科技文献的报道。

贵州省图书馆自一九八〇年起,为本省"六五"计划中的猕猴桃和刺梨两项资源的利用,搜集、提供了多种资料。雷山、江口等地利用这两种野生植物所生产的饮料、果酱等系列产品获得贵州省政府颁发的优质产品奖,促进了一些贫困地区的经济发展。

吉林省图书馆为配合该省人参资源的开发,多年来积累有关中外文资料,编译成《人参文献专题目录》,不仅得到专家们的好评,也为国家科委攻关项目的选题、论证提供了参考资料。他们编译的《人参文献总汇》,一九八六年获得吉林省科技领导小组授予的"先进奖"。

哈尔滨市图书馆从一九八〇到一九八四年,共为工矿、企业提出的专项课题提供专题服务 165 项。其中有 39 项参加全省图书馆服务成果展出,11 项受到市级以上奖励,1 项获全国科学大会奖,12 项获专项"金杯奖"。为配合黑龙江省自动化研究所研制酒糟生产设备,先后提供了 300 余种资料,使该所加快了设计进程,研制成功酒糟自动化设备,投产后提高工作效率 5 倍。

北京市丰台区图书馆长期坚持为全区农业生产服务,从一九七八到一九八四年的几年时间里,他们共为全区 700 多名读者和专业户提供科技情报资料 3 万多册,有 217 项服务项目获得经济效益。他们从一九八〇年起先后搜集、整理和编印了美国、联邦德国、荷兰、日本以及台湾、香港食用菌栽培技术资料 400 多种,分类汇编 19 个专辑,印发近万册。使丰台区食用菌栽培面积从 5000平方米,产蘑菇 20 多万斤,产值 20 多万元,猛增到 3 万平方米,产蘑菇 70 多万斤,产值 60 多万元,丰富了北京的蔬菜市场。一九八一年丰台区图书馆出席了文化部召开的"全国农村文化艺术先进集体、先进工作者表彰大会"。该馆的科技情报组还被评为北京市的模范集体。

三、为"星火计划"服务

图书馆以文献信息促进科技成果的应用,促进技术改革,产品更新,促进新技术推广,服务于经济建设。这方面以"星火计划"服务成果最为突出。

图 130　辽宁省公共图书馆为"星火计划"
服务工作汇报会

"星火计划"是国家为促进地方经济振兴制定的一项重大措施。这项计划的实施,不仅会产生直接的经济效益,而且对改革农业结构,闯出适合国情的新路,都有深远的影响。根据文化部和国家科委的部署,一九八六年以来,各级公共图书馆努力与科技部门配合,把科技信息送到农村、厂矿,开展了为"星火计划"服务的活动,取得了良好的社会效益和经济效益。据不完全统计,一九八六年以来,湖南省 70 所公共图书馆落实的省"星火计划"服务协作网办公室列为重点服务的项目有 85 个,取得明显效果的有 40 多个。各馆先后编印科技信息刊物 40 多种,专题资料书目 150 多种,举办各种实用技术培训班 250 多次,培训人员

1.25 万多人次。在服务方式上,许多图书馆结合实际,有的馆与科技部门通力协作,共同形成有较强辐射能力的信息传递网络;有的馆大力发展农村科技图书示范户,通过并带动他们把知识送到千家万户。

此外,科学技术图书馆、高等学校图书馆,它们也为"星火计划"服务,做出了贡献。如中国科学院成都图书馆为配合实施"星火计划",一九八五年与四川省西昌和成都溶剂厂签定了两年科技咨询合同,主动为地方中小型企业和乡镇企业提供技术情报服务。又如太原重型机械学院图书馆一九八六年曾为山西柳林县、襄汾县两个乡镇企业提供情报服务,使他们改进技术,开发新产品,获得了经济效益。

四、开辟信息市场,发布最新信息

开辟信息市场,发布最新信息,是图书馆创造的一种为经济建设服务的好形式。大连市图书馆举办的一次流动信息发布会,当场复制文献 2429 篇,与 65 个乡镇企业洽谈了 106 项技术服务转让项目,46 个课题被确定为跟踪服务对象。一九八八年,福建省图书馆与当地图书馆协作分别在仙游县、莆田市、武平县,举办了三次"农村实用技术信息交流会",印发专题资料、技术信息,放映科技录像,展览书刊,邀请专家讲座等。这种上门服务,在科技单位和乡镇企业、农村专业户之间牵线搭桥,收到了很好的效果。

五、为对外经贸服务

图书馆服务工作,在对外经贸活动中也取得了成效。深圳图书馆的"联合国技术信息促进系统中心站"及其编印的《信息窗口》,为国内外企事业单位服务,受到用户的欢迎。广州图书馆为深圳建南公司提供了美国铝材标准的资料,使该公司与外商索赔的诉讼中得以胜诉。

国务院核电领导小组办公室在北京图书馆的协助下，查到国外核电站的有关资料，在引进设备的谈判中，仅一个项目就使对方降价 2000 万美元。天津力生制药厂从国外引进的塑料瓶生产线，在试装过程中，发现有三套模具不符合要求，在与外商谈判时，利用天津图书馆从文献中查到的数据，据理力争得以免受 12.9 万美元之损失。

第四节　为科学研究服务

四十年来，中国图书馆界为科学研究服务有两次高潮。一次是在一九五六年开始，延续到一九六六年“文化大革命”爆发。当时，一些大型公共图书馆、高等学校图书馆和科学技术图书馆，响应中共中央关于“向科学进军”的号召，加强了为科学研究服务的工作。在这十年中，中国科学院系统图书馆、国防科研系统以及其他科研单位图书馆为本单位、本系统以至国家的一些研究项目提供科技情报服务。也取得了一定的效果。

一九七八年，科学研究空前活跃，图书馆为科学研究服务形成了新中国建立后的第二次高潮，各馆都把为科学研究服务作为本馆的服务重点。中共十三大提出“经济建设必须依靠科学技术，科学技术必须面向经济建设”的方针，对图书馆工作提出了新的要求。为了满足科学研究的需要，一些大型图书馆在做好传统服务工作的同时，充分发挥图书馆的情报职能，重点开展了文献开发工作。他们不仅努力做好一般的科技文献服务工作，而且积极参与重大科研课题的协作攻关；不仅提供学科前沿或专业方面的战略情报，而且要提供国民经济建设前沿的具有科技开发价值的文献情报信息。

一、为国家重点科学研究项目服务

配合国家科技攻关项目,开展国内外有关学科的现状、发展趋势和政策方面的研究,提供多层次的情报服务,中国科学院系统图书馆在这方面取得了突出成绩。从一九八六年以来有 35 项科技情报成果获该院科技进步奖,其中包括"煤炭能源转换战略情报研究"、"国外机器人技术情报分析研究"、"红泥塑料情报研究与服务"、"生态环境研究"等。一九八六年,中国科学院兰州图书馆等 13 个单位组成的地学情报网为"遥感技术开发"项目代查代译文献资料,举办专题书展,编辑出版有关国内外遥感技术资料目录。一九八九年又组织 12 个单位的科研人员编写《世界遥感机构指南》。一九八八年,该馆还负责组织有关研究单位承担黄金找矿、选冶科技情报调研服务,创办了《黄金科技动态》(月刊),撰写了黄金选冶等资料 150 万字,并开展了文献调研咨询服务。一九八七年中国的高温超导体研究获得重大突破,为了服务于这项重大研究开发项目,中国科学院物理研究所图书馆情报室,一九八七年在北京召开高温超导体国际学术会议之际,发起成立了全国高温超导文献情报网并担任网长单位。两年中,通过网内协作,该室收集了国内外有关高温超导体研究的学术论文多篇,向各单位及时提供了最新研究进展动态。他们还编辑出版了《国家超导研究开发攻关项目年报》、《中国科学院物理研究所超导研究论文集》等,在国内外发行,收到了很好的效果。中国科学院半导体研究所图书馆深入了解研究人员对文献的需求。一九八〇年以来,该馆每年平均为近 50 个课题进行定题机器检索服务,把有关各课题的一次、二次文献,难得文献,及时送到科研人员手中。中国科学院数学研究所承担了多项国家"七五"攻关课题及"八六三"高技术研究课题,很多课题取得了重要成果,并在一九八七年一年中获得国家自然科学奖。这些重大成果中所用文献的 94% 都是由该所图书馆提供的。一九八四至一九八八年,该所研究人员在国外发表论文和专著中有 90% 的文献也是该所图书馆提供的。

二、为教学和科学研究服务

高等学校图书馆配合教学和科学研究工作,也取得了很好的服务效果。如同济医科大学图书馆为该校"心脏瓣膜置换"课题开展跟踪服务,写出近 10 万字的调研报告,供科研领导及课题负责人参考,终于研制出较理想的"人工心脏瓣膜"。不仅为国家节约了大量外汇,也为治病救人提供了物质保证。华中工学院图书馆满足了该院的研究课题"水电站水库优化调度理论的应用与推广"所需资料。该课题的研究成果获得国家科学技术进步一等奖。甘肃农业大学图书馆为本校兽医系"中药十八反毒理试验研究"进行了长时间的跟踪服务,使这项研究及时修订试验计划,少走了许多弯路。河北农业大学图书馆为"太行山区开发研究"开展的情报服务,有七个课题通过成果鉴定,取得优异成绩。

三、为一般科学研究服务

公共图书馆为科学研究服务和科学院、研究所图书馆不同。他们更多的是面向社会,特别是面向中小企业,开展为科研服务的工作。例如:江西宜丰农科所用石蒜碱对水稻进行诱变试验,江西省图书馆曾搜集了一批有关石蒜碱的外文资料和国内石蒜碱在医药方面应用的资料,为该课题研究提供了理论依据和实践指导。锦州市电子计算机厂在试制 F 6800 型大规模集成电路组成的全功能微型电子计算机的过程时,锦州市图书馆将其列为重点服务项目,提供了 20 余种资料,使研制人员查到了国外芯片器件性能和参数等,加快了研制进度。

八十年代以后,公共图书馆为科研服务工作逐步深入,取得了显著成效。河南省图书馆协助省水利厅研究南水北调问题,协助省邮电科研所研究施工机械对土壤的破坏性问题,协助省交通厅科研所研究客车骨架防锈除锈问题等,从一九八二到一九八五年共解决咨询课题1100余项,促使不少研究项目获得了成功。哈尔滨市图书馆仅在一九八〇、一九八一年两年就配合近百个重大科研项目开展服务,使生产科研单位加快了科研进度,避免了无效劳动,节省了经费。例如:哈尔滨化工四厂为研制生产邻苯二甲酸二烯炳脂时,哈尔滨市图书馆向该厂提供国外文献资料27篇,使该厂迅速设计出新的工艺流程。江苏省扬州市图书馆科技部人员通过下基层调查研究和与重点读者联系的方法,了解用户,确定主题,进行定题和跟踪服务,先后为"人造琥珀"、"舞台灯光调节器"、"花粉系列营养霜"等研制工作跟踪服务取得成功。

图131 株洲市读者利用图书馆成果征集表彰大会

在为社会科学研究服务方面,各级公共图书馆也做了大量的工作,其中,最为突出的是开展地方文献服务。有的图书馆利用馆藏地方文献编印各种专题资料,举办馆藏地方文献展览,开展咨询服务。在振兴地方经济,进行爱国爱乡教育,配合地名普查,编写地方志等方面起了积极作用,取得了显著的社会效益,受到社会各方面的高度评价。甘肃省图书馆一向重视地方文献的搜集与利用,针对学术界的需要,曾先后为丝绸之路、石窟艺术、敦煌学与西夏学研究等13个课题,编制题录和索引,受到专家和学者的好评。

524

一九八七年下半年,中共北京市委党史资料征集委员会准备筹建北京党史资料检索中心时,首都图书馆搜集了大量的文献,编制了《中共北京党史报刊资料索引(1919—1949)》。同时也为共青团北京市委青运史研究室完成了《北京青运史报刊资料索引(1919—1928;1946—1949)》,为革命史的研究提供了文献保证。

第五节　为文化教育服务

社会主义精神文明建设的根本任务,是适应社会主义现代化建设的需要,培养教育有理想、有道德、有文化、有纪律的社会主义公民,提高整个中华民族的思想道德素质和科学文化素质。各类型各级图书馆,特别是公共图书馆、学校图书馆、少年儿童图书馆、工会图书馆、部队图书馆围绕社会主义精神文明建设的根本任务,采取多种形式,利用书刊资料,在向广大读者进行思想政治教育方面,在配合学校教育,为教学服务方面,在传播科学文化知识方面,在丰富人民群众的业余文化生活方面,做了许多工作,取得了良好的社会效益。

一、丰富文化生活

文艺和其他人文科学书籍在图书馆中,特别是在基层公共图书馆、工会图书馆、农村图书馆、部队图书馆和中学图书馆中,是读者最广泛喜爱的读物。这些书籍的流通量都比较大,在人们的思想意识、道德品质和文化素质的培养中以及广大人民的文化生活中是起着潜移默化作用的重要因素之一,其作用是不可估量的,在读者中产生的效益也是深远的。不少在事业上或学术上有所作为和成就的人,在他们追忆当年在图书馆里,如饥似渴地寻求知识,翻阅他们喜爱的书刊时,都认识到图书对于他们工作和学习所起到的良好的作用,夸赞图书馆对他们的服务和帮助。这样的事例,常在许多人们的文章和回忆录中见到。

公共图书馆、学校图书馆、少年儿童图书馆还通过开展各种活动,使广大读者特别是青少年读者在利用图书馆的过程中潜移默化地接受社会主义、共产主义、爱国主义、革命英雄主义和革命传统教育。寓思想教育于多种形式、丰富多彩的读书活动和其他社会活动中,强化了图书馆的教育职能。其中尤以从一九八二年开始的"红领巾读书读报奖章活动"取得的成效最大。各级少年儿童图书馆(室)是这项读书活动的中坚力量。上海图书馆在中共十一届三中全会后的十年中,为读书活动共举办了600余场讲座,有60多万人次出席。上海市少年儿童图书馆从一九八五年起,始终把对读者进行思想道德教育作为开展"红领巾读书读报奖章"活动的主线。带领全市各级少年儿童图书馆举办了"我的理想"、"我爱祖国"、"祖国在我心中"等主题的读书活动,受到少年儿童、家长和学校的欢迎和赞扬。

天津图书馆自一九八二年以来,发动和组织了14万读者参加的读书活动,共编辑推荐书目5期,推荐中国近代史、现代史、革命先烈事迹、五四运动和建国以来部分优秀文学作品等270余种。五年中,共收到读书征文7800余份,评选出读书活动的优秀读者1700余人。天津市少年儿童图书馆自一九八四年起,举办了"为中华崛起而读书"等竞赛活动多次。利用诗歌朗诵、演讲、智力竞赛、征文比赛等形式,辅导少年儿童读书,使他们受到深刻的爱国主义与共产主义理想教育,得到市委、市政府及老师、家长们的好评。

湖南省少年儿童图书馆除采取丰富多样、通俗易懂的形式,启发组织儿童有计划、有目的地读书外,还充分利用声像设备,开展具有思想性、知识性、趣味性的活动,使小读者开阔眼界、增长见识,受到鼓励和鼓舞。

二、传播科学知识

传播文化科学知识,是图书馆服务工作的一项重要内容。各级图书馆除重视开展科学技术书籍的借阅工作外,还针对读者的需求,经常举行专题性知识讲座和各类知识竞赛,开办各种知识、技术培训班。特别是一些县级图书馆为了满足农民读者的"求知""求富"的需求,把传播文化科学知识的重点放在农村,帮助农民脱贫致富,做了许多工作,也取得很大成绩。山东省滕州市一青年农民参考滕州市图书馆为他提供的资料,办起家庭农科场。他培育的小麦新品种已在苏、鲁、皖等省试繁成功。这青年一九八七年出席

图 132　陕西省图书馆的读者成果展览

了全国新长征突击手会议,一九八八年被评为自学成才的农艺师。江西省尚城县一农民学习了尚城县图书馆借给他的养鸡技术图书后,掌握饲养技术,使禽蛋都获得丰产,并将技术传授给周围农民,成为远近闻名的养禽专业户。他也被评为新长征突击手和致富模范。

三、配合学校教育

配合思想教育,为教学研究服务是各级学校图书馆的中心任务。高等学校图书馆和一些大型的中等学校图书馆都已设有教学参考阅览室或导读室。杭州大学图书馆在采购图书时,对学生所

需要的专业教学图书和指定参考书,实行有计划,按比例,按专业年级统筹分配,优先满足。南开大学图书馆每个学期末都预先了解下学期各门课程所需要的参考书,分别拨交文科、理科阅览室开架阅览,以便于师生们参考和学习。黑龙江大学图书馆配合教学研究,除利用书刊资料外,还注意发挥所藏的影片和录像带的作用。经常为学生们放映"文献检索"、"工具书使用法"等教材。学校图书馆配合教学开展的这些工作都已取得成效,受到广大师生们的欢迎和好评。

四、辅导自学成才

中共十一届三中全会后,尊重科学、尊重知识的社会风气逐步形成。大量自学青年涌入图书馆,全社会的"读书热"使图书馆真正发挥了"社会大学"和"第二课堂"的作用。公共图书馆为自学青年敞开大门,有的开辟了自学阅览室,有的还特别予以组织和辅导。不少在"文化大革命"期间荒废了学业和高考落榜的青年和其他社会青年,充分利用图书馆进行补课和学习。例如:江苏省金陵图书馆把该馆读者中的一部分待业青年作为重点服务对象,组成学习小组,发给借书证。开辟自学阅览室,帮助他们制定自学计划,提供自学书目,举办讲座,辅导咨询及经验交流活动,引导这些青年走上自学成才道路。江苏省睢宁县图书馆为高考落榜青年设立自修室,提供辅导材料,聘请有经验的教师进行定期辅导。自修室从早晨八时一直开到晚上九时半。两年中就有9名落榜生考上了大学,还有一些人考入了中专。

青少年读者利用图书馆,自学成才的不胜枚举。浙江省云和县图书馆帮助失学少年张海涛刻苦自学。他14岁即被北京大学数学系录取,次年入罗马尼亚布加勒斯特大学数学系,成为该校最年轻的博士研究生。江苏建湖县中学的王忠,在老师指导下,勤奋学习建湖县图书馆收藏的化学书籍,得以在第十九届国际奥林匹克化学竞赛中夺得银牌。他们一直怀念着图书馆给予他们学习的帮助。

第五编
新中国图书馆学教育与研究

第十六章　图书馆学教育与专业干部培养

　　图书馆学教育是新中国图书馆事业的一个重要组成部分。图书馆专业干部素质的高低和数量多少，很大程度上取决于图书馆学教育的发展水平，并且，直接关系着图书馆业务建设和事业的发展。在中国共产党的领导下，人民政府各有关主管部门十分关注图书馆专业人才的培养。经过四十年的努力，图书馆学教育已逐步形成一个分布全国、多类型、多层次、正规学校与在职教育相结合的办学体系，已经建立起一支具有相当水平的教师队伍，为中国图书馆界、情报界源源不断地输送合格人才。

第一节　图书馆学教育的发展

　　新中国的图书馆学教育是从接管、改造旧中国遗留下来的两所图书馆学专修科和开办一些短期训练班开始的。一九四九年八月，北京大学将原来设于该校文学院下的图书馆学专修科独立出来，并开始招收高中毕业生。由于扩大了招生规模，充实了师资力量，调整、改进了教学内容，因此，逐步发展成为新中国图书馆学教育的重要基地之一。

　　一九五一年八月，文化部接办了私立武昌文华图书馆学专科学校，委托中南军政委员会教育部领导，一九五三年该校又并入武汉大学,成为图书馆学专修科,以后,逐步发展为新中国图书馆学教育的另一重要基地。此外,西南师范学院于一九五一年曾一度设立图书馆学博物馆学专修科,至一九五四年停办。

五十年代,一些地方为对接管后的图书馆工作人员和新补充的干部进行政治思想教育,传授业务技能,开办了训练班、进修班。其中,规模较大的有:一九五一年东北文化部在沈阳东北图书馆举办的第一期图书馆干部训练班,一九五四年文化部社会文化事业管理局、北京图书馆和北京大学图书馆学专修科在北京联合举办的第一届公共图书馆工作人员训练班。这种短期的在职教育形式,由于其培训对象明确及教学内容灵活,因而,成为新中国图书馆学教育中与学校正规教育相辅而行的一种教育形式,延续下来并得到发展。

随着国民经济恢复和发展以及图书馆事业建设对人才的需求,一九五四至一九五五年,北京大学和武汉大学两个图书馆学专修科充实了师资,学制由二年改为三年。学习年限的延长,教学科目数量的增加,文化科学知识范围的扩大,在一定程度上提高了教学质量。

一九五六年,全国掀起了向科学进军的高潮。七月,文化部在北京召开全国图书馆工作会议,明确提出:"保证图书馆事业发展的最主要问题是干部问题",并对办好现有的图书馆学专修科,创办图书馆学院提出了设想和规划,也对广大在职图书馆工作者业余学习、进修,提出了新的要求。

同年,北京大学、武汉大学分别将图书馆学专修科改为四年制本科,并正式建立图书馆学系。在教育部、文化部的领导下,两系制定了新的教学方案,确定了大学图书馆学专业学生培养目标为:具有社会主义觉悟,拥护社会主义革命和建设,有扎实的图书馆学专业知识和文化知识,能从事各系统大中型图书馆工作和图书馆学教育与研究的人才。此后,两系不断补充师资,扩大招生,在教育秩序和教学质量上有了新的提高。

为适应向科学进军形势发展,图书馆在职干部亟需提高专业素质和科学文化水平。各领导机关和主管科研部门举办了各种培训班。规模较大的有:中国科学院图书馆从一九五六年开始举办的该院系统图书馆干部训练班;一九五七年三月,文化部社会文化事业管理局与北京大学、武汉大学等六个单位在南京联合举办的全国省市图书馆工作人员进修班;同年七月,高等教育部在北京举办的高等学校图书馆工作人员进修班;一九五八年,北京市文化局、教育局和市总工会联合委托首都图书馆举办的北京市图书馆干部进修学校等。这些训练班不仅时间较长,学习内容系统,授课教师又大都是国内专家,而且,培训对象又大多是各馆的骨干,他们能够借此机会进一步研讨业务中的现实问题,进行交流,所以作用很大,对全国图书馆事业的建设,产生了积极的影响。

此外,这一时期,文化部、教育部还派出了一些干部去苏联学习,进修图书馆学、目录学等专业。

一九五八年"大跃进"中,文化部文化学院曾开设图书馆学研究班,中国科技大学科技情报学系设立图书馆学专修科,河北文化艺术干部学校和东北师范大学分别开办图书馆学专修科,但为时不久,这些新设系、科即行停办或合并。

"大跃进"也给图书馆学教育带来消极影响。当时,片面强调学生下放厂矿、农村劳动锻炼和搞社会调查,而削弱了基本理论、基本知识和基本技术的学习;又不适当地增设某些课程,从而破坏了图书馆学教材的系统性和完整性;忽视教师的主导作用,冲击了教学秩序、影响了教学质量。

一九六一年以后,在中央"调整、巩固、充实、提高"的方针指引下,全国高等学校贯彻《高等学校工作条例》,采取一系列措施:(1)整顿教学秩序,坚持以教学为主,理论联系实际;(2)统一编写教材,充实教学内容。如一九六一年,由北京大学、武汉大学、文化学院三单位教师集体编写《图书馆学引论》、《图书馆藏书与目录》、《读者工作》、《目录学讲义》。各校分别编了《中国图书馆事业史》、《马克思主义经典著作目录学》、《社会科学目录学》、《中国文学目录学》、《参考服务工作》等教材;(3)设置硕士研究生教育,如一九六四年北京大学图书馆学系开始招收研究生。至此,图书馆学教育事业适应形势发展的需要,取得了新的进展,教学质量有了较大的提高。

一九六六年"文化大革命"开始,图书馆学教育遭到严重的破坏。"文化大革命"一开始,北京大学、武汉大学两校图书馆学系相继停课,停止招生,教师受到批判,教学设备、图书遭受损失。一九六九年,专业教师下放农村劳动,图书馆学专业教育陷于完全停顿。一九七二年,两校图书馆学系恢复办学,招收二年制工农兵学员。由于极左思潮的干扰,教学秩序被打乱,学习内容不系统,加之学制短,影响了教学质量。但是,经过师生的共同努力,克服重重困难,至一九七六年,仍有五批学员毕业。

一九七七年,高等学校恢复入学考试制度,北京大学、武汉大学两校图书馆学系恢复招收四年制本科生。中共十一届三中全会后,图书馆事业得到迅速恢复和发展,从而促进了图书馆学教育的大发展,仅一九七八年就有10所高等学校开设图书馆学专业或专修科。这一年,武汉大学图书馆学系开始招收目录学硕士生。一九七八年夏,教育部在武汉召开了文科教育会议。北京大学、武汉大学两校图书馆学系共同商定了图书馆学专业教学方案,并协商合作编写教材,以适应高等学校图书馆学情报学教学的紧迫需求。次年,北京大学恢复了招收图书馆学、目录学研究生。此后的几年中,又有华东师范大学、北京师范大学、南开大学等校相继开办图书馆学或图书馆学情报学系和专业。

一九八三年四月,教育部在北京召开图书馆学情报学教育座谈会。会议针对图书馆事业发展现状、干部队伍的建设等问题,讨论了图书馆专门人才的培养目标,提出建立多层次、多类型、布局合理、有中国特色的图书馆学教育体系。会后,教育部根据这次会议的结果,印发了《关于发展和改革图书馆学情报学教育的几点意见》。这一文件加速了图书馆学教育的发展进程。一九八四年,武汉大学图书情报学院的建立是高等学校图书馆学教育发展的一个重要标志。至一九八九年,全国已建成从培养专科生、本科生到研究生的图书馆学情报学专业院、系、科50余所,初步形成了与中国图书馆事业发展相适应的高等学校图书馆学教育体系,为培养从事图书馆工作和有关教学、研究工作的专门人才准备了条件。

八十年代以来,中共中央和国务院为加强和发展成人在职教育作出了一系列重要决议。为提高图书馆在职干部的业务培训指明了方向。从此,图书馆学在职业余教育得到进一步发展。除了一些有条件的大学图书馆学专业增设短期的业务进修班以外,跨系统联合举办的各种讲习班、研讨班以至夜大学、电视大学等陆续涌现。这一时期,文化部主办的省、市、自治区图书馆馆长研究班;全国高校图工委委托有关大学培训非图书馆学专业毕业的大学生进修班;中国科学院管理干部学院图书情报干部培训班;以及中国图书馆学会,各省、市、自治区学会与有关单位联合举办的业务培训,都在缓解专业干部青黄不接,弥补学校正规教育的不足上发挥了很好的作用。

夜大学、大学函授班和电视大学是图书馆学在职教育的又一形式。早在一九五六年,北京大学图书馆学系率先创办了图书馆学函授班,招收三年制专科生。一九五六年武汉大学图书馆学系办起了图书馆学函授专修科。一九五八年起,全国第一中心图书馆委员会在北京举办了图书馆红专大学。这一教学形式,"文化大革命"一度中断,一九七八年以后,函授班又行恢复。并于八十年代后期增设了可再续读两年毕业的本科生。夜大学如一九八二年成立的北京图书馆职工业余大学,招收北京地区内图书情报工作在职干部。中央广播电视大学于一九八五年创办图书馆学专业,招收具有高中文化程度的职工,学制三年。电大和函授学员遍及全国各省、市、自治区,不少毕业生已成为各类型图书馆的业务骨干。

此外,八十年代后期,有的地方办起了不包分配的"自费走读"制大专班,如北京海淀走读大学图书馆专业;湖北省举办的自学考试大专班和本科班。

第二节　学校教育

中国图书馆学学校教育主要有两种,即高等图书馆学教育和中等图书馆学教育。

一、高等图书馆学教育

中华人民共和国建立以后,高等图书馆学教育的主要形式是四年制本科和二至三年制专修科。从一九四九到一九七六年,北京大学、武汉大学两校实施的是大学专科和大学本科的图书馆学教育。一九七七到一九八九年,高等图书馆学教育迅速发展。首先,明确了高等图书馆学专业本科生的培养目标为:具有马克思主义理论、坚持四项基本原则、拥护中国共产党和社会主义,具有扎实的专业基础理论和解决图书馆实际问题、了解国内外图书馆学研究发展动向、能够从事图书资料实际工作和有关教学科研工作能力的专门人才。其次,为改变高等图书馆学教育严重不适应图书馆和情报事业发展的状况,全国各主要省(区)都相继建立了图书馆学系(科),布点逐步合理。第三、完善了教育体系层次,从专科、本科、直至硕士研究生教育,已经配套。第四、专业课程基本定型,同时,拓宽了教学内容。主要课程有:图书馆学引论、图书馆管理、图书馆藏书、读者工作、图书分类、图书馆目录、西文图书编目、目录学概论、马克思主义经典著作目录学、工具书、中国书史、中国图书馆事业史等。随着图书馆事业、情报事业的发展和新技术的应用,增设了:情报学、情报分析与研究、情报检索、科技文献学、社会科学文献学、检索语言、图书馆统计学以及计算机、缩微复制、声像技术等课程。第五,各高等图书馆学教育单位坚持教学与科研并重,编写和出版了一系列的专业教科书和参考材料,据不完全统计,有130多种。如刘国钧、陈绍业、王凤翥合著《图书馆目录》,刘国钧著《中国书史简编》,北京大学、武汉大学两系合著《图书馆学基础》、《目录学概论》和武汉大学图书馆学系编著《中文工具书使用法》等以及电大系列专业教材等。这些论著,既充实了专业教学内容,推动了图书馆学科的建设,又繁荣了图书馆学研究,而且也在一定程度上满足了广大图书馆工作者学习业务、提高专业理论水平与扩大专业知识、技能的需要。根据这一标准,各校院、系、科为国家培养了大批的图书馆专业干部。

（一）综合性大学的图书情报学院、图书馆学系。

综合性大学设立的图书情报学院、图书馆学系是新中国图书馆学情报学教育的主要形式。综合性大学由于文、理、综合等学科门类比较齐全,能为图书馆学情报学专业提供较高水平的政治、文化、语言等相关课程;同时,这些学校的图书馆规模都较大、藏书丰富、人员有较高的实践经验,有利于教学实践的需求。因此,设置于综合性大学的图书馆学情报学系较多。由于各大学的条件不一,有的单独设立系、科,有的则附设于中文、历史等系。截止到一九八九年,学院、学系已取得硕士学位授予权的有:

1.武汉大学图书情报学院。该院前身是一九二○年建立的武昌文华大学图书科,一九二九年改为私立武昌文华图书馆学专科学校。一九五三年,并入武汉大学成为该校图书馆学专修科。一九五六年改为图书馆学系。历任系（科）主任有沈祖荣、甘莲笙、徐家麟、黄宗忠。一九七八年开始招收目录学方面硕士生。一九八一年被批准为图书馆学专业硕士授予单位。一九七八年，增设科技情报专业，一九八三年被批准为科技情报专业硕士学位授予单位。同年又新增图书发行专业。一九八四年增设了档案学专业。同年四月经教育部批准成立图书情报学院，院长彭斐章。

该院是图书馆学情报学多科性专业学院，下设图书馆学系（包括图书馆学专业、档案学专业、图书发行管理学专业）、情报科学系（情报学专业）、图书馆学情报学研究所和科技情报培训中心。办学形式有：硕士研究生、研究生班、本科、专修科和图书馆学、档案学、图书发行管理学、科技情报学短期培训班，图书馆学、科技情报函授专科和本科班。此外，还接受全国各大学图书馆学专业教师进修。该院办学特点除注意图书馆学、情报学基本理论的教学外，还着重于实际工作能

图133　武汉大学图书情报学院

力的培养。在教学和科研方面，重视图书馆学与情报学的结合，努力使图书馆学、情报学教材系列化、系统化；在图书馆学基础、目录学、文献学和情报学理论、情报分析与研究等领域加强队伍建设，力争有所创新。在加强图书情报现代技术运用的有关课程的同时，重视对情报检索现代化方面的研究。一九八九年底，全院教职工 126 人（其中教授 6 人，副教授 15 人，讲师 41 人，助教 47 人），在校生 521 人，函授生 1282 人。

2.北京大学图书馆学情报学系。该系的前身是一九四七年成立的北京大学中文系图书馆学专修科。当时,只招收北京大学文科高年级在校学生兼修本专科,修满规定的图书馆学两年制专业课程后毕业。一九四八年独立成为北京大学图书馆学专修科,一九四九年开始招收高中毕业生,学制二年。一九五二年夏招收三年制本科生,一九五六年正式改为北京大学图书馆学系。一九六四年开始招收图书馆学、目录学研究生。一九八一年图书馆学专业被批准为硕士学位授予单位。一九八五年,增设情报专业,同时并被批准为硕士学位授予单位。一九八七年改称图书馆学情报学系。

该系设图书馆学和情报学两个专业,招收四年制本科生。此外,还不定期的举办图书馆学、情报学短训班、进修班。该系早在一九六五年开办了图书馆学函授班,一九八五年又增设续修二年制的图书馆学本科函授班,在教学中除注重发挥全国重点综合性大学的优势,注意图书馆学、情报学研究及有关新技术应用研究以外,还注意培养学生掌握基础学科知识和实际工作能力。在图书馆学、情报学研究中注意加强基本理论研究、历史研究和现代化研究。历任系(科)主任有王重民、蓝芸夫、刘国钧、庄守经、周文骏。一九八九年底全系教师41人(其中教授4人,副教授15人,讲师15人,助教7人)。在校学生包括研究生共297人、函授生共1952人。

3.南京大学文献情报科学系。该系的前身是一九二七年创建的金陵大学图书馆学系,一九四九年后停办,一九七八年恢复,开始招收专修科学生,一九七九年五月成立图书馆学专业,一九八五年改为南京大学图书馆学系。一九八八年改为现名。一九八六年被批准为图书馆学专业硕士学位授予单位。一九八八年招收本科生。

该系设图书馆学、科技档案学和科技情报三个专业。除招收本科生和研究生外,还举办干部班、第二学士班。其办学特点:注意加强图书馆学基本理论、基本技术方法的研究和教学,在科学研究方面重视图书馆学、情报学发展的研究和有关新技术运用的研究。历任系主任有施廷镛、邹志仁。一九八九年底全系有教师36人(其中教授2人,副教授7人,讲师19人,助教7人,其他1人)。在校学生638人。

4. 南开大学图书馆学情报学系。该系一九八三年成立,一九八四年开始招收本科生,一九八六年图书馆学专业被批准为硕士学位授予单位。

该系设图书馆学专业和社会科学情报学专业,招收本科生和硕士研究生。此外还举办图书馆专业干部培训班、进修班。该系重视图书馆学基本理论和基本技术与方法的教学,注意对中外图书馆史和图书馆应用技术的研究。系主任为来新夏。一九八九年底有教师17人(其中教授1人,副教授6人,讲师9人,助教1人)。在校学生209人。

除上述院系以外,综合性大学设置图书馆学情报学系(科)的还有:北京联合大学图书情报学系、河北大学图书馆学系、山西大学图书馆学系、黑龙江大学图书情报学系、山东大学图书馆学系、安徽大学图书馆学系、江西大学图书馆学系、杭州大学图书馆学专修科、郑州大学图书馆学系、湖北大学历史系档案图书专业、湖南大学图书情报学专业、湘潭大学图书馆学系、中山大学图书情报学系、兰州大学图书馆学系、西北大学图书馆学情报学系、新疆大学图书馆学专修班、四川大学图书情报学系、贵州大学图书馆学系、云南大学档案系图书馆学专业等。

(二)综合性师范大学、学院的图书馆学情报学系、科。

高等师范院校利用设置系科较多,学科门类比较齐全的优势,对其所设图书情报学系(科),除加强图书情报学有关学科内容的教学外,有的还增设教育学、心理学和少年儿童教育等课程。这些课程不仅有利于扩大图书馆学、情报学教育的内容,而且有利于专业课程教学方法的改进。高等师范院校已成为全国图书馆学情报学教育的重要基地之一。

一九八九年底前,高等师范院校图书馆学情报学系取得硕士学位授予权的是:华东师范大学图书馆学情报学系,该系前身为一九七八年成立的华东师范大学图书馆学专修科,一九七九年二月改为图书馆系,招收本科生,一九八四年改为现名。同年,图书馆学和古典文献专业被批准为硕士学位授予单位。该系设图书馆学和古典文献两个专业,招收专科生、本科生和硕士生。此外,也举办函授班和进修班。该系除注意加强图书馆学情报学基本理论和有关技术方法的教学外,还注意学生的语言训练和图书馆工作实践。科学研究上重视文献著录、参考咨询服务的研究。历任系(科)主任有陈誉、宓浩、祝希龄。一九八九年底有教师29人(其中教授2人,副教授7人,讲师9人,凹教11人),在校学生包括函授生共365人。

此外还有:北京师范大学图书馆学系、东北师范大学图书馆学系、辽宁师范大学图书馆学专业、华中师范大学图书情报学系、西南师范大学图书情报学系、云南教育学院图书馆学系等。这些系(科)在办学过程中也都在逐步形成自己的特色。

(三)专科性高等院校图书馆学情报学系、科。

专科性院校包括理工、农林、医学等大学和学院,由于专业特点对图书情报人员的不同要求,所以这些院校创办了不少专业性图书情报系、科。这些系、科的名称不一,修业年限也有长有短。在培养方法上,也不尽相同。一般是先安排专门学科及基础知识学习二至三年,然后进行图书情报学教育一至二年。培养既通晓某一、二门学科又掌握图书馆学理论和方法的专门人才。

这类系、科有:中国科技大学图书情报学系、东北电力学院科技情报学系、大连理工大学管理学院图书情报学专业、吉林工业大学图书情报进修学院、白求恩医科大学图书情报学系、西安交通大学管理工程系图书情报学专业、南京农业大学图书情报学系、同济医科大学图书情报学系、湖南医科大学图书情报学系等。

（四）军队院校图书情报档案专业。

为适应军队现代化建设的需要，解放军一些院校也设立了图书馆、文献情报、档案等学科专业，培养人才。其中，具有代表性的是中国人民解放军空军政治学院图书档案系。该系成立于一九八六年九月，经过几年发展，已成为人民解放军图书情报档案人才培训的重要基地。系主任为张琪玉。一九八九年底有教师 59 人（其中教授 2 人，副教授 5 人，讲师 20 人，助教 26 人，其他 6 人），在校学生 330 人。

二、中等图书馆学教育

中等图书馆学教育，长期以来是一个薄弱环节，到八十年代才发展起来。中等图书馆学教育主要任务是培养图书情报专业的初级人才，毕业后主要从事图书馆技术工作和辅助性业务工作。这类中等专科性教育基本上有 5 种形式：(1) 独立的图书情报学校；(2) 大学或大型图书馆附设的职业中专班；(3) 普通中学图书情报职业高中班；(4) 文化系统管理干部学校图书情报训练班；(5) 大型企业自办的图书馆中专班。

湖南图书情报学校是国内第一所正规的中等图书馆学教育专科学校。于一九八三年十月在长沙成立，设有图书馆学、情报学、档案学 3 个专业，招收初中毕业生，学制三年。一九八九年底有教师 45 人（其中高级讲师 7 人，讲师 16 人，助理讲师 21 人，教员 1 人），另有客座教授 3 人。在校学生多时达 500 人。该校自编各专业课教材及教学参考材料多种，附设有实习图书馆。教学注重图书情报实际工作和方法的培训。

此外，中等图书馆学教育单位主要有：北京海淀中学图书情报班,上海市图书馆职工中等专业学校,天津市图书馆中专班,还有河北、河南、山西、辽宁、吉林、黑龙江、浙江、广西、四川等省(区)也开办了中等专科性质的图书馆职业学校(班)20余所。

第三节　在职教育

图书馆学在职教育的形式主要有:训练班、进修班、研究班、函授教育、职工业余大学、夜大学、广播电视大学、成人自学高考等。

一、训练班、进修班和研究班

训练班、进修班和研究班是对广大图书馆在职人员进行短期业务培训的一种重要形式。全国各类型图书馆普遍举办短训班。培训内容可根据学员对象不同,或工作岗位规范要求不同而有所区别。这种培训方式从五十年代一直沿用到八十年代,是正规图书馆学教育的重要补充。如:文化部图书馆事业管理局于一九八○至一九八六年举办了3次"全国省、市、自治区图书馆馆长研讨班",一九八二、一九八三年举办了2次"全国少年儿童图书馆业务人员训练班",又如,中国科学院图书馆于一九八○至一九八八年,为该馆新参加工作而未学习过图书馆学专业的人员连续举办了8期"图书情报干部培训班",一九八二年以来高校图工委委托北京大学等10余所高校举办的专业干部进修班和北京师范大学等图书馆学系举办的"高等学校图书馆馆长进修班"等,收到很好的效果。其中,尤其是馆长研讨班,由有关部门领导和专家讲授和介绍有关方针、政策、业务基础知识,自然科学与技术方面的基本知识与发展趋势,以及科学管理方面的问题。除听讲之外,还结合实际经验,进行交流探讨。对于提高他们的政策水平、管理水平和业务水平,扩大知识领域,效果更为显著。

还有一些是专题研讨班，专门就图书馆工作的某方面的问题，或迫切需要掌握的某项专业知识和技能，集中一部分干部，进行学习和研究。如文化部图书馆事业管理局，一九八二年举办的"藏书建设研讨班"、一九八三年举办的"读者工作研讨班"。一九七九年以来，中国科学院图书馆与计算机研究所和北京大学等联合举办的电子计算机学习班、参考

图134　山东省图书馆对进修学员进行辅导

咨询与文献检索进修班、计算机技术文献标引研讨班等。由于这些教育方式灵活，理论结合实际，学以致用，对于干部补充和更新知识，发挥了很好的作用。

二、函授教育

图书馆学函授教育分为高等函授教育和中等函授教育两种，是对图书馆在职干部进行不同层次和多种规格学历教育的重要形式之一。函授教育的特点是教学计划、课程设置、教学内容都要充分考虑成人的特性。根据理论联系实际的原则，结合图书馆工作实际，有计划、有组织地合理安排学员自学、教师面授辅导、批改作业、毕业实践、撰写毕业论文以及考试考查等，以保证教学质量。学制有大学三年制专科和再续修二年毕业的五年制本科。修完各科规定课程，经考试合格可取得大专或大学本科毕业证书。其中，大学本科成绩优秀者，可授予学士学位。北京大学、武汉大学都设有这两种函授班。此外，还有华东师范大学图书馆学情报学系、东

北师范大学图书馆学系、内蒙古大学图书情报专修班等开办的大专科函授班。

中等函授教育是培养图书馆在职人员中等专业水平的一种教育形式，学习期限一般是二至三年。学员学习期满，经过考试合格者可获得图书馆学中专毕业证书。这类学校有：山西省图书馆业务函授学校、辽宁省图书馆职工函授中专学校、吉林省图书馆函授学校、浙江省图书馆中等专业函授学校、广西图书情报中专函授学校、四川省图书馆中专函授学校、济南图书馆函授中专、桂林图书情报中专函授学校等。这些函授中专大都面向本省（区），为各系统、各类型、各级图书馆和情报单位培养初级专业人才。

三、图书馆职工业余大学

这是一种为国家承认大专学历的图书馆学职业教育，一般学制为三年，有利于图书馆职工一边工作，一边学习，不断提高。八十年代以来，这类学校主要有：北京图书馆职工业余大学、北京联合大学图书情报学系夜大学图书情报专修科、中国科学院管理干部学院图书情报专修班、黑龙江大学图书情报学系夜大学图书馆专修班、兰州大学图书馆学系图书馆学专修科、南京大学图书馆学系夜大学图书馆学系专修班等。此外，西安交通大学管理工程系图书情报学专业于一九八八年起招收夜大学本科生。

四、中央广播电视大学图书馆学专业

这是一种量大面广开放式的图书馆学教育形式。创办于一九八五年秋季，学制三年。招收以具有高中文化程度，年龄不超过45岁的图书馆工作人员为主，经过统一考试录取，修业三年，达到相当于全日制二年专修科水平。经考试合格，发给毕业证书，与正规大学专科生同等对待。本专业第一届招收2万人，一九八八年已有约1万人考试合格毕业。

五、成人高等图书馆学专业自学高考

这是一种主要依靠自学,按高校图书馆学专业教育课程标准考试,提高干部素质的方式。一九八五年,湖北省首先开办这种形式的教育,在省范围内公开考试图书馆学专业课和政治、外语课。报考每一门课程,其成绩达到相应学历单科知识水平者,发给单科合格证书。累积单科合格证书达到规定本科要求时,发本科毕业证书。

除了上述各种教育形式外,八十年代,全国图书

图135　九江市举办首届图书馆电大毕业班答辩会

馆界陆续开展评定图书、资料专业干部职称。北京、山东、湖南、河南等地为了帮助不具备规定学历的工作人员申请职称,先后举办了图书馆专业辅导班、专业证书班。这种比较系统的补课性的业务学习,同样也对业务提高起到了一定的作用。

第十七章　中国图书馆学会

　　中国图书馆学会是中国共产党领导下的全国图书馆工作者的学术性群众团体。其会员遍及大陆30个省、市、自治区,包括全国公共图书馆系统、中央国家机关和科学研究图书馆系统、高等学校图书馆系统、军事及工会图书馆系统等,到一九八九年底共拥有省级和专业系统图书馆学会团体会员30个,个人会员8510个。学会自一九七九年成立以来,在开展图书馆学研究,普及图书馆学知识,宣传新技术,交流办馆经验,促进馆际协作,培训图书馆干部,团结广大图书馆工作者,维护广大图书馆工作者合法权益,推动国际图书馆界的交流等方面,做了大量的工作。

第一节　中国图书馆学会的组建与发展

　　早在五十年代,王重民、左恭等就提出组建中国图书馆学会的倡议,但由于各种原因被搁置下来。一九七八年三月,在南京召开"全国古籍善本总目编辑工作会议"之时,图书馆界再次提出这一倡议,代表们当即通过协商,推选了北京图书馆,中国科学院图书馆,北京大学图书馆,上海图书馆,首都图书馆,四川,广东,南京,辽宁,陕西等省级图书馆及北京大学和武汉大学两个图书馆学系组成筹备委员会,积极进行成立学会的筹备工作。一九七八年十一月,在成都召开了"中国图书馆学会筹备委员会扩大会议",讨论了学会《章程(草案)》和《工作计划要点》。一九七九年一月十三日,中共中央宣传部正式批准《关于成立中国图书馆学会的请示报告》。一九七九年六月,在天津再次召开筹备委员会会议,对学会成立的各项具体工作和成立大会的召开做了进一步的安排。在此期间,各省、市、自治区在有关部门的关怀与领导下,通过广大图书馆工作者的共同努力,先后成立了 19 个省、市、自治区和专业系统学会及 10 个学会筹备委员会,并推选了各自的代表和理事候选人。

图136　中国图书馆学会第二次会员代表大会

一九七九年七月九日,中国图书馆学会成立大会在山西省太原市召开。出席大会的有来自全国 29 个省、市、自治区和专业系统图书馆学会的代表,包括了汉、蒙古、藏、回、满、哈萨克等民族的图书馆工作者近 200 名。这是中国图书馆界一次盛会。大会通过了《中国图书馆学会章程》和《一九七九年下半年——一九八〇年工作计划要点》,选举产生了由 69 人组成的第一届理事会,并为台湾省图书馆界保留了两名理事名额。第一届理事会选举了刘季平为理事长、丁志刚、黄钰生、顾廷龙、汪长炳、梁思庄、佟曾功为副理事长;谭祥金为秘书长以及由 21 人组成的常务理事会。聘请于光远、王冶秋、皮高品、江明、吕叔湘、刘仰峤、刘国钧、陈翰笙、冯乃超、武衡、张申府、赵万里、钱三强为名誉理事。讨论建立了相应的研究组织,并原则通过了学术委员会和编译委员会名单。

按照学会章程的规定,每四年召开一次会员代表大会,选举产生新的理事会。学会在一九八九年以前,已经召开了三次代表大会。

第二次会员代表大会于一九八三年十月三十一日至十一月六日在福建省厦门市召开,到会代表 196 人。这次会议的主要任务是:审议通过第一届理事会工作报告;修改学会章程;表彰学会优秀工作人员。大会经过选举,选出理事 82 人(为台湾省保留两名理事名额)。常务理事 22 人。丁志刚任理事长,黄钰生、顾廷龙、佟曾功、杜克、庄守经、鲍振西任副理事长,刘德元任秘书长。理事会聘请于光远、吕叔湘等 19 人为名誉理事。同时对 31 名优秀学会工作人员进行了表彰。一九八六年四月,在第二届第二次理事会上对理事会领导成员作了调整。佟曾功为理事长,增选谭祥金为副理事长。

第三次会员代表大会于一九八七年十一月五日在广东省深圳市召开,到会代表 131 人,列席代表 60 人。这次会议的主要任务是:审议通过第二届理事会工作报告;修改学会章程;选举产生第三届理事会;表彰学会优秀工作人员。大会经过选举,选出理事 83 人(为港澳地区和台湾省各保留两名理事名额),常务理事 25 人。任继愈任理事长,杜克、史鉴、庄守经、顾廷龙、谭祥金任副理事长。黄俊贵任秘书长。理事会聘请丁志刚、于光远等 10 人为名誉理事。同时对 26 名优秀学会工作人员进行了表彰。

第二节　学会工作机构

学会章程规定,学会的最高权力机构是全国会员代表大会;理事会是代表大会闭会期间的领导机构;在理事会休会期间常务理事会负责行使理事会的职责。因此,加强常务理事会的领导并建设好学会的工作机构,是贯彻学会宗旨,执行章程所规定的任务,使学会工作顺利运行的保障。根据章程,历届理事会均设立了秘书处作为理事会的执行机构,在常务理事会的领导下,由秘书长或副秘书长主持日常工作。为适应图书馆学研究和图书馆事业发展的需要,理事会还设有各种专业(门)委员会。

这些委员会从第一次大会以来,经过调整和扩充,到一九八九年,已发展为 5 个,即学术研究委员会、编辑出版工作委员会、科普和教育委员会、文献资源开发利用研究委员会、图书馆专用设备咨询开发委员会。其中,学术研究委员会是学会规模最大的一个学术工作机构。委员会下还设有:读者工作研究、分类主题研究、目录学研究、文献检索研究、古籍版本研究、建筑与设备研究、科学管理研究、自动化研究、情报学研究、少数民族地区图书馆研究、儿童图书馆研究、图书馆教育研究等 12 个分委员会,分别开展研究活动。编辑出版工作委员会下设会刊《图书馆学通讯》编辑部。

第三节　中国图书馆学会工作的开展

中国图书馆学会自一九七九年七月成立以来,在中国科协、文化部和各级有关部门领导与关怀下,经过广大会员和各级学会的共同努力,在开展图书馆学研究,活跃学术思想;普及图书馆学基础知识,推广先进技术;为图书馆事业发展,提供决策咨询及开展继续教育等方面,做了大量工作,取得了显著成就。

一、图书馆学研究活动

组织学术研究和各种形式的学术活动并推动全国图书馆学研究的开展是学会工作的首要任务。学会团结广大会员,面向国家经济建设，面向世界图书馆发展趋势，在贯彻"百花齐放，百家争鸣"的方针和坚持理论联系实际的原则指导下，自第一次代表大会至第三次代表大会的八年间，共召开了全国性的学术讨论会和交流活动 55 次，共提出论文 1459 篇，参加者总计约在 2500 人以上。在这些全国性的学术研讨活动中，前三次全国图书馆学科学讨论会和一九八三年春节学术座谈会是综合性的，其他各次基本上是专题研讨会，分别由学会各专业研究组（分委员会）

图 137　科委主任武衡在中国图书馆学会
一九八三年春节学术座谈会讲话

单独召开或与有关单位，如中国科学技术情报学会、全国文献工作标准化技术委员会、文化部图书馆事业管理局、各地区及专业系统学会联合召开的。在中国图书馆学会的带动下，各省、市、自治区及专业系统学会普遍召开了不同规模和不同形式的学术研讨会。据第三次会员代表大会统计，一九八四至一九八七年的四年中，各省、市、自治区学会共举行学术讨论会 106 次，提出论文 2986 篇，参加人数 7418 人次。这一时期，学术活动较为频繁，出现了繁荣局面。

学术研究活动及其主要成绩有以下几个方面：

（一）根据形势发展需要，开展图书馆社会职能及图书馆发展战略研究。

在新的历史时期，图书馆肩负着新的历史任务，特别是新技术革命的兴起，对图书馆提出了新的要求：改变旧观念，研究新形势下图书馆工作的新任务,是图书馆学研究面临的新课题。为此,学会一九八四年曾两次分别以"新的技术革命与图书馆"、"新的技术革命与图书馆学的发展和图书馆对策"为题进行了讨论。一九八六年,又在此基础上,与浙江省图书馆学会联合举办了"图书馆基础理论研讨笔会"。随后,湖南、黑龙江、广东、山东、北京等省、市、自治区及中央国家机关与科研系统图书馆学会也就在本地区、本系统图书馆的发展战略,召开专题研讨会,从理论上探讨图书馆的性质和社会职能,图书馆事业发展模式,地区图书馆网络以及图书馆学研究的对象、内容、方法及与相关学科的关系等。不少论文对中国图书馆事业发展如何适应社会需要,提高工作质量,加强宏观控制以及图书馆学、情报学的基础理论问题提出了颇有见地的观点。

为进一步探讨中国图书馆事业发展战略,中国图书馆学会组建了"二○○○年中国图书馆"研究组,广泛征集论文和调查报告。一九八四年六月,在北京召开了评选会,选出包括《八十年代初期国内外图书馆学基本理论研究的进展情况和发展趋势》、《未来图书馆的探讨》、《二○○○年中国的推荐书目、推荐目录发展设想》、《国内外科技文献检索体系比较》、《中国图书馆事业现状》等论文及资料共22篇。第二阶段在广泛调研的基础上,又确立以"图书馆学教育与图书馆学研究"、"图书馆协作与资源共享"、"图书馆工作自动化"等为主要课题,继续进行了研究。

(二)紧密结合实际,探讨图书馆各项工作的理论与实践问题。

图书馆学是实践性较强的学科。自学会成立以来,就比较注意结合图书馆工作的实际和图书馆事业的发展需要,围绕图书馆的实际问题,特别是对如何发挥社会作用问题开展了研究。在读者服务工作的理论研究方面,由于各级学会的重视,逐渐加强。一九八一年九月,华北地区图书馆及学会协作委员会首次联合召开了跨省区的"公共图书馆读者服务工作专题学术讨论会"。一九八五年九月,中国图书馆学会在贵阳市召开的"读者服务工作经验交流及学术讨论会",以"推广先进科学技术成果,普及科学技术知识,为四化建设服务"为主题,在评价传统服务方法和设施的同时,研究了当前形势下的读者需要与图书馆的社会职能,并对读者工作的方式、新手段、新技术展开了广泛的讨论。

在图书馆情报工作方面,学会与江苏省图书馆学会于一九八一年七月在江苏连云港市联合举办了"全国图书馆科学情报服务工作学术讨论会"。出席、列席这次会议的代表共96人,收到论文74篇。会议主要讨论了图书馆为四化建设服务,开展科学情报工作的必要性和可能性,以及科学情报工作的内容、方式、方法和手段等问题。在书目工作方面,学会于一九八三年八月在辽宁沈阳市举办了"全国目录学专题学术讨论会"。出席代表50余人,收到论文58篇,会上交流33篇。讨论的主题有:书目工作的定量化、整体化、协调化;书目检索的自动化、网络化;计量目录学、比较目录学的研究;国外目录学的理论方法研究等。以上这些学术讨论会对图书馆各项工作起到了推动作用。

(三)开展少数民族地区及少年儿童图书馆工作研究,推动各类型图书馆事业发展。

中国少数民族地区图书馆工作,历来受到了党和政府的重视和关怀。一九八二年秋,国家民族事务委员会、文化部图书馆事业管理局与学会联合组成调查组赴新疆维吾尔自治区进行了为期一个月的调查。接着在一九八三年七月,在北京联合召开了"少数民族地区图书馆工作座谈会"。到会代表来自12个省、区,包括18个民族的代表共70人。为落实这次座谈会的精神,一九八五年八月,在乌鲁木齐市又召开了"全国少数民族地区图书馆工作学术座谈会"。这次座谈会提出的对培养少数民族图书馆专业干部的建议和内地图书馆要支援民族地区图书馆事业发展的建议已付诸实施。这次讨论会有 100 人出席，交流论文 26 篇，进一步研究了少数民族地区图书馆事业的发展和各项工作问题，在后来的实际工作中产生了良好的影响。

为了加强少年儿童图书馆工作的研究，促进少年儿童图书馆事业的发展，一九八二年五月，学会在学术委员会之下，增设了少年儿童图书馆研究组，并于一九八三年十一月在长沙召开了"儿童图书馆工作专题学术讨论会"。一九八七年五月又与文化部图书馆事业管理局在浙江温州联合召开了"全国少年儿童图书馆工作经验交流暨学术讨论会"。两次会议共收到论文 513 篇，入选198 篇，主要对"少年儿童图书馆在社会主义两个文明建设中的地位与作用"，"如何加强少年儿童阅读指导工作"等问题，进行探讨和交流。两次会议都对儿童图书馆工作的发展起了良好的作用。

（四）开展图书馆文献资源布局研究，促进文献情报资源的开发和利用。

图 138　一九八七年全国少年儿童图书馆
工作经验交流研讨会

图书馆界为提高开发利用文献情报资源的能力，做了大量的工作，但还不能满足读者对文献情报的巨大需求。由于文献数量庞大，价格连续上涨，加上搜集选择、整理加工、开发研究、提供服务的工作复杂，任务繁重，任何一个图书馆不可能仅靠自身的力量去满足读者的需要。如何协调全国图书馆文献资源的布局，解决文献资源的入藏与利用的矛盾，进一步发挥文献资源的整体效益和提高服务水平，是图书馆界普遍关注的问题。

为此,历届学会都将此问题列入研究课题,并配合国家有关行政领导部门开展有关的调查研究,为决策提供充分论证。一九八二年八月,学会在哈尔滨召开了"全国藏书建设专题讨论会"。一九八四年十月,在重庆专门召开了"少年儿童图书馆藏书建设工作讨论会"。一九八六年十一月在南宁召开了"全国文献资源布局学术讨论会"。南宁这次会议,交流论文 50 篇,就如何开发、建设和有效利用全国文献资源的问题及全国文献资源布局可行性模式和发展模式进行了探讨。会议还向有关部门,提出了成立国家文献资源协调委员会,统筹规划和协调全国的文献资源布局和尽快对全国文献资源的分布现状进行调查的具体建议。这次学术探讨不仅在理论上取得较大进展,而且为实施文献资源的合理布局提供了参考数据。一九八七年十月,部际图书情报协调委员会成立以后,随即在其领导下按"统一方案,分步实施,团结协作,资源共享"的方针,在中国图书馆学会、中国社会科学情报学会和全国高校图书馆工作委员会的支持下,展开了包括公共图书馆,高校图书馆,社会科学院、党校和军事院校等系统图书馆(一些省区还包括了科研和科技情报系统)的文献资源调查与布局研究。这次跨系统的大规模调查研究工作得到国家社会科学基金会的资助,有利于促进中国文献资源整体化建设。

(五)交流图书馆改革经验,开展中国图书馆立法研究。

图书馆如何实行改革,是在全国实行改革开放的形势下,图书馆界面临的新课题。一九八四年十一月,在安徽芜湖召开的"图书馆改革学术座谈会",参加座谈的代表有 90 多人,大家结合这一时期图书馆改革实践,交流经验,互通信息,探讨改革的必要性和可行性以及有关的原则、目标、步骤、模式等问题。尽管其中有些观点还有待进一步商榷,一些措施还不够成熟,这次会议对图书馆改革研究仍然起到了探索的作用。会后并举办了 100 多人参加的"图书馆改革研讨班"。一九八八年二月,学会还组织了在京的常务理事,13个单位的20多位图书馆馆长座谈"深化图书馆改革"的问题。

为了保障图书馆事业的健康发展和读者阅读、获取文献资料的权利与义务等,使图书馆建设纳入法制的轨道,一九八二年十一月,中国图书馆学会就会同四川、内蒙、广西等省(区)图书馆学会在南宁联合召开了"图书馆法专题学术讨论会"。这次讨论会有86人参加,收到论文118篇。就中国制订图书馆法的必要性,立法的指导思想、原则、理论基础和社会条件,图书馆法的体例及基本内容,进行了探讨。之后,广东、吉林、河南等省学会也先后召开了图书馆立法的研讨会,其他学会也做了不少工作,陆续发表一些论述,提出建议,为制定中国图书馆法提供了参考资料。

(六)适应全国新馆舍的建设需要,开展图书馆建筑设计研究。

八十年代以来,全国各地纷纷兴建图书馆新馆舍。为适应这一发展的需求,一九八二年三月,文化部图书馆事业管理局、国家建工总局设计局与中国图书馆学会委托西北建筑设计院在西安主办"全国图书馆建筑设计经验交流会",参加这个会议的有建筑设计院、高等学校和公共图书馆系统及大学建筑系的代表130多人,收到论文103篇,会上交流论文76篇,主要内容有:图书馆建筑设计的特点,图书馆建筑经验和模数式图书馆设计的介绍等。一九八五年四月,学会又与文化部图书馆事业管理局分别在上海、天津两地召开图书馆建筑研讨会,对图书馆建筑的规划、数据、布局和各类图书馆在设计中的不同要求进行了探讨,荷兰鹿特丹市图书馆馆长、国际图联图书馆建筑与设备组主席舒茨也出席作了学术报告。会议还建议政府有关部门尽快制订出中国各类图书馆建筑标准和规范性文件。一九八八年九月,中国图书馆学会和英国图书馆协会还在北京举办了一次"中英图书馆建筑研讨会",通过研讨,了解了国外的图书馆建筑发展动态,也交流了中国图书馆建筑的经验。

(七)开展图书馆学情报学教育的研究。

随着中国图书馆事业的发展,国内许多高等学校设立了图书馆学情报学院(系、专业),开展图书馆学情报学教育的研究提上了议事日程。学会于一九八五年七月在四川新都县召开了"图书馆教育学术讨论会和经验交流会"。出席会议的代表92人,收到论文30余篇。内容有从宏观上研究各类教育的层次、结构的,也有从微观上探讨课程的设置和教学法的。同年十二月又在湖南长沙召开了"全国图书馆学中等专业教育座谈会"。会上专门就图书馆学中专教育的体制、教材、师资队伍建设等问题,进行了讨论,并通过了向国家教委提出的"关于发展图书馆中等专业教育的建议"。

一九八九年十月,学会教育研究分委员会和河南省图书馆学会在郑州联合召开了"全国图书馆学、情报学教育改革研讨会"。文化部图书馆司、北京图书馆、中国科学院图书馆的代表,全国各高等学校、部分中专图书馆学情报学专业教学单位的负责人及论文作者,共74人参加,会议收到论文33篇。与会代表就近四年来中国图书馆学、情报学教育发展及改革等问题进行了探讨;并就进一步巩固和发展图书馆学、情报学教育,加强政治思想教育,端正办学方向,提高教学质量,培养德智体全面发展的和适应图书馆事业、情报事业现代化建设的合格人才等问题,提出了一些意见和建议。

二、图书馆学普及、教育工作

学会把各项学术活动与继续教育结合起来,广泛开展各种形式的图书馆学、情报学的普及工作,以促进图书馆基础建设。根据中国文献工作标准化的需要,多次组织人员参与制订有关文献工作的技术标准,并开展宣传教育推广工作。如一九八〇年七月,学会即与中国科技情报学会,全国文献工作标准化技术委员会在江苏镇江市联合召开了"全国文献目录著录标准化学术讨论会",会上就《全国文献目录著录标准(总则)》草案,《文献检索刊物的文摘与题录著录格式》第三次修订草案进行了讨论。同年十二月又与上述二单位在广西南宁市联合召开了"全国分类法、主题法检索体系标准化会议"。在这些国家标准制订之后,为向全国图书情报部门普及推广有关技术标准、主题标引而举办学习班共10期。一九八四年以普及推广中文文献著录标准为重点,举办北京地区文献著录专业人员中文文献著录标准辅导班和研讨班有5期,并编印有关资料,参加学习的有500多单位700多人次,为各省、市、自治区培养了一批师资。尔后,各省、市、自治区学会再以这些教师为骨干,普遍举办了类似的培训班,有力地推动了中文文献著录的标准化。一九八四年,学会协同全国文献工作标准化技术委员会和全国高校图书馆工作委员会编辑《西文文献著录条例》,于一九八五年一月,由学会组织专家进行修改、定稿,同年十一月出版发行,为许多图书馆学习和使用。学会为普及推广这一《西文文献著录条例》,还举办了两期培训班,促使全国各大中型图书馆的西文文献著录步入标准化轨道。一九八七年五月,学会还与北京市图书馆学会联合举办"国家标准古籍著录规则"培训班,有40多个图书馆的专业人员参加学习。学会的这些工作,对于其他语种文献著录标准化也起到积极作用。

为协助全国图书馆界情报界完善文献检索途径,顺利进行文献标引并建立主题目录,一九八五年,学会分别举办了《中国图书馆图书分类法》修订研讨会和"主题法与标引"讲习班。全国有20多个省、市、自治区的160多位业务人员和教学人员参加了学习。这对于《中国图书馆图书分类法》和《汉语主题词表》的研究、使用,不仅起到了宣传作用,同时还提供了各种方法指导。一九八九年十月,学会分类、主题分委员会,全国文献工作标准化技术委员会第五分会和《中国图书馆图书分类法》编委会在成都市联合召开了"全国分类法主题法标准化工作研讨会",会议对《中国图书馆图书分类法》、《文献分类颜色区分规则》和《文献叙词标引规则》国家标准(送审稿)和(修订送审稿)进行了讨论。

图书馆工作自动化主要体现在电子计算机在图书馆各项工作,特别是基础业务工作中的应用。一九八五年十二月,学会根据电子计算机实际应用及其发展前景的有关问题,邀请北京图书馆、科学院系统图书馆、高等院校系统图书馆以及省(市、自治区)公共图书馆等大中型图书馆共 35 个单位,召开"电子计算机在图书馆应用学术讨论会",就计算机在书刊流通管理、期刊管理、西文图书采编、地方文献及专业文献管理、国外销售磁带检索服务等问题进行了探讨。与会代表在沟通情况,交流经验的同时,深入探讨了与电子计算机应用工作进展有影响和亟待解决的问题。诸如:全国各系统图书馆电子计算机的发展规划,在应用方面交流信息,克服重复劳动,加强协调;实现中文图书书目数据的共享;加强微型机的应用研究等问题。

学会于一九八〇年还两次组织讲师团赴各地讲学。第一次是六至七月去内蒙、宁夏、甘肃、青海、陕西等省(区),共举行报告会 39 场,参加听讲的约 1.2 万人次。讲授的专题有:中国图书馆事业的现状与发展、图书馆管理、《中国图书馆图书分类法》介绍等。第二次是十二月,去济南、青岛、淄博等地。参加听讲的约 4800 人次。讲授的专题有:图书馆学、目录学、图书分类法与主题法、图书馆管理等。对各地图书馆界的学术研究起到了一定的推动作用。

三、图书馆学书刊编辑、出版工作

编辑、出版图书馆学刊物和专业图书资料是学会的主要任务之一。

《图书馆学通讯》作为中国图书馆学会的会刊,自学会成立到一九八九年共出版 42 期,发表了 871 篇文章,约 630 万字,其中学术性的专论、论文、译文约占 80%。一九八九年发行了 2.6 万份,已与国外 30 多个国家的 200 多个学术机构建立了交换关系,另有 30 多个国家和地区的 150 多个单位直接办理了订阅。八十年代,国内的《图书馆学文摘》和英国出版的《图书馆学与情报学文摘》,美国出版的《图书馆文献》等都收录了《图书馆学通讯》的论文题目或摘要。在国内外学术交流中,该刊已日益起着重要的作用。

全国各省级学会和专业系统学会基本上都有各自的会刊。为总结图书馆学研究成果,交流学会刊物的经验,学会在一九八四年十月在大连召开了全国各省级学会会刊主编或责任编辑参加的"会刊编辑工作座谈会",交流经验介绍 28 篇,并通过了"会议纪要"。对各学会办好会刊、提高质量起到了促进作用。一九八九年八月,学会与广西图书馆学会、桂林市图书馆学会于桂林再次召开"全国图书馆学期刊编辑工作研讨会",22 家期刊的代表出席了会议。代表们分别介绍了一九八四年会刊编辑工作座谈会以来各自办刊情况、经验和存在问题,并就提高刊物质量、扩大发行量和分工协作等几个共同关心的问题作了比较深入的探讨,并建议定期召开中国图书馆学期刊编辑部协作会议。

学会为进一步推动全国学术活动和理论研究,在每次学术讨论会后,都尽量编印一些文摘、文集或资料汇编,供学习参考。据统计,自一九七九年以来,学会及各委员会编辑的出版物近 20 种。

为了纪念中华人民共和国建国四十周年和中国图书馆学会成立十周年,反映中国图书馆事业和图书馆学情报学研究成就,由学会与全国高等学校图书馆工作委员会主持,张白影、荀昌荣、沈继武主编的《中国图书馆事业十年》(一九七九— 一九八九)已于一九八九年出版。学会编辑出版委员会主编了《中国图书馆学情报学论丛》共 10 辑。此外,学会还与文化部图书馆事业管理局、北京图书馆图书馆学研究部编辑了《国际图书馆协会联合会第四十八届至第五十届大会论文选译》。已于一九八七年出版。

一九八〇年,学会接受中国大百科全书出版社委托,协助组织编写《中国大百科全书》的《图书馆学·情报学·档案学》分卷中的图书馆学、目录学、文献学的词条,约计 80 万字。同时,还协助文化部图书馆事业管理局编辑《当代中国的图书馆事业》一书。

四、国际学术交流工作

加强对外联系,开展国际学术交流,扩大中国图书馆在国际图书馆界的影响,增进与各国图书馆界的相互了解,是中国图书馆学会的一项重要任务。中国图书馆学会建立后,即积极着手解决中国在国际图书馆协会联合会中的合法席位问题。自一九八一年国际图联第四十七届大会起,学会每年都派出代表团出席大会,有时并提交论文,到一九八九年已有 12 人先后担任国际图联有关专业组的执行委员和通讯委员。一九八六年九月,继国际图联第五十二届年会之后,在北京与国际图联联合召开了"图书馆学情报学教育与研究"国际学术会议。会后国际图联并用英文出版了题为《信息时代图书馆学情报学教育与研究——现代技术与管理的应用手段》的论文集。

自学会成立以来,先后接待了国际图联领导人和美国、澳大利亚、菲律宾、泰国、日本、英国、荷兰、苏联、捷克斯洛伐克等国家的图书馆代表团和一些知名学者来访。同时,中国图书馆学会还应美国图书馆协会、新西兰图书馆协会、澳大利亚图书馆协会、泰国图书馆协会、英国图书馆协会以及香港图书馆协会等的邀请,组团出访。其中,与英国图书馆协会在互访、了解的基础上,于一九八六年签订了交流与合作项目的《中英图书馆合作协议》,作为中英两国政府间文化协定项目外的补充。隔年进行互访,就情报服务、书目控制、自动化网络等问题进行交流。

五、图书馆学学术成果评奖工作

为庆祝中华人民共和国成立四十周年,中国图书馆学会成立十周年,一九八七年由学会秘书处、学会学术研究委员会和编辑出版委员会发起并组织了评选优秀征文和图书馆学情报学著作、论文活动。共收到应征论文 512 篇,上报参加评选的专著、论文共计 1110 部(篇)。经评审,有 49 篇获优秀征文奖,82 部获优秀著作奖,54 部获著作奖,198 篇获优秀论文奖,370 篇获论文奖。此外,对新中国成立四十年来,为积极进行图书馆学情报学研究和推动中国图书馆事业发展做出较大贡献,在全国范围内具有较大影响的已故先辈授于荣誉奖;自中共十一届三中全会以来,凡获省、市、自治区级以上(含省市)单位颁奖的著作、论文授于特别奖;对业已正式出版发行的图书情报丛书授于著作奖;并对有较高水平的《图书馆学通讯》等 11 种专业期刊授予优秀专业期刊奖。

第四节　省、市、自治区及专业系统图书馆学会

省、市、自治区图书馆学会是各省(直辖市、自治区)图书馆工作者的学术性群众团体,是各该省(直辖市、自治区)科学技术协会或社会科学联合会的组成部分,同时,又是中国图书馆学会的团体会员,在业务活动上接受中国图书馆学会的指导。到一九八九年已建立了 30 个省级的学会,它们也做了很多工作。

北京地区各系统图书馆情报单位密集,有鉴于此,除了北京市图书馆学会作为省级地方学会之外,并建立了两个地区的专业系统图书馆学会。一是中央国家机关和科学研究系统图书馆学会;一是北京地区高等学校图书馆学会。这两个学会都依照中国图书馆学会章程办理,未另订章程。所以,他们所属的会员都是中国图

书馆学会的会员。中央国家机关和科学研究系统图书馆学会，联系着在京的中央国家机关、各军兵种总部及其所属研究单位的图书馆和中国科学院、中国社会科学院及其所属的研究单位的图书馆（资料室）。这两个学会，不仅会员人数多，而且在学会的各项活动中起着重要的作用。

随着图书馆事业的发展，图书馆专业队伍的扩大以及学术活动的深入开展，有的省（自治区）所辖市、地（盟、州）和县（旗）也建立了图书馆学会，在省、自治区学会的指导下开展工作。

一九八九年，经学会在京常务理事会批准，成立了全国中小学图书馆学会，作为中国图书馆学会的二级学会团体会员。

以上这些地方学会、专业系统学会和中国图书馆学会上下结合，互相协调，构成了一个图书馆学学术活动的网络，为开展新中国的图书馆学研究，促进新中国图书馆积极为社会主义物质文明和精神文明建设服务，做了大量的工作，已取得了一定的成绩。

第十八章　图书馆学研究

第一节　图书馆学研究发展概况

（一）新中国建立初期,人民政府在对旧中国图书馆事业进行整顿的同时,积极发展各类型图书馆,主要是加强基层图书馆工作。此时着重开展了关于图书馆性质、职能的研究,同时在基层图书馆中普及图书馆学基础知识和技术方法,发表了一些文章,出版了一批书籍。一九四九至一九五六年间,各地编写的有关基层图书馆工作的书籍有50余种。为了适应图书馆事业发展的需要,翻译了一些苏联图书馆学理论著作和图书馆技书方面的读物,出版这类图书有30余种。在图书馆学理论和图书馆技术方法方面,当时受苏联的影响较大。

随着图书馆藏书成分的变化,原用的图书分类法在类目设置、思想观点等许多方面存在的问题开始显示出来。为此,一九五〇年六月,中央文化部文物局在局长郑振铎主持下召开了编制分类法座谈会,对编制新分类法的理论与技术进行讨论,并成立了分类法工作小组。在此前后,图书分类法编制理论与技术的研究成为重点。一九五〇年八月《文物参考资料》将过去连载的有关图书分类法的文章,辑为《图书分类法问题研究资料》。在这段时间内,东北图书馆、山东省图书馆、中国人民大学图书馆等陆续编制了新分类法。

(二)一九五六至一九六六年,是新中国图书馆学研究发展较快的十年,虽然其中受过"左"的影响和冲击,但总的说来,这一时期图书馆学研究已在五十年代初期奠定的基础上步入一个新的发展阶段。具体表现在:

1. 图书馆学研究受到有关部门的重视。一九五六年夏,在国务院科学规划委员会的领导下,图书馆学、目录学专家和有关方面的代表共同拟定了《图书馆学、目录学科学研究十二年远景规划(草案)》。一九六二年国家科学技术委员会、文化部在制定一九六三至一九七二年科学技术发展规划(草案)时也规划了十年的图书馆工作和图书馆学研究。

2. 根据图书馆事业发展的需要,开展了图书馆业务基础工作的研究。一九五七年九月国务院批准公布了《全国图书协调方案》,成立了全国图书联合目录编辑组,关于联合目录编制的理论研究得到重视,《图书馆学通讯》相继发表了毛坤的《论联合目录》、邓衍林的《编制联合目录的几个基本问题》等研究文章,推动了联合目录的编制。为使图书馆更好地为科学研究服务,在藏书建设、图书分类、目录组织、读者服务、图书宣传和推荐书目的编制等方面都进行了卓有成效的探讨。

3. 基础理论研究趋于活跃。一九五七年《中国科学院图书馆通讯》发表了北京大学刘国钧的《什么是图书馆学》一文。随后,北京大学图书馆学系举办了"什么是图书馆学"的专题学术讨论会,同时专业刊物发表了一批理论文章,就图书馆学的对象和内容,以及图书馆的性质与职能,图书馆工作的本质,社会主义图书馆事业建设的原则和基本经验等问题展开了热烈的讨论,形成了建国以来的中国图书馆学理论研究的第一个高潮。

4. 加强图书馆专业图书的编辑工作。一九六三年四月正式成立了以丁志刚为主编,刘国钧、舒翼翚为副主编的图书馆专业书籍编辑委员会。在此前后出版了卢震京的《图书馆学辞典》、北京图书馆编译的《图书馆学翻译丛刊》、《图书馆学翻译丛书》和《苏联图书馆事业四十年》等。一九五六年八月《中小型图书馆图书分类表(草案)》公布,这是中国第一部集体编成的分类表。一九五九年七月,在文化部和教育部领导下,北京图书馆开始组织力量编制《中国图书馆图书分类法》,至一九六五年十二月,其自然科学分册完成出版,一九六六年三月,其社会科学分册的征求意见稿印行。在这段时间内,文化学院图书馆馆长研究班,还合作编写了《社会主义图书馆学概论》、北京大学和武汉大学的图书馆学系编印出《藏书与目录》、《读者工作》等教材。

(三)在"文化大革命"十年中,图书馆学研究基本上处于停顿的状态。全国没有正式出版一本图书馆学著作,没有一种公开发行的专业杂志,留下了十年空白。

(四)一九七一年,全国出版工作座谈会召开以后,图书馆学研究开始在个别部门和领域逐渐恢复。一九七三年前后,北京图书馆、中国科学院图书馆、北京大学和武汉大学图书馆学系等单位,先后编译了一些介绍国外图书馆现代技术和发展趋势的材料。例如:刘国钧翻译了美国国会图书馆的《MARC 款式详细说明书》,撰写了《马尔克计划简介》和《用电子计算机编制图书目录的几个问题》等文章,对中国图书馆现代化的研究起了先导作用。此外,对西方图书分类理论和方法的研究和介绍,对分类法和主题法的研究和探索,对科技文献检索方法的研究都各自在一定的范围内进行。一九七四年,《汉语主题词表》开始着手编制。

(五)一九七八年中共十一届三中全会所确立的政治路线和思想路线,为中国图书馆事业的发展和图书馆学研究指明了正确方向。在十多年的时间中,图书馆学研究在"双百"方针指引下出现了繁荣的局面。

1.学术团体纷纷建立,研究队伍不断壮大。一九七九年,中国图书馆学会成立以后,各省、市、自治区(除西藏)相继成立了省级图书馆学会。一些高校的图书馆学系和一些大型图书馆相继成立了图书馆学研究机构,如武汉大学图书馆学情报学研究所、北京大学图书馆学情报学系图书情报管理研究室、华东师范大学图书馆学情报学系和东北师范大学图书馆学系的图书馆学研究室。北京图书馆和各省、自治区、直辖市相继恢复或建立了图书馆学研究部、研究辅导部,加强了研究工作。它们结合图书馆事业发展的需要做了大量的研究工作,取得了不少科研成果。

2.图书馆学专业期刊竞相创立,学术交流活动频繁开展。一九七九年《图书馆学通讯》复刊,并成为中国图书馆学会会刊。中国科学院图书馆主办的《图书馆工作》(一九八四年改名为《图书情报工作》),同年六月,武汉大学图书馆学系主办的《图书情报知识》创刊。一九八一年十二月,全国高等学校图书馆工作委员会创办《大学图书馆动态》(一九八三年改名为《大学图书馆通讯》,一九八九年再改名为《大学图书馆学报》)。在此前后,全国一些省、市、自治区图书馆学会、中心图书馆委员会,高校图书馆工作委员会和各类图书情报系统或单位创办了一大批专业期刊。至一九八九年全国图书馆学情报学期刊已达百余种,山西省图书馆学会还出版了检索期刊《图书馆学文摘》。这些刊物,为中国图书馆学研究和图书馆业务工作经验交流提供了广阔的园地。一九八九年中国图书馆学会举办的庆祝建国四十周年暨学会成立十周年的评奖活动中,《图书馆学通讯》、《图书情报工作》、《大学图书馆学报》、《图书馆杂志》、《图书情报知识》、《图书馆》、《图书馆学研究》、《黑龙江图书馆》、《图书馆工作与研究》、《图书馆理论与实践》、《四川图书馆学报》等11种期刊被评为图书馆学优秀期刊。

中国图书馆学会成立后,分别于一九七九、一九八○和一九八二年在太原、杭州和昆明召开了三次全国性科学讨论会。后来又继续举办了多次全国性的专题学术研讨会,内容涉及到图书馆学的各个领域,重点探讨了新时期中国图书馆事业建设中出现的一些重大的理论和实践问题。此外,文化部图书馆事业管理局、全国高等学校图书馆工作委员会、中国科学院系统图书馆、北京图书馆、全国文献工作标准化技术委员会等机构,也都结合各自的业务工作开展经常性的研讨活动,这些学术和业务会议对于解决中国图书馆在新技术革命的挑战中出现的科学管理和业务工作中的新课题的研究,起到了积极的推动作用。

3. 努力开拓新的研究领域。随着图书馆事业的发展,图书馆学研究已从传统的藏书、分编、借阅等方面拓展到文献计量、书目控制、电子计算机应用、文献资源布局、图书馆与社会、比较图书馆学等新的领域。对大学图书馆、儿童图书馆、中外图书馆史以及与图书馆学有密切关联的书史、印刷史等的研究都取得一定的研究成果。钱亚新、李希泌、谢灼华等对中国古代藏书及近代图书馆史的研究,杨威理对西方图书馆史的研究,皮高品、刘国钧、张秀民、魏隐儒等对中国书史、中国印刷发展史的研究,都有专著出版。据统计,中国一九七九和一九八〇年平均每年仅有 926 篇图书馆学论文问世,进入八十年代后论文数量大幅度增长。一九八一年有 1475 篇论文发表,一九八八年有 2862 篇论文发表,为一九七九年的 3 倍多。从一九七九到一九八八年十年间,中国共出版图书馆学著作 276 种,既有专著、教材,也有译著、工具书等;既有理论著作,也有具体工作方法和技术的著作,其中不少在图书馆界产生了较大影响。在专著方面,有周文骏著《文献交流引论》,吴慰慈、邵巍合著《图书馆学概论》,倪波、荀昌荣合著《理论图书馆学教程》,黄宗忠著《图书馆学导论》,宓浩主编的《图书馆学原理》,金恩辉主编的《图书馆学引论》等;在教材方面,从一九八五到一九八七年,书目文献出版社和武汉大学出版社出版了一套(20 多种)供广播电视大学图书馆专业使用的教材和教学参考书,广西人民出版社出版了一批供中专教学使用的教材。专业教材中北京大学、武汉大学图书馆学系合编《图书馆学基础》、《目录学概论》,赖茂生等编《科技文献检索》,陈光祚等编《科技文献检索》,均被国家教委评定为优秀教材。八十年代以来,图书馆专业工具书的编辑出版受到重视,出书达数十种。其中影响较大的,如《中国图书馆图书分类法》,曾荣获国家科技进步一等奖,《汉语主题词表》荣获国家科技进步二等奖,其他如《中国国家书目》、《中国古籍善本书目》、《丛书综录》、《中国善本书提要》、《民国时期总书目》、《全国中文期刊联合目录》等书目都具有较高的学术价值和实用价值。八十年代以来,为介绍国外图书馆情报事业,出版了一批图书馆学译著,总数达 130 余种,约占本专业出版物总量的 23%,其中如美国兰开斯特的《情报检索系统》(陈光祚、王津生、王知津译),苏联丘巴梁的《普通图书馆学》(徐克敏、郑莉莉、周文骏译),印度阮冈纳赞的《冒号分类法类表解说及类表》(许培基、宋克强译著),《美国及世界其他地区图书馆事业》(华东师范大学图书馆学系与图书馆合作编译)等,都受到图书馆界欢迎。这些译著的出版,对于学习借鉴国外图书馆学研究和工作方法,都有参考价值。

图 139　一九七九年以来图书馆界出版的专业书刊

第二节 图书馆学基础理论研究

中华人民共和国建立以来,图书馆学基础理论研究一直是图书馆学研究中引人注目的领域。尤其是进入八十年代后,基础理论研究在"双百"方针的指引下,结合中国图书馆事业建设和学科建设实际,不断引进新方法,探讨新课题,涌现出许多研究成果。据统计,从一九四九到一九八八年,全国各种刊物上发表的图书馆学基础理论论文总数为 2000 篇,其中一九七七至一九八八年间有 1093 篇。基础理论研究的图书,一九四九至一九八八年共出版约60 种,其中一九七七到一九八八年间有 51 种。

一、对列宁有关图书馆工作论述的研究

对列宁有关图书馆工作论述的研究,自新中国建立以来一直是图书馆学基础理论研究的一个重要方面。一九五四至一九八六年,陆续编译出版了《列宁论图书馆工作》(苏大梅译)、《列宁论图书馆工作》(李哲民译)、《列宁论图书馆》(周文骏编)、《列宁论图书馆事业》(文化部图书馆事业管理局编),历年散见刊物上研究列宁关于图书馆工作论述的文章有数十篇。

列宁关于图书馆是国民教育的中心,是对人民群众进行思想教育的主要场所;图书馆工作的全部出发点和归宿在于应该使图书在人民中间广泛流传,满足读者对图书的一切要求,尽量方便读者;建立统一的有组织的图书馆网,对图书馆事业实行集中管理等论述,在中国广泛传播,对新中国图书馆事业的发展和图书馆工作的实践,起了重要的指导作用。

二、关于图书馆性质与职能的研究

八十年代以来,人们从社会知识、信息交流和文化传播角度对图书馆进行考察,得出了对图书馆本质的认识,即图书馆是帮助人们利用文献进行交流的中介性机构,它在文献交流过程中是联系文献与读者的中间环节。图书馆的中介作用体现在图书馆工作上,图书馆工作的实质是转换文献信息,实现文献的使用价值。人们普遍认为图书馆的基本职能是保存和传递文献,亦即收集、整理和提供文献。图书馆的一般社会职能是保存人类文化遗产,开展社会教育、传递科学情报、开发智力资源、丰富文化生活。

三、关于图书馆事业建设原理的研究

五十年代初期,图书馆界对在全国各图书馆之间开展协作的必要性和可行性进行了探讨。一九五七年以后,北京、上海和各地中心图书馆委员会开展馆际互借、书刊采购和书目工作的协调、协作,进一步促进了关于中国图书馆事业建设原理的研究,但大部分偏重于协调方案的论证和工作经验的交流。自一九七八年以来,这一研究工作逐步系统化、理论化,其研究范围涉及到图书馆管理体制、建设布局、文献资源共享、书目控制、干部交流等方面。特别是一九八六年前后关于图书馆事业发展战略的研究,使研究水平达到了较高层次。在事业发展研究中比较一致的观点是:要以国家经济、文化、教育和科学技术发展为背景,制订图书馆事业发展战略,将其纳入国家和地方的国民经济和社会发展计划之中。要改变图书馆工作的传统观念,全面发挥图书馆功能。各类图书馆的发展应以国家财力为前提,既要注重数量,又要保证质量;既要注重馆舍设备的建设和配备,更要加强内部科学管理。只有根据中国的国情特点和各图书馆的实际情况确定各项工作任务和实施计划,才能保证图书馆事业健康发展。

四、关于图书馆学学科建设的研究

图书馆学研究对象问题自一九五七年提出后一直是研究、探讨的重点。五十年代出现了"研究图书馆事业的性质和规律及其各个组成要素的性质和规律的科学"的观点。以后又有"研究图书馆的特殊矛盾","研究图书馆事业的发生、发展、组织形式以及它的工作规律"等不同观点。到八十年代,又提出了一些新的看法,代表性的观点有:(1)图书馆学研究的对象是图书馆系统;(2)图书馆学是研究社会知识交流;(3)图书馆学是研究文献信息交流理论和方法的学科;(4)图书馆学是研究图书馆在科学交流和情报传递中的地位和作用。随着研究的深入,人们已认识到图书馆学不仅应对图书馆的外部环境进行研究,而且应着重对图书馆活动规律进行探讨。

关于图书馆学的学科性质,在五十年代和六十年代,倾向性的意见是将其归于社会科学范畴。随着图书馆开发文献信息职能的加强和图书馆自动化、网络化的发展,图书馆学与其他科学的联系日益紧密,加之图书馆所处理的文献情报内容覆盖了人类知识的各个领域,包括社会科学、自然科学和工程技术等各种门类,因而使一些研究者倾向于把图书馆学看作是一门综合性学科。

关于图书馆学理论基础的研究,在五、六十年代主要是从把握正确的政治方向意义上提出过图书馆学理论的指导思想问题,重点介绍了马克思、列宁的文化学说和列宁的图书馆思想。八十年代一些研究者认识到,建设完整的图书馆学理论,首先是奠定理论基础。在寻找学科理论基础过程中,有人认为,作为一门具体科学的理论基础,应能正确地揭示研究对象的本质属性,反映认识对象的客观规律,指引科学理论建设的发展方向。图书馆学的理论基础是马克思主义哲学——辩证唯物主义和历史唯物主义。马克思主义哲学是科学的世界观和方法论,用于指导图书馆学研究,对图书馆学的发展起着巨大作用。有人认为,图书馆本身就是一个情报交流工具,并且是"文献"这个交流工具的存贮者、组织者和利用者。图书馆的工作任务,就是通过自己的交流作用使得社会更加合理地使用知识、情报和文献,更加合理地组织和存贮知识、情报和文献,以帮助用户和读者达到认识世界和改造世界的目的。有人认为,应该把社会知识交流作为图书馆学基础理论的基点。知识交流是一种普遍的人类社会现象,图书馆只是实现知识交流的一个社会实体,图书馆履行它的知识交流功能,必须具有相应的内在机制来适应,知识交流作为图书馆学的理论基础有三个层次:第一层次是研究社会知识交流的基本原理,揭示知识、知识载体、知识交流三者的关系,探讨知识主体吸收和利用知识的机理,建立交流模式;第二层次是研究知识交流与交流的社会实体之间的相互关系;第三层次是研究图书馆知识交流的内在机制和工作机理。

关于图书馆学体系结构,有的研究者将其划分为三个层次,即理论图书馆学、技术图书馆学和应用图书馆学,又有人提出理论图书馆学,应用图书馆学和专门图书馆学,以及普通图书馆学与专门图书馆学,应用图书馆学与比较图书馆学等不同划分方法。

此外,关于图书馆学的相关学科、图书馆学方法论等领域的研究,也取得了成果。

第三节 目录学研究

中国目录学有着悠久的历史。新中国建立后,目录学研究在丰富的书目工作实践基础上获得了迅速的发展。据不完全统计,自一九四九年十月至一九六六年初,全国共编制各种书目索引6458 种,书目索引的类型逐渐完备,国家书目、联合目录、专题书目、推荐书目、地方文献目录、个人著述书目等书目的编制都取得了一定的成绩。特别是联合目录和专题目录的编制受到了图书馆界情报界高度重视。一九五七年成立的全国图书联合目录编辑组,到一九六六年将近十年中,共编出全国性书刊联合目录27种,地区性书刊联合目录300多种。在一九四九至一九七九年的三十年间,图书馆和情报单位还编制了大批专题书目,其中自然科学、技术科学方面的书目占了57%以上。八十年代,在国家书目编制方面,完成了在国内外具有重要影响的《中国古籍善本书目》和《民国时期总书目》的部分分册。在联合目录的编制和研究方面,在专题目录的研究上也有成绩,系统地研究了专题目录的特点、功能、类型划分和编制方法,强调专题目录要具有针对性、思想性和科学性。此外,这一时期在地方文献目录、推荐书目的编制和研究方面也取得许多成果。

随着科学技术的发展,文摘、索引等的编制受到应有的重视。关于文摘、索引的理论研究从而得到加强,七十年代末人们已注意了对文摘的辅助索引系统的完善、文摘编制工作的协调协作和采用电子计算机编制文摘等问题的研究。进入八十年代后文摘的研究日趋活跃,关于文摘的评价、文摘检索体系、文摘编制的基本要点、社会科学文摘的特点以及对数据性文摘的研究都取得了初步的成绩。

一、关于目录学基础理论的研究

目录学基础理论研究是目录学研究中的比较活跃的领域,从五十年代末开始的以"目录学研究对象"为中心的基本理论问题的大讨论,到八十年代在更广泛的范围内开展的对目录学研究对象、基础理论、学科性质、体系结构等领域的探讨,丰富和深化了目录学的学科内容。八十年代以来,目录学研究在研究的广度上出现了可喜的变化,人们开始注重从中国目录学整体发展的高度来探讨目录学的基本理论问题,将目录学的基本理论问题同现代科学技术的发展联系起来进行探讨。如利用控制论和系统方法对书目控制理论的研究,以及对书目计量学,比较目录学的研究等。

四十年来目录学基础理论研究的成果主要体现在如下几个方面:

(一)关于列宁目录学遗产的研究。列宁在对尼·亚·鲁巴金《书林概述》的评论中,为目录学奠定了党性原则。列宁亲自编制的马克思主义参考书目,在书目编制的原则和方法方面树立了典范。这对发展中国目录学研究具有深刻的现实意义。从五十年代到八十年代,对列宁目录学遗产的研究始终受到重视,全面地研究了列宁目录学思想和书目实践活动的各个方面。

(二)关于目录学研究对象的研究。由于书目工作实践的发展和苏联目录学界开展的有关目录学理论问题的大辩论的影响,中国在五十年代末和六十年代初开展了以目录学研究对象为主要内容的大讨论,八十年代又继续这场讨论。参加这一讨论研究的有王重民、张遵俭、彭斐章、朱天俊等多人。在五十年代和六十年代初的讨论中,出现了4种具有代表性的观点:1.认为目录学是研究图书的一门科学。图书或出版物是目录学研究的对象;2.认为目录学是研究书目索引编制方法的一门科学。目录是目录工作的中心。只有以目录作为目录学的研究对象,才能抓住问题的本质和关键;3.认为目录学的研究对象首先是图书。目录学应以书为纲,重点研究图书,其次才是研究目录编次的方法。书刊目录是目录学研究的次要对象;4.认为目录学是以利用图书为目的来探索记录图书的规律的一门科学。目录学的研究对象是记录图书与利用图书的关系。随着讨论的不断深入,研究者正逐渐趋向从目录学发展的规律性和书目工作的本质方面来探讨目录学的研究对象。

(三)目录学研究方法论的探讨和对新的方法引进目录学而出现的一系列学科分支的研究。随着社会文献需求的不断加强,传统的单一的历史方法和分析归纳方法已无法解决迅速发展的书目工作实践给目录学研究提出的新课题。由此,将数学和现代科学诸领域新的研究方法引入目录学成为八十年代中国目录学研究的一个显著特征。

八十年代控制论对目录学研究领域也产生了重要影响。一些研究者分别从不同角度探讨了书目控制论的实质、内容、目的以及可行性等问题。还有研究者分别对书目控制论与文献资源共享的关系以及专科文献的书目控制问题等进行了有益的探讨。关于比较目录学的研究,以及目录学的学科性质、目录学的理论基础和指导原则,书目的本质等基础理论问题的讨论,都已取得了初步的研究成果。

专科目录是目录学的分支学科,对这个领域的研究也取得了一些进展。例如:在马克思列宁主义文献目录学、中国历史书籍目录学、中国文学文献目录学、哲学社会科学目录学、自然科学技术书籍目录学等方面,都不断有研究成果问世。

二、关于中国目录学史的研究

四十年来关于中国目录学史的研究,无论从发表论文和出版专著的数量,还是从研究的深度来看,在整个目录学研究中都占有明显的优势。

在目录学史研究中,研究者注意运用唯物史观分析目录工作产生和发展的历史原因,探讨目录工作的规律,批判地继承中国目录学的历史遗产,取得了丰富的研究成果,出版了一批目录学史专著。如王重民的《中国目录学史论丛》,是对中国目录学史进行综合研究的重要成果。八十年代出版的一些目录学史新著,如吕绍虞著《中国目录学史稿》、来新夏著《古典目录学浅说》都各具特点。

进入八十年代,对近现代目录学家的研究也取得了丰硕的成果。研究所涉及的人物达 30 余人,对他们的历史背景,目录学方面的成就,以及在中国图书馆事业中的地位都做了较全面的论述。

中国目录学史研究中,在对互著、别裁方法的研究,对古代书目提要体例和发展变化的研究,以及对各种书目类型的研究等方面,也取得了较为深入的研究成果。

第四节　藏书建设研究

新中国建立后,图书馆的藏书建设取得很大的成绩。藏书建设研究一直是图书馆学研究的一个重要课题。五十年代和六十年代藏书建设研究大多集中在对馆藏的微观研究。八十年代以来中国图书馆界进一步提高了对藏书建设重要性的认识,藏书建设研究取得了许多进展。其中,首要的是对藏书建设内涵的重新认识以及对图书馆文献资源和文献资源建设等新概念的提出。一九八二年八月,中国图书馆学会在哈尔滨召开了全国藏书建设专题学术讨论会。一九八四年九月在大连召开全国高校图书馆藏书建设研讨会,对藏书建设问题进行了探讨和研究,并提出了通过规划和协调建立全国性文献保障体制的问题。一九八六年十一月,中国图书馆学会在南宁召开了全国文献资源布局学术讨论会,着重讨论了中国图书馆文献资源布局的可行性和发展模式问题。这次会议为八十年代后期全国图书馆文献资源建设的调查与布局研究进行了思想和理论准备。推动这些研究的有李修宇、肖自力、吴慰慈等人。

藏书建设研究涉及的内容极为广泛,它包括藏书补充、馆藏范围和重点、藏书发展规模、藏书体系与结构、藏书组织、藏书复选与剔除、书源与书目、藏书分工协调、图书馆文献资源的整体布局等方面。四十年来藏书建设研究的成果主要体现在藏书建设宏观研究和藏书建设微观研究两个方面。

一、藏书建设宏观研究

藏书建设宏观研究包括图书馆文献资源的整体布局和长期发展规划、文献资源建设的协调协作等方面。五十年代和六十年代这一领域的研究比较薄弱和分散，进入八十年代，特别是八十年代后期，关于藏书建设的宏观研究成为图书馆学研究中理论与实践结合得较好的研究领域之一。这方面研究的主要成果集中表现在：

图140　辽宁省图书馆学会举办文献资源布局研讨会

（一）关于图书馆文献资源布局的研究。一九八六年以后图书馆界就文献资源布局的意义、原则、目标、模式等问题进行了探讨。一九八七年部际图书情报工作协调委员会成立以后，设立了全国文献资源调查课题组，开展了对全国的图书馆文献资源进行大规模的调查研究和评估工作。

一些研究者认为，文献资源布局是指文献资源在地理位置上的分布和配置。它包含两方面的意义：一是指文献资源在空间上的客观分布状况；二是指人们为改变文献资源在空间上的客观分布状况而对文献资源进行合理的配置和布局。有计划、有步骤地对分散的文献资源进行调整，逐步地使全国图书馆文献资源形成一个统一的整体，建立起能够满足整个社会情报要求的文献保障体制。

（二）关于文献资源布局原则的研究，在讨论中形成三种有代表性的观点。第一种观点认为，全国文献资源的整体布局，应该以讲求文献资源建设的经济效果，最大限度地满足整个社会的图书情报需求为目的，在此基础上提出文献资源布局应遵循5条原则：1.文献资源布局要与中国的科学、教育、文化事业及国民经济的发展相适应；2.文献资源布局要同各地区各部门科技、教育、管理人员的知识水平，情报需求及吸收能力相适应；3.文献资源布局要同各地区的工农业生产相适应，要充分利用各地区的优势；4.文献资源布局要有层次，用不同层次的文献资源集合来满足不同层次的情报需求类型，促进图书馆之间的相互联系，便于形成图书馆资源共享网络；5.文献资源布局要考虑到现代化技术设备的情况，要便于直接将文献转换成计算机处理的文献数据库。第二种观点认为文献资源布局应强调将地理位置上的科学的合理分布，作为布局的首要考虑因素，提出以块块为主进行布局。第三种观点认为，文献资源合理布局不是单相平面分布，应是多维立体结构。既应统筹安排自然科学，技术科学与人文、社会科学等学科文献，又要兼顾文献的多文种分布。

（三）关于文献资源布局模式的研究，已提出了多种布局模式。有人将这些不同的模式进行比较综合，提出一种三级文献保障体制：第一级，各省、市、自治区根据实际需要，建立综合性的图书情报服务系统，由一些重要的大型图书馆和情报机构分工负责，在满足研究需求的级别上进行协作，共同解决本地文献需求80%左右；第二级，全国具有独特优势的科学专业图书馆、情报部门、重点高校图书馆，可以在自己的专业领域内，达到文献的国家级收藏，解决各地所不能解决的问题，这些专业文献中心，应在第一级以外，再满足读者需求的15%左右；第三级，国家图书馆、各科研系统的中心图书馆以及有关高校图书馆和综合性情报机构集中收藏昂贵而罕用的文献资料,提供全国利用。这一级应在第一级和第二级之外,再满足读者需求的 5% 左右。

二、藏书建设微观研究

藏书建设的微观研究四十年来始终较为活跃。有关国外藏书建设的理论被介绍到中国图书馆界。这方面研究成果主要表现在:

(一)关于图书馆藏书结构的研究。这是八十年代以来藏书建设研究中的一个重要方面,其中对于高等学校图书馆藏书结构的讨论尤为活跃。讨论中涉及的主要问题有:1. 藏书深度级别的研究。任何一个藏书体系,都必须要涉及到各类藏书深度的级别这个问题。有人根据国外的做法,结合中国实际,提出一种五级藏书结构方案。对于这一方案尽管还存在不同看法,但人们对于这种对藏书划分级别的尝试一致予以肯定。2. 藏书结构制约因素的研究。一些研究者认为藏书结构的制约因素体现在三个方面:一是出版容量,各学科、各类型出版物出版的品种数量和范围的宽窄;二是馆藏原有基础;三是经费、设备等条件。3. 关于最佳藏书结构标准的讨论,有两种看法:一种意见认为,最佳藏书结构有三个标志。一是满足情报需求的比率高;二是收藏重点突出,藏书特色鲜明;三是品种齐全、复本恰当。另一种意见认为,一个馆的藏书结构由该馆的性质和任务决定,最佳藏书结构应以出色完成本馆任务为主要标志。为形成最佳藏书结构,要妥善处理不同学科、不同专业、不同语种、不同类型藏书关系,妥善处理本专业藏书与相关专业藏书的关系,妥善处理图书的品种与复本的关系。

(二)关于藏书数量控制的研究。一种观点主张通过藏书剔除,设立贮存图书馆,制定各类图书馆藏书发展标准等措施来实现藏书数量的有效控制;另一种观点认为藏书增长率应控制在一定的限度内,确定适度藏书的关键在于图书保障率的确定。还有的研究者提出适度藏书的概念,适度藏书建设的制约因素主要是购书费、采编人员处理图书的能力以及书库设备等条件。作为适度藏书的基本要求,就是在分析三种主要因素间的关系中找出一个切合实际的数据,即每年度需要入藏书刊的种、册数量。

(三)关于复本率的研究。对复本率的确定,有两种主要观点:一种意见认为,要科学地解决复本率问题,应考虑读者人数,借阅期限,出版的有效期,借阅册限,出版物类型,借阅制度和借阅方式,分馆需求量,保存本数量,自然磨损数和丢失数,出版物的文种、价格、专深程度以及读者的特殊需要等多方面的因素;另一种意见主张在分析国内外现有复本原则、复本率公式的基础上,结合中国实际,研究出一种适合中国图书馆的复本率原则、方法和公式。确定复本率的主要依据为:图书的学术水平和科学价值,读者的实际需要量,藏书组织方式和流通方式,购书经费、书源和书价,出版物的类型和著作方式,缩微技术、复印技术等现代技术、设备的应用程度等。

(四)关于藏书的复选与剔除的研究。主要集中在复选的程序和方法。在复选中要确定呆滞书的范围,首先要采取可靠的办法,来准确判定藏书的利用程度。判定藏书利用程度的方法主要有:1. 统计分析法。统计分析资料能够提供关于藏书数量、成分和利用的实际情况。2. 书龄法。确定书龄的主要根据是各类型出版物的有效使用年限和各学科文献的半衰期指标。3. 滞架时限法。滞架时限的长短,可通过书内卡或其他借书记录查明。4. 引文分析法。利用全国的引文索引或根据图书馆读者的引用数据来编制引文顺序分析表。关于藏书剔除的范围,一些研究者认为应以多余的复本书刊和已证明失去时效及保存价值的书刊作为剔除的重点。

(五)关于藏书建设的评估研究。在藏书评估的标准问题上有几种意见:一种意见认为,衡量藏书质量的主要标准是藏书针对性、系统性和完整性,其中针对性是最重要的因素;另一种意见认为,藏书评估标准应以藏书结构作为标准,可采用统计分析的方法,将藏书结构的各构成面的每一等级水平的藏书在读者利用过程中的有关数据进行统计分析,得出馆藏的功能率;第三种意见认为,藏书质量取决于单位藏书中所含情报容量。情报容量既取决于客观的需求和文献所提供的信息量,又同读者的知识结构和专业素养有着十分密切的关系;第四种意见则认为衡量藏书质量的标准包括五个方面:1.它对读者的满足程度,2.看其研究用书的品种是否齐全,教学用书复本是否合理,3.复选工作的水平,4.入藏图书挑选的水平,5.藏书重点是否突出,结构是否合理,是否形成了具有学科特点的藏书体系。

第五节　文献分类与主题研究

　　新中国建立后,中国图书馆文献分类研究经历了两个阶段:第一阶段(一九五〇——一九七九年)主要是确立具有中国特色的文献分类法的编制原则和建立新的分类体系,即以马克思列宁主义为指导,编制出科学的、适用的新型分类法;第二阶段(一九七九——一九八九年)文献分类的理论研究和实践向纵深发展,根据中国实际,借鉴国外文献分类的理论、方法和技术,不断提高文献分类法编制水平和理论水平。四十年来,在"双百"方针指引下,中国文献分类研究取得了丰硕成果。一方面为满足图书情报单位的文献分类需要,共编制出30多部图书分类法。另一方面,理论研究十分活跃,各种刊物发表文献分类研究论文近2000篇,出版了一批质量较高的文献分类专著和教材,翻译介绍了一些文献分类论著。

一、文献分类法的编制、修订和研究

新中国建立后,如何以马克思列宁主义为指导来编制新的分类法是分类理论研究的首要问题。一九五〇年,杜定友首先提出,应以毛泽东关于知识分类的论述作为新中国文献分类法设立基本部类的理论依据。这一建议为图书馆界广泛接受,并就如何在分类法中恰当体现进行了广泛深入的讨论。确定了编制文献分类法的思想性、科学性和适用性原则。截止到八十年代末,在中国编制的文献分类法中影响比较大的有《中国人民大学图书馆图书分类法》、《中小型图书馆图书分类表(草案)》、《中国科学院图书馆图书分类法》和《中国图书馆图书分类法》等。多年从事文献分类法研究的有刘国钧、杜定友、皮高品、张照、顾家杰、韩承铎、李兴辉、白国应等,都对上述这些分类法的编制贡献了力量。

(一)在图书分类法的编制方式研究方面,吸取组配方式的优点,注意组配方式在体系分类法中的应用。中国传统的图书分类法皆为等级列举式的体系分类法,它具有能适应科学技术发展,揭示细小的专门问题和多方面反映同一图书资料等多方面优点,但也有不够灵活等缺点。在国外一些现代图书分类法的影响下,一些研究者认为,体系分类法增加组配成分是改进中国现有分类法的主要方向。一九八五年《中图法》编委会等主持召开的《中图法》3 版修订研讨会,重点讨论了组配方式在体系分类法中的运用问题。

(二)剖析文献分类法的体系结构,编制技术有所突破。文献分类法的编制既要从宏观方面进行考察,又要从微观方面进行剖析。五十年代和六十年代从宏观上考察较多,进入八十年代,除继续在宏观上加强研究,更多的力量则是集中在微观方面进行剖析。例如在类目方面,除了探讨类目的内涵和外延、类目间的关系、类目的种类和名称、类目的设立原则外,还深入研究类目的划分、类目的排列,类目的增长规律和类目间的等量关系等。

关于分类标记体系的研究是中国文献分类法编制和理论研究的重要方面。一九五四年编制《人大法》时,采用严格的层累制。《科图法》则采用单纯数字符号,以双位数标识基本大类及主要类目,使用顺序、层累混合制。《中小型法》和《中图法》用混合号码标识基本大类,采用不严格的层累制。《科图法》、《中图法》还不同程度引进了借号法、8分法和双位制等,解决了缩短号码和类列的扩展问题。此外,《中图法》还引进了组配符号":"。这些方法的使用使标记体系具有简明、灵活和表达的功能。

(三)关于综合性科学的列类问题。随着现代科学的发展,学科间的互相渗透和融合的趋势越来越明显,诸如科学学、未来学、系统科学、思维科学、环境科学等综合性科学大量涌现,从而使分类法为综合性科学列类的问题越来越突出。《中图法》3版修订时,对于妥善处理综合性学科立类问题讨论得十分热烈。一种意见主张设置专类,并提出三种设类方案。另一种意见主张不设立专门大类,而将综合性科学分散归入有关各类,避免大批量地改编图书。

此外,随着中国文献工作标准化步伐的加快,文献分类标准化的研究也得到较快发展。

二、关于文献分类理论和文献分类史的研究

文献分类法的编制和分类工作实践,促进了中国文献分类理论和文献分类史的研究。四十年来研究的主要领域和课题有:

(一)关于文献分类学的基本理论问题。它包括文献分类学的研究对象、研究内容、学科性质、指导思想和研究方法等。一些研究者认为文献分类学的理论体系主要包括三个方面:第一,文献分类学要揭示出文献分类的基本原理,即文献的可分性原理,文献的联系性原理,文献的系统性原理;第二,文献分类学要揭示出文

献分类的基本规律,即文献分类的对应规律,文献分类的同一规律,文献分类的排它规律;第三,文献分类学要提示出文献分类的基本原则,即同类集中原则,方便检索原则,充分揭示原则。经过对基本理论问题的广泛讨论,使文献分类学的理论体系在深度和广度上都有一定程度的发展。

(二)关于科学分类与文献分类的关系。对于这一问题的探讨,使人们对于文献分类为什么要以科学分类为基础加深了认识,大家认为科学分类能够为建立图书分类体系提供可靠的依据,使图书分类体系具有实用价值与一定的科学认识功能。人们对文献分类与科学分类二者的研究对象、内容范围、分类体系、结构形式、分类目的和作用等诸多方面的异同,做了深入的分析。

(三)关于分类主题一体化的研究。文献标引的分类方法和主题方法是各有所长、相互为用的两种方法。六十年代杜定友就提出过二者结合编制分类主题目录,由于历史条件的限制,这一建议未被采纳。八十年代图书馆界情报界围绕分类法与主题法的异同和优劣进行了广泛的讨论,侯汉清、丘峰、刘湘生等对分类主题一体化和对编制分类主题一体化检索语言的方向和途径,都作了有益的探讨。一九八七年,开始编制《中图法》与《汉语主题词表》的对应表——《中国分类主题词表》。此外,分面叙词表的编制工作也取得了可喜的进展。

(四)关于文献分类自动化的研究。六十年代中国出现了介绍国外文献自动分类研究情况的文章,并开始对机器检索语言和设备进行研究。八十年代初,有关自动分类的文献逐渐增多,重点介绍了国外电子计算机在文献分类工作中的应用,以及应用电子计算机辅助归类及使用分类号进行检索的实验研究,文献自动聚类方法的研究等。有的研究者还对汉语科技文献自动分类作了试验性研究。

(五)关于文献分类历史遗产的研究。四十年来研究者在这一领域的研究取得了丰硕的成果。特别是八十年代以来,在文献分类史研究方面发表了大量论文,研究已经从原来注重文献分类法沿革的讨论和对历史文献分类表的描述,发展到对文献分类史的整体、系统的研究。其中,有对某一时期文献分类历史作全面研究的,也有专门研究中国或外国文献分类历史的,还有专门研究文献分类学家分类思想的,研究者力求运用历史唯物主义的观点和方法,批判地继承中国和世界文献分类学的宝贵历史遗产,以为建设具有中国特色的文献分类学和编制、修订新的文献分类法所参考借鉴。

第六节　文献编目研究

新中国建立后,对于文献编目的研究也获得多方面的成果。五十年代对编目的研究大都集中在编目工作的方针任务,编目工作如何为科学研究服务以及目录体系和目录著录等问题。一九五八年,由中国人民大学图书馆、北京图书馆、中国科学院图书馆等联合编制的中文图书提要铅印卡片,对提高各馆目录质量起到了很大作用。一九七九年后,图书馆界情报界在全国文献工作标准化技术委员会指导下,研究制定了一系列文献目录著录规则,促进了全国文献著录的标准化。从七十年代起,中国就积极进行了关于机读目录和COM目录的介绍和研制工作,八十年代后期这些研究成果在一些大型图书馆开始应用,促进了中国编目和检索的自动化。出版的有关图书馆目录,文献著录标准化的研究著作有刘国钧、王凤翥、陈绍业著的《图书馆目录》。黄俊贵、罗健雄著的《新编图书馆目录》。李纪有、余惠芳著的《图书馆目录》等。

一、关于图书馆目录体系的研究

图书馆目录体系随着图书馆事业的发展和读者对馆藏文献检索需求的提高而不断发展。八十年代以来,由于科研和生产需要,主题目录的编制得到迅速发展。机读目录也在一些图书馆开始实验和应用。这就促使图书馆界加强了对图书馆目录体系的研究。在目录体系研究中大家对于主题目录在目录体系中的地位还有不同的看法。一些研究者认为,图书馆目录的主体应由分类目录转向主题目录,而传统的分类目录、书名目录和著者目录将退居辅助的位置。另一些研究者认为,目录体系的设置应视图书馆的性质、任务和读者对象而定,因而,主题目录并不是所有的图书馆必须具备的目录,在某些图书馆目录体系中更不能将其作为主要的目录,在一些大中型的科学和专业图书馆,可根据科研需要编制主题目录,而在一般中小型的大众图书馆,尚无必要和条件编制主题目录。还有的研究者认为,根据中国图书馆的现实情况,目录工作的重点应放在加强分类目录上,要进一步提高分类目录的质量,同时编制分类目录的字顺主题索引,以便读者更方便地使用分类目录。也有的研究者认为,对于一个图书馆来说,没有必要同时建立分类和主题两套目录。在讨论中倾向性的意见认为,对于主题目录这种新形式及其在目录体系中地位应予充分肯定,应根据图书馆的不同的条件和需求,积极开展主题目录的研究和编制工作。北京图书馆从一九八四年起,其发行的中文统编卡片排检项增加了主题词,为各馆主题目录的编制创造了条件。

二、关于文献著录标准化的研究

一九七九年全国文献工作标准化技术委员会成立后,制定和颁布了 10 种文献著录标准,推动了这一领域的研究工作。一九八二年十一月,全国文献工作标准化技术委员会第六分委员会在北京召开扩大会议,对《文献目录著录标准(总则)》送审稿进行认真的研究,对其著录项目、著录格式、名词术语、标识符号等进行了深入的探讨。一九八三年八月高校图工委和全国文献工作标准化技术委员会第六分委员会在北京召开"西文图书编目标准化与自动化研讨会",经过充分讨论,代表们一致倡议中国西文图书编目基本采用 AACR－Ⅱ 规则、ISBD 标准。会后,编写了《西文文献著录规则》成为全国西文文献著录的依据。此后,图书馆界情报界开了一系列会议,发表了大量论文,出版了一些专著和教材,对中国文献著录的标准化进行了多方面的探讨,研究主要集中在以下三个方面:

(一)关于文献著录标准化应遵循的原则。有的研究者提出了"四个统一原则",即中外文目录统一,图书馆界情报界目录统一,各类型文献目录统一和各种载体目录统一。这些统一具体体现在目录中著录项目的设置、排列和标识符号等三个方面。此外,关于文献著录标准化的原则,还有人提出"互换原则"、"易于识别原则"和"继承原则"等。

(二)关于对各类型文献著录标准化的研究和对已制定的各种文献著录标准的评价。这方面的论文最多,讨论涉及面广,其研究内容有关于各种不同种类和文别的文献著录标准化问题,也有关于文献著录标准的编制体例、名词术语、著录项目、著录格式、著录标目和著录细则等问题。这些探讨和研究对于制定文献著录标准起到了推进作用。

(三)关于文献著录中"主要款目的存废"问题。这是文献著录标准化研究中曾引起争论的课题。主张保留主要款目的理由是:1. 由于主要款目在编制书本式目录、排架目录和单款目目录时,以及在订单和引用书目中,在记录根查时必不可少;2. 中国仍是以编手检目录为主,主要款目还有存在的价值;3. 由于在同一种目录中,因款目的作用有主辅的不同,文献的特征有主次之分,因而主要款目有存在的必要。主张废除主要款目者认为:1.采用交替标目的款目由于没有主要标目,因而"主要款目"的概念也就不复存在;2.采用单元卡,各款目著录内容详略一致,并没有主次之分;3.计算机编目可列出多种特征以供检索,这些特征不必区分主次。

三、关于文献编目自动化的研究

八十年代,中国图书馆界对文献编目的自动化开展了多方面的研究,一九八五年北京大学图书馆、北京图书馆研制出中文机读目录格式。到一九八六年全国已建立了一批国内数据库和实用的自动化编目系统,并且各具特色。武汉大学图书馆、上海图书馆、广东省中山图书馆、深圳图书馆、深圳大学图书馆等在计算机编目的研究实验中都取得了较好的成绩。八十年代以来,关于编目自动化的学术论文大量涌现,研究者们对自动化过程中的一些问题,如关于中国文献编目自动化的全面规划和组织,关于建立全国性的研究与开发机构,集中力量研究与发展全国性的图书加工与服务计算机网络,以及关于加强编目人员的培养与提高,保障书目自动化网络费用等领域和课题,都在深入研究的基础上,提出一些建设性意见和方案。

第七节 读者服务工作研究

四十年来,图书馆读者服务的理论研究随着读者服务工作实践的不断发展而日趋活跃和深化。五十年代和六十年代的研究着重于对图书流通、宣传等服务工作的方法。八十年代以来读者服务工作研究结合实践中的一系列新课题,如读者阅读心理、阅读行为和阅读需求,书刊的开架借阅,藏书的利用率和拒绝率,参考咨询和文献检索,读者服务的效益评估以及读者服务的现代化手段等,引入统计学、数学、心理学等科学的方法和理论,使读者服务工作的理论研究获得了丰硕的成果。多年从事读者服务工作研究的有佟曾功、张树华等人。读者服务研究的主要成果集中表现在以下两个方面:

一、关于服务方法和服务手段的研究

读者服务方法和手段的研究,是读者服务工作研究中范围最广、研究成果较多的一个领域,在五十年代和六十年代,这方面的研究大多是一些工作方法和经验。八十年代以来,图书馆为适应社会发展和满足读者对于文献的需求,在服务方式和服务手段上进行了多方面的探索:

(一)情报服务方法的研究。情报服务方法,是指图书情报部门为用户搜集、处理、研究和提供情报信息的活动。八十年代以来对图书馆情报工作的研究主要在以下三个方面:1.关于怎样加强图书馆的情报职能的研究;2.关于图书馆情报服务的内容、方法和手段的研究;3.关于图书馆情报服务前景的探讨。在关于图书馆情报服务的内容、方法和手段这一问题的讨论中,有些人认为,图书馆进行的一、二、三次文献服务工作,都具有情报服务的性质,包括借阅服务、复制服务、咨询服务、检索服务、定题服务、展览服务、报导服务、编译服务等。为了使图书馆情报服务向纵深发展,应注重开展情报交流和情报调研服务。关于情报服务的发展前景,讨论集中在图书馆情报一体化问题上,许多人认为图书情报一体化是图书馆工作的发展方向,实现一体化才能更好地开展情报服务工作。

(二)关于读者服务工作现代化的研究。八十年代以来中国的一些大中型图书馆在读者服务工作上逐渐开始采用一些现代技术手段。从而提高了书刊资料的流通速度、文献检索的准确性和全面性,以及图书馆科学管理水平和工作效率。因而有关读者服务工作现代化的研究受到极大的关注和重视。在读者服务工作中采用电子计算机,是现代化研究中的重要课题。深圳图书馆、上海交通大学包兆龙图书馆、北京图书馆等都先后研制成功用电子计算机进行流通管理,并投入使用。这一时期,文献复印、缩微等技术也逐渐引进到一些大型图书馆,从而使人们对图书馆读者服务工作现代化的研究倾注了极大的热情,人们一方面注意加强对现代化技术的研究,一方面注意研究现代化技术引进图书馆读者服务工作中所出现的一些新的理论问题,以及图书馆实现读者工作现代化的方法和步骤。

二、关于读者工作的性质、作用和规律的研究

进入八十年代,对图书馆读者工作的性质和作用的研究,主要集中在以下两个方面:

(一)关于读者工作的性质和作用。对读者工作性质的研究,研究者大多从两方面加以阐述。一方面是从社会的角度看,认为读者工作是社会宣传教育系统的一个组成部分,具有社会教育的性质,同时它又是社会情报交流的一部分,具有传递性。另一方面则是从图书馆的角度看,读者工作必须满足读者的各种文献需求,通过各种途径为读者提供服务,因而具有服务性;同时,读者工作必须依靠科学的组织和管理,最大限度地满足读者需求,因而,读者工作具有社会性、教育性、传递性、服务性和科学性。研究者还从各个方面分析和强调了读者服务工作在充分发挥图书馆的各种职能和完成图书馆的各项任务中所显示的重要作用。

(二)关于读者工作的规律。在这一问题的研究中的主要观点是,读者工作要在文献的"供"与"求"、"藏"与"用"之间发挥提供、传递、推广和调节等中介作用,并通过这些手段来实现社会知识与个人知识的相互联接和转化,从而达到传播知识、进行教育的目的。

第八节　情报检索研究

图书馆界和情报界对情报检索的研究都极为重视。据对全国90种图书情报专业期刊的统计，从五十年代到一九八七年共发表情报检索方面的论文4500多篇。此外还出版了许多情报检索方面的专著、译著和教材。其中影响较大的专著有：张琪玉的《情报检索语言》、刘湘生的《主题法的理论与标引》、丘峰的《情报检索与主题词表》等。情报检索研究主要集中在以下四个方面：

一、关于加强全国情报检索的宏观指导

情报检索工作是图书馆、情报单位开展情报服务的主要环节，随着电子计算机在图书馆工作中的应用，情报检索被赋予了许多新的内容，人们已认识到它在图书馆工作中的重要性。

八十年代初期，研究偏重于建立健全全国检索刊物的手工检索系统问题，随着联机检索服务和建立数据库工作的开展，研究的重点逐渐转向建立计算机检索体系方面。

二、关于情报检索语言研究

图书馆界情报界四十年来在情报检索语言研究方面取得了大量成果。八十年代以来，情报检索语言由传统的单一的列举式逐步发展成为列举式与组配式并存和并用。分类表和主题词表的编制由分散逐渐趋于集中和统一。在研究中，对于体系分类语言、标题词语言、关键词语言、单元词语言、叙词语言等都做了多方面的研究，获得了大量的成果。对于分类、主题两种情报检索语言的特点和它们的兼容及一体化的研究，对于汉语自然语言的标引研究

等也正在引起人们的注意。

三、关于提高检索效率的研究

检索效率的研究主要是为了评价计算机检索系统的效率而发展起来的。八十年代以来随着电子计算机国际联机检索服务的展开,关于情报检索方法、检索策略、检索效果以及用户分析等方面的研究受到重视。对于检索方法,有的研究者认为,各种检索方法都有其特点,必须按照研究课题对情报的需求以及检索条件合理选用适当研究方法,才有助于提高检索效率,检索方法的选择也有一定的规律和原则。一些研究者认为,确切地、全面地了解用户的检索意图,与用户共同制订检索策略,并认真分析用户的反馈信息是提高检索效率的必要条件。

四、关于自动化检索的研究

八十年代初期,研究论文多是讨论如何建立健全检索刊物等手工检索系统问题。后来随着联机检索服务和建立数据库的开展,研究的重点逐步转向建立计算机检索系统。经过十年的研究试验,自动化操作已逐步从试验走向实用。

第九节　图书馆管理和图书馆网络的研究

新中国建立以来,随着图书馆事业规模的不断发展和图书馆业务活动范围的不断扩展,关于图书馆管理和图书馆网络的研究也日益加强和深化。

一、图书馆管理的研究

新中国建立之初,图书馆面临的问题之一是如何适应社会需要,建立各种类型图书馆,开展各种业务工作。五十年代图书馆管理研究着重于如何提高工作人员的积极性和工作人员的分工协调等问题。当时曾提出加强思想政治工作,实行领导、专家、群众三结合民主管理和业务与行政相统一为基础内容的全面管理思想。以后,随着图书馆规章制度及岗位责任制的建立和逐步完善,图书馆人员编制及工作定额等管理问题相继提出。

八十年代以后,由于改革开放的深入和科学技术的进步,国外的现代管理思想和理论,以及系统理论、社会学、行为科学、人才学、心理学、统计学、运筹学等学科的理论和方法的介绍、引进和影响,使图书馆管理研究发生了深刻的变化,管理研究由单一定性描述发展为定性描述和定量描述相结合,提高了学科研究的科学程度。研究范围在不断拓宽。在原来的对藏书、人员、经费、设备等传统管理项目的研究基础上,开始了对诸如管理体制、决策管理、行为管理、时间管理、环境管理等新的领域和课题的研究。

在业务定额管理方面,对定额管理的种类和定额制定方法,以及定额的平衡与修正等,这一时期都进行了探讨,一些研究者强调,在采取定额管理的同时,要辅之以科学的调查、统计、分析等方法,并且要重视管理中思想教育的作用;有些研究者认为,定额管理要与定量管理,奖罚制度等结合起来,才能充分发挥定额管理的作用。

在图书馆管理改革研究方面较为集中地研究了管理的体制。具体包括图书馆立法、馆长负责制、岗位责任制和规章制度等方面。一些研究者指出,图书馆管理改革的目的在于建立一个多功能、多样化、一体化、网络化和制度化的高效能的管理体制。一些研究者对于在中国图书馆界实现这一思想体制的途径和步骤做了具体的分析和研究,提出了一些建设性方案和意见。

二、关于图书馆网络的研究

中国图书馆界对网络建设的研究集中于以下两个方面：

（一）中国图书馆网络建设道路的研究。中国图书馆网络建设现代化技术手段较差。为缩小与发达国家的差距，就要选择一条适合中国国情的图书馆网络发展道路，因而关于网络建设的方向道路的探讨成为研究中的一个重点。一些研究者根据国外对图书馆类型的一些划分标准，并结合中国情况，将图书馆划分为科学图书馆和大众图书馆两大类。科学图书馆包括国家级、省级、高校、科研、机关团体、厂矿企业的图书馆。大众图书馆包括市、县、区、街道、乡镇、工会、中小学和少年儿童图书馆。提出了分别建立科学图书馆网和大众图书馆网的设想。另一些研究者认为，根据中国国情，在建立全国图书馆网络宏观计划指导下，把中国图书馆网络建设的落脚点放在建立地区性多元网络的基础上。按照各地区不同的具体情况，建立地区性多类型图书馆的综合性网络比较适宜。还有一些研究者认为，随着计算机技术的进步，整个社会发展从集中转向分散，图书馆界需要建立多中心的图书馆网络。在网络中，每个成员馆既为本馆服务，也为其他馆服务。

（二）关于图书馆网络模式的研究。八十年代以来，人们已提出分立式网络、星状网络和线形网络、中心式网络、分布式网络等多种模式。至于哪种网络模式适合于中国，则有待于进一步研究。

第十九章　国际交往与学术交流

　　中华人民共和国建立后,中国图书馆界就逐步恢复与发展了国际交往与学术交流活动。通过交流不仅吸取了各国的办馆经验,促进中国图书馆事业的发展,而且加强了各国人民对新中国的了解,增进同各国人民的友好关系。随着新中国外交工作的开展和国际地位的提高,中国图书馆界的交流活动亦逐步得到发展和扩大。新中国建立初期,中国图书馆界的国际交流主要是与苏联、东欧和亚洲一些国家交往。五十年代中期,才开始与西方国家进行交流。"文化大革命"期间,这项工作遭到严重的干扰,基本上处于停顿状态。一九七八年中共十一届三中全会后,随着改革开放方针的实施,图书馆界的国际交流工作也有了很大的发展。

　　一九七八年以前,国际交流工作基本上由中央一些单位负责进行,地方上参与很少。如公共图书馆系统的国际书刊交换工作,以前主要由北京图书馆负责进行。一九七八年以后地方图书馆才逐步开展这项工作。再如,出国考察和接待来访,一九七八年以前主要由中央各部(委、院)负责。一九七八年以后各省、市、自治区也可以自行组团出访和接待来访。

　　交流的规模和范围日益扩大。从一九七八到一九八八年十年期间,中国对外签订了85个文化协定,较一九六六年"文化大革命"前的十七年签订的文化协定增加了两倍。在文化协定的198个执行计划中大都包括了图书馆的交流项目。从一九四九至一九

596

七八年的二十九年间,中国派出的图书馆考察团不到 10 起,而一九七八到一九八九年的十年间,仅公共图书馆系统派出的团、组就达 72 起,286 人次。

交流的方式日益多样化。一九七八年以前,主要交流方式是:出国考察、国际书刊交换、国际书刊互借、参加国际展览等。一九七九年以后,除上述方式外,还发展了互派专家讲学,交换馆员,定期互访,参加国际性图书馆会议及外国图书馆协会的年会,与国外联合举办研讨会、报告会、培训班,接待图书馆专业旅游团等多种形式。有些图书馆与外国的对口图书馆建立了馆际交流关系,内容包括定期互访、互派馆员、互赠书刊等。如北京图书馆与日本国会图书馆,中国农业科学院图书馆与美国国立农业图书馆等单位建立的对口联系。

从新中国建立到一九七八年,中国图书馆界与图书馆的国际组织联系很少。一九七八年以后,除继续通过上述渠道进行交流外,中国图书馆界还注意开展与国际图书馆协会联合会、国际标准化组织、国际连续出版物数据系统、国家图书馆馆长会议和亚洲和大洋洲地区国家图书馆馆长会议(简称亚大地区国家图书馆馆长会议)等国际组织的联系。

到一九八九年底,中国图书馆界已与 130 多个国家和地区建立了联系,取得了令人瞩目的成就。

第一节　参加国际组织与出席外国图书馆协会年会

一、恢复中国在国际图书馆协会联合会的合法席位并参加其会议

中国是国际图书馆协会联合会的 15 个创始国之一。新中国建立后,一度中断了与它的联系。一九七九年中国图书馆学会成立。一九八〇年中国图书馆学会副理事长丁志刚、梁思庄应菲律宾国家图书馆馆长奎耶松的邀请,列席了在马尼拉召开的国际图联第 46 届大会。会议期间,丁志刚、梁思庄两位副理事长与国际图联主席格兰海姆女士和常任秘书长温斯特洛姆女士就恢复中国在该组织的合法席位的前提条件和若干技术性问题进行

图 141　中国代表团在一九八二年国际图联
专业分组会上发言

协商,并达成了协议。一九八一年国际图联执行局会议正式通过了这个协议,中国图书馆学会代表中国成为国际图联的协会会员。中国国家图书馆——北京图书馆、上海图书馆、中国科学院图书馆、清华大学图书馆、复旦大学图书馆、北京大学图书馆学系、武汉大学图书馆学系等 7 个单位为国际图联的机构会员。一九八六年以后,上海华东师范大学图书馆学系、南京图书馆、南京大学图书馆和上海交通大学图书馆又相继加入该组织作为机构会员。自一

九八一年起中国每年都派代表参加该组织的年会,有时并提出论文在会上宣读与交流。参加会议的情况列表如下:

表9　中国参加国际图联大会一览表

（一九八○— 一九八九年）

时间	届次	会议地址	参加人	会议主题	备注
1980.8.18－23	46	马尼拉	丁志刚 梁思庄	图书馆和情报系统的发展	列席会议 与国际图联负责人协商恢复中国在该组织中的合法地位问题
1981.8.17－22	47	莱比锡	丁志刚等 6人	国家中心在国家图书馆发展和国际图书馆际协作中的作用	国际图联正式恢复了中国在该组织的合法席位
1982.8.22－29	48	蒙特利尔	丁志刚等 8人	网络化	
1983.8.21－27	49	慕尼黑	胡耀辉等 6人	技术世界中的图书馆	
1984.8.19－25	50	内罗毕	胡沙等 6人	为国家服务的情报学基础	
1985.8.18－24	51	芝加哥	丁志刚等 11人	图书馆和情报的广泛获得	
1986.8.25－30	52	东京	胡沙等 20人	21世纪图书馆学的新水平	中国图书馆学会名誉理事于光远在大会上发表了"图书馆和时代"的演说

（续表）

时间	届次	会议地址	参加人	会议主题	备注
1987.8.15－21	53	布莱敦	史鉴等4人	变革中的世界图书馆和情报服务	
1988.8.27－9.3	54	悉尼	史鉴等6人	生活在一起——人民、图书馆、信息	以鲍振西为团长的中国图书馆访澳代表团也应邀出席了大会
1989.8.19－26	55	巴黎	杜克等9人	在昨日、今日与明日经济中的图书馆与信息	

二、参加国家图书馆馆长会议

一九七四年一月,加拿大国家图书馆馆长希尔贝斯特向世界各国国家图书馆发出信件,希望国家图书馆馆长们能聚在一起,讨论国家图书馆的各种问题。该倡议得到了一些国家图书馆的响应。当年在国际图联第40届大会召开之前,在加拿大国家图书馆召开了国家图书馆馆长国际会议第一次会议。出席会议的有14个国家。重点讨论了"关于召开国家图书馆馆长国际会议的可能性"。此后,每年在国际图联大会期间均召开国家图书馆馆长会议。讨论的内容和范围不断深入和扩大。

一九七四年,北京图书馆也曾收到加拿大国家图书馆馆长希尔贝斯特的邀请信。因在"文化大革命"期间,中国未能参加。一九八〇年八月,中国图书馆学会副理事长丁志刚、梁思庄应菲律宾国家图书馆馆长奎耶松的邀请访问菲律宾列席国际图联大会时,第一次参加了国家图书馆馆长会议。此后,中国国家图书馆每年都派代表出席。兹将参加历届会议的情况列表如下：

表10　中国参加国家图书馆馆长会议一览表

（一九八○— 一九八九年）

时间	届次	会议地址	参加人	会议主题
1980.8	7	马尼拉	丁志刚	计算机网络、图书保护等
1981.8	8	莱比锡	丁志刚	资源共享等
1982.8	9	蒙特利尔	丁志刚	图书保护与国家图书馆
			鲍振西	
1983.8	10	慕尼黑	胡沙	关于数据传递通用标准等
1984.8	11	内罗毕	胡沙	国际图联新增的三项核心计划等
1985.8	12	芝加哥	胡沙	资源共享等
1986.8	13	东京	胡沙	馆际协作等
1987.8	14	布莱敦	胡沙	机读目录等
1988.8	15	堪培拉	邵文杰	国家图书馆的近期发展等
1989.8	16	巴黎	杜克	图书保护、资源共享等

三、参加亚大地区国家图书馆馆长会议

为了促进亚洲、大洋洲地区各国家图书馆之间资源共享和情报交流，一九七八年十月澳大利亚国家图书馆馆长钱德勒等人发起、组织和召开亚洲和大洋洲地区国家图书馆馆长会议。北京图书馆馆长刘季平为发起人之一。该会由国际图联、国家图书馆馆长会议以及其他关心亚洲和大洋洲地区图书馆和图书情报工作的机构联合举办。决定每三年召开一次。兹将参加会议的情况列表如下：

表 11　中国参加亚洲和大洋洲地区国家图书馆馆长会议一览表

（一九七九——一九八九年）

时间	届次	会议地址	参加人	会议主题
1979.5.15 – 18	1	堪培拉	丁志刚	资源共享和合作
1982.11.14 – 20	2	东京	谭祥金	资源共享、图书馆间的协作
1985.11.18 – 23	3	科隆坡	谭祥金	国家图书馆的地位和作用、图书馆立法、藏书建设等
1989.12.5 – 9	4	北京	邵文杰	亚洲与大洋洲国家图书馆间的交流与合作

其中在北京召开的第四届会议是第一次在中国举行这样的会议。文化部代部长贺敬之、副部长刘德有出席了开幕式。全国人大常委会委员长万里会见了与会代表。来自澳大利亚、新西兰、巴布亚·新几内亚、日本、蒙古、越南、泰国、斯里兰卡、马尔代夫、尼泊尔、不丹、孟加拉国、马来西亚、新加坡、印度尼西亚、及东道主中国、香港等 16 个国家和地区的国家图书馆馆长、副馆长或馆长代表参加了会议，会上宣读、讨论了 16 篇论文。

四、参加国际连续出版物数据系统

国际连续出版物数据系统（ISDS）主要负责国际连续性出版物的登记工作，以推广国际标准刊号（ISSN）的使用。在巴黎设有一个"国际中心"，受联合国教科文组织和法国政府双重领导，并在各国和地区分别设立国家中心和地区中心。

一九八五年十月，中国政府批准成立了国际连续出版物数据系统中国国家中心，设在北京图书馆内，受北京图书馆和国家新闻出版署双重领导。一九八六年四月在巴黎召开的国际连续出版物数据系统第六届全体大会上，联合国教科文组织正式宣布接受中华人民共和国参加国际连续出版物数据系统。到一九八九年底，已为中国出版的 2000 种连续出版物分配了国际标准刊号。国家中心除了负责本国出版的连续出版物的登记和分配号码工作外，还经常参加国际连续出版物数据系统中心召开的各种会议。兹将参加会议的情况列表如下：

表 12　中国参加国际连续出版物数据系统会议一览表

（一九八六— 一九八九年）

时间	会议地址	参加人	会议内容
1986. 4. 13 – 23	巴黎	李镇铭	ISDS 主任会议
1986.10.4 – 5	布达佩斯	李镇铭	ISDS 主任会议
1987. 10. 4 – 14	巴黎	李镇铭	ISDS 主任会议
1988.4.8 – 19	巴黎	李镇铭 姜炳炘	ISDS 主任会议

五、参加国际标准化组织第 46 技术委员会的工作

为了学习和吸收国际标准化组织的工作经验，加快中国文献工作标准化的步伐，以适应图书馆工作的现代化和自动化的迫切需求，从一九七九年起，中国加入了国际标准化组织（ISO），并参加了国际标准化组织第 46 技术委员会召开的历届会议。兹将参加会议的情况列表。（见表 13）

表 13　中国参加国际标准化组织第 46 技术委员会会议一览表

（一九七九— 一九八九年）

时间	届次	会议地址	参加人
1979	18	华沙	张凤楼
1981	19	南京	鲍振西、朱南等
1983	20	维也纳	阎立中、朱南等
1985	21	伦敦	阎立中、李镇铭等
1987	22	莫斯科	谭祥金、朱南等
1989	23	华盛顿	阎立中、邵文杰等

此外，中国还积极参与了国际标准书号系统的工作和国际图

联编目专业组常设委员会有关修订"国际标准书目著录"的工作。

六、参加国外图书馆协会的年会

从一九八一年起,中国图书馆学会先后应邀派团出席了美国、日本、英国、新西兰等国家举行的图书馆协会的年会,兹将参加会议的情况列表如下:

表14　中国图书馆代表团参加国外图书馆协会年会一览表
（一九八〇——一九八四年）

时间	会议地址	参加人	会议内容
1980.6.27	纽约	史国衡、王岳等10人	美国图书馆协会99次年会
1981.6.24—7.4	旧金山	丁志刚、黄钰生等4人	美国图书馆协会100次年会
1982.2.6—16	奥克兰	严文兴1人	新西兰图书馆协会年会
1984.5.23	东京	李家荣、朱南等5人	日本图书馆协会年会
1984.9.9	布赖顿	鲍振西、陈誉等6人	英国图书馆协会年会

第二节　人员交流、互访和互建图书馆

为了加强与国外图书馆界的联系和相互学习,根据政府间文化交流计划和图书馆间达成的双边协议,四十年来,中国图书馆界除派人员出席国际会议外,还派代表团和专业人员出国考察、参观、访问、讲学和进修等,与此同时,也接待国外图书馆专业人员来华考察、参观、访问、讲学和进修。

一、人员互访

自新中国建立以来到一九八九年,据不完全统计,中国曾先后组织图书馆代表团或派专业人员访问了日本、伊朗、朝鲜、蒙古、印度、泰国、缅甸、新加坡、巴基斯坦、叙利亚、菲律宾、土耳其、坦桑尼

图 142　一九五七年左恭(后排右四)等
四人在国外考察

亚、阿尔及利亚、突尼
斯、尼日利亚、肯尼亚、
埃及、苏联、民主德国、
罗马尼亚、捷克斯洛伐
克、匈牙利、波兰、南斯
拉夫、保加利亚、英国、
荷兰、联邦德国、瑞士、
西班牙、葡萄牙、奥地
利、意大利、比利时、法
国、卢森堡、挪威、瑞
典、丹麦、芬兰、美国、
加拿大、墨西哥、智利、
阿根廷、委内瑞拉、澳大利亚、新西兰和香港等50个国家和地区,
共200余起800余人次。访问期间,参观了各国的国家图书馆、大
学图书馆、公共图书馆、少儿图书馆、图书馆学校等,并与专业人员
进行交流与座谈,访问次数最多的国家是日本、美国、英国和澳大
利亚等国。与此同时,据不完全统计,曾接待了日本、伊朗、朝鲜、
蒙古、印度、泰国、缅甸、巴基斯坦、菲律宾、坦桑尼亚、阿尔及利亚、
尼日利亚、埃及、英国、苏联、民主德国、保加利亚、意大利、法国、捷
克斯洛伐克、波兰、匈牙利、荷兰、联邦德国、丹麦、瑞典、挪威、美
国、加拿大、智利、委内瑞拉、澳大利亚、香港、澳门等34个国家和
地区的图书馆代表团和专业人员来华参观、访问和交流,共500余
起3000余人次。来访次数和人数最多的是日本、美国、澳大利亚
等国。访问期间,外宾先后在北京、天津、上海、南京、西安、武汉、
广州、杭州等地参观了中国的一些图书馆和图书馆学院(系)。有
的还举行了报告会或座谈会,与专业人员进行业务交流等。

二、图书馆、图书馆学会（协会）、图书馆学院（系）之间的互访

图书馆与图书馆之间、图书馆学会（协会）之间、图书馆学院（系）之间以及友好省、市间的图书馆交流也日益增多。如中国北京图书馆与日本国立国会图书馆、英国不列颠图书馆、朝鲜人民大学习堂，中国科学院图书馆与美国希顿·霍尔大学图书馆，中国农业科学院图书馆

图143　一九八七年日本国立国会图书馆代表团与北京图书馆进行两馆间工作会晤

与美国国立农业图书馆之间的互访。中国图书馆学会与英国图书馆协会，武汉大学图书情报学院与美国西蒙斯图书馆学院，湖南图书馆与日本滋贺县图书馆的互访等。

三、互派留学生、进修生、实习生

为了学习和借鉴外国图书馆的经验，从一九四九年到一九八九年，北京图书馆、上海图书馆、中国科学院图书馆、中国农业科学院图书馆、中国医学科学院图书馆、北京大学图书馆、武汉大学图书情报学院、北京大学图书馆学情报学系和华东师范大学图书馆学情报学系等单位先后向苏联、美国、加拿大、英国、联邦德国、比利时、日本、澳大利亚、新西兰等国派出156人到图书馆工作、进修或到图书馆院校学习。与此同时，也先后接待了日本、美国、加拿大、英国、澳大利亚、越南等国的图书馆界人员10多人来华学习。

四、互建图书馆

为了加强友好城市之间的文化交流,一九八〇年上海与美国旧金山结成友好城市后,一九八四年两市市长在上海会晤达成协议,确定在上海和旧金山各建一所友谊图书馆,向社会开放。协议双方每年互赠书刊 5000 册及一定数量的声像资料。上海——旧金山友谊图书馆附设在上海图书馆内。一九八六年十一月十五日上海市市长江泽民和旧金山市市长法因斯坦剪彩开馆。旧金山——上海图书馆设在旧金山大学内,于一九八七年开放。一九八三年,北京图书馆利用日本出版物贩卖株式会社的赠书设立了日本出版物文库阅览室。湖南图书馆也以日本滋贺县的赠书在馆内设立了滋贺友好文库。

此外,一九六七年,中国根据与毛里塔尼亚政府签订的协议,为毛里塔尼亚建立"文化之家"、"青年之家"各一所。在"文化之家"内设有国家图书馆,建筑面积 1500 平方米。该项建筑于一九七一年建成。全部设备(包括缩微复制设备)由中国提供。

第三节 　学术交流

一、举办讲座、报告会、展览

中国图书馆学会成立后,中国图书馆界加强了与国外同行的学术交流,例如一九八〇年三月中国图书馆学会与美国国际交流总署在北京、上海联合举办"图书馆业务研讨会",全国各省、市、自治区图书馆学会共派出 140 名代表参加了南北两地的研讨会。一九八二年五月,中国医学科学院、首都医科大学、中华医学会和美国洛克菲勒基金会在北京联合举行"医学图书馆管理讨论会"。

一九八六年九月，中国图书馆学会与国际图联在北京共同举办"图书馆学情报学教育与研究国际学术研讨会"。有 11 个国家的 46 名专家、教授出席了会议。一九八七年七月，中国图书馆学会与中国出版对外贸易总公司在北京民族文化宫举办美国大学的东亚图书馆馆长代表团业务报告会。一九八七年十月，北京图书馆在北京举办了"中文文献处理自动化发展战略国际研讨会"。一九八一至一九八九年中国图书馆界先后参加了在日本、美国、加拿大、新加坡、香港等国家与地区举办的"中国古代书籍史展览"、"中国现代书籍展览"、"中国古籍插图展览"、"中国古代版画展览"等。从一九五一至一九八九年先后邀请苏联、美国、英国、日本、联邦德国、澳大利亚等国的图书馆学和图书保护学专家，如苏联的雷达娅，美国的林瑟菲、刘钦智、李志钟、斯图亚特，英国的克莱门等人来华讲学。与此同时，中国也派出古籍版本学专家冀淑英、李致忠、丁瑜和图书修复专家肖顺华等分别到英国、美国、新加坡、印度等国讲学。

二、国际书刊交换

新中国建立后不久，北京图书馆、中国科学院图书馆、北京大学图书馆、中国医学科学院图书馆等单位就开展了国际书刊交换工作。这几个单位的分工是，北京图书馆以全国各出版社的书刊进行交换，其余图书馆原则上只以本单位的出版物进行交换。当时主要的交换对象是苏联、东欧和亚洲一些国家。随着中国国际地位的日益提高，一些西方国家、如英、美、法、意大利、加拿大等国的图书馆先后与中国图书馆建立了交换关系。一九五六年中共中央发出"向科学进军"的号召之后，各馆都主动发展交换单位，着重与一些科学技术较发达的国家的学术单位建立联系。到一九六五年底，北京图书馆对外联系的国家和地区已达 127 个，交换单位达 3389 个。当年收到书籍 19853 种 25483 册，期刊 4788 种 54447

册。寄出书籍 483 种 21189 册，期刊 155 种 127767 册。同年，中国科学院图书馆联系的国家达 69 个，交换单位 1829 个。收到图书 2711 册，期刊 206777 册。寄出图书 133 册，期刊 9601 册。从而充实了图书馆的馆藏，促进了科学研究的发展，使图书馆在生产建设上发挥出更大的作用。

图144　北京大学图书馆学系教师和苏联专家雷达娅合影

　　"文化大革命"的十年，交换工作处于维持状态。粉碎"四人帮"后，特别是中共十一届三中全会以来，这项工作又得到了较大发展。一九七九年三月，中共中央宣传部批转国家文物事业管理局《关于扩大对外图书交换的请示报告》后，除原有的北京图书馆、中国科学院图书馆、北京大学图书馆等单位继续进行交换工作外，一些省级以上公共图书馆、大专院校及科研单位的图书馆也与国外相应机构开展了书刊交换工作。据不完全统计，从一九四九到一九八九年仅北京图书馆、中国科学院图书馆、中国农业科学院图书馆、中国医学科学院图书馆、民族图书馆、北京大学图书馆等单位就从国外换回书刊达 250 多万册，寄出书刊 300 多万册。

三、国际书刊互借

　　为了促进与各国的文化交流，北京图书馆从一九五四年起就先后与苏联国立列宁图书馆、苏联科学院图书馆、朝鲜国立中央图书馆、英国不列颠图书馆等单位建立了国际互借关系。到一九八九年该馆已与世界五大洲 34 个国家的 90 个图书馆建立了国际馆际互借关系。一九八五至一九八九年, 国际互借量达 3930 册（件）。

结束语

中华人民共和国建立以来的四十年间,在中国共产党和人民政府以及各系统图书馆事业主管部门的领导下,经过广大图书馆工作者的努力奋斗,新中国图书馆事业取得了巨大的成就。主要表现在:图书馆事业的规模逐步扩大,各类型各级别图书馆普遍设立;新建和扩建了一大批图书馆馆舍,图书馆设施条件不断得到改善;图书馆藏书建设成绩显著,历代流传下来的祖国丰富的文献宝藏得到了较好的保护,新中国建立后积累的文献成倍增加,这些珍贵而丰富的馆藏已构成中国图书馆事业为社会主义物质文明和精神文明建设服务的重要物质基础;图书馆业务基础工作和文献工作标准化也取得很大成绩;图书馆学研究呈现一派繁荣景象,学术成果不断涌现并且达到了一定水平,专业书刊的出版不仅数量不断增加,而且质量也在逐步提高;现代化技术在不少图书馆得到应用,传统的手工操作的状况在开始改变;各系统图书馆之间以及图书馆与科技情报部门之间的协调与协作得到了发展和加强;图书馆学教育迅速发展,图书馆干部队伍不断发展壮大;图书馆的对外交流与合作进一步扩大,中国图书馆事业在国际上的影响日益增强;各类型各级别的图书馆发挥其特点和优势,积极为社会主义建设事业服务,做出了突出的贡献。新中国图书馆事业四十年所取得的上述成就是旧中国无法比拟的,在当代世界图书馆事业的发展中也占有重要的地位。

回顾新中国图书馆事业四十年发展的道路,并非一帆风顺,其间也曾受到"左"的思想影响,遭到"文化大革命"的严重破坏,但总的来说,取得的成绩是巨大的。这当中,既有成功的经验,也有失误的教训。概括起来,主要有以下几个方面:

一、做好图书馆工作,要正确理解和认识图书馆的社会职能,全面发挥图书馆工作在社会主义物质文明和精神文明建设中的作用

图书馆事业是国家科学、文化、教育事业的一个重要组成部分,在中国社会主义建设中有着它重要的地位,它在传播知识、交流信息、培养人才、促进国内外文化交流、保护祖国文化遗产、支援社会主义建设等方面发挥着重要作用。这一切是通过图书馆履行其社会职能来体现的。但是怎样全面理解它的社会职能以及如何正确处理各种社会职能间的相互关系,在实践和认识之间,还存在一定的差距,而且是经过了一些曲折才逐步得到比较正确的认识并把它贯彻到具体工作中的。

新中国建立初期,为满足刚刚得到翻身解放的广大劳动人民读书学习的需要,公共图书馆,不论是国家图书馆,还是省、市、县图书馆,都强调为广大工农兵服务,以宣传新文化知识和提高文化水平为重点,使广大工农兵群众直接感受到中国共产党和人民政府关心他们的文化生活,极大地焕发了他们投入社会主义革命和社会主义建设的热情。这一时期,图书馆在发挥其社会教育职能上所取得的成绩是很大的,应予以充分肯定。但正如一九五六年七月第一次全国图书馆工作会议指出的:"我们对于图书馆事业是教育人民大众的工具同时又是提供科研资料的宝库认识不够,我们没有强调类型不同的图书馆在任务方面的差别性,因而在方针指导上只强调了教育大众,提高人民思想、政治和文化水平,而没有同时清楚地指出提供科研资料的重要性和应有的地位,以致在实际工作中,大家都在进行普及图书的流通工作,而对于提供研究资料的工作却照顾的很少,甚至有的就忽略了这一必要的工作。"这次会议后,在为配合向科学进军的工作中,国家图书馆、省级以上公共图书馆大都摆正了自己的工作重点,加强了为科学研究服务的工作。但在纠正过去偏向的同时又出现了另一种偏向,即一些本来在为大众服务方面做的很好的图书馆却放松了这方面的努力。在"文化大革命"中,由于"左"的指导思想的影响,对图书馆职能的片面性认识,如把阶级性当成图书馆的唯一属性,把为阶级斗争服务当成图书馆的唯一职能,甚至提出图书馆是阶级斗争的工具的错误说法。在这种错误思想指导下,图书馆服务工作根本不提为科研和生产服务,把为工农兵服务与为干部、知识分子服务对立起来。由于对图书馆职能作用的这种错误理解,结果给图书馆的藏书建设、目录建设、读者服务工作以及其他业务工作带来了严重的后果。这是应该记取的深刻教训。中共十一届三中全会以后,随着实事求是思想路线的重新确立和拨乱反正,图书馆界在总结"文化大革命"前十七年和"文化大革命"中经验教训的基础上,划清了正确思想与极左思想的界限,端正了对图书馆的性质、社会职能和作用的认识。一九八二年十二月,文化部颁布的《省(自治区、市)图书馆工作条例》明确规定,图书馆应坚持为人民服务,为社会主义服务的方向,利用书刊资料为社会主义物质文明和精神文明建设服务。一九八七年八月,经中共中央和国务院领导批示同意,由中共中央宣传部、文化部、国家教育委员会、中国科学院联合下发的《关于改进和加强图书馆工作的报告》中进一步提出"图书馆必须坚持为人民服务、为社会主义服务的方向,要把开发文献信息资源,最大限度地满足四化建设对文献信息的需要,培养有理想、有道德、有文化、有纪律的社会主义新人,为实现党在新时期的总任务、总目标服务作为自己的根本任务。"自一九七八年实行改革开放到一九八九年十余年间,图书馆在为科学研究提供书刊资料,充分发挥情报职能,做好为社会主义物质文明建设服务工作的同时,也全面履行图书馆的教育职能,广泛开展社会主义教育和文化知识的普及,为广大人民群众提供优秀健康的精神食粮,为社会主义精神文明建设服务也做了大量卓有成效的工作。四十年来的经验表明,要做好图书馆工作,充分发挥图书馆在社会主义物质文明和精神文明建设中的作用,必须全面理解和正确履行图书馆的社会职能,并且正确处理各种社会职能之间的关系。

在社会主义初级阶段,中国共产党的基本路线是以经济建设为中心,坚持四项基本原则,坚持改革开放。图书馆拥有丰富文献资源,肩负着传播科技知识和信息的职能及教育职能,必须充分开发和利用馆藏文献资源,服务和服从于经济建设这个中心,积极主动地为加快经济发展服务,为科学技术进步和提高人民群众的科学文化素质服务。只有始终不渝地坚持这样做,图书馆事业才能保持旺盛的生命力。

二、做好图书馆工作,必须尊重图书馆工作的客观规律,正确认识和处理图书馆工作的各种矛盾关系

图书馆是由各个业务工作环节组成的系统。在这个系统中存在着各种各样的矛盾。如有限的藏书与读者多种需求之间的矛盾,无限增长的藏书与有限的空间之间的矛盾,图书馆读者服务工作与藏书工作之间的矛盾,图书馆传统的工作方法与采用现代化手段之间的矛盾,图书馆管理与社会利用之间的矛盾等等。在正确分析和处理这些矛盾关系的过程中,人们不断总结经验,获得了对图书馆工作规律性的认识。要做好图书馆工作,就必须尊重图书馆工作的客观规律。图书馆的领导人和图书馆事业的主管机关都必须依据这些客观规律,按照一定的原则去管理图书馆。而作为一个图书馆工作者,也必须按照图书馆工作的规律去从事自己的本职工作。任何忽视图书馆工作的科学性、学术性的认识和做法,都会给图书馆工作造成损失。在这个问题上,曾经有过深刻的教训。一个时期内,在"左"的指导思想影响下,特别是在"文化大革命"中,忽视图书馆藏书的连续、积累和系统性,随意中断书刊的采购,随意封存所谓"封资修"的书刊,甚至对一些书刊进行"技术处理"以至销毁,造成了难以弥补的损失。又如在分类法的编制过程中,一个时期在类目设置上存在着形而上学,片面地强调思想性,给类目乱贴政治标签,忽视分类法的科学性、稳定性和实用性,给藏书和目录组织造成严重后果。中共十一届三中全会后,图书馆界逐步清理了过去"左"的思想在图书馆工作中的影响,图书馆工作的科学性、学术性得到尊重,人们比较自觉地认识了图书馆工作的基本规律并在实践中运用这些规律,从而使图书馆工作出现新的局面。

一九七八年实行改革开放以来,十多年的经验还表明,做好图书馆工作,还要突破传统的办馆思想,破除传统观念,搞好和不断深化图书馆自身的改革,包括机构体制、业务管理、服务方式、人事制度等方面的改革。改革的过程,也是认识和处理图书馆工作各种矛盾关系,寻求新的解决途径和办法的过程。

图书馆工作的实践还表明,为了提高对图书馆工作规律性的认识,为了增强图书馆工作的科学性,以便进一步做好图书馆工作,加强图书馆学理论与应用研究就更显得十分必要。图书馆工作实践不断提出新的课题,图书馆工作者在研究和解决这些课题中不断丰富和发展图书馆学理论,并进一步指导图书馆工作的实践。因此,做好图书馆工作,还必须重视和加强图书馆学研究。

三、加强各系统图书馆之间以及图书馆与科技情报部门之间的协调与协作,加强宏观管理,是发挥图书馆和情报工作的整体效益,发展图书馆事业的一条重要途径

文献是一种资源,必须统筹规划,把它们组织起来,充分合理使用。国内外图书馆的实际情况表明:图书馆空间、人力、财力、物力的有限性与现代文献数量激增、读者需求迅速增长的矛盾日益尖锐,使得任何一个图书馆都难以满足多方面、多层次的需要,而且任何一个图书馆都不可能,也无必要把所有文献收集齐全。特别是对于中国这样一个尚不富裕的大国,怎样使有限的经费包括引进国外文献的外汇合理使用,尽可能多地引进国外文献的品种和数量,减少重复浪费,就必须加强各类型、各系统图书馆之间的协调与协作,这不但是图书馆事业整体发展的需要,也是文献资源共享的客观要求,更为新中国图书馆事业发展的实践所证实。经验表明,什么时候,图书馆之间,图书馆与科技情报部门之间的协调与协作工作搞得好,图书馆事业的整体作用就发挥得越充分,对社会的贡献也就越大;哪一个地区,哪一个系统图书馆间的协调与协作搞得好,这个地区,这个系统的图书馆工作就搞得有声有色。一九五七年国务院批准《全国图书协调方案》后到一九六六年的近十年间,被中国图书馆界公认为图书馆间协调协作工作卓有成就的时期。这一时期的实践以及一九八七年十月部际图书情报工作协调委员会成立两年来的实践,充分证明了加强图书馆间协调协作工作的迫切性。

四、培养、建设一支具有良好政治、思想、文化和业务素质的干部队伍是做好图书馆工作的重要条件

图书馆工作是一项服务性很强的工作。图书馆事业能不能发展,图书馆工作有没有旺盛的生命力,不仅取决于社会对它的需要,而且取决于它能不能很好地提供图书资料为社会各方面服务。图书馆服务工作做得好,图书馆的作用发挥得愈大,人们就愈重视它,图书馆事业以及图书馆工作者的社会地位就愈得到确认,图书馆事业也就会更快更好地发展。这一良性循环已被不少地方和部门图书馆工作发展的实践所证明。正因为图书馆的社会价值,它的社会职能的实现是通过图书馆工作者卓有成效的服务来实现的。要办好图书馆,发展图书馆事业,除了有好的馆舍,一定数量的藏书等物质条件以外,还要有一支好的干部队伍。因此提高图书馆工作者的政治思想素质、培养他们全心全意为人民服务的自觉性具有十分重要的意义。图书馆工作者应该具有高度的社会主义觉悟,强烈的事业心、无私奉献的崇高精神和良好的职业道德。

图书馆是人类知识的宝库,图书馆的藏书包括古今中外,涉及的知识领域非常广泛。图书馆工作又是一门学术性、科学性较强的专业工作。因此,图书馆工作人员既要有相当的科学文化基础知识,又要具备图书馆业务基础知识。所以,做好图书馆工作,要求图书馆工作者不仅要提高政治思想素质,而且要不断提高文化和业务水平。

要达到上述要求,必须注意发展图书馆学教育,必须重视对工作人员进行在职教育。同时,还要不断加强图书馆工作人员的思想政治工作,重视对图书馆工作人员的职业道德教育。

领导是办好事业的关键。各地的经验表明,哪一个图书馆的领导班子配备的好,图书馆馆长有强烈的事业心和责任感,有较高的文化素质和管理能力,能够团结全馆人员一道工作,这个馆的工作一定会做得比较出色。

五、图书馆事业的发展,必须同国家的经济和社会发展相适应

新中国图书馆事业发展正反两方面的经验表明,图书馆事业的发展不能脱离经济发展的水平,它受到经济的制约。图书馆事业发展的规模大小,设施装备的优劣,藏书等物质基础的丰厚与否在很大程度上取决于社会的经济状况。不顾经济承受能力,超越客观需要和经济条件,凭主观愿望盲目超前发展,图书馆事业就不可能得到巩固和提高。这已经被一九五八年"大跃进"前后图书馆事业大起大落的教训所证实。中共十一届三中全会以来,随着改革开放和社会主义现代化建设的迅速发展,中国的综合国力得到很大提高。经济状况的改善,为图书馆事业的发展提供了可靠的物质基础,使得一九七九年到一九八九年,成为新中国图书馆事业发展的繁荣时期。正反两方面的经验证明,凭主观愿望,不顾客观需求和经济承受能力,图书馆事业不可能得到持续、稳定发展;另一方面,在经济条件许可的情况下,如不相应地发展图书馆事业,则是一种短视行为,不利于经济的进一步发展。办好图书馆,发展图书馆事业,固然需要国家投资,会花费一定的人力、物力、财力,但它会给国民经济和社会发展特别是对国民文化素质的提高带来巨大的、无穷的效益。这已被图书馆大量的服务成果所证实。因此,在以经济建设为中心,发展教育、科学、文化事业时,还应该足够重视图书馆事业的发展,以使它对国家的经济和社会发展提供智力支持,起到更大的推动作用。

中共十二大提出了到二十世纪末全国工农业总值比一九八〇年翻两番,人民物质文化生活达到小康水平。中共十三大提出了"一个中心,两个基本点"的基本路线。广大图书馆工作者完全有理由相信,国家经济实力的日益增强和科学技术的迅速发展将为图书馆事业的发展奠定坚实的物质基础;教育的普及,全民族科学文化水平的提高,尊重知识、尊重人才风尚的确立,将给图书馆事业的发展造成优越的社会环境。

但是,无庸讳言,由于中国图书馆事业底子薄,基础差,图书馆事业无论在数量上、规模上、类型多样化上,还是在普及程度和利用方便上都与广大人民群众的需要和社会主义现代化建设的要求相差甚远。此外,图书馆干部队伍的业务素质也有待进一步提高,图书馆的现代化水平与国外发达国家相比还有较大差距。所有这些问题,都是图书馆事业发展中出现的问题,是前进中的困难。

今后,建设和发展图书馆事业的任务是艰巨的,摆在面前的困难很多,需要经过长期努力。但同时也要看到,这些问题的解决还需要一个过程。在中国这样一个发展中的处于社会主义初级阶段的国家里,经济实力和社会发展水平将继续制约着图书馆事业的发展,不可能设想图书馆事业的整体水平在短期内与图书馆事业发达国家并驾齐驱。

由于有了四十年图书馆事业发展的基础，可以预见二十世纪最后十年，中国图书馆事业将获得更大的发展。

后　记

　　《当代中国的图书馆事业》一书主要叙述了一九四九年中华人民共和国建立到一九八九年四十年间,中国图书馆事业的发展、成就和从中得到的一些经验和教训。

　　本书的编写工作是由文化部图书馆司、文化部政策研究室、国家教委全国高等学校图书情报工作委员会、中国图书馆学会、北京图书馆、首都图书馆、中国科学院图书馆、中共中央马恩列斯著作编译局图书馆、武汉大学图书情报学院、北京大学图书馆学情报学系、华东师范大学图书馆学情报学系等单位组成的编委会领导下进行的。日常编务工作由文化部图书馆司牵头,有关单位派人参加组成的编辑部负责。在编写过程中得到了全国各系统图书馆主管部门、图书馆及图书馆学院(系)等单位的大力支持和帮助。许多单位、许多同志热心为本书的编写提供了宝贵的意见和大量的文稿、资料、图片等,在此一并深表谢意。

　　中国图书馆事业,包括公共、学校、科学技术、工会、部队等系统。四十年来,经历了曲折的发展道路,并且遭受到"文化大革命"的严重破坏,现存资料和统计数字,还很不完整,因此在史料的收集、数字统计、事例选择、图片配置等方面都受到一定的限制,书中定会有不少差漏和不足之处,加上我们的经验不足、能力有限、编辑上的缺点更是难免,谨请广大读者批评指正。

《当代中国的图书馆事业》编辑部

附录 当代中国图书馆事业大事年表
（一九四九— 一九八九年）

一九四九年

二月十三日　中国人民解放军北平市军事管制委员会文化接管委员会派尹达、王冶秋、马彦祥为代表接管国立北平图书馆。

三月五日　北平市军事管制委员会文化接管委员会决定王重民为国立北平图书馆代理馆长。

三月八日　郭沫若、周建人、许广平、楚图南、翦伯赞等人到国立北平图书馆参观,郭沫若为该馆职工做"中国抗战与中国共产党"为题的报告。

三月二十五日　贺孔才捐赠国立北平图书馆图书 1408 种 17668 册,其中善本书 80 种 1217 册。

五月四日　国立北平图书馆举办五四史料展览。

六月六日　华北高等教育委员会宣布成立,北平市军事管制委员会文化接管委员会所接管的图书馆、博物馆等单位均划归该会领导。

八月二十六日　兰州解放,九月兰州市军事管制委员会接管国立兰州图书馆。十月甘肃省公立图书馆与国立兰州图书馆合并,成立西北人民图书馆,后改为甘肃省图书馆。

八月　北京大学文学院开办图书馆学专修科,学制二年。王重民兼任专修科主任。

同月　《东北图书馆图书分类法》出版。

九月　北平市军事管制委员会文化接管委员会将金代刻印的《大藏经》(又称:"赵城藏")4330多卷,拨交国立北平图书馆。

十月　中央人民政府文化部(简称文化部)成立。政务院任命沈雁冰为部长。在文化部下设文物局,负责管理全国文物、博物馆、图书馆事业。并任命郑振铎为局长,王冶秋为副局长。十月三十一日,将原由华北高等教育委员会管理的故宫博物院、国立北平图书馆移交文化部领导。国立北平图书馆改名为北京图书馆。

同月　随着中国人民解放军的胜利进军,人民政府先后接管了旧中国的公共图书馆和其他各类型的图书馆。

一九五〇年

一月七日　江苏常熟铁琴铜剑楼后人瞿济苍将其家藏宋元明善本书52种1776册,通过文化部文物局捐给北京图书馆,同年三月七日又捐赠宋元明善本书20种。

一月十二日　全国总工会常委扩大会议二次例会通过的《一九五〇年加强工人政治文化技术教育工作的指示》中提出:在一九五〇年内凡有2000人以上的工厂、企业,应创设一个俱乐部、图书馆及业余剧团。凡有5万人以上的城市应创设一个比较像样的全市性的工人俱乐部、工人图书馆……。

一月　文化部文物局资料室主编的《文物参考资料》(月刊)创刊,内容包括图书馆工作的研究与报道。一九五四年停刊。

二月二十五日　文化部制订《中央人民政府文化部组织条例(草案)》,其中第四条第三款规定具体掌管下列事项:1.关于全国图书馆、博物馆之管理与指导事项。……4.关于具有重大历史、文物、革命史迹价值之图书馆、博物馆之保护与设置事项。

同月　许广平将北京宫门口西三条21号鲁迅故居及故居所藏图书、拓本,全部捐献给国家。文物局接受后将其中图书5195

册又 274 件,金石拓本 4030 张,拨交北京图书馆。

三月十九日　南京原国立中央图书馆改名为南京图书馆,直属文化部文物局领导,同时接受华东军政委员会文化部领导。

四月二十八日　中国科学院在办公厅设立图书管理处,其主要任务是:1.统一管理全院图书工作;2.供应并调剂各研究所的图书资料;3.负责对国外交换图书。

五月二十四日　中央人民政府政务院颁布《关于规定古迹、珍贵文物图书及稀有生物保护办法》和《禁止珍贵文物图书出口暂行办法》。

六月二日　文化部文物局召开有关编制分类法的座谈会。会议由郑振铎主持。出席座谈会的专家和有关人员对编制新分类法的理论问题和技术问题进行了讨论。

六月二十日　全国总工会第 43 次常委扩大会议通过《基层文教委员会任务和组织条例》。在第七条工作任务中提出:要建立与管理图书馆。

七月一日　中央人民政府出版总署图书馆正式成立,由孙伏园任馆长。一九五四年改为文化部出版局版本图书馆,一九八三年又改为中国版本图书馆。

八月七日　西南人民图书馆成立。一九五五年五月,和重庆市人民图书馆合并,改为重庆市图书馆。

十月十一至十四日　文化部召开各大行政区文化部文化处长会议,会议讨论了有关图书馆事业发展方向、普及与提高、人才培养等问题。

同年　全国总工会召开了全国第一次工会俱乐部工作会议,决定在俱乐部内设立图书馆、阅览室。

同年　中国人民解放军总政治部文化部设立俱乐部工作处,领导全军的俱乐部工作,其中包括图书馆工作,并明确俱乐部、图书馆应执行"面向连队,为兵服务"的总方针。

同年　北京白云观道士将所藏的明刊《道藏》512 函,4725 册和残藏 2596 册,捐给政府。文化部文物局接收后,将前者拨交北京图书馆保存,后者拨交故宫博物院图书馆保存。

同年　北京图书馆顾子刚将《永乐大典》3 册,甲骨 2 盒,《东方杂志》(1904—1937 年)108 册,捐给北京图书馆。

同年　傅忠谟将其先人傅增湘珍藏的宋版百衲本《资治通鉴》、宋写本《洪范政鉴》等善本书捐给政府。由文化部文物局拨交北京图书馆收藏。其后,傅忠谟续将其先人手校书计 100 种 576 册、图卷 28 件捐给北京图书馆。

同年　出版总署图书期刊司编印发行《1950 年全国新书目》。该刊一九五一年继续由出版总署图书馆编印,改为季刊;一九五二年改为半年刊;一九五三年十月起改为《每月新书目》;一九五五年初出版总署撤销,自五月起改由文化部出版事业管理局版本图书馆编印,定名为《全国新书目》(月刊),后刊期有数次变动,一九六六年七月停刊,一九七二年五月复刊,从一九七三年起改为月刊。

一九五一年

一月八日　青海省图书馆失火,藏书遭受严重损失。

二月三日　中国科学院第一次院务会议决定:1. 图书管理处改为图书馆,作为全院管理、供应和对外交换图书的机构,直属院长领导;2. 图书馆馆长由陶孟和副院长兼任。

二月二十一日　教育部召开座谈会,讨论在高等学校中,设立图书馆、博物馆学系的问题。

三月　文化部文物局发表全国图书馆事业一般情况的综合调查报告。全国有各种类型图书馆 391 所,藏书总数 2689 万册。

四月十日　东北人民政府文化部召开东北地区公共图书馆工作会议。会议通过了《把公共图书馆工作向前推进一步》的报告。

六月六日　文化部发出《关于禁止珍贵文物图书出口暂行办法》。

七月二十三日　商务印书馆董事会将所藏《永乐大典》21册捐献给中央人民政府,由文物局拨交北京图书馆收藏。

七月　文化部文物局将苏联列宁格勒大学东方学系图书馆送还中国的《永乐大典》11册,拨交北京图书馆收藏。

八月十日　文化部对各地有关文物机构的领导关系与行文关系做了规定。指出:南京图书馆归华东文化部领导。

八月十六日　文化部接办私立武昌文华图书馆学专科学校,委托中南军政委员会教育部领导。

十月一日　根据文化部第27次部务会议决定,文物局与科学普及局正式合并,定名为社会文化事业管理局,主管全国公共图书馆工作。

同年　山东省图书馆编辑出版的《报刊资料索引》(双月刊)创刊。一九五五年一月,移交上海报刊图书馆编辑出版,一九五六年二月改名为《全国主要报刊资料索引》。一九五六年七月　改为月刊。一九五八年由上海图书馆编辑出版。一九六六年九月停刊。一九七三年十月复刊,改名《全国报刊索引》(月刊)。一九八〇年起,分哲学、社会科学版和科学技术版两种版本出版。

一九五二年

七月二十二日　上海图书馆正式开放。

八月十六日　政务院公布《管理书刊出版业、印刷业、发行业暂行条例》,其中第八条第九项规定:"每种书刊出版后,应向各级出版行政机关及国立图书馆送缴样本,其办法另订立。"

九月二十九日　北京图书馆举办中国印本书籍展览。共展出中国古代和现代的印本书1000余种,包括瑞金时代中央印刷厂印行的《红色中华》报等。

十月　《中国人民大学图书馆图书分类法》编成,一九五四年出版。

十一月十七至二十二日　中国科学院图书馆召开第一次全院图书工作会议。

十二月　翁之憙捐赠北京图书馆书籍 647 种 1827 册,又杂件 5 包。其中大部分是善本书。

一九五三年

四月七日　文化部发出《关于旧书刊处理办法》的指示。

四月二十五日　郭沫若捐赠北京图书馆图书 364 种 2059 册,著作手稿 23 种 1846 页。

四月　冯仲云任北京图书馆馆长。一九五四年九月离任。

五月五日　北京图书馆举办马克思诞生一百三十五周年纪念展览。

六月　上海市文化事业管理局接管上海市合众图书馆,该馆原为私人藏书家所创办,以收藏历史文献为特点,后改名为上海市历史文献图书馆。

九月一日　武昌文华图书馆学专科学校并入武汉大学,改为图书馆学专修科。学制三年。

九月二十七日　由中国人民保卫世界和平委员会、中华全国文学艺术界联合会、中华全国文学工作者协会、中华全国科学技术普及协会和北京图书馆等单位联合在北京图书馆展览厅举办世界文化名人:屈原、哥白尼、拉伯雷、何塞·马蒂纪念展览。

十月　北京图书馆与一些省、市公共图书馆开展邮寄借书。

十二月三十一日　文化部文物局将周叔弢捐献的善本书 715 种 2672 册,拨交北京图书馆收藏。

同年　北京图书馆在官厅水库、丰沙铁路线、南苑五里店农场、北京市建筑工地等处建立 40 个图书流通站。

一九五四年

二月十六日　瞿凤起、瞿济苍、瞿旭初捐献北京图书馆善本书99种600册。

三月　东北图书馆与沈阳市科学普及协会联合举办了社会主义工业化科学知识讲座。

四月　北京图书馆、上海图书馆设置图书流通车在市郊巡回服务。

六月七日　文化部、全国总工会发布《关于加强厂矿、工地、企业中文化艺术工作的指示》。其中规定："省、市图书馆,特别是所在地区有较多厂矿企业的图书馆,应加强与厂矿、企业的工会图书馆的联系与配合,并应帮助工会组织的图书馆工作干部学习业务"。

六月十四日　中国驻苏大使馆将苏联国立列宁图书馆送还的《永乐大典》52册拨交北京图书馆收藏。

八月十至十月二十一日　文化部社会文化事业管理局、北京图书馆和北京大学图书馆学专修科在北京联合举办公共图书馆工作人员训练班。

十一月　闻一多夫人高真和梁启超女儿梁思顺等分别将闻一多手稿170多种8841页和梁启超的手稿393种8266页捐献给国家,交北京图书馆收藏。

同月　文化部副部长丁西林兼任北京图书馆馆长。一九七三年离任。

一九五五年

二月十一日　《图书馆工作》(双月刊)创刊,《图书馆工作》编辑委员会编,文化部社会文化事业管理局出版。从一九五五年第三期起,改由北京图书馆出版。一九五七年改为月刊,一九六〇年停刊。

四月二十五日　文化部颁发《文化部关于征集图书杂志样本办法》。

四月　文化部指定中国科学院图书馆负责保存全国出版物样本。

七月二日　文化部颁发《关于加强与改进公共图书馆工作的指示》。提出图书馆事业为无产阶级政治服务,为社会主义建设服务,为工农兵服务的方针;规定公共图书馆担负着普及与提高并举的任务。

七月十一至十八日　全国总工会在北京召开全国第一次工会图书馆工作会议。

七月　文化部社会文化事业管理局请苏联图书馆学专家雷达娅女士来华工作。一九五七年七月回国。

八月　中华全国总工会发布《关于工会图书馆工作的规定》、《关于清理工会图书馆藏书的决定》、《工会图书馆订阅报纸杂志参考标准》。

十月　中国科学院图书馆编的《中国科学院图书馆通讯》(月刊)创刊,一九六〇年停刊。

十一月四日　《图书馆工作》编辑委员会召开"少年儿童图书馆工作座谈会",讨论研究了进一步开展少年儿童图书馆工作。

十二月　由新华书店总店编辑的《全国总书目》(1949－1954年合订本)正式出版,自一九五六年起改由版本图书馆编辑,中华书局出版。一九六六至一九六九年停编。以后每年出一本。

同月　周恩来总理视察云南大学图书馆。周总理说:"应该有个好的图书馆,能够代表新中国发展的气派和新中国边疆的文化。云南少数民族多,可以研究的东西很多,要为边疆的研究工作提供条件。"

一九五六年

一月十四日　周恩来总理在中共中央召开的关于知识分子问题会议的报告中指出："具有首要意义的是使科学家得到必要的图书、档案资料、技术资料和其他工作条件。必须增加各个研究机关和高等学校的图书费，并加以合理使用。加强图书馆、档案馆、博物馆的工作，极大地改善外国书刊进口工作，并且使现有的书刊得到合理分配。"

一月　上海市高等教育局召开高等学校图书馆馆长座谈会，讨论了大学图书馆如何配合教学与为科学研究服务，馆际之间的统一调配图书以及编印联合目录等问题。

七月五至十三日　文化部在京召开全国图书馆工作会议。与会代表讨论了"明确图书馆的方针任务，为大力配合科学进军而奋斗"的报告。会议指出图书馆工作的基本任务：一项是为科学研究服务；另一项是为普及文化教育服务。

七月三十日　北京市高等学校图书馆举行座谈会，主要讨论了高等学校图书馆工作的方针任务、组织机构、书刊整理和补充等问题。

七月　北京图书馆举办世界文化名人萧伯纳诞生一百周年，易卜生逝世五十周年展览和讲演会。

八月二十八日　《人民日报》发表题为《向科学进军中的图书馆工作》社论。

九月　北京大学图书馆学专修科和武汉大学图书馆学专修科均改为四年制的图书馆学系。北京大学图书馆学系举办图书馆学函授班。

十二月五至十四日　高等教育部在北京召开全国高等学校图书馆工作会议。会上明确了高等学校图书馆是"为教学和科学研究服务的学术性机构"。会议制订了《中华人民共和国高等学校图书馆试行条例(草案)》等 4 个文件。

十二月　中国图书馆学会筹备委员会成立。丁西林为筹备委员会主任。王重民、左恭、刘国钧、沈祖荣、杜定友、李小缘、洪有丰、徐家麟、张照、贺昌群、顾家杰等 11 人为常务委员。通讯联系处设在北京图书馆。

同年　周恩来总理和贺龙副总理视察云南省图书馆。鼓励馆员说:"图书馆工作是一项重要工作,你们要努力搞好自己的工作。"

一九五七年

三月十五至五月十八日　文化部社会文化事业管理局、北京大学、武汉大学等 6 个单位在南京联合举办全国省市图书馆工作人员进修班。

四月三十日　北京图书馆编的《图书馆学通讯》(双月刊)创刊。一九五九年改为月刊。一九六〇年停刊。一九七九年复刊后由中国图书馆学会主编,为季刊。

五月二十五日　文化部派左恭、汪长炳、杜定友、胡耀辉等 4人,赴苏联及民主德国考察图书馆事业。

七月四至九日　文化部委托上海市文化局主持在上海召开儿童图书馆工作经验交流会。

七月　高等教育部在北京举办高等学校图书馆工作人员进修班。

八月　文化部社会文化事业管理局公布了《中小型图书馆图书分类表草案》。同年九月由北京图书馆出版。

九月六日　国务院全体会议第 57 次会议批准科学规划委员会制定的《全国图书协调方案》,决定在国务院科学规划委员会下设图书小组,负责全国为科学研究服务的图书工作的全面规划和统筹安排。并决定建立中心图书馆,编制全国图书联合目录。

九月十九日　国务院科学规划委员会图书小组召开第一次（扩大）会议，会上讨论了图书小组工作简则及工作计划，明确了图书小组的性质与任务及有关成立中心图书馆委员会等原则。同时推选陶孟和、谢冰岩、左恭、刘国钧及高教部代表为常务委员。

十月　文化部社会文化事业管理局、甘肃省文化局、甘肃省图书馆联合举办甘肃、新疆、青海地区图书馆工作人员训练班。

十一月　根据《全国图书协调方案》，全国第一中心图书馆委员会在北京成立。

同月　全国图书联合目录编辑组成立，附设在北京图书馆内。

一九五八年

三月二十至二十五日　文化部在北京召开全国省、市、自治区图书馆工作跃进大会。

五月五日　全国总工会宣传部举办工会图书馆干部训练班。

五月二十六日　文化部决定在甘肃省图书馆建立第二版本书库。原规定缴送中国科学院图书馆的一份样本，改送甘肃省图书馆。一九八三年停送。

七月　全国第一中心图书馆委员会所属全国图书联合目录编辑组编的《全国西文新书联合目录通报》创刊。分哲学、社会科学和自然科学、技术科学两部分。它是报导全国各大图书馆新编西文图书的刊物。该通报自一九六一年起改名为《全国西文新书联合通报》，一九六七年停刊。

同月　中国人民大学成立了剪报资料图书卡片社。该社先后编辑出版有：剪报资料、复印报刊资料、图书提要卡片、学术资料卡片、新书通报以及哲学社会科学方面的专辑资料等。

八月九日　周恩来总理在北戴河会见北京大学图书馆学系副教授邓衍林，就中国图书馆事业发展的情况，进行了交谈。

八月　根据《全国图书协调方案》要求，中文图书、西文图书2

个统一编目组成立,集中编辑、出版供全国图书馆使用的铅印卡片。

同月 《47所高等学校图书馆馆藏外文期刊联合目录》由高等教育出版社出版。

九月一至五日 中国科学院召开全院图书馆工作会议,规定了图书馆的任务,讨论了图书馆的发展方向及情报资料的收集等问题。

十月三日 全国第一中心图书馆委员会举办的图书馆红专大学开学。

十一月二十日 文化学院举办的第一期全国省、市、自治区图书馆馆长研究班开学。

十一月三十日 《中国科学院图书馆图书分类法》出版。

一九五九年

一月 苏联图书卡片译印社成立。

二月 已故文化部副部长郑振铎的藏书2万余种,91700余册由其家属捐赠北京图书馆。其后,北京图书馆为郑氏藏书编制了《西谛书目》。

同月 北京图书馆李钟履编的《图书馆学论文索引》第一辑(清末至1949年9月)出版。

三月二日 中国科学院图书馆和中国科学院武汉分院图书馆合办的图书馆学进修班开学。

三月十二日 全国第二中心图书馆委员会在上海成立。

五月二十八日 周恩来总理视察南开大学图书馆。

六月 武汉大学图书馆学系编制的《武汉大学图书分类法》由湖南人民出版社出版。

九月一日 文化学院举办的第二期全国省、市、自治区图书馆馆长研究班开学。

十月六日　民族文化宫图书馆在北京正式开馆。重点收藏国内外有关民族问题,特别是少数民族的图书资料。

十月　上海图书馆编辑的《中国丛书综录》第一册(总目)出版,一九六二年八月全部编辑完成。

十一月三至七日　中国科学院第二次全院图书馆工作会议在辽宁旅大召开,会议重点是交流参考工作经验。

十一月十六日　中国科学院图书馆和中国科学院上海分院图书馆合办的图书馆学进修班开学。

十二月　国家科学技术委员会任命陶孟和为图书组组长,左恭、张照、范新三为副组长。

同年　由全国第一中心图书馆委员会全国图书联合目录编辑组编制的《全国西文期刊联合目录》(上、下集)由北京图书馆出版。该目录收录了全国 168 个图书馆到一九五六年底所收藏的西文期刊 20270 种。

同年　徐行可藏书全部捐献国家,近 10 万册,其中善本书近万册,交湖北省图书馆收藏。

同年　图书馆学家李小缘逝世。

一九六〇年

一月三十日　中国科学院图书馆举办各国科学会议录专题展览,展出各国科学会议论文、报告 500 种。

二月　武汉大学图书馆学系开办图书馆学函授班。学习年限二年。

三月十六日　国家科委图书组召开会议,讨论《全国图书协调工作三年(1960—1962)规划(草案)》。

四月十七日　中国科学院副院长兼图书馆馆长陶孟和逝世。

四月二十二日　北京图书馆与中国革命博物馆联合举办纪念列宁诞辰九十周年展览。

五月二十五至二十八日　全国第一中心图书馆委员会及首都图书馆等单位联合举办北京各系统图书馆技术革新展览。

六月　文化部组织张映雪、程德清、赵琦、孙式礼一行 4 人赴捷克斯洛伐克、波兰、保加利亚等国考察图书馆事业。

同月　赵万里主编的《中国版刻图录》出版。

七月　北京图书馆举办外国哲学、社会科学情报资料展览。

同年　吉林师范大学图书馆学专修科创立。一九六二年停办。一九七九年恢复并改名为东北师范大学图书馆学系。

一九六一年

二月三日　中国科学院任命范新三为中国科学院图书馆馆长。

二月　北京图书馆编的《图书馆》（季刊）创刊。一九六四年停刊。

七月十七日　文化部转发天津市人民图书馆为科学研究和生产技术发展服务的经验。

七月　受文化部委托北京图书馆举办古旧线装书修整训练班。

九月二十八日　北京图书馆举办鲁迅八十周年诞辰展览。

九月　北京图书馆副馆长左恭参加瑞典皇家图书馆成立三百周年庆祝活动。

十一月　中共中央发布《高教六十条》。其中第三十八条明确规定："高等学校必须根据教学和科学研究的需要，加强图书馆和资料室的建设工作和管理工作。"

十二月六日　武汉大学图书馆学系召开目录学家章学诚逝世一百六十周年、郑樵逝世八百周年纪念会。

十二月　全国图书联合目录编辑组编的《全国中文期刊联合目录》（一八三三— 一九四九），由北京图书馆出版。一九八一年出增订本。

一九六二年

三月　文化部向各省、市、自治区发出《关于整顿县图书馆工作的通知》。

五月　由辽宁地区、黑龙江地区和吉林省中心图书馆委员会合编的《全国日文期刊联合目录》出版。

六月　全国人大常务委员会委员长朱德视察云南省图书馆。

七月一日　文化部派北京图书馆副馆长丁志刚参加苏联国立列宁图书馆成立一百周年纪念活动。

七月九日　中国科学院图书馆举办专利文献展览。

七月　为纪念杜甫诞辰一千二百五十周年,北京图书馆、首都图书馆举办展览、讲座活动。

八月十五日　《图书馆》杂志召开首次编委会。丁志刚、王重民、刘国钧等15人参加。

十二月　国家科委、文化部制定《一九六三— 一九七二年科学技术发展规划(草案)·图书》。

一九六三年

一月二十七日　图书馆学家洪有丰逝世。

二月二十二日　广东省图书馆学会成立。选举杜定友为会长。

二月　为配合全国农业科学技术工作会议的召开,北京图书馆、中国科学院图书馆、中国农业科学院图书馆、中国科技情报研究所等单位在会议期间举办了农业科学文献展览。

四月十五日　国家科委和文化部发出《关于清理科学技术书刊文献的决定》。决定指出:"一九六三— 一九六四年内,国务院各有关部(局)和省、市、自治区以上的各级科学技术情报机构,以及一切中心图书馆委员会的成员馆,必须把积压的中外文科学技术书刊文献,进行一次全面彻底地清理"。

同月　图书馆专业书籍编辑委员会成立。丁志刚任主编;刘国钧、舒翼翚任副主编。

七月　为纪念伟大的文学家曹雪芹逝世二百周年,北京图书馆等单位在北京故宫文华殿举办纪念曹雪芹逝世二百周年展览。全国将近 40 个图书馆为展览会提供了图书资料。

九月十六至二十六日　西北地区图书馆工作经验交流会在兰州召开。参加会议的有西北五省的代表 94 人,主要讨论交流了图书馆为科学研究服务问题。

十一月十二日　文化部发出通知,重申全国各地出版社出版的图书、期刊应及时、免费缴送给北京图书馆 3 册。

十一月十四日　根据中朝两国文化交流计划,朝鲜图书馆代表团来华访问。

十一月　武汉大学图书馆学系为庆祝建校五十周年举行了第四届科学讨论会。

一九六四年

三月二日　北京图书馆举办亚非拉哲学社会科学期刊展览。展出 70 多个国家和地区的现期期刊和工具书 730 余种。

四月六日　中国科学技术协会全国委员会致函全国各学会,凡举办全国性学术会议的科学技术资料都应送给北京图书馆二份收藏。

七月二至四日　北京图书馆召开第一次科学论文讨论会。

八月二十九日　辽宁、吉林、黑龙江三省图书馆联合编辑《东北地区农业历史文献联合目录》,一九六五年四月,由辽宁科学技术编译委员会出版。

同年　经国家科委批准,全国第一中心图书馆委员会组织三个参观组,分赴东北、西南、华东参观各地图书馆,并调查、了解联合目录的编制,积压书刊的整理,复本书刊的调拨和交换,以及外文书刊采购协调等问题。

一九六五年

一月十九日　赵万里向北京图书馆赠《永乐大典》2 册。

二月二十四日　北京图书馆与轻工业部情报所联合举办馆藏轻工业期刊展览。

九月十六至十二月廿二日　文化部派张照和鲍振西 2 人,赴匈牙利、波兰、保加利亚及苏联考察图书馆事业。

十月十日　文化部将群众文化事业管理局与文物事业管理局合并,成立图书馆、博物馆、文物事业管理局。

十一月十五日　中国科学院各分院图书馆馆长座谈会在北京举行。

十一月十八日　北京图书馆(原名国立北平图书馆)抗战期间寄存在美国国会图书馆的宋、元、明善本书 102 箱 2 万余册被运往台湾"中央图书馆"。

十一月　《中国图书馆图书分类法(草案)》(下册)自然科学部分出版。

同月　根据周恩来总理指示,北京图书馆从香港购进宋刻本《荀子》和元刻本《梦溪笔谈》等一批珍贵图书。

一九六六年

五月　"文化大革命"开始。全国的图书馆工作基本上处于停滞状态。大部分图书馆闭馆。有些图书馆的藏书遭到严重破坏。

九月　经中央决定,将辽宁省图书馆所藏文溯阁《四库全书》及铜活字版《古今图书集成》一部,移交甘肃省图书馆保存。

一九六七年

三月十三日　图书馆学家、教授杜定友逝世。

十一月十一至一九六八年四月卅日　中国根据与毛里塔尼亚政府签订的协议,派鲍振西等人赴毛里塔尼亚援建"文化之家"。在"文化之家"内设有国家图书馆。

十二月七日　中国人民解放军北京卫戍区司令部奉国务院、中央军委和中央文革命令,对北京图书馆实行军事管制。于一九六八年十二月撤销军管,由工军宣队进驻。

一九六八年

三月十七日　原北京图书馆馆长冯仲云逝世。

一九七〇年

五月　图博口领导小组成立,领导图书馆、博物馆、文物工作。

十二月　中国人民大学图书馆被撤销。根据北京市革委会决定,全部藏书移交首都图书馆管理。一九七八年又回归中国人民大学。

同年　武汉大学图书馆学系与该校图书馆合并。由系管理图书馆。

同年　北京大学图书馆学系与该校图书馆合并。由图书馆管理图书馆学系。

一九七一年

二月　由北京图书馆发起,有36个图书情报单位参加组成的分类法编辑组起草编辑《中国图书馆图书分类法(试用本)》。

八月十三日　中共中央转发国务院《关于出版工作座谈会的报告》。报告指出:"图书馆担负着宣传马克思主义、列宁主义、毛泽东思想,为三大革命运动服务的重要任务。要加强对图书馆的领导,充分发挥它的作用。目前很多图书馆停止借阅的状况应当改变。要积极整理藏书,恢复借阅。要根据图书内容、借阅对象和工作需要,确定借阅办法,并加强读者指导。"自此以后,全国图书馆陆续恢复借阅活动。

一九七二年

四月　武汉大学图书馆学系恢复招生,学制二年。
五月　北京大学图书馆学系恢复招生,学制二年。

一九七三年

二月十四日　国务院业务组会议决定,为了加强对图书馆、博物馆、文物事业的管理,撤销图博口领导小组,成立国家文物事业管理局,归国务院文化组领导。

四月　刘季平任北京图书馆馆长,一九八一年四月离任。

五月二十三日　国家文物局转发经国务院办公室同意的《关于北京图书馆主要服务对象的请示报告》。《报告》中规定:"根据北京图书馆的特点、所处的地位和工作条件,应以中央党政军领导机关、科研部门、重点生产建设单位为主要服务对象,同时适当开展一般读者阅览工作。"

九月二十七日　应美中学术交流委员会的邀请。以北京图书馆馆长刘季平为团长的中国图书馆代表团一行 9 人,于本日至十一月四日在美国进行专业访问。

十月　北京图书馆把就地扩建的方案与模型上报国务院。周恩来总理审查后,批示:"这样做不能一劳永逸,原馆保留不动,可在城外找个地方另建新馆,解决一劳永逸。"一九七五年国务院正式批准北京图书馆新馆建筑设计方案。

一九七四年

四月四日　原文化部副部长兼北京图书馆馆长丁西林在北京逝世。

八月　国家计划委员会决定将研究汉字信息处理系统工程列入一九七五年国家科学技术发展计划。称为 748 工程。

一九七五年

三月十一日　周恩来总理在国家基本建设委员会的《关于北京图书馆扩建问题的意见》上批示："按第二方案建筑"（即建筑面积为 16 万平方米,藏书 2000 万册,阅览座位 3000 个的方案）。

四月十六日　目录学家、北京大学图书馆学系教授王重民逝世。

五月　北京大学图书馆新馆舍落成,总面积 2.45 万平方米。

九月五日　国家建委和国家文物事业管理局召开北京图书馆扩建工程设计会议。十二月二十二日又召开了第二次会议。

十月　《中国图书馆图书分类法》第一版出版。《中国图书资料分类法》（第一版）亦同时出版。

同月　周恩来总理住院期间指示："要尽快地把全国善本书目录编出来"。

同月　图书馆学家、武汉大学图书馆学系系主任、教授徐家麟逝世。

十二月十三日　《人民日报》刊载中国人民解放军总政治部向全军发出《关于做好连队图书阅览工作的通知》。要求每个连队根据因陋就简,因地制宜的原则建立起图书阅览室或设立流通图书箱。

同年　中国科学院图书馆编的《图书馆工作》（季刊）创刊。一九八〇年改名为《图书情报工作》（双月刊）。

一九七六年

一月　北京图书馆、中国农业科学院图书馆、中国图书进出口公司、中国科学院图书馆等单位联合在北京农业展览馆举办北京地区农业书刊资料展览。

五月三十一日　国家文物局在泰安县召开部分省、市、自治区图书馆座谈会。

七月二十八日　唐山市图书馆毁于地震。北京图书馆、北京大学图书馆、北京大学图书馆学系、中国科学院图书馆等单位分别组成小分队赴唐山，协助唐山市图书馆清理图书。

八月　中国科学院图书馆举办有关低温超导技术新资料专题书刊展览。

十月十一日　中国科学院图书馆与计算机技术研究所协作，利用该所研制的 QJ－11 系统能输入用主题词标引的英文文献，或用汉语拼音输入和检索中文文献。

一九七七年

一月八日　北京图书馆举办敬爱的周总理永远活在我们心中图片文献展览。

二月三日　图书馆学教育家、武汉大学图书馆学系教授沈祖荣逝世。

二月　中国科学院图书馆编印周恩来总理《为共产主义事业光辉战斗的一生》馆藏资料索引。

八月三至十五日　国家文物局召开全国文物、博物馆、图书馆工作学大庆座谈会。

九月九日　北京图书馆举办纪念伟大领袖和导师毛泽东主席逝世一周年图片文献展览。

十月三十一日　以北京图书馆副馆长丁志刚为团长的中国图

书馆建筑和现代化设备考察团,赴日本进行了为期三周的参观考察。

十一月　国家文物局在南京召开北京图书馆、上海图书馆、南京图书馆、浙江图书馆联席会议,讨论拟定《中国古籍善本书目》的收录范围、著录条例和分类表3个文件。

一九七八年

二月　中华人民共和国第五届全国人民代表大会在北京召开。在《政府工作报告》的第四部分提出:要"发展各类型的图书馆,组成为科学研究和广大群众服务的图书馆网"。

三月二十七至四月八日　中国古籍善本书目编辑工作会议在南京召开。北京图书馆馆长刘季平受国家文物局委托,主持这次会议。会议主要研究编辑中国善本书目的编制领导机构、收录范围、著录条例和分类方法;商讨成立全国图书馆协作委员会和中国图书馆学会筹备组等事宜。

三月　中国社会科学院和教育部联合成立的制订全国哲学社会科学发展规划办公室,共同组织力量制订八年发展规划。其中包括《一九七八——一九八五年图书馆学发展规划(草案)》。同年十一月,在成都召开的中国图书馆学会筹委会扩大会议上,对这个规划进行了讨论和补充。

四月二十四日　国务院批转《国家文物事业管理局关于图书开放问题的请示报告》。

五月十五至八月五日　为了编辑中国古籍善本书目,国家文物局和北京大学共同举办古籍整理训练班。

八月十二日　教育部发出《关于加强高等学校图书资料工作的意见》。

同月　中国人民大学书报资料社重建。书报资料社的前身为剪报资料图书出版社。重建后,以编辑出版复印报刊资料为主。

十月十二至三十一日　以北京图书馆馆长刘季平为团长的中国图书馆代表团一行 7 人赴英国访问。在回国途中,代表团又访问了罗马尼亚国家图书馆。

十月　教育部颁发《全国重点高等学校暂行工作条例(试行草案)》。其中第 17 条规定高等学校图书馆的任务如下:"高等学校必须根据教学和科学研究的需要,加强图书馆和资料室的建设工作和管理工作,逐步实现图书馆资料管理工作的现代化。"

十一月十三日　国家文物局颁发了《省、市、自治区图书馆工作条例(试行草案)》。

十一月十五至二十二日　全国医学图书馆工作会议在武汉召开。会议成立了全国医学图书馆工作协调委员会,讨论制定了《一九七九年至一九八五年全国医学图书馆发展规划(草案)》、《全国医学图书馆工作协调委员会工作简则》和《医学图书馆干部技术职称试行条例》。

十一月十六至二十三日　中国古籍善本书目编辑领导小组会议和中国图书馆学会扩大筹委会在成都召开。

十二月八至二十一日　中国科学院图书情报工作会议在广州召开。该院图书馆、院地区图书馆和院属各所图书馆及有关单位代表 324 人参加会议。会议讨论并修订了《中国科学院图书情报工作暂行条例(草案)》和《中国科学院图书情报工作发展规划纲要一九七九至一九八五年(草案)》。

十二月　中国科学院制定《中国科学院图书资料情报业务人员定职升职条例(草案)》。

同月　教育部制订《高等学校图书馆和资料情报工作人员职务名称确定与提升的暂行规定》。

同年　南京大学图书馆学系恢复。其前身为创建于一九二七年的金陵大学图书馆学系。

一九七九年

一月十三日　中宣部批准《关于成立中国图书馆学会的请示报告》。

二月　书目文献出版社成立。该社除印刷发行中西文统一编目卡片外，还编辑出版专业书刊、书目文献资料等。

同月　华东师范大学图书馆学系建立。

四月十八日　国家出版局颁发《关于修订征集图书、杂志、报纸样本办法》的通知。

五月十五至十八日　北京图书馆副馆长丁志刚参加在澳大利亚国家图书馆召开的亚洲和大洋洲地区的国家图书馆馆长会议。

七月九至十六日　中国图书馆学会成立大会和第一次科学讨论会在太原召开。全国29个省、市、自治区的图书馆学会（筹备会）和北京地区两个专业系统学会代表近200人参加。中国社会科学院副院长于光远出席了会议并讲了话。大会通过《中国图书馆学会章程》，并推选刘季平为理事长，丁志刚、黄钰生、顾廷龙、汪长炳、梁思庄、佟曾功为副理事长，谭祥金为秘书长。

七月　《汉语主题词表》（试用本）开始出版，到一九八〇年八月全书共分3卷，11个分册出齐。

九月十二至十月三日　以美国国会图书馆副馆长威廉姆·韦尔什为团长的美国图书馆界代表团一行12人来中国参观访问。九月十七日，国务院副总理兼国家科委主任方毅接见了代表团的全体成员。

十一月二十八日　全国文献工作标准化技术委员会成立，下设8个分委员会，其工作范围基本上与国际标准化组织文献工作技术委员会的工作范围相对应。

一九八〇年

三月八日　中国科学院出版图书情报委员会成立。钱三强副院长兼主任委员，并聘请各学科的专家任委员。

三月二十一至二十五日　全国联合目录工作会议在北京召开。会议通过了《建立全国联合目录报导体系的初步方案》及《全国联合目录工作协调委员会组织章程》两个草案。

三月三十一至四月十三日　中国图书馆学会和美国国际交流总署联合举办的图书馆业务研讨会在北京大学图书馆正式开幕。中国图书馆学会理事长刘季平和美国驻华大使伍德科克出席了开幕式。研讨会先后在北京和上海举行。

四月二十八日　中国科学院图书馆成立三十周年庆祝大会在北京举行。院馆主要负责人宋筠作了题为"为科学研究服务的三十年"的工作总结报告。

五月二十六日　中共中央书记处第 23 次会议听取了北京图书馆馆长刘季平关于图书馆问题的汇报，通过了《图书馆工作汇报提纲》，决定在文化部设图书馆事业管理局。

六月二十五日　版本学家、北京图书馆善本特藏部主任赵万里逝世。

六月二十七日　图书馆学家、北京大学图书馆学系主任、教授刘国钧逝世。

六月二十七至七月六日　国家文物局在北京召开全国文物工作会议。会议传达了中央书记处对文物，图书馆工作的指示，北京图书馆馆长刘季平作了关于《图书馆工作汇报提纲》补充说明的报告。图书馆界代表讨论和研究了如何贯彻落实《图书馆工作汇报提纲》。

六月二十七至七月十九日　以清华大学图书馆馆长、教授史国衡为团长的中国大学图书馆代表团一行 10 人访问美国。

六月　《中国图书馆图书分类法》第二版出版。同时出版简本和《中国图书资料分类法》第二版。

七月十五日　国家文物局将其负责管理的图书馆工作移交文化部，并自八月一日起正式由文化部管理。

八月二十日　中国图书馆学会副理事长丁志刚、梁思庄应菲律宾国家图书馆馆长奎耶松的邀请，前往菲律宾访问。在访问期间，与国际图联主席和常任秘书长共同商定了中国图书馆学会恢复国际图联会籍的具体问题，并达成了书面协议。

九月　北京师范大学图书馆学系创办。

同月　中山大学图书馆学系创办。

十月四至十一日　中国图书馆学会一九八〇年年会在杭州举行。本届年会的主要任务是举行第二次科学讨论会和召开常务理事（扩大）会。常务理事（扩大）会审议了学会秘书处、学术委员会和会刊编辑部的工作汇报、《一九八一——一九八二年学会工作计划要点》及《学术委员会组织简则》。

十月七至二十七日　应德意志联邦共和国科学交流中心的邀请，以武汉大学图书馆学系副主任、副教授彭斐章为团长的中国大学图书馆代表团一行7人对联邦德国进行了专业考察。

十一月　文化部图书馆事业管理局正式成立。下设公共图书馆处、协作协调处、科学研究与教育处及办公室，丁志刚任局长。

十二月二十五至三十日　全国文献工作标准化技术委员会，中国图书馆学会和中国科技情报学会在广西南宁联合召开全国分类法、主题法检索体系标准化会议。

一九八一年

一月十三日　文化部部长办公会议决定：北京图书馆今后在国际交往中一律使用"中国国家图书馆"馆名。其英文译名为"the National Library of China"。

一月三十日　　国务院批转文化部、国家档案局、国家人事局制定的《图书、档案、资料专业干部业务职称暂行规定》，要求各地遵照执行。

　　三月三十至四月三日　　国际标准化组织文献工作标准化技术委员会第 19 届会议在南京召开。会议期间，还举行了书面语言转换、文献工作自动化、单语种和多语种词表及有关标引实践和出版物格式等 5 个分技术委员会的会议。

　　五月十二至二十日　　文化部、教育部和团中央在北京召开全国少年儿童图书馆工作座谈会。会议着重讨论了发展少年儿童图书馆事业，改善少年儿童图书馆阅读条件，加强对少年儿童图书阅读指导等问题。

　　五月十八至二十八日　　国际图联主席格兰海姆夫人、秘书长温斯特洛姆女士、国际图联世界书目管理办公室主任安德森夫人、挪威图书馆局局长格兰海姆先生应邀访问北京、上海等地，并与图书馆界代表进行了座谈。

　　八月十七至二十二日　　由中国图书馆学会副理事长丁志刚为团长一行 6 人赴德意志民主共和国的莱比锡参加国际图联第 47 届大会。这是新中国建立后第一次派出代表团正式参加国际图联的活动。

　　九月十六至二十五日　　教育部在北京召开全国高等学校图书馆工作会议。参加会议的有全国各省、市、自治区教育（高教）厅（局），国务院有关部、委教育司（局）及 130 多所高等学校图书馆的代表 200 多人。会议讨论修订了《中华人民共和国高等学校图书馆工作条例》，并决定成立全国高等学校图书馆工作委员会，作为教育部主管全国高等学校图书馆工作的机构。

　　同时，全国图书馆专业教育座谈会在京举行，由教育部、文化部联合召开。北京大学、武汉大学等 9 所高等院校图书馆学系（科）的代表出席了会议。代表们对建国三十多年来图书馆学专业教育作了历史性的回顾,并对今后发展中国图书馆学教育提出了建设性的意见。

九月十九日 为纪念鲁迅百年诞辰,由鲁迅纪念委员会发起,北京图书馆、版本图书馆、文物出版社、鲁迅博物馆等单位联合举办了鲁迅著作版本展览。展出各种文本的鲁迅著作、翻译著作、辑录古籍、编选图籍等 330 多个版本 1300 余册。

十月十五日 教育部发出关于颁发《中华人民共和国高等学校图书馆工作条例》的通知。

十一月二十六日 教育部发出《关于成立全国高等学校图书馆工作委员会的通知》。该委员会由周林任主任委员,黄天祥、王岳、黄仕琦、庄守经任副主任委员。通知中还明确规定了该委员会的主要任务和组织机构。

十一月二十六至十二月四日 文化部图书馆事业管理局在吉林长春召开全国省级公共图书馆工作座谈会。讨论、修订《省、市、自治区图书馆工作条例(草案)》,《图书馆发展规划》等事项。

十二月二十四至一九八二年一月三日 文化部在北京召开全国农村文化艺术工作先进集体、先进个人表彰会议,有 20 个图书馆工作先进集体、21 名图书馆工作者受到表彰。

十二月 全国高等学校图书馆工作委员会编辑出版的《大学图书馆动态》创刊,一九八三年改称《大学图书馆通讯》,一九八九年更名《大学图书馆学报》。

同年 邓颖超把周恩来总理生前使用过的《二十四史》捐献给北京图书馆。

同年 国务院学位委员会批准北京大学图书馆学系、武汉大学图书馆学系有硕士学位授予权。

一九八二年

三月十八至二十三日 文化部图书馆事业管理局和国家建筑

工程总局在西安联合举办全国图书馆建筑设计经验交流会。

五月十一至十四日　中国医学科学院、首都医科大学、中华医学会和美国洛克菲洛基金会在北京联合举行医学图书馆管理讨论会，着重讨论书刊的选择问题。

七月　国务院任命杜克为文化部图书馆事业管理局局长。

八月六日　教育部转发全国高等学校图书馆工作委员会制定的《关于举办高等学校图书馆专业工作进修班的暂行规定》的通知。决定凡留在图书馆工作的非图书馆学或情报学专业的大学毕业生，教育部将委托部分院校图书馆学系（专业）或图书馆举办高等学校图书馆专业干部进修班，分期分批地对他们进行专业培训。

九月一日　中国共产党第十二次全国代表大会《全面开创社会主义现代化建设的新局面》的报告指出："文化建设指的教育、科学、文学艺术、新闻出版、广播电视、卫生体育、图书馆、博物馆等各文化事业的发展和人民群众知识水平的提高，它既是建设物质文明的重要条件，也是提高人民群众思想觉悟和道德水平的重要条件。"

九月二十七至二十九日　全国高等学校图书馆工作委员会秘书处委托东北工学院图书馆组织召开全国高等学校图书馆建筑工作会议。

十月二十三日　北京图书馆举行开馆七十周年庆祝大会。参加庆祝会的有中共中央书记处书记邓力群、政协副主席钱昌照、文化部部长朱穆之等。

十月二十九至十一月二日　中国图书馆学会第三次全国科学讨论会在云南省昆明市召开。讨论会的主要议题是图书馆在社会主义物质文明和精神文明建设中的地位和作用。

十一月九至十八日　文化部图书馆事业管理局在长沙召开公共图书馆事业规划座谈会。会议主要讨论如何贯彻中共十二大精神，开创图书馆事业的新局面，并制定事业的发展规划。

十一月三十日　第五届全国人民代表大会第五次会议的《关于第六个五年计划的报告》指出："第六个五年计划期间，……图书馆、博物馆、文化馆等各项文化事业都将有相应的发展。"

十二月四日　第五届全国人民代表大会第五次会议通过的《中华人民共和国宪法》第二十二条规定："国家发展为人民服务、为社会主义服务的文学艺术事业、新闻广播电视事业、出版发行事业、图书馆博物馆文化馆和其他文化事业，开展群众性的文化活动。"

十二月十日　第五届全国人民代表大会第五次会议批准的《中华人民共和国经济和社会发展第六个五年计划（一九八一——一九八五）》的第四编第二十六章"哲学社会科学"中指出："军事学、新闻学、图书馆学、档案学、人文地理、社会心理学，也要加强研究。"《计划》的第五编第三十三章第四节"文物、博物馆、图书馆"中指出："加强公共图书馆的建设，认真抓好北京图书馆建设工程，目前尚无公共图书馆的省、县，要逐步的建立起来。在大中城市要建立儿童图书馆。"

十二月十三至十八日　全国高校图书馆工作委员会在北京召开第二次全体会议。

十二月二十至二十六日　文化部在北京召开全国少年儿童图书馆（室）表彰会议，全国 28 个省、市、自治区的 72 个先进集体和 58 名先进工作者受到表彰。

十二月二十二日　文化部颁发《省（自治区、市）图书馆工作条例》。

一九八三年

三月十四日　北京图书馆与中共中央马恩列斯著作编译局、中央档案馆、中国革命博物馆联合举办的马克思生平事迹展览和马克思、恩格斯著作在中国展览在中国革命博物馆开幕。

四月十一至十六日　教育部组织的全国图书馆学情报学教育工作座谈会在武汉大学召开。会议总结了新中国成立以来图书馆学、情报学教育工作的经验和教训,研究讨论了图书馆学、情报学教育的发展与改革问题。

五月十一日　北京图书馆副馆长李家荣、日本出版物贩卖株式会社社长杉浦俊介分别代表双方签署了"关于在北京图书馆成立'日本出版物文库阅览室'的协议。"

五月二十三至二十八日　中国农业图书馆协会在北京召开成立大会,全国高等农业院校和省以上农业科研单位的图书馆代表100多人参加了会议。

五月　中国人民解放军总政治部文化部在成都部队召开全军基层图书馆(室)工作座谈会。会上,根据总政文化部提出的"关于加强部队基层图书馆(室)藏书参考书目,及如何办好有部队特点的图书馆(室)"进行了讨论。

六月六日　第六届全国人民代表大会第一次会议的《政府工作报告》第二部分"关于教育科技文化建设"指出"……要大力加强广播电视电影、出版印刷发行、图书馆、科技馆、博物馆、档案馆、文化馆、青少年宫、体育场所等的建设,以满足广大群众特别是青少年学习和娱乐的需要。

七月二日　国家标准局发布中华人民共和国国家标准《文献著录总则》(GB 3792.1－83)和《检索期刊条目著录规则》(GB 3793－83)。均自一九八四年四月一日起实施。

七月六至十二日　全国少数民族地区图书馆工作座谈会在北京举行。西藏、新疆、内蒙古、宁夏、广西等5个少数民族自治区和云南等8个多民族省的70名图书馆工作者参加了这次座谈会。

九月十七至二十四日　文化部图书馆事业管理局在成都市召开图书馆缩微复制工作座谈会。会议确定了北京图书馆、上海图书馆等11个缩微复制点。制定了有关缩微复制方面的规程、规定和技术干部培训计划。

九月二十三日　北京图书馆新馆工程举行奠基典礼。邓小平为新馆题写馆名,邓力群、严济慈、钱昌照、叶圣陶、朱穆之、陈希同等领导人出席奠基仪式。同年十一月十八日破土动工。

十月三十一至十一月六日　中国图书馆学会第二次会员代表大会在福建厦门举行。参加大会的有来自全国各省、市、自治区和各专业系统图书馆学会的代表200多人,会议听取并审议了第一届理事会的工作报告;通过了学会章程;产生了第二届理事会并召开第一次会议。选举丁志刚为理事长,黄钰生、顾廷龙、佟曾功、杜克、庄守经、鲍振西为副理事长,刘德元为秘书长。

同年　南开大学图书馆学情报学系成立。

一九八四年

二月二十二日　教育部印发《关于在高等学校开设文献检索与利用课的意见》的通知,规定凡有条件的学校可将《文献检索与利用》作为必修课,不具备条件的学校可作为选修课或开设专题讲座。

三月九日　文化部、国家民族事务委员会发出《关于加强和改善少数民族地区图书馆工作的意见》。

四月七日　经教育部批准,中国第一所图书情报学院在武汉大学建立。十一月十九日,召开成立大会。学院下设图书馆学、情报科学两个系(系下设图书馆学、情报学、档案学及图书发行管理学4个专业),一个科技情报培训中心,一个图书馆情报学研究所和一个函授部。

四月　国家民族事务委员会决定,将北京民族文化宫图书馆改为面向全国的民族图书馆。

七月　四川大学图书情报学系成立。

十月八至十二日　中国图书馆学会在辽宁省大连市召开会刊

编辑工作座谈会。参加会议的有各省、市、自治区图书馆学会会刊的主编(副主编)和责任编辑共60人。

十一月二十四至二十九日 文化部图书馆事业管理局在四川省成都市召开全国图书馆协调工作座谈会。会议总结交流了全国各系统、各地区图书馆协调工作的情况和经验,讨论了《关于成立"全国图书情报工作协调委员会"的请示报告》。

一九八五年

一月二十六至三十一日 文化部图书馆事业管理局在南京召开全国图书馆文献复制工作会议。会议讨论了《全国图书馆文献缩微复制中心章程(草案)》、一九八五年的工作计划和缩微拍摄的标准。

三月十一日 中央广播电视大学图书馆学专业领导小组成立会议在北京图书馆召开。会议推选胡沙、鲍振西为领导小组正副组长,办公室设在北京图书馆内。

四月二十至五月十五日 由文化部图书馆事业管理局、中国图书馆学会、北京图书馆和民族图书馆联合组办的全国图书设备用品展览订货会在北京民族文化宫举行。

四月二十二至二十四日 东北、西北、华北地区图书馆建筑研讨会在天津召开。荷兰鹿特丹市图书馆馆长、国际图联图书馆建筑与设备组主席舒茨作了有关图书馆建筑方面的学术报告。

五月三至八日 全国中医药图书情报工作会议在北京举行。会议通过了《中医药图书情报工作协作委员会章程》,研究了古代医学书籍的整理规划。

七月十七至二十三日 中宣部和文化部在京联合召开全国图书馆工作会议。讨论了文化部提出的《关于改进和加强图书馆工作的意见》,提出了图书馆要为"四化"、"四有"服务。

八至九月 文化部、教育部、中国科学院和中央广播电视大学联合举办的中央电视大学图书馆学专业在各省、市、自治区开办的教学班,先后举行开学典礼。招收学生约2万人。学制为三年。

十月四日　中国社会科学院文献情报中心在北京成立。

十月二十至二十六日　全国党校系统第一次图书资料情报座谈会在重庆市召开。会上通过了《省、市、自治区党校图书馆(室)工作试行条例(草案)》。

十月　经国家科技进步奖评审委员会评定,由北京图书馆、中国科学技术情报研究所主持编制的《中国图书馆图书分类法》及《汉语主题词表》分别获一等奖和二等奖。

十一月十一至十五日　全国高等医药院校图书馆会议在湖南长沙召开。会上成立了中国高等医药院校图书馆协会,并通过了协会章程。

十一月十四日　中国科学院决定,原中国科学院图书馆改名为"中国科学院文献情报中心"。对外仍称中国科学院图书馆。

十二月八至十二日　中央电大图书馆学专业教育工作会议在广西南宁召开。

一九八六年

四月二日　中央职称改革领导小组转发文化部制定的《图书、资料专业职务试行条例》及其《实施意见》。图书馆专业技术职务继续纳入国家系列。

四月二十二至二十六日　中国图书馆学会在四川省新都县召开第二届第二次理事会及学术工作会议。会议增选佟曾功为理事长。

五月二十日　中宣部、文化部、国家教委、中国科学院联合向中共中央书记处、国务院提出《关于改进和加强图书馆工作的报告》。

五月二十七至六月一日　图书馆学情报学青年学者研讨会在

武汉召开。

六月九至二十五日　文化部与广播电影电视部主办的全国文化科技成果展览和技术交易会在北京举行。展览分电影、出版印刷艺术、文物、图书馆 4 个馆 5 个部分,图书馆展厅展出 18 个项目的成果。

六月　在联合国教科文组织的资助下,北京召开了出版物国际共享国内学术讨论会。会议宣读了 41 篇学术论文。一九八八年书目文献出版社出版了会议文集。

七月五日　翻译家戈宝权向南京图书馆赠送书刊近 2 万册。

九月一至六日　由国际图联和中国图书馆学会联合主办的国际图联第 52 届年会的会后会——图书馆学情报学教育与研究国际学术讨论会在北京召开。会议的中心议题是:信息时代的图书馆学教育与研究——新技术的应用与管理方法。有 11 个国家的 30 位代表参加。

九月　空军政治学院图书档案系在上海建立。学系设图书情报、档案两个专业,分本科,大专两种学制,并招收研究生。

十月二十三日　《中国古籍善本书目》"经部"由上海古籍出版社正式出版,在上海举行了发行仪式。

十月三十至三十一日　为纪念图书馆学家李小缘诞辰九十周年,江苏省图书馆学会、南京大学图书馆、南京大学图书馆学系和江苏省高校图书馆工作委员会联合举行李小缘先生学术研讨会。

十一月　国家教育委员会教材和图书情报管理办公室成立。其主要任务是:宏观规划和管理大学中专教材、图书、报刊的出版工作和教育系统的图书情报工作。

一九八七年

一月十五日　《当代中国的图书馆事业》编辑委员会成立。

四月一至四日　文化部图书馆事业管理局和国家科学技术委

员会"星火计划"办公室在湖北宜昌联合召开图书馆信息工作暨为"星火计划"服务经验座谈会。会议交流了图书馆与科技部门互相配合组织实施"星火计划"的经验,讨论了存在的问题及今后的工作。

五月七日　任继愈任北京图书馆馆长。

五月二十一至二十四日　文化部图书馆事业管理局和中国图书馆学会在温州联合召开全国少年儿童图书馆经验交流暨工作研讨会。

六月十一日　文化部顾问、原北京图书馆馆长刘季平逝世。

六月十二至十六日　国家教委在北京召开全国高等学校图书馆工作会议。会议总结了一九八一年全国高等学校图书馆工作会议以来的成绩和经验;讨论修改了《中华人民共和国高等学校图书馆工作条例》,并改名为《普通高等学校图书馆规程》;研究制定了《全国高等学校图书馆情报事业"七五"规划要点(草案)》;改组全国高等学校图书馆工作委员会,成立了全国高等学校图书情报工作委员会。

七月二十五日　国家教委颁发《普通高等学校图书馆规程》。

八月八日　中宣部、文化部、国家教委、中国科学院联合印发《关于改进和加强图书馆工作的报告》。

十月五至八日　文化部在北京召开传达贯彻中宣部、文化部、国家教委、中国科学院《关于改进和加强图书馆工作的报告》会议。十月二十六日,文化部印发会议纪要。

十月六日　北京图书馆隆重举行新馆落成开馆典礼暨开馆75周年纪念会,任继愈馆长主持仪式。文化部部长王蒙致词,国务院副总理万里剪彩。出席开馆典礼的有胡启立、方毅、余秋里等党和国家领导人及国际图联主席汉斯·彼得·格、美国国会图书馆副馆长威廉姆·韦尔什、日本国立国会图书馆馆长指宿清秀、澳大利亚国家图书馆总馆长霍顿等。国内外来宾近2000人。

十月七日　中文文献处理自动化发展战略国际研讨会在北京召开。

十月二十二日　由国家科委、文化部共同发起，并商请国家教委、中国科学院、国防科技工作委员会、中国社会科学院、邮电部、电子工业部、国家档案局、国家标准局、中国专利局参加而组成的部际图书情报工作协调委员会在北京成立。该会是在自愿、平等、互惠基础上建立的横向联合组织。协调委员会主任由国家科委负责人担任，副主任分别由文化部、国家教委、中国科学院、中国社会科学院和国防科工委负责人担任。

十一月五至八日　中国图书馆学会第三次会员代表大会在深圳举行。来自全国各省、市、自治区（除台湾省外）30 个学会的 200 名代表出席了会议。中国情报学会和中国档案学会也应邀派代表参加。任继愈当选理事长，史鉴、庄守经、杜克、顾廷龙、谭祥金当选为副理事长，黄俊贵为秘书长。

十二月　中国人民解放军总参谋部颁布《中国人民解放军院校图书馆工作条例》。该条例对军队院校图书馆的性质、任务、业务工作、领导体制、组织机构、工作人员、现代化建设、经费和馆舍等作了全面规定。

一九八八年

一月七至八日　广东省中山图书馆、广东省图书馆学会在广州联合召开杜定友九十周年诞辰纪念会及其学术思想研讨会。

一月十四至十七日　第一届粤港图书馆学情报学学术会议在广州中山大学举行。会上交流学术论文 37 篇。

三月十六日　部际图书情报工作协调委员会文献资源专业组在北京成立，并召开首次工作会议。讨论《文献资源专业组的职责和组织办法（讨论稿）》和《一九八八年工作计划要点（讨论稿）》。

五月五至八日　由全军院校图书情报专业组联席会组织的全军院校首届图书情报学术讨论会在长沙国防科技大学召开。提交学术论文 168 篇。探讨如何强化军队院校图书馆的教育和情报职能。

五月九至十三日　中国科学院出版图书情报委员会组织院内外 27 位专家对院文献情报中心进行学术评议。

八月二十日　北京图书馆与中国敦煌吐鲁番学会共同创办的敦煌吐鲁番北京资料中心成立，并召开了一九八八年敦煌吐鲁番学术讨论会。

九月二至四日　全国高等学校图书情报工作委员会在北京大学图书馆召开高校图书馆计算机应用经验交流会，同时举办高校图书馆计算机应用成果展示会。

九月八至十一日　图书馆新技术应用国际学术讨论会在西安交通大学图书馆召开，由西安交通大学、美国俄亥俄大学和日本金泽工业大学联合主办。同时举办了图书馆新技术和新设备展览。

九月十日　华北、东北、西北地区少年儿童图书馆协作委员会在辽宁大连市召开成立大会，同时举办了首届科学讨论会。

十月十二日　中国大百科全书图书馆学编辑委员会成立。

十月二十四至二十八日　共青团中央、国家教委、文化部和新闻出版署在长沙联合召开全国红领巾读书读报奖章活动经验交流会。

十月二十八至十一月一日　全国十六个城市首届工会图书馆工作理论研讨会在大连市工人文化宫召开。

十二月八至二十日　北京图书馆举办纪念郑振铎诞辰九十周年展览。

一九八九年

一月五至八日　国家教委在北京召开全国中小学图书馆工作

会议。各省、市、自治区教育委员会(教育厅、局)及部分出版社代表出席会议。会议讨论了《关于中小学图书馆工作的若干规定》(征求意见稿),交流了工作经验,成立了全国中小学图书馆协作筹备组。

一月二十六日　国防科技工作委员会情报局在北京召开国防科技文献资源合理布局学术研讨会。

三月九日　国务院批准文化部机构改革方案,根据这一方案,图书馆事业管理局改为图书馆司。

三月十五至十七日　国家教委条件装备司在北京召开全国高等学校图书情报委员会秘书长会议。

三月二十一至二十四日　中文信息处理标准化国际研讨会在北京召开。来自加拿大、联邦德国、日本、南朝鲜、新加坡、英国、美国、香港等国家和地区的40位专家及60多位中国学者参加会议。

四月十五至十九日　地质矿产部在太原召开图书馆文献工作协调会议。会议讨论了《关于地质矿产部地质文献工作协调的几点意见(讨论稿)》,并对一九九〇年外文期刊的预订工作进行了协调。

四月　中国科学院决定把中国科学院成都图书馆和中国科学院武汉图书馆分别改名为中国科学院成都文献情报中心和中国科学院武汉文献情报中心。

五月八日　湖北省教委召开武汉大学图书馆学情报学教学体系的深刻变革成果鉴定会。该成果获一九八九年湖北省普通高校优秀教学成果一等奖,获一九八九年国家教委国家级优秀教学成果奖。

五月二十八至六月三日　根据文化部的部署,全国部分大中城市及县图书馆举行全国首届图书馆服务宣传周活动。

六月一日　国家教委、共青团中央、文化部和新闻出版署公布一九八九至一九九〇年度全国红领巾读书读报奖章活动《推荐书目》。

六月二十日　为纪念作家老舍九十周年诞辰,北京图书馆、中国现代文学馆和人民文学出版社在北京图书馆联合举办老舍文学创作生涯展览。

七月十至二十日　文化部图书馆司与北京图书馆共同举办发展中的中国公共图书馆事业——图片展览。共展出1200余幅照片。

七月十五至十八日　文化部在京召开全国创建文明图书馆活动经验交流会。127个文明图书馆、6个图书馆工作先进集体、106名图书馆先进工作者以及5个省市文化厅(局)的文化(图书馆)处受到文化部的表彰。文化部还向从事公共图书馆工作三十年以上人员颁发荣誉证书。

七月十九日　中共中央总书记江泽民、国家教委主任李铁映,视察北京第二外国语学院图书馆。

八月　中华全国总工会宣教部召开工会图书馆工作座谈会。

九月二十八日　江西庐山图书馆馆长徐效钢被国务院授予"全国先进工作者"荣誉称号,一九八七年九月当选为中共十三大代表。

十月十八日　部际图书情报工作协调委员会在京召开第二次全体会议,原则通过了《部际图书情报工作协调委员会章程》。

十二月五至九日　第四届亚洲、大洋洲地区国家图书馆馆长会议在北京举行。参加会议的有16个国家和地区的国家图书馆馆长、副馆长或代表。会议主题是"亚洲及大洋洲国家图书馆间的交流与合作"。会议期间,人大常委会委员长万里会见了与会代表。

十二月十四至十九日　部际图书情报工作协调委员会办公室在安徽屯溪召开全国图书情报协调工作经验交流会。会议总结回顾了中国图书情报协调协作工作发展历程,分析了现状和问题,提出了今后加强协调协作工作的意见。